郑州统计年鉴

ZHENGZHOU STATISTICAL YEARBOOK

2020

(总第二十二期　NO.22)

郑　州　市　统　计　局
国家统计局郑州调查队　编

中国统计出版社
China Statistics Press

图书在版编目(CIP)数据

郑州统计年鉴. 2020 = Zhengzhou Statistical Yearbook 2020 / 郑州市统计局，国家统计局郑州调查队编. -- 北京 : 中国统计出版社，2020.10
ISBN 978-7-5037-9296-0

Ⅰ. ①郑… Ⅱ. ①郑… ②国… Ⅲ. ①统计资料－郑州－2020－年鉴 Ⅳ. ①C832.611-54

中国版本图书馆CIP数据核字(2020)第193936号

郑州统计年鉴-2020

作　　者/ 郑州市统计局　国家统计局郑州调查队
责任编辑/ 钟　钰　杨　虹
装帧设计/ 王西海
出版发行/ 中国统计出版社有限公司
地　　址/ 北京市丰台区西三环南路甲6号
邮政编码/ 100073
电　　话/ 邮购（010）63376909　书店（010）68783171
网　　址/ http://www.zgtjcbs.com
印　　刷/ 河南新华印刷集团有限公司
经　　销/ 新华书店
开　　本/ 890mm×1240mm　1/16
字　　数/ 1406千字
印　　张/ 34.75印张
版　　别/ 2020年10月第1版
版　　次/ 2020年10月第1次印刷
定　　价/ 300.00元

如有印装差错，由本社发行部调换。

《郑州统计年鉴——2020》

编委会和编辑人员

郑州统计年鉴

编 辑 说 明

一、《郑州统计年鉴—2020》是一部全面反映郑州地区国民经济和社会发展的资料性统计年刊。本书收录了郑州市及所辖区县（市）2019年经济和社会发展各方面的统计数据，以及重要年份的主要统计数据，是认识和研究郑州市情、经济社会发展、制定宏观政策、指导工作和进行决策的重要经济类工具书。

二、本年鉴以丰富、翔实的统计资料全面反映了郑州市国民经济和社会发展状况。全书分为16部分。即1.综合；2.从业人员和劳动工资；3.固定资产投资及房地产开发；4.价格；5.人民生活；6.城市公用事业和环保；7.农业；8.工业；9.建筑业；10.交通运输和邮电通讯；11.国内贸易；12.对外经济贸易和旅游；13.财政金融；14.教育、文化、卫生、体育、科技和民政；15.产业集聚区；16.统计工作大事记。各篇末均附有《主要统计指标解释》，对主要统计指标的含义、范围、计算方法作了简要说明。

三、本年鉴中使用的计量单位均采用国际统一标准计量单位；统计口径除特别注明外，均包括郑州市及所辖各区县（市）。资料取自郑州市统计局、郑州市经济社会调查队、国家统计局郑州调查队及有关部门的统计报表。

四、本年鉴部分数据合计数或相对数不等于分项之和，是由于单位取舍和不同产业的计算误差，部分指标未作机械调整。

五、本年鉴表中的符号使用说明：

“空格”表示该项统计指标数据不详或无该项数据。

常住人口（万人）

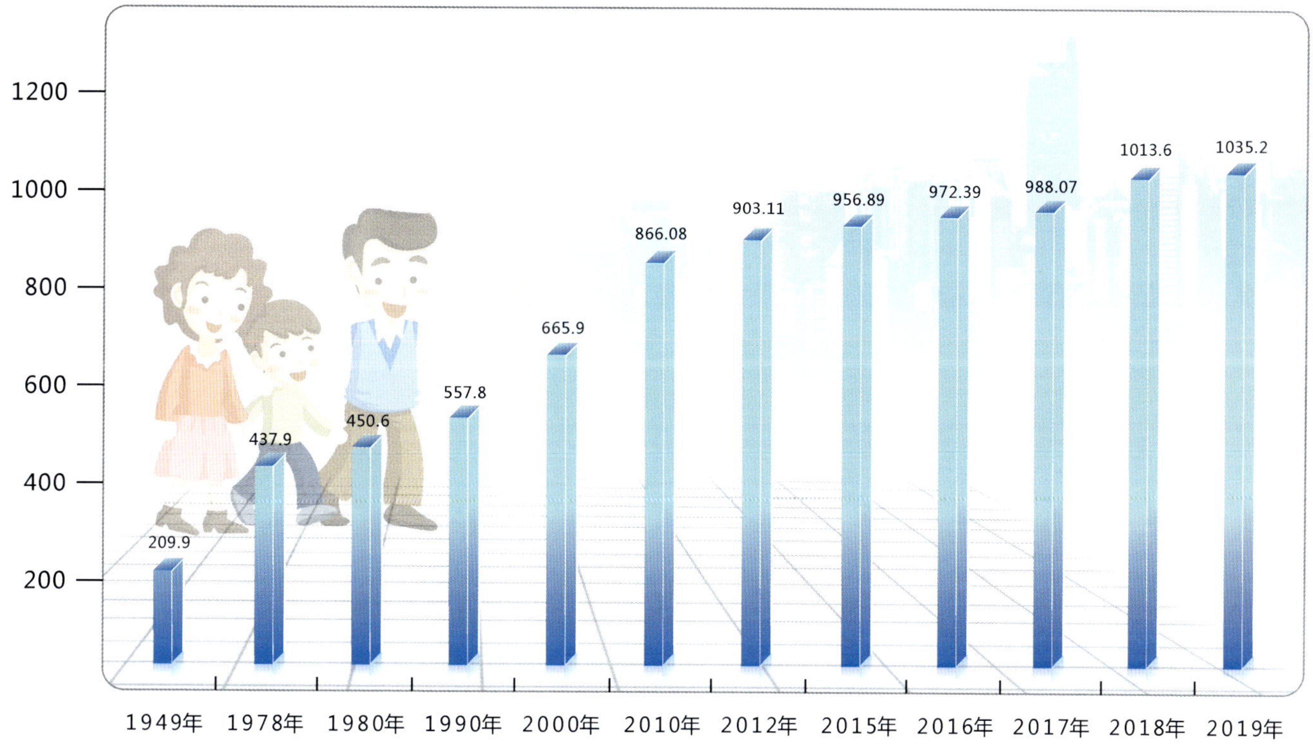
1200
1000
800
600
400
200
209.9
437.9
450.6
557.8
665.9
866.08
903.11
956.89
972.39
988.07
1013.6
1035.2
1949年
1978年
1980年
1990年
2000年
2010年
2012年
2015年
2016年
2017年
2018年
2019年

城镇化率（%）

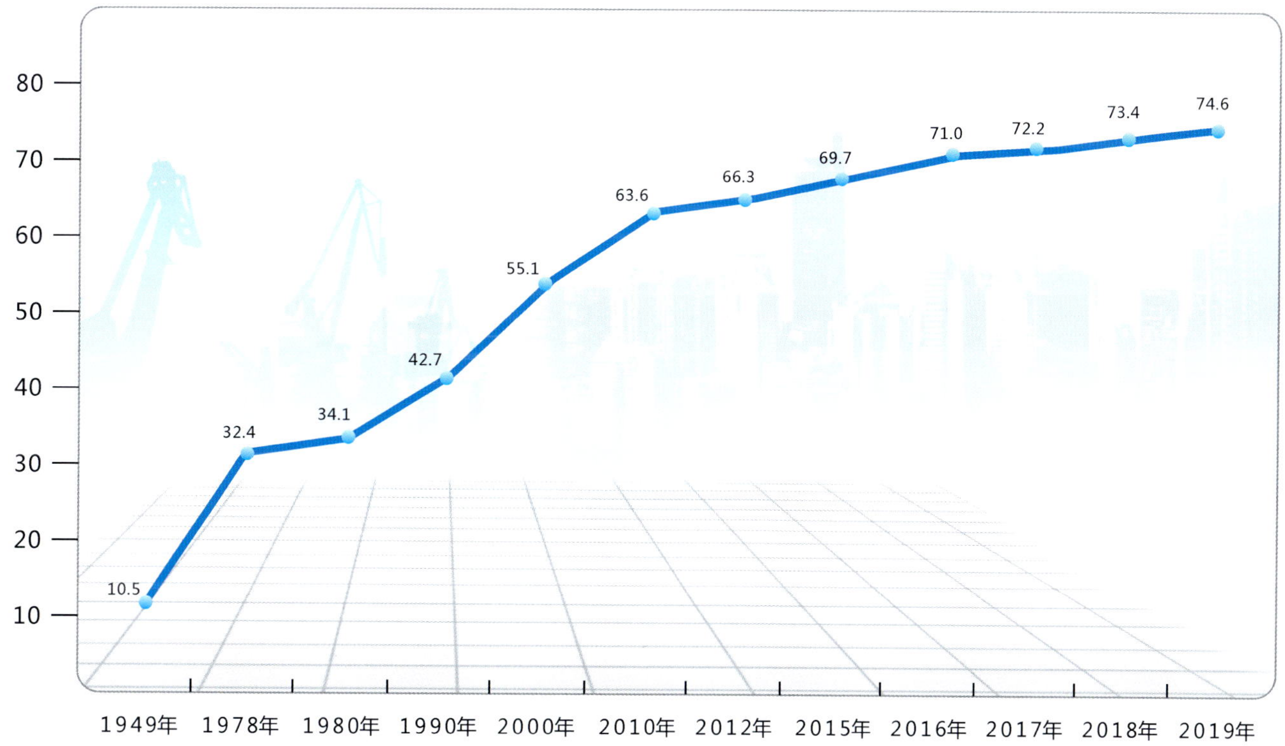
80
70
60
50
40
30
20
10
10.5
32.4
34.1
42.7
55.1
63.6
66.3
69.7
71.0
72.2
73.4
74.6
1949年
1978年
1980年
1990年
2000年
2010年
2012年
2015年
2016年
2017年
2018年
2019年

地区生产总值（亿元）

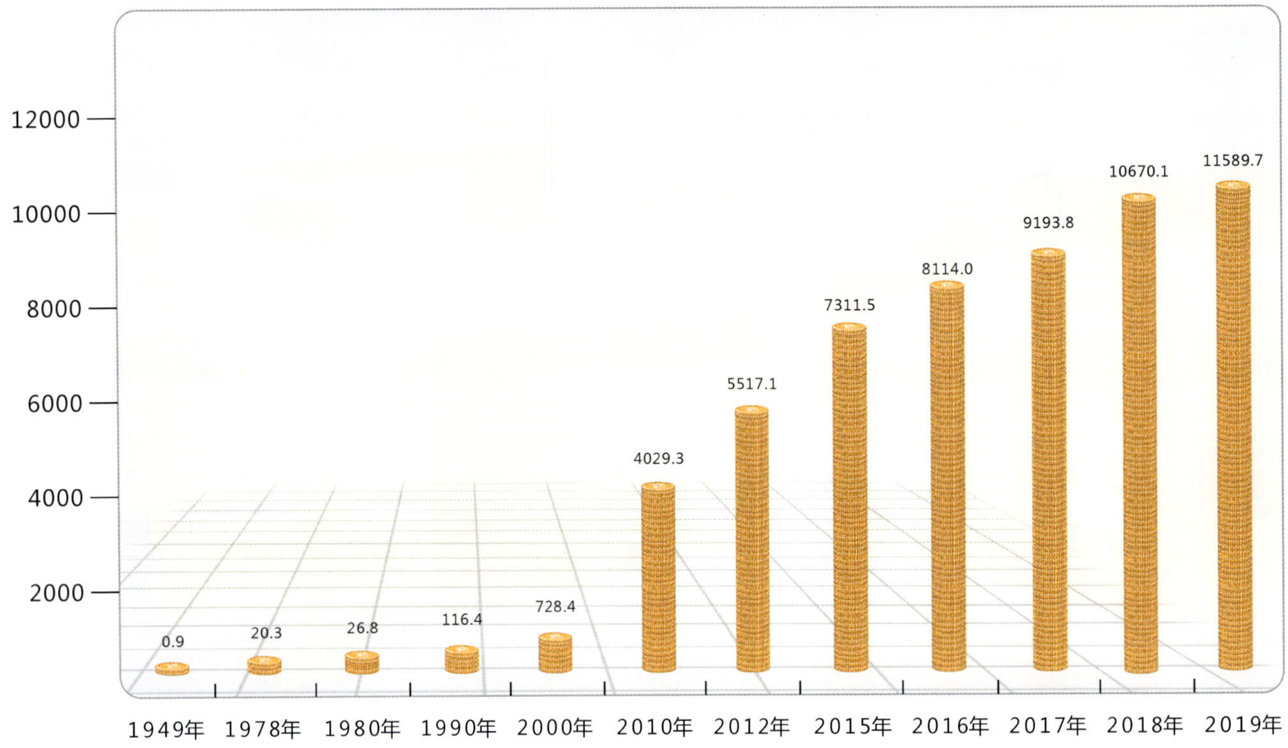

人均地区生产总值（元）

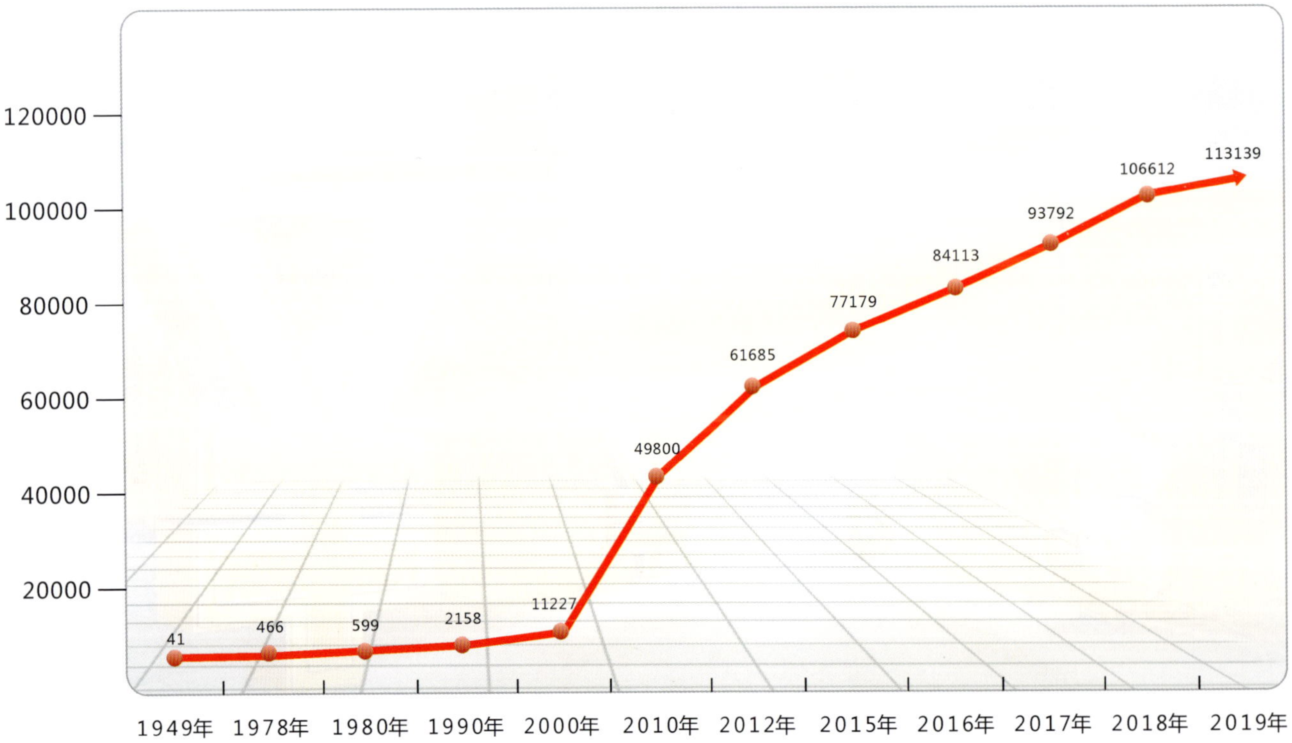

第二产业增加值（亿元）

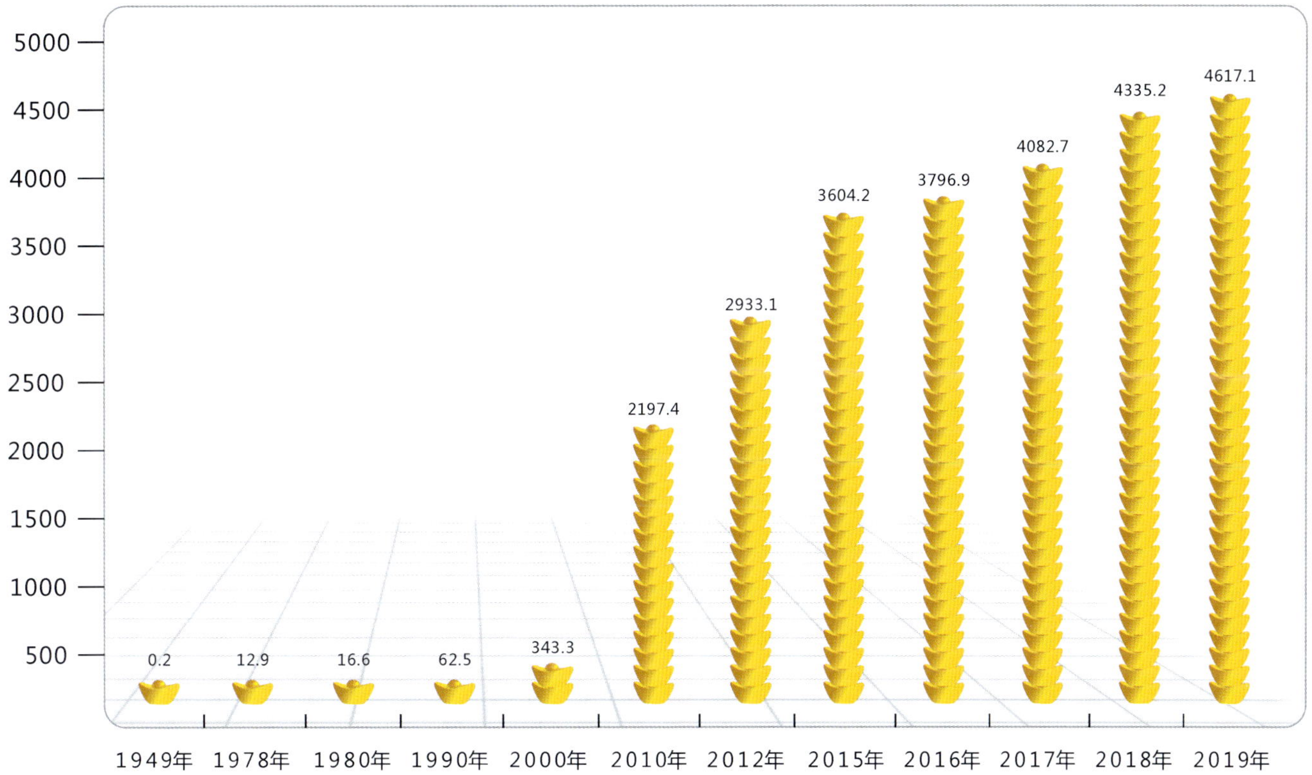

第三产业增加值（亿元）

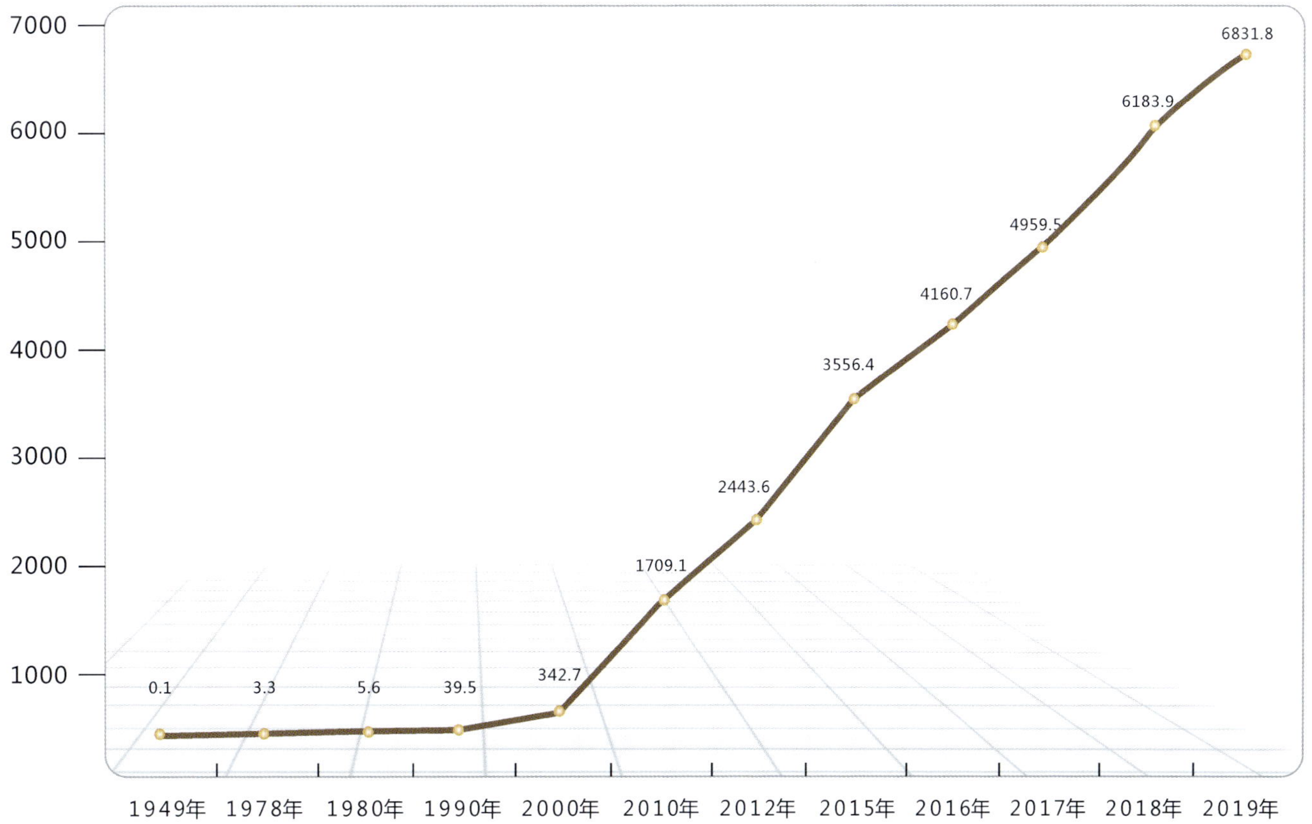

三次产业结构

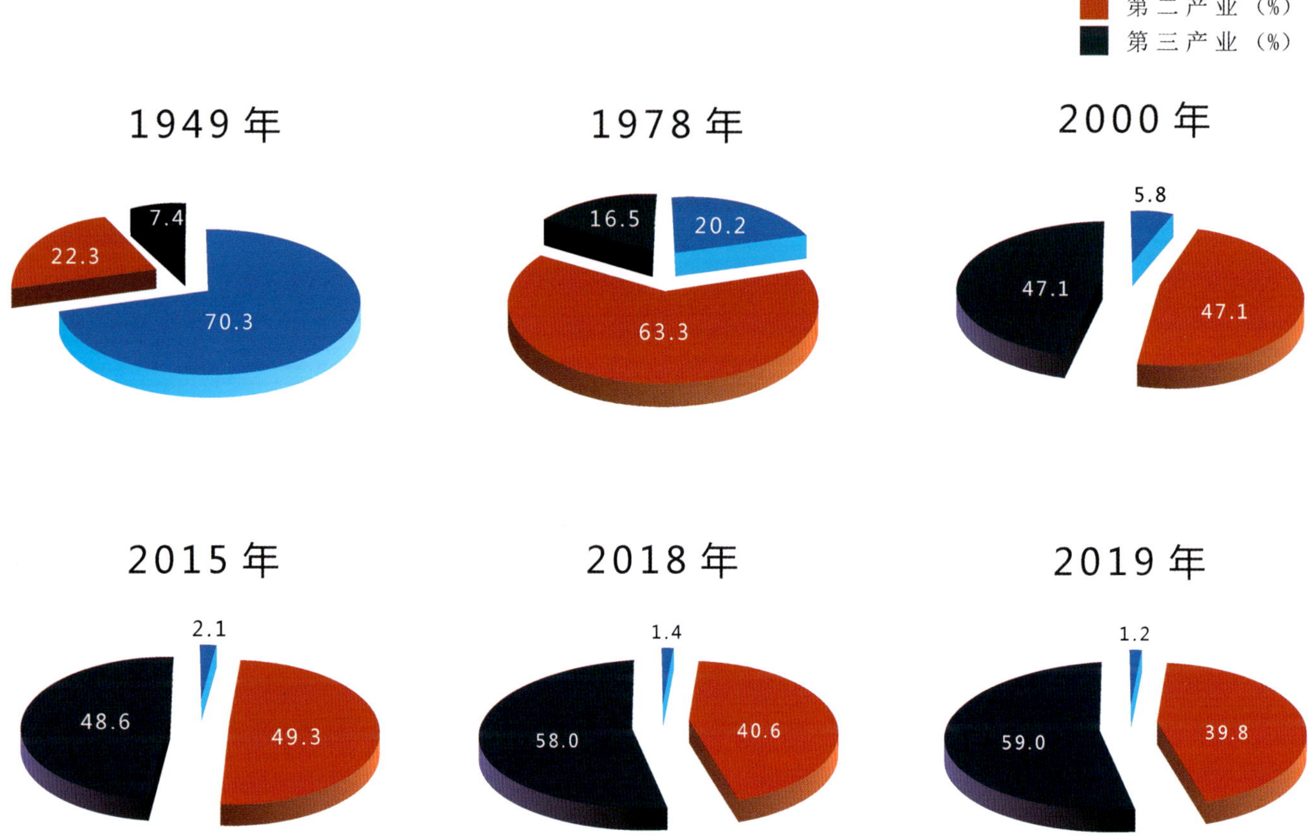

社会消费品零售总额（亿元）

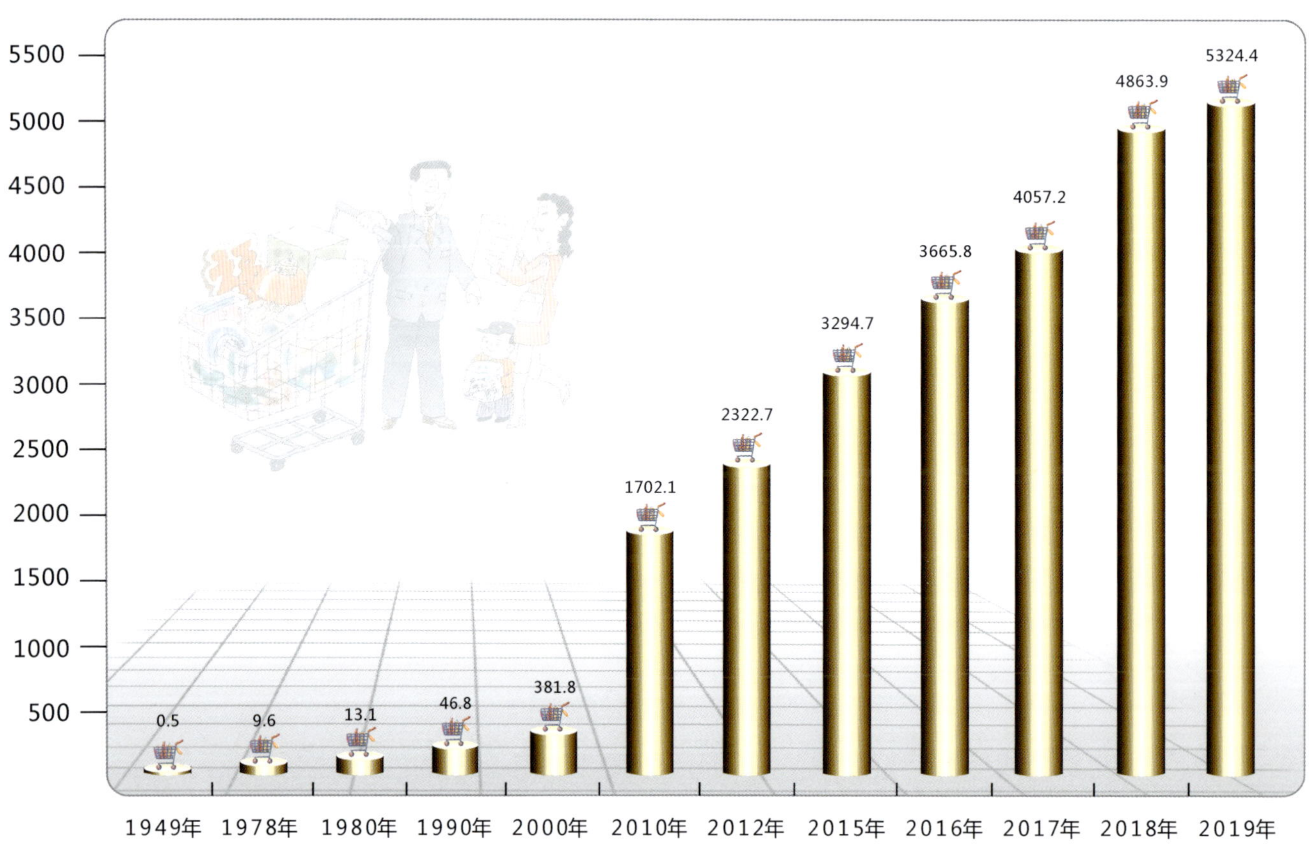

地方财政一般公共预算收入（亿元）

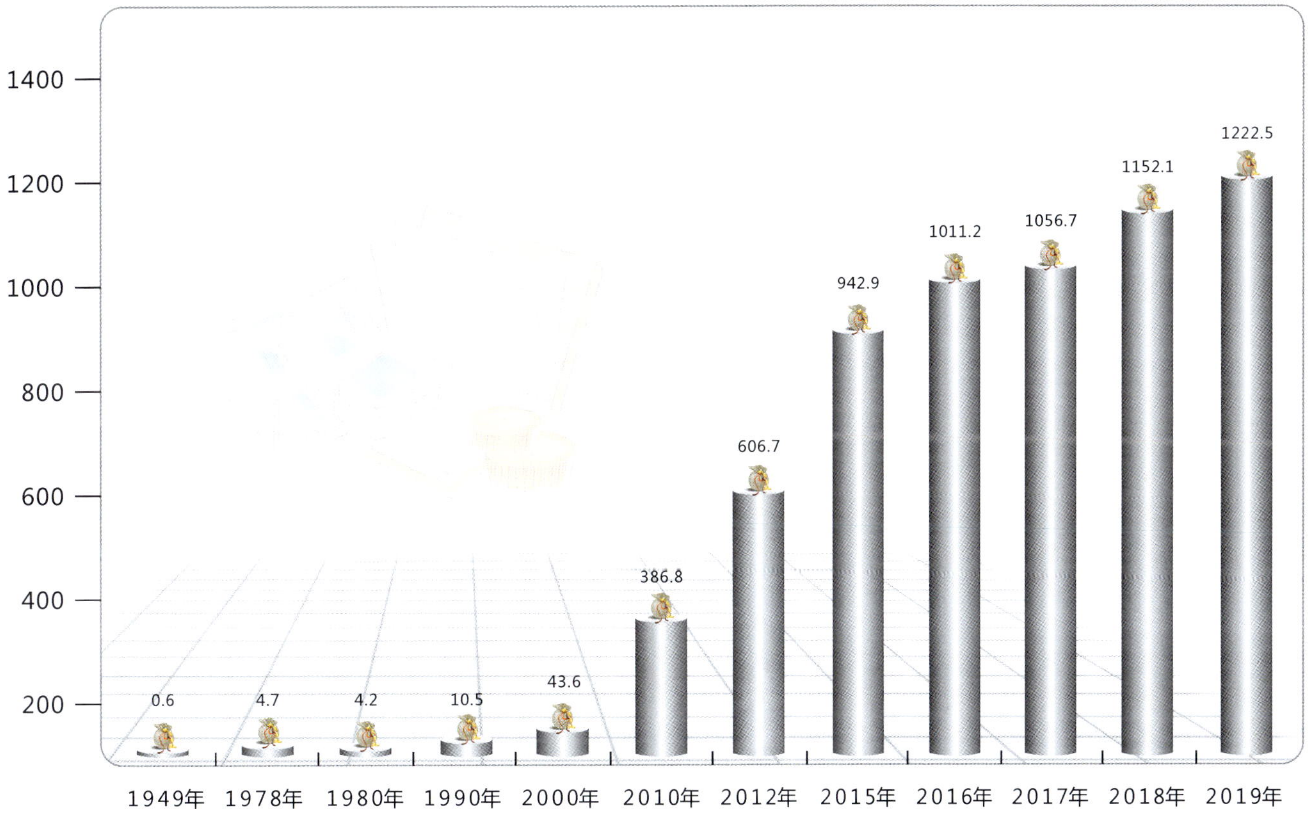

地方财政一般公共预算支出（亿元）

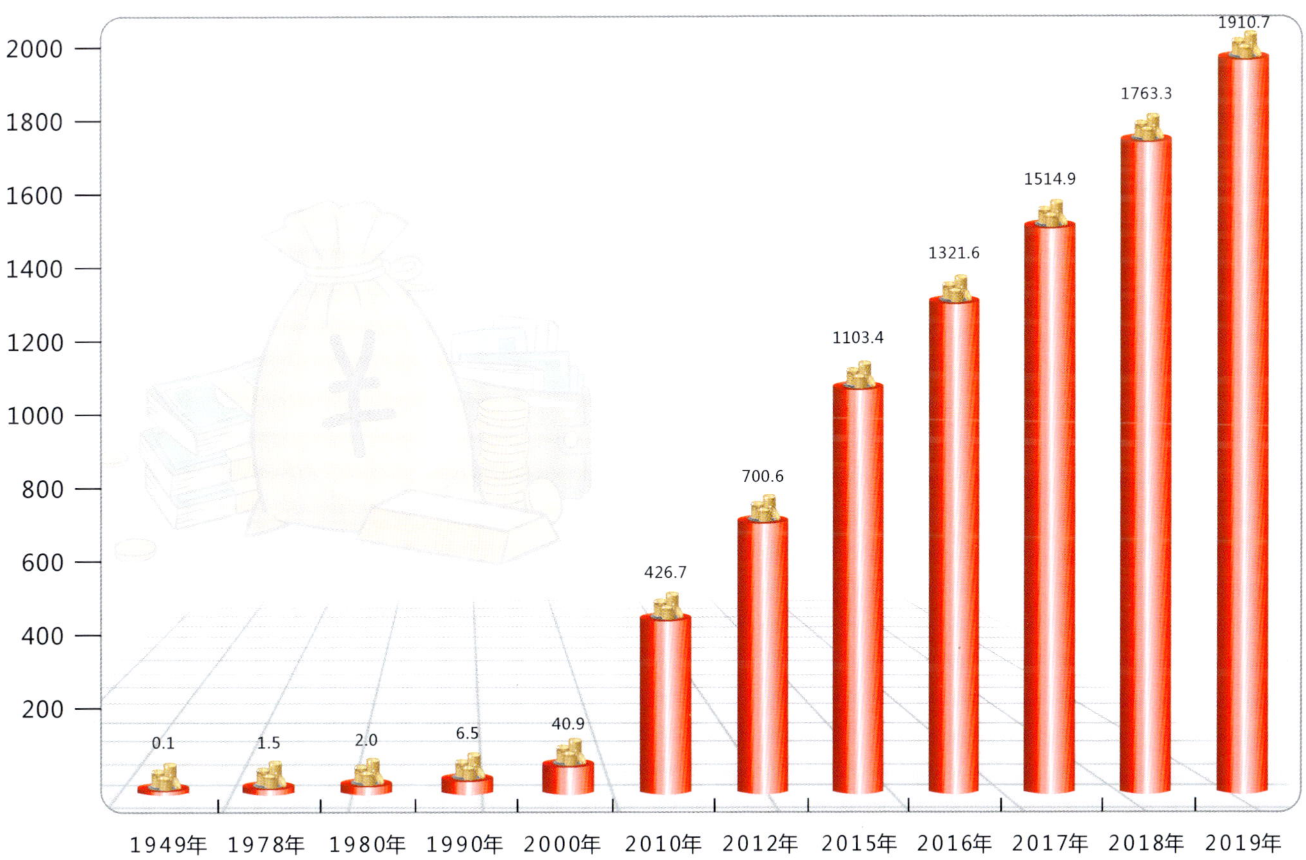

金融机构存款余额（亿元）

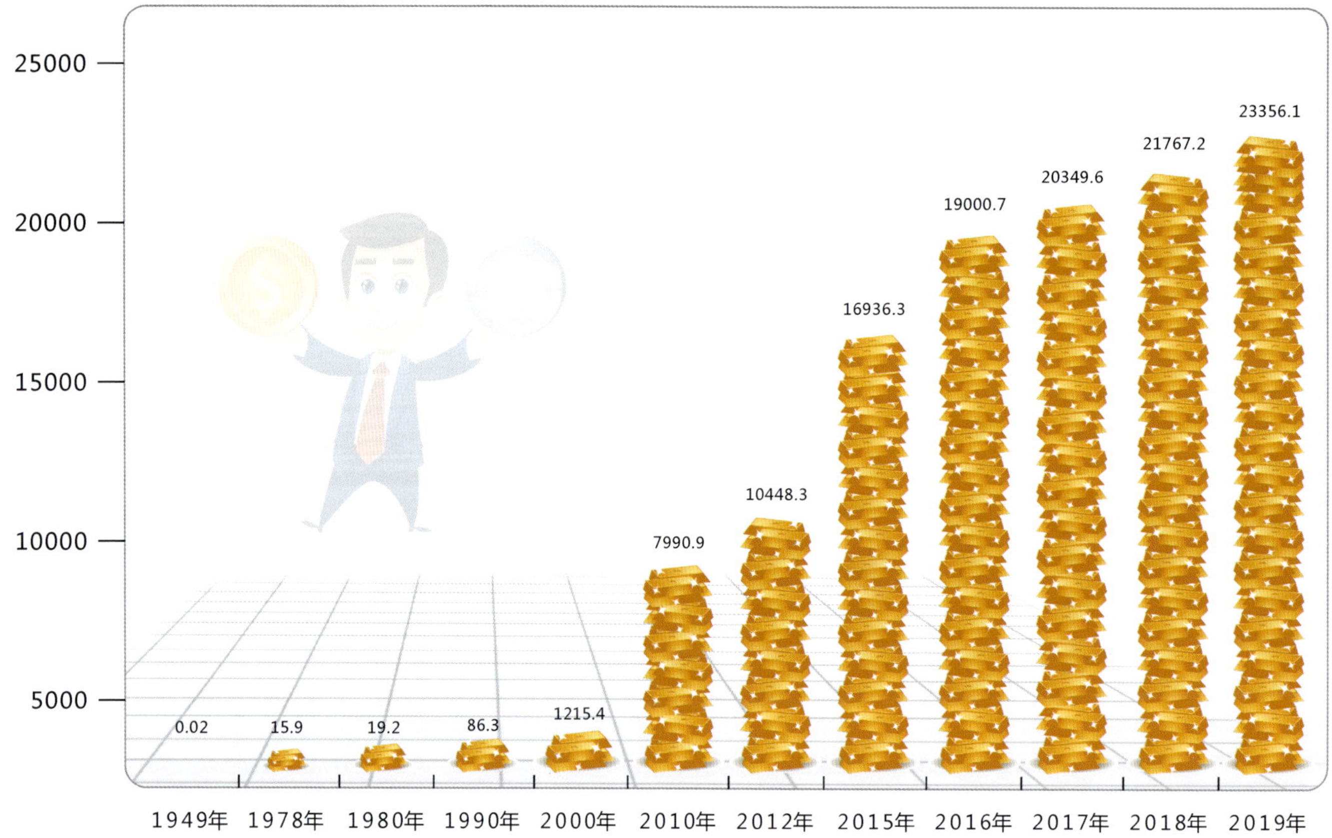

金融机构贷款余额（亿元）

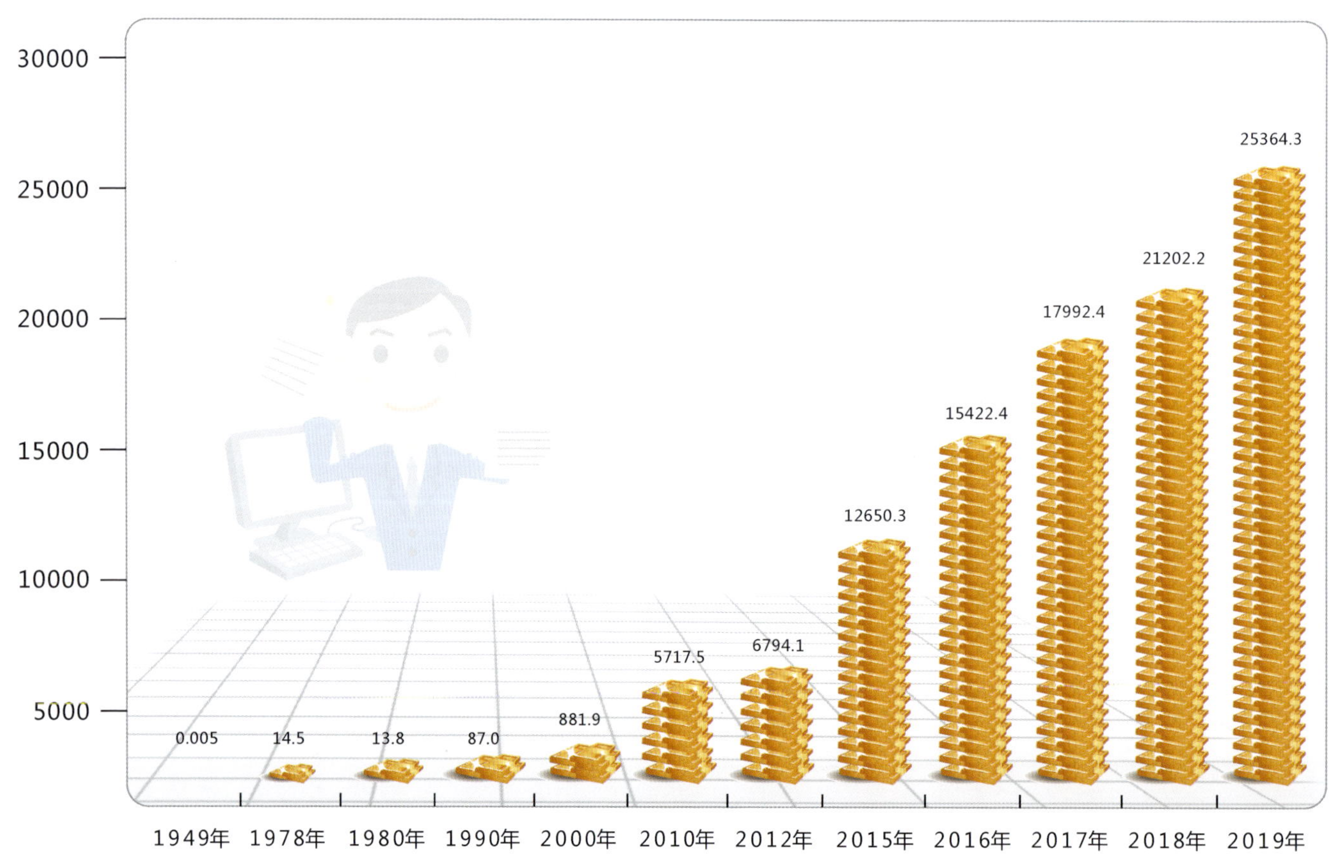

城镇居民人均可支配收入（元）

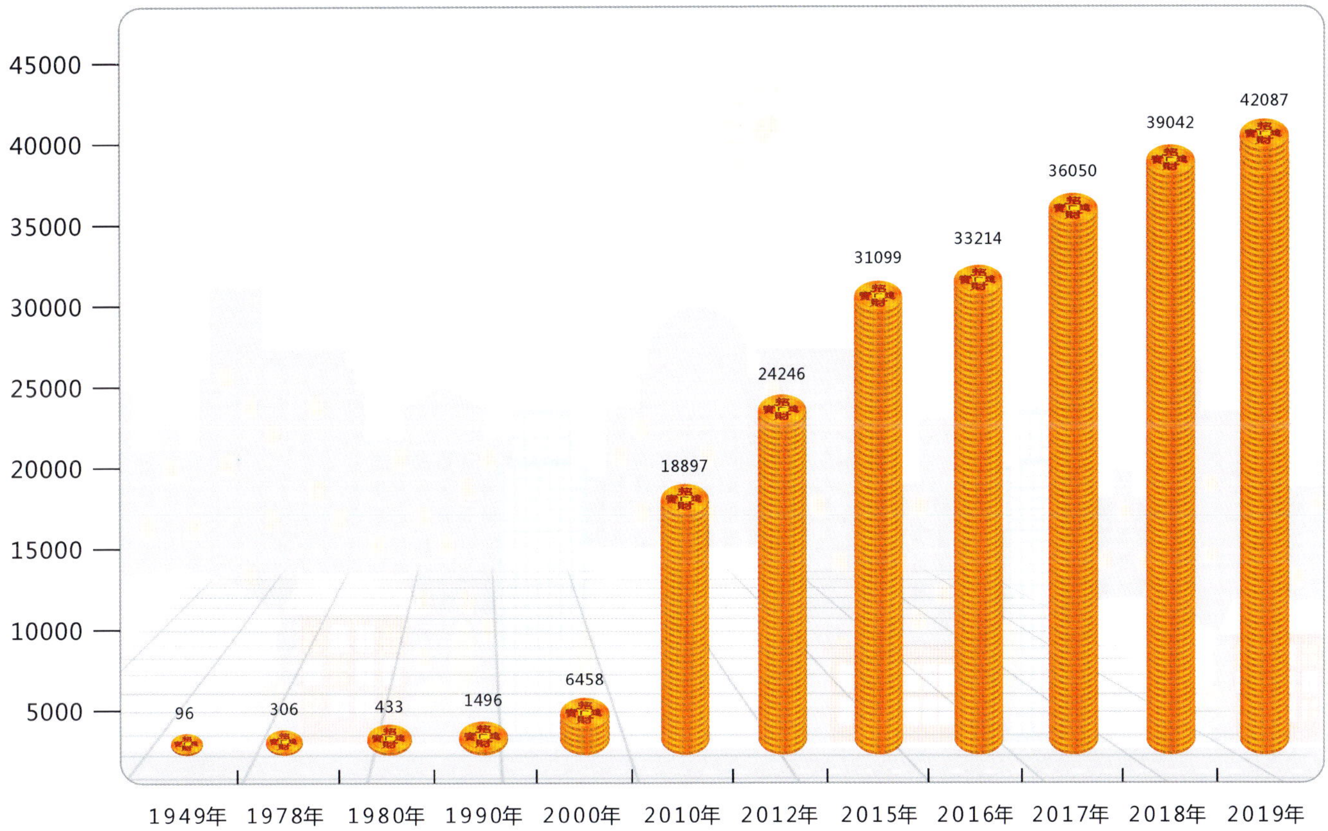

农村居民人均可支配收入（元）

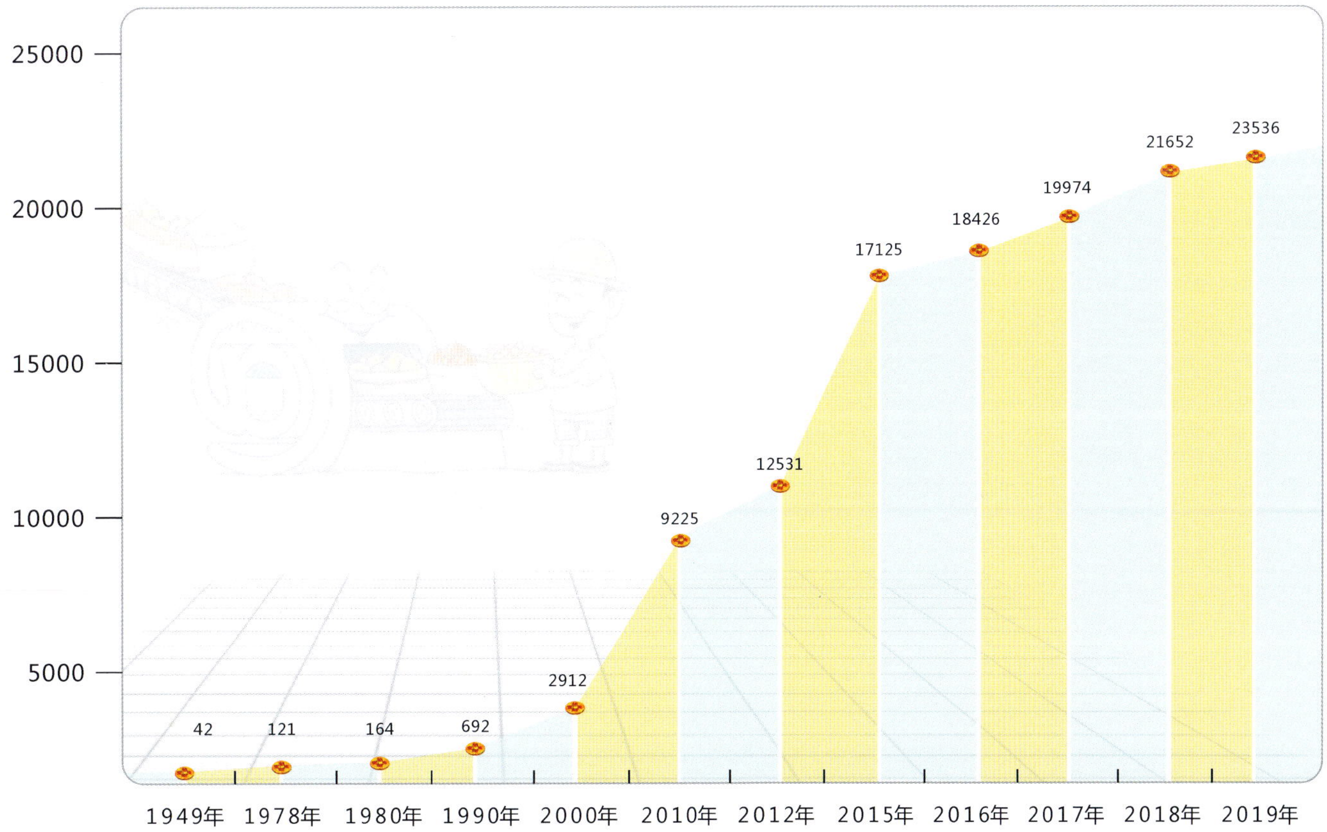

三、固定资产投资及房地产开发

四、价　格

五、人民生活

六、城市公用事业和环保

七、农　业

八、工　业

九、建　筑　业

十、交通运输和邮电通讯

十一、国内贸易

十二、对外经济贸易和旅游

十三、财政金融

十四、教育、文化、卫生、体育、科技和民政

十五、产业集聚区

十六、统计工作大事记

一、综　合

1-1 行政区划

（2019 年底）　　　　单位:个

区县(市)	街道办事处	镇	乡	社区	村委会
总　计	**124**	**71**	**13**	**908**	**2193**
市辖区	**103**	**6**	**2**	**713**	**504**
中原区	14			100	46
二七区	17	1		163	13
管城区	12			102	22
金水区	17			166	41
上街区	5	1		36	23
惠济区	6	2		22	53
高新区	3	1	1	35	35
经开区	6			28	36
郑东新区	10	1	1	60	63
航空港实验区	13			1	172
县(市)	**21**	**65**	**11**	**195**	**1689**
中牟县	3	10	1	21	273
巩义市	5	15		31	288
荥阳市	2	9	3	25	289
新密市	4	12	2	48	303
新郑市	4	10	1	50	233
登封市	3	9	4	20	303

注:本表数据为按管理权限划定区域,未经民政部门认定。

1-2 主要气象情况

（2019 年）

指　　标	一月	二月	三月	四月	五月	六月
月平均气温	1.4	2.5	12.7	16.6	23.8	28.8
月日照时数	71.4	74.9	213.7	181.9	212.4	169.7
月降水量	13.4	11.8	2.0	29.6	0.6	86.1
月内降水量≥0.1mm 的日数	4	3	2	11	2	4
月极端最高气温	15.2	15.0	26.4	30.5	39.2	40.0
出现日期	22	4	27	17	23	2
月极端最低气温	-8.3	-5.6	-0.2	3.5	9.6	19.4
出现日期	1	15	8	10	1	6

1-2 续表

指　　标	七月	八月	九月	十月	十一月	十二月
月平均气温	29.8	27.3	23.0	16.6	11.0	4.5
月日照时数	168.7	159.5	167.3	129.2	112.2	159.1
月降水量	99.9	254.4	41.3	81.8	4.0	8.5
月内降水量≥0.1mm 的日数	7	13	8	10	3	2
月极端最高气温	39.1	34.8	34.8	31.7	23.2	18.1
出现日期	24	15	8	3	2	9
月极端最低气温	21.0	17.6	12.5	5.7	-1.7	-5.4
出现日期	2	30	18	27	28	31

1-3 区县(市)所辖乡、镇办事处

(2019年底)

区县(市)	乡镇	街道办事处
中原区		林山寨 建设路 棉纺路 秦岭路 桐柏路 三官庙 绿东村 汝河路 航海西路 中原西路 西流湖 须水 莲湖 柳湖
二七区	马寨镇	淮河路 解放路 铭功路 一马路 蜜蜂张 五里堡 大学路 建中街 福华街 德化街 嵩山路 京广路 长江路 人和路 侯寨 樱桃沟 金水源
管城区		北下街 西大街 南关街 城东路 东大街 二里岗 陇海马路 紫荆山南路 航海东路 十八里河 南曹 金岱
金水区		经八路 花园路 人民路 杜岭 大石桥 南阳路 南阳新村 文化路 丰产路 东风路 北林路 未来路 兴达路 凤凰台 国基路 杨金路 丰庆路
上街区	峡窝镇	济源路 中心路 新安路 工业路 矿山
惠济区	古荥镇 花园口镇	刘寨 江山路 新城 迎宾路 长兴路 大河路
高新区	沟赵乡 石佛镇	枫杨 梧桐 双桥
经开区		明湖 潮河 京航 前程 九龙 祥云
郑东新区	圃田乡 白沙镇	祭城路 龙子湖 如意湖 博学路 龙湖 龙源路 金光路 商都路 杨桥 豫兴
航空港实验区		新港 郑港 滨河 银河 三官庙 张庄 龙港 八岗 冯堂 清河 龙王 明港 八千
中牟县	韩寺镇 官渡镇 狼城岗镇 万滩镇 郑庵镇 黄店镇 大孟镇 刘集镇 雁鸣湖镇 姚家镇 刁家乡	青年路 东风路 广惠街
巩义市	米河镇 新中镇 小关镇 竹林镇 大峪沟镇 河洛镇 站街镇 康店镇 北山口镇 西村镇 芝田镇 回郭镇 鲁庄镇 夹津口镇 涉村镇	新华路 杜甫路 永安路 孝义 紫荆路
荥阳市	豫龙镇 广武镇 王村镇 汜水镇 高山镇 刘河镇 崔庙镇 贾峪镇 乔楼镇 高村乡 城关乡 金寨回族乡	索河 京城路
新密市	袁庄乡 尖山景区管委会 米村镇 牛店镇 平陌镇 超化镇 苟堂镇 大隗镇 刘寨镇 曲梁镇 白寨镇 岳村镇 城关镇 来集镇	新华路 青屏街 西大街 矿区
新郑市	新村镇 辛店镇 观音寺镇 梨河镇 和庄镇 薛店镇 孟庄镇 郭店镇 龙湖镇 城关乡 具茨山国家级森林公园	新建路 新华路 新烟 新郑新区
登封市	大金店镇 颍阳镇 卢店镇 告成镇 大冶镇 宣化镇 徐庄镇 东华镇 唐庄镇 君召乡 石道乡 白坪乡 送表矿区	少林 中岳 嵩阳

1-4 年末人口基本情况

（2019 年底）

区县(市)	总户数(户)	总人口(人)			城镇化率(%)
		合 计	女 性	城镇人口	
郑州市	**3085421**	**10351600**	**5071005**	**7720702**	**74.58**
中原区	258069	794851	393491	727766	91.56
二七区	285394	847622	415582	771760	91.05
管城区	201795	585207	285230	512641	87.60
金水区	452011	1333434	646507	1228893	92.16
上街区	54750	162481	82865	149742	92.16
惠济区	95106	310996	157159	239395	76.98
中牟县	137946	524198	257696	291873	55.68
巩义市	254941	843854	419400	504709	59.81
荥阳市	180100	670000	332860	393726	58.77
新密市	224533	816974	402360	503419	61.62
新郑市	173686	653398	331926	404257	61.87
登封市	183735	726463	357863	423092	58.24
经开区	94530	283594	132721	246188	86.81
高新区	101278	319027	154608	279181	87.51
郑东新区	239914	741335	346418	517674	69.83
航空港实验区	147633	738166	354319	526386	71.31

1-5 人口自然变动情况

（2019 年）

区县(市)	年末平均人口（人）	出生人口（人）	死亡人口（人）	出生率（‰）	死亡率（‰）	自然增长率（‰）
郑州市	**10243808**	**114000**	**57800**	**11.22**	**5.69**	**5.53**
中原区	789051	8729	3897	11.06	4.94	6.12
二七区	842870	9341	4668	11.08	5.54	5.54
管城区	580170	6794	3328	11.71	5.74	5.97
金水区	1324737	14798	5801	11.17	4.38	6.79
上街区	153247	1575	755	10.28	4.93	5.35
惠济区	307269	3358	1533	10.93	4.99	5.94
中牟县	517281	5549	3052	10.73	5.90	4.83
巩义市	841093	9800	5400	11.48	6.34	5.14
荥阳市	659372	7715	3778	11.70	5.73	5.97
新密市	815056	8503	4328	10.43	5.31	5.12
新郑市	650601	6636	3882	10.20	5.97	4.23
登封市	721915	7952	4548	11.02	6.30	4.72
经开区	278564	2964	1047	10.64	3.76	6.88
高新区	308314	3337	2001	10.82	6.49	4.33
郑东新区	717356	8250	4739	11.50	6.61	4.89
航空港实验区	736916	8700	5043	11.81	6.84	4.96

1-6 国民经济和社会发展总量及速度指标

指　　标	单位	1990	1995	2000	2005	2010	2015	2016	2017	2018	2019	2019 比上年±%
人口与面积												
人口	万人	557.8	600.3	665.9	716.0	866.1	956.9	972.4	988.1	1013.6	1035.2	2.1
建城区面积	平方公里	112.0	108.3	133.2	262.0	342.7	437.6	443.0	500.8	543.9	580.8	6.8
宏观经济												
国民经济核算												
地区生产总值	亿元	116.4	386.4	728.4	1660.6	4029.3	7311.5	8114.0	9193.8	10670.1	11589.7	6.5
第一产业	亿元	14.4	28.5	42.4	72.4	122.8	150.9	156.4	151.6	151.0	140.9	-4.9
第二产业	亿元	62.5	203.5	343.3	872.8	2197.4	3604.2	3796.9	4082.7	4335.2	4617.0	6.2
第三产业	亿元	39.5	154.3	342.7	715.4	1709.1	3556.4	4160.7	4959.5	6183.9	6831.8	7.1
固定资产投资												
全社会固定资产投资额	亿元	26.9	165.6	258.4	820.0	2757.0	6371.7	7070.4	7635.5			
固定资产投资	亿元	20.0	132.4	159.4	610.2	2432.5	6288.0	6998.6	7573.4			2.8
财政												
地方财政一般公共预算收入	亿元	10.5	17.1	43.6	136.1	386.8	942.9	1011.2	1056.7	1152.1	1222.5	6.1
地方财政一般公共预算支出	亿元	6.5	17.8	49.0	136.7	426.7	1103.4	1321.6	1514.9	1763.3	1910.7	14.6
价格总指数												
商品零售价格指数	以上年为100	100.8	110.4	99.1	101.2	102.7	99.0	100.2	101.7	103.6	103.0	3.0
居民消费价格指数	以上年为100	101.8	114.5	99.0	102.4	103.0	101.1	102.3	101.8	102.4	101.0	1.0
外商投资												
利用外资												
合同利用外资额	万美元	1132	21086	12860	63766	191632	125514	426930	352024	115032	239298	108.0
实际利用外资额	万美元	768	15020	9211	33549	190015	382661	403305	404969	421080	440542	4.6
产业												
农业												
农林牧渔业总产值	亿元	24.6	51.5	73.2	126.2	221.4	276.6	285.2	263.1	241.3	243.6	-4.3
粮食总产量	万吨	154.2	140.1	158.7	153.0	166.7	168.3	161.0	153.2	157.4	149.8	-4.9

1-6 续表 1

指　标	单位	1990	1995	2000	2005	2010	2015	2016	2017	2018	2019	2019 比上年±%
工业												
工业总产值	亿元	174.4	647.9	1005.3	2411.5	7958.3	14779.6	15531.3	16329.2			9.1
工业增加值	亿元	39.8	87.1	187.5	569.7	1996.0	3312.3	3215.4	3191.3			6.1
规模以上工业												
资产总计	亿元	142	470	750	1474	3899	11297	13102	13557	10744	11064	-0.6
负债合计	亿元	90	329	478	946	2135	6257	7623	7949	7434	7471	-1.4
主营业务收入	亿元	105	308	531	1673	5942	13588	14158	14739	8898	8755	0.1
利税总额	亿元	18	38	67	230	1058	1540	1507	1468	1114	1009	2.9
建筑业												
建筑业总产值	亿元	13	46	106	299	1352	2715	2891	3496	4225	4730	11.9
施工房屋面积	万平方米	325	805	1217	2937	8877	23206	25324	23772	32047	32015	-0.1
竣工房屋面积	万平方米	148	306	440	765	2602	4318	4829	4409	4950	5724	15.6
交通运输												
旅客周转量	亿人公里	69.3	92.0	125.1	189.6	301.4	279.6	311.9	329.3	373.3	379.8	1.7
铁路	亿人公里	46.0	53.0	60.0	80.0	113.9	134.5	138.2	152.5	157.1	162.6	3.5
公路	亿人公里	23.3	32.1	56.3	82.7	137.7	79.7	107.7	104.4	97.1	90.8	-6.5
航空	亿人公里	1.0	6.8	8.8	26.9	49.8	65.4	65.9	72.4	119.1	126.3	6.0
货物周转量	亿吨公里	196.2	212.9	226.5	287.7	479.8	548.2	686.4	779.2	864.4	927.8	7.3
铁路	亿吨公里	181.6	181.9	156.2	187.9	199.4	172.7	176.8	202.4	213.8	222.2	3.9
公路	亿吨公里	14.7	30.9	70.1	99.4	279.8	370.0	494.8	558.2	621.4	684.3	10.1
航空	万吨公里	150.0	574	1281	3385	5641	54276	147408	185694	291232	212883	-26.9
邮电通讯												
邮电业务总量	万元	1.2	8.5	42.0	108.2	296.3	297.8	427.1	484.5	1053.0	1470.1	39.6
国内商业												
社会消费品零售总额	亿元	47.4	164.1	381.8	706.7	1702.1	3294.7	3665.8	4057.2	4863.9	5324.4	24.7
限上批零贸易企业销售额	亿元	44.9	401.0	437.4	1274.3	2339.1	4751.8	6258.5	5876.6	5998.0	7148.2	19.2
对外贸易和旅游												
进出口总值	亿美元		1.6	1.9	11.0	45.2	570.3	550.3	596.4	615.1	595.1	-3.2

1-6 续表 2

指 标	单位	1990	1995	2000	2005	2010	2015	2016	2017	2018	2019	2019 比上年±%
出口总值	亿美元	0.1	1.3	1.2	7.6	33.1	312.5	317.0	345.6	386.0	385.8	0.0
旅游外汇收入	万美元			4653	7769	13384	18000	18800	19710	21000	21800	3.8
金融												
金融机构各项存款	亿元	86	464	1215	3116	7991	16936	19001	20350	21767	23356	7.3
金融机构各项贷款	亿元	87	374	882	2428	5718	12650	15422	17992	21202	25364	19.6
教育												
在校学生数	万人	84.4	114.9	139.7	191.3	222.3	260.2	286.9	302.3	323.2	339.7	5.1
专任教师数	万人	6.2	5.9	7.1	9.4	12.5	15.6	16.2	17.2	18.1	19.3	6.9
人民生活												
城镇居民人均可支配收入	元	1496	4535	5935	10640	18897	31099	33214	36050	39042	42087	7.8
农村居民人均可支配收入	元	692	1555	2912	4774	9225	17125	18426	19974	21652	23536	8.7
城市居民人均居住建筑面积	平方米			15.5	22.3	29.3	36.8	38.2	38.4	39.5	37.8	-4.2
农村居民人均居住面积	平方米	21.5	23.8	35.4	43.7	56.0	53.6	55.3	58.3	76.5	75.8	-0.9
城乡居民储蓄余额	亿元	56.1	254.2	565.8	1436.1	2911.0	5695.5	6297.6	6538.2	7157.3	7957.0	11.2
工资												
在岗职工年平均工资	元	2126	5226	9017	16694	32779	52987	61149	70486	80963	88030	8.7
卫生												
医疗机构数	个	935	879	688	1637	1347	3922	3964	4421	4773	4999	4.7
卫生技术人员	个	28410	30590	31137	33568	49519	86518	94955	106458	117013	121189	3.6
医疗床位数	张	20937	22122	24472	29295	47094	78242	85929	91454	98249	100492	2.3
市政建设												
自来水供水量	万吨	23037	32506	28783	30448	37724	35181	37259	39635	42098	45647	8.4
城市集中供热面积	万平方米		851	1383	1777	2261	5270	6050	11726	14724	15200	3.2
用气人口	万人	59.5	107.9	149.2	230	439	608	615	517	515		
城市道路长度	公里	428	563	684	1131	1338	1809	1932	2101	2202	2274	3.3
公共汽(电)车总数	辆	404	728	1342	3077	4788	6221	6230	6180	6373	6316	-0.9

注:1990 年城市居民人均可支配收入以人均生活费收入代替;2. 直接进出口总值、直接出口总值统计范围不包括国家部委及省属进出口公司,1995 年、1990 年为业务统计数,2000 年和 2003 年以来为海关数;3. 2013 年邮电业务总量按 2010 年可比价格计算,2001-2010 年按 2000 年可比价格计算,2000 年以前按 1990 年可比价格计算;4. 固定资产投资 2010 年以前为城镇投资;5. 2010 年以后,工业总产值和增加值包含河南中烟工业公司和河南电力公司。

1-7 国民经济和社会发展比例和效益指标

指　　标	单位	1990	1995	2000	2005	2010	2015	2016	2017	2018	2019
就业											
每一就业者负担人口	**人**	**1.66**	**1.85**	**1.90**	**2.15**	**2.01**	**1.75**	**1.93**	**1.96**	**1.89**	**1.92**
三次产业从业者比例											
第一产业	%	50.1	40.4	41.9	31.5	21.5					
第二产业	%	31.3	32.3	27.0	30.0	33.8					
第三产业	%	18.6	27.3	31.1	38.5	44.6					
城镇登记失业率	%			2.0	3.0	2.8	1.6	1.9	2.3	2.5	1.8
宏观经济											
国民经济核算											
三次产业增加值比例											
第一产业	%	12.4	7.4	5.8	4.3	3.1	2.1	1.9	1.7	1.4	1.2
第二产业	%	53.7	52.7	47.1	52.6	54.5	49.3	46.8	44.4	40.6	39.8
第三产业	%	33.9	39.9	47.1	43.1	42.4	48.6	51.3	53.9	58.0	59.0
人均生产总值	元	2158	6499	11227	23320	49800	77179	84113	93792	106612	113139
固定资产投资											
全社会固定资产占 GDP 比例	%	23.1	42.8	35.5	49.4	68.2	87.1	87.1	83.1		
财政											
地方财政收入占 GDP 比例	%	9.0	4.4	6.5	9.1	14.6	20.3	22.8	23.2	25.5	22.8
产业											
工业											
产品销售率	%	96.6	96.4	97.4	98.1	98.2	97.9	96.0	98.5	99.4	
总资产贡献率	%	30.1	12.8	11.2	18.0	28.4	14.5	12.2	11.6	11.0	9.7
成本费用利润率	%	5.8	3.3	5.2	7.8	13.8	8.3	8.2	7.8	7.4	6.2
资产负债率	%	63.0	69.9	63.7	64.6	54.8	55.4	58.2	58.6	69.2	67.5
建筑业											
产值利税率	%	7.39	4.84	3.27	4.57	8.0	7.0	6.6	5.0	4.3	3.9
全员劳动生产率	元/人	12902	28440	60305	117785	221621	423016	408571	475377	507103	542814
教育											
适龄儿童入学率	%	99.40	99.71	99.95	100	100	100	100	100	100	100
学校教师负担人数	人	13.56	19.48	17.2	15.5	17.8	16.7	17.7	17.6	17.9	17.6
卫生											
每万人拥有医疗机构数	个	1.68	1.46	1.05	2.29	1.56	4.10	4.08	4.47	4.71	4.83
每万人拥有卫生技术人员	人			48.6	46.88	57.17	90.41	97.65	107.74	115.44	117.07
每万人拥有医院床位数	张	37.5	36.9	37.4	40.91	54.37	81.77	88.37	92.56	96.93	97.07
市政建设											
城市自来水普及率	%		97.6	100	100	100	100	100	100	100	100

1-8 郑州一日

指　　标	单位	2000	2005	2010	2011	2012	2013
生产总值	万元	19956	45496	110709	136434	151634	169912
第一产业	万元	1161	1983	3413	3607	3891	4027
第二产业	万元	9405	23913	62189	78746	85599	95082
第三产业	万元	9389	19600	45108	54081	62144	70803
粮食总产量	吨	4348	4192	4567	4567	4630	4611
全社会固定资产投资	万元	7079	22466	75534	82261	100266	123542
社会消费品零售总额	万元	10460	19361	46633	54441	63462	71877
地方公共财政预算收入	万元	1192	3729	10597	13762	16575	19825
货运量	万吨	43.2	65.1	56.5	66.9	72.8	80.5
客运量	万人	35.8	50.2	82.5	92.5	97.4	105.9
邮电业务总量	万元	1161	2963	8118	3201	3588	3729
出口总值	万美元	33.7	207	908	2579	5526	6867
自来水供水量	万吨	79	83	103	98	98	97
售电量	万千瓦时	2156	3852	9753	10684	10792	10959
接待境外人数	人次	222	573	956	1052	1153	1200

1-8 续表

指　　标	单位	2014	2015	2016	2017	2018	2019
生产总值	万元	185671	200316	222300	251884	277899	317527
第一产业	万元	4032	4135	4284	4153	4029	3860
第二产业	万元	95538	98744	104025	111855	121938	126495
第三产业	万元	86101	97437	113991	135875	151932	187172
粮食总产量	吨	4437	4611	4412	4196	4312	4104
全社会固定资产投资	万元	146721	174568	193709	209192		
社会消费品零售总额	万元	80970	90266	100434	111157	116934	145875
地方公共财政预算收入	万元	22846	25833	27704	28950	31563	33494
货运量	万吨	62.5	67.5	60.4	68.9	75.7	83.4
客运量	万人	50.4	51.3	44.8	40.4	40.6	40.7
邮电业务总量	万元	5853	8158	11701	13274	28850	40278
出口总值	万美元	7303	8561	8685	9469	10575	10570
自来水供水量	万吨	94	96	102	109	115	125
售电量	万千瓦时	9452	9644	9808	10986	11507	12192
接待境外人数	人次	1236	1296	1317	1378	1444	1518

1-9 按行政区划分主要经济指标

（2019 年底）

指　　标	郑州市	中原区	二七区	管城区	金水区	上街区	惠济区
生产总值（万元）	115897219	11848577	7547569	16257172	26201732	1585249	2781556
第一产业（万元）	1408781	1097	475	10647	4647	338	37772
第二产业（万元）	46170711	4968489	1778207	7993478	3637948	741622	947732
工业（万元）	30294669	2710019	709714	4334129	171410	578450	338523
第三产业（万元）	68317727	6878991	5768886	8253048	22559137	843289	1796053
生产总值指数（%）	106.5	107.0	107.4	106.2	106.6	105.6	106.5
第一产业（%）	95.1	87.8	49.8	94.4	102.3	12.0	101.8
第二产业（%）	106.2	107.3	107.2	105.6	107.2	104.5	108.1
工业（%）	106.3	107.3	112.7	105.1	102.7	104.9	107.9
第三产业（%）	107.1	106.8	107.5	107.0	106.5	107.4	105.7
总人口（万人）	1035.16	111.4	84.8	85.1	178.9	16.2	31.1
社会消费品零售总额（万元）	53244410	4551273	5234961	11283102	14111802	407370	2336522

1-9　续表　　　　　　　　　　（2019 年底）

指　　标	中牟县	巩义市	荥阳市	新密市	新郑市	登封市
生产总值(万元)	12163938	8012066	5355188	6830997	12736634	4480592
第一产业(万元)	352363	119093	270135	199743	250165	162306
第二产业(万元)	6238850	4709807	2647260	3562524	6627852	2301710
工业(万元)	5011222	4315412	1940105	2722590	5480247	1973785
第三产业(万元)	5572725	3183166	2437793	3068729	5858617	2016576
生产总值指数(%)	106.9	105.8	104.1	105.6	108.0	101.6
第一产业(%)	93.3	96.8	96.4	97.0	96.9	96.1
第二产业(%)	107.0	107.0	104.6	105.7	108.3	100.2
工业(%)	106.8	106.7	105.4	106.0	108.7	99.6
第三产业(%)	108.2	104.1	104.7	106.3	108.4	104.5
总人口(万人)	120.6	84.4	67.0	81.7	101.3	72.6
社会消费品零售总额(万元)	3499544	2873685	1669844	1978707	3656616	1640983

1-10 生产总值

（2019 年）　　单位：万元

项　目	郑州市	中原区	二七区	管城区	金水区	上街区	惠济区	中牟县
生产总值	115897219	6886208	7547569	6547855	17524795	1585249	2781556	4289098
第一产业	1408781		475	4081	4647	338	37772	232078
第二产业	46170711	2304197	1778207	1595678	2642153	741622	947732	1262049
第三产业	68317727	4582011	5768886	4948096	14877995	843289	1796053	2794971
农林牧渔业	1478751		609	4987	4647	338	39036	239189
工业	30294669	945778	709714	502884	148117	578450	338523	602921
建筑业	16007451	1366227	1071185	1093978	2496846	164480	610448	659919
批发和零售业	10294134	388450	698551	1218298	1690182	94518	262812	578335
交通运输、仓储和邮政业	6697617	292978	662061	406880	442165	185927	215604	285605
住宿和餐饮业	2181669	108251	205233	119428	346170	26912	81730	99503
金融业	12314200	954081	914245	411248	4146438	193246	155003	256632
房地产业	11157320	618975	1104008	1194428	1560088	90681	401592	479831
其他服务业	25471407	2211470	2181962	1595724	6690143	250698	676808	1087163
营利性服务业	11887523	860472	980761	1035681	3279494	129258	247043	532987
非营利性服务业	13583885	1350998	1201201	560043	3410649	121440	429764	554176

1-10 续表 （2019 年） 单位:万元

项　目	巩义市	荥阳市	新密市	新郑市	登封市	经开区	高新区	郑东新区	航空港实验区
生产总值	8012066	5355188	6830997	7203180	4480592	10590325	4962369	11396265	9807960
第一产业	119093	270135	199743	231748	162306	16414	1097	38609	90245
第二产业	4709807	2647260	3562524	2761922	2301710	7681436	2664292	1584963	6969928
第三产业	3183166	2437793	3068729	4209510	2016576	2892476	2296980	9772693	2747786
农林牧渔业	138860	278559	209311	241589	170884	19732	1097	38609	91304
工业	4315412	1940105	2722590	2067826	1973785	5097424	1764241	235046	6342789
建筑业	405407	711426	854300	696975	329772	2613014	929917	1350018	648993
批发和零售业	636002	386438	550935	1024213	369578	853159	326753	525267	692469
交通运输、仓储和邮政业	445502	265385	473827	355344	127915	632629	58623	1460132	388930
住宿和餐饮业	233370	104224	179780	174825	105129	47852	63621	204950	80801
金融业	195168	179889	219011	253129	221223	296635	212126	3506524	147369
房地产业	394684	649136	612537	871896	275459	511848	340203	1274813	742788
其他服务业	1247660	840025	1008706	1517384	906848	518032	1265787	2800904	672516
营利性服务业	643779	370714	529284	702392	397172	219643	545922	1057952	353422
非营利性服务业	603881	469311	479423	814992	509676	298389	719865	1742952	319094

1-11 生产总值指数

（2019 年底）

单位:%

项　　目	郑州市	中原区	二七区	管城区	金水区	上街区	惠济区	中牟县
生产总值	106.5	106.7	107.4	106.6	106.7	105.6	106.5	105.6
第一产业	95.1	0.0	49.8	99.0	102.3	12.0	101.8	97.0
第二产业	106.2	106.4	107.2	102.6	105.7	104.5	108.1	101.9
第三产业	107.1	106.9	107.5	108.1	106.9	107.4	105.7	109.0
农林牧渔业	95.7		49.8	99.0	102.3	12.0	101.8	97.2
工业	106.3	104.1	112.7	96.7	103.7	104.9	107.9	97.6
建筑业	106.1	108.4	103.0	106.4	105.9	102.8	108.2	107.3
批发和零售业	105.2	107.1	105.9	103.4	103.1	104.5	99.4	107.0
交通运输、仓储和邮政业	104.8	103.6	103.7	103.8	104.5	103.5	104.1	104.9
住宿和餐饮业	107.6	108.2	105.8	108.1	106.4	105.8	107.4	107.1
金融业	109.2	109.2	109.4	109.8	108.9	102.3	109.5	103.7
房地产业	106.4	105.2	115.6	114.6	106.8	100.2	103.4	115.5
其他服务业	107.7	106.7	105.5	108.9	106.8	119.3	108.9	110.4
营利性服务业	112.3	113.8	108.9	110.9	111.8	140.6	111.6	116.7
非营利性服务业	103.8	102.5	102.7	105.2	102.1	101.7	107.3	104.6

1-11 续表 （2019 年底） 单位:%

项　　目	巩义市	荥阳市	新密市	新郑市	登封市	经开区	高新区	郑东新区	航空港实验区
生产总值	105.8	104.1	105.6	106.1	101.6	106.0	107.5	106.0	110.2
第一产业	96.8	96.4	97.0	97.2	96.1	92.1	98.4	65.0	93.3
第二产业	107.0	104.6	105.7	105.8	100.2	106.1	108.0	108.7	110.1
第三产业	104.1	104.7	106.3	107.1	104.5	105.5	106.7	105.8	111.5
农林牧渔业	98.3	96.5	97.2	97.4	96.0	92.1	98.4	65.0	93.3
工业	106.7	105.4	106.0	106.7	99.6	106.4	109.1	96.8	109.9
建筑业	110.3	102.0	104.1	102.8	105.0	105.6	105.6	111.8	111.7
批发和零售业	105.4	105.8	107.9	107.3	107.4	101.6	101.2	104.2	113.7
交通运输、仓储和邮政业	104.5	106.2	106.7	105.1	103.6	106.5	104.1	103.9	108.7
住宿和餐饮业	108.3	107.9	108.0	108.8	107.8	115.8	107.4	106.0	107.1
金融业	105.4	103.6	108.3	104.5	104.2	109.5	109.6	109.3	108.1
房地产业	90.3	99.7	99.4	107.4	103.3	106.9	117.8	98.3	114.5
其他服务业	107.5	106.9	108.1	107.6	103.7	106.4	105.5	106.0	110.0
营利性服务业	111.2	112.2	112.7	113.6	108.3	110.4	108.8	110.1	117.1
非营利性服务业	103.7	102.9	103.2	102.5	100.2	103.4	103.0	103.5	102.7

1-12　全市法人单位数(按地域划分)

(2019 年底)

单位:个

行　业	郑州市	中原区	二七区	管城区	金水区	上街区	惠济区	经开区
合计	388157	22317	40437	30176	104332	3850	12671	12622
农、林、牧、渔业	6215	33	152	44	142	11	193	43
采矿业	365	6	7	1		3	1	1
制造业	19651	674	1156	246	287	465	341	767
电力、热力、燃气及水生产和供应业	422	17	25	4	1	8	6	27
建筑业	31608	2137	2990	2159	7454	316	1096	1214
批发和零售业	141676	8635	15776	15645	41262	1454	4961	4515
交通运输、仓储和邮政业	6148	247	505	578	818	158	243	519
住宿和餐饮业	6182	244	816	319	1373	58	231	219
信息传输、软件和信息技术服务业	30447	1446	2747	1372	11518	121	748	932
金融业	729	35	67	27	195	4	8	17
房地产业	16112	1116	1769	1217	3945	177	528	523
租赁和商务服务业	61527	3408	7337	5097	20251	343	1834	1689
科学研究和技术服务业	30859	1535	3729	1442	9141	175	1041	1280
水利、环境和公共设施管理业	1952	114	189	121	413	42	89	43
居民服务、修理和其他服务业	7735	543	838	556	2446	79	362	232
教育	7274	857	809	424	1079	98	273	225
卫生和社会工作	2019	106	184	80	246	18	64	34
文化、体育和娱乐业	8886	472	883	470	2695	80	420	236
公共管理、社会保障和社会组织	8350	692	458	374	1066	240	232	106

1-12 续表 （2019 年底） 单位：个

行业	高新区	航空港实验区	郑东新区	中牟县	巩义市	荥阳市	新密市	新郑市	登封市
合计	23187	6284	61156	10915	12000	13762	11914	15073	7461
农、林、牧、渔业	58	139	62	988	635	1332	1069	690	624
采矿业	4		1		33	65	91	13	139
制造业	2382	413	200	680	3651	3121	2630	1583	1055
电力、热力、燃气及水生产和供应业	53	19	43	18	45	24	54	40	38
建筑业	2000	822	6037	1411	481	877	985	1267	362
批发和零售业	6812	1391	19491	3191	3975	3695	2785	6139	1949
交通运输、仓储和邮政业	180	379	590	320	255	262	459	479	156
住宿和餐饮业	275	227	1338	219	109	154	170	235	195
信息传输、软件和信息技术服务业	3141	292	6856	188	213	253	201	309	110
金融业	39	18	263	7	9	6	9	10	15
房地产业	616	357	2974	759	255	497	421	722	236
租赁和商务服务业	3061	884	12975	942	391	1131	646	1029	509
科学研究和技术服务业	3162	514	6591	376	154	629	378	445	267
水利、环境和公共设施管理业	95	55	219	83	104	99	115	86	85
居民服务、修理和其他服务业	416	137	1003	188	123	221	182	264	145
教育	223	226	518	395	371	304	558	473	441
卫生和社会工作	54	33	161	296	126	79	116	320	102
文化、体育和娱乐业	489	92	1441	203	232	284	261	335	293
公共管理、社会保障和社会组织	127	286	393	651	838	729	784	634	740

1-13 法人单位按登记注册类型分组情况

（2019年底）

单位：个

注册类型	单位数
合计	**388157**
内资	**387437**
国有	6889
集体	1108
股份合作	113
联营	70
国有联营	10
集体联营	21
国有与集体联营	10
其他联营	29
有限责任公司	22045
国有独资公司	366
其他有限责任公司	21679
股份有限公司	860
私营	344628
私营独资	4079
私营合伙	1770
私营有限责任公司	336400
私营股份有限公司	2379
其他内资	11724
港澳台商投资	**332**
与港澳台商合资经营	132
与港澳台商合作经营	8
港澳台商独资	186
港澳台商投资股份有限公司	3
其他港、澳、台商投资	3
外商投资	**388**
中外合资经营	135
中外合作经营	10
外资企业	150
外商投资股份有限公司	83
其他外商投资	10

主要统计指标解释

生产总值　是一个国家(地区)所有常住单位在一定时期内生产活动的最终成果。地区生产总值有三种表现形态,即价值形态、收入形态和产品形态。从价值形态看,它是所有常住单位在一定时期内所生产的全部货物和服务价值超过同期投入的全部非固定资产货物和服务价值的差额,即所有常住单位的增加值之和;从收入形态看,它是所有常住单位在一定时期内所创造并分配给常住单位和非常住单位的初次分配收入之和;从产品形态看,它是最终使用的货物和服务减去进口货物和服务。在实际核算中,地区生产总值的三种表现形态表现为三种计算方法,即生产法、收入法和支出法。三种方法分别从不同的方面反映地区生产总值及其构成。

平均每年增长速度　在我国计算平均增长速度有两种方法,一种是习惯上经常使用的“水平法”,又称几何平均法,是以间隔期最后一年的水平同基期水平对比来计算平均每年增长(或下降)速度。另一种是“累计法”,又称代数平均法或方程法,是以间隔期内各年水平的总和同基期水平对比来计算平均每年增长(或下降)速度。在一般正常情况下,两种方法计算的平均每年增长速度比较接近,但在经济发展不平衡,出现大起大落时,两种方法计算的结果差别较大。本《年鉴》内所列的平均每年增长速度,除固定资产投资是用“累计法”计算以外,其余均用“水平法”计算。

总产出　总产出是指一定时期内一个国家(或地区)常住单位生产的所有货物和服务的价值,即包括新增价值,也包括转移价值。它反映常住单位生产活动的总规模。总产出按生产者价格计算。

增加值　增加值是指常住单位生产过程创造的新增价值和固定资产的转移价值。它可以按生产法计算,也可以按收入法计算,按生产法计算,它等于总产出减去中间投入;按收入法计算,它等于劳动者报酬、生产税净额、固定资产折旧和营业盈余之和。

人口数　指一定时点、一定地区范围内的有生命的个人的总和。

年度统计的年末人口数是指每年 12 月 31 日 24 时的人口数。年度统计的全国人口总数内未包括台湾省和港澳同胞以及海外华侨人数。

出生率(又称粗出生率)指在一定时期内(通常为一年)平均每千人所出生的人数的比率,一般用千分率表示。计算公式:

$$出生率=\frac{年出生人数}{年平均人数}\times1000‰$$

出生人数　是指活产婴儿,即胎儿脱离母体时(不管怀孕月数),有过呼吸或其他生命现象。

年平均人数　是指年初、年底人口数的平均数,也可用年中人口数代替。

死亡率(又称粗死亡率)　指在一定时期内(通常为一年)一定地区的死亡人数与同期平均人数(或期中人数)之比,一般用千分率表示。计算公式:

$$死亡率=\frac{年死亡人数}{年平均人数}\times1000‰$$

人口自然增长率　指在一定时期内(通常为一年)人口自然增加数(出生人数减死亡人数)与该时期内平均人数(或期中人数)之比。一般用千分率表示。计算公式:

$$人口自然增长率=\frac{(本年出生人数-本年死亡人数)}{年平均人数}\times1000‰$$

人口自然增长率=人口出生率-人口死亡率

二、从业人员和劳动工资

2-1 分企事业机关、分行业从业人员人数

（2019 年底）

单位：人

类　别	合　计	比上年±%	国有	比上年±%	城镇集体	比上年±%	其他所有制	比上年±%
单位从业人员年末人数	**1892438**	**0.7**	**443689**	**-4.3**	**14598**	**-22.4**	**1434151**	**2.7**
按企事业机关分								
企业	1431954	-0.1	78940	9.7	6982	-19.9	1346032	-0.5
事业	290863	-5.1	231019	-16.7	6550	-23.0	53294	159.4
机关	130740	13.7	128529	16.7	16	-93.3	2195	-52.7
非营利组织	31567	109.8	1700	97.7	427	-32.5	29440	117.2
其他	7314	-26.8	3501	-1.5	623	-14.4	3190	-44.1
按行业分								
农林牧渔业	1298	-19.3	1148	96.2			150	89.9
采矿业	31844	-22.7		-100.0			31844	-20.5
制造业	444761	-7.9	840	-68.7	1525	-50.3	442396	-7.3
电力、热力、燃气及水的生产和供应业	16054	-49.1	2897	-53.1	100	-51.2	13057	-48.1
建筑业	325770	-13.1	11490	19.1	1045	-16.2	313235	-13.9
批发和零售业	93578	13.4	1481	-35.4	690	-19.6	91407	15.1
交通运输、仓储和邮政业	73442	3.5	21107	-10.7	500	20.5	51835	10.5
住宿和餐饮业	28455	5.6	3964	7.7	479	-13.8	24012	5.8
信息传输、软件和信息技术服务业	75386	42.3	1231	49.2	95	163.9	74060	42.1
金融业	59953	-26.4	4950	-16.1			55003	-27.2
房地产业	78947	36.5	1647	54.9	225	19.0	77075	36.2
租赁和商务服务业	98783	103.9	24176	45.4	977	1528.3	73630	131.8
科学研究和技术服务业	76515	38.2	23854	62.4	621	-22.3	52040	30.5
水利、环境和公共设施管理业	23477	-23.6	9540	-11.0	22	-96.5	13915	-28.3
居民服务、修理和其他服务业	4992	70.3	480	-4.6	50	-65.8	4462	95.4
教育	168344	11.5	106762	-6.3	4690	11.6	56892	73.4
卫生和社会工作	116361	6.2	70303	-21.5	2350	-43.5	43708	176.2
文化、体育和娱乐业	18981	-18.1	8689	-36.2	1	-98.4	10291	8.4
公共管理、社会保障和社会组织	155497	1.4	149130	1.8	1228	-1.0	5139	-7.1

注：2-1 表至 2-12 表范围为中央和地方各类企业，事业和机关的资料，不包括私营企业、个体工商户和乡镇企业。

2-2 法人单位从业人数

（2019 年底）

项　　目	全市	中原区	二七区	管城区	金水区	上街区	惠济区
合计	**4737257**	**312569**	**404111**	**292809**	**1010541**	**51296**	**120700**
农、林、牧、渔业	50081	90	895	412	724	121	1386
采矿业	59884	14290	1111	10		32	2
制造业	940659	16594	21981	23597	9240	20845	14163
电力、热力、燃气及水生产和供应业	134656	6985	111045	428	145	282	1010
建筑业	765170	104690	48397	43777	216996	5131	31458
批发和零售业	706691	30574	54988	81348	207637	6404	19066
交通运输、仓储和邮政业	156054	1606	19222	6957	8127	2514	2069
住宿和餐饮业	78624	4293	6952	2773	25433	835	3183
信息传输、软件和信息技术服务业	217960	5509	14197	9595	110963	611	2747
金融业	84938	2588	1531	1698	58978	24	54
房地产业	226314	14170	19216	19551	53159	2461	7933
租赁和商务服务业	439767	29705	48606	41922	121068	1906	7995
科学研究和技术服务业	233402	24988	16896	10793	77310	1134	6467
水利、环境和公共设施管理业	43886	1705	741	1396	5730	716	1433
居民服务、修理和其他服务业	64811	2349	3290	22159	15314	466	1487
教育	211783	16770	15964	8695	31285	2431	10647
卫生和社会工作	81674	10343	5674	5738	21320	1136	1955
文化、体育和娱乐业	64361	5189	3351	2550	22704	712	2205
公共管理、社会保障和社会组织	176542	20131	10054	9410	24408	3535	5440

（按地域划分）

单位：人

经开区	高新区	航空港实验区	郑东新区	中牟县	巩义市	荥阳市	新密市	新郑市	登封市
241571	**249490**	**352749**	**465203**	**150470**	**254817**	**242958**	**198029**	**221858**	**168086**
275	306	1055	631	7076	6110	12438	6091	5644	6827
3	12		1		9278	1426	8311	1864	23544
69761	65051	256705	18845	25810	137010	91122	76000	51641	42294
481	1656	438	3080	544	2012	1019	1717	1371	2443
43705	33741	25053	68147	25085	11964	41215	29924	27121	8766
33442	31463	7021	73633	19261	30264	20658	17933	53500	19499
32497	1557	13658	37902	3746	6501	4019	6517	5426	3736
2055	2580	2296	13616	2615	1867	2585	2220	2187	3134
5524	26365	989	30482	1413	1851	2634	1061	3050	969
89	196	365	17161	575	644	138	527	210	160
11433	10578	8951	33491	10527	3999	9379	5012	12971	3483
8414	32789	18062	78552	10224	4182	14676	4845	11027	5794
11145	24727	2228	36203	3826	1792	6671	1617	4614	2991
8483	3484	1187	6353	3629	1502	1021	621	3936	1949
949	2142	792	4729	1879	1148	2285	1334	2999	1489
4593	6135	5593	19470	12461	14516	11801	15326	13557	22539
1541	1141	1711	2899	5182	3947	4069	5709	5921	3388
1770	1670	424	6428	3794	2161	2733	1497	3675	3498
5411	3897	6221	13580	12823	14069	13069	11767	11144	11583

2-3 分企事业机关、分行业在岗职工人数

（2019 年底） 单位：人

类　别	合　计	比上年±%	国有	比上年±%	城镇集体	比上年±%	其他经济类型	比上年±%
在岗职工年末人数	**1788756**	**11.8**	**420014**	**1.1**	**14084**	**-19.0**	**1354658**	**16.1**
按企事业机关分								
企业	1353179	13.0	74509	20.1	6715	-15.9	1271955	12.9
事业	272612	-2.4	216136	-15.0	6303	-19.5	50173	188.3
机关	125716	25.8	124376	30.4	16	-92.8	1324	-69.3
非营利组织	30137	110.7	1694	108.4	427	-32.5	28016	117.9
其他	7112	-20.7	3299	18.2	623	-14.4	3190	-41.5
按行业分								
农林牧渔业	903	-26.2	759	29.7		-100.0	144	82.3
采矿业	30572	-25.7		-100.0			30572	-23.5
制造业	441232	-6.1	840	-68.7	1462	-51.1	438930	-5.4
电力、热力、燃气及水的生产和供应业	15402	-48.0	2628	-50.4	100	-51.2	12674	-47.4
建筑业	299130	22.6	9318	40.5	974	-12.4	288838	22.3
批发和零售业	92033	17.6	1364	-39.1	632	-18.6	90037	19.7
交通运输、仓储和邮政业	70526	31.5	21044	10.6	479	15.4	49003	43.3
住宿和餐饮业	27671	10.1	3679	4.9	477	-13.9	23515	11.5
信息传输、软件和信息技术服务业	49099	33.7	1220	50.8	95	163.9	47784	33.2
金融业	59055	-4.8	4950	-14.3	213		54105	-3.8
房地产业	77364	43.4	1493	65.0		-100.0	75658	43.1
租赁和商务服务业	93562	142.6	23248	49.7	977	1528.3	69337	201.8
科学研究和技术服务业	71485	56.5	21777	84.9	618	-21.5	49090	48.2
水利、环境和公共设施管理业	19025	-8.7	6584	-31.0	16	-97.5	12425	16.5
居民服务、修理和其他服务业	4329	50.3	351	-29.7	50	-58.7	3928	73.7
教育	161719	13.3	103671	-5.5	4586	10.2	53462	85.2
卫生和社会工作	110078	12.1	66393	-16.3	2187	-46.1	41498	178.8
文化、体育和娱乐业	17705	-16.2	8047	-34.2	1	-98.4	9657	9.4
公共管理、社会保障和社会组织	147866	10.1	142648	11.3	1217	80.6	4001	-26.5

2-4 分企事业机关、分行业在岗职工工资总额

（2019 年底）

单位：千元

类　别	合　计	比上年±%	国有	比上年±%	城镇集体	比上年±%	其他经济类型	比上年±%
在岗职工年工资总额	**154749703**	**20.5**	**45285122**	**4.7**	**977484**	**-19.1**	**108487097**	**29.2**
按企事业机关分								
企业	106002373	20.9	6001457	1.8	417933	-10.7	99582983	22.5
事业	32251672	10.7	24937491	-8.5	511207	-20.7	6802974	439.5
机关	13922671	36.5	13783869	41.2	2218	-86.4	136584	-67.6
非营利组织	1851179	141.5	116452	79.0	15547	-58.2	1719180	158.7
其他	721808	14.6	445853	60.6	30579	-26.1	245376	-21.0
按行业分								
农林牧渔业	55208	-21.2	46441	2.5		-100.0	8767	172.0
采矿业	1676260	-26.6					1676260	-24.5
制造业	29147126	7.6	91062	-56.2	148923	-29.5	28907141	8.4
电力、热力、燃气及水的生产和供应业	1513925	-29.3	334427	-30.2	4430	-48.0	1175068	-28.9
建筑业	20438305	23.3	632309	19.5	41319	-8.5	19764677	23.5
批发和零售业	5994088	24.5	212443	-44.2	30314	-19.3	5751331	30.8
交通运输、仓储和邮政业	6143178	29.0	1759578	17.1	18012	20.2	4365588	34.5
住宿和餐饮业	1374835	19.0	199364	15.5	27290	-12.2	1148181	20.6
信息传输、软件和信息技术服务业	4636383	33.5	124146	23.4	5174	212.3	4507063	33.7
金融业	15354150	22.2	975162	-14.5			14378988	25.9
房地产业	6036521	42.7	147893	116.1	9715	11.6	5878913	41.6
租赁和商务服务业	4974904	79.7	1193279	14.2	41343	1039.6	3740282	117.4
科学研究和技术服务业	7519435	57.0	2375792	78.3	54779	-18.0	5088864	50.1
水利、环境和公共设施管理业	1274585	10.3	687253	7.4	883	-98.3	586449	26.3
居民服务、修理和其他服务业	242264	43.4	37246	24.3	1662	-78.3	203356	54.9
教育	16963955	19.0	12261861	1.4	389854	11.2	4312240	136.6
卫生和社会工作	13363004	23.1	7988166	-15.2	141456	-50.9	5233382	355.1
文化、体育和娱乐业	2062078	-2.1	665611	-44.7	72	-98.7	1396395	55.7
公共管理、社会保障和社会组织	15979499	21.3	15553089	21.6	62258	15.5	364152	12.3

2-5 分企事业机关、分行业在岗职工平均工资

（2019 年底）

单位：元

类别	合计	比上年±%	国有	比上年±%	城镇集体	比上年±%	其他经济类型	比上年±%
在岗职工年平均工资	**88030**	**8.7**	**110012**	**7.3**	**70561**	**0.2**	**81421**	**10.6**
按企事业机关分								
企业	79568	6.1	81393	-17.2	63516	6.2	79545	7.7
事业	121276	18.2	118378	12.0	82161	-1.2	138681	104.2
机关	112600	15.7	112696	15.7	138625	81.7	103394	9.4
非营利组织	63575	15.3	70663	-11.5	37644	-37.8	63539	19.4
其他	103233	33.9	135683	30.6	49162	-14.6	79564	28.2
按行业分								
农林牧渔业	63824	8.0	64862	-15.8		-100.0	58839	9.5
采矿业	55723	0.4						
制造业	66200	5.8	107006	38.5	101239	43.3	55723	-10.7
电力、热力、燃气及水的生产和供应业	97390	36.9	126104	44.2	43861	3.9	66003	-2.4
建筑业	70982	2.7	67670	-12.8	49366	9.9	91860	33.1
批发和零售业	66224	7.5	154392	-10.2	47965	-1.8	71159	21.4
交通运输、仓储和邮政业	87922	2.3	84922	-4.8	37369	3.0	64984	-23.6
住宿和餐饮业	49869	9.4	53334	9.0	56854	1.4	89700	100.2
信息传输、软件和信息技术服务业	95720	3.9	104412	-17.4	55043	22.9	49171	-46.2
金融业	261887	21.8	200156	1.8			95582	-55.9
房地产业	78226	2.2	98991	33.6	45610	-1.5	267481	248.9
租赁和商务服务业	55248	-20.4	51913	-25.1	42447	-29.8	77907	12.1
科学研究和技术服务业	107336	8.0	113354	4.8	90245	4.7	56596	-41.5
水利、环境和公共设施管理业	65150	32.0	102255	52.6	49056	-39.9	104949	182.6
居民服务、修理和其他服务业	58660	4.2	105813	76.2	33918	-46.5	45727	-17.2
教育	108311	8.9	122165	11.0	86480	2.0	54534	-11.7
卫生和社会工作	124373	13.0	123662	5.2	65067	-10.4	83340	6.9
文化、体育和娱乐业	118872	25.0	85499	-10.8	72000	-17.2	128673	36.7
公共管理、社会保障和社会组织	109594	16.9	110373	16.1	51368	-36.8	146051	145.4

2-6 全市及各区县(市)分企事业、机关从业人员人数及工资总额

(2019年底) 单位:人、元

类别	单位从业人员	女性	在岗职工合计	其他从业人员	单位从业人员平均人数	在岗职工	劳务派遣人员	其他从业人员	单位从业人员工资总额(千元)	在岗职工工资总额	劳务派遣人员工资总额	其他从业人员工资总额	在岗职工平均工资(含劳务派遣人员)
总计	**1892438**	**721965**	**1567892**	**103682**	**1853273**	**1542436**	**215480**	**95357**	**159197846**	**143406771**	**11342932**	**4448143**	**88030**
中原区	141191	48256	97832	9500	141554	96559	35363	9632	12914766	10346049	1955871	612846	93251
二七区	142931	56379	116220	4936	139899	113996	21063	4840	11660128	10385376	1072313	202439	84835
管城区	100915	36715	82465	4827	99271	80866	13704	4701	8455438	7470881	767974	216583	87119
金水区	368641	130370	292016	46378	347465	279093	28793	39579	30565221	27181969	1724949	1658303	93888
上街区	23674	8100	19679	1629	23423	19534	2358	1531	1749314	1560243	121840	67231	76836
惠济区	44894	19568	40678	894	44061	40130	3002	929	3507562	3306290	147934	53338	80085
中牟县	45201	18592	36022	5071	44626	35885	3797	4944	3654983	3281943	209963	163077	87997
市局直管	11814	1827	11124	57	12075	11406	610	59	785582	738771	45798	1013	65294
巩义市	55455	25460	51757	1675	55608	52032	1988	1588	3469871	3324285	94705	50881	63291
荥阳市	42603	17470	37473	1112	44793	36584	7137	1072	3487010	2974216	474790	38004	78887
新密市	61175	21422	50468	2801	59797	49207	7789	2801	4081784	3623859	356420	101505	69834
新郑市	81719	34788	71447	5250	79784	70088	4536	5160	6251253	5838948	204440	207865	80985
登封市	56757	20381	51920	2078	56132	51347	2534	2251	3181202	3025419	90921	64862	57837
经开区	115394	39862	97517	6695	117905	97753	14546	5606	10238052	9195242	709393	333417	88199
高新区	92547	31763	78951	2417	90290	76663	10989	2638	8314707	7584465	574783	155459	93087
郑东新区	228314	97423	186096	7371	220955	178626	35284	7045	28904725	26871025	1556065	477635	132893
航空港实验区	279213	113589	246227	991	275635	252667	21987	981	17976248	16697790	1234773	43685	65291
企业	**1431954**	**468385**	**1163513**	**78775**	**1403244**	**1146780**	**185443**	**71021**	**109393068**	**96185470**	**9816903**	**3390695**	**79568**
中原区	98273	24802	62414	5122	99376	61482	32305	5589	7742259	5601235	1754848	386176	78434
二七区	101080	29431	77508	3916	98159	75379	18957	3823	6218185	5120071	933941	164173	64175
管城区	79189	24485	65609	1856	77642	63971	11855	1816	6347824	5580467	678904	88453	82549
金水区	288691	85855	220699	42103	268481	208816	24462	35203	20824761	17877521	1536801	1410439	83224

2-6 续表 1　　　　(2019 年底)　　　　单位:人、元

类　别	单位从业人员	女性	在岗职工合计	其他从业人员	单位从业人员平均人数	在岗职工	劳务派遣人员	其他从业人员	单位从业人员工资总额(千元)	在岗职工工资总额	劳务派遣人员工资总额	其他从业人员工资总额	在岗职工平均工资(含劳务派遣人员)
上街区	16140	3741	14690	738	15929	14527	765	637	1084409	1008830	40207	35372	68600
惠济区	29078	11284	26858	651	28863	26669	1477	717	1964802	1852189	69024	43589	68259
中牟县	17486	4743	15078	1221	17366	15119	1058	1189	1251877	1132116	65496	54265	74032
市局直管	11814	1827	11124	57	12075	11406	610	59	785582	738771	45798	1013	65294
巩义市	31108	11278	29328	1061	31418	29728	713	977	1462375	1380254	50241	31880	46992
荥阳市	19526	5039	14855	876	21970	14205	6919	846	1368556	871572	467989	28995	63414
新密市	36939	8684	28132	2202	35737	27015	6491	2231	1989214	1588454	315069	85691	56811
新郑市	47742	16512	41076	2933	46218	40139	3287	2792	2848316	2557044	164679	126593	62675
登封市	31037	6945	28873	960	31100	28814	1022	1264	1579895	1494662	48120	37113	51709
经开区	105567	34267	91252	6280	108336	91657	11477	5202	9332588	8463165	549192	320231	87385
高新区	72744	22901	61415	1741	70809	59440	9429	1940	6015803	5368918	520077	126808	85510
郑东新区	176272	67781	135596	6830	173685	132899	34274	6512	21568872	19638607	1493655	436610	126410
航空港实验区	269268	108810	239006	228	266080	245514	20342	224	17007750	15911594	1082862	13294	63924
事业	**290863**	**178693**	**259337**	**18251**	**283534**	**253174**	**12762**	**17598**	**33038241**	**31468999**	**782673**	**786569**	**121276**
中原区	28595	17053	23398	2977	27885	23157	2177	2551	3650115	3325343	166927	157845	137849
二七区	29656	20615	27409	672	29642	27406	1567	669	4479069	4339439	116303	23327	153789
管城区	13820	8143	9942	2813	13810	10045	1038	2727	1259693	1095520	46445	117728	103038
金水区	50097	32124	43937	3772	49462	43261	2377	3824	6031123	5697403	111409	222311	127280
上街区	3365	2261	2335	419	3353	2333	597	423	351826	290810	47377	13639	115422
惠济区	9678	5497	9134	232	9450	8959	290	201	1020768	998400	12889	9479	109340
中牟县	17715	10392	14287	3283	17533	14223	137	3173	1546527	1451802	5216	89509	101464
巩义市	12288	7722	11677	463	12236	11646	128	462	1040239	1019988	4618	15633	87023
荥阳市	13187	8481	12938	158	13063	12824	91	148	1197496	1187407	3120	6969	92182
新密市	12875	8450	12423	163	12781	12332	288	161	1157914	1145214	6911	5789	91294
新郑市	20936	12314	18810	1609	20699	18572	513	1614	2146069	2082984	16254	46831	109994

2-6 续表 2　　（2019 年底）　　单位：人、元

类别	单位从业人员	女性	在岗职工合计	其他从业人员	单位从业人员平均人数	在岗职工	劳务派遣人员	其他从业人员	单位从业人员工资总额（千元）	在岗职工工资总额	劳务派遣人员工资总额	其他从业人员工资总额	在岗职工平均工资（含劳务派遣人员）
登封市	13068	7854	12319	483	12977	12257	266	454	895355	872190	9866	13299	70435
经开区	5063	3583	3830	98	4853	3689	1077	87	526702	451214	71074	4414	109586
高新区	15030	6828	14628	218	14734	14338	179	217	1880832	1862861	8982	8989	128941
郑东新区	39436	24442	38154	411	35331	34049	876	406	5299223	5206965	57028	35230	150723
航空港实验区	6054	2934	4116	480	12236	11646	128	462	1040239	1019988	4618	15633	102920
机关	**130740**	**48442**	**108408**	**5024**	**128723**	**106958**	**16689**	**5076**	**14114984**	**13201585**	**721086**	**192313**	**112600**
中原区	10008	3211	7938	1275	10013	7902	795	1316	1278579	1186167	32308	60104	140103
二七区	6594	2930	5799	308	6596	5806	482	308	595924	562526	19645	13753	92584
管城区	6566	3003	5666	67	6516	5639	810	67	767636	723058	42607	1971	118726
金水区	24323	8065	22047	393	24042	21740	1872	430	3288321	3199048	73738	15535	138607
上街区	3650	1616	2180	471	3630	2208	952	470	293582	242326	33058	18198	87147
惠济区	5819	2535	4367	11	5443	4197	1235	11	503136	436845	66021	270	92575
中牟县	8818	2871	5918	381	8553	5823	2348	382	785344	647722	126975	10647	94811
巩义市	7447	2848	6157	134	7368	6089	1147	132	601764	558979	39846	2939	82756
荥阳市	9628	3838	9418	78	9500	9295	127	78	901363	895642	3681	2040	95449
新密市	10726	3921	9278	436	10677	9258	1010	409	896708	852243	34440	10025	86354
新郑市	8226	2949	7406	48	8196	7411	736	49	1026603	1000838	23507	2258	125733
登封市	8043	2750	6544	268	7912	6468	1188	256	539021	500589	31600	6832	69513
经开区	4391	1707	2062	317	4371	2062	1992	317	361375	263476	89127	8772	86977
高新区	3574	1162	1744	427	3567	1740	1377	450	322391	258075	45494	18822	97391
郑东新区	10048	3902	9791	127	9490	9231	134	125	1592736	1582021	5382	5333	169504
航空港实验区	2879	1134	2093	283	2849	2089	484	276	601764	558979	39846	2939	82756
民间非营利组织	**31567**	**22196**	**29811**	**1430**	**30576**	**28818**	**300**	**1458**	**1924467**	**1841184**	**9995**	**73288**	**63575**
中原区	3952	3070	3730	115	3914	3665	86	163	206678	197147	1788	7743	53035

2-6 续表 3 （2019 年底） 单位：人、元

类　别	单位从业人员	女性	在岗职工合计	其他从业人员	单位从业人员平均人数	在岗职工	劳务派遣人员	其他从业人员	单位从业人员工资总额（千元）	在岗职工工资总额	劳务派遣人员工资总额	其他从业人员工资总额	在岗职工平均工资（含劳务派遣人员）
二七区	2932	1880	2835	40	2905	2808	57	40	154659	151049	2424	1186	53568
管城区	1340	1084	1248	91	1303	1211	1	91	80285	71836	18	8431	59285
金水区	5530	4326	5333	110	5480	5276	82	122	421016	407997	3001	10018	76707
上街区	519	482	474	1	511	466	44	1	19497	18277	1198	22	38186
惠济区	283	224	283		269	269			17157	17157			63781
中牟县	848	485	650	174	842	630	24	188	49340	39792	1290	8258	62817
巩义市	2151	1781	2134	17	2126	2109		17	88911	88482		429	41954
荥阳市	170	66	170		170	170			11365	11365			66853
新密市	190	131	190		190	190			9153	9153			48174
新郑市	4815	3013	4155	660	4671	3966		705	230265	198082		32183	49945
登封市	4229	2710	4039	188	3763	3663	2	98	153436	149674	46	3716	40851
经开区	373	305	373		345	345			17387	17387			50397
高新区	1199	872	1164	31	1180	1145	4	31	95681	94611	230	840	82542
郑东新区	2024	1056	2021	3	1926	1924		2	316930	316468		462	164484
航空港实验区	1012	711	1012		981	981			52707	52707			53728
其他	**7314**	**4249**	**6823**	**202**	**7196**	**6706**	**286**	**204**	**727086**	**709533**	**12275**	**5278**	**103233**
中原区	363	120	352	11	366	353		13	37135	36157		978	102428
二七区	2669	1523	2669		2597	2597			212291	212291			81745
惠济区	36	28	36		36	36			1699	1699			47194
中牟县	334	101	89	12	332	90	230	12	21895	10511	10986	398	67178
巩义市	2461	1831	2461		2460	2460			276582	276582			112432
荥阳市	92	46	92		90	90			8230	8230			91444
新密市	445	236	445		412	412			28795	28795			69891
登封市	380	122	145	179	380	145	56	179	13495	8304	1289	3902	47726
郑东新区	534	242	534		523	523			126964	126964			242761

2-7　全市及各区县(市)国有单位分企事业、机关从业人员人数及工资总额

（2019 年底）

单位:人、元

类　别	单位从业人员	女性	在岗职工合计	其他从业人员	单位从业人员平均人数	在岗职工	劳务派遣人员	其他从业人员	单位从业人员工资总额(千元)	在岗职工工资总额	劳务派遣人员工资总额	其他从业人员工资总额	在岗职工平均工资(含劳务派遣人员)
国有单位合计	**443689**	**211872**	**380727**	**23675**	**434821**	**373274**	**38363**	**23184**	**46293590**	**43337387**	**1947735**	**1008468**	**110012**
中原区	42545	20571	35467	3432	42079	35318	3658	3103	5293201	4852894	241638	198669	130709
二七区	29650	12855	27876	654	29618	27806	1098	714	2319277	2218741	73659	26877	79311
管城区	23700	9516	15544	2774	23680	15627	5354	2699	2098203	1705577	273813	118813	94342
金水区	72361	37048	66362	2505	71449	65373	3465	2611	9260296	8966717	149971	143608	132437
上街区	6974	3704	4474	890	6945	4503	1549	893	585709	473437	80435	31837	91519
惠济区	16381	8192	14276	352	15842	14000	1525	317	1570497	1477899	78910	13688	100278
中牟县	27965	13319	20721	4347	27563	20586	2715	4262	2352472	2086697	143177	122598	95699
巩义市	19972	10320	17695	986	19799	17549	1262	988	1658985	1587638	43930	27417	27750
荥阳市	21473	10840	20790	219	21214	20570	415	229	1903576	1876341	18281	8954	39100
新密市	25118	13213	23228	589	24942	23083	1299	560	2154554	2097604	41375	15575	27813
新郑市	27202	12848	24465	1574	26896	24207	1119	1570	3008103	2923712	35279	49112	31282
登封市	20297	9518	17885	855	20055	17722	1505	828	1338435	1275833	40011	22591	27284
经开区	14152	5436	7145	2537	13794	6970	4373	2451	1215046	895783	191078	128185	52299
高新区	18932	8044	16644	653	18624	16346	1604	674	2312156	2226708	56647	28801	42731
郑东新区	69369	32609	62276	606	64811	57785	6429	597	8406339	7992697	370601	43041	72095
航空港实验区	7598	3839	5879	702	7510	5829	993	688	816741	679109	108930	28702	41718
企业	**78940**	**22589**	**62274**	**4431**	**78239**	**61579**	**12155**	**4505**	**6218667**	**5366784**	**634673**	**217210**	**81393**
中原区	7654	2288	6678	315	7860	6786	716	358	719736	644235	43579	31922	91684
二七区	11082	1707	11018	59	11064	10938	5	121	494116	490402	270	3444	44839
管城区	8213	1972	4163	42	8195	4141	4013	41	530715	316904	210139	3672	64636
金水区	8121	3788	7709	159	8083	7667	249	167	1004564	982454	14819	7291	125982
上街区	449	121	449		452	452			16555	16555			36626
惠济区	1577	632	1468	109	1590	1485		105	123285	119346		3939	80368
中牟县	2090	630	1310	780	2112	1308		804	91367	65090		26277	49763
巩义市	1558	582	1080	469	1500	1017	9	474	46038	33857	270	11911	33262
荥阳市	1426	202	1133	52	1366	1104	197	65	56725	43239	11480	2006	42059

2-7 续表 1 （2019 年底） 单位：人、元

类别	单位从业人员	女性	在岗职工合计	其他从业人员	单位从业人员平均人数	在岗职工	劳务派遣人员	其他从业人员	单位从业人员工资总额（千元）	在岗职工工资总额	劳务派遣人员工资总额	其他从业人员工资总额	在岗职工平均工资（含劳务派遣人员）
新密市	1691	955	1691		1658	1657	1		112359	112335	24		67768
新郑市	2582	659	2419	163	2587	2433		154	153849	147439		6410	60600
登封市	966	254	857	50	949	838	50	61	41221	38957	1033	1231	45034
经开区	5512	646	1937	2125	5364	1881	1433	2050	420878	263775	42036	115067	92279
高新区	447	145	391	8	442	387	48	7	115758	112597	2171	990	263834
郑东新区	25362	7938	19761	100	24817	19285	5434	98	2271418	1959516	308852	3050	91766
航空港实验区	210	70	210		200	200			20083	20083			100415
事业	**231019**	**138661**	**206573**	**14883**	**224922**	**201317**	**9342**	**14263**	**25570032**	**24352182**	**585309**	**632541**	**118378**
中原区	25156	15037	20332	2634	24476	20110	2147	2219	3273956	2964916	165751	143289	140660
二七区	12495	8266	11488	339	12480	11492	651	337	1273357	1207893	54744	10720	103981
管城区	9058	4645	5823	2679	9103	5951	546	2606	814723	679372	21762	113589	107917
金水区	39871	25181	36509	1949	39286	35878	1400	2008	4974001	4788055	65373	120573	130196
上街区	2875	1967	1845	419	2863	1843	597	423	275572	214556	47377	13639	107350
惠济区	9141	5088	8597	232	8965	8474	290	201	962925	940557	12889	9479	108791
中牟县	16721	9702	13402	3174	16563	13362	137	3064	1453987	1363495	5216	85276	101394
巩义市	9073	5483	8564	383	9037	8549	106	382	764138	747757	3814	12567	86837
荥阳市	10327	6754	10147	89	10258	10081	91	86	937258	929230	3120	4908	91658
新密市	12701	8337	12259	153	12607	12168	288	151	1145487	1133026	6911	5550	91517
新郑市	16389	9232	14635	1363	16111	14361	383	1367	1829322	1777106	11772	40444	121329
登封市	10571	6258	10004	358	10478	9937	209	332	736267	719598	6043	10626	71520
经开区	4249	3083	3146	95	4059	3027	948	84	432793	368532	59915	4346	107785
高新区	14911	6737	14509	218	14615	14219	179	217	1874007	1856036	8982	8989	129533
郑东新区	33425	20527	32190	379	29981	28746	861	374	4415221	4324196	56367	34658	147957
航空港实验区	4056	2364	3123	419	4040	3119	509	412	407018	337857	55273	13888	108360
机关	**128529**	**47659**	**107235**	**4153**	**126514**	**105788**	**16522**	**4204**	**13937072**	**13070746**	**713123**	**153203**	**112696**
中原区	9183	3074	7916	472	9188	7880	795	513	1237838	1183050	32308	22480	140099
二七区	5956	2785	5275	256	5957	5281	420	256	545359	514931	17715	12713	93430
管城区	6429	2899	5558	53	6382	5535	795	52	752765	709301	41912	1552	118675

2-7 续表 2　　（2019 年底）　　单位：人、元

类　别	单位从业人员	女性	在岗职工合计	其他从业人员	单位从业人员平均人数	在岗职工	劳务派遣人员	其他从业人员	单位从业人员工资总额（千元）	在岗职工工资总额	劳务派遣人员工资总额	其他从业人员工资总额	在岗职工平均工资（含劳务派遣人员）
金水区	23946	7778	21762	391	23665	21455	1782	428	3243179	3159271	68400	15508	138902
上街区	3650	1616	2180	471	3630	2208	952	470	293582	242326	33058	18198	87147
惠济区	5663	2472	4211	11	5287	4041	1235	11	484287	417996	66021	270	91739
中牟县	8818	2871	5918	381	8553	5823	2348	382	785344	647722	126975	10647	94811
巩义市	7447	2848	6157	134	7368	6089	1147	132	601764	558979	39846	2939	82756
荥阳市	9628	3838	9418	78	9500	9295	127	78	901363	895642	3681	2040	95449
新密市	10726	3921	9278	436	10677	9258	1010	409	896708	852243	34440	10025	86354
新郑市	8210	2939	7390	48	8180	7395	736	49	1024385	998620	23507	2258	125707
登封市	7981	2713	6482	268	7850	6406	1188	256	533495	495063	31600	6832	69353
经开区	4391	1707	2062	317	4371	2062	1992	317	361375	263476	89127	8772	86977
高新区	3574	1162	1744	427	3567	1740	1377	450	322391	258075	45494	18822	97391
郑东新区	10048	3902	9791	127	9490	9231	134	125	1592736	1582021	5382	5333	169504
航空港实验区	2879	1134	2093	283	2849	2089	484	276	360501	292030	53657	14814	134352
民间非营利组织	**1700**	**987**	**1635**	**6**	**1656**	**1590**	**58**	**8**	**116688**	**114097**	**2355**	**236**	**70663**
中原区	193	54	193		193	193			24728	24728			128124
二七区	117	97	95		117	95	22		6445	5515	930		55085
金水区	423	301	382	6	415	373	34	8	38552	36937	1379	236	94143
中牟县	20	15	20		20	20			1536	1536			76800
巩义市	55	49	55		55	55			1104	1104			20073
新郑市	21	18	21		18	18			547	547			30389
登封市	418	182	416		417	415	2		14637	14591	46		35101
航空港实验区	453	271	453		421	421			29139	29139			69214
其他	**3501**	**1976**	**3010**	**202**	**3490**	**3000**	**286**	**204**	**451131**	**433578**	**12275**	**5278**	**135683**
中原区	359	118	348	11	362	349		13	36943	35965		978	103052
中牟县	316	101	71	12	315	73	230	12	20238	8854	10986	398	65479
巩义市	1839	1358	1839		1839	1839			245941	245941			133736
荥阳市	92	46	92		90	90			8230	8230			91444
登封市	361	111	126	179	361	126	56	179	12815	7624	1289	3902	48973
郑东新区	534	242	534		523	523			126964	126964			242761

2-8 全市及各区县(市)城镇集体单位分企事业从业人员人数及工资总额

(2019 年底)

单位:人、元

类别	单位从业人员	女性	在岗职工合计	其他从业人员	单位从业人员平均人数	在岗职工	劳务派遣人员	其他从业人员	单位从业人员工资总额(千元)	在岗职工工资总额	劳务派遣人员工资总额	其他从业人员工资总额	在岗职工平均工资(含劳务派遣人员)
城镇集体合计	**14598**	**7810**	**12563**	**514**	**14374**	**12308**	**1545**	**521**	**1001586**	**910309**	**67175**	**24102**	**70561**
中原区	818	409	698	59	734	595	80	59	65439	55737	5755	3947	91099
二七区	1019	587	942	77	1026	949		77	60201	55060		5141	58019
管城区	844	406	577	49	853	587	217	49	96436	77764	16689	1983	117479
金水区	2094	781	1528	48	2088	1519	524	45	110375	90409	17922	2044	53025
上街区	281	95	210	71	271	207		64	8887	6993		1894	33783
惠济区	507	398	507		474	474			51598	51598			108857
中牟县	315	171	310	3	302	298	2	2	29255	29111	55	89	97220
巩义市	3227	2198	3160	56	3211	3144	11	56	214349	212490	288	1571	67442
荥阳市	1337	860	1337		1315	1315			120632	120632			91735
新密市	925	139	241	10	919	237	672	10	36408	12134	24035	239	39790
新郑市	956	401	927	27	936	904	4	28	82509	78640	216	3653	86846
登封市	1264	651	1177	79	1257	1151	8	98	61870	59167	192	2511	51216
经开区	90	40	90		90	90			6338	6338			70422
高新区	678	545	678		678	678			41718	41718			61531
郑东新区	99	62	85	12	76	68	2	6	6619	5999	160	460	87986
航空港实验区	144	67	96	23	144	92	25	27	8952	6519	1863	570	71641
企业	**6982**	**2778**	**5954**	**267**	**6851**	**5794**	**786**	**271**	**431185**	**386895**	**31038**	**13252**	**63516**
中原区	644	273	581	2	560	478	80	2	47152	41213	5755	184	84172
二七区	643	291	628	15	651	636		15	41467	40372		1095	63478
管城区	504	139	450	49	515	461	5	49	67911	65575	353	1983	141476
金水区	1013	422	958	48	1007	949	13	45	58363	56047	272	2044	58544
上街区	281	95	210	71	271	207		64	8887	6993		1894	33783
惠济区	100	70	100		100	100			5623	5623			56230
中牟县	49	27	44	3	39	35	2	2	1868	1724	55	89	48081
巩义市	549	244	528	21	550	529		21	17812	17334		478	32767
荥阳市	80	32	80		80	80			3081	3081			38513
新密市	903	120	229		897	225	672		35489	11454	24035		39564
新郑市	834	315	805	27	813	781	4	28	72400	68531	216	3653	87576

2-8 续表　　　　(2019 年底)　　　　单位:人、元

类　别	单位从业人员	女性	在岗职工合计	其他从业人员	单位从业人员平均人数	在岗职工	劳务派遣人员	其他从业人员	单位从业人员工资总额(千元)	在岗职工工资总额	劳务派遣人员工资总额	其他从业人员工资总额	在岗职工平均工资(含劳务派遣人员)
登封市	639	217	612	19	639	592	8	39	25224	23660	192	1372	39753
经开区	90	40	90		90	90			6338	6338			70422
高新区	559	454	559		559	559			34893	34893			
郑东新区	68	35	54	12	54	46	2	6	3554	2934	160	460	62420
航空港实验区	26	4	26		26	26			1123	1123			64458
事业	**6550**	**4177**	**5543**	**247**	**6472**	**5463**	**759**	**250**	**522057**	**475070**	**36137**	**10850**	**82161**
中原区	139	106	82	57	139	82		57	16103	12340		3763	150488
二七区	376	296	314	62	375	313		62	18734	14688		4046	46927
管城区	340	267	127		338	126	212		28525	12189	16336		84393
金水区	996	279	485		996	485	511		47981	30331	17650		48174
惠济区	388	313	388		355	355			45131	45131			127130
中牟县	266	144	266		263	263			27387	27387			104133
巩义市	1792	1246	1746	35	1790	1744	11	35	158315	156934	288	1093	89585
荥阳市	1257	828	1257		1235	1235			117551	117551			95183
新密市	22	19	12	10	22	12		10	919	680		239	56667
新郑市	106	76	106		107	107			7891	7891			73748
登封市	600	422	540	60	593	534		59	35801	34662		1139	64910
高新区	119	91	119		119	119			6825	6825			57353
郑东新区	31	27	31		22	22			3065	3065			139318
航空港实验区	118	63	70	23	118	66	25	27	7829	5396	1863	570	79769
机关	**16**	**10**	**16**		**16**	**16**			**2218**	**2218**			**138625**
新郑市	16	10	16		16	16			2218	2218			138626
民间非营利组织	**427**	**371**	**427**		**413**	**413**			**15547**	**15547**		**15547**	**37644**
中原区	35	30	35		35	35			2184	2184		2184	62400
金水区	85	80	85		85	85			4031	4031		4031	47424
惠济区	19	15	19		19	19			844	844		844	44421
巩义市	270	237	270		256	256			7883	7883		7883	30793
登封市	18	9	18		18	18			605	605		605	33611
其他	**623**	**474**	**623**		**622**	**622**			**30579**	**30579**			**49162**
登封市	7	3	7		7	7			240	240			34286
巩义市	616	471	616		615	615			30339	30339			49332

2-9 全市及各区县(市)其他单位分企事业从业人员人数及工资总额

（2019 年底）

单位:人、元

类别	单位从业人员	女性	在岗职工合计	其他从业人员	单位从业人员平均人数	在岗职工	劳务派遣人员	其他从业人员	单位从业人员工资总额(千元)	在岗职工工资总额	劳务派遣人员工资总额	其他从业人员工资总额	在岗职工平均工资(含劳务派遣人员)
总计	**1434151**	**502283**	**1174602**	**79493**	**1404078**	**1156854**	**175572**	**71652**	**111902670**	**99159075**	**9328022**	**3415573**	**81421**
中原区	97828	27276	61667	6009	98741	60646	31625	6470	7556126	5437418	1708478	410230	77445
二七区	112262	42937	87402	4205	109255	85241	19965	4049	9280650	8111575	998654	170421	86594
管城区	76371	26793	66344	2004	74738	64652	8133	1953	6260799	5687540	477472	95787	84702
金水区	294186	92541	224126	43825	273928	212201	24804	36923	21194550	18124843	1557056	1512651	83044
上街区	16419	4301	14995	668	16207	14824	809	574	1154718	1079813	41405	33500	71721
惠济区	28006	10978	25895	542	27745	25656	1477	612	1885467	1776793	69024	39650	68028
中牟县	16921	5102	14991	721	16761	15001	1080	680	1273256	1166135	66731	40390	76666
市局直管	11814	1827	11124	57	12075	11406	610	59	785582	738771	45798	1013	65294
巩义市	32256	12942	30902	633	32598	31339	715	544	1596537	1524157	50487	21893	49125
荥阳市	19793	5770	15346	893	22264	14699	6722	843	1462802	977243	456509	29050	66932
新密市	35132	8070	26999	2202	33936	25887	5818	2231	1890822	1514121	291010	85691	56935
新郑市	53561	21539	46055	3649	51952	44977	3413	3562	3160641	2836596	168945	155100	62111
登封市	35196	10212	32858	1144	34820	32474	1021	1325	1780897	1690419	50718	39760	51982
经开区	101152	34386	90282	4158	104021	90693	10173	3155	9016668	8293121	518315	205232	87358
高新区	72937	23174	61629	1764	70988	59639	9385	1964	5960833	5316039	518136	126658	84524
郑东新区	158846	64752	123735	6753	156068	120773	28853	6442	20491767	18872329	1185304	434134	134052
航空港实验区	271471	109683	240252	266	267981	246746	20969	266	17150555	16012162	1123980	14413	64009
企业	**1346032**	**443018**	**1095285**	**74077**	**1318154**	**1079407**	**172502**	**66245**	**102743216**	**90431791**	**9151192**	**3160233**	**79545**
中原区	89975	22241	55155	4805	90956	54218	31509	5229	6975371	4915787	1705514	354070	77237
二七区	89355	27433	65862	3842	86444	63805	18952	3687	5682602	4589297	933671	159634	66737
管城区	70472	22374	60996	1765	68932	59369	7837	1726	5749198	5197988	468412	82798	84314
金水区	279557	81645	212032	41896	259391	200200	24200	34991	19761834	16839020	1521710	1401104	81821
上街区	15410	3525	14031	667	15206	13868	765	573	1058967	985282	40207	33478	70081
惠济区	27401	10582	25290	542	27173	25084	1477	612	1835894	1727220	69024	39650	67627
中牟县	15347	4086	13724	438	15215	13776	1056	383	1158642	1065302	65441	27899	76237
市局直管	11814	1827	11124	57	12075	11406	610	59	785582	738771	45798	1013	65294

2-9 续表 1 （2019 年底） 单位:人、元

类　别	单位从业人员	女性	在岗职工合计	其他从业人员	单位从业人员平均人数	在岗职工	劳务派遣人员	其他从业人员	单位从业人员工资总额（千元）	在岗职工工资总额	劳务派遣人员工资总额	其他从业人员工资总额	在岗职工平均工资（含劳务派遣人员）
巩义市	29001	10452	27720	571	29368	28182	704	482	1398525	1329063	49971	19491	47741
荥阳市	18020	4805	13642	824	20524	13021	6722	781	1308750	825252	456509	26989	64922
新密市	34345	7609	26212	2202	33182	25133	5818	2231	1841366	1464665	291010	85691	56724
新郑市	44326	15538	37852	2743	42818	36925	3283	2610	2622067	2341074	164463	116530	62314
登封市	29432	6474	27404	891	29512	27384	964	1164	1513450	1432045	46895	34510	52171
经开区	99965	33581	89225	4155	102882	89686	10044	3152	8905372	8193052	507156	205164	87238
高新区	71738	22302	60465	1733	69808	58494	9381	1933	5865152	5221428	517906	125818	84557
郑东新区	150842	59808	115781	6718	148814	113568	28838	6408	19293900	17676157	1184643	433100	132444
航空港实验区	269032	108736	238770	228	265854	245288	20342	224	16986544	15890388	1082862	13294	63898
事业	**53294**	**35855**	**47221**	**3121**	**52140**	**46394**	**2661**	**3085**	**6946152**	**6641747**	**161227**	**143178**	**138681**
中原区	3300	1910	2984	286	3270	2965	30	275	360056	348087	1176	10793	116615
二七区	16785	12053	15607	271	16787	15601	916	270	3186978	3116858	61559	8561	192433
管城区	4422	3231	3992	134	4369	3968	280	121	416445	403959	8347	4139	97059
金水区	9230	6664	6943	1823	9180	6898	466	1816	1009141	879017	28386	101738	123221
上街区	490	294	490		490	490			76254	76254			155620
惠济区	149	96	149		130	130			12712	12712			97785
中牟县	728	546	619	109	707	598		109	65153	60920		4233	101873
巩义市	1423	993	1367	45	1409	1353	11	45	117786	115297	516	1973	84907
荥阳市	1603	899	1534	69	1570	1508		62	142687	140626		2061	93253
新密市	152	94	152		152	152			11508	11508			75711
新郑市	4441	3006	4069	246	4481	4104	130	247	308856	297987	4482	6387	71438
登封市	1897	1174	1775	65	1906	1786	57	63	123287	117930	3823	1534	66062
经开区	814	500	684	3	794	662	129	3	93909	82682	11159	68	118636
郑东新区	5980	3888	5933	32	5328	5281	15	32	880937	879704	661	572	166232
航空港实验区	1880	507	923	38	1567	898	627	42	140443	98206	41118	1119	91360
机关	**2195**	**773**	**1157**	**871**	**2193**	**1154**	**167**	**872**	**175694**	**128621**	**7963**	**39110**	**103394**
中原区	825	137	22	803	825	22		803	40741	3117		37624	141682
二七区	638	145	524	52	639	525	62	52	50565	47595	1930	1040	84370

2-9 续表 2 （2019 年底） 单位:人、元

类别	单位从业人员	女性	在岗职工合计	其他从业人员	单位从业人员平均人数	在岗职工	劳务派遣人员	其他从业人员	单位从业人员工资总额（千元）	在岗职工工资总额	劳务派遣人员工资总额	其他从业人员工资总额	在岗职工平均工资（含劳务派遣人员）
管城区	137	104	108	14	134	104	15	15	14871	13757	695	419	121445
金水区	377	287	285	2	377	285	90	2	45142	39777	5338	27	120307
惠济区	156	63	156		156	156			18849	18849			120827
登封市	62	37	62		62	62			5526	5526			89129
民间非营利组织	**29440**	**20838**	**27749**	**1424**	**28507**	**26815**	**242**	**1450**	**1792232**	**1711540**	**7640**	**73052**	**63539**
中原区	3724	2986	3502	115	3686	3437	86	163	179766	170235	1788	7743	48829
二七区	2815	1783	2740	40	2788	2713	35	40	148214	145534	1494	1186	53504
管城区	1340	1084	1248	91	1303	1211	1	91	80285	71836	18	8431	59285
金水区	5022	3945	4866	104	4980	4818	48	114	378433	367029	1622	9782	75761
上街区	519	482	474	1	511	466	44	1	19497	18277	1198	22	38186
惠济区	264	209	264		250	250			16313	16313			65252
中牟县	828	470	630	174	822	610	24	188	47804	38256	1290	8258	62375
巩义市	1826	1495	1809	17	1815	1798		17	79924	79495		429	44213
荥阳市	170	66	170		170	170			11365	11365			66853
新密市	190	131	190		190	190			9153	9153			48174
新郑市	4794	2995	4134	660	4653	3948		705	229718	197535		32183	50034
登封市	3793	2519	3605	188	3328	3230		98	138194	134478		3716	41634
经开区	373	305	373		345	345			17387	17387			50397
高新区	1199	872	1164	31	1180	1145	4	31	95681	94611	230	840	82542
郑东新区	2024	1056	2021	3	1926	1924		2	316930	316468		462	164484
航空港实验区	559	440	559		560	560			23568	23568			42086
其他	**3190**	**1799**	**3190**		**3084**	**3084**			**245376**	**245376**			**79564**
中原区	4	2	4		4	4			192	192			48000
二七区	2669	1523	2669		2597	2597			212291	212291			81745
惠济区	36	28	36		36	36			1699	1699			47194
中牟县	18		18		17	17			1657	1657			97471
巩义市	6	2	6		6	6			302	302			50333
新密市	445	236	445		412	412			28795	28795			69891
登封市	12	8	12		12	12			440	440			36667

2-10　全市及各区县(市)分行业从业人员人数及工资总额

(2019年底)

单位:人、元

行业	单位从业人员	女性	在岗职工合计	其他从业人员	单位从业人员平均人数	在岗职工	劳务派遣人员	其他从业人员	单位从业人员工资总额(千元)	在岗职工工资总额	劳务派遣人员工资总额	其他从业人员工资总额	在岗职工平均工资(含劳务派遣人员)
农、林、牧、渔业	**1298**	**489**	**903**	**395**	**1308**	**865**		**443**	**69501**	**55208**		**14293**	**63824**
金水区	138	54	135	3	146	119		27	11609	10527		1082	88462
惠济区	103	26	103		102	102			10081	10081			98833
中牟县	973	374	587	386	971	561		410	43247	30227		13020	53881
巩义市	47	20	41	6	49	43		6	1585	1394		191	32419
新郑市	26	11	26		29	29			2585	2585			89138
登封市	11	4	11		11	11			394	394			35818
采矿业	**31844**	**4706**	**30571**	**1272**	**31363**	**30081**	**1**	**1281**	**1697958**	**1676212**	**48**	**21698**	**55723**
中原区	252	64	252		251	251			27320	27320			108845
市局直管	9298	1471	9298		9577	9577			541785	541785			56571
巩义市	3264	716	3264		3092	3092			119080	119080			38512
新密市	4358	763	3788	570	4068	3474		594	209449	202613		6836	58323
新郑市	4662	584	4280	381	4471	4112	1	358	294632	291653	48	2931	70922
登封市	10010	1108	9689	321	9904	9575		329	505692	493761		11931	51568
制造业	**444761**	**162590**	**410033**	**3529**	**443443**	**418246**	**22043**	**3154**	**29326764**	**28049581**	**1097545**	**179638**	**66200**
中原区	3594	1847	3562	27	3691	3660	5	26	170722	169370	228	1124	46275
二七区	9453	3843	9293	155	9105	8946	5	154	549776	543111	300	6365	60710
管城区	19356	2081	19231	51	19519	19392	75	52	2192124	2183498	4949	3677	112418
金水区	3442	1012	2859	1	3472	2888	583	1	264159	221487	42588	84	76080
上街区	9574	2141	9150	176	9444	8999	251	194	638416	619100	13352	5964	68373
惠济区	8896	4917	8896		8916	8916			461765	461765			51791
中牟县	6556	1884	5829	31	6812	6108	670	34	583849	536784	43188	3877	85567
市局直管	2516	356	1826	57	2498	1829	610	59	243797	196986	45798	1013	99542
巩义市	11554	3283	11408	88	12441	12301	58	82	572144	565791	2719	3634	46000
荥阳市	5824	1585	5248	56	5789	5245	488	56	422657	369693	49047	3917	73040
新密市	8840	2497	8319	339	8766	8198	205	363	492553	461220	10640	20693	56154
新郑市	18674	7520	15818	452	17961	15415	2084	462	1083994	953232	96977	33785	60015
登封市	10691	2720	9977	161	10379	9656	542	181	527666	494171	29313	4182	51332
经开区	45058	14706	39966	1551	47086	41306	4696	1084	3795005	3463218	271685	60102	81190
高新区	30830	9054	28452	367	30773	28471	1917	385	2574411	2412250	132682	29479	83748
郑东新区	4022	1766	3304	17	4166	3518	629	19	304319	278350	24256	1713	72970
航空港实验区	245881	101378	226895		242625	233398	9225	2	14449407	14119555	329823	29	59555

2-10　续表 1　　（2019 年底）　　单位：人、元

类　别	单位从业人员	女性	在岗职工合计	其他从业人员	单位从业人员平均人数	在岗职工	劳务派遣人员	其他从业人员	单位从业人员工资总额（千元）	在岗职工工资总额	劳务派遣人员工资总额	其他从业人员工资总额	在岗职工平均工资（含劳务派遣人员）
电力、热力、燃气及水生产和供应业	**16054**	**5340**	**14595**	**652**	**16160**	**14731**	**814**	**615**	**1544766**	**1472841**	**41084**	**30841**	**97390**
中原区	5197	1959	4315	304	5089	4269	523	297	500127	457162	26001	16964	100827
二七区	1332	489	1331		1330	1329	1		156409	156379	30		117601
金水区	149	33	118	17	147	118	14	15	15461	14189	885	387	114197
上街区	185	86	184		186	185	1		11295	11258	37		60726
惠济区	685	183	605		667	563	104		63977	59499	4478		95918
中牟县	20	2	20		20	20			1500	1500			75000
巩义市	872	372	796	8	869	793	68	8	44361	40115	3566	680	50733
荥阳市	170	54	170		163	163			14208	14208			87166
新密市	757	331	750	7	758	751		7	53186	53054		132	70644
新郑市	650	303	469	159	638	467	21	150	47277	40034	943	6300	83969
登封市	1474	369	1452	19	1797	1783	3	11	116550	114888	1197	465	64997
经开区	312	92	306		302	296	6		25674	25545	129		85013
高新区	1378	400	1333	45	1315	1239	40	36	129602	125727	960	2915	99052
郑东新区	2621	593	2528	91	2632	2541	2	89	336547	333631	214	2702	131280
航空港实验区	252	74	218	2	247	214	31	2	28592	25652	2644	296	115494
建筑业	**325770**	**47503**	**219317**	**26640**	**313905**	**204355**	**83580**	**25970**	**21834907**	**15689690**	**4748615**	**1396602**	**70982**
中原区	51795	7724	23948	3141	53123	23054	26678	3391	3501989	1872420	1449452	180117	66795
二七区	29404	4187	16161	1301	28668	16172	11286	1210	2125234	1488369	581514	55351	75384
管城区	17776	2542	11993	1188	17372	11533	4722	1117	1104092	805423	250495	48174	64960
金水区	118858	16446	89855	11262	105776	78932	16375	10469	7604168	5959064	1052428	592676	73567
上街区	3102	338	2201	486	2930	2109	462	359	154884	104800	24582	25502	50324
惠济区	6906	924	5969	352	7165	6118	607	440	448993	391423	28620	28950	62460
中牟县	4383	405	3910	259	4306	3867	170	269	255639	225440	9341	20858	58157
巩义市	3768	646	3041	195	3549	2919	524	106	192915	147682	41030	4203	54810
荥阳市	8540	1822	4737	799	11329	4368	6196	765	668589	239005	406066	23518	61063
新密市	14657	1558	7683	1251	14032	7253	5587	1192	653286	319237	278680	55369	46567
新郑市	5627	484	4257	1276	5494	4077	104	1313	317993	248606	6000	63387	60896
登封市	2942	374	2319	203	3092	2413	263	416	159981	139508	11511	8962	56435
经开区	25735	4450	21407	2627	25387	21132	1737	2518	2402363	2175907	80506	145950	98667
高新区	13684	2131	10287	885	12451	8909	2549	993	1085906	865354	154709	65843	89026
郑东新区	18468	3428	11454	1385	19106	11404	6320	1382	1152039	703370	373681	74988	60768
航空港实验区	125	44	95	30	125	95		30	6836	4082		2754	42968

2-10 续表 2　　（2019 年底）　　单位：人、元

类别	单位从业人员	女性	在岗职工合计	其他从业人员	单位从业人员平均人数	在岗职工	劳务派遣人员	其他从业人员	单位从业人员工资总额（千元）	在岗职工工资总额	劳务派遣人员工资总额	其他从业人员工资总额	在岗职工平均工资（含劳务派遣人员）
批发和零售业	**93578**	**50206**	**88827**	**1545**	**92018**	**87155**	**3357**	**1506**	**6062610**	**5815893**	**178195**	**68522**	**66224**
中原区	2585	1108	2519	12	2543	2478	54	11	178142	173695	3429	1018	69954
二七区	10328	6085	9890	333	10097	9687	115	295	568641	554253	6669	7719	57225
管城区	14340	9351	13803	94	14072	13384	582	106	893444	857989	30495	4960	63618
金水区	25139	14469	24150	641	24847	23853	370	624	1372115	1324004	15990	32121	55319
上街区	127	66	85	33	127	85	9	33	8304	6571	440	1293	74585
惠济区	3236	1233	2798	9	3010	2654	346	10	234856	216639	17669	548	78103
中牟县	907	431	894	3	922	879	37	6	85567	83573	1606	388	92990
巩义市	2021	1009	1891	114	2027	1898	16	113	87772	83826	794	3152	44211
荥阳市	613	347	612	1	613	612		1	29404	29384		20	48013
新密市	892	389	865	17	816	788	10	18	44822	43947	557	318	55769
新郑市	2705	1410	2654	10	2748	2697	41	10	166240	164286	1725	229	60632
登封市	1263	555	1188	22	1234	1162	50	22	60367	57300	2691	376	49498
经开区	15220	7896	14751	94	14736	14273	374	89	1173559	1150948	19006	3605	79877
高新区	5144	1910	4697	57	5181	4713	380	88	449363	419506	23109	6748	86907
郑东新区	7068	2824	6748	90	6921	6602	252	67	553806	540826	7615	5365	80018
航空港实验区	1990	1123	1282	15	2124	1390	721	13	156208	109146	46400	662	73684
交通运输、仓储和邮政业	**73442**	**23968**	**57403**	**2916**	**72411**	**56665**	**13206**	**2540**	**6285780**	**5402581**	**740597**	**142602**	**87922**
中原区	238	112	238		243	243			14785	14785			60844
二七区	5570	1758	4418	1065	5859	4565	147	1147	310290	255088	9963	45239	56250
管城区	2851	1644	2290	27	2877	2313	538	26	251106	209273	40880	953	87742
金水区	2563	869	2331	67	2580	2343	176	61	265581	256007	8087	1487	104841
上街区	969	198	959	10	965	955		10	89657	89414		243	93627
惠济区	727	316	722	5	740	735		5	45256	44806		450	60961
中牟县	361	112	197	11	268	199	64	5	11437	7860	3326	251	42532
巩义市	1862	646	1834	28	1769	1741		28	84202	83546		656	47987
荥阳市	318	99	306	11	317	297	5	15	23237	22289	261	687	74669
新密市	523	119	523		513	513			26596	26596			51844
新郑市	1057	303	1036	13	1059	1038	8	13	72134	71488	350	296	68679
登封市	717	145	460	155	692	430	96	166	30548	20996	1768	7784	43278
经开区	4475	1745	2664	1510	4073	2720	306	1047	326131	217291	26010	82830	80404
高新区	112	47	107		112	107	5		14370	14075	295		128304
郑东新区	40321	12124	33508	9	39573	32701	6860	12	3192042	2900551	290987	504	80674

2-10 续表 3　　（2019 年底）　　单位：人、元

类别	单位从业人员	女性	在岗职工合计	其他从业人员	单位从业人员平均人数	在岗职工	劳务派遣人员	其他从业人员	单位从业人员工资总额（千元）	在岗职工工资总额	劳务派遣人员工资总额	其他从业人员工资总额	在岗职工平均工资（含劳务派遣人员）
航空港实验区	10778	3731	5810	5	10771	5765	5001	5	1528408	1168516	358670	1222	141853
住宿和餐饮业	**28455**	**15881**	**26404**	**784**	**28437**	**26225**	**1344**	**868**	**1418781**	**1306862**	**67973**	**43946**	**49869**
中原区	2165	1124	1944	174	2175	1905	87	183	128743	109365	4042	15336	56931
二七区	2557	1377	2367	14	2561	2354	180	27	113734	105499	7144	1091	44453
管城区	422	247	416	6	401	351		50	21498	20583		915	58641
金水区	8114	4527	7594	342	8249	7738	171	340	505731	483353	8780	13598	62224
上街区	146	111	146		153	153			5255	5255			34346
惠济区	958	425	849	109	962	857		105	51065	47126		3939	54989
中牟县	63	49	63		63	63			2559	2559			40619
巩义市	617	445	615	2	607	605		2	18921	18653		268	30831
荥阳市	94	69	94		94	94			4067	4067			43266
新密市	551	254	551		543	543			21493	21493			39582
新郑市	509	275	489	20	497	460		37	22221	19762		2459	42961
登封市	1085	605	1074	3	1109	1085	12	12	49004	48188	382	434	44275
经开区	500	207	500		499	499			23678	23678			47451
高新区	524	272	520	2	520	515	3	2	30001	29793	103	105	57714
郑东新区	9008	5300	8639	103	8836	8457	278	101	347537	331968	10443	5126	39200
航空港实验区	1142	594	543	9	1168	546	613	9	73274	35520	37079	675	62639
信息传输、软件和信息技术服	**75386**	**19740**	**44771**	**26287**	**68531**	**44150**	**4287**	**20094**	**5224594**	**4347319**	**289064**	**588211**	**95720**
中原区	414	164	414		431	431			26140	26140			60650
二七区	4704	1758	4660		4654	4610	44		608575	606638	1937		130764
管城区	2697	365	2695	2	2192	2190		2	181290	181110		180	82699
金水区	51339	11308	22473	25912	45224	22647	2775	19802	2587979	1841917	179096	566966	79499
上街区	20	7	20		20	20			645	645			32250
惠济区	408	87	318	90	258	187		71	22070	15592		6478	83380
中牟县	139	77	139		237	237			9991	9991			42156
巩义市	374	181	273	71	374	273	30	71	20846	15388	1454	4004	55584
荥阳市	169	73	169		168	168			9154	9154			54488
新密市	121	42	121		121	121			6340	6340			52397
新郑市	4	1	4		4	4			194	194			48500
登封市	196	69	184	12	179	174		5	8306	8152		154	46851
经开区	1322	342	1205		1448	1296	152		125248	114495	10753		86497
高新区	7935	3336	6832	98	8005	6796	1125	84	816556	728608	81230	6718	102239

2-10　续表4　（2019年底）　单位：人、元

类　别	单位从业人员	女性	在岗职工合计	其他从业人员	单位从业人员平均人数	在岗职工	劳务派遣人员	其他从业人员	单位从业人员工资总额（千元）	在岗职工工资总额	劳务派遣人员工资总额	其他从业人员工资总额	在岗职工平均工资（含劳务派遣人员）
郑东新区	5544	1930	5264	102	5216	4996	161	59	801260	782955	14594	3711	154654
金融业	**59953**	**33675**	**58054**	**898**	**59488**	**57671**	**958**	**859**	**15428002**	**15261428**	**92722**	**73852**	**261887**
中原区	1501	827	1476		1545	1520	25		205589	204520	1069		133067
二七区	33	9	33		28	28			1240	1240			44286
管城区	1157	750	1096		1098	1072	26		286968	281570	5398		261355
金水区	17962	9922	16314	893	17858	16269	736	853	3387552	3253813	60155	73584	194882
上街区	94	41	94		91	91			6968	6968			76571
惠济区	3	2	3		3	3			108	108			36000
巩义市	504	285	504		514	514			78410	78410			152549
荥阳市	105	53	105		116	116			8229	8229			70940
新密市	538	243	538		549	549			109660	109660			199745
新郑市	638	331	501	2	659	518	139	2	116527	95510	20945	72	177253
登封市	139	61	137		142	140	2		10624	10557	67		74817
经开区	8	3	8		8	8			543	543			67875
郑东新区	37137	21093	37111	3	36753	36719	30	4	11201370	11196086	5088	196	304802
航空港实验区	134	55	134		124	124			14214	14214			114629
房地产业	**78947**	**32186**	**65662**	**1583**	**78670**	**64548**	**12620**	**1502**	**6111045**	**5438050**	**598471**	**74524**	**78226**
中原区	5847	2359	4810	254	5900	4872	800	228	517653	479692	31901	6060	90196
二七区	8033	3230	5489	122	7725	5372	2226	127	569679	462129	102735	4815	74344
管城区	9479	4323	6846	179	9378	6821	2396	161	730153	567821	151408	10924	78033
金水区	16137	6510	13631	483	16010	13445	2128	437	1120462	1002234	92133	26095	70273
上街区	1146	472	1138	6	1241	1225	2	14	125227	123638	54	1535	100808
惠济区	2960	1319	2439	61	2947	2481	408	58	241834	222828	17271	1735	83108
中牟县	1319	509	1250	20	1340	1271	49	20	136406	129604	5621	1181	102443
巩义市	1647	712	1590	57	1577	1514	1	62	74493	71970	83	2440	47560
荥阳市	2032	747	1996	7	1853	1813	33	7	121544	119699	1135	710	65457
新密市	1975	657	1941	18	1924	1889	16	19	144462	142346	1133	983	75317
新郑市	5274	1912	4196	70	4954	4033	859	62	370448	330407	35914	4127	74882
登封市	945	274	934	7	932	922	4	6	54700	54295	158	247	58805
经开区	6145	2783	5764	45	7159	5457	1659	43	401677	328927	69404	3346	55977
高新区	2217	913	1819	190	2213	1784	241	188	157877	144776	6834	6267	74869
郑东新区	11617	4710	9649	61	11356	9492	1797	67	1114269	1027768	82602	3899	98359
航空港实验区	2174	756	2170	3	2161	2157	1	3	230161	229916	85	160	106581
租赁和商务服务业	**98783**	**27385**	**58271**	**5221**	**95271**	**55481**	**34566**	**5224**	**5295194**	**3496939**	**1477965**	**320290**	**55248**

2-10 续表 5　　（2019 年底）　　单位：人、元

类　别	单位从业人员	女性	在岗职工合计	其他从业人员	单位从业人员平均人数	在岗职工	劳务派遣人员	其他从业人员	单位从业人员工资总额（千元）	在岗职工工资总额	劳务派遣人员工资总额	其他从业人员工资总额	在岗职工平均工资（含劳务派遣人员）
中原区	5117	1508	2197	27	4823	2251	2543	29	282199	152849	127933	1417	58569
二七区	23019	3418	19830	52	21495	18324	3059	112	721251	632699	83502	5050	33494
管城区	8419	1091	4671	228	8287	4584	3473	230	581038	375171	192694	13173	70481
金水区	15354	9179	14382	616	14928	13907	346	675	1043091	1004550	22373	16168	72050
上街区	493	130	476		493	473	20		27905	27128	777		56602
惠济区	641	267	617	21	668	644	3	21	37264	36482	146	636	56612
中牟县	1398	314	1033	365	1399	1033		366	70475	59124		11351	57235
巩义市	764	151	320	444	769	321	1	447	28685	17387	20	11278	54059
荥阳市	1334	179	1332	2	1272	1270		2	61504	61441		63	48379
新密市	1270	218	596		1266	594	672		71248	47213	24035		56278
新郑市	1807	160	1777	30	1845	1760		85	80337	75332		5005	42802
登封市	748	193	675	14	731	648	50	33	29532	27991	1033	508	41582
经开区	2310	308	805	2	2288	800	1486	2	121479	76830	44586	63	53113
高新区	2403	709	1841	19	2211	1653	502	56	211675	196571	13916	1188	97674
郑东新区	28396	9257	7140	3391	27553	6695	17707	3151	1543269	627702	661632	253935	52837
航空港实验区	5310	303	579	10	5243	524	4704	15	384242	78469	305318	455	73410
科学研究和技术服务业	**76515**	**22223**	**65233**	**5030**	**75223**	**63705**	**6350**	**5168**	**7838888**	**7092631**	**426804**	**319453**	**107336**
中原区	16348	3504	13554	996	16494	13567	1740	1187	2049515	1800846	122080	126589	125624
二七区	4248	1156	2149	356	4255	2120	1900	235	367083	214736	140451	11896	88355
管城区	2606	435	936	1426	2598	932	243	1423	193933	134041	10717	49175	123198
金水区	27404	8324	24606	1515	27035	24209	1303	1523	2607740	2448655	77028	82057	99000
上街区	160	59	154	6	157	151		6	16498	16299		199	107940
惠济区	2298	806	2291	7	2205	2195		10	224090	223597		493	101867
中牟县	636	242	594	31	659	622	7	30	40242	37788	476	1978	60833
巩义市	432	175	425		429	422	7		24124	23884	240		56233
荥阳市	833	203	583	6	777	572	200	5	60154	48354	11548	252	77593
新密市	112	38	112		112	112			6755	6755			60313
新郑市	740	265	720	20	771	751		20	58941	58248		693	77561
登封市	224	89	221		220	177	3	40	7019	6115	118	786	34628
经开区	2939	936	2396	438	2910	2394	110	406	264747	230589	10504	23654	96283
高新区	8065	2836	7387	169	7963	7196	541	226	730964	684759	32357	13848	92687
郑东新区	9343	3119	8978	60	8508	8155	296	57	1177860	1148742	21285	7833	138448
航空港实验区	127	36	127		130	130			9223	9223			70946

2-10 续表 6　　　　（2019 年底）　　　　单位：人、元

类别	单位从业人员	女性	在岗职工合计	其他从业人员	单位从业人员平均人数	在岗职工	劳务派遣人员	其他从业人员	单位从业人员工资总额（千元）	在岗职工工资总额	劳务派遣人员工资总额	其他从业人员工资总额	在岗职工平均工资（含劳务派遣人员）
水利、环境和公共设施管理业	**23477**	**9340**	**15817**	**4452**	**23843**	**15724**	**3840**	**4279**	**1423807**	**1140867**	**133718**	**149222**	**65150**
中原区	1932	777	1310	622	1788	1281		507	155746	138800		16946	108353
二七区	727	354	420	6	727	421	300	6	45221	36117	8950	154	62506
管城区	676	197	627	49	872	822		50	57155	56003		1152	68130
金水区	3397	995	3283	3	3401	3244	111	46	376792	370639	5204	949	112025
上街区	448	237	138	310	462	136		326	11649	5191		6458	38169
惠济区	888	254	869	7	900	884	9	7	116210	115010	840	360	129731
中牟县	2377	1097	412	1965	2294	416		1878	76854	26557		50297	63839
巩义市	430	148	425		431	426	5		25196	25022	174		58459
荥阳市	282	46	282		265	265			14468	14468			54596
新密市	190	67	190		190	190			13636	13636			71768
新郑市	3021	1500	3001		3043	3013	30		86933	85156	1777		28568
登封市	744	337	711	24	760	727	9	24	33712	33016	252	444	45201
经开区	281	147	143		1186	146	1040		35100	9222	25878		29595
高新区	2493	1112	85		2216	85	2131		82754	8616	74138		37344
郑东新区	5273	1995	3649	1466	5014	3418	161	1435	269584	183236	13886	72462	55077
航空港实验区	318	77	272		294	250	44		22797	20178	2619		77541
居民服务、修理和其他服务业	**4992**	**2855**	**4292**	**663**	**4817**	**4095**	**35**	**687**	**272972**	**241203**	**1061**	**30708**	**58660**
中原区	263	147	193	70	263	193		70	23058	20934		2124	108466
二七区	604	223	261	313	603	261	30	312	23932	13901	713	9318	50220
管城区	1527	1273	1522	5	1351	1346		5	39314	38991		323	28968
金水区	1127	526	1005	117	1122	968	3	151	77027	65131	124	11772	67204
上街区	4	4	4		4	4			158	158			39500
中牟县	51	16	51		51	51			3886	3886			76196
巩义市	237	153	237		242	242			11210	11210			46322
荥阳市	126	64	126		127	127			7289	7289			57394
新郑市	177	63	173	4	178	174		4	17134	17004		130	97724
登封市	37	5	37		130	130			2020	2020			15538
经开区	17	4	17		12	12			409	409			34083
高新区	13	5	13		16	16			500	500			31250
郑东新区	649	302	649		567	567			59626	59626			105160
航空港实验区	160	70	4	154	151	4	2	145		144	224	7041	61333
教育	**168344**	**113075**	**159060**	**6625**	**162991**	**154081**	**2541**	**6369**	**17232168**	**16848404**	**115551**	**268213**	**108311**

2-10 续表 7　　（2019 年底）　　单位：人、元

类　别	单位从业人员	女性	在岗职工合计	其他从业人员	单位从业人员平均人数	在岗职工	劳务派遣人员	其他从业人员	单位从业人员工资总额（千元）	在岗职工工资总额	劳务派遣人员工资总额	其他从业人员工资总额	在岗职工平均工资（含劳务派遣人员）
中原区	15160	10567	13775	865	14860	13466	489	905	1677356	1593215	30266	53875	116337
二七区	11003	7652	10139	599	10957	10102	258	597	884528	841578	11810	31140	82373
管城区	6375	4897	5864	294	6195	5697	216	282	622043	598592	9652	13799	102866
金水区	15508	12174	14048	910	15367	13879	520	968	1459404	1395235	23753	40416	98548
上街区	2197	1653	1911	43	2189	1903	243	43	227535	217695	8628	1212	105463
惠济区	6427	4383	6198	132	6021	5816	97	108	716916	708718	2819	5379	120334
中牟县	8242	5337	7871	328	8226	7850	38	338	895510	880698	2249	12563	111935
巩义市	11288	8387	10965	280	11186	10860	43	283	811732	801612	1748	8372	73682
荥阳市	8324	5370	8256	68	8193	8134		59	802066	800687		1379	98437
新密市	8590	5888	8490	85	8549	8450	15	84	863897	861263	389	2245	101790
新郑市	17469	10888	15793	1623	16859	15356	53	1450	1677698	1625118	1246	51334	105546
登封市	10252	6883	9766	485	9692	9330	1	361	582559	571450	11	11098	61243
经开区	2895	2196	2528	62	2795	2469	275	51	238738	226160	10747	1831	86336
高新区	14152	7730	13737	249	13748	13338	162	248	1713988	1696813	7346	9829	126234
郑东新区	26456	16151	26093	227	24156	23807	126	223	3722081	3701685	4707	15689	154865
航空港实验区	4006	2919	3626	375	3998	3624	5	369	336117	327885	180	8052	90401
卫生和社会工作	**116361**	**85569**	**104658**	**6283**	**113629**	**102088**	**5355**	**6186**	**13781323**	**12952885**	**410119**	**418319**	**124373**
中原区	10623	7712	8378	1062	10443	8289	1149	1005	1365148	1154387	108895	101866	133851
二七区	24115	17456	23071	119	24043	22989	935	119	3931312	3833523	90171	7618	164007
管城区	5695	4182	4043	1205	5583	4024	428	1131	448220	359242	22484	66494	85743
金水区	27566	21545	24087	2749	26916	23442	731	2743	3626492	3417321	40061	169110	143027
上街区	1109	849	662	77	1083	660	356	67	106931	61672	38850	6409	98939
惠济区	1582	1115	1511	48	1528	1457	23	48	106638	104265	701	1672	70923
中牟县	4513	3177	4229	183	4464	4180	101	183	377980	363740	3564	10676	85799
巩义市	5498	3992	5352	143	5502	5356	3	143	463114	457820	106	5188	85450
荥阳市	3920	2848	3750	84	3909	3739	86	84	310171	301784	2969	5418	79674
新密市	5456	3779	5142	78	5303	4952	236	115	345747	335253	5590	4904	65698
新郑市	6746	4793	6472	253	6674	6394	25	255	489161	476548	562	12051	74328
登封市	4572	3117	4443	76	4555	4426	53	76	321603	315028	3913	2662	71208
经开区	2799	1937	2048	33	2674	1953	688	33	309437	257104	49818	2515	116214
高新区	250	175	250		250	250			15232	15232			60928
郑东新区	10594	8052	9977	168	9370	8725	466	179	1432570	1375012	35981	21577	153519
航空港实验区	1323	840	1243	5	1332	1252	75	5	131567	124954	6454	159	99026

2-10 续表8 （2019年底） 单位：人、元

类别	单位从业人员				单位从业人员平均人数				单位从业人员工资总额（千元）				在岗职工平均工资（含劳务派遣人员）
		女性	在岗职工合计	其他从业人员		在岗职工	劳务派遣人员	其他从业人员		在岗职工工资总额	劳务派遣人员工资总额	其他从业人员工资总额	
文化、体育和娱乐业	**18981**	**9062**	**17071**	**1276**	**18318**	**16705**	**642**	**971**	**2106620**	**2031083**	**30995**	**44542**	**118872**
中原区	3615	1837	2859	611	3332	2770	145	417	273385	242183	4242	26960	84537
二七区	277	146	236	12	268	237	19	12	24203	23534	512	157	93930
管城区	391	190	360	31	377	352		25	31567	30143		1424	85634
金水区	8299	3954	7799	368	8526	8056	142	328	758413	739982	9359	9072	91405
上街区	26	8	26		26	26			2367	2367			91038
惠济区	614	297	456	4	614	456	154	4	78636	69099	8817	720	127731
中牟县	900	373	724	125	538	424	58	56	24826	21610	1651	1565	48259
巩义市	472	269	434	35	476	438	3	35	27241	25940	69	1232	58977
荥阳市	228	112	228		228	228			27952	27952			122596
新密市	243	100	243		241	241			11668	11668			48415
新郑市	205	103	202	3	205	202		3	18431	18313		118	90658
登封市	281	90	219	21	281	219	41	21	12789	10123	1800	866	45858
经开区	946	395	909	13	930	892	25	13	627306	625385	1240	681	683342
高新区	49	32	49		49	49			2697	2697			55041
郑东新区	2422	1151	2314	53	2214	2102	55	57	183935	178883	3305	1747	84464
航空港实验区	13	5	13		13	13			1204	1204			92615
公共管理、社会保障和社会组织	**155497**	**56172**	**126950**	**7631**	**153447**	**125865**	**19941**	**7641**	**16242166**	**15087094**	**892405**	**262667**	**109594**
中原区	14545	4916	12088	1335	14560	12059	1125	1376	1817149	1708366	46333	62450	133093
二七区	7524	3238	6472	489	7524	6479	558	487	659020	616582	25912	16526	91302
管城区	7148	3147	6072	42	7099	6053	1005	41	821493	771431	48802	1260	116213
金水区	26145	8523	23346	479	25861	23036	2309	516	3481445	3373861	86905	20679	136546
上街区	3874	1700	2331	482	3852	2359	1014	479	315620	262084	35120	18416	88113
惠济区	7562	3014	6034	49	7355	6062	1251	42	647803	579252	66573	1978	88312
中牟县	12363	4193	8219	1364	12056	8104	2603	1349	1035015	861002	138941	35072	93392
巩义市	9804	3870	8342	204	9705	8274	1229	202	783840	735555	42702	5583	81896
荥阳市	9691	3799	9479	78	9580	9373	129	78	902317	896513	3764	2040	94746
新密市	12102	4479	10616	436	12046	10589	1048	409	1006986	961565	35396	10025	85672
新郑市	11728	3882	9579	934	11695	9588	1171	936	1328373	1265472	37953	24948	121147
登封市	10426	3383	8423	555	10292	8339	1405	548	668136	617466	36707	13963	67136
经开区	4432	1715	2100	320	4412	2100	1992	320	366958	268991	89127	8840	87517
高新区	3298	1101	1542	336	3267	1542	1393	332	298811	239188	47104	12519	97544
郑东新区	9375	3628	9091	145	9014	8727	144	143	1512611	1500634	5789	6188	169814
航空港实验区	5480	1584	3216	383	5129	3181	1565	383	596589	429132	145277	22180	121030

2-11 全市及各区县(市)国有单位分行业从业人员人数及工资总额

(2019 年底)

单位:人、元

行业	单位从业人员	女性	在岗职工合计	其他从业人员	单位从业人员平均人数	在岗职工	劳务派遣人员	其他从业人员	单位从业人员工资总额(千元)	在岗职工工资总额	劳务派遣人员工资总额	其他从业人员工资总额	在岗职工平均工资(含劳务派遣人员)
农、林、牧、渔业	**1148**	**426**	**759**	**389**	**1153**	**716**		**437**	**60543**	**46441**		**14102**	**64862**
金水区	105	40	102	3	113	86		27	8930	7848		1082	91256
惠济区	103	26	103		102	102			10081	10081			98833
中牟县	940	360	554	386	938	528		410	41532	28512		13020	54000
制造业	**840**	**252**	**840**		**851**	**851**			**91062**	**91062**			**107006**
中原区	207	45	207		213	213			11215	11215			52653
二七区	217	45	217		219	219			39203	39203			179009
管城区	32	13	32		32	32			1506	1506			47063
金水区	384	149	384		387	387			39138	39138			101132
电力、热力、燃气及水生产和供应业	**2897**	**868**	**2628**	**269**	**2902**	**2652**		**250**	**343894**	**334427**		**9467**	**126104**
上街区	87	41	87		88	88			5533	5533			62875
巩义市	5	1	5		5	5			310	310			62000
新密市	276	162	276		275	275			20709	20709			75305
新郑市	317	169	158	159	312	162		150	29651	23351		6300	144142
登封市	161	27	142	19	159	148		11	9865	9400		465	63514
郑东新区	2051	468	1960	91	2063	1974		89	277826	275124		2702	139374
建筑业	**11490**	**1208**	**5401**	**2172**	**11454**	**5381**	**3963**	**2110**	**748942**	**431107**	**201202**	**116633**	**67670**
中原区	2211	457	1809		2295	1848	447		228030	199815	28215		99359
二七区	1130	178	1130		1125	1125			59641	59641			53014
管城区	4767	315	1252		4762	1246	3516		258217	85230	172987		54224
金水区	15	2	11	4	15	11		4	706	550		156	50000
荥阳市	102	44	50	52	115	50		65	5558	3552		2006	71040
经开区	3041	202	925	2116	2936	895		2041	182181	67710		114471	75654
高新区	1		1		1	1			90	90			90000
郑东新区	223	10	223		205	205			14519	14519			70824
批发和零售业	**1481**	**552**	**1361**	**117**	**1493**	**1373**	**3**	**117**	**217640**	**212125**	**318**	**5197**	**154392**
中原区	17	3	14		17	14	3		2001	1683	318		117706
二七区	124	44	108	16	123	107		16	9577	8429		1148	78776

2-11 续表 1　　(2019 年底)　　单位:人、元

类　别	单位从业人员	女性	在岗职工合计	其他从业人员	单位从业人员平均人数	在岗职工	劳务派遣人员	其他从业人员	单位从业人员工资总额(千元)	在岗职工工资总额	劳务派遣人员工资总额	其他从业人员工资总额	在岗职工平均工资(含劳务派遣人员)
管城区	41	16	41		41	41			1859	1859			45341
金水区	349	121	265	84	348	264		84	19529	15713		3816	59519
中牟县	110	51	110		110	110			4590	4590			41727
巩义市	117	49	117		117	117			3787	3787			32368
荥阳市	5	1	5		5	5			225	225			45000
新郑市	48	13	48		61	61			2454	2454			40230
登封市	103	40	86	17	101	84		17	3202	2969		233	35345
经开区	518	202	518		521	521			166322	166322			319236
郑东新区	29	8	29		29	29			2882	2882			99379
航空港实验区	20	4	20		20	20			1212	1212			60600
交通运输、仓储和邮政业	**21107**	**6876**	**19411**	**63**	**20782**	**19028**	**1692**	**62**	**1761383**	**1631541**	**128037**	**1805**	**84922**
中原区	44	13	44		44	44			4959	4959			112705
二七区	157	42	157		157	157			12239	12239			77955
管城区	2357	1505	1858	6	2381	1879	497	5	218619	181293	37152	174	91938
金水区	951	238	917	16	951	917	18	16	136234	134114	1603	517	145152
上街区	82	28	82		84	84			6325	6325			75298
惠济区	255	120	255		262	262			23122	23122			88252
中牟县	95	49	95		95	95			3585	3585			37737
巩义市	1037	493	1009	28	972	944		28	38776	38120		656	40381
荥阳市	267	93	267		266	266			20549	20549			77252
新密市	74	40	74		74	74			2008	2008			27135
新郑市	343	124	339	4	346	342		4	26144	26034		110	76123
登封市	3		3		2	2			66	66			33000
高新区	9	3	9		9	9			765	765			85000
郑东新区	15433	4128	14302	9	15139	13953	1177	9	1267992	1178362	89282	348	83783
住宿和餐饮业	**3964**	**1896**	**3646**	**285**	**4029**	**3708**	**30**	**291**	**218854**	**198067**	**1297**	**19490**	**53334**
中原区	678	374	516	162	700	526	2	172	45235	30262	92	14881	57489
二七区	647	271	647		644	644			32208	32208			50012
管城区	27	15	27		25	25			2365	2365			94600

2-11 续表2　　（2019年底）　　单位：人、元

类　别	单位从业人员	女性	在岗职工合计	其他从业人员	单位从业人员平均人数	在岗职工	劳务派遣人员	其他从业人员	单位从业人员工资总额（千元）	在岗职工工资总额	劳务派遣人员工资总额	其他从业人员工资总额	在岗职工平均工资（含劳务派遣人员）
金水区	1130	599	1086	11	1168	1129	28	11	65381	63601	1205	575	56012
惠济区	873	381	764	109	877	772		105	46640	42701		3939	55312
新密市	10	6	10		10	10			443	443			44300
登封市	282	146	279	3	280	277		3	12323	12228		95	44144
郑东新区	317	104	317		325	325			14259	14259			43874
信息传输、软件和信息技术服务业	**1231**	**499**	**1211**	**11**	**1200**	**1180**	**9**	**11**	**124526**	**123876**	**270**	**380**	**104412**
中原区	83	39	83		83	83			7276	7276			87663
二七区	33	13	33		33	33			4752	4752			144000
金水区	519	180	508	11	520	509		11	45769	45389		380	89173
巩义市	85	52	76		85	76	9		2550	2280	270		30000
新密市	55	15	55		55	55			3328	3328			60509
登封市	77	29	77		77	77			4886	4886			63455
郑东新区	379	171	379		347	347			55965	55965			161282
金融业	**4950**	**2606**	**4817**		**4872**	**4739**	**133**		**975162**	**966566**	**8596**		**200156**
金水区	3086	1701	2953		3039	2906	133		552663	544067	8596		181857
郑东新区	1730	850	1730		1709	1709			408285	408285			238903
航空港实验区	134	55	134		124	124			14214	14214			114629
房地产业	**1647**	**737**	**1197**	**154**	**1650**	**1198**	**296**	**156**	**153704**	**130334**	**17559**	**5811**	**98991**
中原区	600	300	396	63	601	397	141	63	55409	42956	9999	2454	98429
二七区	92	36	61	31	94	61		33	8091	6912		1179	113311
管城区	80	36	80		80	80			7684	7684			96050
金水区	283	111	260	23	285	262		23	32964	32080		884	122443
上街区	11	6	9		11	9	2		1202	1148	54		109273
巩义市	15	4	15		15	15			481	481			32067
新密市	12	4	12		12	12			536	536			44667
登封市	141	36	141		141	141			7470	7470			52979
经开区	56	26	56		56	56			4857	4857			86732
郑东新区	357	178	167	37	355	165	153	37	35010	26210	7506	1294	106025
租赁和商务服务业	**24176**	**4693**	**17228**	**928**	**24002**	**17117**	**5869**	**1016**	**1221383**	**924190**	**269089**	**28104**	**51913**

2-11 续表3 （2019年底） 单位：人、元

类别	单位从业人员				单位从业人员平均人数				单位从业人员工资总额（千元）				在岗职工平均工资（含劳务派遣人员）
		女性	在岗职工合计	其他从业人员		在岗职工	劳务派遣人员	其他从业人员		在岗职工工资总额	劳务派遣人员工资总额	其他从业人员工资总额	
中原区	1401	158	1334	24	1471	1402	43	26	78071	74865	1879	1327	53110
二七区	8581	896	8552		8581	8492	29	60	323869	321263	1646	960	37896
管城区	837	47	837		807	807			35379	35379			43840
金水区	2110	803	1962	81	2113	1965	67	81	194565	187665	4486	2414	94563
上街区	321	74	321		321	321			9434	9434			29389
惠济区	53	20	53		53	53			4855	4855			91604
中牟县	693	85	328	365	690	324		366	27892	16541		11351	51052
巩义市	566	68	125	441	571	125		446	19193	7938		11255	63504
荥阳市	1058	101	1056	2	1029	1027		2	39146	39083		63	38056
新密市	135	47	135		137	137			11811	11811			86212
新郑市	1465	56	1464	1	1460	1459		1	53991	53965		26	36988
登封市	366	27	296	11	357	277	50	30	13450	11979	1033	438	39792
经开区	1602	65	152		1566	133	1433		50832	8796	42036		32460
高新区	397	124	370	3	395	367	24	4	113356	112028	1058	270	289223
郑东新区	4591	2122	243		4451	228	4223		245539	28588	216951		55165
科学研究和技术服务业	**23854**	**7773**	**20296**	**2077**	**23092**	**19514**	**1445**	**2133**	**2468284**	**2303465**	**72327**	**92492**	**113354**
中原区	3037	1098	2629	154	3059	2610	262	187	389540	364497	15421	9622	132283
二七区	558	215	558		547	547			62236	62236			113777
管城区	2510	409	842	1424	2506	842	243	1421	182826	122994	10717	49115	123236
金水区	7521	2676	6622	300	7521	6613	600	308	757489	714905	25135	17449	102598
上街区	11	6	11		11	11			499	499			45364
惠济区	122	36	115	7	121	114		7	19672	19312		360	169404
中牟县	399	145	370	29	428	400		28	24999	23093		1906	57733
巩义市	220	101	213		220	213	7		15569	15329	240		70768
荥阳市	609	163	361	4	566	363	200	3	48964	37307	11548	109	86776
新密市	56	21	56		56	56			4255	4255			75982
新郑市	180	56	164	16	180	164		16	21635	21126		509	128817
登封市	12	3	9		12	9	3		703	585	118		58583
经开区	16	8	16		16	16			1449	1449			90563
高新区	3419	868	3294	96	3466	3316	29	121	343455	335063	1369	7023	100578

2-11　续表 4　　　　（2019 年底）　　　　单位：人、元

类　别	单位从业人员	女性	在岗职工合计	其他从业人员	单位从业人员平均人数	在岗职工	劳务派遣人员	其他从业人员	单位从业人员工资总额（千元）	在岗职工工资总额	劳务派遣人员工资总额	其他从业人员工资总额	在岗职工平均工资（含劳务派遣人员）
郑东新区	5128	1957	4980	47	4327	4184	101	42	590336	576158	7779	6399	136275
航空港实验区	56	11	56		56	56			4657	4657			83161
水利、环境和公共设施管理业	**9540**	**3465**	**6468**	**2956**	**9535**	**6605**	**116**	**2814**	**763415**	**681875**	**5378**	**76162**	**102255**
中原区	1633	675	1011	622	1491	984		507	124586	107640		16946	109390
二七区	266	87	266		265	265			20692	20692			78083
管城区	639	181	590	49	835	785		50	52604	51452		1152	65544
金水区	2598	737	2484	3	2601	2444	111	46	294251	288098	5204	949	114795
上街区	328	175	18	310	344	18		326	8704	2246		6458	124778
惠济区	831	242	824	7	841	834		7	110630	110270		360	132218
中牟县	2365	1091	400	1965	2283	405		1878	76429	26132		50297	64523
巩义市	211	65	206		212	207	5		15795	15621	174		74505
荥阳市	127	40	127		127	127			7288	7288			57386
新密市	153	60	153		154	154			11659	11659			75708
登封市	37	12	37		36	36			1741	1741			48361
郑东新区	352	100	352		346	346			39036	39036			112821
居民服务、修理和其他服务业	**480**	**198**	**321**	**129**	**481**	**322**	**30**	**129**	**40775**	**36533**	**713**	**3529**	**105813**
中原区	224	126	154	70	224	154		70	21606	19482		2124	126506
二七区	138	43	53	55	138	53	30	55	4712	2724	713	1275	41410
管城区	10	3	10		10	10			789	789			78900
金水区	17	8	17		17	17			1605	1605			94412
荥阳市	20	2	20		20	20			2664	2664			133200
新郑市	71	16	67	4	72	68		4	9399	9269		130	136309
教育	**106762**	**69010**	**101708**	**3091**	**103357**	**98491**	**1880**	**2986**	**12384541**	**12174024**	**87837**	**122680**	**122165**
中原区	9550	6158	8469	688	9417	8368	381	668	1309454	1247085	27805	34564	145718
二七区	4043	2867	3787	64	4037	3788	185	64	380741	367618	8760	4363	94734
管城区	3299	2421	3121	82	3227	3053	93	81	361204	354664	4155	2385	114056
金水区	4995	3871	4436	248	4963	4425	299	239	501246	473565	12768	14913	102949
上街区	1131	819	933	21	1131	933	177	21	129244	122279	6411	554	115937

2-11 续表 5　　（2019 年底）　　单位：人、元

类别	单位从业人员	女性	在岗职工合计	其他从业人员	单位从业人员平均人数	在岗职工	劳务派遣人员	其他从业人员	单位从业人员工资总额（千元）	在岗职工工资总额	劳务派遣人员工资总额	其他从业人员工资总额	在岗职工平均工资（含劳务派遣人员）
惠济区	5081	3377	4852	132	4736	4531	97	108	601014	592816	2819	5379	128702
中牟县	6943	4515	6840	87	6914	6820	11	83	798646	795734	672	2240	116587
巩义市	5050	3517	4799	232	5036	4786	19	231	459498	451789	701	7008	94171
荥阳市	5780	3826	5749	31	5702	5673		29	562958	562332		626	99124
新密市	7846	5449	7746	85	7838	7739	15	84	816061	813427	389	2245	104954
新郑市	10106	6332	9607	446	9932	9431	53	448	1284484	1271931	1246	11307	134245
登封市	5423	3637	5252	170	5339	5194	1	144	369963	365313	11	4639	70322
经开区	1928	1405	1576	62	1861	1550	260	51	161329	149401	10097	1831	88120
高新区	11763	5913	11383	218	11441	11066	158	217	1553466	1537361	7116	8989	137605
郑东新区	20548	12560	20234	178	18547	18240	126	181	2795062	2776070	4707	14285	151409
航空港实验区	3276	2343	2924	347	3236	2894	5	337	300171	292639	180	7352	101007
卫生和社会工作	**70303**	**52301**	**62584**	**3910**	**68371**	**60850**	**3747**	**3774**	**8269918**	**7689592**	**298574**	**281752**	**123662**
中原区	8133	5858	6274	706	7945	6175	1119	651	1209032	1014812	107900	86320	153923
二七区	6590	4887	6213	39	6591	6214	338	39	735613	695288	38016	2309	111921
管城区	1711	1286	546	1165	1634	540		1094	129626	65470		64156	121241
金水区	20784	16483	19346	1107	20203	18763	330	1110	2954577	2864587	14881	75109	150813
上街区	1109	849	662	77	1083	660	356	67	106931	61672	38850	6409	98939
惠济区	1189	852	1118	48	1183	1112	23	48	84476	82103	701	1672	72955
中牟县	3981	2798	3742	138	3975	3736	101	138	335244	323413	3564	8267	85217
巩义市	2652	1945	2588	64	2647	2583		64	308026	305933		2093	118441
荥阳市	3771	2748	3633	52	3760	3622	86	52	300448	293369	2969	4110	79919
新密市	4156	2830	3852	68	4044	3741	236	67	265090	256195	5590	3305	65825
新郑市	3202	2227	2949	253	3098	2843		255	254302	242251		12051	85210
登封市	3169	2157	3094	70	3163	3088	5	70	242328	239743	342	2243	77622
经开区	2297	1669	1546	33	2174	1453	688	33	269047	216714	49818	2515	124489
高新区	45	35	45		45	45			2213	2213			49178
郑东新区	7295	5551	6757	90	6607	6056	465	86	1057941	1010805	35943	11193	160520
航空港实验区	219	126	219		219	219			15024	15024			68603
文化、体育和娱乐业	**8689**	**3865**	**7542**	**642**	**8201**	**7291**	**494**	**416**	**680389**	**640139**	**25472**	**14778**	**85499**
中原区	2234	887	1676	413	2011	1678	145	188	171999	162080	4242	5677	91235

2-11 续表 6 （2019 年底） 单位：人、元

类别	单位从业人员	女性	在岗职工合计	其他从业人员	单位从业人员平均人数	在岗职工	劳务派遣人员	其他从业人员	单位从业人员工资总额（千元）	在岗职工工资总额	劳务派遣人员工资总额	其他从业人员工资总额	在岗职工平均工资（含劳务派遣人员）
二七区	206	111	165	12	197	166	19	12	20175	19506	512	157	108205
管城区	242	122	236	6	241	234		7	24032	23461		571	100261
金水区	2387	1038	2170	139	2362	2146	77	139	223893	212272	6727	4894	98515
上街区	20	6	20		20	20			2217	2217			110850
惠济区	312	124	158		312	158	154		22204	13387	8817		71167
中牟县	94	32	81	13	91	81		10	6197	5752		445	71012
巩义市	352	212	332	17	356	336	3	17	21913	21022	69	822	62215
荥阳市	211	99	211		211	211			27077	27077			128327
新密市	243	100	243		241	241			11668	11668			48415
新郑市	171	86	168	3	171	168		3	16479	16361		118	97387
登封市	210	59	148	21	210	148	41	21	10214	7548	1800	866	49460
经开区	295	151	286	9	285	276		9	16686	16090		596	58297
郑东新区	1712	838	1648	9	1493	1428	55	10	105635	101698	3305	632	70804
公共管理、社会保障和社会组织	**149130**	**54647**	**123309**	**6482**	**147396**	**122258**	**18656**	**6482**	**15769175**	**14722023**	**831066**	**216086**	**110373**
中原区	12493	4380	10851	530	12508	10822	1115	571	1634788	1564267	45767	24754	134878
二七区	6868	3120	5929	437	6867	5935	497	435	605528	566030	24012	15486	91735
管城区	7148	3147	6072	42	7099	6053	1005	41	821493	771431	48802	1260	116213
金水区	25127	8291	22839	475	24843	22529	1802	512	3431356	3341520	69366	20470	140187
上街区	3874	1700	2331	482	3852	2359	1014	479	315620	262084	35120	18416	88113
惠济区	7562	3014	6034	49	7355	6062	1251	42	647803	579252	66573	1978	88312
中牟县	12345	4193	8201	1364	12039	8087	2603	1349	1033358	859345	138941	35072	93385
巩义市	9662	3813	8210	204	9563	8142	1219	202	773087	725028	42476	5583	81990
荥阳市	9523	3723	9311	78	9413	9206	129	78	888699	882895	3764	2040	94982
新密市	12102	4479	10616	436	12046	10589	1048	409	1006986	961565	35396	10025	85672
新郑市	11299	3769	9501	688	11264	9509	1066	689	1309564	1256970	34033	18561	122081
登封市	10313	3345	8321	544	10178	8241	1405	532	662224	611905	36707	13612	67242
经开区	4399	1708	2070	317	4379	2070	1992	317	362343	264444	89127	8772	87044
高新区	3298	1101	1542	336	3267	1542	1393	332	298811	239188	47104	12519	97544
郑东新区	9224	3564	8955	145	8868	8596	129	143	1496052	1484736	5128	6188	170758
航空港实验区	3893	1300	2526	355	3855	2516	988	351	481463	351363	108750	21350	131311

2-12 全市及各区县(市)城镇集体单位分行业从业人员人数及工资总额

（2019年底）

单位:人、元

行业	单位从业人员	女性	在岗职工合计	其他从业人员	单位从业人员平均人数	在岗职工	劳务派遣人员	其他从业人员	单位从业人员工资总额（千元）	在岗职工工资总额	劳务派遣人员工资总额	其他从业人员工资总额	在岗职工平均工资（含劳务派遣人员）
制造业	**1525**	**560**	**1455**	**63**	**1534**	**1464**	**7**	**63**	**154814**	**148515**	**408**	**5891**	**101239**
中原区	27	15	25	2	27	25		2	1167	983		184	39320
二七区	111	42	102	9	111	102		9	11564	10623		941	104147
管城区	369	85	336	28	380	347	5	28	58045	56488	353	1204	161480
金水区	156	68	156		156	156			12141	12141			77827
上街区	28	12	28		28	28			1318	1318			47071
惠济区	100	70	100		100	100			5623	5623			56230
中牟县	25	18	20	3	17	13	2	2	797	653	55	89	47200
巩义市	57	19	57		57	57			1607	1607			28193
荥阳市	80	32	80		80	80			3081	3081			38513
新密市	43	9	43		41	41			1981	1981			48317
新郑市	427	146	406	21	436	414		22	50566	47093		3473	113751
登封市	12	4	12		11	11			586	586			53273
经开区	90	40	90		90	90			6338	6338			70422
电力、热力、燃气及水生产和供应业	**100**	**54**	**98**		**101**	**99**	**2**		**4430**	**4358**	**72**		**43861**
巩义市	6	5	6		6	6			239	239			39833
新郑市	77	41	75		78	76	2		3681	3609	72		47192
登封市	17	8	17		17	17			510	510			30000
建筑业	**1045**	**293**	**924**	**71**	**916**	**765**	**72**	**79**	**43628**	**36075**	**5244**	**2309**	**49366**
中原区	246	77	196		165	95	70		10045	4945	5100		60879
二七区	84	40	84		89	89			6604	6604			74202
金水区	268	70	268		246	246			10003	10003			40663
上街区	106	20	35	71	99	35		64	3456	1562		1894	44629
新郑市	94	42	94		63	61	2		2932	2788	144		46540
登封市	247	44	247		254	239		15	10588	10173		415	42565
批发和零售业	**32486**	**30042**	**272**	**2172**	**681**	**619**	**13**	**49**	**32486**	**30042**	**272**	**2172**	**47965**
中原区	121	121			4	4			121	121			30250
二七区	8853	8853			113	113			8853	8853			78345
金水区	7021	5389	272	1360	126	85	13	28	7021	5389	272	1360	57765
上街区	345	345			10	10			345	345			34500

2-12 续表 1　　（2019 年底）　　单位：人、元

类别	单位从业人员	女性	在岗职工合计	其他从业人员	单位从业人员平均人数	在岗职工	劳务派遣人员	其他从业人员	单位从业人员工资总额（千元）	在岗职工工资总额	劳务派遣人员工资总额	其他从业人员工资总额	在岗职工平均工资（含劳务派遣人员）
中牟县	785	785			14	14			785	785			56071
巩义市	10495	10143		352	310	295		15	10495	10143		352	34383
新密市	321	321			8	8			321	321			40125
新郑市	309	309			10	10			309	309			30900
登封市	2269	2269			50	50			2269	2269			45380
郑东新区	844	384		460	10	4		6	844	384		460	96000
航空港实验区	1123	1123			26	26			1123	1123			43192
交通运输、仓储和邮政业	**500**	**197**	**479**	**21**	**503**	**482**		**21**	**18791**	**18012**		**779**	**37369**
中原区	40	25	40		44	44			2707	2707			61523
二七区	173	81	173		172	172			7464	7464			43395
管城区	62	3	41	21	62	41		21	2779	2000		779	48780
上街区	96	34	96		96	96			2530	2530			26354
巩义市	73	33	73		73	73			2218	2218			30384
新密市	39	21	39		39	39			614	614			15744
新郑市	17		17		17	17			479	479			28176
住宿和餐饮业	**479**	**279**	**467**	**2**	**487**	**470**	**10**	**7**	**27527**	**26938**	**352**	**237**	**56854**
二七区	17	13	17		17	17			666	666			39176
金水区	192	94	190	2	202	200		2	15990	15870		120	79350
巩义市	42	35	42		42	42			1322	1322			31476
登封市	182	110	174		182	169	8	5	6839	6530	192	117	37977
郑东新区	46	27	44		44	42	2		2710	2550	160		61591
信息传输、软件和信息技术服务业	**95**	**43**	**95**		**94**	**94**			**5174**	**5174**			**55043**
中原区	50	24	50		50	50			2700	2700			54000
巩义市	39	18	39		39	39			2345	2345			60128
登封市	6	1	6		5	5			129	129			25800
房地产业	**225**	**94**	**213**	**12**	**225**	**213**		**12**	**10021**	**9715**		**306**	**45610**
中原区	56	20	56		56	56			4052	4052			72357
二七区	12	2	12		12	12			398	398			33167
管城区	4	2	4		4	4			284	284			71000
金水区	93	45	93		93	93			3331	3331			35817
上街区	13	10	13		13	13			435	435			33462

2-12 续表 2 （2019 年底） 单位：人、元

类别	单位从业人员				单位从业人员平均人数				单位从业人员工资总额（千元）				在岗职工平均工资（含劳务派遣人员）
		女性	在岗职工合计	其他从业人员		在岗职工	劳务派遣人员	其他从业人员		在岗职工工资总额	劳务派遣人员工资总额	其他从业人员工资总额	
巩义市	38	11	32	6	38	32		6	1251	1125		126	35156
新郑市	9	4	3	6	9	3		6	270	90		180	30000
租赁和商务服务业	**977**	**155**	**303**		**974**	**302**	**672**		**41343**	**17308**	**24035**		**42447**
中原区	4	3	4		4	4			214	214			53500
二七区	50	17	50		50	50			2309	2309			46180
金水区	66	33	66		67	67			4688	4688			69970
巩义市	29	11	29		29	29			1035	1035			35690
新密市	813	85	139		809	137	672		32573	8538	24035		40263
登封市	15	6	15		15	15			524	524			34933
科学研究和技术服务业	**621**	**269**	**607**	**3**	**610**	**597**	**10**	**3**	**54938**	**54124**	**655**	**159**	**90245**
中原区	210	100	199		203	193	10		25861	25206	655		127394
二七区	24	7	24		24	24			1320	1320			55000
管城区	28	9	28		28	28			5327	5327			190250
金水区	84	39	81	3	84	81		3	3929	3770		159	46543
上街区	28	11	28		25	25			803	803			32120
中牟县	8	2	8		8	8			625	625			78125
新郑市	216	86	216		216	216			16381	16381			75838
登封市	23	15	23		22	22			692	692			31455
水利、环境和公共设施管理业	**22**	**19**	**16**	**6**	**24**	**18**		**6**	**1037**	**883**		**154**	**49056**
二七区	22	19	16	6	24	18		6	1037	883		154	49056
居民服务、修理和其他服务业	**50**	**17**	**50**		**49**	**49**			**1662**	**1662**			**33918**
二七区	39	14	39		39	39			1252	1252			32103
金水区	1		1		1	1			102	102			102000
中牟县	8	3	8		8	8			286	286			35750
登封市	2		2		1	1			22	22			22000
教育	**4690**	**3472**	**4581**	**104**	**4610**	**4503**	**5**	**102**	**392442**	**389716**	**138**	**2588**	**86480**
中原区	78	68	78		78	78			5976	5976			76615
二七区	60	53	60		60	60			6345	6345			105750

2-12 续表3 (2019年底) 单位:人、元

类别	单位从业人员	女性	在岗职工合计	其他从业人员	单位从业人员平均人数	在岗职工	劳务派遣人员	其他从业人员	单位从业人员工资总额(千元)	在岗职工工资总额	劳务派遣人员工资总额	其他从业人员工资总额	在岗职工平均工资(含劳务派遣人员)
管城区	41	40	41		41	41			1476	1476			36000
金水区	178	148	173		178	173	5		13745	13607	138		77219
惠济区	388	313	388		355	355			45131	45131			127130
中牟县	177	90	177		174	174			21400	21400			122989
巩义市	1468	1112	1455	13	1452	1439		13	122183	121793		390	84637
荥阳市	1109	759	1109		1088	1088			105786	105786			97230
新郑市	20	18	20		20	20			1773	1773			88650
登封市	581	390	513	68	574	512		62	32873	31245		1628	61025
高新区	559	454	559		559	559			34893	34893			62420
航空港实验区	31	27	8	23	31	4		27	861	291		570	72750
卫生和社会工作	**2350**	**1735**	**1971**	**163**	**2337**	**1959**	**215**	**163**	**150612**	**125014**	**16442**	**9156**	**65067**
中原区	103	74	46	57	103	46		57	12596	8833		3763	192022
二七区	316	243	254	62	315	253		62	12389	8343		4046	32976
管城区	340	267	127		338	126	212		28525	12189	16336		84393
金水区	66	51	54	12	66	54		12	3606	3201		405	59278
惠济区	19	15	19		19	19			844	844			44421
中牟县	81	52	81		81	81			5362	5362			66198
巩义市	1108	801	1083	22	1107	1082	3	22	67038	66229	106	703	61138
新密市	22	19	12	10	22	12		10	919	680		239	56667
新郑市	75	58	75		75	75			5364	5364			71520
登封市	65	36	65		65	65			3959	3959			60908
高新区	119	91	119		119	119			6825	6825			57353
郑东新区	31	27	31		22	22			3065	3065			139318
航空港实验区	5	1	5		5	5			120	120			24000
文化、体育和娱乐业	**1**		**1**		**1**	**1**			**72**	**72**			**72000**
金水区	1		1		1	1			72	72			72000
公共管理、社会保障和社会组织	**1228**	**333**	**678**	**11**	**1228**	**673**	**539**	**16**	**62609**	**42701**	**19557**	**351**	**51368**
金水区	868	181	362		868	362	506		35747	18235	17512		41183
巩义市	58	23	50		58	50	8		4616	4434	182		79586
荥阳市	148	69	148		147	147			11765	11765			80034
新郑市	11		11		12	12			754	754			62833
登封市	61	25	50	11	61	45		16	2879	2528		351	56178
航空港实验区	82	35	57		82	57	25		6848	4985	1863		83512

2-13 全市及各区县(市)其他单位分行业从业人员人数及工资总额

(2019年底)　　单位:人、元

行业	单位从业人员	女性	在岗职工合计	其他从业人员	单位从业人员平均人数	在岗职工	劳务派遣人员	其他从业人员	单位从业人员工资总额(千元)	在岗职工工资总额	劳务派遣人员工资总额	其他从业人员工资总额	在岗职工平均工资(含劳务派遣人员)
农、林、牧、渔业	**150**	**63**	**144**	**6**	**155**	**149**		**6**	**8958**	**8767**		**191**	**58839**
金水区	33	14	33		33	33			2679	2679			81182
中牟县	33	14	33		33	33			1715	1715			51970
巩义市	47	20	41	6	49	43		6	1585	1394		191	32419
新郑市	26	11	26		29	29			2585	2585			89138
登封市	11	4	11		11	11			394	394			35818
采矿业	**31844**	**4706**	**30571**	**1272**	**31363**	**30081**	**1**	**1281**	**1697958**	**1676212**	**48**	**21698**	**55723**
中原区	252	64	252		251	251			27320	27320			108845
市局直管	9298	1471	9298		9577	9577			541785	541785			56571
巩义市	3264	716	3264		3092	3092			119080	119080			38512
新密市	4358	763	3788	570	4068	3474		594	209449	202613		6836	58323
新郑市	4662	584	4280	381	4471	4112	1	358	294632	291653	48	2931	70922
登封市	10010	1108	9689	321	9904	9575		329	505692	493761		11931	51568
制造业	**442396**	**161778**	**407738**	**3466**	**441058**	**415931**	**22036**	**3091**	**29080888**	**27810004**	**1097137**	**173747**	**66003**
中原区	3360	1787	3330	25	3451	3422	5	24	158340	157172	228	940	45929
二七区	9125	3756	8974	146	8775	8625	5	145	499009	493285	300	5424	57194
管城区	18955	1983	18863	23	19107	19013	70	24	2132573	2125504	4596	2473	111623
金水区	2902	795	2319	1	2929	2345	583	1	212880	170208	42588	84	72676
上街区	9546	2129	9122	176	9416	8971	251	194	637098	617782	13352	5964	68438
惠济区	8796	4847	8796		8816	8816			456142	456142			51740
中牟县	6531	1866	5809	28	6795	6095	668	32	583052	536131	43133	3788	85652
市局直管	2516	356	1826	57	2498	1829	610	59	243797	196986	45798	1013	99542
巩义市	11497	3264	11351	88	12384	12244	58	82	570537	564184	2719	3634	46082
荥阳市	5744	1553	5168	56	5709	5165	488	56	419576	366612	49047	3917	73529
新密市	8797	2488	8276	339	8725	8157	205	363	490572	459239	10640	20693	56192
新郑市	18247	7374	15412	431	17525	15001	2084	440	1033428	906139	96977	30312	58713
登封市	10679	2716	9965	161	10368	9645	542	181	527080	493585	29313	4182	51330
经开区	44968	14666	39876	1551	46996	41216	4696	1084	3788667	3456880	271685	60102	81211
高新区	30830	9054	28452	367	30773	28471	1917	385	2574411	2412250	132682	29479	83748
郑东新区	4022	1766	3304	17	4166	3518	629	19	304319	278350	24256	1713	72970
航空港实验区	245881	101378	226895		242625	233398	9225	2	14449407	14119555	329823	29	59555

2-13 续表 1 （2019 年底） 单位：人、元

类别	单位从业人员	女性	在岗职工合计	其他从业人员	单位从业人员平均人数	在岗职工	劳务派遣人员	其他从业人员	单位从业人员工资总额（千元）	在岗职工工资总额	劳务派遣人员工资总额	其他从业人员工资总额	在岗职工平均工资（含劳务派遣人员）
电力、热力、燃气及水生产和供应业	**13057**	**4418**	**11869**	**383**	**13157**	**11980**	**812**	**365**	**1196442**	**1134056**	**41012**	**21374**	**91860**
中原区	5197	1959	4315	304	5089	4269	523	297	500127	457162	26001	16964	100827
二七区	1332	489	1331		1330	1329	1		156409	156379	30		117601
金水区	149	33	118	17	147	118	14	15	15461	14189	885	387	114197
上街区	98	45	97		98	97	1		5762	5725	37		58796
惠济区	685	183	605		667	563	104		63977	59499	4478		95918
中牟县	20	2	20		20	20			1500	1500			75000
巩义市	861	366	785	8	858	782	68	8	43812	39566	3566	680	50744
荥阳市	170	54	170		163	163			14208	14208			87166
新密市	481	169	474	7	483	476		7	32477	32345		132	67952
新郑市	256	93	236		248	229	19		13945	13074	871		56230
登封市	1296	334	1293		1621	1618	3		106175	104978	1197		65500
经开区	312	92	306		302	296	6		25674	25545	129		85013
高新区	1378	400	1333	45	1315	1239	40	36	129602	125727	960	2915	99052
郑东新区	570	125	568		569	567	2		58721	58507	214		103200
航空港实验区	252	74	218	2	247	214	31	2	28592	25652	2644	296	115494
建筑业	**313235**	**46002**	**212992**	**24397**	**301535**	**198209**	**79545**	**23781**	**21042337**	**15222508**	**4542169**	**1277660**	**71159**
中原区	49338	7190	21943	3141	50663	21111	26161	3391	3263914	1667660	1416137	180117	65235
二七区	28190	3969	14947	1301	27454	14958	11286	1210	2058989	1422124	581514	55351	76347
管城区	13009	2227	10741	1188	12610	10287	1206	1117	845875	720193	77508	48174	69408
金水区	118575	16374	89576	11258	105515	78675	16375	10465	7593459	5948511	1052428	592520	73655
上街区	2996	318	2166	415	2831	2074	462	295	151428	103238	24582	23608	50402
惠济区	6906	924	5969	352	7165	6118	607	440	448993	391423	28620	28950	62460
中牟县	4383	405	3910	259	4306	3867	170	269	255639	225440	9341	20858	58157
巩义市	3768	646	3041	195	3549	2919	524	106	192915	147682	41030	4203	54810
荥阳市	8438	1778	4687	747	11214	4318	6196	700	663031	235453	406066	21512	61016
新密市	14657	1558	7683	1251	14032	7253	5587	1192	653286	319237	278680	55369	46567
新郑市	5533	442	4163	1276	5431	4016	102	1313	315061	245818	5856	63387	61116
登封市	2695	330	2072	203	2838	2174	263	401	149393	129335	11511	8547	57795
经开区	22694	4248	20482	511	22451	20237	1737	477	2220182	2108197	80506	31479	99604
高新区	13683	2131	10286	885	12450	8908	2549	993	1085816	865264	154709	65843	89026
郑东新区	18245	3418	11231	1385	18901	11199	6320	1382	1137520	688851	373681	74988	60650

2-13 续表 2　　（2019 年底）　　单位：人、元

类别	单位从业人员	女性	在岗职工合计	其他从业人员	单位从业人员平均人数	在岗职工	劳务派遣人员	其他从业人员	单位从业人员工资总额（千元）	在岗职工工资总额	劳务派遣人员工资总额	其他从业人员工资总额	在岗职工平均工资（含劳务派遣人员）
航空港实验区	125	44	95	30	125	95		30	6836	4082		2754	42968
批发和零售业	**91407**	**49364**	**86841**	**1370**	**89844**	**85163**	**3341**	**1340**	**5812484**	**5573726**	**177605**	**61153**	**64984**
中原区	2564	1102	2501	12	2522	2460	51	11	176020	171891	3111	1018	69694
二七区	10093	5985	9671	317	9861	9467	115	279	550211	536971	6669	6571	56736
管城区	14299	9335	13762	94	14031	13343	582	106	891585	856130	30495	4960	63671
金水区	24669	14296	23802	526	24373	23504	357	512	1345565	1302902	15718	26945	55263
上街区	117	58	75	33	117	75	9	33	7959	6226	440	1293	79357
惠济区	3236	1233	2798	9	3010	2654	346	10	234856	216639	17669	548	78103
中牟县	781	374	768	3	798	755	37	6	80192	78198	1606	388	100763
巩义市	1595	830	1480	99	1600	1486	16	98	73490	69896	794	2800	47064
荥阳市	608	346	607	1	608	607		1	29179	29159		20	48038
新密市	884	384	857	17	808	780	10	18	44501	43626	557	318	55928
新郑市	2647	1391	2596	10	2677	2626	41	10	163477	161523	1725	229	61210
登封市	1107	503	1049	5	1083	1028	50	5	54896	52062	2691	143	50791
经开区	14702	7694	14233	94	14215	13752	374	89	1007237	984626	19006	3605	71049
高新区	5144	1910	4697	57	5181	4713	380	88	449363	419506	23109	6748	86907
郑东新区	7017	2808	6709	78	6882	6569	252	61	550080	537560	7615	4905	79926
航空港实验区	1944	1115	1236	15	2078	1344	721	13	153873	106811	46400	662	74194
交通运输、仓储和邮政业	**51835**	**16895**	**37513**	**2832**	**51126**	**37155**	**11514**	**2457**	**4505606**	**3753028**	**612560**	**140018**	**89700**
中原区	154	74	154		155	155			7119	7119			45929
二七区	5240	1635	4088	1065	5530	4236	147	1147	290587	235385	9963	45239	55977
管城区	432	136	391		434	393	41		29708	25980	3728		68452
金水区	1612	631	1414	51	1629	1426	158	45	129347	121893	6484	970	81046
上街区	791	136	781	10	785	775		10	80802	80559		243	103947
惠济区	472	196	467	5	478	473		5	22134	21684		450	45844
中牟县	266	63	102	11	173	104	64	5	7852	4275	3326	251	45244
巩义市	752	120	752		724	724			43208	43208			59680
荥阳市	51	6	39	11	51	31	5	15	2688	1740	261	687	55583
新密市	410	58	410		400	400			23974	23974			59935
新郑市	697	179	680	9	696	679	8	9	45511	44975	350	186	65975
登封市	714	145	457	155	690	428	96	166	30482	20930	1768	7784	43317
经开区	4475	1745	2664	1510	4073	2720	306	1047	326131	217291	26010	82830	80404

2-13 续表 3 （2019 年底） 单位：人、元

类别	单位从业人员	女性	在岗职工合计	其他从业人员	单位从业人员平均人数	在岗职工	劳务派遣人员	其他从业人员	单位从业人员工资总额（千元）	在岗职工工资总额	劳务派遣人员工资总额	其他从业人员工资总额	在岗职工平均工资（含劳务派遣人员）
高新区	103	44	98		103	98	5		13605	13310	295		132087
郑东新区	24888	7996	19206		24434	18748	5683	3	1924050	1722189	201705	156	78748
航空港实验区	10778	3731	5810	5	10771	5765	5001	5	1528408	1168516	358670	1222	141853
住宿和餐饮业	**24012**	**13706**	**22291**	**497**	**23921**	**22047**	**1304**	**570**	**1172400**	**1081857**	**66324**	**24219**	**49171**
中原区	1487	750	1428	12	1475	1379	85	11	83508	79103	3950	455	56730
二七区	1893	1093	1703	14	1900	1693	180	27	80860	72625	7144	1091	42589
管城区	395	232	389	6	376	326		50	19133	18218		915	55883
金水区	6792	3834	6318	329	6879	6409	143	327	424360	403882	7575	12903	62799
上街区	146	111	146		153	153			5255	5255			34346
惠济区	85	44	85		85	85			4425	4425			52059
中牟县	63	49	63		63	63			2559	2559			40619
巩义市	575	410	573	2	565	563		2	17599	17331		268	30783
荥阳市	94	69	94		94	94			4067	4067			43266
新密市	541	248	541		533	533			21050	21050			39493
新郑市	509	275	489	20	497	460		37	22221	19762		2459	42961
登封市	621	349	621		647	639	4	4	29842	29430	190	222	46065
经开区	500	207	500		499	499			23678	23678			47451
高新区	524	272	520	2	520	515	3	2	30001	29793	103	105	57714
郑东新区	8645	5169	8278	103	8467	8090	276	101	330568	315159	10283	5126	38901
航空港实验区	1142	594	543	9	1168	546	613	9	73274	35520	37079	675	62639
信息传输、软件和信息技术服务业	**74060**	**19198**	**43465**	**26276**	**67237**	**42876**	**4278**	**20083**	**5094894**	**4218269**	**288794**	**587831**	**95582**
中原区	281	101	281		298	298			16164	16164			54242
二七区	4671	1745	4627		4621	4577	44		603823	601886	1937		130669
管城区	2697	365	2695	2	2192	2190		2	181290	181110		180	82699
金水区	50820	11128	21965	25901	44704	22138	2775	19791	2542210	1796528	179096	566586	79301
上街区	20	7	20		20	20			645	645			32250
惠济区	408	87	318	90	258	187		71	22070	15592		6478	83380
中牟县	139	77	139		237	237			9991	9991			42156
巩义市	250	111	158	71	250	158	21	71	15951	10763	1184	4004	66743
荥阳市	169	73	169		168	168			9154	9154			54488
新密市	66	27	66		66	66			3012	3012			45636
新郑市	4	1	4		4	4			194	194			48500

2-13 续表 4 （2019 年底） 单位：人、元

类 别	单位从业人员	女性	在岗职工合计	其他从业人员	单位从业人员平均人数	在岗职工	劳务派遣人员	其他从业人员	单位从业人员工资总额（千元）	在岗职工工资总额	劳务派遣人员工资总额	其他从业人员工资总额	在岗职工平均工资（含劳务派遣人员）
登封市	113	39	101	12	97	92		5	3291	3137		154	34098
经开区	1322	342	1205		1448	1296	152		125248	114495	10753		86497
高新区	7935	3336	6832	98	8005	6796	1125	84	816556	728608	81230	6718	102239
郑东新区	5165	1759	4885	102	4869	4649	161	59	745295	726990	14594	3711	154175
金融业	**55003**	**31069**	**53237**	**898**	**54616**	**52932**	**825**	**859**	**14452840**	**14294862**	**84126**	**73852**	**267481**
中原区	1501	827	1476		1545	1520	25		205589	204520	1069		133067
二七区	33	9	33		28	28			1240	1240			44286
管城区	1157	750	1096		1098	1072	26		286968	281570	5398		261355
金水区	14876	8221	13361	893	14819	13363	603	853	2834889	2709746	51559	73584	197716
上街区	94	41	94		91	91			6968	6968			76571
惠济区	3	2	3		3	3			108	108			36000
巩义市	504	285	504		514	514			78410	78410			152549
荥阳市	105	53	105		116	116			8229	8229			70940
新密市	538	243	538		549	549			109660	109660			199745
新郑市	638	331	501	2	659	518	139	2	116527	95510	20945	72	177253
登封市	139	61	137		142	140	2		10624	10557	67		74817
经开区	8	3	8		8	8			543	543			67875
郑东新区	35407	20243	35381	3	35044	35010	30	4	10793085	10787801	5088	196	308016
房地产业	**77075**	**31355**	**64252**	**1417**	**76795**	**63137**	**12324**	**1334**	**5947320**	**5298001**	**580912**	**68407**	**77907**
中原区	5191	2039	4358	191	5243	4419	659	165	458192	432684	21902	3606	89521
二七区	7929	3192	5416	91	7619	5299	2226	94	561190	454819	102735	3636	74094
管城区	9395	4285	6762	179	9294	6737	2396	161	722185	559853	151408	10924	77878
金水区	15761	6354	13278	460	15632	13090	2128	414	1084167	966823	92133	25211	69586
上街区	1122	456	1116	6	1217	1203		14	123590	122055		1535	101459
惠济区	2960	1319	2439	61	2947	2481	408	58	241834	222828	17271	1735	83108
中牟县	1319	509	1250	20	1340	1271	49	20	136406	129604	5621	1181	102443
巩义市	1594	697	1543	51	1524	1467	1	56	72761	70364	83	2314	47988
荥阳市	2032	747	1996	7	1853	1813	33	7	121544	119699	1135	710	65457
新密市	1963	653	1929	18	1912	1877	16	19	143926	141810	1133	983	75511
新郑市	5265	1908	4193	64	4945	4030	859	56	370178	330317	35914	3947	74909
登封市	804	238	793	7	791	781	4	6	47230	46825	158	247	59851
经开区	6089	2757	5708	45	7103	5401	1659	43	396820	324070	69404	3346	55733
高新区	2217	913	1819	190	2213	1784	241	188	157877	144776	6834	6267	74869

2-13 续表 5 （2019 年底） 单位：人、元

类别	单位从业人员	女性	在岗职工合计	其他从业人员	单位从业人员平均人数	在岗职工	劳务派遣人员	其他从业人员	单位从业人员工资总额（千元）	在岗职工工资总额	劳务派遣人员工资总额	其他从业人员工资总额	在岗职工平均工资（含劳务派遣人员）
郑东新区	11260	4532	9482	24	11001	9327	1644	30	1079259	1001558	75096	2605	98136
航空港实验区	2174	756	2170	3	2161	2157	1	3	230161	229916	85	160	106581
租赁和商务服务业	**73630**	**22537**	**40740**	**4293**	**70295**	**38062**	**28025**	**4208**	**4032468**	**2555441**	**1184841**	**292186**	**56596**
中原区	3712	1347	859	3	3348	845	2500	3	203914	77770	126054	90	60934
二七区	14388	2505	11228	52	12864	9782	3030	52	395073	309127	81856	4090	30517
管城区	7582	1044	3834	228	7480	3777	3473	230	545659	339792	192694	13173	73446
金水区	13178	8343	12354	535	12748	11875	279	594	843838	812197	17887	13754	68297
上街区	172	56	155		172	152	20		18471	17694	777		107390
惠济区	588	247	564	21	615	591	3	21	32409	31627	146	636	53490
中牟县	705	229	705		709	709			42583	42583			60061
巩义市	169	72	166	3	169	167	1	1	8457	8414	20	23	50202
荥阳市	276	78	276		243	243			22358	22358			92008
新密市	322	86	322		320	320			26864	26864			83950
新郑市	342	104	313	29	385	301		84	26346	21367		4979	70987
登封市	367	160	364	3	359	356		3	15558	15488		70	43506
经开区	708	243	653	2	722	667	53	2	70647	68034	2550	63	98033
高新区	2006	585	1471	16	1816	1286	478	52	98319	84543	12858	918	55216
郑东新区	23805	7135	6897	3391	23102	6467	13484	3151	1297730	599114	444681	253935	52318
航空港实验区	5310	303	579	10	5243	524	4704	15	384242	78469	305318	455	73410
科学研究和技术服务业	**52040**	**14181**	**44330**	**2950**	**51521**	**43594**	**4895**	**3032**	**5315666**	**4735042**	**353822**	**226802**	**104949**
中原区	13101	2306	10726	842	13232	10764	1468	1000	1634114	1411143	106004	116967	124031
二七区	3666	934	1567	356	3684	1549	1900	235	303527	151180	140451	11896	84555
管城区	68	17	66	2	64	62		2	5780	5720		60	92258
金水区	19799	5609	17903	1212	19430	17515	703	1212	1846322	1729980	51893	64449	97808
上街区	121	42	115	6	121	115		6	15196	14997		199	130409
惠济区	2176	770	2176		2084	2081		3	204418	204285		133	98167
中牟县	229	95	216	2	223	214	7	2	14618	14070	476	72	65819
巩义市	212	74	212		209	209			8555	8555			40933
荥阳市	224	40	222	2	211	209		2	11190	11047		143	52856
新密市	56	17	56		56	56			2500	2500			44643
新郑市	344	123	340	4	375	371		4	20925	20741		184	55906
登封市	189	71	189		186	146		40	5624	4838		786	33137

2-13　续表 6　　（2019 年底）　　单位：人、元

类　别	单位从业人员	女性	在岗职工合计	其他从业人员	单位从业人员平均人数	在岗职工	劳务派遣人员	其他从业人员	单位从业人员工资总额（千元）	在岗职工工资总额	劳务派遣人员工资总额	其他从业人员工资总额	在岗职工平均工资（含劳务派遣人员）
经开区	2923	928	2380	438	2894	2378	110	406	263298	229140	10504	23654	96320
高新区	4646	1968	4093	73	4497	3880	512	105	387509	349696	30988	6825	86677
郑东新区	4215	1162	3998	13	4181	3971	195	15	587524	572584	13506	1434	140684
航空港实验区	71	25	71		74	74			4566	4566			61703
水利、环境和公共设施管理业	**13915**	**5856**	**9333**	**1490**	**14284**	**9101**	**3724**	**1459**	**659355**	**458109**	**128340**	**72906**	**45727**
中原区	299	102	299		297	297			31160	31160			104916
二七区	439	248	138		438	138	300		23492	14542	8950		53635
管城区	37	16	37		37	37			4551	4551			123000
金水区	799	258	799		800	800			82541	82541			103176
上街区	120	62	120		118	118			2945	2945			24958
惠济区	57	12	45		59	50	9		5580	4740	840		94576
中牟县	12	6	12		11	11			425	425			38636
巩义市	219	83	219		219	219			9401	9401			42927
荥阳市	155	6	155		138	138			7180	7180			52029
新密市	37	7	37		36	36			1977	1977			54917
新郑市	3021	1500	3001		3043	3013	30		86933	85156	1777		28568
登封市	707	325	674	24	724	691	9	24	31971	31275	252	444	45039
经开区	281	147	143		1186	146	1040		35100	9222	25878		29595
高新区	2493	1112	85		2216	85	2131		82754	8616	74138		37344
郑东新区	4921	1895	3297	1466	4668	3072	161	1435	230548	144200	13886	72462	48898
航空港实验区	318	77	272		294	250	44		22797	20178	2619		77541
居民服务、修理和其他服务业	**4462**	**2640**	**3921**	**534**	**4287**	**3724**	**5**	**558**	**230535**	**203008**	**348**	**27179**	**54534**
中原区	39	21	39		39	39			1452	1452			37231
二七区	427	166	169	258	426	169		257	17968	9925		8043	58728
管城区	1517	1270	1512	5	1341	1336		5	38525	38202		323	28594
金水区	1109	518	987	117	1104	950	3	151	75320	63424	124	11772	66682
上街区	4	4	4		4	4			158	158			39500
中牟县	43	13	43		43	43			3600	3600			83721
巩义市	237	153	237		242	242			11210	11210			46322
荥阳市	106	62	106		107	107			4625	4625			43224
新郑市	106	47	106		106	106			7735	7735			72972
登封市	35	5	35		129	129			1998	1998			15488

2-13　续表 7　　（2019 年底）　　单位：人、元

类　别	单位从业人员	女性	在岗职工合计	其他从业人员	单位从业人员平均人数	在岗职工	劳务派遣人员	其他从业人员	单位从业人员工资总额（千元）	在岗职工工资总额	劳务派遣人员工资总额	其他从业人员工资总额	在岗职工平均工资（含劳务派遣人员）
经开区	17	4	17		12	12			409	409			34083
高新区	13	5	13		16	16			500	500			31250
郑东新区	649	302	649		567	567			59626	59626			105160
航空港实验区	160	70	4	154	151	4	2	145	7409	144	224	7041	61333
教育	**56892**	**40593**	**52771**	**3430**	**55024**	**51087**	**656**	**3281**	**4455185**	**4284664**	**27576**	**142945**	**83340**
中原区	5532	4341	5228	177	5365	5020	108	237	361926	340154	2461	19311	66813
二七区	6900	4732	6292	535	6860	6254	73	533	497442	467615	3050	26777	74390
管城区	3035	2436	2702	212	2927	2603	123	201	259363	242452	5497	11414	90957
金水区	10335	8155	9439	662	10226	9281	216	729	944413	908063	10847	25503	96758
上街区	1066	834	978	22	1058	970	66	22	98291	95416	2217	658	94240
惠济区	958	693	958		930	930			70771	70771			76098
中牟县	1122	732	854	241	1138	856	27	255	75464	63564	1577	10323	73772
巩义市	4770	3758	4711	35	4698	4635	24	39	230051	228030	1047	974	49169
荥阳市	1435	785	1398	37	1403	1373		30	133322	132569		753	96554
新密市	744	439	744		711	711			47836	47836			67280
新郑市	7343	4538	6166	1177	6907	5905		1002	391441	351414		40027	59511
登封市	4248	2856	4001	247	3779	3624		155	179723	174892		4831	48259
经开区	967	791	952		934	919	15		77409	76759	650		82879
高新区	1830	1363	1795	31	1748	1713	4	31	125629	124559	230	840	72679
郑东新区	5908	3591	5859	49	5609	5567		42	927019	925615		1404	166268
航空港实验区	699	549	694	5	731	726		5	35085	34955		130	48147
卫生和社会工作	**43708**	**31533**	**40103**	**2210**	**42921**	**39279**	**1393**	**2249**	**5360793**	**5138279**	**95103**	**127411**	**128673**
中原区	2387	1780	2058	299	2395	2068	30	297	143520	130742	995	11783	62792
二七区	17209	12326	16604	18	17137	16522	597	18	3183310	3129892	52155	1263	185878
管城区	3644	2629	3370	40	3611	3358	216	37	290069	281583	6148	2338	80507
金水区	6716	5011	4687	1630	6647	4625	401	1621	668309	549533	25180	93596	114348
惠济区	374	248	374		326	326			21318	21318			65393
中牟县	451	327	406	45	408	363		45	37374	34965		2409	96322
巩义市	1738	1246	1681	57	1748	1691		57	88050	85658		2392	50655
荥阳市	149	100	117	32	149	117		32	9723	8415		1308	71923
新密市	1278	930	1278		1237	1199		38	79738	78378		1360	65369
新郑市	3469	2508	3448		3501	3476	25		229495	228933	562		65551
登封市	1338	924	1284	6	1327	1273	48	6	75316	71326	3571	419	56697

2-13 续表 8　　　　（2019 年底）　　　　单位：人、元

类　别	单位从业人员	女性	在岗职工合计	其他从业人员	单位从业人员平均人数	在岗职工	劳务派遣人员	其他从业人员	单位从业人员工资总额（千元）	在岗职工工资总额	劳务派遣人员工资总额	其他从业人员工资总额	在岗职工平均工资（含劳务派遣人员）
经开区	502	268	502		500	500			40390	40390			80780
高新区	86	49	86		86	86			6194	6194			72023
郑东新区	3268	2474	3189	78	2741	2647	1	93	371564	361142	38	10384	136397
航空港实验区	1099	713	1019	5	1108	1028	75	5	116423	109810	6454	159	105407
文化、体育和娱乐业	**10291**	**5197**	**9528**	**634**	**10116**	**9413**	**148**	**555**	**1426159**	**1390872**	**5523**	**29764**	**146051**
中原区	1381	950	1183	198	1321	1092		229	101386	80103		21283	73354
二七区	71	35	71		71	71			4028	4028			56732
管城区	149	68	124	25	136	118		18	7535	6682		853	56627
金水区	5911	2916	5628	229	6163	5909	65	189	534448	527638	2632	4178	88763
上街区	6	2	6		6	6			150	150			25000
惠济区	302	173	298	4	302	298		4	56432	55712		720	186953
中牟县	806	341	643	112	447	343	58	46	18629	15858	1651	1120	43663
巩义市	120	57	102	18	120	102		18	5328	4918		410	48216
荥阳市	17	13	17		17	17			875	875			51471
新郑市	34	17	34		34	34			1952	1952			57412
登封市	71	31	71		71	71			2575	2575			36268
经开区	651	244	623	4	645	616	25	4	610620	609295	1240	85	952473
高新区	49	32	49		49	49			2697	2697			55041
郑东新区	710	313	666	44	721	674		47	78300	77185		1115	114518
航空港实验区	13	5	13		13	13			1204	1204			92615
公共管理、社会保障和社会组织	**5139**	**1192**	**2963**	**1138**	**4823**	**2934**	**746**	**1143**	**410382**	**322370**	**41782**	**46230**	**98954**
中原区	2052	536	1237	805	2052	1237	10	805	182361	144099	566	37696	116010
二七区	656	118	543	52	657	544	61	52	53492	50552	1900	1040	86698
金水区	150	51	145	4	150	145	1	4	14342	14106	27	209	96801
中牟县	18		18		17	17			1657	1657			97471
巩义市	84	34	82		84	82	2		6137	6093	44		73060
荥阳市	20	7	20		20	20			1853	1853			92650
新郑市	418	113	67	246	419	67	105	247	18055	7748	3920	6387	67837
登封市	52	13	52		53	53			3033	3033			57226
经开区	33	7	30	3	33	30		3	4615	4547		68	151567
郑东新区	151	64	136		146	131	15		16559	15898	661		113418
航空港实验区	1505	249	633	28	1192	608	552	32	108278	72784	34664	830	92628

主要统计指标解释

从业人员年末人数 指期末最后一日24时在本单位中工作,并取得工资或其他形式劳动报酬的人员数。该指标为时点指标,不包括最后一日当天及以前已经与单位解除劳动合同关系的人员。是在岗职工、劳务派遣人员及其他从业人员之和。从业人员不包括:

(1)离开本单位仍保留劳动关系,并定期领取生活费的人员;

(2)利用课余时间打工的学生及在本单位实习的各类在校学生;

(3)本单位因劳务外包而使用的人员。

在岗职工 指在本单位工作且与本单位签订劳动合同,并由单位支付各项工资和社会保险、住房公积金的人员,以及上述人员中由于学习、病伤、产假等原因暂未工作仍由单位支付工资的人员。在岗职工还包括:

(1)应订立劳动合同而未订立劳动合同人员(如使用的农村户籍人员);

(2)处于试用期人员;

(3)编制外招用的人员;

(4)派往外单位工作,但工资仍由本单位发放的人员(如挂职锻炼、外派工作等情况)。

在岗职工不包括:

(1)本单位使用的且由本单位直接支付工资的劳务派遣人员,应统计在本单位"劳务派遣人员"指标中;

(2)本单位因劳务外包而使用的人员,由承包劳务的单位统计为在岗职工。

劳务派遣人员 根据《中华人民共和国劳动合同法》规定,指与劳务派遣单位签订劳动合同,并被劳务派遣单位派遣到实际用工单位工作,且劳务派遣单位与实际用工单位签订《劳务派遣协议》的人员。

注意:无论用工单位是否直接支付劳动报酬,劳务派遣人员均由实际用工单位填报,而劳务派遣单位(派出单位)不填报这些人员。

其他从业人员 指本单位中不能归到在岗职工、劳务派遣人员中的人员。此类人员是实际参加本单位生产或工作并从本单位取得劳动报酬的人员。具体包括:非全日制人员、聘用的正式离退休人员、兼职人员和第二职业者等,以及在本单位中工作的外籍和港澳台方人员。

从业人员工资总额 指根据《关于工资总额组成的规定》(1990年1月1日国家统计局发布的一号令)进行修订,本单位在报告期内(季度或年度)直接支付给本单位全部从业人员的劳动报酬总额。包括计时工资、计件工资、奖金、津贴和补贴、加班加点工资、特殊情况下支付的工资,是在岗职工工资总额、劳务派遣人员工资总额和其他从业人员工资总额之和。

工资总额是税前工资,包括单位从个人工资中直接为其代扣或代缴的房费、水费、电费、住房公积金和社会保险基金个人缴纳部分等。

工资总额不论是计入成本的还是不计入成本的,不论是以货币形式支付的还是以实物形式支付的,均应列入工资总额的计算范围。

在岗职工工资总额 指本单位在报告期内直接支付给本单位全部在岗职工的劳动报酬总额。在岗职工工资总额从构成角度分解为四部分:基本工资、绩效工资、工资性津贴和补贴、其他工资。工资总额不包括病假、事假等情况的扣款,单位在填报在岗职工工资总额四项构成时,应根据实际情况调整对应项目;如不能确定调整项,可扣减基本工资项。

劳务派遣人员工资总额 指实际用工单位(派遣人员的使用方)在一定时期内为使用劳务派遣人员而付出的劳动报酬总额,包括用工单位负担的基本工资、加班工资、绩效工资以及各种津贴、补贴等,但不包含因使用派遣人员而支付的管理费用和其他用工成本。

其他从业人员工资总额 指本单位在报告期内直接支付给本单位其他从业人员的全部劳动报酬。

三、固定资产投资及房地产开发

3-1 全市固定资产投资增速

项　　目	2018 年比上年±%	2019 年比上年±%
投资完成额	**10.9**	**2.8**
工业投资	11.8	1.6
房地产开发投资	-3.0	2.8
基础设施投资	41.7	10.9
民间投资	2.1	3.1
按产业分		
第一产业	33.3	-26.1
第二产业	9.8	1.2
第三产业	10.9	3.2
按隶属关系分		
中央项目	-29.1	62.0
地方项目	12.0	1.8
按建设性质分		
新建	31.1	-5.5
扩建	294.5	77.4
改建与技术改造	33.0	46.8
按构成分		
建筑安装工程	11.2	5.4
设备工器具购置	43.9	-24.3
其他费用	1.9	5.5
房屋面积		
施工面积	8.6	6.0
住宅	12.5	3.2
竣工面积	23.4	17.1
住宅	29.4	19.3
本年(不含 5000 万元以下项目)实际到位资金	**6.4**	**7.9**
国家预算资金	68.9	19.3
国内贷款	-21.1	-4.0
利用外资	2.0	100.2
自筹资金	15.7	-1.9
其他资金来源	-89.8	40.6

3-2 按行业分固定资产投资增速及比重

（2019 年）

单位:%

指 标	比上年±%	比重
总 计	**2.8**	**100.0**
农、林、牧、渔业	**-26.2**	**0.4**
畜牧业	-81.9	0.0
工业	**1.6**	**10.6**
采矿业	-17.4	0.2
煤炭开采和洗选业	-26.6	0.1
非金属矿采选业	-7.4	0.0
制造业	0.8	8.4
农副食品加工业	5.9	0.1
食品制造业	-32.1	0.2
酒饮料和精致茶制造业	56.3	0.1
烟草制品业	72.6	0.0
纺织业	55.1	0.0
纺织服装服饰业	-48.6	0.0
皮革毛皮羽毛及其制品和制鞋业	93.5	0.0
木材加工和木竹藤棕草制品业	-3.6	0.0
家具制造业	-6.2	0.1
造纸和纸制品业	-2.6	0.1
印刷和记录媒介复制业	382.5	0.0
文教工美和体育娱乐用品制造业	116.4	0.0
石油煤炭及其它燃料加工业	-76.5	0.0
化学原料和化学制品制造业	-15.9	0.2
医药制造业	-15.4	0.2
化学纤维制造业	124.9	0.1
橡胶和塑料制品业	87.0	0.1
非金属矿物制品业	-6.5	1.6
黑色金属冶炼和压延加工业	25.4	0.1
有色金属冶炼和压延加工业	15.7	0.7
金属制品业	-38.3	0.4
通用设备制造业	10.3	0.6
专用设备制造业	2.4	0.5
汽车制造业	4.9	1.1

3-2 续表 (2019年) 单位:%

指　　标	比上年±%	比重
铁路传播航空航天和其它运输设备制造业	-65.9	0.1
电气机械和器材制造业	69.8	0.5
计算机通信和其它电子设备制造业	3.5	1.2
仪器仪表制造业	65.8	0.2
其它制造业	-36.6	0.0
废弃资源综合利用业	-0.8	0.1
电力、燃气及水的生产和供应业	7.0	2.1
电力、热力生产和供应业	10.2	1.4
燃气生产和供应业	1188.7	0.1
水的生产和供应业	-16.4	0.5
建筑业	**-80.6**	**0.0**
批发和零售业	**-33.9**	**0.5**
交通运输、仓储和邮政业	**-14.9**	**6.4**
铁路运输业	46.4	1.1
道路运输业	-24.6	4.5
航空运输业	-83.4	0.1
仓储业	125.7	0.5
住宿和餐饮业	**290.4**	**0.1**
信息传输、软件和信息技术服务业	**-12.1**	**0.7**
金融业	**-23.6**	**0.2**
房地产业	**-0.6**	**60.7**
租赁和商务服务业	**75.2**	**1.9**
科学研究和技术服务业	**13.8**	**0.7**
水利、环境和公共设施管理业	**33.0**	**14.1**
水利管理业	1.1	0.4
生态保护和环境治理业	-49.3	0.2
公共设施管理业	37.9	13.5
居民服务业、修理和其他服务业	**-26.6**	**0.3**
教育	**20.5**	**1.7**
卫生和社会工作	**-14.2**	**0.4**
卫生	2.5	0.4
文化、体育和娱乐业	**-7.9**	**0.9**
公共管理、社会保障和社会组织	**67.5**	**0.3**

3-3 各区县(市)固定资产投资增速

(2019 年)

单位:%

区县(市)	固定资产投资	项目	亿元及以上项目	房地产开发	建安工程
郑州市	**2.8**	**2.9**	**2.0**	**2.8**	**5.4**
市辖区	-7.6	-7.6	-7.1		21.6
中原区	10.1	-18.1	-18.4	28.4	-7.1
二七区	5.1	28.0	66.8	-3.1	8.4
管城区	10.2	-41.5	-53.3	28.5	13.4
金水区	7.2	1.1	-9.8	8.6	-9.2
上街区	10.1	-7.1	-25.8	31.3	4.5
惠济区	10.4	-6.9	-13.0	17.1	6.9
中牟县	9.6	30.1	32.5	-10.2	19.9
巩义市	9.1	11.7	3.4	-3.6	20.7
荥阳市	-3.9	15.2	13.8	-23.7	1.2
新密市	-15.8	-18.4	-32.7	-11.6	-16.5
新郑市	-6.4	-8.0	-5.1	-5.3	-14.0
登封市	4.8	18.3	7.5	-24.0	12.9
经开区	0.1	3.3	3.3	-3.7	8.6
高新区	0.3	-2.7	48.0	0.9	24.9
郑东新区	7.1	-12.2	-13.4	17.8	2.2
航空港实验区	1.4	53.5	54.5	-26.6	14.4

3-4 各区县(市)按三次产业分固定资产投资增速

(2019 年)

单位:%

区县(市)	固定资产投资	第一产业	第二产业	第三产业
郑州市	**2.8**	**-26.1**	**1.2**	**3.2**
市辖区	-7.6			-7.6
中原区	10.1		52.1	9.8
二七区	5.1		-1.0	5.6
管城区	10.2	-100.0	259.4	8.5
金水区	7.2		93.7	6.9
上街区	10.1		3.4	12.1
惠济区	10.4		-40.6	12.7
中牟县	9.6	1201.0	85.6	5.1
巩义市	9.1	172.3	-2.6	17.5
荥阳市	-3.9	-26.3	-13.8	1.3
新密市	-15.8	-69.0	-39.5	5.3
新郑市	-6.4	-18.2	-17.1	-5.1
登封市	4.8	-16.7	26.3	-3.8
经开区	0.1		-0.7	0.3
高新区	0.3		19.4	-1.2
郑东新区	7.1	-100.0	-14.0	7.6
航空港实验区	1.4		53.7	-5.7

3-5 基础设施投资完成情况

(2019 年)

指标名称	比上年±%
总计	**10.9**
交通运输业和邮政业	**-19.0**
铁路运输业	46.4
道路运输业	-24.6
航空运输业	-83.4
管道运输业	-100.0
多式联运、装卸搬运和运输代理	88.6
邮政业	55.3
信息传输业	**-18.7**
电信、广播电视和卫星传输服务	-23.4
互联网和相关服务	12.0
水利、环境和公共设施管理业	**33.0**
水利管理业	1.1
生态保护和环境治理业	-49.3
公共设施管理业	37.9

3-6　高技术产业(制造业)投资完成情况

(2019 年)

指标名称	比上年±%
总计	**16.2**
医药制造业	**-15.4**
化学药品制造	-50
中药饮品加工	513.2
中成药生产	363.3
兽用药品制造	104.7
生物药品制造	-54.6
航空、航天器及设备制造业	**-99.4**
航空、航天相关设备制造	-99.3
其他航空航天器制造	-99.8
电子及通信设备制造业	**8.0**
电子工业专用设备制造	1004.3
光纤、光缆及锂离子电池制造	119.7
通信设备、雷达及配套设备制造	-12.7
电子器件制造	40.4
智能消费设备制造	25.2
其他电子设备制造	-18.7
计算机及办公设备制造业	**2339.3**
工业控制计算机及系统制造	407.8
其他计算机制造	271.6
医疗仪器设备及仪器仪表制造业	**88.8**
医疗仪器设备及器械制造	485.2
通用仪器仪表制造	-45.6
专用仪器仪表制造	289.9
其他仪器仪表制造业	1544.2
信息化学品制造业	**-100**
医学生产用信息化学品制造	-100

3-7 工业主要产业投资增速及结构

（2019 年）

单位：%

行　　业	比上年±%	占工业投资比重
工业	**1.6**	**100.0**
战略性新兴产业	61.7	26.6
新一代信息技术产业	-1.2	5.3
高端装备制造业	375.6	10.8
新材料产业	-44.9	1.9
生物产业	10.7	0.8
新能源汽车	5.5	0.7
新能源产业	74.7	3.2
节能环保产业	87.4	2.5
数字创意产业	255.7	0.5
相关服务业	30.3	1.0
五大主导产业	0.7	46.7
装备制造	8.5	18.9
食品制造	-10.1	4.2
新型材料产业	-44.9	1.9
电子制造	3.5	11.6
汽车制造	4.9	10.2
传统支柱产业	4.1	42.0
化学	-11.9	1.7
冶金	16.9	7.9
建材	-9.1	14.6
轻纺	32.8	1.9
能源	12.4	15.8
高载能行业	1.5	39.3
煤炭开采和洗选业	-26.6	1.3
化学原料及化学制品制造业	-15.9	1.5
非金属矿物制品业	-6.5	15.1
黑色金属冶炼及压延加工业	25.4	1.0
有色金属冶炼及压延加工业	15.7	6.9
电力、热力生产和供应业	10.2	13.4
高成长性制造业	3.4	49.4
汽车及零部件产业	4.9	10.2
电子信息产业	3.5	11.6
装备制造	8.5	18.9
食品产业	-10.1	4.2
现代家居产业	-2.3	3.9
服装服饰	-21.1	0.6
高技术产业(制造业)	16.2	19.3
工业企业技术改造项目	31.4	53.5
制造业企业技术改造项目	35.4	49.2

3-8 各区县(市)工业固定资产投资增速

(2019 年)

单位:%

区县(市)	工业投资比上年同期增长	采矿业	制造业	电力热力燃气及水的生产和供应业
郑州市	**1.6**	**-17.4**	**0.8**	**7.0**
中原区	52.1		-100.0	74.6
二七区	-1.0		-19.3	23.9
管城区	259.4		-68.3	
金水区	93.7			81.5
上街区	3.4		4.4	-2.1
惠济区	-40.6		-81.4	10.9
中牟县	89.0		82.7	93.6
巩义市	-2.6	33.2	-5.6	43.3
荥阳市	-13.8		7.9	-46.5
新密市	-39.2	-53.8	-39.4	-26.0
新郑市	-12.8	67.8	-17.9	17.4
登封市	26.3	39.6	17.1	143.8
经开区	-0.7		-2.5	36.4
高新区	18.1		29.4	-26.4
郑东新区	-14.0		145.9	-14.8
航空港实验区	53.7		53.7	

3-9 民间固定资产投资增速

指　　标	2018 年比上年±%	2019 年比上年±%
总计	**2.1**	**3.1**
按产业分		
第一产业	33.3	-36.1
第二产业	6.8	7.1
第三产业	1.3	3.0
按行业分		
农、林、牧、渔业	31.2	-36.1
工业	6.3	7.6
采矿业	82.3	-29.5
制造业	8.5	7.9
电力、燃气及水的生产和供应业	-26.0	15.3
建筑业	381.0	-79.2
批发和零售业	65.6	-27.8
交通运输、仓储和邮政业	-21.7	26.3
住宿和餐饮业	-63.3	709.9
信息传输、软件和信息技术服务业	8.0	-31.0
金融业	151.0	41.7
房地产业	1.2	1.3
房地产开发投资	-1.7	3.3
租赁和商务服务业	62.5	73.9
科学研究和技术服务业	101.2	18.8
水利环境和公共设施管理业	-11.1	3.0
居民服务修理和其它服务业	-46.7	71.3
教育	-27.3	69.2
卫生和社会工作	-13.1	-35.9
文化体育和娱乐业	-33.4	-29.7
公共管理社会保障和社会组织	44.4	-32.5

3-10 房地产开发分地区企业个数和就业人数

（2019 年）

单位：个、人

区县(市)	企业个数						
		一级	二级	三级	四级	暂定	其他
郑州市	1438	40	151	160	13	891	183
中原区	65	3	13	7		40	2
二七区	91	4	17	9		58	3
管城区	86	4	11	4		63	4
金水区	236	9	33	45	6	113	30
上街区	39	2	5	9	1	19	3
惠济区	58	3	6	1		38	10
中牟县	112		4	11		82	15
巩义市	58	2	2	7	2	38	7
荥阳市	71	1	11	12	1	31	15
新密市	89	1	6	20		44	18
新郑市	147	1	11	14	1	101	19
登封市	42		1	4		35	2
经开区	75	1	8	7	2	54	3
高新区	43	1	6	2		28	6
郑东新区	173	6	17	7		113	30
航空港实验区	53	2		1		34	16

3-10 续表

(2019 年)

单位:个、人

区县(市)	年末从业人员总计	一级	二级	三级	四级	暂定	其他
郑州市	49980	3532	6546	4800	411	30566	4125
中原区	3566	193	1065	178		2045	85
二七区	3716	363	521	175		2635	22
管城区	3738	310	524	102		2779	23
金水区	7381	750	1009	950	104	3964	604
上街区	1421	142	49	382	45	788	15
惠济区	2092	325	442	13		1208	104
中牟县	3255		226	402		2407	220
巩义市	1295	60	54	104	28	890	159
荥阳市	2724	35	972	322	90	856	449
新密市	2318	35	220	852		1043	168
新郑市	4692	117	389	403	31	3387	365
登封市	799		28	106		625	40
经开区	2806	91	289	239	113	1839	235
高新区	1779	88	34	308		1022	327
郑东新区	6444	629	724	264		4383	444
航空港实验区	1954	394				695	865

3-11 房地产开发企业(单位)财务情况

(2019 年)

单位:万元

类 别	数 值	类 别	数 值
年初存货	**86042519**	其他收入	1271381
期末资产负债		营业成本	15847095
流动资产合计	183052442	主营业务成本	14612523
应收账款	6155889	税金及附加	1096067
存货	101130372	其他业务利润	65699
固定资产原价	2912967	销售费用	1059226
房屋和构筑物	1409383	管理费用	931378
机器设备	86104	研发费用	20509
累计折旧	765467	财务费用	1005358
本年折旧	117607	利息收入	124259
在建工程	2951055	利息支出	705553
资产总计	212254962	资产减值损失	58021
流动负债合计	139898448	公允价值变动收益(损失以“-”号记)	52116
负债合计	180948170	投资收益(损失以“-”号记)	692724
所有者权益合计	31306791	其他收益	44667
实收资本	14682198	营业利润	3097934
损益及分配		营业外收入	380956
营业收入	22075231	营业外支出	444554
主营业务收入	20345252	利润总额	2976464
土地转让收入	153484	所得税费用	778374
商品房屋销售收入	18669627	**人工成本**	
自持物业收入	250760	应付职工薪酬(本年贷方累计发生额)	650802
房屋出租收入	161019	应交增值税	735802

3-12 分区县(市)房地产开发企业财务状况

(2019 年)

单位:万元

区县(市)	资产总计	固定资产原价	本年折旧	所有者权益合计	营业收入	主营业务收入	营业成本	主营业务成本
郑州市	212254962	2912967	117607	31306791	22075231	20345252	15847095	14612523
中原区	20677457	57895	3370	3452151	677144	654530	596397	557098
二七区	14889877	107639	7000	1306454	1604112	1111647	1014338	879643
管城区	18361231	533968	27654	3748296	1961788	1901166	1437815	1419478
金水区	29874506	605751	20261	3666390	1679166	1632307	954570	811339
上街区	2955170	33094	1577	314138	415702	414150	575496	283934
惠济区	11891668	44191	2450	1298016	2392655	2265789	1920487	1876414
中牟县	15978679	34865	3578	2286507	1672213	1410944	1195462	1086085
巩义市	1384770	39067	3179	136716	627353	622483	309512	307647
荥阳市	8224202	115148	7833	1033518	2114642	1776438	1534477	1404905
新密市	3822517	48741	3742	280062	318637	316787	182787	179886
新郑市	15984242	102232	7821	1628376	1530329	1402856	989910	884345
登封市	2239353	24187	420	192519	172981	153164	135946	120423
经开区	13866833	63234	4718	1832405	1197886	1192715	890661	885866
高新区	7106794	101241	6849	854971	1544582	1452414	1072822	1058462
郑东新区	32796069	942172	15407	6397946	2743686	2628634	1999111	1829517
航空港实验区	12201594	59544	1748	2878328	1422355	1409229	1037304	1027482

3-12　续表 1　（2019 年）　单位：万元

区县（市）	税金及附加	销售费用	管理费用	研发费用	财务费用	资产减值损失	公允价值变动收益	投资收益
郑州市	1096067	1059226	931378	20509	1005358	58021	52116	692724
中原区	45906	68783	59813		106911	655		11550
二七区	84846	59402	72805		107265	-18		30722
管城区	83569	79655	64207		81041	6040	-3	444287
金水区	112508	118047	167899	5	166849	3364		115224
上街区	11149	23786	12899		5182	343		352
惠济区	48342	62998	56586	-4	62943	204	410	2343
中牟县	81758	79019	53277	-134	101180	5723	-2595	7329
巩义市	19968	49626	47446	2	24633	3	8	5
荥阳市	77192	67682	48487		26676	1263		798
新密市	18097	33623	30470		34591			42
新郑市	73996	111755	71432	20072	50909	-1139		510
登封市	5468	15473	8305		8361			243
经开区	64846	65806	55625		42411	1122	14366	43592
高新区	101807	67952	25807		53319	53	-3	78
郑东新区	236115	127328	139889	568	110994	40392	39933	24710
航空港实验区	30500	28292	16433		22094	16		10940

3-12 续表 2 （2019 年） 单位:万元

区县(市)	其他收益	营业利润	营业外收入	利润总额	所得税费用	应付职工薪酬(贷方累计发生额)	应交增值税
郑州市	44667	3097934	380956	2976464	778374	650802	735802
中原区	23	-185054	2813	-199840	41585	53157	119067
二七区	2571	248194	1928	242926	84851	43610	24181
管城区	1280	645617	307529	621642	72327	52426	84407
金水区	-2716	133352	4079	111634	20202	90641	56015
上街区	1	67198	1496	64284	10928	13813	33520
惠济区	7	300679	2965	269701	60071	31620	38393
中牟县	42052	178300	1865	170933	54489	41012	8670
巩义市	1	176117	395	176575	-600	9349	27745
荥阳市	156	371107	998	358600	103460	43234	50967
新密市	827	25232	634	22695	8510	20405	14324
新郑市	208	233651	2163	231005	79602	45540	57157
登封市		3030	288	762	3006	5986	9464
经开区	7	139255	31119	152517	27960	41182	28072
高新区	117	233773	1702	232043	64356	17254	53468
郑东新区	135	225903	15264	217309	81296	114504	108321
航空港实验区		301582	5719	303678	66333	27071	22031

3-13 房地产开发企业(单位)投资、资金和土地情况

(2019年) 单位:万元

类 别	数 值	类 别	数 值
计划总投资	**202625734**	住宅	25550246
自开始建设累计完成投资	**124638273**	90平方米以下	10123883
本年完成投资	**33498577**	90-144平方米	10307311
按照登记注册类型分		144平方米以上	5119052
内资	**33326986**	别墅、高档公寓	305683
国有	427478	办公楼	2066756
有限责任公司	27325015	商业营业用房	2576254
国有独自公司	1282590	其他	3305321
其他有限责任公司	26042425	本年新增固定资产	8793670
股份有限公司	743477	待开发土地面积	7404432
私营	4520153	本年土地购置面积	3232564
其他内资	123585	本年土地成交价款	2996668
港澳台商投资	**156191**	拆迁补偿费	203770
与港澳台商合资经营	53674	**上年末结余资金**	**11734555**
港澳台商独资	85871	**本年资金来源小计**	**35648954**
港澳台商投资股份有限公司	16646	省外资金	277933
外商投资	**15400**	国内贷款	4540786
中外合资经营	15400	银行贷款	3647004
按构成分		非银行金融机构贷款	893782
建筑工程	19715409	自筹资金	17854817
安装工程	341243	定金及预收款	7423205
设备工器具购置	384595	个人按揭贷款	5293246
其他费用	13057330	其他资金来源	536900
旧建筑物购置费	70714	**本年各项应付款合计**	**7967901**
土地购置费	10973158	工程款	3492269
按工程用途分			

3-14 房地产开发企业(单位)施工、销售和空置情况

(2019 年)

单位:万元、平方米

类 别	合计	住宅	90 平米以下住房	144 平米以上住房	别墅、高档公寓	办公楼	商业营业用房	其他房屋
房屋施工面积	195835959	132985363	45634442	21267429	1940199	13834527	18561936	30454133
新开工面积	46693030	32344827	10380143	4166076	160664	3364143	3462348	7521712
房屋竣工面积	21074005	14780816	4872652	2536157		1966643	1663197	2663349
不可销售面积	916448	326821	68674			6000	16408	567219
商品住宅竣工套数(套)		136411	62183	13400				
竣工房屋价值	6208151	4384347	1523876	734740		513569	572370	737865
商品房销售面积	35932689	32419735	11048837	3924090	240570	1410657	1841980	260317
现房销售面积	6123377	5714302	1522500	392484	13890	86997	266354	55724
期房销售面积	29809312	26705433	9526337	3531606	226680	1323660	1575626	204593
商品房销售额	34035644	30254487	9798377	5561775	304613	1771209	1779797	230151
现房销售额	2611606	2200066	518160	272083	23704	116331	258461	36748
期房销售额	31424038	28054421	9280217	5289692	280909	1654878	1521336	193403
商品住宅销售套数(套)		314915	141774	22395	4635			
现房销售套数		55961	19738	2235	51			
期房销售套数		258954	122036	20160	4584			
待售面积	6167057	3741684	999780	734396	97403	749280	1114269	561824
待售 1-3 年面积	2577690	1567264	385309	279226	34132	250752	514096	245578

3-15 分区县(市)按工程用途分房地产开发投资情况

(2019年)

单位:万元

区县(市)	本年完成投资	住宅	90平方米以下	144平米以上住房	办公楼	商业营业用房	其他房屋
郑州市	**33498577**	**25550246**	**10123883**	**5119052**	**2066756**	**2576254**	**3305321**
中原区	2376326	1866059	927072	153432	55974	179875	274418
二七区	2765710	2042316	932846	135757	189700	317560	216134
管城区	2843913	2275332	861997	171073	76250	158630	333701
金水区	4334458	3130030	948113	558744	328367	295223	580838
上街区	289436	221041	17178	60364		6612	61783
惠济区	1951005	1613888	544976	115734	30173	117944	189000
中牟县	1251454	865596	53259	446702	119611	123570	142677
巩义市	534847	448384	59359	126495	28750	22450	35263
荥阳市	1077110	813938	196935	151851	35425	132840	94907
新密市	669242	390411	172768	37126	13592	183623	81616
新郑市	2398602	2022457	515726	275230	11403	268673	96069
登封市	296329	246876	13571	74642	1412	24400	23641
经开区	1863073	1495908	404954	267684	88728	62306	216131
高新区	2867444	2656904	2371923	154	77392	46560	86588
郑东新区	5660525	3750532	486209	2544064	984979	425363	499651
航空港实验区	2319103	1710574	1616997		25000	210625	372904

3-16 分区县(市)房地产开发商品房屋施工面积

(2019 年)

单位:平方米

区县(市)	施工房屋面积	住宅	90 平方米以下	144 平米以上住房	办公楼	商业营业用房	其他房屋
郑州市	**195835959**	**132985363**	**45634442**	**21267429**	**13834527**	**18561936**	**30454133**
中原区	17665338	11921668	5117922	946464	361113	1288732	4093825
二七区	17810110	12728678	4992926	1142956	1558711	1889922	1632799
管城区	11345794	8321520	3205463	448496	515227	551104	1957943
金水区	18039775	11040953	4998137	1368017	2052421	2156139	2790262
上街区	2653944	2117962	292346	349460	390	248612	286980
惠济区	11491966	8431108	2653191	594285	216574	807374	2036910
中牟县	11470868	7803191	677558	3649737	999256	915324	1753097
巩义市	3327891	2947547	573998	836465	223721	128059	28564
荥阳市	14360932	10358819	1718336	2466937	282604	1136483	2583026
新密市	7396524	4809889	2191446	714916	134042	1828963	623630
新郑市	17590262	13885720	3526836	1321856	74007	1830645	1799890
登封市	2782127	2134547	57572	247593	11259	252821	383500
经开区	14083450	9721427	3452344	776814	988309	735708	2638006
高新区	9164926	7133298	5265284	59420	306397	711408	1013823
郑东新区	31288100	15152874	2769472	6323506	6110496	3238651	6786079
航空港实验区	5363952	4476162	4141611	20507		841991	45799

3-17　分区县(市)房地产开发商品房屋新开工面积

（2019年）

单位:平方米

区县(市)	新开工房屋面积	住宅			办公楼	商业营业用房	其他房屋
			90平方米以下	144平米以上住房			
郑州市	**46693030**	**32344827**	**10380143**	**4166076**	**3364143**	**3462348**	**7521712**
中原区	4665733	3194466	1170408	262163	226340	219011	1025916
二七区	1717606	1475921	462448	104846		144911	96774
管城区	4986521	3642324	1011338	237883	50349	232424	1061424
金水区	2433047	1615843	425341	191114	126590	132407	558207
上街区	806977	690751	64134	216003		112559	3667
惠济区	4391277	3101696	596070	299011	81701	422553	785327
中牟县	3339033	1973276	173685	895333	541405	313578	510774
巩义市	821036	706096	102830	151087	60050	54890	
荥阳市	1685442	1082017	228194	226075	3446	232994	366985
新密市	2266768	1342212	565311	51439	63332	521448	339776
新郑市	4113002	3380249	441989	341718	8495	267343	456915
登封市	975091	802298	1340	86103	191	85913	86689
经开区	3640421	2704231	1040512	64397	96258	48720	791212
高新区	1269390	1112766	746645		5000	98000	53624
郑东新区	6182696	2500276	496603	1018397	2100986	197012	1384422
航空港实验区	3398990	3020405	2853295	20507		378585	

3-18　分区县(市)房地产开发商品房屋竣工面积

（2019 年）

单位:平方米

区县(市)	竣工房屋面积	住宅	90 平方米以下	144 平米以上住房	办公楼	商业营业用房	其他房屋
郑州市	**21074005**	**14780816**	**4872652**	**2536157**	**1966643**	**1663197**	**2663349**
中原区	1013102	805364	503514	15190		27860	179878
二七区	2572093	1996282	458623	153098	26540	393378	155893
管城区	1918324	1346317	499381	83149	187846	65416	318745
金水区	1144145	825053	473753	112650	170	150033	168889
上街区	365936	310161	41224	4010		40356	15419
惠济区	977197	800545	261347	15744		9338	167314
中牟县	1164743	1040096	115986	258579		28508	96139
巩义市	728389	510000	231160	278840	93499	124890	
荥阳市	3293471	2750658	322020	791571	3235	242863	296715
新密市	334760	19174	6021		68572	186098	60916
新郑市	504347	423388	28534	27983		16349	64610
登封市	160182	122759	8272		468	36628	327
经开区	700943	584686	162912	22706		10098	106159
高新区	551500	540300	540300				11200
郑东新区	5224071	2285231	798803	772637	1586313	331382	1021145
航空港实验区	420802	420802	420802				

3-19 分区县(市)商品房屋销售面积

(2019年)

单位:平方米

区县(市)	销售面积	住宅	90平方米以下	144平米以上住房	办公楼	商业营业用房	其他房屋
郑州市	**35932689**	**32419735**	**11048837**	**3924090**	**1410657**	**1841980**	**260317**
中原区	2473840	2271255	816398	45513	119150	47204	36231
二七区	2679983	2315291	774789	176793	147905	203290	13497
管城区	3032992	2804971	864156	221718	91090	98536	38395
金水区	2459532	2195466	586965	447873	110845	107733	45488
上街区	653207	588712	55685	28962		62404	2091
惠济区	2719801	2700296	713987	142759		18935	570
中牟县	2525957	2294031	126151	831960	125267	94997	11662
巩义市	718161	662958	131052	263129	45820	9383	
荥阳市	2118162	2013820	160357	221839	7548	70188	26606
新密市	1208017	851921	244928	104209	1725	347672	6699
新郑市	4024990	3661879	508438	227142	6098	325657	31356
登封市	730788	695503	20077	119852	3527	25305	6453
经开区	1326738	1271491	294415	160260	30844	21992	2411
高新区	3728565	3214499	3015767		234938	279128	
郑东新区	3467865	2865401	829767	920721	485900	77706	38858
航空港实验区	2064091	2012241	1905905	11360		51850	

3-20 分区县(市)房地产开发商品房屋销售额

(2019 年)

单位:万元

区县(市)	商品房屋销售额	住宅	90 平方米以下	144 平米以上住房	办公楼	商业营业用房	其他房屋
郑州市	**34035644**	**30254487**	**9798377**	**5561775**	**1771209**	**1779797**	**230151**
中原区	2439827	2260474	979574	45758	109986	38367	31000
二七区	2307137	1926902	709742	164543	147412	221878	10945
管城区	2968467	2692040	832160	196797	119031	127393	30003
金水区	3231801	2850263	645845	731933	148744	169299	63495
上街区	322257	289761	31656	26123		31319	1177
惠济区	2798463	2773189	708459	259601		24746	528
中牟县	2502680	2337907	84996	1087422	91070	61696	12007
巩义市	438099	396031	83834	154218	33705	8363	
荥阳市	1734694	1646446	124540	230881	4739	73539	9970
新密市	846128	633617	183102	81597	1204	205902	5405
新郑市	3022102	2747766	455179	228718	3305	264166	6865
登封市	448495	418270	12299	90519	3027	24556	2642
经开区	1664797	1589559	310376	276633	33731	40839	668
高新区	4103565	3584452	3302575		240067	279046	
郑东新区	4029060	2981588	280104	1980665	835188	156838	55446
航空港实验区	1178072	1126222	1053936	6367		51850	

3-21 分地区房地产开发资金来源

（2019 年）

单位:万元

区县(市)	本年资金来源小计	国内贷款	银行贷款	自筹资金	定金及预收款	个人按揭贷款	其他资金来源
郑州市	**35648954**	**4540786**	**3647004**	**17854817**	**7423205**	**5293246**	**536900**
中原区	2472799	39650	35000	1405601	687894	311312	28342
二七区	2666532	417214	245925	1038549	745166	374970	90633
管城区	3297958	259605	203605	1455918	962363	616916	3156
金水区	4215265	198731	160698	3504352	260690	250610	882
上街区	280611	44490	41490	121204	66948	41985	5984
惠济区	2611098	422535	332535	921758	635103	613203	18499
中牟县	1468894	298043	244683	727202	287123	135142	21384
巩义市	347613	5000	5000	329669	12329	615	
荥阳市	1188052	132616	102816	322525	400016	313594	19301
新密市	640644	67611	67611	477365	24661	50899	20108
新郑市	2695439	159582	159582	1281806	664517	566058	23476
登封市	343054			202313	91099	49642	
经开区	2170524	454450	409200	1004783	527877	159921	23493
高新区	2975543	434560	424560	798895	307705	1373333	61050
郑东新区	5871635	1287729	895329	2563705	1551962	435046	33193
航空港实验区	2403293	318970	318970	1699172	197752		187399

3-22 分地区房地产土地购置和开发情况

(2019 年)

单位:万元

区县(市)	土地购置费	本年购置土地面积(平方米)	本年土地成交价款	拆迁补偿费
郑州市	**10973158**	**3232564**	**2996668**	**203770**
中原区	734342	273220	287494	
二七区	357741	319821	286418	29400
管城区	1277970	509347	577504	135820
金水区	1645969	538927	576278	
上街区	97529			
惠济区	936874	199260	195771	
中牟县	313544	95772	50060	
巩义市	189370			
荥阳市	156656	90638	58908	50
新密市	141812	16268	4300	
新郑市	672587	292102	122039	
登封市	14229			
经开区	781633	62273	132627	
高新区	826807	172748	135405	
郑东新区	2234185	505032	476560	38500
航空港实验区	591910	157156	93304	

主要统计指标解释

固定资产投资额 是以货币表现的建造和购置固定资产活动的工作量，它是反映固定资产投资规模、速度、比例关系和使用方向的综合性指标。全社会固定资产投资包括国有经济单位投资、城乡集体经济单位投资、各种经济类型的单位的投资和城乡居民个人投资。按照我国现行计划管理体制，国有经济单位固定资产投资总额分为基本建设、更新改造、商品房屋建设投资和其他固定资产投资四个部分；城乡集体经济单位投资包括城镇集体所有制单位投资和农村集体所有制单位投资；各种经济类型的单位投资包括联营经济、股份制经济、中外合资经营、中外合作经营、外资、与大陆合资经营、与大陆合作经营、港澳台独资及其他经济类型的单位投资。城镇居民个人投资包括城市、县城、镇、工矿区所辖范围内的个人建房和农村个人建房及购买生产性固定资产的投资。

固定资产投资的资金来源 根据固定资产投资的资金来源不同，分为国家预算内资金、国内贷款、利用外资、自筹资金和其他资金来源。

1. 国家预算内资金 指中央财政和地方财政中由国家统筹安排的基本建设拨款和更新改造拨款，以及中央财政安排的专项拨款中用于基本建设的资金和基本建设拨款改贷款的资金等。

2. 国内贷款 指报告期内企、事业单位向银行及非银行金融机构借入的用于固定资产投资的各种国内贷款。包括银行利用自有资金及吸收的存款发放的贷款、上级主管部门拨入的国内贷款、国家专项贷款（包括煤代油贷款、劳改煤矿专项贷款等）、地方财政专项资金安排的贷款、国内储备贷款、周转贷款等。

3. 利用外资 指报告期内收到的用于固定资产投资的国外资金，包括统借统还、自借自还的国外贷款，中外合资项目中的外资，以及对外发行债券和股票等。国家统借统还的外资指由我国政府出面同外国政府、团体或金融组织签订贷款协议、并负责偿还本息的国外贷款。

4. 自筹资金 指建设单位报告期内收到的，用于进行固定资产投资的上级主管部门、地方和企、事业单位自筹资金。

5. 其他资金来源 指报告期内收到的除以上各种拨款、借款、自筹资金以外，其他用于固定资产投资的资金。

固定资产投资按国民经济行业分 建设项目归哪个行业，按其建成投产后的主要产品或主要用途及社会经济活动性质来确定。基本建设按建设项目划分国民经济行业，更新改造、国有经济单位其他固定资产投资及城镇集体投资根据整个企业、事业单位所属的行业来划分。一般情况下，一个建设项目或一个企业、事业单位只能属于一种国民经济行业。为了更准确地反映国民经济各行业之间的比例关系，联合企业（总厂）所属分厂属于不同行业的，原则上按分厂划分行业。

固定资产投资按建设性质分 建设项目的性质一般分为新建、扩建、改建、迁建、恢复。基本建设按建设项目划分建设性质，更新改造、国有经济单位其他固定资产投资及城镇集体投资按整个企业、事业单位的建设情况确定建设性质。目前基本建设和更新改造是根据我国现行的计划管理体制区分的，所以基本建设和更新改造都可以分别按新建、扩建等划分。

固定资产投资按用途分 固定资产投资按工程的经济用途分为用于为农林牧渔业用、工业建筑业用商业、运输邮电业用、其他五部分的建设，是研究不同用途的固定资产投资之间比例关系的重要指标。基本建设投资、国有经济单位其他固定资产投资及城镇集体投资的用途按单项工程确定，现有企业、事业单位更新改造投资的用途按更新改造项目确定。

固定资产投资按构成分 固定资产投资活动按其工作内容和实现方式分为建筑安装工程，设备、工具、器具购置，其他费用三个部分。

1. 建筑安装工程（建筑工作量）指各种房屋、建筑物的建造工程和各种设备、装置的安装工程。包括各种房屋建造工程，各种用途设备基础和各种工业窑炉的砌筑工程；为施工而进行的各种准备工作和临时工程以及完工后的清理工作等；铁路、道路的铺设，矿井的开凿及石油管道的架设等；水利工程；防空地下建筑等特殊工程；以及各种机械设备的安装工程；为测定安装工程质量，对设备进行的试行工作。在安装工程中，不包括被安装设备本身价值。

2. 设备、工具、器具购置指购置或自制达到固定资产标准的设备、工具、器具的价值，固定资产的标准按财务部门规定。新建单位、扩建单位的新建车间按照设计和计划要求购置或自制的全部设备、工具、器具,不论是否达到固定资产标准均计入"设备、工具、器具购置"中。

3. 其他费用指除建筑安装工程和设备、工具、器具购置以外的投资完成额。它包括两种性质的费用,一种是属于增加固定资产的费用,主要有:建设单位管理费,土地、青苗等补偿费和安置补助费、勘察设计费、研究实验费、农林单位牲畜购置费、各种经济林木的营造费、办公和生活家具、器具购置费、引进技术和进口设备项目的其他费用、联合试运转费等;一种是属于不增加固定资产的费用,主要有:施工机械转移费、生产职工培训费、农业开荒费用及报废工程损失费等。

建筑业统计单位 指从事房屋、构筑物建造和设备安装活动的法人企业。建筑业法人企业应具有建筑业资质并能够独立核算,同时其应具备以下条件:1. 依法成立,有自己的名称、组织机构和场所,能够承担民事责任;2. 独立拥有和使用资产,承担负债,有权与其他单位签订合同;3. 独立核算盈亏,能够编制资产负债表。

施工项目 指报告期内曾进行建筑或安装工程施工活动的建设项目。包括报告期内新开工项目,报告期以前开工跨入报告期继续施工的项目以及报告期施过工并在报告期内全部建设投产或停缓建的项目。

全部建成投产项目工业项目 是指设计文件规定形成生产能力的主体工程及其相应配套的辅助设施全部建成,经负荷试运转,证明具备生产设计规定合格产品的条件,并经过验收鉴定合格或达到竣工验收标准,与生产性工程配套的生产福利设施可以满足近期正常生产的需要,正式移交生产的建设项目。

施工和竣工房屋建筑面积 房屋建筑面积是从房屋外墙线算起的各层平面面积的总和,包括房屋结构(如柱、墙)占用的面积和地下室面积。多层建筑按各自然层面积总和计算,包括房屋内的楼隔层,突出墙面的眺望间、门斗、有柱雨罩的面积。不包括突出墙面结构的构件、艺术装饰等所占的面积,如台阶等。凹阳台、挑阳台按其水平投影面积一半计算建筑面积。

住宅建筑面积 指施工和竣工房屋建筑面积中供居住用的施工和竣工房屋建筑面积。

竣工面积 指在报告期内房屋建筑按照设计要求已全部完工,达到住人和使用条件,经验收鉴定合格,正式移交使用单位的建筑面积。

房屋建筑面积竣工率 指一定时期内房屋竣工面积占同期房屋施工面积的比率。它是从房屋建筑施工速度的角度反映投资效果和建筑业经济效益的指标。

新增固定资产 指通过投资活动所形成的新的固定资产价值。包括已经建成投入生产或交付使用的工程价值和达到固定资产标准的设备、工具、器具的价值及有关应摊入的费用。它是以价值形式表示的固定资产投资成果的综合性指标,可以综合反映不同时期、不同部门、不同地区的固定资产投资成果。

建设项目投产率 指一定时期内全部建成投入生产项目个数占同期正式施工项目个数的比率。它是从项目建设速度的角度反映投资效果的指标。

固定资产交付使用率 指一定时期新增固定资产与同期完成投资额的比率。它是反映各个时期固定资产动用速度,衡量建设过程中投资效果的一个综合性指标。未完工程占用率指年末未完工程累计完成投资额占全年实际完成投资额的比率。它反映未完工程的相对规模,并可从资金占用的角度反映固定资产投资效果。由于未完工程是指已经开工,但尚未建成交付使用的工程,有个跨年度问题,因此未完工程占用率会出现大于 1 的情况。

实收资本 指企业实际吸收到的所有投资人投入的资金。该指标来源于会计"资产负债表"中"实收资本"项目的期末数。

资产总计 指企业拥有或控制的全部资产,包括活动资产、长期投资、固定资产、无形及递延资产、其他长期资产。该指标来源于会计"资产负债表"中"资产总计"项的期末数。

负债总计 指企业的流动负债和长期负债的合计。

本年施工规模 指报告期内施工的单项工程(或更新改造项目)的设计能力(或工程效益),包括报告期以前已开工跨入本年继续施工的工程的设计能力和报告期新开工工程的设计能力。也包括报告期内建成投产或报告期施工后又停缓建的单项工程设计能力。不包括在报告期以前建成投产或已经停、缓建的工程,以及报告期内尚未正式开工的工程的设计能力。

商品房销售面积 指报告期内出售商品房屋的合同总面积(即双方签署的正式买卖合同中所确定的建筑面积)。由现房销售面积和期房销售面积两部分组成。

商品房销售额 指报告期内出售商品房屋的合同总价款(即双方签署的正式买卖合同中所确定的合同总价)。该指标与商品房销售面积同口径,由现房销售额和期房销售额两部分组成。

四、价　格

4-1 市区居民消费价格指数(2019年)

(以上年价格为100)

类别	年度	月份											
		一	二	三	四	五	六	七	八	九	十	十一	十二
居民消费价格总指数	**103.1**	**101.5**	**101.5**	**102.2**	**102.5**	**102.8**	**102.9**	**103.4**	**103.6**	**103.4**	**104.0**	**104.5**	**104.3**
非食品烟酒价格指数	**101.0**	**100.8**	**100.8**	**101.2**	**101.2**	**101.1**	**101.2**	**101.5**	**101.7**	**101.0**	**100.7**	**100.4**	**100.6**
食品(原口径)指数	**108.7**	**102.9**	**103.0**	**104.8**	**106.0**	**107.1**	**107.7**	**108.8**	**109.4**	**110.2**	**113.4**	**116.3**	**114.8**
非食品(原口径)指数	**101.1**	**100.9**	**100.9**	**101.3**	**101.3**	**101.3**	**101.3**	**101.5**	**101.6**	**101.0**	**100.7**	**100.4**	**100.5**
服务价格指数	**100.2**	**99.3**	**99.3**	**99.8**	**100.2**	**100.2**	**100.4**	**100.7**	**101.4**	**100.7**	**100.6**	**100.0**	**100.1**
工业品价格指数	**101.8**	**102.3**	**102.4**	**102.6**	**102.3**	**102.1**	**102.1**	**102.3**	**101.9**	**101.3**	**100.9**	**100.8**	**101.0**
鲜活食品价格指数	**118.1**	**104.7**	**104.8**	**109.1**	**112.5**	**115.5**	**118.2**	**119.9**	**120.3**	**121.6**	**129.5**	**133.1**	**128.7**
消费品价格指数	**104.7**	**102.7**	**102.7**	**103.6**	**103.9**	**104.3**	**104.4**	**104.9**	**104.9**	**104.9**	**106.0**	**107.1**	**106.6**
能源价格指数	**99.4**	**100.5**	**101.4**	**103.6**	**102.4**	**102.0**	**100.0**	**99.2**	**97.1**	**96.1**	**94.6**	**96.2**	**99.9**
非食品价格指数	**101.3**	**101.1**	**101.1**	**101.5**	**101.5**	**101.4**	**101.4**	**101.6**	**101.8**	**101.2**	**101.0**	**101.0**	**101.2**
扣除食品和能源价格指数	**101.4**	**101.2**	**101.1**	**101.3**	**101.4**	**101.4**	**101.5**	**101.7**	**102.1**	**101.6**	**101.4**	**101.3**	**101.2**
扣除鲜菜鲜果价格指数	**102.7**	**100.9**	**100.8**	**101.5**	**101.8**	**101.9**	**102.0**	**102.4**	**103.1**	**103.6**	**104.6**	**104.9**	**104.5**
扣除自有住房价格指数	**103.7**	**102.2**	**102.1**	**103.0**	**103.2**	**103.4**	**103.7**	**104.0**	**104.1**	**103.8**	**104.6**	**105.1**	**104.8**
居住(扣自有住房)价格指数	**101.2**	**100.2**	**99.9**	**101.5**	**101.6**	**101.6**	**101.9**	**102.0**	**101.4**	**101.2**	**101.1**	**100.6**	**101.4**
食品烟酒	**108.1**	**103.1**	**103.1**	**104.7**	**105.8**	**106.8**	**107.3**	**108.1**	**108.5**	**109.2**	**112.1**	**114.6**	**113.3**
食品	110.7	103.0	102.9	105.4	107.2	108.7	110.2	111.5	111.8	112.8	117.2	120.0	117.8
粮食	99.2	97.5	97.5	99.4	99.2	99.3	99.1	99.0	99.1	99.6	99.7	100.3	100.5
大　米	99.4	100.6	100.6	99.3	99.3	99.3	98.7	98.7	98.7	98.7	98.7	99.8	100.9
面　粉	100.1	100.0	99.2	99.3	99.2	99.3	99.2	99.2	99.3	100.9	101.2	102.0	102.1
其他粮食	99.7	96.2	97.7	98.5	97.7	99.3	98.9	98.5	100.8	102.4	103.2	102.4	100.8
粮食制品	98.6	95.2	95.2	99.6	99.4	99.3	99.3	99.3	99.0	99.2	99.2	99.7	99.7
薯类	108.6	115.5	106.5	104.8	114.3	106.8	114.6	120.3	107.9	106.5	100.7	105.0	99.2
豆类	103.4	100.6	101.2	101.4	101.5	102.1	102.6	102.7	105.8	105.7	105.7	105.6	105.4
干　豆	103.1	101.2	100.5	99.8	101.2	102.6	103.5	104.3	104.9	103.9	103.4	105.5	105.8
豆制品	103.4	100.5	101.3	101.6	101.6	102.1	102.6	102.6	105.9	105.9	105.9	105.6	105.3
食用油	95.9	93.8	95.1	93.3	93.1	97.4	95.1	98.6	98.6	95.8	95.7	96.4	98.5
食用植物油	95.5	93.9	95.3	93.4	93.2	97.3	94.9	98.4	98.3	95.3	95.0	94.5	96.6
食用动物油	123.2	84.2	84.2	85.3	90.3	104.6	106.3	112.9	116.1	128.6	143.8	223.1	219.7
菜	109.2	111.7	113.6	122.7	121.8	117.8	115.5	113.2	106.1	93.4	92.8	101.3	105.7
鲜　菜	109.2	112.0	114.0	124.3	123.2	118.8	116.1	113.4	105.4	91.3	91.1	100.8	105.7
干菜及菜制品	109.4	109.6	109.5	109.5	110.6	110.6	111.4	111.4	111.4	111.0	107.5	105.2	105.7
畜肉类	130.0	98.5	98.2	104.6	108.2	110.1	113.2	116.8	131.0	152.2	175.4	181.8	172.4
猪　肉	142.7	93.2	92.3	104.3	111.1	113.7	118.3	123.5	145.8	176.3	213.9	220.5	206.2
牛　肉	110.2	104.6	107.2	103.7	103.2	103.2	103.3	104.1	109.1	117.5	119.4	123.6	122.8
羊　肉	113.9	113.6	113.6	111.4	111.2	111.6	112.3	113.3	114.1	118.0	119.7	115.9	111.8
畜肉副产品	120.6	96.6	95.5	97.6	95.9	100.2	105.6	109.0	114.5	136.7	149.1	179.4	177.9

4-1 续表1

类 别	年 度	月份 一	二	三	四	五	六	七	八	九	十	十一	十二
其他畜肉及制品	108.4	104.5	104.8	104.8	104.8	104.7	104.7	105.4	106.8	108.1	109.6	122.0	120.6
禽肉类	112.3	103.5	104.2	104.4	106.6	108.4	109.3	107.9	108.9	114.2	122.3	133.6	122.9
鸡	113.6	103.8	104.4	104.5	107.3	109.9	111.2	108.9	110.4	116.9	126.4	134.7	122.2
鸭	110.1	100.0	100.0	100.8	101.7	101.7	101.7	101.7	102.2	105.0	121.8	149.4	134.3
其他禽肉及制品	109.5	104.0	105.5	106.1	106.9	107.4	107.4	107.8	107.3	110.2	109.6	122.1	119.3
水产品	99.0	103.0	98.8	96.6	99.4	99.5	96.7	99.1	98.8	99.6	100.6	98.6	97.4
淡 水 鱼	92.2	96.5	94.6	90.2	89.7	91.1	89.7	91.5	89.5	92.2	93.4	94.7	94.0
海 水 鱼	106.0	102.3	101.6	104.9	108.1	106.3	106.2	106.2	106.6	106.2	106.0	107.9	109.4
虾 蟹 类	105.5	116.0	101.7	99.1	109.9	109.4	100.8	109.1	110.2	108.9	110.7	98.8	94.5
其他水产品及制品	100.0	100.9	100.9	100.4	99.7	99.3	99.3	99.3	100.1	100.1	100.1	99.9	99.7
蛋类	106.9	98.0	94.7	98.9	105.9	112.7	110.2	114.5	106.2	111.6	112.9	110.5	107.6
鸡 蛋	105.5	94.6	91.0	95.1	102.7	110.8	108.1	112.8	104.2	111.8	114.9	112.2	109.0
其他蛋及制品	122.4	143.3	143.3	143.3	143.2	135.2	135.2	135.2	131.4	109.3	95.4	95.6	95.6
奶类	99.5	101.3	102.0	101.1	99.9	99.5	99.7	99.3	99.5	97.1	98.5	97.7	98.7
鲜 奶	96.6	98.3	99.1	98.5	97.0	97.0	97.0	95.7	94.4	94.4	95.3	96.1	96.1
酸 奶	101.5	99.1	101.8	101.3	102.7	101.3	100.9	100.3	104.5	101.7	101.7	101.7	100.4
奶 粉	102.4	108.0	107.1	104.5	101.2	102.3	103.3	104.6	104.6	96.5	100.7	95.8	101.0
其他奶制品	100.8	102.6	102.6	102.6	102.6	100.0	100.0	100.0	100.0	100.0	100.0	100.0	100.0
干鲜瓜果类	112.7	112.8	114.1	110.9	114.6	124.7	137.1	139.2	126.3	105.0	94.5	90.3	92.3
鲜 瓜 果	117.6	118.4	119.7	115.3	119.9	134.9	153.2	156.0	137.2	106.2	92.0	86.6	89.7
坚 果	99.3	96.2	96.5	96.9	98.3	99.7	99.6	99.5	99.5	101.7	102.3	101.3	100.9
瓜果制品	99.8	101.6	101.6	101.6	101.6	92.4	95.8	101.9	101.9	101.9	99.4	99.4	99.4
糖果糕点类	101.3	101.0	100.8	101.6	101.4	101.8	101.6	101.5	101.6	101.3	100.8	101.4	101.3
食 糖	102.6	106.4	106.4	106.4	102.5	102.5	102.5	102.5	102.5	100.0	100.0	100.0	100.0
糖 果	99.6	95.9	95.9	99.7	99.7	102.0	100.0	100.0	100.0	101.6	100.4	100.0	100.0
糕 点	101.6	100.7	100.7	100.0	101.8	101.8	101.8	101.8	101.8	101.4	101.4	102.7	102.7
其他糖果糕点	100.9	101.3	97.4	102.0	100.0	97.4	101.9	99.9	102.6	105.5	100.0	102.6	100.0
调味品	102.9	104.8	103.8	106.3	105.5	104.6	104.7	100.2	99.7	102.7	101.6	100.6	100.6
食 用 盐	81.3	66.7	59.6	80.0	71.6	80.0	80.0	80.0	80.0	100.0	100.0	100.0	100.0
酱 油	100.7	99.6	100.2	100.4	102.6	96.4	100.0	100.0	101.6	100.0	103.5	102.2	102.2
食 醋	103.2	121.7	107.3	105.9	105.9	105.9	106.0	92.1	94.8	99.3	101.9	101.9	102.0
调 味 酱	103.4	102.8	107.8	110.8	107.8	107.8	105.3	99.2	94.3	104.9	101.8	99.4	99.4
味 精	100.1	98.1	98.1	98.1	100.0	100.0	100.0	100.0	101.5	101.5	101.5	101.5	101.5
其他调味品	112.2	118.8	118.8	118.8	118.8	118.8	118.8	118.2	118.2	107.1	99.5	99.5	99.5
其他食品类	101.5	103.2	101.3	101.9	101.1	100.7	99.0	100.2	102.7	99.6	100.6	103.5	104.2
方便食品	101.6	99.9	97.2	99.9	100.0	100.0	97.9	100.0	106.5	101.1	101.6	107.4	107.9
淀粉及制品	101.8	103.0	103.0	102.1	102.1	100.8	100.8	100.8	100.8	100.8	100.8	102.3	103.8

4-1 续表 2

类别	年度	月份											
		一	二	三	四	五	六	七	八	九	十	十一	十二
膨化食品	101.0	109.4	106.7	105.5	101.6	101.6	98.7	99.9	99.1	95.5	98.8	98.5	98.5
茶及饮料	100.1	96.8	96.8	98.8	98.1	100.5	99.7	100.2	101.4	102.8	101.6	102.1	103.1
茶叶	97.7	93.6	93.6	93.6	93.6	99.6	100.0	100.0	100.0	100.0	100.0	100.0	100.0
固体咖啡	97.8	89.7	91.5	92.1	92.2	92.3	99.1	106.8	107.0	103.3	102.0	100.6	101.5
其他固体饮料	100.5	101.1	101.1	99.2	100.1	102.7	102.6	100.5	99.1	100.0	100.0	100.0	100.0
饮用水	96.9	95.7	95.7	95.7	95.7	101.7	95.7	95.7	95.7	95.7	95.7	100.0	100.0
果汁饮料	103.3	101.1	101.6	100.8	100.0	105.8	102.3	104.4	105.0	103.8	105.0	105.0	105.0
其他液体饮料	101.4	98.1	97.9	103.6	101.9	99.2	98.6	99.1	101.9	105.9	102.4	103.1	105.6
烟酒	102.2	105.3	104.1	103.8	103.7	104.2	104.0	101.5	100.5	100.2	100.3	99.5	99.3
烟草	100.0	100.0	100.0	100.0	100.0	100.0	100.0	100.0	100.0	100.0	100.0	100.0	100.0
酒类	103.5	108.8	106.8	106.3	106.1	106.9	106.6	102.5	100.8	100.3	100.5	99.2	98.9
白酒	103.9	109.7	107.4	106.6	106.6	107.5	107.5	103.3	100.9	100.3	100.5	98.9	98.8
葡萄酒	103.2	108.8	102.9	102.9	102.9	102.9	102.9	102.9	103.5	103.7	102.2	101.9	101.5
啤酒	98.5	104.3	106.1	106.4	104.3	102.6	98.6	92.8	93.4	93.4	94.3	94.3	93.4
其他酒类	113.9	100.0	100.0	100.0	103.9	111.7	115.6	119.5	123.4	123.4	123.4	123.4	122.4
在外餐饮	104.3	103.5	103.9	103.8	103.6	103.6	101.9	102.8	103.9	104.1	104.3	107.7	108.0
正餐	107.4	105.0	105.8	105.9	106.0	106.0	103.3	105.6	107.7	108.2	108.4	113.3	113.6
快餐	100.8	100.0	100.0	100.5	100.5	100.5	100.5	100.5	101.0	101.5	101.5	101.5	101.5
地方小吃	104.3	107.1	107.1	105.2	103.4	103.4	101.6	101.6	101.6	100.8	101.6	108.6	109.4
其他在外餐饮	101.1	101.8	101.8	102.7	103.6	103.6	100.0	100.0	100.0	100.0	100.0	100.0	100.0
衣着	**102.0**	**101.4**	**101.5**	**101.6**	**101.7**	**102.0**	**102.1**	**102.2**	**102.2**	**102.6**	**102.6**	**102.3**	**102.2**
服装	102.0	101.3	101.4	101.6	101.8	101.9	102.0	102.0	102.0	102.7	102.6	102.2	102.1
男式服装	103.0	102.3	102.8	103.6	103.2	103.0	103.3	103.2	103.1	103.2	103.2	102.8	102.6
男式西服	99.0	97.1	97.0	96.9	98.6	99.8	99.8	99.8	99.8	99.8	99.8	99.8	99.8
男式冬衣	103.2	103.6	103.6	103.6	103.6	103.6	103.6	103.6	103.6	103.6	103.6	101.8	100.7
男式夹克衫	108.7	100.6	101.6	106.8	109.1	109.5	109.5	109.5	109.5	111.9	111.9	111.9	111.9
男式毛线衣	100.0	100.0	100.0	100.0	100.0	100.0	100.0	100.0	100.0	100.0	100.0	100.0	100.0
男式运动装	106.6	104.8	105.4	106.5	106.7	106.3	109.4	106.2	104.0	108.4	107.7	107.1	107.1
男式衬衫T恤	108.1	106.2	109.1	111.4	108.1	108.1	108.1	108.9	109.6	107.1	107.1	107.1	107.1
男式裤子	96.3	101.7	100.0	98.1	97.3	95.0	95.0	95.0	95.0	94.8	94.8	94.8	94.8
男式内衣	100.2	100.0	100.0	100.2	100.2	100.2	100.2	100.2	100.2	100.2	100.2	100.2	100.2
女式服装	101.1	100.2	100.2	99.9	100.5	100.7	100.9	101.0	100.8	102.3	102.5	102.3	102.1
女式外套	100.2	100.0	100.0	100.1	100.3	100.3	100.3	100.3	100.3	100.3	100.3	100.3	100.3
女式冬衣	101.1	101.1	101.1	101.1	101.1	101.1	101.1	101.1	101.1	101.1	102.2	101.6	100.0
女式毛线衣	102.9	103.0	103.0	103.0	103.0	103.0	103.0	103.0	103.0	103.0	103.0	102.3	102.3
女式运动装	91.9	96.5	96.5	90.5	89.4	89.4	91.0	90.7	88.6	92.7	92.7	92.7	92.7
女式衬衫T恤	104.7	99.6	99.6	101.3	104.2	105.0	105.3	105.6	106.2	107.2	107.6	107.6	107.6

4-1 续表 3

类别	年度	月份											
		一	二	三	四	五	六	七	八	九	十	十一	十二
女式裤子	103.9	101.1	101.1	101.8	102.5	102.5	102.5	102.5	102.5	107.4	107.4	107.4	107.4
女式裙子	103.2	100.0	100.0	100.4	102.0	103.1	103.1	103.1	103.1	105.9	105.9	105.9	105.9
女式内衣	100.2	100.0	100.0	100.2	100.2	100.2	100.2	100.2	100.2	100.2	100.2	100.2	100.2
儿童服装	102.3	102.7	102.4	102.5	102.7	102.7	102.4	102.8	103.4	102.7	102.0	100.9	100.9
婴幼服装	104.3	104.5	104.5	104.5	104.5	104.5	104.5	105.8	107.1	104.7	102.5	102.5	102.5
儿童上衣	104.2	104.6	104.6	105.2	105.9	105.9	105.0	104.2	104.2	104.2	104.2	101.2	101.2
儿童裤子	98.8	101.5	99.6	98.4	98.4	98.4	98.4	98.4	98.4	98.4	98.4	98.4	98.4
儿童裙子	103.1	99.4	101.0	102.7	102.7	102.7	102.7	104.7	106.6	105.5	104.1	102.7	102.7
服装材料	101.6	100.0	100.0	100.0	100.0	100.0	100.0	100.0	100.0	100.0	100.0	109.8	109.8
其他衣着及配件	100.0	100.2	100.2	100.2	100.2	100.2	100.2	100.2	100.2	99.5	99.5	99.5	99.5
袜　子	100.0	100.0	100.0	100.0	100.0	100.0	100.0	100.0	100.0	100.0	100.0	100.0	100.0
帽　子	99.3	100.0	100.0	100.0	100.0	100.0	100.0	100.0	100.0	98.0	98.0	98.0	98.0
其他衣着配件	101.1	101.1	101.1	101.1	101.1	101.1	101.1	101.1	101.1	101.1	101.1	101.1	101.1
衣着加工服务费	102.6	102.9	102.9	102.9	102.9	102.9	102.9	102.9	102.9	102.9	102.9	101.2	101.2
衣着洗涤保养	100.0	100.0	100.0	100.0	100.0	100.0	100.0	100.0	100.0	100.0	100.0	100.0	100.0
衣着加工	106.6	107.3	107.3	107.3	107.3	107.3	107.3	107.3	107.3	107.3	107.3	103.1	103.1
鞋类	102.4	101.6	101.7	101.7	101.6	102.8	102.8	102.8	102.8	102.7	102.7	102.5	102.5
鞋	102.1	101.6	101.7	101.4	101.3	102.5	102.5	102.5	102.5	102.5	102.5	102.3	102.3
男　鞋	101.7	100.7	100.7	100.7	100.0	102.2	102.2	102.2	102.2	102.2	102.2	102.2	102.2
女　鞋	102.7	102.3	102.3	101.6	102.0	103.0	103.0	103.0	103.0	103.0	103.0	103.0	103.0
童　鞋	101.4	101.4	101.8	102.2	102.2	101.8	101.4	101.4	101.4	101.4	101.4	100.0	100.0
鞋类加工服务	116.8	102.7	102.7	120.8	120.8	120.8	120.8	120.8	120.8	117.6	117.6	117.6	117.6
居住	**99.8**	**98.1**	**98.1**	**98.9**	**99.5**	**99.6**	**99.7**	**100.1**	**100.9**	**100.8**	**100.7**	**100.5**	**100.9**
租赁房房租	96.4	92.7	90.6	93.8	95.4	95.4	98.8	98.5	100.8	100.1	99.1	95.7	95.9
公房房租	100.0	100.0	100.0	100.0	100.0	100.0	100.0	100.0	100.0	100.0	100.0	100.0	100.0
私房房租	96.2	92.4	90.2	93.5	95.2	95.2	98.8	98.4	100.8	100.1	99.1	95.6	95.7
住房保养维修及管理	103.1	100.4	100.4	103.4	103.4	103.4	103.4	103.5	103.5	103.4	103.4	103.5	105.6
住房装潢材料	101.1	100.9	100.9	100.9	100.9	100.9	100.9	101.0	101.0	100.9	100.9	101.0	102.9
木地板	100.0	100.0	100.0	100.0	100.0	100.0	100.0	100.0	100.0	100.0	100.0	100.0	100.0
瓷　砖	101.8	101.8	101.8	101.8	101.8	101.8	101.8	101.8	101.8	101.8	101.8	101.8	101.8
水　泥	102.1	100.0	100.0	100.0	100.0	100.0	100.0	101.3	101.3	100.0	100.0	100.0	123.0
涂　料	100.0	100.0	100.0	100.0	100.0	100.0	100.0	100.0	100.0	100.0	100.0	100.0	100.0
板　材	101.3	101.4	101.4	101.4	101.4	100.9	100.9	100.9	100.9	100.9	100.9	102.3	102.3
管　材	100.0	100.0	100.0	100.0	100.0	100.0	100.0	100.0	100.0	100.0	100.0	100.0	100.0
厨卫设备	100.0	100.0	100.0	100.0	100.0	100.0	100.0	100.0	100.0	100.0	100.0	100.0	100.0
门　窗	103.8	103.8	103.8	103.8	103.8	103.8	103.8	103.8	103.8	103.8	103.8	103.8	103.8
其他住房装潢材料	100.0	100.0	100.0	100.0	100.0	100.0	100.0	100.0	100.0	100.0	100.0	100.0	100.0

4-1 续表 4

类　别	年　度	月份 一	二	三	四	五	六	七	八	九	十	十一	十二
物业管理费	100.0	100.0	100.0	100.0	100.0	100.0	100.0	100.0	100.0	100.0	100.0	100.0	100.0
住房装潢维修	105.8	100.0	100.0	106.7	106.7	106.7	106.7	106.7	106.7	106.7	106.7	106.7	109.4
装潢维修费	100.4	100.0	100.0	100.0	100.0	100.0	100.0	100.0	100.0	100.0	100.0	100.0	104.7
其他住房费用	113.2	100.0	100.0	115.8	115.8	115.8	115.8	115.8	115.8	115.8	115.8	115.8	115.8
水电燃料	101.1	102.3	102.3	102.3	102.1	102.0	101.7	102.0	100.0	99.8	99.8	99.7	99.7
水	100.0	100.0	100.0	100.0	100.0	100.0	100.0	100.0	100.0	100.0	100.0	100.0	100.0
电	100.0	100.0	100.0	100.0	100.0	100.0	100.0	100.0	100.0	100.0	100.0	100.0	100.0
燃气	105.1	110.7	110.7	110.7	109.8	109.3	107.8	109.3	100.2	99.2	99.2	98.8	98.8
管道燃气	107.7	113.8	113.8	113.8	112.4	112.4	112.4	114.7	100.8	100.8	100.8	100.8	100.8
液化石油气	99.8	104.6	104.6	104.6	104.6	103.1	98.8	98.8	98.8	95.8	95.8	94.5	94.5
取暖费	100.0	100.0	100.0	100.0	100.0	100.0	100.0	100.0	100.0	100.0	100.0	100.0	100.0
其他燃料	100.0	100.0	100.0	100.0	100.0	100.0	100.0	100.0	100.0	100.0	100.0	100.0	100.0
自有住房	98.8	96.8	96.9	97.1	98.1	98.2	98.2	98.8	100.5	100.5	100.4	100.5	100.5
生活用品及服务	**101.2**	**102.0**	**101.1**	**101.4**	**101.5**	**101.0**	**101.1**	**101.1**	**101.2**	**101.5**	**101.1**	**100.5**	**100.9**
家具及室内装饰品	104.4	111.3	105.6	105.4	105.8	105.6	105.6	105.0	105.0	103.3	103.3	98.9	98.9
家具	104.8	112.5	106.1	105.9	106.4	106.1	106.1	105.5	105.5	103.6	103.6	98.8	98.7
柜	103.0	113.4	102.9	102.9	102.9	102.9	102.9	102.9	102.9	102.9	102.9	98.9	98.9
床	109.2	112.5	112.5	112.6	112.6	113.9	113.9	112.6	112.6	108.1	108.1	97.3	97.3
桌	102.6	105.5	102.8	102.8	102.8	102.8	102.8	102.8	102.8	102.8	102.8	100.0	100.0
椅	108.9	130.1	105.7	105.7	110.3	110.3	110.3	110.3	110.3	106.9	106.9	102.7	102.7
沙　发	102.3	108.9	106.1	104.7	104.7	103.7	103.7	102.1	102.1	99.9	99.9	96.6	96.6
其他家具	106.8	109.5	109.5	110.9	110.9	106.9	106.9	106.9	106.9	103.8	103.8	103.8	102.6
室内装饰品	100.3	100.5	100.5	100.5	100.5	100.3	100.3	100.3	100.1	100.1	100.1	100.1	100.1
灯　具	100.7	101.3	101.3	101.3	101.3	100.7	100.7	100.7	100.2	100.2	100.2	100.2	100.2
其他室内装饰品	100.0	100.0	100.0	100.0	100.0	100.0	100.0	100.0	100.0	100.0	100.0	100.0	100.0
家用器具	98.4	98.3	98.3	98.8	98.4	98.0	97.9	97.7	97.9	98.4	98.2	99.8	99.4
大型家用器具	99.2	98.2	98.2	99.4	99.2	98.8	98.8	98.5	98.8	99.4	99.3	101.0	100.4
洗 衣 机	93.4	87.9	89.2	91.9	90.7	90.5	98.3	93.8	92.5	92.8	93.6	100.9	101.3
电冰箱(柜)	91.5	91.4	91.4	90.6	90.4	90.5	90.9	90.8	89.0	91.7	90.8	96.1	95.2
抽油烟机	99.5	105.4	104.7	103.3	97.5	98.0	97.6	97.4	98.4	98.9	96.7	98.1	99.4
空 调 器	98.5	99.6	99.5	99.6	99.3	97.7	95.2	95.5	98.7	100.1	99.2	99.7	98.5
热 水 器	105.3	102.0	100.3	104.4	104.4	104.7	106.2	106.3	106.0	105.7	106.6	109.0	108.3
炉具灶具	103.5	98.9	99.5	107.1	104.7	103.1	102.8	102.3	102.3	103.1	106.3	106.6	105.4
微 波 炉	100.3	102.0	102.0	104.0	103.1	102.1	102.1	102.1	99.5	97.0	97.0	95.3	97.7
其他大型家用器具	105.0	104.6	104.6	104.2	107.6	108.7	106.4	107.5	106.0	104.1	104.1	101.5	101.0
小家电	93.5	98.7	98.7	95.0	93.3	92.8	92.2	92.0	91.9	91.9	91.1	91.7	92.7
厨房小家电	90.1	98.1	98.1	92.8	90.4	89.1	87.9	87.6	87.4	87.4	86.3	86.8	88.6

4-1　续表 5

类　别	年　度	月					份						
		一	二	三	四	五	六	七	八	九	十	十一	十二
生活小家电	101.3	100.0	100.0	100.0	100.0	101.0	102.0	102.0	102.0	102.0	102.0	102.8	101.9
家用纺织品	100.0	100.5	100.5	100.5	99.9	99.9	99.8	99.8	99.8	99.8	99.9	99.9	99.9
床上用品	100.1	100.7	100.7	100.6	99.9	99.9	99.9	99.9	99.9	99.9	99.9	99.9	99.9
被　子	99.8	100.0	100.0	99.8	99.8	99.8	99.8	99.8	99.8	99.8	99.8	99.8	99.8
床单被套	100.0	100.0	100.0	100.0	100.0	100.0	100.0	100.0	100.0	100.0	100.0	100.0	100.0
其他床上用品	100.9	103.5	103.5	103.5	100.0	100.0	100.0	100.0	100.0	100.0	100.0	100.0	100.0
窗帘门帘	100.0	100.0	100.0	100.0	100.0	100.0	100.0	100.0	100.0	100.0	100.0	100.0	100.0
其他家用纺织品	99.0	99.2	99.2	99.2	99.2	99.2	98.6	98.6	98.6	98.6	99.4	99.4	99.4
家庭日用杂品	101.6	101.2	100.6	101.0	101.8	100.7	101.1	101.5	101.8	103.6	102.1	101.6	102.6
洗涤卫生用品	102.3	101.4	100.2	101.1	102.5	100.4	101.2	101.9	102.7	106.0	103.0	102.6	104.4
清洗用品	103.3	100.1	101.2	103.1	103.0	101.7	99.8	103.4	105.2	108.7	102.5	105.3	105.3
清洁用具	99.0	99.3	97.8	97.8	97.8	97.8	97.8	100.0	100.0	100.0	100.0	100.0	100.0
清洁用纸	101.9	103.9	99.7	99.3	103.2	99.4	104.4	100.4	99.8	104.1	104.7	99.7	104.4
厨具餐具茶具	100.7	100.8	100.8	100.8	100.8	100.8	100.8	100.8	100.8	100.8	100.8	100.1	100.1
厨　具	101.2	101.5	101.5	101.5	101.5	101.5	101.5	101.5	101.5	101.5	101.5	100.0	100.0
餐　具	100.0	100.0	100.0	100.0	100.0	100.0	100.0	100.0	100.0	100.0	100.0	100.0	100.0
茶　具	100.8	100.9	100.9	100.8	100.8	100.8	100.8	100.8	100.8	100.8	100.8	100.8	100.8
家用手工工具	99.1	100.0	100.0	100.0	98.9	98.9	98.9	98.9	98.9	98.9	98.9	98.9	98.9
其他家庭日用杂品	101.3	101.5	101.5	101.6	101.6	101.6	101.6	101.2	101.0	101.0	101.0	101.0	101.0
配电附件	101.8	101.8	101.8	101.8	101.8	101.8	101.8	101.8	101.8	101.8	101.8	101.8	101.8
雨　具	100.0	100.0	100.0	100.0	100.0	100.0	100.0	100.0	100.0	100.0	100.0	100.0	100.0
其他日用杂品	102.0	103.2	103.2	104.0	104.0	104.0	104.0	101.6	100.0	100.0	100.0	100.0	100.0
个人护理用品	101.5	100.4	101.5	101.6	101.7	101.3	101.0	101.4	101.0	101.2	101.6	101.7	102.9
化妆品	102.0	102.0	102.6	102.7	102.7	102.0	101.6	101.6	101.6	101.6	102.1	101.8	101.7
清洁化妆品	99.6	102.9	102.9	100.6	100.6	97.8	97.8	97.8	97.8	97.8	100.0	100.0	100.0
护肤化妆品	103.0	101.0	102.2	103.3	103.3	103.3	103.3	103.3	103.3	103.3	103.3	103.3	102.3
彩妆化妆品	102.9	105.7	104.8	104.8	104.8	104.8	101.6	101.6	101.6	101.6	101.6	98.6	103.2
化妆器具	100.0	100.0	100.0	100.0	100.0	100.0	100.0	100.0	100.0	100.0	100.0	100.0	100.0
其他护理用品类	100.5	97.3	99.4	99.6	99.9	100.1	100.1	101.2	100.0	100.6	100.6	101.7	105.2
清洁类护理用品	100.4	96.1	100.3	100.3	100.3	100.3	100.3	100.3	100.3	100.4	100.4	100.4	105.5
护发美发用品	100.2	97.3	97.3	97.5	99.5	97.5	99.9	99.9	101.8	101.8	101.8	104.2	104.2
护理器具	100.7	98.2	97.1	100.0	98.9	102.8	99.6	105.8	97.1	99.7	99.7	103.1	106.3
其他护理用品	101.5	108.9	107.3	100.5	100.5	100.5	100.0	100.0	100.0	100.0	100.0	99.7	101.3
家庭服务	103.6	104.8	104.1	104.1	104.1	104.4	104.4	104.4	104.4	104.1	103.3	100.6	100.6
家政服务	104.1	105.4	104.2	104.2	104.2	104.7	104.7	104.7	104.7	104.7	105.3	101.0	101.0
家庭维修服务	102.8	103.9	103.9	103.9	103.9	103.9	103.9	103.9	103.9	102.9	100.0	100.0	100.0
交通和通信	**95.9**	**97.4**	**97.9**	**98.8**	**98.1**	**97.0**	**96.1**	**97.0**	**95.8**	**93.6**	**92.1**	**92.7**	**94.3**

4-1 续表6

类别	年度	月份											
		一	二	三	四	五	六	七	八	九	十	十一	十二
交通	99.2	100.9	101.5	102.6	101.9	100.1	98.6	99.2	98.2	96.9	95.3	96.4	99.2
交通工具	100.2	102.7	102.7	103.4	103.7	99.6	98.9	100.2	99.5	97.9	97.8	98.2	98.0
小型汽车	99.8	101.3	101.3	102.1	103.0	99.9	98.9	100.8	99.8	97.5	97.5	98.0	98.0
电动自行车	101.8	109.0	109.0	109.0	108.1	99.0	99.0	99.0	99.0	99.0	98.3	98.3	97.6
自行车	102.2	102.0	102.0	104.0	102.5	102.0	102.0	102.0	102.0	102.0	102.0	102.0	102.0
其他交通工具	98.4	100.8	100.8	100.8	100.8	97.1	97.1	97.1	97.1	97.1	97.1	97.1	97.1
交通工具用燃料	95.5	95.6	98.2	104.4	101.5	100.8	95.9	93.1	92.0	89.8	86.1	90.1	100.5
汽油	95.2	95.6	98.2	104.6	102.0	100.9	95.5	92.4	91.1	89.0	85.7	89.8	100.6
柴油	94.8	94.1	97.4	105.5	100.1	100.7	96.2	93.5	92.3	89.4	83.4	88.3	100.4
其他车用能源	100.0	100.0	100.0	100.0	100.0	100.0	100.0	100.0	100.0	100.0	100.0	100.0	100.0
交通工具使用和维修	101.2	101.8	101.8	101.8	101.8	101.6	101.6	101.5	101.5	101.4	100.0	100.0	100.0
停车费	100.0	100.0	100.0	100.0	100.0	100.0	100.0	100.0	100.0	100.0	100.0	100.0	100.0
车辆使用费	100.0	100.0	100.0	100.0	100.0	100.0	100.0	100.0	100.0	100.0	100.0	100.0	100.0
交通工具零配件	109.5	120.8	120.8	120.8	120.8	110.0	110.0	108.8	105.8	100.8	100.8	100.8	100.8
车辆修理与保养	101.1	101.5	101.5	101.5	101.5	101.5	101.5	101.5	101.5	101.5	100.0	100.0	100.0
交通费	100.2	102.5	102.9	98.7	97.9	99.0	99.2	103.7	101.1	100.6	98.7	98.2	99.4
市内公共交通	100.0	100.0	100.0	100.0	100.0	100.0	100.0	100.0	100.0	100.0	100.0	100.0	100.0
出租汽车	100.0	100.0	100.0	100.0	100.0	100.0	100.0	100.0	100.0	100.0	100.0	100.0	100.0
飞机票	100.6	117.6	116.1	87.1	86.4	88.6	89.9	117.4	107.3	105.2	98.1	95.2	103.7
火车票	100.0	100.0	100.0	100.0	100.0	100.0	100.0	100.0	100.0	100.0	100.0	100.0	100.0
长途汽车	100.3	100.5	100.5	103.9	101.2	103.9	103.9	103.9	99.8	99.3	96.1	95.6	95.6
其他交通费	100.0	100.0	100.0	100.0	100.0	100.0	100.0	100.0	100.0	100.0	100.0	100.0	100.0
通信	88.7	90.4	90.5	91.1	90.4	90.7	90.8	91.8	90.0	85.9	84.6	84.2	83.5
通信工具	105.3	110.6	111.1	113.8	110.6	112.1	112.8	114.8	111.6	97.7	96.0	94.2	86.2
固定电话机	98.5	97.4	97.4	97.4	97.4	97.4	100.0	100.0	99.1	99.1	99.1	99.1	99.1
移动电话机	105.7	111.3	111.9	114.8	111.3	113.0	113.7	115.8	112.5	97.6	95.8	93.9	85.5
通信工具零配件	100.0	100.0	100.0	100.0	100.0	100.0	100.0	100.0	100.0	100.0	100.0	100.0	100.0
通信服务	79.2	80.2	80.2	80.2	80.2	80.2	80.2	78.6	77.7	77.7	76.8	76.8	80.6
固定电话费	100.0	100.0	100.0	100.0	100.0	100.0	100.0	100.0	100.0	100.0	100.0	100.0	100.0
移动通信费	69.2	69.6	69.6	69.6	69.6	69.6	69.6	68.0	68.0	68.0	68.0	68.0	72.1
上网费	97.4	104.1	104.1	104.1	104.1	104.1	104.1	94.6	91.6	91.6	88.0	88.0	91.3
其他通信服务	100.0	100.0	100.0	100.0	100.0	100.0	100.0	100.0	100.0	100.0	100.0	100.0	100.0
邮递服务	100.0	100.0	100.0	100.0	100.0	100.0	100.0	100.0	100.0	100.0	100.0	100.0	100.0
邮政邮寄	100.0	100.0	100.0	100.0	100.0	100.0	100.0	100.0	100.0	100.0	100.0	100.0	100.0
快递服务	100.0	100.0	100.0	100.0	100.0	100.0	100.0	100.0	100.0	100.0	100.0	100.0	100.0
教育文化和娱乐	**105.0**	**105.7**	**105.9**	**106.5**	**106.5**	**106.5**	**106.5**	**105.7**	**105.9**	**103.7**	**103.8**	**102.6**	**101.4**
教育	108.0	109.6	109.9	109.4	109.7	110.0	110.3	109.5	110.0	107.1	105.4	103.7	101.9

4-1 续表 7

类别	年度	月份											
		一	二	三	四	五	六	七	八	九	十	十一	十二
教育用品	112.0	113.1	113.1	113.1	113.4	113.4	113.4	113.4	113.4	113.2	113.2	113.2	100.1
工具书	106.4	107.0	107.0	107.0	107.0	107.0	107.0	107.0	107.0	107.0	107.0	107.0	100.0
教材	105.6	106.2	106.2	106.2	106.2	106.2	106.2	106.2	106.2	105.9	105.9	105.9	99.7
参考资料	119.1	121.2	121.2	121.2	121.2	121.2	121.2	121.2	121.2	121.2	121.2	121.2	100.0
其他教育用品	104.1	100.0	100.0	100.0	105.4	105.4	105.4	105.4	105.4	105.4	105.4	105.4	105.4
教育服务	107.6	109.2	109.6	109.1	109.4	109.7	110.0	109.2	109.7	106.6	104.7	102.9	102.1
学前教育	104.8	107.1	107.1	104.7	104.7	104.7	104.7	104.7	104.7	100.0	105.1	105.1	105.1
小学初中教育	133.9	142.0	143.9	145.8	147.7	149.5	151.3	152.7	154.5	113.3	113.3	113.3	111.7
高中中职教育	112.7	104.1	106.4	108.3	110.3	112.2	114.0	115.7	116.7	116.7	116.7	116.7	114.3
高等教育	100.0	100.0	100.0	100.0	100.0	100.0	100.0	100.0	100.0	100.0	100.0	100.0	100.0
课外教育	101.7	103.0	103.0	101.4	101.4	101.4	101.4	101.4	101.4	101.4	100.0	102.0	102.0
专业技能培训	112.9	119.8	119.8	119.8	119.8	119.8	119.8	114.8	116.4	118.9	105.2	95.8	93.4
文化娱乐	101.3	100.9	101.2	102.9	102.3	101.9	101.7	100.8	100.8	99.2	101.8	101.1	100.8
文娱耐用消费品	100.3	99.9	100.8	102.8	101.9	102.4	101.6	101.4	100.0	97.6	96.8	98.5	100.2
电视机	90.4	96.5	98.2	93.4	94.3	94.7	91.7	88.3	83.9	83.3	83.8	87.9	90.6
照相机	100.9	102.0	102.0	101.9	101.8	101.7	101.7	101.4	101.1	101.1	100.4	98.6	97.6
台式计算机	106.9	98.7	98.1	105.3	106.2	110.3	111.5	111.6	112.5	109.9	106.0	106.0	108.4
笔记本平板	103.1	97.4	99.3	109.1	102.8	105.7	105.1	108.3	107.3	100.0	99.1	101.3	103.0
乐器	107.0	124.4	124.4	114.7	115.8	101.0	101.8	101.8	101.8	101.8	101.8	101.8	101.8
音响	100.5	100.0	100.0	100.0	100.6	100.6	100.6	100.6	100.6	100.6	100.6	100.6	100.6
其他文娱耐用消费品	100.5	100.2	100.2	100.2	100.7	100.7	100.7	100.7	100.7	100.7	100.7	100.7	100.7
其他文娱用品	102.9	104.9	104.9	104.9	104.4	104.1	105.0	103.0	101.1	100.8	100.8	100.8	100.8
书报杂志	107.3	114.5	114.5	114.5	114.5	114.5	114.5	106.3	100.0	100.0	100.0	100.0	100.0
纸张文具	100.8	101.2	101.2	101.2	102.5	102.5	102.5	102.5	100.2	99.1	99.1	99.1	99.1
体育户外用品	101.5	99.9	99.9	99.9	99.9	99.9	102.5	102.5	102.6	102.6	102.7	102.7	102.7
游戏用品和玩具	101.7	103.2	103.2	103.2	102.2	99.5	101.3	101.3	101.3	101.3	101.3	101.3	101.3
园艺花卉及用品	100.0	100.0	100.0	100.0	100.0	100.0	100.0	100.0	100.0	100.0	100.0	100.0	100.0
宠物及用品	102.3	107.6	107.6	107.6	100.2	100.8	100.8	100.8	100.8	100.8	100.8	100.8	100.0
其他文化娱乐用品	102.8	104.3	104.3	104.3	104.3	104.3	104.3	104.3	104.3	100.0	100.0	100.0	100.0
文化娱乐服务	99.8	99.8	99.8	99.8	99.8	100.0	100.0	99.4	99.4	99.4	100.0	100.4	100.4
电影票	102.8	100.0	100.0	100.0	100.0	104.1	104.1	104.1	104.1	104.1	104.1	104.1	104.1
景点门票	94.7	93.2	93.2	93.2	93.2	93.2	93.2	93.2	93.2	93.2	98.7	100.0	100.0
有线电视	100.0	100.0	100.0	100.0	100.0	100.0	100.0	100.0	100.0	100.0	100.0	100.0	100.0
健身活动	115.0	126.7	126.7	126.7	126.7	122.5	122.5	113.4	113.4	113.4	100.0	100.0	100.0
其他文娱服务	100.0	100.0	100.0	100.0	100.0	100.0	100.0	100.0	100.0	100.0	100.0	100.0	100.0
旅游	102.8	100.1	100.2	104.8	103.8	101.8	100.9	99.8	103.4	99.7	112.3	105.9	102.3

4-1 续表 8

类 别	年 度	月份											
		一	二	三	四	五	六	七	八	九	十	十一	十二
旅行社收费	102.7	99.9	100.0	104.7	103.8	101.8	100.9	99.8	103.5	99.7	112.2	105.9	102.3
其他旅游	106.8	125.0	119.2	118.5	105.9	100.0	100.0	100.0	100.0	100.0	116.7	103.3	100.0
医疗保健	**101.6**	**102.2**	**101.9**	**100.8**	**100.5**	**101.3**	**101.8**	**101.9**	**101.9**	**101.9**	**101.9**	**101.6**	**101.5**
药品及医疗器具	104.0	105.5	104.9	102.0	101.2	103.3	104.4	104.7	104.8	104.7	104.7	103.8	103.7
中药	106.7	108.9	108.9	105.4	105.4	107.1	107.1	108.1	107.6	104.5	104.5	106.3	106.3
中 药 材	107.0	106.4	106.4	106.4	106.4	109.9	109.9	109.9	109.9	104.7	104.7	104.7	104.7
中 成 药	106.5	109.9	109.9	105.0	105.0	106.0	106.0	107.4	106.7	104.5	104.5	106.9	106.9
西药	103.5	104.1	104.1	100.6	100.6	102.1	104.1	104.6	104.8	105.3	105.3	103.2	103.1
抗微生物药	101.5	101.9	101.9	100.5	100.5	103.2	103.2	103.2	103.2	103.2	103.2	97.0	97.0
消化系统用药	103.8	112.1	112.1	100.5	100.5	101.0	101.0	103.1	103.1	106.1	106.1	100.8	100.8
呼吸系统用药	100.7	100.0	100.0	100.0	100.0	98.9	98.9	98.9	101.5	102.7	102.7	102.7	102.7
解热镇痛药	105.3	100.0	100.0	100.0	100.0	109.3	109.3	109.3	109.3	109.3	109.3	103.9	103.9
抗肿瘤药	101.0	101.9	101.9	100.5	100.5	100.5	100.5	100.5	100.5	101.5	101.5	101.5	100.0
激素及影响内分泌药	108.3	100.6	100.6	100.6	100.6	112.0	112.0	112.0	112.9	112.2	112.2	112.0	112.0
心血管系统用药	106.6	105.2	105.2	100.0	100.0	101.1	109.6	109.6	109.6	109.6	109.6	109.6	109.6
血液系统用药	99.4	100.0	100.0	100.0	100.0	99.1	99.1	99.1	99.1	99.1	99.1	99.1	99.1
治疗精神障碍药	99.7	100.0	100.0	100.0	100.0	99.6	99.6	99.6	99.6	99.6	99.6	99.6	99.6
神经系统用药	101.9	100.0	100.0	102.2	102.2	102.2	102.2	102.2	102.2	102.2	102.2	102.2	102.2
消毒防腐及创伤外科用药	106.9	104.0	104.0	104.0	105.6	104.9	104.9	110.1	110.1	109.6	109.6	109.6	105.9
泌尿系统用药	100.0	99.8	99.8	100.2	100.2	100.2	100.2	100.2	99.7	100.0	100.0	100.0	100.0
维生素、矿物质类药	102.1	113.3	113.3	100.8	100.8	100.8	100.8	100.8	100.8	100.0	100.0	98.2	98.2
调节水、电解质及酸碱平衡药	105.9	104.2	104.2	104.2	104.2	106.9	106.9	106.9	106.9	106.9	106.9	104.6	108.5
滋补保健品	105.6	107.8	105.4	104.0	100.8	106.2	106.2	106.2	106.2	106.2	106.2	106.2	105.9
医疗卫生器具	100.1	103.7	103.7	100.6	100.6	99.2	99.2	99.2	99.2	99.2	99.2	99.2	99.2
保健器具	101.7	101.7	101.7	100.8	100.8	100.8	102.5	102.5	102.5	102.5	102.5	100.8	100.8
医疗服务	100.0	100.0	100.0	100.0	100.0	100.0	100.0	100.0	100.0	100.0	100.0	100.0	100.0
综合医疗类	100.0	100.0	100.0	100.0	100.0	100.0	100.0	100.0	100.0	100.0	100.0	100.0	100.0
一般医疗服务	100.0	100.0	100.0	100.0	100.0	100.0	100.0	100.0	100.0	100.0	100.0	100.0	100.0
一般治疗操作	100.0	100.0	100.0	100.0	100.0	100.0	100.0	100.0	100.0	100.0	100.0	100.0	100.0
护 理	100.0	100.0	100.0	100.0	100.0	100.0	100.0	100.0	100.0	100.0	100.0	100.0	100.0
其他综合医疗服务	100.0	100.0	100.0	100.0	100.0	100.0	100.0	100.0	100.0	100.0	100.0	100.0	100.0
诊断类	100.0	100.0	100.0	100.0	100.0	100.0	100.0	100.0	100.0	100.0	100.0	100.0	100.0
病理学诊断	100.0	100.0	100.0	100.0	100.0	100.0	100.0	100.0	100.0	100.0	100.0	100.0	100.0
实验室诊断	100.0	100.0	100.0	100.0	100.0	100.0	100.0	100.0	100.0	100.0	100.0	100.0	100.0
影像学诊断	100.0	100.0	100.0	100.0	100.0	100.0	100.0	100.0	100.0	100.0	100.0	100.0	100.0
临床诊断	100.0	100.0	100.0	100.0	100.0	100.0	100.0	100.0	100.0	100.0	100.0	100.0	100.0

4-1　续表 9

类　别	年　度	月份 一	二	三	四	五	六	七	八	九	十	十一	十二
治疗类	100.0	100.0	100.0	100.0	100.0	100.0	100.0	100.0	100.0	100.0	100.0	100.0	100.0
临床手术治疗	100.0	100.0	100.0	100.0	100.0	100.0	100.0	100.0	100.0	100.0	100.0	100.0	100.0
临床非手术治疗	100.0	100.0	100.0	100.0	100.0	100.0	100.0	100.0	100.0	100.0	100.0	100.0	100.0
康复类	100.0	100.0	100.0	100.0	100.0	100.0	100.0	100.0	100.0	100.0	100.0	100.0	100.0
中医医疗服务类	100.0	100.0	100.0	100.0	100.0	100.0	100.0	100.0	100.0	100.0	100.0	100.0	100.0
其他医疗服务	100.0	100.0	100.0	100.0	100.0	100.0	100.0	100.0	100.0	100.0	100.0	100.0	100.0
其他用品和服务	**108.0**	**104.9**	**105.5**	**106.2**	**105.7**	**105.1**	**107.9**	**109.1**	**111.3**	**110.6**	**111.1**	**109.3**	**109.3**
其他用品类	110.0	101.3	103.8	102.3	102.3	102.2	107.2	111.4	117.2	120.7	120.9	116.0	115.5
首饰手表	112.3	101.9	105.0	102.7	102.7	102.5	108.5	113.8	121.0	125.5	125.7	119.5	119.0
金饰品	115.0	102.7	106.5	103.5	103.4	103.2	110.5	116.8	125.5	130.6	131.4	123.6	122.8
银饰品	103.9	100.2	101.9	101.9	96.6	100.8	106.8	106.4	105.3	105.3	105.3	108.0	108.0
铂金饰品	101.2	96.9	96.1	98.0	101.2	99.2	98.9	100.8	103.2	108.8	104.0	102.6	104.9
手　表	99.8	99.6	99.6	99.6	99.6	99.6	99.6	100.0	100.0	100.0	100.0	100.0	100.0
其他杂项用品	100.8	98.6	98.6	100.8	100.5	100.6	101.5	101.5	101.5	101.5	101.5	101.3	101.3
箱　包	100.2	100.8	100.8	100.8	100.0	100.0	100.0	100.0	100.0	100.0	100.0	100.0	100.0
母婴用品	100.9	96.2	96.2	100.6	100.6	100.6	102.4	102.4	102.4	102.4	102.4	102.4	102.4
眼　镜	102.0	101.8	101.8	101.8	101.8	102.6	102.6	102.6	102.6	102.6	102.6	100.8	100.8
其他服务类	106.7	107.4	106.7	108.8	108.0	107.0	108.4	107.6	107.5	104.3	105.1	105.1	105.3
旅馆住宿	97.2	102.0	94.6	93.5	87.8	94.1	101.3	94.1	93.1	105.3	99.8	99.7	101.9
宾馆住宿	101.2	96.3	98.9	99.0	94.9	99.9	102.1	101.4	103.7	107.3	103.6	102.7	105.5
其他住宿	95.3	104.7	92.5	90.9	84.6	91.5	100.9	90.9	88.7	104.4	98.1	98.3	100.2
美容美发洗浴	108.9	111.6	111.6	111.6	111.6	111.6	111.6	111.6	111.6	102.6	104.6	104.6	104.6
美　容	102.6	103.7	103.7	103.7	103.7	103.7	103.7	103.7	103.7	101.8	100.0	100.0	100.0
美　发	114.3	123.1	123.1	123.1	123.1	123.1	123.1	123.1	123.1	100.0	100.0	100.0	100.0
洗　浴	108.6	106.7	106.7	106.7	106.7	106.7	106.7	106.7	106.7	106.7	114.1	114.1	114.1
养老服务	119.4	114.8	114.8	134.4	134.4	117.1	117.1	117.1	117.1	117.1	117.1	117.1	117.1
金融保险	101.7	102.0	102.0	102.0	102.0	102.0	102.0	102.0	102.0	100.0	101.5	101.5	101.5
金融服务	100.0	100.0	100.0	100.0	100.0	100.0	100.0	100.0	100.0	100.0	100.0	100.0	100.0
车辆保险	100.0	100.0	100.0	100.0	100.0	100.0	100.0	100.0	100.0	100.0	100.0	100.0	100.0
旅行保险	100.0	100.0	100.0	100.0	100.0	100.0	100.0	100.0	100.0	100.0	100.0	100.0	100.0
其他保险	117.7	122.2	122.2	122.2	122.2	122.2	122.2	122.2	122.2	100.0	113.6	113.6	113.6
其他服务类	107.3	100.0	100.0	100.0	100.0	100.0	112.5	112.5	112.5	112.5	112.5	112.5	112.5
中介服务	100.0	100.0	100.0	100.0	100.0	100.0	100.0	100.0	100.0	100.0	100.0	100.0	100.0
其他服务	114.6	100.0	100.0	100.0	100.0	100.0	125.0	125.0	125.0	125.0	125.0	125.0	125.0

4-2 市区商品零售价格指数(2019年)

(以上年价格为100)

类别	年度	月份											
		一	二	三	四	五	六	七	八	九	十	十一	十二
商品零售价格指数	**103.0**	**102.8**	**102.7**	**103.6**	**103.5**	**103.7**	**103.7**	**103.6**	**103.2**	**102.1**	**102.2**	**102.7**	**102.7**
食品	**108.3**	**103.0**	**103.2**	**105.1**	**106.3**	**107.3**	**108.0**	**109.0**	**109.0**	**109.0**	**111.8**	**114.6**	**113.3**
粮食	99.2	97.5	97.5	99.4	99.2	99.3	99.1	99.0	99.1	99.6	99.7	100.3	100.5
大米	99.4	100.6	100.6	99.3	99.3	99.3	98.7	98.7	98.7	98.7	98.7	99.8	100.9
面粉	100.1	100.0	99.2	99.3	99.2	99.3	99.2	99.2	99.3	100.9	101.2	102.0	102.1
其他粮食	99.7	96.2	97.7	98.5	97.7	99.3	98.9	98.5	100.8	102.4	103.2	102.4	100.8
粮食制品	98.6	95.2	95.2	99.6	99.4	99.3	99.3	99.3	99.0	99.2	99.2	99.7	99.7
薯类	108.6	115.5	106.5	104.8	114.3	106.8	114.6	120.3	107.9	106.5	100.7	105.0	99.2
豆类	103.4	100.6	101.2	101.4	101.5	102.1	102.6	102.7	105.8	105.7	105.7	105.6	105.4
干豆	103.1	101.2	100.5	99.8	101.2	102.6	103.5	104.3	104.9	103.9	103.4	105.5	105.8
豆制品	103.4	100.5	101.3	101.6	101.6	102.1	102.6	102.6	105.9	105.9	105.9	105.6	105.3
食用油	95.6	93.9	95.3	93.4	93.2	97.3	95.0	98.5	98.4	95.4	95.2	95.1	97.2
食用植物油	95.5	93.9	95.3	93.4	93.2	97.3	94.9	98.4	98.3	95.3	95.0	94.5	96.6
食用动物油	123.2	84.2	84.2	85.3	90.3	104.6	106.3	112.9	116.1	128.6	143.8	223.1	219.7
菜	109.2	111.7	113.6	122.7	121.8	117.8	115.5	113.2	106.1	93.4	92.8	101.3	105.7
鲜菜	109.2	112.0	114.0	124.3	123.2	118.8	116.1	113.4	105.4	91.3	91.1	100.8	105.7
干菜及菜制品	109.4	109.6	109.5	109.5	110.6	110.6	111.4	111.4	111.4	111.0	107.5	105.2	105.7
畜肉类	130.0	98.5	98.2	104.6	108.2	110.1	113.2	116.8	131.0	152.2	175.4	181.8	172.4
猪肉	142.7	93.2	92.3	104.3	111.1	113.7	118.3	123.5	145.8	176.3	213.9	220.5	206.2
牛肉	110.2	104.6	107.2	103.7	103.2	103.2	103.3	104.1	109.1	117.5	119.4	123.6	122.8
羊肉	113.9	113.6	113.6	111.4	111.2	111.6	112.3	113.3	114.1	118.0	119.7	115.9	111.8
畜肉副产品	120.6	96.6	95.5	97.6	95.9	100.2	105.6	109.0	114.5	136.7	149.1	179.4	177.9
其他畜肉及制品	108.4	104.5	104.8	104.8	104.8	104.7	104.7	105.4	106.8	108.1	109.6	122.0	120.6
禽肉类	112.3	103.5	104.2	104.4	106.6	108.4	109.3	107.9	108.9	114.2	122.3	133.6	122.9
鸡	113.6	103.8	104.4	104.5	107.3	109.9	111.2	108.9	110.4	116.9	126.4	134.7	122.2
鸭	110.1	100.0	100.0	100.8	101.7	101.7	101.7	101.7	102.2	105.0	121.8	149.4	134.3
其他禽肉及制品	109.5	104.0	105.5	106.1	106.9	107.4	107.4	107.8	107.3	110.2	109.6	122.1	119.3
水产品	99.0	103.0	98.8	96.6	99.4	99.5	96.7	99.1	98.8	99.6	100.6	98.6	97.4
淡水鱼	92.2	96.5	94.6	90.2	89.7	91.1	89.7	91.5	89.5	92.2	93.4	94.7	94.0
海水鱼	106.0	102.3	101.6	104.9	108.1	106.3	106.2	106.2	106.6	106.2	106.0	107.9	109.4
虾蟹类	105.5	116.0	101.7	99.1	109.9	109.4	100.8	109.1	110.2	108.9	110.7	98.8	94.5
其他水产品及制品	100.0	100.9	100.9	100.4	99.7	99.3	99.3	99.3	100.1	100.1	100.1	99.9	99.7
蛋类	106.9	98.0	94.7	98.9	105.9	112.7	110.2	114.5	106.2	111.6	112.9	110.5	107.6
鸡蛋	105.5	94.6	91.0	95.1	102.7	110.8	108.1	112.8	104.2	111.8	114.9	112.2	109.0
其他蛋及制品	122.4	143.3	143.3	143.3	143.2	135.2	135.2	135.2	131.4	109.3	95.4	95.6	95.6
奶类	99.5	101.3	102.0	101.1	99.9	99.5	99.7	99.3	99.5	97.1	98.5	97.7	98.7

4-2 续表 1

类别	年度	月份											
		一	二	三	四	五	六	七	八	九	十	十一	十二
鲜　奶	96.6	98.3	99.1	98.5	97.0	97.0	97.0	95.7	94.4	94.4	95.3	96.1	96.1
酸　奶	101.5	99.1	101.8	101.3	102.7	101.3	100.9	100.3	104.5	101.7	101.7	101.7	100.4
奶　粉	102.4	108.0	107.1	104.5	101.2	102.3	103.3	104.6	104.6	96.5	100.7	95.8	101.0
其他奶制品	100.8	102.6	102.6	102.6	102.6	100.0	100.0	100.0	100.0	100.0	100.0	100.0	100.0
干鲜瓜果类	112.7	112.8	114.1	110.9	114.6	124.7	137.1	139.2	126.3	105.0	94.5	90.3	92.3
鲜瓜果	117.6	118.4	119.7	115.3	119.9	134.9	153.2	156.0	137.2	106.2	92.0	86.6	89.7
坚　果	99.3	96.2	96.5	96.9	98.3	99.7	99.6	99.5	99.5	101.7	102.3	101.3	100.9
瓜果制品	99.8	101.6	101.6	101.6	101.6	92.4	95.8	101.9	101.9	101.9	99.4	99.4	99.4
糖果糕点类	101.3	101.0	100.8	101.6	101.4	101.8	101.6	101.5	101.6	101.3	100.8	101.4	101.3
食　糖	102.6	106.4	106.4	106.4	102.5	102.5	102.5	102.5	102.5	100.0	100.0	100.0	100.0
糖　果	99.6	95.9	95.9	99.7	99.7	102.0	100.0	100.0	100.0	101.6	100.4	100.0	100.0
糕　点	101.6	100.7	100.7	100.0	101.8	101.8	101.8	101.8	101.8	101.4	101.4	102.7	102.7
其他糖果糕点	100.9	101.3	97.4	102.0	100.0	97.4	101.9	99.9	102.6	105.5	100.0	102.6	100.0
调味品	102.9	104.8	103.8	106.3	105.5	104.6	104.7	100.2	99.7	102.7	101.6	100.6	100.6
食用盐	81.3	66.7	59.6	80.0	71.6	80.0	80.0	80.0	80.0	100.0	100.0	100.0	100.0
酱　油	100.7	99.6	100.2	100.4	102.6	96.4	100.0	100.0	101.6	100.0	103.5	102.2	102.2
食　醋	103.2	121.7	107.3	105.9	105.9	105.9	106.0	92.1	94.8	99.3	101.9	101.9	102.0
调味酱	103.4	102.8	107.8	110.8	107.8	107.8	105.3	99.2	94.3	104.9	101.8	99.4	99.4
味　精	100.1	98.1	98.1	98.1	100.0	100.0	100.0	100.0	101.5	101.5	101.5	101.5	101.5
其他调味品	112.2	118.8	118.8	118.8	118.8	118.8	118.8	118.2	118.2	107.1	99.5	99.5	99.5
其他食品类	101.5	103.2	101.3	101.9	101.1	100.7	99.0	100.2	102.7	99.6	100.6	103.5	104.2
方便食品	101.6	99.9	97.2	99.9	100.0	100.0	97.9	100.0	106.5	101.1	101.6	107.4	107.9
淀粉及制品	101.8	103.0	103.0	102.1	102.1	100.8	100.8	100.8	100.8	100.8	100.8	102.3	103.8
膨化食品	101.0	109.4	106.7	105.5	101.6	101.6	98.7	99.9	99.1	95.5	98.8	98.5	98.5
在外餐饮	104.3	103.5	103.9	103.8	103.6	103.6	101.9	102.8	103.9	104.1	104.3	107.7	108.0
正　餐	107.4	105.0	105.8	105.9	106.0	106.0	103.3	105.6	107.7	108.2	108.4	113.3	113.6
快　餐	100.8	100.0	100.0	100.5	100.5	100.5	100.5	100.5	101.0	101.5	101.5	101.5	101.5
地方小吃	104.3	107.1	107.1	105.2	103.4	103.4	101.6	101.6	101.6	100.8	101.6	108.6	109.4
其他在外餐饮	101.1	101.8	101.8	102.7	103.6	103.6	100.0	100.0	100.0	100.0	100.0	100.0	100.0
饮料、烟酒	**101.5**	**102.4**	**101.7**	**102.1**	**101.8**	**102.9**	**102.5**	**101.1**	**100.8**	**101.0**	**100.7**	**100.3**	**100.5**
茶及饮料	100.1	96.8	96.8	98.8	98.1	100.5	99.7	100.2	101.4	102.8	101.6	102.1	103.1
茶　叶	97.7	93.6	93.6	93.6	93.6	99.6	100.0	100.0	100.0	100.0	100.0	100.0	100.0
固体咖啡	97.8	89.7	91.5	92.1	92.2	92.3	99.1	106.8	107.0	103.3	102.0	100.6	101.5
其他固体饮料	100.5	101.1	101.1	99.2	100.1	102.7	102.6	100.5	99.1	100.0	100.0	100.0	100.0
饮用水	96.9	95.7	95.7	95.7	95.7	101.7	95.7	95.7	95.7	95.7	95.7	100.0	100.0
果汁饮料	103.3	101.1	101.6	100.8	100.0	105.8	102.3	104.4	105.0	103.8	105.0	105.0	105.0
其他液体饮料	101.4	98.1	97.9	103.6	101.9	99.2	98.6	99.1	101.9	105.9	102.4	103.1	105.6

4-2 续表 2

类别	年度	月份 一	二	三	四	五	六	七	八	九	十	十一	十二
烟草	100.0	100.0	100.0	100.0	100.0	100.0	100.0	100.0	100.0	100.0	100.0	100.0	100.0
酒类	103.5	108.8	106.8	106.3	106.1	106.9	106.6	102.5	100.8	100.3	100.5	99.2	98.9
白酒	103.9	109.7	107.4	106.6	106.6	107.5	107.5	103.3	100.9	100.3	100.5	98.9	98.8
葡萄酒	103.2	108.8	102.9	102.9	102.9	102.9	102.9	102.9	103.5	103.7	102.2	101.9	101.5
啤酒	98.5	104.3	106.1	106.4	104.3	102.6	98.6	92.8	93.4	93.4	94.3	94.3	93.4
其他酒类	113.9	100.0	100.0	100.0	103.9	111.7	115.6	119.5	123.4	123.4	123.4	123.4	122.4
服装、鞋帽	**101.9**	**101.3**	**101.4**	**101.5**	**101.6**	**101.9**	**102.0**	**102.0**	**102.0**	**102.5**	**102.4**	**102.1**	**102.0**
服装	102.0	101.3	101.4	101.6	101.8	101.8	102.0	102.0	102.0	102.7	102.6	102.2	102.1
男士服装	103.0	102.3	102.8	103.6	103.2	103.0	103.3	103.2	103.1	103.2	103.2	102.8	102.6
男式西服	99.0	97.1	97.0	96.9	98.6	99.8	99.8	99.8	99.8	99.8	99.8	99.8	99.8
男式冬衣	103.2	103.6	103.6	103.6	103.6	103.6	103.6	103.6	103.6	103.6	103.6	101.8	100.7
男式夹克衫	108.7	100.6	101.6	106.8	109.1	109.5	109.5	109.5	109.5	111.9	111.9	111.9	111.9
男式毛线衣	100.0	100.0	100.0	100.0	100.0	100.0	100.0	100.0	100.0	100.0	100.0	100.0	100.0
男式运动装	106.6	104.8	105.4	106.5	106.7	106.3	109.4	106.2	104.0	108.4	107.7	107.1	107.1
男式衬衫T恤	108.1	106.2	109.1	111.4	108.1	108.1	108.1	108.9	109.6	107.1	107.1	107.1	107.1
男式裤子	96.3	101.7	100.0	98.1	97.3	95.0	95.0	95.0	95.0	94.8	94.8	94.8	94.8
男式内衣	100.2	100.0	100.0	100.2	100.2	100.2	100.2	100.2	100.2	100.2	100.2	100.2	100.2
女士服装	101.1	100.2	100.2	99.9	100.5	100.7	100.9	101.0	100.8	102.3	102.5	102.3	102.1
女式外套	100.2	100.0	100.0	100.1	100.3	100.3	100.3	100.3	100.3	100.3	100.3	100.3	100.3
女式冬衣	101.1	101.1	101.1	101.1	101.1	101.1	101.1	101.1	101.1	101.1	102.2	101.6	100.0
女式毛线衣	102.9	103.0	103.0	103.0	103.0	103.0	103.0	103.0	103.0	103.0	103.0	102.3	102.3
女式运动装	91.9	96.5	96.5	90.5	89.4	89.4	91.0	90.7	88.6	92.7	92.7	92.7	92.7
女式衬衫T恤	104.7	99.6	99.6	101.3	104.2	105.0	105.3	105.6	106.2	107.2	107.6	107.6	107.6
女式裤子	103.9	101.1	101.1	101.8	102.5	102.5	102.5	102.5	102.5	107.4	107.4	107.4	107.4
女式裙子	103.2	100.0	100.0	100.4	102.0	103.1	103.1	103.1	103.1	105.9	105.9	105.9	105.9
女式内衣	100.2	100.0	100.0	100.2	100.2	100.2	100.2	100.2	100.2	100.2	100.2	100.2	100.2
儿童服装	102.3	102.7	102.4	102.5	102.7	102.7	102.4	102.8	103.4	102.7	102.0	100.9	100.9
婴幼服装	104.3	104.5	104.5	104.5	104.5	104.5	104.5	105.8	107.1	104.7	102.5	102.5	102.5
儿童上衣	104.2	104.6	104.6	105.2	105.9	105.9	105.0	104.2	104.2	104.2	104.2	101.2	101.2
儿童裤子	98.8	101.5	99.6	98.4	98.4	98.4	98.4	98.4	98.4	98.4	98.4	98.4	98.4
儿童裙子	103.1	99.4	101.0	102.7	102.7	102.7	102.7	104.7	106.6	105.5	104.1	102.7	102.7
鞋帽袜	101.7	101.3	101.4	101.1	101.0	102.1	102.0	102.0	102.0	101.9	101.9	101.7	101.7
鞋	102.1	101.6	101.7	101.4	101.3	102.5	102.5	102.5	102.5	102.5	102.5	102.3	102.3
男鞋	101.7	100.7	100.7	100.7	100.0	102.2	102.2	102.2	102.2	102.2	102.2	102.2	102.2
女鞋	102.7	102.3	102.3	101.6	102.0	103.0	103.0	103.0	103.0	103.0	103.0	103.0	103.0
童鞋	101.4	101.4	101.8	102.2	102.2	101.8	101.4	101.4	101.4	101.4	101.4	100.0	100.0

4-2　续表 3

类　　别	年 度	月　　份											
		一	二	三	四	五	六	七	八	九	十	十一	十二
袜子	100.0	100.0	100.0	100.0	100.0	100.0	100.0	100.0	100.0	100.0	100.0	100.0	100.0
帽子	99.3	100.0	100.0	100.0	100.0	100.0	100.0	100.0	100.0	98.0	98.0	98.0	98.0
其他衣着配件	101.1	101.1	101.1	101.1	101.1	101.1	101.1	101.1	101.1	101.1	101.1	101.1	101.1
纺织品	**100.5**	**100.5**	**100.5**	**100.5**	**99.9**	**99.9**	**99.9**	**99.9**	**99.9**	**99.9**	**99.9**	**102.2**	**102.2**
服装材料	101.6	100.0	100.0	100.0	100.0	100.0	100.0	100.0	100.0	100.0	100.0	109.8	109.8
床上用品	100.1	100.7	100.7	100.6	99.9	99.9	99.9	99.9	99.9	99.9	99.9	99.9	99.9
被　　子	99.8	100.0	100.0	99.8	99.8	99.8	99.8	99.8	99.8	99.8	99.8	99.8	99.8
床单被套	100.0	100.0	100.0	100.0	100.0	100.0	100.0	100.0	100.0	100.0	100.0	100.0	100.0
其他床上用品	100.9	103.5	103.5	103.5	100.0	100.0	100.0	100.0	100.0	100.0	100.0	100.0	100.0
家用电器及音像器材	**97.0**	**98.3**	**98.7**	**97.9**	**97.9**	**97.7**	**96.9**	**96.1**	**95.5**	**95.5**	**95.4**	**96.8**	**97.2**
家庭设备	98.4	98.2	98.2	98.8	98.4	97.9	97.8	97.6	97.9	98.4	98.2	99.7	99.3
洗 衣 机	93.4	87.9	89.2	91.9	90.7	90.5	98.3	93.8	92.5	92.8	93.6	100.9	101.3
电冰箱(柜)	91.5	91.4	91.4	90.6	90.4	90.5	90.9	90.8	89.0	91.7	90.8	96.1	95.2
抽油烟机	99.5	105.4	104.7	103.3	97.5	98.0	97.6	97.4	98.4	98.9	96.7	98.1	99.4
空 调 器	98.5	99.6	99.5	99.6	99.3	97.7	95.2	95.5	98.7	100.1	99.2	99.7	98.5
热 水 器	105.3	102.0	100.3	104.4	104.4	104.7	106.2	106.3	106.0	105.7	106.6	109.0	108.3
炉具灶具	103.5	98.9	99.5	107.1	104.7	103.1	102.8	102.3	102.3	103.1	106.3	106.6	105.4
微 波 炉	100.3	102.0	102.0	104.0	103.1	102.1	102.1	102.1	99.5	97.0	97.0	95.3	97.7
厨房小家电	90.1	98.1	98.1	92.8	90.4	89.1	87.9	87.6	87.4	87.4	86.3	86.8	88.6
生活小家电	101.3	100.0	100.0	100.0	100.0	101.0	102.0	102.0	102.0	102.0	102.0	102.8	101.9
其他大型家用器具	105.0	104.6	104.6	104.2	107.6	108.7	106.4	107.5	106.0	104.1	104.1	101.5	101.0
文娱用耐用消费品	94.0	98.1	99.2	96.0	96.7	97.0	94.9	92.6	89.6	89.2	89.4	91.9	93.6
电 视 机	90.4	96.5	98.2	93.4	94.3	94.7	91.7	88.3	83.9	83.3	83.8	87.9	90.6
照 相 机	100.9	102.0	102.0	101.9	101.8	101.7	101.7	101.4	101.1	101.1	100.4	98.6	97.6
音　　响	100.5	100.0	100.0	100.0	100.6	100.6	100.6	100.6	100.6	100.6	100.6	100.6	100.6
其他文娱耐用消费品	100.5	100.2	100.2	100.2	100.7	100.7	100.7	100.7	100.7	100.7	100.7	100.7	100.7
专业音像器材	98.4	99.7	99.7	98.9	98.9	98.2	98.2	98.2	100.8	98.7	98.7	95.4	95.4
专业音响器材	100.2	101.5	101.5	101.5	101.5	100.0	100.0	100.0	105.4	101.1	101.1	94.3	94.3
专业声像器材	96.7	98.1	98.1	96.4	96.4	96.4	96.4	96.4	96.4	96.4	96.4	96.4	96.4
文化办公用品	**103.4**	**98.7**	**99.2**	**105.0**	**103.0**	**105.6**	**105.7**	**107.1**	**106.6**	**102.8**	**101.4**	**102.3**	**103.6**
纸张文具	100.8	101.2	101.2	101.2	102.5	102.5	102.5	102.5	100.2	99.1	99.1	99.1	99.1
台式计算机	106.9	98.7	98.1	105.3	106.2	110.3	111.5	111.6	112.5	109.9	106.0	106.0	108.4
笔记本平板	103.1	97.4	99.3	109.1	102.8	105.7	105.1	108.3	107.3	100.0	99.1	101.3	103.0
电脑附件	100.0	100.0	100.0	100.0	100.0	100.0	100.0	100.0	100.0	100.0	100.0	100.0	100.0
打印复印机	102.6	101.0	101.0	101.0	101.0	103.5	103.5	103.5	103.5	103.5	103.5	103.5	103.5
教学设备	97.7	96.3	96.0	96.0	94.8	97.9	97.9	99.9	99.9	99.9	97.9	97.9	97.9

4-2 续表 4

类别	年度	月份 一	二	三	四	五	六	七	八	九	十	十一	十二
日用品	**101.8**	**101.9**	**101.9**	**102.7**	**102.7**	**100.8**	**100.6**	**101.5**	**101.8**	**103.2**	**101.3**	**101.6**	**102.0**
日用百货	101.6	105.1	104.0	104.4	104.6	99.8	100.8	100.2	99.7	100.7	100.5	99.6	100.5
电动自行车	101.8	109.0	109.0	109.0	108.1	99.0	99.0	99.0	99.0	99.0	98.3	98.3	97.6
自行车	102.2	102.0	102.0	104.0	102.5	102.0	102.0	102.0	102.0	102.0	102.0	102.0	102.0
雨具	100.0	100.0	100.0	100.0	100.0	100.0	100.0	100.0	100.0	100.0	100.0	100.0	100.0
护理器具	100.7	98.2	97.1	100.0	98.9	102.8	99.6	105.8	97.1	99.7	99.7	103.1	106.3
清洁用纸	101.9	103.9	99.7	99.3	103.2	99.4	104.4	100.4	99.8	104.1	104.7	99.7	104.4
化妆器具	100.0	100.0	100.0	100.0	100.0	100.0	100.0	100.0	100.0	100.0	100.0	100.0	100.0
厨具餐具茶具	100.7	100.8	100.8	100.8	100.8	100.8	100.8	100.8	100.8	100.8	100.8	100.1	100.1
厨具	101.2	101.5	101.5	101.5	101.5	101.5	101.5	101.5	101.5	101.5	101.5	100.0	100.0
餐具	100.0	100.0	100.0	100.0	100.0	100.0	100.0	100.0	100.0	100.0	100.0	100.0	100.0
茶具	100.8	100.9	100.9	100.8	100.8	100.8	100.8	100.8	100.8	100.8	100.8	100.8	100.8
清洗用品	103.3	100.1	101.2	103.1	103.0	101.7	99.8	103.4	105.2	108.7	102.5	105.3	105.3
其他日用品	100.9	100.6	100.5	101.1	100.9	100.9	101.3	101.2	101.0	101.0	101.0	100.7	100.8
灯具	100.7	101.3	101.3	101.3	101.3	100.7	100.7	100.7	100.2	100.2	100.2	100.2	100.2
箱包	100.2	100.8	100.8	100.8	100.0	100.0	100.0	100.0	100.0	100.0	100.0	100.0	100.0
母婴用品	100.9	96.2	96.2	100.6	100.6	100.6	102.4	102.4	102.4	102.4	102.4	102.4	102.4
眼镜	102.0	101.8	101.8	101.8	101.8	102.6	102.6	102.6	102.6	102.6	102.6	100.8	100.8
其他护理用品	101.5	108.9	107.3	100.5	100.5	100.5	100.0	100.0	100.0	100.0	100.0	99.7	101.3
其他日用杂品	102.0	103.2	103.2	104.0	104.0	104.0	104.0	101.6	100.0	100.0	100.0	100.0	100.0
体育娱乐用品	**102.3**	**104.2**	**104.2**	**103.1**	**102.5**	**100.2**	**102.0**	**102.0**	**102.0**	**101.9**	**102.0**	**102.0**	**101.9**
体育户外用品	101.5	99.9	99.9	99.9	99.9	99.9	102.5	102.5	102.6	102.6	102.7	102.7	102.7
娱乐用品	103.3	109.9	109.9	107.1	105.8	100.6	101.3	101.3	101.3	101.1	101.1	101.1	100.9
乐器	107.0	124.4	124.4	114.7	115.8	101.0	101.8	101.8	101.8	101.8	101.8	101.8	101.8
游戏用品和玩具	101.7	103.2	103.2	103.2	102.2	99.5	101.3	101.3	101.3	101.3	101.3	101.3	101.3
园艺花卉及用品	100.0	100.0	100.0	100.0	100.0	100.0	100.0	100.0	100.0	100.0	100.0	100.0	100.0
宠物及用品	102.3	107.6	107.6	107.6	100.2	100.8	100.8	100.8	100.8	100.8	100.8	100.8	100.0
其他文化娱乐用品	102.8	104.3	104.3	104.3	104.3	104.3	104.3	104.3	104.3	100.0	100.0	100.0	100.0
交通、通信用品	**102.1**	**105.0**	**105.1**	**106.4**	**105.7**	**104.4**	**104.0**	**105.5**	**103.9**	**98.0**	**97.5**	**97.0**	**94.0**
交通运输机械	100.6	102.5	102.4	103.0	103.5	100.7	99.9	101.3	100.4	98.3	98.3	98.6	98.6
小型汽车	99.8	101.3	101.3	102.1	103.0	99.9	98.9	100.8	99.8	97.5	97.5	98.0	98.0
大中型客车	101.3	102.4	101.9	101.9	100.8	101.2	101.2	101.2	101.2	101.2	101.2	100.4	100.4
交通工具零配件	109.5	120.8	120.8	120.8	120.8	110.0	110.0	108.8	105.8	100.8	100.8	100.8	100.8
通信器材	105.1	110.3	110.8	113.4	110.2	112.1	112.8	114.6	111.5	97.6	95.9	94.2	86.2
固定电话机	98.5	97.4	97.4	97.4	97.4	97.4	100.0	100.0	99.1	99.1	99.1	99.1	99.1
移动电话机	105.7	111.3	111.9	114.8	111.3	113.0	113.7	115.8	112.5	97.6	95.8	93.9	85.5

4-2 续表 5

类 别	年 度	月 份											
		一	二	三	四	五	六	七	八	九	十	十一	十二
其他通信器材	97.3	95.2	95.2	95.2	95.2	100.0	100.0	97.9	97.9	97.9	97.9	97.9	97.9
家具	**104.8**	**112.5**	**106.1**	**105.9**	**106.4**	**106.1**	**106.1**	**105.5**	**105.5**	**103.6**	**103.6**	**98.8**	**98.7**
柜	103.0	113.4	102.9	102.9	102.9	102.9	102.9	102.9	102.9	102.9	102.9	98.9	98.9
床	109.2	112.5	112.5	112.6	112.6	113.9	113.9	112.6	112.6	108.1	108.1	97.3	97.3
桌	102.6	105.5	102.8	102.8	102.8	102.8	102.8	102.8	102.8	102.8	102.8	100.0	100.0
椅	108.9	130.1	105.7	105.7	110.3	110.3	110.3	110.3	110.3	106.9	106.9	102.7	102.7
沙 发	102.3	108.9	106.1	104.7	104.7	103.7	103.7	102.1	102.1	99.9	99.9	96.6	96.6
其他家具	106.8	109.5	109.5	110.9	110.9	106.9	106.9	106.9	106.9	103.8	103.8	103.8	102.6
化妆品	**101.5**	**100.2**	**101.6**	**101.7**	**101.9**	**101.2**	**101.2**	**101.2**	**101.4**	**101.4**	**101.8**	**101.7**	**102.9**
清洁化妆品	99.6	102.9	102.9	100.6	100.6	97.8	97.8	97.8	97.8	97.8	100.0	100.0	100.0
护肤化妆品	103.0	101.0	102.2	103.3	103.3	103.3	103.3	103.3	103.3	103.3	103.3	103.3	102.3
彩妆化妆品	102.9	105.7	104.8	104.8	104.8	104.8	101.6	101.6	101.6	101.6	101.6	98.6	103.2
清洁类护理用品	100.4	96.1	100.3	100.3	100.3	100.3	100.3	100.3	100.3	100.4	100.4	100.4	105.5
护发美发用品	100.2	97.3	97.3	97.5	99.5	97.5	99.9	99.9	101.8	101.8	101.8	104.2	104.2
金银饰品	**110.6**	**101.1**	**103.6**	**102.1**	**102.1**	**102.0**	**107.4**	**112.1**	**118.3**	**122.9**	**122.3**	**117.2**	**117.2**
金 饰 品	115.0	102.7	106.5	103.5	103.4	103.2	110.5	116.8	125.5	130.6	131.4	123.6	122.8
银 饰 品	103.9	100.2	101.9	101.9	96.6	100.8	106.8	106.4	105.3	105.3	105.3	108.0	108.0
铂金饰品	101.2	96.9	96.1	98.0	101.2	99.2	98.9	100.8	103.2	108.8	104.0	102.6	104.9
中西药品及医疗保健用品	**104.1**	**105.5**	**105.2**	**102.0**	**101.7**	**103.3**	**104.6**	**105.1**	**105.0**	**104.7**	**104.7**	**103.9**	**103.8**
医疗卫生器具	100.1	103.7	103.7	100.6	100.6	99.2	99.2	99.2	99.2	99.2	99.2	99.2	99.2
中药	106.7	108.9	108.9	105.4	105.4	107.1	107.1	108.1	107.6	104.5	104.5	106.3	106.3
中 药 材	107.0	106.4	106.4	106.4	106.4	109.9	109.9	109.9	109.9	104.7	104.7	104.7	104.7
中 成 药	106.5	109.9	109.9	105.0	105.0	106.0	106.0	107.4	106.7	104.5	104.5	106.9	106.9
西药	103.5	104.1	104.1	100.6	100.6	102.1	104.1	104.6	104.8	105.3	105.3	103.2	103.1
抗微生物药	101.5	101.9	101.9	100.5	100.5	103.2	103.2	103.2	103.2	103.2	103.2	97.0	97.0
消化系统用药	103.8	112.1	112.1	100.5	100.5	101.0	101.0	103.1	103.1	106.1	106.1	100.8	100.8
呼吸系统用药	100.7	100.0	100.0	100.0	100.0	98.9	98.9	98.9	101.5	102.7	102.7	102.7	102.7
解热镇痛药	105.3	100.0	100.0	100.0	100.0	109.3	109.3	109.3	109.3	109.3	109.3	103.9	103.9
抗肿瘤药	101.0	101.9	101.9	100.5	100.5	100.5	100.5	100.5	100.5	101.5	101.5	101.5	100.0
激素及影响内分泌药	108.3	100.6	100.6	100.6	100.6	112.0	112.0	112.0	112.9	112.2	112.2	112.0	112.0
心血管系统用药	106.6	105.2	105.2	100.0	100.0	101.1	109.6	109.6	109.6	109.6	109.6	109.6	109.6
血液系统用药	99.4	100.0	100.0	100.0	100.0	99.1	99.1	99.1	99.1	99.1	99.1	99.1	99.1
治疗精神障碍药	99.7	100.0	100.0	100.0	100.0	99.6	99.6	99.6	99.6	99.6	99.6	99.6	99.6
神经系统用药	101.9	100.0	100.0	102.2	102.2	102.2	102.2	102.2	102.2	102.2	102.2	102.2	102.2
消毒防腐及创伤外科用药	106.9	104.0	104.0	104.0	105.6	104.9	104.9	110.1	110.1	109.6	109.6	109.6	105.9
泌尿系统用药	100.0	99.8	99.8	100.2	100.2	100.2	100.2	100.2	99.7	100.0	100.0	100.0	100.0

4-2 续表6

类别	年度	月份											
		一	二	三	四	五	六	七	八	九	十	十一	十二
维生素、矿物质类药	102.1	113.3	113.3	100.8	100.8	100.8	100.8	100.8	100.8	100.0	100.0	98.2	98.2
调节水、电解质及酸碱平衡药	105.9	104.2	104.2	104.2	104.2	106.9	106.9	106.9	106.9	106.9	106.9	104.6	108.5
保健器具及用品	105.1	107.0	104.9	103.6	100.8	105.5	105.8	105.8	105.8	105.8	105.8	105.6	105.3
保健器具	101.7	101.7	101.7	100.8	100.8	100.8	102.5	102.5	102.5	102.5	102.5	100.8	100.8
滋补保健品	105.6	107.8	105.4	104.0	100.8	106.2	106.2	106.2	106.2	106.2	106.2	106.2	105.9
书报杂志及电子出版物	**109.2**	**112.8**	**112.8**	**112.8**	**113.0**	**113.0**	**113.0**	**109.7**	**107.1**	**105.9**	**105.9**	**105.9**	**99.9**
教材及参考书	112.0	113.1	113.1	113.1	113.4	113.4	113.4	113.4	113.4	113.2	113.2	113.2	100.1
工具书	106.4	107.0	107.0	107.0	107.0	107.0	107.0	107.0	107.0	107.0	107.0	107.0	100.0
教材	105.6	106.2	106.2	106.2	106.2	106.2	106.2	106.2	106.2	105.9	105.9	105.9	99.7
参考资料	119.1	121.2	121.2	121.2	121.2	121.2	121.2	121.2	121.2	121.2	121.2	121.2	100.0
其他教育用品	104.1	100.0	100.0	100.0	105.4	105.4	105.4	105.4	105.4	105.4	105.4	105.4	105.4
书报杂志	107.3	114.5	114.5	114.5	114.5	114.5	114.5	106.3	100.0	100.0	100.0	100.0	100.0
计算机办公软件	104.3	107.1	107.1	107.1	107.1	107.1	107.1	107.1	107.1	99.0	99.0	99.0	99.0
燃料	**96.9**	**100.1**	**99.6**	**104.2**	**101.7**	**102.9**	**100.4**	**96.2**	**94.4**	**90.9**	**88.7**	**90.0**	**96.2**
煤炭及制品	93.9	102.3	93.7	96.9	94.5	102.1	106.3	94.1	97.0	87.9	88.0	83.3	84.3
原煤	98.5	96.3	97.2	96.9	101.0	102.1	100.8	100.1	102.7	99.5	98.9	92.9	94.3
煤制品	91.8	105.0	92.2	97.0	91.4	102.2	109.0	91.3	94.3	83.1	83.3	79.4	80.3
石油及制品	97.8	99.4	101.4	106.3	103.9	103.1	98.7	96.8	93.7	91.8	89.0	92.0	100.1
管道燃气	107.7	113.8	113.8	113.8	112.4	112.4	112.4	114.7	100.8	100.8	100.8	100.8	100.8
液化石油气	99.8	104.6	104.6	104.6	104.6	103.1	98.8	98.8	98.8	95.8	95.8	94.5	94.5
汽油	95.2	95.6	98.2	104.6	102.0	100.9	95.5	92.4	91.1	89.0	85.7	89.8	100.6
柴油	94.8	94.1	97.4	105.5	100.1	100.7	96.2	93.5	92.3	89.4	83.4	88.3	100.4
建筑材料及五金电料	**100.8**	**100.8**	**100.8**	**100.8**	**100.6**	**100.6**	**100.6**	**100.7**	**100.7**	**100.6**	**100.6**	**100.7**	**102.0**
建筑装璜材料	101.1	100.9	100.9	100.9	100.9	100.9	100.9	101.0	101.0	100.9	100.9	101.0	102.9
木地板	100.0	100.0	100.0	100.0	100.0	100.0	100.0	100.0	100.0	100.0	100.0	100.0	100.0
瓷砖	101.8	101.8	101.8	101.8	101.8	101.8	101.8	101.8	101.8	101.8	101.8	101.8	101.8
水泥	102.1	100.0	100.0	100.0	100.0	100.0	100.0	101.3	101.3	100.0	100.0	100.0	123.0
涂料	100.0	100.0	100.0	100.0	100.0	100.0	100.0	100.0	100.0	100.0	100.0	100.0	100.0
板材	101.3	101.4	101.4	101.4	101.4	100.9	100.9	100.9	100.9	100.9	100.9	102.3	102.3
管材	100.0	100.0	100.0	100.0	100.0	100.0	100.0	100.0	100.0	100.0	100.0	100.0	100.0
厨卫设备	100.0	100.0	100.0	100.0	100.0	100.0	100.0	100.0	100.0	100.0	100.0	100.0	100.0
门窗	103.8	103.8	103.8	103.8	103.8	103.8	103.8	103.8	103.8	103.8	103.8	103.8	103.8
其他住房装潢材料	100.0	100.0	100.0	100.0	100.0	100.0	100.0	100.0	100.0	100.0	100.0	100.0	100.0
五金水暖	100.2	100.4	100.5	100.5	100.0	100.0	100.0	100.0	100.0	100.0	100.0	100.0	100.0
家用手工工具	99.1	100.0	100.0	100.0	98.9	98.9	98.9	98.9	98.9	98.9	98.9	98.9	98.9
配电附件	101.8	101.8	101.8	101.8	101.8	101.8	101.8	101.8	101.8	101.8	101.8	101.8	101.8
水暖器材	100.0	100.0	100.0	100.0	100.0	100.0	100.0	100.0	100.0	100.0	100.0	100.0	100.0

主要统计指标解释

居民消费价格指数 居民消费价格指数是城乡居民购买并用于日常生活消费的商品和服务项目的价格。居民消费价格指数，反映一定时期内居民所消费商品及服务项目的价格水平变动趋势和变动程度。居民消费价格水平的变动率在一定程度上反映了通货膨胀(或紧缩)的程度。编制居民消费价格指数的目的，是了解全国各地价格变动的基本情况，分析研究价格变动对社会经济和居民生活的影响，满足各级政府制定政策和计划、进行宏观调控的需要，以及为国民经济核算提供参考依据。目前编制居民消费价格指数调查的商品和服务项目共 8 个大类，262 个基本分类。基期年份的权数根据居民家庭住户调查资料及相关统计资料整理得出，同时辅以典型调查数据或专家评估予以补充和完善。

商品零售价格指数 商品的零售价格是商品在流通过程中的最后一个环节的价格，是工业、商业、餐饮业和其他零售企业向城乡居民、机关团体出售生活消费品和办公用品的价格。商品零售价格指数，反映市场商品零售价格的变动趋势和变动程度。其目的在于掌握商品价格的变动趋势，为国家宏观调控和国民经济核算提供参考依据。目前调查的商品共 16 个大类，197 个基本分类。基期年份的权数根据基期年份的零售贸易统计资料及相关统计资料整理得出，同时辅以典型调查数据或专家评估予以补充和完善。

五、人民生活

5-1 城镇居民家庭基本情况

（2019 年）

指　　标	单位	郑州市	中原区	二七区	管城区	金水区	上街区	惠济区	中牟县
调查户数	户	**1000**	**80**	**80**	**60**	**90**	**40**	**40**	**70**
期内住户常住成员数	人	**3362**	**220**	**241**	**178**	**275**	**107**	**124**	**286**
劳动力人数	人	**2297**	**158**	**149**	**115**	**192**	**72**	**90**	**188**
6 周岁及以上住户成员受教育程度	人	**2297**	**158**	**149**	**115**	**192**	**72**	**90**	**188**
未上过学	人	31	1			4		3	8
小学	人	112	1	9	2	5	2	3	11
初中	人	619	43	25	16	26	19	9	61
高中	人	658	42	36	32	42	23	25	46
大学专科	人	537	47	51	35	49	16	42	39
大学本科	人	315	21	25	28	60	12	8	22
研究生	人	25	3	3	2	6			1
从事主要行业	人	**1755**	**107**	**99**	**94**	**134**	**44**	**63**	**151**
第一产业	人	67		2		4			21
第二产业	人	313	15	12	10	9	27	12	17
第三产业	人	1375	92	85	84	121	17	51	113
可支配收入	元/人	42087.40	43747.18	45133.38	42756.36	49601.27	48608.37	36478.58	33135.10
总收入	元/人	44251.25	46915.66	47027.56	45103.08	52587.87	51416.75	39191.84	36801.36
总支出	元/人	33940.36	33880.36	33356.88	34393.66	42971.99	36421.08	35778.61	32661.07
消费支出	元/人	27183.49	26912.05	29559.06	30076.06	33198.89	27175.34	29992.49	23131.32
年末人均居住面积	平方米/人	37.84	27.57	30.81	32.87	30.64	38.87	29.45	61.95

5-1　续表

指　　标	单位	巩义市	荥阳市	新密市	新郑市	登封市	经开区	高新区	郑东新区	航空港实验区
调查户数	户	**70**	**70**	**70**	**70**	**70**	**40**	**40**	**60**	**50**
期内住户常住成员数	人	**257**	**230**	**294**	**240**	**281**	**134**	**122**	**208**	**165**
劳动力人数	人	**173**	**163**	**191**	**161**	**200**	**93**	**84**	**143**	**125**
6 周岁及以上住户成员受教育程度	人	**173**	**163**	**191**	**161**	**200**	**93**	**84**	**143**	**125**
未上过学	人			1	4				3	7
小学	人	11	7	11	14	7	5	1	8	15
初中	人	42	47	71	64	66	14	13	44	59
高中	人	63	60	58	37	73	22	35	39	25
大学专科	人	39	32	34	30	31	37	19	25	11
大学本科	人	17	17	16	11	23	15	15	20	5
研究生	人	1			1			1	4	3
从事主要行业	人	**126**	**135**	**173**	**126**	**164**	**67**	**68**	**108**	**96**
第一产业	人	1	4	5	7	11	1	6	3	2
第二产业	人	33	33	22	28	34	13	7	13	28
第三产业	人	92	98	146	91	119	53	55	92	66
可支配收入	元/人	35577.00	35757.41	35679.57	35991.21	34750.02	43253.75	42706.87	45991.45	39333.93
总收入	元/人	36492.13	39128.34	40798.85	36747.89	36303.65	46431.01	45927.78	47679.70	41546.98
总支出	元/人	16239.71	37516.01	29749.86	32310.69	27235.01	39761.68	35726.35	35899.35	31980.70
消费支出	元/人	13506.98	22926.41	20350.45	29913.18	21012.55	31851.43	29498.00	30556.38	26646.70
年末人均居住面积	平方米/人	43.78	52.73	33.49	63.27	58.38	38.37	30.10	29.29	40.98

5-2 城镇居民

（2019 年）

指　　标	郑州市	中原区	二七区	管城区	金水区	上街区	惠济区
可支配收入	**42087.40**	**43747.18**	**45133.38**	**42756.36**	**49601.27**	**48608.37**	**36478.58**
工资性收入	**25623.51**	**30145.64**	**21010.11**	**30370.85**	**33695.93**	**33969.79**	**20778.30**
工资	24692.08	29749.93	20653.11	28974.29	31613.47	31648.54	20143.60
实物福利	112.77	69.13	35.33	47.80	348.92	239.83	22.40
其他	818.67	326.58	321.66	1348.76	1733.54	2081.42	612.30
经营净收入	**4095.59**	**172.11**	**4826.30**	**675.05**	**2057.55**	**902.07**	**4447.38**
第一产业经营净收入	85.58		39.10	-1.27	1.12		5.54
第二产业经营净收入	633.88		164.51		939.77	902.07	129.07
第三产业经营净收入	3376.13	172.11	4622.69	676.33	1116.66		4312.77
财产净收入	**7593.71**	**5916.26**	**9793.76**	**9627.39**	**6832.86**	**2084.75**	**7428.57**
利息净收入	-161.33	-272.93	-91.10	-145.60	-564.34	-188.35	98.55
红利收入	325.24	33.36		598.78	58.80	62.87	
储蓄性保险净收益	88.03		5.60	10.03			79.42
转让承包土地经营权租金净收入	53.20				3.65		
出租房屋财产性收入	2810.77	642.06	3441.25	1326.20	1907.08		2142.60
出租机械专利版权等资产的收入	25.97				56.23		0.42
其他财产净收入	35.61		4.58		49.96		
房屋虚拟租金	4416.22	5513.77	6433.43	7837.98	5321.48	2210.22	5107.58
转移净收入	**4774.58**	**7513.16**	**9503.20**	**2083.05**	**7014.94**	**11651.75**	**3824.34**
转移性收入	6475.69	10360.15	11088.42	4272.16	9292.27	14254.96	6256.56
养老金或离退休金	5038.90	9103.65	9791.82	3539.57	7524.29	13442.86	4677.35
社会救济和补助	47.89	12.41	59.50	157.80	25.75		67.81
政策性生活补贴	125.60	160.46	36.65	29.22	129.78	105.42	543.39
报销医疗费	562.58	857.83	1072.27	258.92	1046.75	577.05	71.54
家庭外出从业人员寄回带回收入	211.03			232.68	83.01		
从政府和组织得到的实物产品和服务折价	25.77	165.78	30.46	9.36	0.34		12.72
转移性支出	**1701.10**	**2846.99**	**1585.21**	**2189.11**	**2277.34**	**2603.21**	**2432.22**
个人所得税	132.85	467.92	214.73	72.06	121.36	34.66	49.76
社会保障支出	1428.83	2358.15	1240.22	2047.80	2030.44	2488.43	2115.00
外来从业人员寄给家人的支出	38.35		11.92			10.25	
赡养支出	42.94		39.23	4.01	29.99	29.75	151.11
其他转移性支出	58.14	20.92	79.11	65.24	95.55	40.11	116.36

人均可支配收入

单位:元

中牟县	巩义市	荥阳市	新密市	新郑市	登封市	经开区	高新区	郑东新区	航空港实验区
33135.10	**35577.00**	**35757.41**	**35679.57**	**35991.21**	**34750.02**	**43253.75**	**42706.87**	**45991.45**	**39333.93**
14697.57	**19357.09**	**20602.28**	**21400.61**	**17490.37**	**20989.09**	**34449.58**	**39827.62**	**26799.25**	**14550.29**
14546.07	19198.67	20266.09	21087.22	17005.01	20229.65	34245.64	37135.25	25681.56	13525.50
33.17	10.64	74.09	60.36	5.56	11.27	12.68	41.50	145.61	255.15
118.33	147.78	262.10	253.03	479.81	748.17	191.26	2650.87	972.07	769.64
8308.39	**9769.92**	**4844.45**	**10610.69**	**12231.08**	**7878.70**	**−0.14**	**−3.62**	**1426.20**	**1387.73**
517.15	427.51	−0.31	226.61	25.21	202.98	−0.14	0.07	−0.01	83.59
1958.95	1217.47	754.05	304.37	2303.24	2377.17				
5832.29	8124.94	4090.71	10079.70	9902.63	5298.55		−3.69	1426.21	1304.15
7242.02	**3488.88**	**4033.62**	**1108.11**	**1801.83**	**2801.07**	**7343.21**	**4325.80**	**13524.36**	**23002.80**
22.81	1.42	−145.30	−39.37	−115.96	4.79	−362.29	−61.63	30.60	34.95
368.38	817.51	546.84	623.27	15.95	399.48		226.36	1229.50	379.44
	162.69	75.37	47.55		16.97				941.01
187.40	24.46	215.87		690.43					1.33
527.93	1417.32	693.42	34.49	133.48	1322.23	42.13	369.78	5601.87	19008.55
		6.20						8.60	233.11
0.19	48.54	54.50	15.98	10.15	382.01		−0.86	−0.19	
6135.31	1016.94	2586.73	426.19	1067.78	675.58	7663.37	3792.15	6653.98	2404.40
2887.12	**2961.12**	**6277.06**	**2560.17**	**4467.93**	**3081.17**	**1461.10**	**−1442.92**	**4241.65**	**393.11**
3550.23	3356.83	7674.55	3300.24	5076.24	3475.14	3857.35	1707.15	5743.60	1606.95
2867.55	2320.27	3841.87	2166.98	4720.56	647.08	1954.56	1347.71	3603.12	908.27
19.00	0.81	6.16	30.10		4.93	1.41			271.11
53.90	36.24	929.50	17.18	5.48	120.60			50.85	56.12
15.82	18.84	297.28	510.75	40.99	490.09	61.78	344.40	1163.03	69.55
132.58	488.87	1192.47	328.40	153.41	631.63	729.44			
31.60		1.37	0.69	5.28	3.22	6.99		27.99	1.10
663.11	**395.71**	**1397.49**	**740.07**	**608.31**	**393.97**	**2396.26**	**3150.07**	**1501.95**	**1213.84**
10.34	11.30	80.11	8.75	40.52	30.33	316.67	287.81	46.10	14.63
561.14	348.84	1076.71	580.01	507.50	342.14	2028.04	2722.32	1355.89	557.73
									525.39
41.18	16.04	188.76	62.08	43.34	11.03	8.56	47.41	16.83	104.47
50.45	19.53	51.92	89.24	16.95	10.47	42.98	92.54	83.13	11.63

5-3 城镇居民

（2019 年）

指　　标	郑州市	中原区	二七区	管城区	金水区	上街区	惠济区
总收入	**44251.25**	**46915.66**	**47027.56**	**45103.08**	**52587.87**	**51416.75**	**39191.84**
工资性收入	25370.38	30145.64	21010.11	30370.85	33695.93	33969.79	20778.30
工资	24448.15	29749.93	20653.11	28974.29	31613.47	31648.54	20143.60
实物福利	111.65	69.13	35.33	47.80	348.92	239.83	22.40
其他	810.58	326.58	321.66	1348.76	1733.54	2081.42	612.30
经营性收入	4706.89	172.11	4975.25	687.07	2057.55	902.07	4727.73
第一产业经营收入	115.30		39.10		1.12		5.59
第二产业经营收入	686.51		164.51		939.77	902.07	129.07
第三产业经营收入	3905.08	172.11	4771.64	687.07	1116.66		4593.08
财产性收入	7762.27	6237.75	9953.79	9772.99	7542.12	2289.93	7429.25
利息收入	83.72	48.56	68.92		144.71	16.83	99.23
红利收入	322.02	33.36		598.78	58.80	62.87	
储蓄性保险净收益	87.16		5.60	10.03			79.42
转让承包土地经营权租金净收入	52.67				3.65		
出租房屋财产性净收入	2783.00	642.06	3441.25	1326.20	1907.08		2142.60
出租机械专利版权等资产的净收入	25.71				56.23		0.42
其他财产净收入	35.39		4.58		50.17		
房屋虚拟租金	4372.59	5513.77	6433.43	7837.98	5321.48	2210.22	5107.58
转移性收入	6411.71	10360.15	11088.42	4272.16	9292.27	14254.96	6256.56
养老金或离退休金	4989.12	9103.65	9791.82	3539.57	7524.29	13442.86	4677.35
社会救济和补助	47.41	12.41	59.50	157.80	25.75		67.81
政策性生活补贴	124.36	160.46	36.65	29.22	129.78	105.42	543.39
家庭外出从业人员寄回带回收入	208.94			232.68	83.01		
赡养收入	364.13	60.03	46.60	44.61	475.73	59.35	883.13
报销医疗费	557.02	857.83	1072.27	258.92	1046.75	577.05	71.54
从政府和组织得到的实物产品和服务折价	25.51	165.78	30.46	9.36	0.34		12.72
其他转移性收入	89.41		51.11		6.62	70.27	0.61

人均总收入

单位：元

中牟县	巩义市	荥阳市	新密市	新郑市	登封市	经开区	高新区	郑东新区	航空港实验区
36801.36	**36492.13**	**39128.34**	**40798.85**	**36747.89**	**36303.65**	**46431.01**	**45927.78**	**47679.70**	**41546.98**
14697.57	19357.09	20602.28	21400.61	17490.37	20989.09	34449.58	39827.62	26799.25	14550.29
14546.07	19198.67	20266.09	21087.22	17005.01	20229.65	34245.64	37135.25	25681.56	13525.50
33.17	10.64	74.09	60.36	5.56	11.27	12.68	41.50	145.61	255.15
118.33	147.78	262.10	253.03	479.81	748.17	191.26	2650.87	972.07	769.64
11309.12	10287.75	6583.83	14879.73	12263.49	9038.00		0.07	1496.48	2247.23
783.32	608.18	0.07	287.12	28.12	262.44		0.07		95.05
2154.26	1217.85	1421.47	470.19	2303.24	2557.17				
8371.53	8461.72	5162.30	14122.42	9932.13	6218.38			1496.48	2152.18
7244.44	3490.46	4267.67	1218.26	1917.78	2801.43	8124.07	4392.94	13640.38	23142.51
25.23	2.67	88.74	70.50		4.79	418.57	4.66	146.43	174.67
368.38	817.51	546.84	623.27	15.95	399.48		226.36	1229.50	379.44
	162.69	75.37	47.55		16.97				941.01
187.40	24.46	215.87		690.43					1.33
527.93	1417.32	693.42	34.49	133.48	1322.23	42.13	369.78	5601.87	19008.55
		6.20						8.60	233.11
0.19	48.86	54.50	16.27	10.15	382.37				
6135.31	1016.94	2586.73	426.19	1067.78	675.58	7663.37	3792.15	6653.98	2404.40
3550.23	3356.83	7674.55	3300.24	5076.24	3475.14	3857.35	1707.15	5743.60	1606.95
2867.55	2320.27	3841.87	2166.98	4720.56	647.08	1954.56	1347.71	3603.12	908.27
19.00	0.81	6.16	30.10		4.93	1.41			271.11
53.90	36.24	929.50	17.18	5.48	120.60			50.85	56.12
132.58	488.87	1192.47	328.40	153.41	631.63	729.44			
331.54	484.28	1235.39	228.01	150.52	174.25	1103.17	15.04	894.87	294.66
15.82	18.84	297.28	510.75	40.99	490.09	61.78	344.40	1163.03	69.55
31.60		1.37	0.69	5.28	3.22	6.99		27.99	1.10
35.51	0.41	140.80	18.02		1385.67			3.73	

5-4 城镇居民

（2019 年）

指　　标	郑州市	中原区	二七区	管城区	金水区	上街区	惠济区
总支出	**33940.36**	**33880.36**	**33356.88**	**34393.66**	**42971.99**	**36421.08**	**35778.61**
消费支出	27183.49	26912.05	29559.06	30076.06	33198.89	27175.34	29992.49
生产经营费用支出	518.18		0.02	1.27			1.74
第一产业经营费用支出	22.28			1.27			0.04
第二产业经营费用支出	49.47						
第三产业经营费用支出	446.43		0.02				1.70
财产性支出	243.58	321.49	160.02	145.60	709.26	205.18	0.68
生活贷款利息支出	243.45	321.49	160.02	145.60	709.05	205.18	0.68
其他财产性支出	0.13				0.21		
转移性支出	1684.30	2846.99	1585.21	2189.11	2277.34	2603.21	2432.22
个人所得税	131.54	467.92	214.73	72.06	121.36	34.66	49.76
社会保障支出	1414.71	2358.15	1240.22	2047.80	2030.44	2488.43	2115.00
外来从业人员寄给家人的支出	37.97		11.92			10.25	
赡养支出	42.51		39.23	4.01	29.99	29.75	151.11
其他转移性支出	57.57	20.92	79.11	65.24	95.55	40.11	116.36
部分商业保险支出	366.46	426.81	236.43	202.27	323.09	92.49	259.37
意外伤害保险	13.70	19.54	58.99	2.10	5.58	27.72	0.73
商业医疗保险（含大病保险）	153.76	266.73	123.40	112.36	304.53	27.18	172.70
其他非储蓄性商业保险	32.37	22.31	38.80				81.74
其他储蓄性商业保险	166.63	118.23	15.24	87.81	12.98	37.59	4.20
购置资产及非经常性转移支出	2702.06	1705.15	1423.13	916.12	4038.60	5548.68	1551.89
购置资产支出	904.47	5.15	90.91		1578.64	3005.19	
非经常性转移支出	1797.59	1700.00	1332.21	916.12	2459.96	2543.49	1551.89
借贷性支出	1242.29	1667.87	393.01	863.23	2424.81	796.17	1540.22

人均总支出

单位:元

中牟县	巩义市	荥阳市	新密市	新郑市	登封市	经开区	高新区	郑东新区	航空港实验区
32661.07	**16239.71**	**37516.01**	**29749.86**	**32310.69**	**27235.01**	**39761.68**	**35726.35**	**35899.35**	**31980.70**
23131.32	13506.98	22926.41	20350.45	29913.18	21012.55	31851.43	29498.00	30556.38	26646.70
1989.45	310.66	1439.23	3982.18	2.91	820.51	0.14	3.69	37.65	847.77
205.05	98.78	0.38	60.51	2.91	53.87	0.14		0.01	8.95
162.07	0.38	639.86	149.18		70.44				
1622.33	211.50	799.00	3772.49		696.20		3.69	37.64	838.82
2.42	1.58	234.05	110.16	115.96	0.35	780.86	67.14	116.03	139.71
2.42	1.26	234.05	109.87	115.96		780.86	66.28	115.84	139.71
	0.32		0.29		0.35		0.86	0.19	
663.11	395.71	1397.49	740.07	608.31	393.97	2396.26	3150.07	1501.95	1213.84
10.34	11.30	80.11	8.75	40.52	30.33	316.67	287.81	46.10	14.63
561.14	348.84	1076.71	580.01	507.50	342.14	2028.04	2722.32	1355.89	557.73
									525.39
41.18	16.04	188.76	62.08	43.34	11.03	8.56	47.41	16.83	104.47
50.45	19.53	51.92	89.24	16.95	10.47	42.98	92.54	83.13	11.63
383.05	180.61	110.53	435.81	17.01	129.70	38.92	227.65	233.95	1896.36
9.94	7.99	59.65	2.03		1.21		0.92	3.03	0.46
123.71	51.13	32.96	139.71	13.31	80.26	29.01	174.38	230.92	102.50
242.28	95.52	4.19	18.83	3.70	20.41		52.36		39.98
7.12	25.97	13.72	275.24		27.81	9.91			1753.42
5435.26	1715.93	9237.11	2211.66	1330.80	4859.21	1033.01	1843.71	2518.66	946.76
2107.89	730.29	6172.41	164.17	23.99	3172.92				
3327.37	985.64	3064.70	2047.49	1306.81	1686.29	1033.01	1843.71	2518.66	946.76
1056.47	128.25	2171.20	1919.51	322.52	18.73	3661.07	936.08	934.73	289.56

5-5 城镇居民

（2019 年）

指 标	郑州市	中原区	二七区	管城区	金水区	上街区	惠济区
消费支出	**27183.49**	**26912.05**	**29559.06**	**30076.06**	**33198.89**	**27175.34**	**29992.49**
食品烟酒	**6338.73**	**6732.44**	**6288.57**	**7556.07**	**7647.55**	**6574.54**	**6734.48**
食品	3985.35	3943.45	4246.14	4418.14	4761.64	4006.73	4350.14
谷物	482.59	406.81	495.30	453.64	519.62	475.04	468.04
薯类	70.52	65.19	92.14	76.92	91.93	56.71	67.20
豆类	61.50	49.87	67.86	62.91	69.12	68.17	75.12
食用油	151.59	117.37	123.38	168.38	136.85	189.00	100.84
蔬菜和食用菌	485.04	534.07	600.35	540.96	569.94	440.33	564.66
肉类	712.01	780.57	790.84	856.17	827.79	724.28	846.23
禽类	164.70	227.97	194.40	232.25	236.92	159.46	194.36
水产品	253.18	336.48	211.96	315.09	269.37	209.13	231.55
蛋类	156.60	143.04	163.48	183.94	171.86	160.52	186.45
奶类	453.73	349.74	423.52	455.57	635.02	372.07	430.83
干鲜瓜果类	628.73	655.83	671.50	696.68	804.94	798.16	778.86
糖果糕点类	176.60	159.06	181.27	214.38	251.54	238.09	223.96
其他食品	188.57	117.44	230.14	161.23	176.74	115.77	182.05
烟酒	511.63	478.93	489.08	880.18	510.65	361.53	577.84
烟草	272.83	246.11	316.41	564.45	142.17	132.69	266.62
酒类	238.80	232.83	172.67	315.73	368.47	228.84	311.22
饮料	215.42	143.17	128.41	222.84	215.39	108.95	160.54
饮食服务	1626.33	2166.89	1424.95	2034.92	2159.87	2097.32	1645.97
食堂用餐	61.81	24.11	22.53	16.56	70.74	168.63	21.17
其他在外饮食	1562.91	2141.69	1401.99	2018.29	2088.15	1928.65	1624.66
食品加工服务费	1.61	1.09	0.43	0.07	0.98	0.05	0.14
衣着	**1900.00**	**1363.20**	**1522.68**	**1817.15**	**2280.75**	**2314.01**	**2213.57**
衣类	1494.41	1037.04	1204.14	1430.92	1805.13	1916.29	1715.67
鞋类	405.59	326.16	318.54	386.23	475.62	397.72	497.90
居住	**7998.01**	**9117.39**	**10699.93**	**11261.15**	**10486.39**	**5622.34**	**8161.85**
租赁房房租	281.29	315.67	422.39	204.14	517.58	245.94	304.00
住房维修及管理	484.90	674.47	492.59	342.89	498.41	306.32	638.13
水电燃料及其他	1147.96	1234.96	1076.41	1032.43	1516.97	1510.80	833.15
自有住房折算租金	6083.86	6892.29	8708.53	9681.69	7953.43	3559.28	6386.57
租赁房房租中租赁公房房租	27.36	9.65	33.74	203.04	12.52	3.01	31.44
租赁房房租中租赁私房房租	253.93	306.02	388.65	1.10	505.06	242.92	272.56
住房维修及管理中物业管理费	188.51	167.28	388.35	319.89	297.40	185.55	165.61
生活用品及服务	**1679.87**	**1390.38**	**1435.47**	**1188.51**	**1567.99**	**1389.04**	**1863.95**

人均消费支出

单位:元

中牟县	巩义市	荥阳市	新密市	新郑市	登封市	经开区	高新区	郑东新区	航空港实验区
23131.32	**13506.98**	**22926.41**	**20350.45**	**29913.18**	**21012.55**	**31851.43**	**29498.00**	**30556.38**	**26646.70**
4225.72	4172.33	6435.86	5458.43	9521.86	5721.40	5573.39	6522.07	5689.73	4523.77
2766.35	2786.27	3455.01	3302.11	6629.88	3795.86	3608.80	3923.92	3701.74	2933.11
321.97	401.86	441.25	386.04	504.61	557.95	393.39	368.28	436.25	893.35
52.04	56.68	82.83	77.96	65.58	71.61	53.69	68.06	65.28	23.75
38.36	65.57	70.64	67.22	92.77	85.85	56.17	53.26	48.36	21.47
108.61	119.28	109.12	149.54	661.04	143.60	140.08	106.14	94.32	99.41
363.22	354.19	439.95	417.69	582.94	466.87	432.20	505.66	474.88	225.48
572.17	549.97	611.27	542.63	981.44	622.61	613.88	625.17	667.77	487.78
164.50	71.39	107.11	79.33	160.06	65.76	159.15	167.60	144.21	78.81
100.13	61.59	115.81	73.79	1530.04	67.94	147.60	194.29	155.79	68.81
84.83	123.53	161.96	126.91	338.26	136.88	133.71	149.34	161.04	88.44
266.94	255.25	325.48	406.54	969.12	419.12	477.46	398.68	540.61	322.23
424.55	446.69	660.79	573.74	469.48	776.05	612.07	699.37	594.20	269.26
112.03	127.03	172.75	148.37	95.04	197.28	171.00	220.00	179.80	82.03
157.01	153.25	156.04	252.33	179.50	184.36	218.40	368.06	139.23	272.30
349.31	273.71	641.36	508.69	656.31	721.50	238.76	404.90	337.93	530.10
167.85	176.19	345.77	372.06	177.94	512.68	75.03	179.34	205.71	369.89
181.46	97.53	295.59	136.62	478.37	208.82	163.73	225.56	132.22	160.21
60.19	101.91	147.44	175.23	1348.12	230.74	167.07	146.80	151.92	110.27
1049.88	1010.44	2192.05	1472.41	887.54	973.29	1558.75	2046.44	1498.15	950.29
41.99	78.73	46.49	67.85	181.51	73.09	6.10	194.20	104.36	29.37
1004.45	928.44	2143.63	1399.22	705.94	898.22	1552.65	1852.24	1393.79	915.02
3.44	3.26	1.92	5.34	0.09	1.98				5.90
1909.89	**1530.18**	**2053.38**	**2112.39**	**2960.75**	**2005.07**	**2217.41**	**2163.24**	**1725.69**	**1366.95**
1472.18	1217.19	1630.59	1628.53	2243.74	1570.25	1763.63	1827.94	1322.50	1120.66
437.70	313.00	422.79	483.86	717.01	434.82	453.78	335.30	403.19	246.29
8674.58	**2452.54**	**5189.89**	**2825.93**	**4458.77**	**3649.85**	**13983.83**	**7529.01**	**10145.17**	**6045.12**
71.66	50.33	370.55	191.71	80.36	152.44	96.74	63.53	638.05	66.54
470.38	82.27	140.00	922.12	1192.10	666.78	260.49	363.06	496.04	65.47
773.60	612.56	1002.14	889.47	935.70	969.35	940.22	843.55	821.84	2358.31
7358.94	1707.37	3677.19	822.64	2250.61	1861.27	12686.37	6258.87	8189.23	3554.79
4.50	33.13	2.48	3.92	36.11	7.10				
67.17	17.20	368.08	187.79	44.25	145.34	96.74	63.53	638.05	66.54
47.96	44.83	70.06	56.65	86.34	49.94	244.61	320.35	203.62	33.22
1867.21	**1164.97**	**1613.66**	**2110.58**	**3263.02**	**2634.93**	**1481.99**	**1315.74**	**1571.66**	**1862.33**

5-5 续表 （2019 年）

指 标	郑州市	中原区	二七区	管城区	金水区	上街区	惠济区
家具及室内装饰品	333.78	95.39	149.12	89.26	232.63	175.54	612.25
家用器具	443.44	399.12	440.97	266.16	357.43	223.29	239.99
家用纺织品	137.84	70.26	101.62	93.93	174.47	190.91	219.16
家庭日用杂品	295.34	213.66	333.99	258.56	258.24	297.24	398.08
个人用品	407.11	533.31	301.67	424.48	460.73	425.68	339.35
家庭服务	62.35	78.64	108.10	56.12	84.50	76.38	55.13
家政服务	22.42	37.28	39.14	45.01	11.76	6.78	34.51
交通通信	**2998.54**	**2197.01**	**2008.68**	**2312.21**	**3427.27**	**4653.71**	**3485.26**
交通	2238.62	1405.38	1351.33	1545.07	2531.50	4034.21	2540.70
交通工具	713.35	17.23	86.87	55.32	459.81	2100.63	867.19
交通费	282.44	350.78	287.48	226.81	436.31	565.63	227.41
交通工具用燃料	738.40	515.47	501.32	539.16	1040.08	834.79	832.38
交通工具使用及维修	504.42	521.91	475.67	723.77	595.31	533.16	613.73
车辆保险支出	227.08	270.83	237.15	355.46	265.09	261.64	417.07
通信	759.92	791.63	657.34	767.14	895.77	619.51	944.56
通信工具	210.98	146.58	178.42	169.69	192.83	220.24	302.89
通信服务	548.94	645.05	478.93	597.45	702.94	399.26	641.67
教育文化娱乐	**3222.23**	**3053.91**	**3640.58**	**3809.70**	**4481.19**	**2622.42**	**5377.40**
教育	2071.30	1869.03	2142.51	2816.51	2681.17	1561.02	4042.90
学前教育	584.15	635.64	602.61	486.55	530.96	257.02	330.74
小学教育	459.87	437.69	318.10	765.01	794.87	146.74	1281.08
初中教育	282.07	177.51	256.06	872.25	326.22	187.65	648.95
高中教育	266.64	100.94	243.37	386.41	582.26	373.37	418.21
中专职高教育	11.77	1.64	0.06		56.76		
大专及以上教育	342.56	491.78	244.78	151.76	191.04	440.95	1294.83
成人教育	124.24	23.83	477.53	154.52	199.07	155.29	69.09
文化娱乐	1150.93	1184.88	1498.07	993.19	1800.02	1061.40	1334.50
文娱耐用消费品	149.32	115.45	177.27	12.48	255.99	31.09	80.89
其他文娱用品	251.54	162.77	295.67	163.41	340.69	231.14	391.49
文化娱乐服务	750.07	906.66	1025.13	817.30	1203.34	799.17	862.12
医疗保健	**2286.71**	**2503.25**	**3419.77**	**1638.99**	**2513.85**	**2669.80**	**1762.05**
医疗器具及药品	699.12	698.33	1121.55	650.77	644.84	1247.69	424.75
医疗服务	1587.59	1804.92	2298.22	988.22	1869.01	1422.11	1337.30
门诊总费用	502.51	484.54	675.46	446.11	618.08	482.17	506.55
住院总费用	1085.09	1320.38	1622.76	542.11	1250.93	939.95	830.75
其他用品和服务	**759.39**	**554.46**	**543.38**	**492.28**	**793.90**	**1329.47**	**393.93**
其他用品	309.15	318.28	155.28	184.56	303.40	1036.65	133.55
其他服务	450.25	236.18	388.10	307.73	490.50	292.82	260.38

单位:元

中牟县	巩义市	荥阳市	新密市	新郑市	登封市	经开区	高新区	郑东新区	航空港实验区
541.66	106.64	233.59	386.11	2059.41	786.24	160.92	167.43	316.20	149.07
506.22	324.58	427.87	587.84	726.99	575.69	197.97	271.44	370.30	984.23
219.18	160.48	161.15	311.56	58.73	236.99	66.85	40.11	116.57	55.95
226.93	287.65	306.70	356.15	227.44	434.38	386.07	349.70	265.71	316.56
347.18	239.56	394.63	421.98	157.01	556.90	657.08	422.80	451.46	329.51
26.03	46.05	89.71	46.93	33.43	44.74	13.10	64.26	51.41	27.01
5.14	21.88	67.11	21.14	1.25	5.35	3.64	23.80	12.38	
2631.06	**1419.57**	**2282.23**	**2780.70**	**3608.76**	**2313.49**	**3203.52**	**3718.56**	**2853.20**	**6912.96**
1956.47	855.43	1460.32	1981.77	2981.20	1504.09	2359.71	3128.97	2195.15	6062.53
482.71	30.84	89.29	491.51	2161.63	86.04	122.32	1195.54	68.89	5018.18
89.35	131.36	173.76	113.57	126.45	127.64	351.51	306.20	381.35	411.26
639.47	417.64	844.24	900.65	612.99	955.44	1144.78	956.64	952.30	457.08
744.95	275.58	353.03	476.05	80.13	334.97	741.10	670.59	792.61	176.02
526.33	94.88	102.21	89.16	17.43	41.76	362.35	134.23	411.86	77.98
674.58	564.14	821.91	798.93	627.56	809.39	843.80	589.59	658.05	850.43
308.99	210.71	309.07	303.36	123.81	231.52	149.80	179.50	231.80	263.42
365.60	353.43	512.84	495.57	503.75	577.87	694.01	410.08	426.25	587.00
2542.99	**1699.15**	**2618.81**	**2309.11**	**3111.55**	**2141.69**	**2726.78**	**3777.59**	**4448.10**	**1408.36**
1527.48	1070.47	1285.63	1532.96	1931.43	1250.40	1821.14	2888.65	3201.69	1016.50
237.58	215.96	288.52	514.68	1260.63	103.51	713.55	762.46	1732.25	436.15
183.22	173.41	319.88	472.90	451.42	218.13	279.83	416.94	494.60	118.71
186.98	122.47	158.82	167.50	79.43	95.08	151.62	390.31	555.54	35.57
187.64	321.37	256.95	157.63	4.29	32.56	407.69	439.47	79.99	84.19
		5.08	25.58		1.30			16.15	
659.81	227.69	221.26	169.02	115.98	668.42	171.40	799.31	315.03	273.48
72.25	9.56	35.13	25.66	19.68	131.42	97.05	80.16	8.13	68.40
1015.51	628.68	1333.18	776.15	1180.13	891.28	905.64	888.94	1246.41	391.86
243.75	164.03	84.05	89.92	458.86	101.40	70.57	85.30	96.14	103.84
236.54	141.68	214.12	217.94	326.45	193.73	291.42	196.73	491.91	114.93
535.22	322.97	1035.02	468.29	394.81	596.15	543.64	606.91	658.37	173.08
994.30	**803.37**	**2039.52**	**2317.66**	**2331.92**	**989.66**	**1774.93**	**1924.73**	**3407.31**	**3334.76**
235.19	252.02	541.04	658.30	1633.93	462.18	1108.76	485.57	610.27	607.66
759.11	551.35	1498.48	1659.36	697.99	527.47	666.17	1439.16	2797.05	2727.10
589.08	400.96	611.77	448.24	332.87	121.57	462.04	430.43	749.80	344.34
170.03	150.39	886.71	1211.13	365.12	405.91	204.13	1008.73	2047.25	2382.76
285.58	**264.88**	**693.06**	**435.66**	**656.54**	**1556.46**	**889.59**	**2547.06**	**715.53**	**1192.46**
151.42	105.87	327.70	192.80	522.86	1114.26	431.72	584.09	226.20	55.63
134.16	159.01	365.36	242.86	133.68	442.20	457.87	1962.98	489.33	1136.83

5-6 城镇居民人均

（2019 年）

指标名称	单位	郑州市	中原区	二七区	管城区	金水区	上街区	惠济区
购买生活消费品	**元**	**20585. 92**	**19514. 02**	**20540. 48**	**19981. 75**	**24631. 12**	**23114. 59**	**23149. 07**
食品烟酒	元	6238. 68	6678. 67	6254. 90	7505. 88	7599. 98	6393. 54	6696. 32
食品	元	3907. 82	3895. 09	4212. 47	4367. 94	4715. 47	3857. 07	4312. 24
谷物	元	432. 75	393. 00	492. 31	434. 77	513. 03	420. 77	464. 15
小麦	公斤	0. 27	0. 03	0. 46	0. 10	0. 11		0. 12
金额	元	0. 87	0. 47	1. 72	0. 80	0. 54		0. 65
面粉	公斤	15. 25	10. 24	19. 22	12. 09	12. 51	9. 90	11. 92
金额	元	60. 21	44. 49	75. 58	57. 29	61. 65	37. 46	45. 74
稻谷	公斤	0. 01			0. 01			
金额	元	0. 05			0. 13			
大米	公斤	13. 30	14. 44	17. 48	15. 22	13. 97	8. 17	16. 99
金额	元	83. 66	87. 75	103. 57	101. 89	102. 47	55. 84	101. 03
玉米	公斤	2. 01	1. 62	3. 70	2. 02	3. 41	1. 28	2. 50
金额	元	9. 68	7. 84	17. 07	10. 35	16. 02	7. 38	10. 64
小米	公斤	2. 66	1. 70	3. 28	2. 52	2. 87	1. 41	3. 41
金额	元	25. 38	15. 96	31. 03	27. 25	29. 44	15. 36	28. 48
其他谷物	公斤	0. 79	1. 01	0. 34	0. 90	0. 84	0. 29	0. 50
金额	元	6. 41	7. 42	2. 86	10. 58	8. 59	4. 65	3. 92
面粉制品	公斤	41. 95	37. 94	54. 59	31. 45	34. 80	25. 56	47. 26
金额	元	217. 47	201. 38	228. 45	196. 06	251. 15	240. 77	240. 98
其他谷物制品	公斤	2. 82	2. 15	3. 89	2. 66	2. 98	3. 53	3. 17
金额	元	29. 03	27. 68	32. 04	30. 42	43. 16	59. 30	32. 71
薯类	公斤	14. 65	15. 12	21. 66	14. 87	16. 72	12. 22	15. 48
金额	元	70. 49	65. 19	92. 14	76. 92	91. 93	56. 71	67. 20
红薯	公斤	5. 63	5. 25	8. 63	5. 41	6. 40	5. 04	5. 90
金额	元	19. 04	17. 12	29. 08	19. 74	24. 42	16. 97	21. 74
马铃薯	公斤	6. 63	7. 91	9. 74	6. 91	7. 74	5. 13	7. 30
金额	元	22. 62	25. 47	29. 08	24. 46	31. 06	19. 13	24. 77
其他薯类及制品	公斤	2. 39	1. 96	3. 29	2. 56	2. 57	2. 05	2. 27
金额	元	28. 83	22. 61	33. 97	32. 72	36. 45	20. 61	20. 70

购买生活消费品

中牟县	巩义市	荥阳市	新密市	新郑市	登封市	经开区	高新区	郑东新区	航空港实验区
15174.09	**11681.60**	**19071.55**	**19361.80**	**27634.22**	**19094.67**	**18783.01**	**23063.40**	**21781.69**	**20653.57**
4165.47	4149.20	6366.56	5391.80	9516.53	5706.56	5559.53	6480.84	5577.53	3742.70
2706.66	2763.14	3403.38	3275.96	6624.55	3781.02	3594.95	3882.69	3644.07	2360.42
298.52	388.29	423.95	382.92	503.61	544.64	389.46	350.12	412.47	336.83
1.58	1.18	0.03	0.09	0.12	0.10	0.23	0.24	0.18	
3.52	2.72	0.23	0.22	0.40	0.26	0.38	1.30	0.70	
9.45	22.78	12.82	15.10	24.32	26.24	10.07	6.80	11.03	23.92
31.90	76.00	51.87	54.44	85.80	85.43	50.00	27.54	42.82	87.87
0.11				0.03	0.01				0.02
0.66	0.01			0.13	0.03				0.09
7.95	9.75	10.74	11.48	15.53	13.30	15.25	11.04	13.21	10.12
42.53	60.33	70.18	71.48	97.50	80.44	95.32	66.17	67.31	62.88
2.13	0.93	1.20	0.83	1.58	1.65	1.67	2.66	1.59	0.24
7.53	3.38	5.31	3.04	17.36	6.67	7.75	10.72	8.81	1.16
1.36	3.03	3.05	3.29	5.14	4.74	1.87	2.30	1.16	1.14
15.48	26.64	31.71	29.65	50.44	38.86	16.92	22.64	10.25	10.08
0.96	0.57	0.63	0.41	0.23	2.16	0.35	3.79	0.18	0.23
7.44	5.18	5.85	3.77	1.94	12.71	3.77	19.05	1.98	2.44
37.11	40.91	46.21	57.74	47.95	74.23	24.87	46.38	35.21	29.30
163.70	195.10	223.67	202.23	232.23	293.87	183.84	175.15	244.28	168.00
8.04	2.25	2.54	2.25	2.34	3.37	1.98	2.62	2.70	0.36
25.75	18.94	35.14	18.10	17.81	26.37	31.47	27.54	36.33	4.30
11.65	12.10	17.67	13.87	11.64	16.10	9.48	16.02	13.83	5.47
52.04	56.68	82.83	77.96	65.58	71.61	53.69	68.06	65.28	23.26
3.22	3.50	7.38	6.41	7.97	4.25	2.20	6.75	4.28	3.64
8.15	10.63	24.78	20.16	27.58	11.99	8.72	21.13	15.36	10.24
5.85	6.72	8.11	4.40	1.21	8.46	5.67	7.67	6.79	0.94
15.81	21.33	28.46	14.64	4.63	27.13	21.71	25.20	24.15	3.10
2.57	1.88	2.17	3.05	2.46	3.39	1.61	1.60	2.76	0.89
28.08	24.72	29.59	43.15	33.38	32.49	23.27	21.73	25.76	9.92

5-6 续表 1 （2019 年）

指标名称	单位	郑州市	中原区	二七区	管城区	金水区	上街区	惠济区
豆类	公斤	10.44	8.57	12.87	9.45	9.60	9.39	15.18
金额	元	61.50	49.87	67.86	62.91	69.12	68.17	75.12
大豆	公斤	0.65	0.50	0.89	0.71	0.84	0.42	0.20
金额	元	5.17	3.69	6.96	5.90	7.70	3.69	1.08
其他豆类及制品	公斤	9.79	8.08	11.99	8.74	8.76	8.97	14.99
金额	元	56.33	46.18	60.90	57.02	61.42	64.48	74.04
食用油	公斤	8.13	5.49	8.66	8.47	6.96	5.54	6.02
金额	元	140.54	100.37	118.82	141.69	126.77	112.17	92.94
食用植物油	公斤	7.91	5.48	8.58	8.45	6.89	5.46	5.93
金额	元	129.27	100.06	117.82	140.67	125.08	108.15	91.41
食用动物油	公斤	0.22	0.01	0.08	0.02	0.07	0.07	0.09
金额	元	11.26	0.31	1.00	1.01	1.69	4.02	1.53
蔬菜和食用菌	公斤	106.78	124.47	140.72	110.42	103.76	88.84	132.93
金额	元	483.83	533.16	600.35	540.96	568.96	435.17	564.29
鲜菜	公斤	102.39	119.60	135.09	105.89	99.35	84.52	127.90
金额	元	417.76	462.81	535.25	464.59	496.48	357.44	488.82
干菜及菜制品	公斤	1.21	0.87	1.65	1.46	1.25	0.93	1.26
金额	元	17.68	15.33	20.56	30.97	16.78	21.11	21.69
鲜菌	公斤	2.84	3.80	3.69	2.83	2.90	3.11	3.49
金额	元	34.57	41.78	35.27	30.98	43.11	38.43	45.36
干菌及制品	公斤	0.34	0.21	0.29	0.25	0.26	0.27	0.28
金额	元	13.82	13.24	9.27	14.43	12.59	18.19	8.42
肉类	公斤	19.73	20.44	24.10	23.00	19.67	18.22	21.75
金额	元	708.27	775.10	789.83	855.32	820.42	723.22	838.59
猪肉	公斤	12.39	13.54	15.09	14.80	10.74	12.03	12.79
金额	元	333.92	374.87	381.89	418.50	337.11	367.65	380.31
牛肉	公斤	1.94	1.88	2.98	2.34	1.97	0.92	2.64
金额	元	112.84	102.76	153.87	144.69	118.33	58.99	138.76
羊肉	公斤	1.60	1.99	1.98	2.47	1.52	0.95	2.19
金额	元	91.22	117.82	102.64	143.87	92.40	65.31	131.67
其他肉类及制品	公斤	3.79	3.03	4.06	3.40	5.44	4.33	4.13
金额	元	170.30	179.66	151.43	148.27	272.59	231.28	187.85
禽类	公斤	6.73	8.40	8.33	9.28	8.20	5.41	8.24

中牟县	巩义市	荥阳市	新密市	新郑市	登封市	经开区	高新区	郑东新区	航空港实验区
10.02	11.41	11.54	11.57	13.98	17.25	8.22	9.07	8.10	4.70
38.36	65.57	70.64	67.22	92.77	85.85	56.17	53.26	48.36	21.47
0.25	0.33	0.26	0.93	1.83	0.76	0.31	0.52	0.20	0.56
1.41	2.10	2.15	7.21	17.33	4.12	2.36	5.06	1.46	3.19
9.77	11.08	11.28	10.65	12.15	16.48	7.91	8.55	7.90	4.13
36.95	63.46	68.49	60.01	75.44	81.72	53.81	48.19	46.90	18.28
7.26	8.65	6.92	10.19	19.24	12.35	7.56	6.21	5.03	7.49
86.15	116.07	96.19	147.97	658.88	143.54	137.72	87.68	82.11	96.08
7.23	8.64	6.91	10.15	15.40	12.31	7.53	6.17	5.02	7.47
84.79	115.91	95.65	147.11	438.85	142.42	136.85	87.02	81.61	95.95
0.03	0.01	0.01	0.04	3.84	0.04	0.03	0.04	0.01	0.02
1.36	0.16	0.54	0.86	220.03	1.12	0.87	0.65	0.50	0.12
109.05	90.71	107.08	93.24	112.70	123.87	85.83	119.33	102.93	41.68
362.44	354.17	439.12	413.55	582.94	465.68	432.20	505.66	474.43	219.04
106.92	87.26	102.90	90.29	106.00	117.30	82.73	113.28	98.47	40.20
337.90	300.96	378.01	357.93	419.50	385.93	386.68	437.15	418.11	199.90
0.69	1.28	0.89	0.82	1.34	1.98	1.00	1.66	1.45	0.55
8.33	17.67	13.89	18.81	18.26	22.01	13.62	15.97	17.52	8.60
1.27	1.92	3.05	1.66	4.16	3.57	1.89	4.10	2.67	0.86
10.34	21.01	35.21	23.60	101.30	32.32	20.61	37.10	26.10	7.69
0.17	0.24	0.24	0.46	1.21	1.01	0.20	0.29	0.33	0.08
5.89	14.53	12.00	13.22	43.89	25.42	11.28	15.45	12.70	2.85
20.38	15.01	17.03	15.20	24.81	20.72	16.97	20.18	21.08	13.87
562.77	549.97	608.29	534.81	979.76	622.61	612.23	624.16	664.73	484.30
14.43	9.12	11.48	10.06	15.35	13.10	9.76	13.06	12.93	10.17
316.10	241.22	327.68	259.65	399.55	294.99	280.22	311.57	324.31	272.99
0.87	1.05	1.05	0.91	3.45	2.45	2.45	2.43	1.38	1.53
47.35	66.29	72.61	64.91	215.82	123.70	149.11	120.18	74.69	108.12
1.01	0.91	0.85	0.81	1.76	2.11	1.37	1.76	1.98	0.92
60.43	55.19	53.70	50.02	124.34	94.03	83.39	86.45	92.34	57.31
4.07	3.94	3.65	3.41	4.25	3.06	3.39	2.92	4.79	1.24
138.91	187.27	154.31	160.24	240.05	109.89	99.50	105.95	173.38	45.88
8.41	3.30	4.02	3.79	6.75	3.43	6.56	7.92	6.27	4.43

5-6 续表 2 （2019 年）

指标名称	单位	郑州市	中原区	二七区	管城区	金水区	上街区	惠济区
金额	元	164.63	227.97	194.40	232.25	236.92	159.46	193.94
鸡	公斤	4.40	5.01	5.25	6.34	4.48	3.35	5.62
金额	元	90.61	101.79	104.31	139.50	112.88	77.96	110.62
鸭	公斤	0.25	0.38	0.46	0.24	0.30	0.38	0.29
金额	元	5.44	7.77	9.07	5.89	6.42	4.51	3.12
鹅	公斤	0.02		0.01	0.02			
金额	元	0.52		0.18	0.40	0.48	0.19	
其他禽类及制品	公斤	2.06	3.01	2.62	2.69	3.41	1.67	2.33
金额	元	68.06	118.41	80.85	86.47	117.13	76.80	80.20
水产品	公斤	7.35	11.40	8.23	11.02	8.18	6.52	8.73
金额	元	252.49	336.48	211.83	311.99	266.74	208.23	231.55
鱼类	公斤	4.54	8.07	5.68	6.91	5.37	4.52	5.93
金额	元	108.17	187.29	115.66	144.58	142.99	100.33	108.85
虾类	公斤	1.11	1.56	1.20	2.20	1.21	0.96	1.22
金额	元	66.19	92.15	62.20	112.84	72.20	48.12	63.54
蟹类	公斤	0.22	0.19	0.09	0.20	0.12	0.08	0.13
金额	元	25.36	15.69	7.33	17.63	12.53	8.37	11.46
贝类	公斤	0.32	0.45	0.17	0.35	0.21	0.22	0.21
金额	元	16.49	8.01	4.18	7.00	5.04	7.02	1.38
藻类	公斤	0.48	0.20	0.30	0.43	0.40	0.19	0.34
金额	元	14.65	3.40	2.47	3.48	5.55	2.51	3.86
其他水产品及制品	公斤	0.68	0.93	0.80	0.94	0.86	0.54	0.91
金额	元	21.63	29.94	19.98	26.46	28.44	41.88	42.46
蛋类	公斤	15.94	15.26	17.63	19.39	16.61	16.09	20.57
金额	元	156.31	143.04	163.48	183.94	171.86	160.52	183.12
鲜蛋	公斤	15.18	14.63	16.34	18.86	15.52	15.22	19.56
金额	元	144.73	135.37	147.56	175.73	161.14	148.37	169.78
蛋制品	公斤	0.76	0.62	1.28	0.53	1.09	0.87	1.01
金额	元	11.58	7.67	15.92	8.21	10.72	12.15	13.34
奶类	公斤	22.68	18.76	28.81	24.10	31.48	24.19	31.43
金额	元	453.69	349.74	423.52	455.57	635.02	372.07	430.83
鲜奶	公斤	12.81	10.22	15.24	10.52	17.71	14.59	22.24
金额	元	164.46	136.41	172.52	143.73	234.02	168.62	238.63

中牟县	巩义市	荥阳市	新密市	新郑市	登封市	经开区	高新区	郑东新区	航空港实验区
164.20	71.39	107.11	78.62	160.06	65.76	159.15	167.60	144.21	78.81
5.69	2.16	2.59	2.59	5.52	2.30	5.08	5.43	4.15	3.95
96.68	38.27	53.41	44.83	118.07	38.23	109.45	106.16	80.27	68.35
0.13	0.06	0.05	0.05	0.55	0.11	0.28	0.45	0.15	0.07
2.13	0.82	0.87	0.82	21.08	1.93	4.73	7.17	2.52	2.65
0.07				0.07		0.15	0.02	0.03	0.03
0.98				1.50		4.95	0.42	0.57	0.84
2.52	1.08	1.38	1.15	0.60	1.02	1.05	2.02	1.94	0.39
64.40	32.30	52.83	32.98	19.41	25.60	40.02	53.86	60.85	6.97
4.55	2.55	4.60	3.62	18.22	3.14	5.30	7.74	5.77	2.97
99.92	61.59	115.81	73.79	1530.04	67.94	147.60	193.68	155.79	68.81
3.18	1.37	2.48	2.21	6.19	1.43	3.51	5.22	3.60	1.93
53.39	29.13	55.44	40.53	337.60	30.03	69.62	104.05	62.99	29.08
0.55	0.24	0.57	0.35	2.69	0.42	0.98	1.31	0.91	0.70
30.27	13.65	31.76	17.28	268.99	19.79	51.87	64.82	48.21	32.52
0.12		0.06	0.02	2.75	0.01	0.06	0.04	0.16	0.03
4.50	0.32	2.57	2.22	365.38	0.57	9.48	2.92	13.59	2.97
0.12		0.16	0.03	2.76	0.01	0.16	0.25	0.20	0.14
1.20	0.09	3.31	0.34	275.03	0.28	2.98	3.59	2.57	2.12
0.13	0.29	0.97	0.63	3.04	0.66	0.13	0.26	0.15	0.12
0.92	3.17	10.31	6.27	231.92	6.20	1.68	2.63	2.64	1.08
0.44	0.65	0.36	0.37	0.78	0.61	0.46	0.67	0.75	0.04
9.64	15.22	12.42	7.15	51.12	11.08	11.97	15.68	25.80	1.03
10.37	13.51	16.31	14.29	18.28	17.61	14.84	15.21	18.77	9.50
84.58	123.53	161.96	124.03	338.26	136.88	133.71	149.34	161.04	88.44
10.15	13.31	15.92	13.92	15.90	16.99	14.05	14.63	18.32	9.13
82.04	120.69	156.72	120.08	254.72	131.55	123.52	140.74	155.91	84.39
0.23	0.20	0.39	0.36	2.38	0.61	0.79	0.58	0.45	0.38
2.54	2.84	5.25	3.95	83.54	5.33	10.19	8.61	5.13	4.05
9.83	15.97	17.48	20.30	24.84	27.16	21.76	23.35	27.11	5.24
266.94	255.25	325.48	405.80	969.12	419.12	477.46	398.68	540.61	322.23
5.41	12.32	11.07	14.38	11.24	14.29	12.40	11.70	17.29	1.61
74.89	143.54	154.81	188.61	157.13	128.34	181.34	160.13	257.45	30.81

5-6 续表 3 （2019 年）

指标名称	单位	郑州市	中原区	二七区	管城区	金水区	上街区	惠济区
酸奶	公斤	8.08	7.44	12.36	11.96	11.48	8.40	7.02
金额	元	97.74	98.47	131.69	151.85	131.72	103.31	75.76
奶粉	公斤	0.92	0.44	0.52	0.62	1.02	0.23	0.35
金额	元	170.99	98.74	107.75	130.78	247.90	77.76	72.10
其他奶制品	公斤	0.88	0.67	0.69	1.00	1.28	0.97	1.82
金额	元	20.49	16.12	11.56	29.22	21.39	22.37	44.34
干鲜瓜果类	公斤	87.55	86.15	94.73	103.41	84.13	86.87	98.49
金额	元	625.32	649.55	669.53	696.58	796.60	796.07	774.30
鲜瓜果	公斤	80.07	80.05	85.90	97.22	76.80	79.05	88.90
金额	元	495.54	529.05	527.33	564.36	632.30	608.65	595.20
瓜果制品	公斤	2.07	1.79	2.69	1.65	2.03	2.19	2.04
金额	元	34.26	33.88	41.31	28.00	47.93	50.63	42.14
坚果类	公斤	5.41	4.30	6.13	4.54	5.31	5.64	7.55
金额	元	95.52	86.62	100.89	104.22	116.37	136.79	136.97
糖果糕点类	公斤	8.70	5.93	11.92	9.54	10.37	7.97	12.66
金额	元	173.92	154.61	178.86	214.38	248.09	232.32	215.77
食糖	公斤	1.14	0.58	1.39	1.46	1.15	0.48	2.16
金额	元	9.51	4.98	11.59	11.34	11.14	4.48	17.54
糖果	公斤	1.05	0.73	1.09	0.95	1.53	0.97	1.91
金额	元	23.14	19.50	19.15	22.74	42.32	36.33	24.07
糕点	公斤	5.64	4.14	8.70	6.22	6.58	6.04	7.60
金额	元	121.14	112.79	135.16	146.23	164.34	171.60	146.88
其他糖果糕点	公斤	0.86	0.48	0.73	0.91	1.10	0.49	0.99
金额	元	20.13	17.34	12.96	34.07	30.29	19.92	27.29
其他食品	元	184.10	117.00	209.53	160.65	170.00	112.19	180.44
调味品	元	93.51	80.07	106.93	107.75	107.91	88.02	108.63
其他食品	元	90.59	36.93	102.60	52.90	62.09	24.17	71.81
饮料	元	215.42	143.17	128.41	222.84	215.39	108.95	160.54
茶叶	公斤	0.35	0.20	0.12	0.34	0.36	0.16	0.14
金额	元	100.05	56.50	25.44	80.75	83.74	29.62	32.89
咖啡	元	4.93	5.74	6.96	7.34	7.72	4.70	3.64
其他固体饮料	元	10.37	5.69	3.50	21.67	18.94	5.79	8.50
瓶装饮用水	元	21.67	10.11	16.74	18.21	26.02	12.24	24.21

中牟县	巩义市	荥阳市	新密市	新郑市	登封市	经开区	高新区	郑东新区	航空港实验区
3.56	3.19	5.72	4.08	7.11	10.19	7.37	10.44	7.92	2.12
39.89	41.54	101.04	49.91	103.64	104.63	97.41	109.86	100.62	30.92
0.70	0.35	0.35	0.77	5.13	0.89	1.61	0.40	0.80	1.10
149.40	68.01	61.70	145.19	650.94	144.29	193.15	91.34	166.24	247.23
0.17	0.11	0.34	1.07	1.36	1.79	0.38	0.81	1.10	0.40
2.76	2.16	7.93	22.08	57.41	41.87	5.56	37.36	16.30	13.26
78.43	76.37	82.89	85.70	76.78	173.18	72.68	93.07	76.44	42.73
423.40	444.46	652.54	571.78	469.05	775.84	609.29	699.37	591.96	267.52
71.94	69.18	74.68	78.06	69.29	160.71	66.43	81.25	70.91	37.87
347.77	341.62	511.85	451.37	362.18	619.48	481.73	530.51	500.62	189.23
1.27	1.77	3.10	1.42	1.82	2.37	1.91	4.29	2.14	1.59
20.72	28.27	43.83	22.64	18.87	35.14	36.51	38.52	31.62	19.60
5.22	5.41	5.11	6.22	5.67	10.09	4.34	7.54	3.39	3.27
54.92	74.56	96.86	97.78	88.00	121.22	91.05	130.35	59.72	58.69
5.19	6.32	9.72	8.43	5.88	14.85	6.07	10.46	6.91	5.01
110.77	122.93	167.76	146.65	95.01	197.21	170.15	217.48	174.96	82.03
0.74	0.83	0.91	1.19	1.43	2.54	0.87	1.02	0.68	1.00
5.23	7.18	8.13	9.61	11.49	15.13	7.94	7.96	5.49	10.38
0.34	0.41	1.07	1.25	0.74	2.05	1.16	0.97	0.75	0.64
6.76	10.19	16.16	28.56	11.91	32.18	29.44	31.56	16.71	9.34
3.88	4.08	7.31	5.50	2.34	8.54	3.58	7.18	4.94	2.21
93.14	84.14	130.60	98.49	49.27	130.72	122.24	147.57	136.84	44.50
0.23	1.00	0.43	0.49	1.37	1.72	0.46	1.29	0.54	1.16
5.63	21.43	12.87	9.99	22.35	19.17	10.53	30.39	15.91	17.81
156.57	153.25	151.69	250.85	179.46	184.36	216.11	367.60	128.13	271.62
82.80	90.71	102.49	88.71	93.99	116.08	86.45	89.51	78.81	50.09
73.77	62.55	49.20	162.15	85.47	68.28	129.66	278.10	49.32	221.54
60.10	101.91	147.44	175.23	1348.12	230.74	167.07	146.80	151.92	110.27
0.05	0.07	0.17	0.22	3.13	0.56	0.14	0.16	0.12	0.10
4.85	26.85	28.31	37.48	1236.33	66.43	23.29	21.71	17.03	15.09
0.67	2.45	0.75	0.81	2.52	7.70	2.92	7.93	6.79	1.22
5.73	4.32	11.98	6.72	8.92	12.53	27.20	4.51	11.54	1.74
13.68	16.50	27.42	24.84	13.37	36.46	35.01	29.61	17.46	31.83

5-6 续表 4 （2019 年）

指标名称	单位	郑州市	中原区	二七区	管城区	金水区	上街区	惠济区
果汁饮料	元	16.19	11.49	6.86	20.90	22.14	11.44	35.81
其他液体饮料	元	62.20	53.65	68.90	73.98	56.84	45.16	55.49
烟酒	元	505.53	478.93	489.08	880.18	510.65	361.53	577.84
烟草	元	266.73	246.11	316.41	564.45	142.17	132.69	266.62
卷烟	盒	17.48	16.04	20.94	31.84	6.37	10.64	22.94
金额	元	266.24	245.97	315.22	564.45	140.63	132.69	265.18
烟丝烟叶	公斤	0.03	0.01	0.08		0.09		0.14
金额	元	0.49	0.14	1.19		1.55		1.43
酒类	元	238.80	232.83	172.67	315.73	368.47	228.84	311.22
啤酒	公斤	3.66	2.39	4.32	4.37	3.09	1.15	2.67
金额	元	26.73	18.22	30.13	27.93	34.58	9.08	17.20
白酒	公斤	2.20	2.33	1.70	4.60	1.72	2.44	2.73
金额	元	189.06	180.05	119.50	279.38	292.51	204.49	274.15
果酒	公斤	0.24	0.19	0.15	0.06	0.38	0.08	0.15
金额	元	16.89	24.66	15.40	5.60	27.02	3.32	16.40
其他酒	元	6.12	9.89	7.64	2.82	14.37	11.95	3.47
饮食服务	元	1609.91	2161.47	1424.95	2034.92	2158.47	2065.99	1645.71
食堂用餐	元	53.41	18.69	22.53	16.56	69.34	137.29	20.91
其他在外饮食	元	1554.89	2141.69	1401.99	2018.29	2088.15	1928.65	1624.66
食品加工服务费	元	1.61	1.09	0.43	0.07	0.98	0.05	0.14
衣着	元	1884.75	1363.20	1520.59	1817.15	2280.75	2314.01	2213.57
衣类	元	1479.16	1037.04	1202.05	1430.92	1805.13	1916.29	1715.67
服装	元	1418.43	983.17	1148.05	1368.26	1730.18	1878.22	1488.13
服装材料	元	5.38	2.04	3.92	2.63	10.43	4.09	0.67
其他衣类及配件	元	51.06	48.31	47.15	55.46	56.71	29.07	226.21
衣类加工服务费	元	4.29	3.52	2.92	4.57	7.82	4.91	0.66
鞋类	元	405.59	326.16	318.54	386.23	475.62	397.72	497.90
鞋	双	3.54	2.14	2.62	3.07	5.84	2.42	3.48
金额	元	403.11	325.45	316.95	383.53	474.18	396.43	494.61
鞋类配件及加工服务费	元	2.48	0.72	1.59	2.69	1.44	1.29	3.29
居住	元	1831.69	2053.00	1963.96	1579.46	2231.27	2030.07	1775.28
租赁房房租	元	281.29	315.67	422.39	204.14	517.58	245.94	304.00
租赁公房房租	元	27.36	9.65	33.74	203.04	12.52	3.01	31.44

中牟县	巩义市	荥阳市	新密市	新郑市	登封市	经开区	高新区	郑东新区	航空港实验区
4.33	3.24	23.79	22.22	15.05	27.04	10.25	9.92	8.15	25.65
30.83	48.55	55.18	83.16	71.93	80.58	68.40	73.14	90.94	34.74
349.31	273.71	641.36	508.69	656.31	721.50	238.76	404.90	337.93	442.59
167.85	176.19	345.77	372.06	177.94	512.68	75.03	179.34	205.71	282.37
11.97	15.18	25.87	29.60	12.18	33.79	4.17	11.19	12.96	17.33
167.85	176.17	345.77	371.78	177.65	512.68	75.03	179.34	205.71	281.80
			0.01	0.02					0.06
	0.01		0.28	0.29					0.57
181.46	97.53	295.59	136.62	478.37	208.82	163.73	225.56	132.22	160.21
1.94	3.28	2.75	2.29	3.50	9.41	4.69	4.16	2.51	5.36
15.57	21.19	29.21	19.73	26.09	46.72	26.64	23.79	20.09	33.74
1.45	0.72	2.16	1.17	4.82	1.65	2.88	1.63	2.85	1.65
161.69	65.71	238.91	110.03	376.11	136.21	124.01	194.96	106.82	117.65
0.02	0.34	0.23	0.16	0.54	1.09	0.14	0.05	0.04	
3.93	7.83	21.19	5.13	75.82	24.91	12.25	3.92	2.63	
0.27	2.80	6.28	1.74	0.35	0.99	0.83	2.89	2.68	8.82
1049.40	1010.44	2174.37	1431.93	887.54	973.29	1558.75	2046.44	1443.61	829.42
41.52	78.73	28.82	27.37	181.51	73.09	6.10	194.20	49.83	23.69
1004.45	928.44	2143.63	1399.22	705.94	898.22	1552.65	1852.24	1393.79	799.84
3.44	3.26	1.92	5.34	0.09	1.98				5.90
1909.89	1530.18	2050.60	2112.39	2960.75	2005.07	2217.41	2163.24	1725.69	1152.77
1472.18	1217.19	1627.82	1628.53	2243.74	1570.25	1763.63	1827.94	1322.50	906.48
1420.76	1165.01	1570.05	1576.29	2211.93	1482.36	1722.06	1772.24	1275.43	882.86
1.33	5.12	2.22	7.66	5.12	21.88	0.43	6.55	1.11	2.99
39.88	43.05	49.56	40.85	26.62	62.98	34.54	42.85	43.49	20.59
10.21	4.01	5.98	3.73	0.08	3.04	6.61	6.29	2.47	0.05
437.70	313.00	422.79	483.86	717.01	434.82	453.78	335.30	403.19	246.29
3.93	3.43	3.30	4.31	3.23	4.33	3.17	2.73	2.78	3.02
436.34	308.63	418.16	478.22	715.45	432.84	450.62	330.53	402.08	242.48
1.36	4.36	4.62	5.65	1.55	1.98	3.16	4.77	1.11	3.81
1315.64	745.16	1512.70	1995.98	2208.16	1788.58	1297.46	1270.14	1955.94	2286.41
71.66	50.33	370.55	191.71	80.36	152.44	96.74	63.53	638.05	66.54
4.50	33.13	2.48	3.92	36.11	7.10				

5-6 续表 5 （2019 年）

指标名称	单位	郑州市	中原区	二七区	管城区	金水区	上街区	惠济区
租赁私房房租	元	253.93	306.02	388.65	1.10	505.06	242.92	272.56
住房维修及管理	元	484.90	674.47	492.59	342.89	498.41	306.32	638.13
住房装潢	元	208.97	500.03	85.35	18.97	155.80	88.30	251.82
住房维修	元	80.97	4.13	17.97	0.72	32.70	2.24	183.76
物业管理费	元	188.51	167.28	388.35	319.89	297.40	185.55	165.61
其他	元	6.45	3.03	0.92	3.31	12.51	30.23	36.94
水电燃料及其他	元	1065.50	1062.86	1048.97	1032.43	1215.27	1477.82	833.15
水	吨	49.73	50.93	62.15	44.43	55.75	47.33	44.29
金额	元	157.84	208.06	224.02	174.83	226.86	124.47	153.32
电	度	890.02	681.52	742.50	749.04	971.44	589.17	661.33
金额	元	558.29	391.46	424.54	446.20	563.16	339.17	392.75
燃料	元	224.80	205.42	248.54	272.22	321.26	138.16	194.55
煤炭	公斤	4.94						
金额	元	3.28						
管道天然气	立方米	66.50	80.95	96.03	107.61	120.71	53.61	76.80
金额	元	162.96	200.26	242.49	251.80	302.25	131.25	182.46
管道煤气	立方米	0.79	1.48	0.55	0.28	1.77		3.31
金额	元	2.44	4.68	1.45	0.71	5.06		7.94
罐装液化石油气	公斤	7.32	0.06	0.37		3.00	0.70	0.82
金额	元	44.75	0.49	1.57	0.02	12.37	6.82	4.14
汽油	升	1.42		0.05	2.65	0.18		
金额	元	9.96		0.41	19.70	1.32		
柴油	升							
金额	元	0.02						
其他油	升	0.01				0.04		
金额	元	0.07				0.17		
其他生活燃料	元	0.06		0.14		0.10	0.09	0.02
取暖费	元	115.80	251.39	151.52	138.87	100.99	770.33	92.53
其他	元	8.77	6.51	0.36	0.31	3.01	105.69	
生活用品及服务	元	1669.42	1387.09	1434.77	1181.59	1567.99	1384.22	1863.56
家具及室内装饰品	元	333.78	95.39	149.12	89.26	232.63	175.54	612.25
家具	元	281.39	84.58	134.02	83.71	191.16	148.63	549.58
家具材料	元	24.21	5.49	1.96	0.30	16.77		25.90

中牟县	巩义市	荥阳市	新密市	新郑市	登封市	经开区	高新区	郑东新区	航空港实验区
67.17	17.20	368.08	187.79	44.25	145.34	96.74	63.53	638.05	66.54
470.38	82.27	140.00	922.12	1192.10	666.78	260.49	363.06	496.04	65.47
318.62	26.30	35.06	749.99	487.20	294.84	15.49	37.33	155.21	9.89
101.81	8.25	14.14	112.17	618.20	309.72	0.40	3.47	137.21	22.24
47.96	44.83	70.06	56.65	86.34	49.94	244.61	320.35	203.62	33.22
1.99	2.89	20.75	3.32	0.37	12.27		1.91		0.11
773.60	612.56	1002.14	882.14	935.70	969.35	940.22	843.55	821.84	2154.40
37.03	24.10	37.97	39.45	43.81	31.49	58.11	41.28	29.19	109.57
88.50	58.51	111.70	132.83	97.24	84.09	225.39	102.86	119.20	137.04
707.77	566.47	986.00	921.67	858.99	976.89	725.97	661.52	783.21	2137.38
413.29	325.24	594.81	525.70	507.79	600.72	439.73	385.47	441.78	1805.42
215.43	142.50	153.81	171.19	281.28	210.64	183.10	184.19	191.40	211.15
0.04	56.14		0.17	0.36	19.74		1.34		3.04
0.03	31.42		0.35	0.58	16.35		2.52		3.72
53.36	16.30	36.02	18.41	50.78	3.76	81.49	68.08	58.49	9.81
133.67	42.67	91.80	48.41	131.39	6.78	174.33	135.40	147.10	25.49
0.47	0.53				0.74	0.56	0.33	0.52	0.37
1.22	2.09				3.94	1.80	0.86	1.31	2.15
14.18	14.33	9.45	17.31	15.82	22.69	0.21	2.90	6.27	19.13
79.66	65.61	59.24	120.26	96.68	143.47	2.23	14.86	41.79	135.87
		0.27		7.48	4.33	0.14	4.48		6.22
		2.01		51.41	29.32	0.94	30.56		43.51
0.08									
0.52									
		0.07		0.04	0.01				
		0.70		0.23	0.04				
0.11	0.05	0.05	0.01		0.06			0.28	
44.83	85.09	124.02	28.43	46.43	64.70	92.00	110.47	69.47	
11.54	1.22	17.80	23.99	2.96	9.21		60.55		0.79
1866.71	1164.97	1610.98	2109.74	3263.01	2634.93	1476.61	1315.47	1571.56	1732.87
541.66	106.64	233.59	386.11	2059.41	786.24	160.92	167.43	316.20	149.07
496.20	76.89	202.09	296.41	1789.59	688.50	121.21	122.83	240.72	88.63
2.12	0.18	9.41	29.68	230.34	3.04	4.56	35.55	28.88	48.80

5-6 续表 6 （2019 年）

指标名称	单位	郑州市	中原区	二七区	管城区	金水区	上街区	惠济区
室内装饰品	元	28.18	5.32	13.14	5.25	24.70	26.91	36.77
家用器具	元	443.23	399.12	440.97	266.16	357.43	223.29	239.99
耐用消费品	元	384.14	349.77	387.84	210.18	304.66	192.64	85.94
洗衣机	台	0.02	0.01	0.01	0.03	0.03	0.03	0.01
金额	元	43.41	25.07	32.44	29.83	57.72	45.95	16.56
电冰箱(柜)	台	0.02		0.03	0.02	0.01	0.02	0.01
金额	元	48.09	17.13	112.09	35.86	36.50	43.49	9.66
空调器	台	0.07	0.05	0.05	0.02	0.05	0.03	
金额	元	157.17	154.68	132.18	64.75	117.05	93.45	0.09
吸尘器	台	0.01	0.01		0.01			0.01
金额	元	4.22	6.29	0.40	2.43	0.18		1.31
抽油烟机	台	0.01	0.02	0.01	0.01	0.01		
金额	元	12.24	16.70	9.19	11.24	20.04		1.50
微波炉	台	0.01				0.01		
金额	元	3.59		1.49	1.27	7.70		
非太阳能热水器	台	0.02	0.02	0.02	0.01	0.02		0.02
金额	元	23.88	35.61	44.09	5.95	21.05		28.08
太阳能热水器	台	0.01	0.01					
金额	元	7.64	11.07	7.11				
燃气炉具	套	0.01	0.02	0.01		0.02	0.01	0.01
金额	元	8.35	15.56	5.30	0.79	12.75	7.70	1.19
洗碗机	台							
金额	元	6.27	2.86					
其他	元	55.77	51.37	42.45	57.54	20.99	2.04	26.79
小家电	元	59.09	49.34	53.13	55.98	52.77	30.66	154.05
家用纺织品	元	137.84	70.26	101.62	93.93	174.47	190.91	219.16
床上用品	元	107.31	60.47	77.43	76.33	150.50	140.03	196.11
窗帘门帘	元	15.73	0.06	15.18	0.76	5.48	36.85	5.76
其他家用纺织品	元	14.81	9.72	9.01	16.84	18.49	14.03	17.29
家庭日用杂品	元	285.10	210.37	333.29	251.64	258.24	292.42	397.69
洗涤及卫生用品	元	84.82	54.64	66.65	70.82	79.62	52.59	56.58
厨具餐具茶具	元	53.94	51.49	71.14	36.54	53.90	70.65	104.41
家用手工工具	元	3.79	2.47	13.07	2.39	2.02	9.69	4.74

中牟县	巩义市	荥阳市	新密市	新郑市	登封市	经开区	高新区	郑东新区	航空港实验区
43.35	29.57	22.09	60.02	39.48	94.69	35.16	9.05	46.61	11.64
506.22	324.58	427.87	587.84	726.99	575.69	197.97	271.44	370.30	981.26
462.83	272.69	360.37	524.76	676.42	487.59	78.75	211.09	318.46	951.39
0.03	0.03	0.02	0.04	0.02	0.02	0.03	0.02	0.02	
75.73	37.46	38.87	58.40	93.01	52.38	20.76	86.11	50.59	
0.01	0.01	0.01	0.03	0.02	0.05		0.02	0.01	0.03
34.55	10.06	31.44	74.27	64.13	139.96		36.72	21.32	64.09
0.06	0.03	0.04	0.05	0.02	0.04		0.01	0.07	0.40
219.41	96.62	179.47	197.18	105.99	165.98		24.50	149.73	624.79
	0.01	0.01	0.01	0.01		0.01	0.02	0.01	
0.94	1.86	2.51	17.01	10.59	0.81	0.89	21.48	9.67	
0.01		0.01	0.01	0.01			0.01	0.01	0.01
25.40		12.12	20.15	26.98	4.40		4.97	14.17	2.56
0.01			0.01	0.01					0.02
6.62	1.04	1.94	5.80	16.46	2.79				6.53
0.01	0.02		0.01	0.01	0.01			0.02	0.09
8.04	44.02	5.74	37.03	18.17	32.67			27.93	15.90
0.01					0.01			0.01	0.07
21.50	6.19			0.90	6.41			12.59	47.56
	0.01	0.02	0.01	0.01	0.01		0.02	0.02	
2.15	8.99	14.54	8.18	30.47	2.52		7.46	4.09	0.67
				0.02			0.01		
				115.19			12.82		0.89
68.49	65.82	71.68	105.70	3.88	79.67	57.10	17.02	10.69	188.39
43.39	51.89	67.50	63.08	50.57	88.10	119.22	60.35	51.84	29.87
219.18	160.48	161.15	311.56	58.73	236.99	66.85	40.11	116.57	55.95
135.09	122.93	110.30	236.70	46.38	168.88	47.24	34.47	79.89	51.88
75.43	11.34	34.58	40.35	9.62	55.86	3.71		16.07	0.34
8.65	26.21	16.27	34.51	2.73	12.25	15.89	5.63	20.61	3.73
226.44	287.65	304.02	355.31	227.43	434.38	380.69	349.43	265.61	190.07
30.60	76.54	87.10	144.64	119.60	180.20	119.20	71.03	46.95	118.01
63.20	52.25	62.32	39.80	15.95	75.01	71.47	52.39	62.58	21.39
1.18	5.61	3.89	1.10	0.60	4.50	1.35	1.25	1.43	4.25

5-6 续表 7 （2019 年）

指标名称	单位	郑州市	中原区	二七区	管城区	金水区	上街区	惠济区
其他	元	142.55	101.77	182.43	141.89	122.70	159.49	231.95
个人用品	元	407.11	533.31	301.67	424.48	460.73	425.68	339.35
化妆品	元	252.98	337.80	143.55	303.00	250.08	239.70	212.20
其他个人用品	元	154.14	195.51	158.12	121.48	210.65	185.98	127.15
家庭服务	元	62.35	78.64	108.10	56.12	84.50	76.38	55.13
家政服务	元	22.42	37.28	39.14	45.01	11.76	6.78	34.51
家庭设备修理费	元	39.94	41.36	68.96	11.11	72.74	69.61	20.61
交通通信	元	2734.32	1924.80	1771.52	1956.74	3162.18	4371.58	3068.19
交通	元	1980.47	1133.17	1114.18	1189.60	2266.41	3752.07	2123.63
交通工具	元	713.23	17.23	86.87	55.32	459.81	2100.63	867.19
汽车	辆	0.01				0.01	0.02	0.01
金额	元	614.07				356.27	1962.28	840.58
摩托车	辆							
金额	元	14.29						
自行车	辆	0.01					0.01	
金额	元	5.31	1.30	11.83	0.61	2.71	12.91	0.26
电动自行车	辆	0.03		0.03	0.02	0.04	0.05	0.02
金额	元	66.80	6.53	68.96	54.70	98.17	121.70	26.35
其他交通工具	元	12.75	9.40	6.08	0.02	2.67	3.74	
交通费	元	251.50	349.39	287.48	226.81	436.31	545.13	227.41
飞机	元	69.60	91.06	82.55	17.21	146.21	251.80	25.34
火车	元	95.89	176.27	112.87	132.96	170.70	211.59	104.09
长途汽车	元	18.44	10.92	15.94	19.70	35.27	14.03	6.12
市内公共交通	元	23.75	46.90	41.13	23.42	20.45	30.67	42.57
出租汽车费	元	39.17	22.44	32.62	27.11	52.82	36.91	32.44
其他交通费	元	4.64	1.81	2.37	6.40	10.86	0.12	16.85
交通工具用燃料	元	738.40	515.47	501.32	539.16	1040.08	834.79	832.38
汽油	升	104.97	74.71	70.19	76.15	144.76	121.49	119.95
金额	元	721.00	501.43	499.15	534.40	1035.01	826.13	828.66
柴油	升	1.90	1.68			0.53		
金额	元	11.62	12.67			4.19		
其他燃料和润滑剂	元	5.77	1.36	2.17	4.77	0.87	8.66	3.72
交通工具使用及维修	元	277.34	251.08	238.52	368.31	330.22	271.52	196.66

中牟县	巩义市	荥阳市	新密市	新郑市	登封市	经开区	高新区	郑东新区	航空港实验区
131.46	153.25	150.71	169.77	91.28	174.67	188.66	224.77	154.65	46.42
347.18	239.56	394.63	421.98	157.01	556.90	657.08	422.80	451.46	329.51
207.14	126.49	226.99	312.02	96.36	388.94	402.85	301.05	284.15	244.76
140.04	113.08	167.64	109.97	60.65	167.96	254.23	121.76	167.31	84.75
26.03	46.05	89.71	46.93	33.43	44.74	13.10	64.26	51.41	27.01
5.14	21.88	67.11	21.14	1.25	5.35	3.64	23.80	12.38	
20.89	24.17	22.60	25.80	32.18	39.39	9.46	40.46	39.04	27.01
2093.51	1324.69	2180.02	2690.61	3587.06	2271.73	2841.17	3584.32	2380.04	6373.18
1418.93	760.55	1358.11	1891.68	2959.49	1462.34	1997.36	2994.74	1721.99	5609.91
482.71	30.84	89.29	491.51	2161.63	86.04	122.32	1195.54	68.89	5016.40
				0.02			0.01		0.05
401.43			255.22	2019.06			1146.35		4733.32
			0.02	0.01	0.01	0.01			
			160.93	50.48	26.30	19.68			
0.02	0.01	0.02	0.02		0.02		0.03		
9.57	5.22	15.26	4.18	3.48	10.00		23.53		0.51
0.02	0.02	0.02	0.02	0.03	0.02	0.04	0.02	0.02	0.08
51.44	25.62	73.45	53.13	88.51	49.74	102.64	25.66	60.71	164.89
20.26		0.58	18.05	0.12				8.18	117.69
78.13	131.36	173.76	112.63	122.18	127.64	351.51	306.20	320.05	38.39
27.20	2.10	51.89	29.74	75.71	11.24	22.82	103.71	123.35	13.47
15.22	18.37	59.20	11.66	31.19	14.02	203.44	70.82	89.10	1.58
2.08	18.44	7.08	12.67	10.55	51.06	53.89	9.34	1.92	6.33
7.23	17.16	19.17	21.06	2.07	15.56	22.50	25.24	19.67	6.59
23.86	74.33	32.60	34.93	0.75	34.56	48.55	88.65	79.60	8.08
2.55	0.95	3.81	2.56	1.89	1.19	0.31	8.44	6.41	2.35
639.47	417.64	844.24	900.65	612.99	955.44	1144.78	956.64	952.30	457.08
96.61	64.46	128.77	124.52	88.66	127.56	161.03	140.01	132.12	66.29
635.06	410.66	837.30	795.04	608.42	851.50	1121.55	953.54	951.39	453.61
0.07	0.59		16.27		9.35	3.11		0.07	
0.72	3.46		95.33		52.89	21.84		0.48	
3.69	3.52	6.95	10.28	4.57	51.05	1.39	3.10	0.43	3.47
218.62	180.71	250.82	386.89	62.70	293.22	378.75	536.36	380.75	98.04

5-6　续表 8　　　　　（2019 年）

指标名称	单位	郑州市	中原区	二七区	管城区	金水区	上街区	惠济区
交通工具零配件和维修	元	155.18	97.04	112.04	135.49	124.90	168.30	77.71
停车费	元	38.99	61.55	52.88	55.63	81.24	13.22	40.55
车辆使用税费(含过桥过路费)	元	65.18	50.07	64.89	158.92	104.60	81.20	62.26
其他	元	17.99	42.42	8.71	18.26	19.47	8.81	16.13
通信	元	753.85	791.63	657.34	767.14	895.77	619.51	944.56
通信工具	元	209.94	146.58	178.42	169.69	192.83	220.24	302.89
电话机	部					0.01		0.01
金额	元	0.59		0.68		0.75		1.72
移动电话机	部	0.11	0.06	0.12	0.09	0.09	0.09	0.17
金额	元	197.82	134.15	170.13	162.59	180.32	208.46	287.85
其他通信工具及零配件	元	11.53	12.42	7.60	7.10	11.76	11.78	13.32
通信服务	元	543.91	645.05	478.93	597.45	702.94	399.26	641.67
固定电话费	元	10.37	7.19	25.75	3.36	10.27	19.45	7.70
移动电话费	元	451.57	532.13	329.50	513.68	627.92	332.46	553.05
上网费	元	73.76	100.09	120.59	73.48	58.08	37.35	75.19
邮费	元	5.23	5.11	2.02	5.23	4.77	9.49	3.12
其他通信服务费	元	2.97	0.54	1.06	1.71	1.90	0.51	2.60
教育文化娱乐	元	3198.21	3053.91	3640.58	3809.70	4481.19	2622.42	5377.40
教育	元	2052.62	1869.03	2142.51	2816.51	2681.17	1561.02	4042.90
学前教育	元	584.15	635.64	602.61	486.55	530.96	257.02	330.74
教育用品	元	8.42	3.40	8.18	39.78	2.49	0.37	1.73
学杂费	元	271.86	312.67	386.81	231.62	325.39	168.53	9.50
培训费	元	143.44	123.05	166.95	83.69	124.20	65.36	72.21
赞助费	元	7.29						
一揽子教育服务(含食宿)	元	127.83	153.10	22.52	117.47	65.55	22.76	245.83
其他费用	元	25.31	43.42	18.15	13.99	13.35		1.47
小学教育	元	459.87	437.69	318.10	765.01	794.87	146.74	1281.08
教育用品	元	25.32	20.18	21.17	50.47	23.35	10.28	50.67
学杂费	元	31.95	1.06	6.40	55.11	111.59	11.36	0.89
培训费	元	316.52	385.81	263.43	553.42	496.03	89.75	948.43
赞助费	元	6.73						
一揽子教育服务(含食宿)	元	46.12	11.97		57.75	91.71	29.74	58.21
其他费用	元	33.22	18.67	27.10	48.25	72.18	5.60	222.89

中牟县	巩义市	荥阳市	新密市	新郑市	登封市	经开区	高新区	郑东新区	航空港实验区
162.37	144.55	188.49	287.31	59.26	215.81	248.74	372.63	238.63	77.16
3.42	2.85	7.63	9.91	0.32	1.99	19.92	27.33	88.67	6.30
47.48	21.38	44.71	58.00	2.38	25.49	104.80	122.02	43.11	11.10
5.35	11.93	9.99	31.67	0.73	49.92	5.29	14.38	10.34	3.48
674.58	564.14	821.91	798.93	627.56	809.39	843.80	589.59	658.05	763.27
308.99	210.71	309.07	303.36	123.81	231.52	149.80	179.50	231.80	248.48
			0.01				0.01		
			4.50		0.98		0.75		
0.13	0.13	0.15	0.14	0.07	0.13	0.06	0.08	0.09	0.12
293.93	192.59	290.77	287.35	120.86	217.17	127.19	171.53	219.23	241.79
15.06	18.12	18.30	11.51	2.95	13.38	22.60	7.22	12.57	6.69
365.60	353.43	512.84	495.57	503.75	577.87	694.01	410.08	426.25	514.79
2.16	5.46	1.17	4.10	16.49	36.27	1.13	10.24	0.12	10.80
318.46	326.36	464.31	444.27	424.01	441.69	626.82	331.38	370.93	300.21
32.83	15.54	35.07	42.60	63.23	88.85	54.08	56.15	47.53	178.87
1.64	1.17	5.92	2.68		1.87	7.84	9.15	1.32	24.91
10.50	4.90	6.37	1.92	0.02	9.19	4.13	3.15	6.34	
2542.99	1699.15	2618.81	2309.11	3111.55	2141.69	2726.78	3777.59	4448.10	1063.43
1527.48	1070.47	1285.63	1532.96	1931.43	1250.40	1821.14	2888.65	3201.69	748.17
237.58	215.96	288.52	514.68	1260.63	103.51	713.55	762.46	1732.25	436.15
2.67	4.24	2.84	6.92	19.46	2.29	19.32	6.67	10.74	3.58
141.57	22.21	171.00	154.43	154.47	66.21	413.71	281.50	764.85	315.01
46.44	50.73	56.44	173.73	236.87	16.29	205.01	167.74	646.03	18.83
				153.13					0.92
40.43	136.25	54.72	166.14	412.90	13.60	59.07	306.21	309.01	97.81
6.47	2.52	3.53	13.46	283.80	5.11	16.45	0.34	1.62	0.01
183.22	173.41	319.88	472.90	451.42	218.13	279.83	416.94	494.60	118.71
18.07	19.10	15.63	33.31	88.57	7.86	10.78	18.23	7.00	15.67
0.49	19.83	27.97	27.25	61.35	28.69	0.90	1.84	11.80	2.60
135.42	115.28	250.59	197.52	134.80	105.46	261.00	367.15	390.04	68.58
				141.33					0.90
23.19	18.96	21.14	185.90		47.15		4.60	78.75	29.65
6.05	0.24	4.55	28.92	25.37	28.96	7.15	25.12	7.01	1.31

5-6 续表 9 （2019 年）

指标名称	单位	郑州市	中原区	二七区	管城区	金水区	上街区	惠济区
初中教育	元	282.07	177.51	256.06	872.25	326.22	187.65	648.95
教育用品	元	17.29	2.02	8.44	52.57	24.39	20.02	10.85
学杂费	元	31.64	3.07	0.51	111.95	29.79	31.44	85.34
培训费	元	174.80	156.02	238.10	680.89	155.36	103.80	277.43
一揽子教育服务(含食宿)	元	51.97	16.40		10.79	115.02	31.45	248.12
其他费用	元	6.38		9.01	16.05	1.67	0.94	27.22
高中教育	元	266.64	100.94	243.37	386.41	582.26	373.37	418.21
教育用品	元	9.85	3.71	10.37	9.13	6.72	14.27	22.26
学杂费	元	17.17	5.97	13.02	94.41	15.31	55.97	2.65
培训费	元	88.34	20.46	128.04	1.61	200.68	120.47	171.31
一揽子教育服务(含食宿)	元	120.66	65.69	82.45	215.13	219.25	180.69	209.87
其他费用	元	30.40	5.11	9.49	66.14	140.30	1.97	12.12
中专职高教育	元	11.77	1.64	0.06		56.76		
教育用品	元	0.59	0.70	0.06		1.27		
学杂费	元	0.47						
一揽子教育服务(含食宿)	元	4.23				15.28		
其他费用	元	0.29	0.94					
大专及以上教育	元	323.87	491.78	244.78	151.76	191.04	440.95	1294.83
教育用品	元	1.54	0.36		3.50			
学杂费	元	101.17	57.05	97.33	110.90	10.29	217.88	477.11
培训费	元	6.06	2.29		13.71	4.65		2.48
一揽子教育服务(含食宿)	元	185.39	426.72	35.50	23.65	112.01	215.61	786.41
其他费用	元	29.70	5.36	111.96		64.09	7.47	28.82
成人教育	元	124.24	23.83	477.53	154.52	199.07	155.29	69.09
教育用品	元	2.07		0.64	6.74	1.30		0.66
培训费	元	32.31	21.26	0.21	144.65	6.62	146.86	
其他费用	元	89.86	2.57	476.68	3.13	191.15	8.43	68.43
文化娱乐	元	1145.60	1184.88	1498.07	993.19	1800.02	1061.40	1334.50
文娱耐用消费品	元	149.32	115.45	177.27	12.48	255.99	31.09	80.89
组合音响	台							
金额	元	3.17						
彩色电视机	台	0.01	0.02	0.02		0.02		

中牟县	巩义市	荥阳市	新密市	新郑市	登封市	经开区	高新区	郑东新区	航空港实验区
186.98	122.47	158.82	167.50	79.43	95.08	151.62	390.31	555.54	35.57
15.99	15.09	9.66	19.16	18.54	14.92	7.49	28.57	19.55	6.01
48.06	8.69		37.07	13.66	2.64	8.50	147.02	47.46	12.50
65.34	44.71	89.07	53.35	45.81	33.07	131.38	185.71	330.51	3.38
43.21	31.95	59.36	56.58	0.69	35.67		20.60	157.30	13.67
14.38	22.03	0.73	1.34	0.72	8.78	4.26	8.40	0.71	
187.64	321.37	256.95	157.63	4.29	32.56	407.69	439.47	79.99	84.19
20.57	32.26	3.80	8.45	2.79	6.20	28.64	6.75	0.37	5.45
2.45	43.79	6.53	10.25		3.80	10.00		1.86	3.35
14.51	25.86	192.74	34.54		0.71	233.09	218.69	31.32	45.74
147.61	213.82	53.22	102.69	1.50	21.50	132.19	181.82	42.89	29.15
0.43	3.37	0.64	1.70		0.35	3.75	32.21	3.55	0.51
		5.08	25.58		1.30			16.15	
		3.16	2.80						
			6.56		1.30				
		1.50	14.21					15.29	
		0.42	2.01					0.86	
659.81	227.69	221.26	169.02	115.98	668.42	171.40	799.31	315.03	5.15
1.88	0.28	1.88	1.69		3.86	13.37	5.18		1.38
370.77	69.34	17.64	47.53	4.40	135.96	64.10	386.45	151.35	
4.47	0.56		21.84		31.44			12.98	
274.15	157.51	201.73	93.98	111.59	383.90	93.93	407.53	149.34	
8.54			3.98		113.25		0.15	1.35	3.77
72.25	9.56	35.13	25.66	19.68	131.42	97.05	80.16	8.13	68.40
1.29	0.69		0.09	0.71	0.04	2.02			15.34
54.58	6.25	34.97	19.86	17.40	43.22	93.34	5.33	7.94	45.07
16.38	2.62	0.16	5.71	1.57	88.15	1.69	74.83	0.19	7.99
1015.51	628.68	1333.18	776.15	1180.13	891.28	905.64	888.94	1246.41	315.26
243.75	164.03	84.05	89.92	458.86	101.40	70.57	85.30	96.14	103.84
				0.01	0.01				
1.87				63.72	1.64				
0.03	0.03	0.01	0.02	0.01	0.02		0.01	0.02	

5-6 续表 10 （2019 年）

指标名称	单位	郑州市	中原区	二七区	管城区	金水区	上街区	惠济区
金额	元	34.20	39.78	39.60	5.84	42.95		
照相机								
金额	元	10.05	13.81	53.86		8.52		
家用台式电脑	台							0.01
金额	元	13.59	28.11			12.95		68.88
家用笔记本电脑	台			0.01		0.01		
金额	元	19.70		36.01		35.01		
中高档乐器	元	22.63	19.68	6.03		103.81		
健身器材	元	11.18			0.09	0.24	1.48	
其他文娱耐用消费品	元	18.96	2.80	6.15		39.06	2.14	9.64
文娱耐用消费品的零配件及维修	元	15.65	11.27	34.72	6.55	13.45	27.46	2.37
其他文娱用品	元	251.54	162.77	295.67	163.41	340.69	231.14	391.49
书报杂志及音像制品	元	68.60	30.12	101.57	25.65	86.49	41.74	128.13
文具纸张	元	29.80	13.53	24.01	26.01	55.84	17.58	52.33
体育户外用品	元	17.03	7.55	14.20	14.96	19.23	28.59	28.27
游戏用品和玩具	元	68.23	59.52	56.12	59.22	95.90	54.31	66.32
园艺花卉及有关产品	元	23.18	26.90	10.78	11.85	24.83	25.98	18.85
宠物及有关产品	元	19.80	3.62	55.54	12.28	29.17	8.32	20.04
其他文娱用品及维修	元	24.90	21.54	33.43	13.43	29.22	54.64	77.56
文化娱乐服务	元	744.73	906.66	1025.13	817.30	1203.34	799.17	862.12
团体旅游	元	455.20	630.23	688.62	499.26	667.20	585.50	521.51
景点门票	元	110.90	86.43	79.55	155.93	205.10	77.00	76.07
体育健身活动	元	42.12	67.69	49.46	31.46	82.49	10.25	111.53
电影话剧演出票	元	41.92	43.05	20.11	45.31	78.73	69.84	51.45
有线电视费	元	26.52	32.98	43.18	21.76	64.44	21.87	30.32
其他文化娱乐服务	元	68.07	46.27	144.21	63.59	105.39	34.71	71.24
医疗保健	元	2277.82	2502.14	3412.67	1638.99	2513.85	2669.80	1762.05
医疗器具及药品	元	694.92	697.21	1121.55	650.77	644.84	1247.69	424.75
药品	元	567.90	405.66	1018.50	548.30	565.24	796.72	381.78
滋补保健品	元	95.24	256.97	90.80	98.08	63.80	415.05	19.67
医疗卫生器具	元	14.33	19.93	7.31	1.68	9.86	32.18	5.24
保健器具	元	17.45	14.65	4.94	2.71	5.94	3.74	18.07
医疗服务	元	1582.90	1804.92	2291.12	988.22	1869.01	1422.11	1337.30
门诊医疗总费用	元	502.44	484.54	672.72	446.11	618.08	482.17	506.55
住院医疗总费用	元	1080.46	1320.38	1618.41	542.11	1250.93	939.95	830.75
其他用品和服务	元	751.02	551.22	541.49	492.23	793.90	1328.95	392.70
其他用品	元	306.70	315.04	154.64	184.51	303.40	1036.13	133.23
首饰及手表	元	181.85	251.59	30.92	91.69	123.81	903.03	73.64
其他杂项用品	元	124.86	63.45	123.72	92.81	179.59	133.09	59.60
其他服务	元	444.32	236.18	386.85	307.73	490.50	292.82	259.46
旅馆住宿费	元	88.66	92.99	74.70	89.94	217.25	102.11	64.86
美容美发洗浴	元	153.02	117.50	118.75	181.69	178.11	128.97	121.13
其他杂项服务	元	202.64	25.69	193.40	36.10	95.14	61.74	73.48

中牟县	巩义市	荥阳市	新密市	新郑市	登封市	经开区	高新区	郑东新区	航空港实验区
113.62	29.74	48.27	53.47	25.89	31.70	3.80	6.17	45.51	10.98
	13.73			19.98					
0.01				0.01					
34.47	9.73			70.61	8.56	18.04			
0.01		0.01					0.01		
55.44	31.84	25.07	10.03		19.30	26.59	70.33		
8.40	28.72		4.51	28.99		1.01		1.78	
	1.79		0.87	227.14	0.17		0.51	0.37	2.49
20.35	6.86	2.74	4.19	12.20	22.63	5.21	0.31	29.53	89.83
9.62	41.63	7.97	15.31	10.33	17.39	15.92	7.97	18.95	0.54
236.54	141.68	214.12	217.94	326.45	193.73	291.42	196.73	491.91	114.93
43.70	19.59	48.01	27.99	51.13	35.35	94.92	53.39	279.32	20.22
31.18	27.04	27.71	27.51	16.02	32.18	26.32	19.38	33.29	18.89
21.33	8.20	13.99	10.38	77.86	12.28	10.91	13.40	21.65	1.55
76.77	42.28	57.25	75.27	87.72	43.40	100.34	39.88	85.84	60.62
19.79	12.04	39.25	53.58	31.93	31.83	30.55	21.89	22.38	5.63
16.43	0.96	7.62	14.73	45.43	8.38	11.72	32.64	21.42	1.31
27.33	31.57	20.29	8.48	16.38	30.31	16.68	16.16	28.01	6.71
535.22	322.97	1035.02	468.29	394.81	596.15	543.64	606.91	658.37	96.48
372.19	201.92	685.18	294.94	277.01	419.88	218.52	337.51	289.65	18.29
89.01	46.84	189.72	79.97	50.81	60.04	148.25	141.67	140.29	25.79
21.07	7.70	25.28	9.92	21.32	32.37	49.32	58.58	23.85	0.82
11.72	21.92	34.53	14.25	19.11	26.03	58.12	20.36	98.76	22.15
7.33	15.40	13.47	11.53	4.22	6.52	23.39	10.06	12.95	9.26
33.90	29.18	86.84	57.69	22.34	51.31	46.03	38.73	92.87	20.17
994.30	803.37	2039.44	2317.59	2331.92	989.66	1774.90	1924.73	3407.31	3219.24
235.19	252.02	540.96	658.22	1633.93	462.18	1108.76	485.57	610.27	549.16
197.73	218.46	421.03	575.29	1366.07	296.85	933.07	442.28	449.07	496.94
27.99	24.16	107.87	50.70	94.52	106.73	61.26	32.77	125.63	31.72
3.34	0.13	8.13	5.58	60.57	1.68	113.10	8.07	17.27	
6.13	9.27	3.93	26.65	112.76	56.92	1.32	2.46	18.29	20.51
759.11	551.35	1498.48	1659.36	697.99	527.47	666.14	1439.16	2797.05	2670.07
589.08	400.96	611.77	448.24	332.87	121.57	462.01	430.43	749.80	347.44
170.03	150.39	886.71	1211.13	365.12	405.91	204.13	1008.73	2047.25	2322.64
285.58	264.88	692.44	434.59	655.25	1556.46	889.16	2547.06	715.53	1082.97
151.42	105.87	327.08	192.42	521.57	1114.26	431.72	584.09	226.20	28.30
81.01	26.76	225.91	132.38	387.70	736.32	343.65	157.79	145.21	18.21
70.41	79.11	101.17	60.04	133.87	377.94	88.07	426.29	80.99	10.09
134.16	159.01	365.36	242.17	133.68	442.20	457.44	1962.98	489.33	1054.66
21.21	24.33	52.75	29.61	15.65	19.30	112.78	127.72	156.35	9.46
88.16	106.54	235.10	182.65	112.68	377.53	154.21	126.87	118.72	93.09
24.79	28.14	77.51	29.91	5.35	45.37	190.45	1708.39	214.26	952.11

5-7 城镇居民

（2019 年）

指　　标	单位	郑州市	中原区	二七区	管城区	金水区	上街区	惠济区
住户居住空间样式								
单栋楼房	%	11.8	1.6		1.2	1.1		
单栋平房	%	5.9				2.1		
四居室及以上单元房	%	4.9		7.8	5.7	9.1	17.7	4.0
三居室单元房	%	35.7	28.6	33.7	29.2	34.4	36.6	31.5
二居室单元房	%	33.2	58.9	58.5	41.0	37.3	38.8	52.2
一居室单元房	%	8.0	9.6		22.8	15.0	6.9	12.3
筒子楼或连片平房	%	0.6	1.3			1.1		
主要建筑材料								
钢筋混凝土	%	68.4	65.5	49.0	92.0	85.8	97.7	37.7
砖混材料	%	31.6	34.5	51.0	8.0	14.2	2.3	62.3
其他	%							
现住房房屋来源								
租赁公房	%	3.5	2.6		20.1	1.1	2.6	
租赁私房	%	5.1	3.8	8.8		6.3	8.5	12.5
自建住房	%	15.6			8.9			
购买商品房	%	43.6	37.3	40.8	47.2	65.7	56.8	62.4
购买房改住房	%	13.7	42.0	37.7	11.8	8.5	23.9	18.5
购买保障性住房	%	2.3	3.8	2.4	1.6	2.1		
拆迁安置房	%	11.3	3.4	10.3	9.1		3.6	
继承或获赠住房	%	0.4	0.6		1.2			4.5
免费借用房	%	3.7	5.2			12.5		2.1
雇主提供免费住房	%	0.8	1.2			3.8		
其他来源	%	0.1					4.7	
现住房建筑面积	**平方米/人**	**37.8**	**27.6**	**30.8**	**32.9**	**30.6**	**38.9**	**29.5**

家庭现住房情况

中牟县	巩义市	荥阳市	新密市	新郑市	登封市	经开区	高新区	郑东新区	航空港实验区
19.8	27.5	18.5	3.9	24.4	49.1				79.5
	33.8	16.7	28.5	18.7	21.3				0.9
3.8	3.3	5.1	7.2		0.8	16.7			0.9
67.8	32.8	52.8	57.9	39.1	26.1	47.7	49.1	49.7	
8.5	2.0	6.8	2.4	14.2	2.8	32.2	26.9	46.5	11.0
						3.4	24.0	3.8	7.8
	0.7			3.7					
85.0	30.8	81.6	55.8	55.2	30.7	77.1	100.0	59.6	75.4
14.1	69.2	18.4	44.2	44.8	69.3	22.9		40.4	24.6
0.9									
1.0	0.7			3.7					15.9
1.9	0.7	25.9				1.9	4.9	6.7	
17.0	63.9	9.8	35.2	43.0	72.3				63.6
39.3	34.1	55.3	24.1	10.0	27.7	92.4	72.8	28.5	
	0.6		1.1	14.8					
3.8							22.3		
37.1		9.0	37.9	28.4		4.4		60.3	11.0
			1.7						
						1.3		4.4	9.6
62.0	**43.8**	**52.7**	**33.5**	**63.3**	**58.4**	**38.4**	**30.1**	**29.3**	**41.0**

5-8 城镇居民家庭

（2019 年）

指　　标	单位	郑州市	中原区	二七区	管城区	金水区	上街区	惠济区
家用汽车	辆	55	40	40	50	56	48	43
摩托车	辆	15		19	4		10	
助力车	台	87	96	90	103	79	79	107
洗衣机	台	100	100	100	102	99	100	100
电冰箱(柜)	台	99	98	100	100	98	100	100
微波炉	台	55	70	70	62	52	55	75
彩色电视机	台	115	101	110	118	108	107	106
空调	台	205	162	207	214	207	232	220
热水器	台	99	97	100	100	101	103	90
洗碗机	台	2	2			2	2	
排油烟机	台	85	98	94	99	94	97	90
固定电话	线	13	8	29	7	9	30	15
移动电话	部	245	210	232	210	219	220	243
接入互联网	部	189	149	183	143	171	198	226
计算机	台	67	63	78	69	63	69	68
接入互联网	台	57	59	72	48	54	69	31
照相机	台	17	23	27	12	20	9	22
中高档乐器	架	10	6	10	7	7	3	2
健身器材	台	7	7	8	5	4	5	4

每百户耐用消费品拥有量

中牟县	巩义市	荥阳市	新密市	新郑市	登封市	经开区	高新区	郑东新区	航空港实验区
62	48	61	43	41	77	87	64	76	73
10	68	2	49	53	78	5			12
105	42	137	69	83	68	24	111	99	79
114	104	105	106	100	106	102	102	102	77
118	97	109	101	97	104	101	98	99	76
46	29	54	55	53	58	63	58	52	17
137	131	140	124	135	132	109	121	113	95
250	229	233	196	194	234	238	189	183	191
113	93	104	97	100	90	101	108	95	101
1		4	1		6	3	12	2	1
110	56	72	77	66	60	100	98	91	23
1	11	2	24	16	37	1	7		26
295	301	290	311	261	305	261	214	236	278
268	272	258	201	162	181	249	135	164	244
60	71	86	64	32	71	46	80	79	64
57	65	80	48	30	66	34	66	65	63
4	8	13	2	7	8	21	30	28	
1	1	5	7	2	11	5	73	31	
13	10	6	2	9	5	1	11	5	11

5-9 城镇居民

（2019 年）

指标名称	郑州市	中原区	二七区	管城区	金水区	上街区	惠济区
粮食消费量	**117.71**	**102.98**	**152.23**	**100.44**	**106.18**	**77.31**	**131.17**
谷物消费量	**104.34**	**91.38**	**135.03**	**88.02**	**93.23**	**65.47**	**112.89**
小麦	77.06	64.27	99.02	58.16	63.19	47.28	79.03
稻谷	19.01	20.62	24.85	21.75	19.95	11.67	24.27
玉米	2.01	1.62	3.70	2.02	3.41	1.28	2.50
其他谷物	6.27	4.87	7.47	6.08	6.69	5.23	7.08
薯类消费量	**2.93**	**3.02**	**4.32**	**2.97**	**3.34**	**2.44**	**3.10**
红薯	1.13	1.05	1.72	1.08	1.28	1.01	1.18
马铃薯	1.33	1.58	1.94	1.38	1.55	1.03	1.46
其他薯类	0.48	0.39	0.66	0.51	0.51	0.41	0.45
豆类消费量	**10.44**	**8.57**	**12.87**	**9.45**	**9.60**	**9.39**	**15.18**
大豆	0.65	0.50	0.89	0.71	0.84	0.42	0.20
其他豆类	9.79	8.08	11.98	8.74	8.76	8.97	14.99
油脂类消费量	**8.15**	**5.49**	**8.68**	**8.47**	**6.96**	**5.54**	**6.02**
植物油	7.93	5.48	8.60	8.45	6.89	5.46	5.93
动物油	0.22	0.01	0.08	0.02	0.07	0.07	0.09
蔬菜及菜制品消费量	**107.18**	**124.47**	**140.71**	**110.42**	**103.76**	**88.84**	**133.00**
鲜菜	102.80	119.60	135.08	105.89	99.35	84.52	127.97
干菜及菜制品	1.21	0.87	1.65	1.46	1.25	0.93	1.26
鲜菌	2.84	3.80	3.69	2.83	2.90	3.11	3.49
干菌及菌制品	0.34	0.21	0.29	0.25	0.26	0.27	0.28
肉类	**19.75**	**20.44**	**24.07**	**23.00**	**19.67**	**18.22**	**21.79**
猪肉	12.41	13.54	15.05	14.80	10.74	12.03	12.82
牛肉	1.95	1.88	2.97	2.34	1.97	0.92	2.64
羊肉	1.60	1.99	1.99	2.47	1.52	0.95	2.19
其他肉类及制品	3.79	3.03	4.06	3.40	5.44	4.33	4.13
禽类	**6.74**	**8.40**	**8.34**	**9.28**	**8.20**	**5.41**	**8.29**
鸡	4.41	5.01	5.25	6.34	4.48	3.35	5.67

人均食品消费量

单位:公斤

中牟县	巩义市	荥阳市	新密市	新郑市	登封市	经开区	高新区	郑东新区	航空港实验区
100.29	**126.78**	**116.58**	**134.81**	**144.31**	**186.63**	**84.60**	**110.56**	**97.19**	
87.94	**112.95**	**101.51**	**120.46**	**128.00**	**166.16**	**74.48**	**98.28**	**86.33**	**93.90**
63.95	92.24	78.74	97.26	96.50	135.24	46.82	71.15	61.84	88.07
11.50	13.93	15.34	16.40	22.21	19.00	21.79	15.77	18.87	71.38
2.13	0.93	1.20	0.84	1.58	1.65	1.67	2.66	1.59	14.71
10.36	5.84	6.23	5.96	7.71	10.27	4.20	8.70	4.04	0.24
2.33	**2.42**	**3.53**	**2.77**	**2.33**	**3.22**	**1.90**	**3.20**	**2.77**	**1.74**
0.64	0.70	1.48	1.28	1.59	0.85	0.44	1.35	0.86	1.11
1.17	1.34	1.62	0.88	0.24	1.69	1.14	1.53	1.36	0.75
0.51	0.38	0.43	0.61	0.49	0.68	0.32	0.32	0.55	0.19
10.02	**11.41**	**11.54**	**11.57**	**13.98**	**17.25**	**8.22**	**9.07**	**8.10**	**0.18**
0.25	0.33	0.26	0.93	1.83	0.76	0.31	0.52	0.20	4.71
9.77	11.08	11.28	10.65	12.15	16.48	7.91	8.55	7.90	0.56
7.50	**8.65**	**6.92**	**10.19**	**19.24**	**12.35**	**7.56**	**6.21**	**5.03**	**4.15**
7.47	8.64	6.91	10.15	15.40	12.31	7.53	6.17	5.02	7.66
0.03	0.01	0.01	0.04	3.84	0.04	0.03	0.04	0.01	7.64
109.25	90.72	107.08	95.24	112.70	124.44	85.84	119.33	102.93	0.02
107.12	87.27	102.90	92.29	106.00	117.88	82.74	113.28	98.47	45.10
0.69	1.28	0.89	0.82	1.34	1.98	1.00	1.66	1.45	43.62
1.27	1.92	3.05	1.66	4.16	3.57	1.89	4.10	2.67	0.55
0.17	0.24	0.24	0.46	1.21	1.01	0.20	0.29	0.33	0.86
20.48	**15.01**	**17.03**	**15.49**	**24.81**	**20.72**	**16.97**	**20.18**	**21.08**	**0.08**
14.52	9.12	11.48	10.29	15.35	13.10	9.77	13.06	12.93	13.94
0.87	1.05	1.05	0.98	3.45	2.45	2.45	2.43	1.38	10.22
1.01	0.91	0.85	0.82	1.76	2.11	1.37	1.76	1.98	1.54
4.07	3.94	3.65	3.41	4.25	3.06	3.39	2.92	4.79	0.92
8.44	**3.30**	**4.02**	**3.86**	**6.75**	**3.43**	**6.56**	**7.92**	**6.27**	**1.26**
5.72	2.16	2.59	2.66	5.52	2.30	5.08	5.43	4.15	4.48

5-9 续表 （2019 年）

指标名称	郑州市	中原区	二七区	管城区	金水区	上街区	惠济区
鸭	0.25	0.38	0.46	0.24	0.30	0.38	0.29
鹅	0.02		0.01	0.02			
其他禽类及制品	2.06	3.01	2.62	2.69	3.41	1.67	2.33
水产品	**7.35**	**11.40**	**8.24**	**11.02**	**8.18**	**6.52**	**8.73**
鱼类	4.54	8.07	5.68	6.91	5.37	4.52	5.93
虾贝蟹类	1.65	2.20	1.46	2.75	1.55	1.27	1.55
藻类	0.48	0.20	0.30	0.43	0.40	0.19	0.34
其他	0.68	0.93	0.80	0.94	0.86	0.54	0.91
蛋类及蛋制品	**15.98**	**15.26**	**17.66**	**19.39**	**16.61**	**16.09**	**20.98**
鲜蛋	15.22	14.63	16.36	18.86	15.52	15.22	19.97
蛋制品	0.76	0.62	1.30	0.53	1.09	0.87	1.01
奶和奶制品	**22.71**	**18.76**	**28.85**	**24.10**	**31.48**	**24.19**	**31.43**
鲜奶	12.83	10.22	15.25	10.52	17.70	14.59	22.24
酸奶	8.08	7.44	12.39	11.96	11.48	8.40	7.02
奶粉	0.92	0.44	0.52	0.62	1.02	0.23	0.35
其他奶制品	0.88	0.67	0.69	1.00	1.28	0.97	1.82
干鲜瓜果类	**87.57**	**86.15**	**94.82**	**103.41**	**84.14**	**86.87**	**98.49**
鲜瓜果	80.09	80.05	85.99	97.22	76.81	79.05	88.90
瓜果制品	2.07	1.79	2.69	1.65	2.03	2.19	2.04
坚果类	5.41	4.30	6.14	4.54	5.31	5.64	7.55
糖果糕点类	**8.69**	**5.93**	**11.89**	**9.54**	**10.37**	**7.97**	**12.66**
食糖	1.15	0.58	1.40	1.46	1.15	0.48	2.16
糖果	1.05	0.73	1.09	0.95	1.53	0.97	1.91
糕点	5.64	4.14	8.67	6.22	6.58	6.04	7.60
其他糖果糕点	0.86	0.48	0.73	0.91	1.10	0.49	0.99
饮料	**0.35**	**0.20**	**0.12**	**0.34**	**0.36**	**0.16**	**0.14**
茶叶	0.35	0.20	0.12	0.34	0.36	0.16	0.14
烟叶消费量	**17.52**	**16.05**	**21.03**	**31.84**	**6.45**	**10.64**	**23.09**
酒	**6.10**	**4.91**	**6.18**	**9.02**	**5.18**	**3.67**	**5.54**
白酒	2.20	2.33	1.70	4.60	1.72	2.44	2.73
啤酒	3.66	2.39	4.33	4.37	3.09	1.15	2.67
果酒	0.24	0.19	0.15	0.06	0.38	0.08	0.15

中牟县	巩义市	荥阳市	新密市	新郑市	登封市	经开区	高新区	郑东新区	航空港实验区
0.13	0.06	0.05	0.05	0.55	0.11	0.28	0.45	0.15	3.99
0.07				0.07		0.15	0.02	0.03	0.07
2.52	1.08	1.38	1.15	0.60	1.02	1.05	2.02	1.94	0.03
4.55	**2.55**	**4.60**	**3.62**	**18.22**	**3.14**	**5.30**	**7.74**	**5.77**	**0.39**
3.18	1.37	2.48	2.21	6.19	1.43	3.51	5.22	3.60	3.00
0.80	0.24	0.79	0.40	8.20	0.43	1.20	1.60	1.27	1.96
0.13	0.29	0.97	0.63	3.04	0.66	0.13	0.26	0.15	0.88
0.44	0.65	0.36	0.37	0.78	0.61	0.46	0.67	0.75	0.12
10.40	**13.51**	**16.31**	**14.65**	**18.28**	**17.61**	**14.84**	**15.21**	**18.77**	**0.04**
10.18	13.31	15.92	14.29	15.90	16.99	14.05	14.63	18.32	9.56
0.23	0.20	0.39	0.36	2.38	0.61	0.79	0.58	0.45	9.18
9.83	**15.97**	**17.48**	**20.56**	**24.84**	**27.16**	**21.76**	**23.35**	**27.11**	**0.38**
5.41	12.32	11.07	14.64	11.24	14.29	12.40	11.70	17.29	5.28
3.56	3.19	5.72	4.08	7.11	10.19	7.37	10.44	7.92	1.61
0.70	0.35	0.35	0.77	5.13	0.89	1.61	0.40	0.80	2.16
0.17	0.11	0.34	1.07	1.36	1.79	0.38	0.81	1.10	1.10
78.43	**76.37**	**82.89**	**85.70**	**76.78**	**173.18**	**72.69**	**93.07**	**76.44**	**0.40**
71.94	69.18	74.68	78.06	69.29	160.71	66.44	81.25	70.91	42.91
1.27	1.77	3.10	1.42	1.82	2.37	1.91	4.29	2.14	38.06
5.22	5.41	5.11	6.22	5.67	10.09	4.34	7.54	3.39	1.59
5.19	**6.32**	**9.72**	**8.43**	**5.88**	**14.85**	**6.07**	**10.46**	**6.91**	**3.27**
0.74	0.83	0.91	1.19	1.43	2.54	0.87	1.02	0.68	5.02
0.34	0.41	1.07	1.25	0.74	2.05	1.16	0.97	0.75	1.01
3.88	4.08	7.31	5.50	2.34	8.54	3.58	7.18	4.94	0.64
0.23	1.00	0.43	0.49	1.37	1.72	0.46	1.29	0.54	2.21
0.05	**0.07**	**0.17**	**0.22**	**3.13**	**0.56**	**0.14**	**0.16**	**0.12**	**1.16**
0.05	0.07	0.17	0.22	3.13	0.56	0.14	0.16	0.12	0.10
11.97	15.19	25.87	29.61	12.20	33.79	4.17	11.19	12.96	0.10
3.41	**4.34**	**5.13**	**3.62**	**8.85**	**12.15**	**7.71**	**5.85**	**5.41**	**17.53**
1.45	0.72	2.16	1.17	4.82	1.65	2.88	1.63	2.85	7.11
1.94	3.28	2.75	2.29	3.50	9.41	4.69	4.16	2.51	1.66
0.02	0.34	0.23	0.16	0.54	1.09	0.14	0.05	0.04	5.45

5-10 城镇居民按五等份分组人均可支配收入

（2019 年）

单位：元

指 标	城镇低收入户	城镇中低收入户	城镇中等收入户	城镇中高收入户	城镇高收入户
可支配收入	**19004.51**	**28404.33**	**37642.46**	**49202.45**	**90819.64**
工资性收入	14827.21	18937.92	24873.18	27257.21	48667.03
工资	14208.81	18631.83	24280.86	26294.16	46077.26
实物福利	210.69	32.02	68.37	51.91	189.98
其他	407.70	274.07	523.95	911.13	2399.78
经营净收入	**707.11**	**1542.68**	**2641.20**	**2085.87**	**16587.02**
第一产业经营净收入	140.28	60.70	22.84	1.96	204.34
第二产业经营净收入	16.59	132.17	1.88	209.30	3497.44
第三产业经营净收入	550.24	1349.81	2616.48	1874.60	12885.24
财产净收入	**2467.41**	**5405.12**	**6195.62**	**11633.47**	**15115.09**
利息净收入	-54.98	-20.21	-355.01	-422.68	37.23
红利收入	149.86	175.30	324.35	223.84	891.47
储蓄性保险净收益	3.65	2.42	9.90		525.84
转让承包土地经营权租金净收入	42.88	38.25	7.32	4.14	199.55
出租房屋财产性收入	439.87	1568.89	1355.21	6579.02	5516.99
出租机械专利版权等资产的收入		41.70			105.22
其他财产净收入	19.47	39.39	6.85	44.39	79.50
房屋虚拟租金	1866.67	3559.38	4847.00	5204.76	7759.29
转移净收入	**1002.79**	**2518.61**	**3932.46**	**8225.91**	**10450.51**
转移性收入	1694.20	4020.55	5502.82	9952.69	13996.15
养老金或离退休金	893.70	3377.12	4545.32	7877.75	10720.35
社会救济和补助	61.90	29.74	22.87	13.83	118.21
政策性生活补贴	104.68	75.60	147.36	132.01	182.41
报销医疗费	98.28	170.24	467.25	602.33	1842.84
家庭外出从业人员寄回带回收入	152.12	144.94	42.99	470.32	296.62
从政府和组织得到的实物产品和服务折价	24.85	40.54	45.47	4.04	5.27
转移性支出	**691.41**	**1501.94**	**1570.36**	**1726.77**	**3545.64**
个人所得税	9.26	49.90	128.44	45.34	530.20
社会保障支出	614.06	1361.30	1296.66	1505.42	2758.72
外来从业人员寄给家人的支出	46.96	18.58	49.68	69.33	
赡养支出	14.15	42.84	19.08	41.35	116.51
其他转移性支出	6.99	29.34	76.51	65.34	140.21

5-11 城镇居民按五等份分组人均消费支出

（2019 年）

单位：元

指标	城镇低收入户	城镇中低收入户	城镇中等收入户	城镇中高收入户	城镇高收入户
消费支出	**17809.50**	**21216.35**	**26082.61**	**33844.34**	**43423.99**
食品烟酒	**4678.59**	**5324.04**	**6052.82**	**7456.34**	**9343.73**
食品	**3258.20**	**3550.95**	**3772.34**	**4668.64**	**5179.95**
谷物	415.17	420.02	463.22	570.56	595.05
薯类	57.23	65.42	72.87	78.84	85.34
豆类	52.03	57.76	62.23	68.73	71.89
食用油	161.77	147.29	114.20	180.60	156.35
蔬菜和食用菌	357.09	462.99	468.95	588.97	613.24
肉类	487.61	678.38	679.97	870.91	961.42
禽类	108.70	146.79	172.48	212.45	210.60
水产品	327.73	203.21	189.60	231.86	311.24
蛋类	153.78	136.25	147.05	175.87	178.64
奶类	407.36	391.79	427.54	509.60	578.12
干鲜瓜果类	435.32	547.33	615.82	739.98	924.79
糖果糕点类	128.65	135.54	176.55	230.10	244.79
其他食品	165.74	158.18	181.87	210.17	248.48
烟酒	**352.53**	**359.80**	**482.36**	**675.83**	**810.90**
烟草	192.51	210.69	264.74	380.51	367.81
酒类	160.02	149.11	217.62	295.32	443.09
饮料	**253.26**	**191.55**	**159.27**	**195.36**	**283.60**
饮食服务	**814.61**	**1221.73**	**1638.85**	**1916.51**	**3069.28**
食堂用餐	40.90	65.01	48.01	56.49	113.00
其他在外饮食	771.27	1156.06	1589.23	1857.41	2955.82
食品加工服务费	2.44	0.66	1.60	2.62	0.46
衣着	**1401.85**	**1504.27**	**1896.87**	**2057.88**	**3020.86**
衣类	1055.47	1171.38	1493.08	1639.72	2438.64
鞋类	346.38	332.89	403.79	418.16	582.22
居住	**4208.20**	**6493.96**	**8093.19**	**10193.28**	**13217.81**
租赁房房租	134.95	351.12	108.76	457.12	430.74
住房维修及管理	304.68	314.16	354.37	1018.92	551.65
水电燃料及其他	951.62	1028.27	944.88	1537.27	1426.40
自有住房折算租金	2816.95	4800.40	6685.18	7179.97	10809.03
租赁房房租中租赁公房房租	10.62	59.82	14.82	33.88	17.74
租赁房房租中租赁私房房租	124.33	291.31	93.94	423.24	413.00
住房维修及管理中物业管理费	65.71	132.15	158.42	255.86	414.24
生活用品及服务	**1125.01**	**1436.22**	**1372.76**	**2383.64**	**2449.80**

5-11 续表 （2019 年）

指　标	城镇低收入户	城镇中低收入户	城镇中等收入户	城镇中高收入户	城镇高收入户
家具及室内装饰品	354.38	291.94	136.59	536.02	379.70
家用器具	281.55	409.43	354.73	772.32	477.09
家用纺织品	57.74	162.23	122.47	191.92	185.76
家庭日用杂品	186.82	248.07	299.53	373.67	431.11
个人用品	213.44	290.85	418.34	423.06	827.87
家庭服务	31.09	33.69	41.10	86.65	148.26
家政服务	7.27	2.65	13.33	41.35	62.32
交通通信	**1598.95**	**1795.29**	**2705.69**	**5468.86**	**4336.28**
交通	**1128.44**	**1172.18**	**1935.32**	**4512.53**	**3184.73**
交通工具	465.14	68.88	344.51	2732.45	143.41
交通费	74.28	148.38	199.48	404.96	748.13
交通工具用燃料	365.92	557.48	798.50	803.52	1402.25
交通工具使用及维修	223.10	397.44	592.82	571.60	890.94
车辆保险支出	97.52	191.49	264.95	261.18	386.68
通信	**470.51**	**623.11**	**770.37**	**956.33**	**1151.54**
通信工具	120.52	153.13	217.06	246.55	379.40
通信服务	349.99	469.98	553.31	709.78	772.14
教育文化娱乐	**2490.40**	**2864.20**	**3096.21**	**3213.25**	**4994.56**
教育	**1792.26**	**2165.80**	**2100.29**	**1922.65**	**2502.42**
学前教育	521.67	411.56	692.75	520.41	846.89
小学教育	382.32	435.59	481.55	545.85	486.42
初中教育	124.19	235.43	617.30	233.57	216.39
高中教育	169.95	499.71	80.08	311.42	286.23
中专职高教育	5.39	2.90	0.52	5.54	54.82
大专及以上教育	357.56	508.43	197.54	249.47	385.25
成人教育	231.18	72.17	30.54	56.38	226.43
文化娱乐	**698.14**	**698.40**	**995.92**	**1290.60**	**2492.14**
文娱耐用消费品	119.23	95.43	88.50	225.20	259.22
其他文娱用品	167.80	171.40	219.28	296.26	477.98
文化娱乐服务	411.12	431.57	688.14	769.14	1754.94
医疗保健	**1783.79**	**1335.46**	**2137.63**	**2356.30**	**4448.73**
医疗器具及药品	534.05	468.15	544.82	825.15	1315.97
医疗服务	1249.74	867.31	1592.82	1531.14	3132.76
门诊总费用	365.61	426.01	540.34	505.51	763.72
住院总费用	884.13	441.30	1052.47	1025.64	2369.04
其他用品和服务	**522.70**	**462.92**	**727.44**	**714.80**	**1612.21**
其他用品	126.97	189.07	364.50	339.18	645.56
其他服务	395.72	273.85	362.94	375.62	966.65

5-12 农村居民家庭基本情况

（2019年）

指 标	单位	郑州市	中原区	二七区	管城区	金水区	上街区	惠济区	中牟县
调查户数	户	790	30	40	30	30	20	30	80
期内住户常住成员数	人	3277	106	176	125	129	69	122	350
劳动力人数	人	2177	75	122	83	88	41	83	219
6周岁及以上住户成员受教育程度	人	2177	75	122	83	88	41	83	219
未上过学	人	33		2	1	1		1	7
小学	人	280	5	4	6	12	7	10	40
初中	人	1074	26	52	38	26	20	32	116
高中	人	509	26	46	22	13	7	24	35
大学专科	人	216	13	15	15	33	6	11	12
大学本科	人	62	4	3	1	3	1	5	8
研究生	人	3	1						1
从事主要行业	人	1768	38	91	75	63	28	69	204
第一产业	人	512		20	7	2	1	8	104
第二产业	人	405	6	10	5	11	12	6	27
第三产业	人	851	32	61	63	50	15	55	73
可支配收入	元/人	**23535.50**	**25055.86**	**26530.81**	**28322.44**	**28223.80**	**24091.44**	**27596.81**	**21309.50**
总收入	元/人	**26358.04**	**26185.60**	**29246.53**	**28622.37**	**28994.68**	**24829.37**	**29714.94**	**25486.87**
总支出	元/人	**22460.27**	**23489.46**	**19092.66**	**24979.25**	**30569.79**	**22834.53**	**46643.72**	**20201.10**
消费支出	元/人	**16864.45**	**21585.28**	**17305.94**	**22891.29**	**22474.95**	**20978.84**	**33377.92**	**13310.81**
年末人均居住面积	**平方米/人**	**75.80**	**35.79**	**117.84**	**290.05**	**39.06**	**29.75**	**282.54**	**62.79**

5-12 续表

指 标	单位	巩义市	荥阳市	新密市	新郑市	登封市	经开区	高新区	郑东新区	航空港实验区
调查户数	户	80	80	80	80	80	30	30	30	40
期内住户常住成员数	人	334	282	317	330	362	158	114	133	170
劳动力人数	人	242	193	224	217	234	100	76	78	102
6周岁及以上住户成员受教育程度	人	242	193	224	217	234	100	76	78	102
未上过学	人	5	4	2	2	3	1		2	2
小学	人	42	22	38	24	23	19	8	8	12
初中	人	117	97	114	128	124	50	29	30	75
高中	人	46	56	51	38	61	16	31	28	9
大学专科	人	24	10	13	17	21	14	5	5	2
大学本科	人	8	4	6	8	2		3	5	1
研究生	人									1
从事主要行业	人	186	167	181	176	219	65	48	64	94
第一产业	人	36	52	32	70	99	4		47	30
第二产业	人	93	46	57	45	27	8	15	4	33
第三产业	人	57	69	92	61	93	53	33	13	31
可支配收入	元/人	**25075.70**	**22359.93**	**22434.33**	**23502.77**	**20216.73**	**26265.01**	**24925.90**	**27097.40**	**23443.97**
总收入	元/人	**26409.70**	**25136.49**	**25323.65**	**23887.48**	**23823.99**	**27103.16**	**25222.50**	**33250.80**	**25652.21**
总支出	元/人	**13750.55**	**20039.50**	**22881.51**	**25553.06**	**19206.47**	**21133.45**	**21854.76**	**31942.19**	**19948.35**
消费支出	元/人	**11322.66**	**13968.10**	**15477.99**	**22827.24**	**14340.41**	**18704.74**	**18465.43**	**17892.41**	**16373.57**
年末人均居住面积	**平方米/人**	**38.64**	**75.12**	**57.32**	**58.39**	**58.43**	**184.47**	**30.32**	**105.96**	**34.27**

5-13 农村居民

（2019 年）

指　　标	郑州市	中原区	二七区	管城区	金水区	上街区	惠济区
可支配收入	**23535.50**	**25055.86**	**26530.81**	**28322.44**	**28223.80**	**24091.44**	**27596.81**
工资性收入	**14879.94**	**12354.44**	**22308.78**	**22133.95**	**20304.65**	**13509.76**	**20261.18**
工资	14496.01	12270.65	22293.78	22089.12	19815.71	13147.86	19955.74
实物福利	35.96	45.44	14.54	0.75	9.22		122.70
其他	347.97	38.35	0.45	44.09	479.72	361.89	182.74
经营净收入	**5123.51**	**399.06**	**2875.56**	**-23.32**	**917.06**	**238.45**	**2025.34**
第一产业经营净收入	2334.13		-0.59	-23.32	-86.56	25.58	157.21
第二产业经营净收入	772.25		2457.12		1003.73		-21.23
第三产业经营净收入	2017.13	399.06	419.03		-0.11	212.87	1889.36
财产净收入	**1555.48**	**4597.26**	**1258.13**	**6277.51**	**5094.48**	**8706.80**	**5757.22**
利息净收入	32.06	663.81	17.03	-47.19			-184.63
红利收入	469.70	935.31		159.21	4164.79	5536.15	193.49
储蓄性保险净收益	1.78						
转让承包土地经营权租金净收入	192.78			35.08	556.64	621.41	11.47
出租房屋财产性收入	824.22	2998.14	1241.10	6122.23	372.14	145.35	5817.10
出租机械专利版权等资产的收入	19.84					2403.89	
其他财产净收入	15.10			8.18	0.91		-80.20
转移净收入	**1976.57**	**7705.10**	**88.34**	**-65.70**	**1907.61**	**1636.44**	**-446.94**
转移性收入	2400.10	8670.89	417.63	136.41	2591.82	2351.71	687.81
养老金或离退休金	847.49	6550.40	4.62	13.37	701.35	1028.46	195.08
社会救济和补助	64.86		9.65		4.39		201.35
政策性生活补贴	375.04	1501.44	20.37		1306.07	19.82	63.21
报销医疗费	248.22	420.44	15.50	122.81	563.95	313.98	45.82
家庭外出从业人员寄回带回收入	381.85		305.59				105.27
赡养收入	289.40	180.34	31.10			503.57	2.26
其他经常转移收入	123.41	1.45			14.59	479.68	35.47
从政府和组织得到的实物产品和服务折价	2.65	13.96	1.96	0.23	1.47	6.21	39.35
现金政策性惠农补贴	67.16	2.86	28.85				
转移性支出	**423.53**	**965.79**	**329.29**	**202.11**	**684.21**	**715.28**	**1134.75**
个人所得税	8.31		79.95		14.52	2.72	
社会保障支出	357.45	960.12	242.22	91.65	647.14	710.79	1108.03
赡养支出	36.49			107.88		1.12	11.14
其他转移性支出	16.14	5.67	7.12	2.58	22.56	0.65	15.57

人均可支配收入

单位:元

中牟县	巩义市	荥阳市	新密市	新郑市	登封市	经开区	高新区	郑东新区	航空港实验区
21309.50	**25075.70**	**22359.93**	**22434.33**	**23502.77**	**20216.73**	**26265.01**	**24925.90**	**27097.40**	**23443.97**
10211.03	**15103.26**	**12298.62**	**15495.81**	**17186.01**	**12392.03**	**15708.29**	**16563.27**	**12255.47**	**18090.09**
9915.79	14817.85	12181.86	15103.24	16954.90	12155.40	15688.18	16548.60	12134.28	15688.51
3.61	9.33	90.30	120.12	3.51	9.20	0.03	11.85	7.29	53.61
291.63	276.07	26.45	272.44	227.59	227.43	20.08	2.82	113.90	2347.97
9909.67	**8082.97**	**5604.89**	**3346.64**	**4534.67**	**4251.51**	**640.71**		**12842.68**	**2473.61**
7327.52	2865.49	3249.92	115.89	458.98	579.98	-4.92		10110.41	963.70
18.22	3242.26	249.25	502.31	1735.51	13.62			63.36	
2563.94	1975.22	2105.73	2728.44	2340.18	3657.92	645.63		2668.91	1509.91
336.19	**77.33**	**846.68**	**438.80**	**934.31**	**1010.41**	**9792.57**	**7775.60**	**225.36**	**968.84**
4.46	33.56	-45.75	-33.87	-11.25	190.29	20.16	61.86		
	22.88	211.94	135.62	17.82	662.30	31.14	1998.55	6.26	949.24
				19.95					
22.21	11.42	443.52	89.80	842.59	157.95	22.18		188.88	9.04
308.96	9.62	204.20	120.83	27.02		9719.10	5715.20	3.52	4.22
		47.56						28.16	
0.56	-0.16	-14.80	126.41	38.19	-0.12			-1.47	6.34
852.61	**1812.15**	**3609.74**	**3153.08**	**847.79**	**2562.78**	**123.44**	**587.03**	**1773.89**	**1911.42**
1020.54	2298.00	4043.74	3516.06	1083.65	2935.32	134.10	883.63	2069.51	2739.90
178.01	575.73	1322.88	1401.49	799.71	925.87	93.15	167.01	402.63	109.46
43.31	189.44	99.65	54.80	13.19	38.24	0.05		135.88	
173.78	66.24	448.29	17.90		23.33	6.68	427.02		2623.20
251.18	29.78	427.87	191.05	54.28	314.53	14.85	280.69	917.38	5.63
73.91	1118.41	823.53	535.70	166.84	410.37			349.17	
49.90	263.08	731.96	1144.06	25.55	319.55	19.36		34.59	
191.35		28.94	37.10	2.55	844.48			23.73	
1.27	0.44	3.91	0.89	0.10	0.70			1.33	0.12
57.84	54.87	156.71	133.07	21.44	58.26		8.91	204.82	1.48
167.93	**485.85**	**434.01**	**362.98**	**235.86**	**372.54**	**10.66**	**296.60**	**295.62**	**828.48**
0.70	29.10		0.69	1.98	2.22				9.72
133.03	384.41	358.12	290.30	218.12	309.72	5.72	270.73	153.71	740.68
2.27	64.41	54.12	62.97	11.03	7.06	0.86	16.59	141.56	
31.93	6.62	21.77	9.02	4.72	53.54	4.08	9.28	0.36	6.77

5-14 农村居民

（2019 年）

指　　标	郑州市	中原区	二七区	管城区	金水区	上街区	惠济区
总收入	**26358.04**	**26185.60**	**29246.53**	**28622.37**	**28994.68**	**24829.37**	**29714.94**
工资性收入	**15078.51**	**12354.44**	**22308.78**	**22133.95**	**20304.65**	**13509.76**	**20261.18**
工资	14689.46	12270.65	22293.78	22089.12	19815.71	13147.86	19955.74
实物福利	36.44	45.44	14.54	0.75	9.22		122.70
其他	352.62	38.35	0.45	44.09	479.72	361.89	182.74
经营性收入	**7240.88**	**563.01**	**5261.99**	**27.30**	**1003.73**	**261.10**	**2708.50**
第一产业经营收入	3452.51		4.06	27.30		25.58	273.47
第二产业经营收入	913.25		3643.91		1003.73		
第三产业经营收入	2875.12	563.01	1614.03			235.52	2435.04
财产性收入	**1606.51**	**4597.26**	**1258.13**	**6324.70**	**5094.48**	**8706.80**	**6057.44**
利息收入	55.38	663.81	17.03				35.38
红利收入	475.97	935.31		159.21	4164.79	5536.15	193.49
储蓄性保险净收益	1.80						
转让承包土地经营权租金净收入	195.35			35.08	556.64	621.41	11.47
出租房屋财产性净收入	835.22	2998.14	1241.10	6122.23	372.14	145.35	5817.10
出租机械专利版权等资产的净收入	20.11					2403.89	
其他财产净收入	22.68			8.18	0.91		
转移性收入	**2432.13**	**8670.89**	**417.63**	**136.41**	**2591.82**	**2351.71**	**687.81**
养老金或离退休金	858.80	6550.40	4.62	13.37	701.35	1028.46	195.08
社会救济和补助	65.73		9.65		4.39		201.35
政策性生活补贴	380.05	1501.44	20.37		1306.07	19.82	63.21
家庭外出从业人员寄回带回收入	386.95		305.59				105.27
赡养收入	293.27	180.34	31.10			503.57	2.26
报销医疗费	251.53	420.44	15.50	122.81	563.95	313.98	45.82
从政府和组织得到的实物产品和服务折价	2.69	13.96	1.96	0.23	1.47	6.21	39.35
现金政策性惠农补贴	68.05	2.86	28.85				
其他转移性收入	125.06	1.45			14.59	479.68	35.47

人均总收入

单位:元

中牟县	巩义市	荥阳市	新密市	新郑市	登封市	经开区	高新区	郑东新区	航空港实验区
25486.87	**26409.70**	**25136.49**	**25323.65**	**23887.48**	**23823.99**	**27103.16**	**25222.50**	**33250.80**	**25652.21**
10211.03	**15103.26**	**12298.62**	**15495.81**	**17186.01**	**12392.03**	**15708.29**	**16563.27**	**12255.47**	**18090.09**
9915.79	14817.85	12181.86	15103.24	16954.90	12155.40	15688.18	16548.60	12134.28	15688.51
3.61	9.33	90.30	120.12	3.51	9.20	0.03	11.85	7.29	53.61
291.63	276.07	26.45	272.44	227.59	227.43	20.08	2.82	113.90	2347.97
13917.64	**8926.00**	**7835.69**	**5818.88**	**4672.27**	**7480.63**	**1468.21**		**18699.00**	**3853.38**
10328.91	3482.65	4517.23	731.80	560.11	1552.14	0.01		14866.00	1378.52
29.32	3389.13	396.66	956.40	1735.51	13.62			63.36	
3559.42	2054.21	2921.80	4130.68	2376.65	5914.87	1468.20		3769.64	2474.86
337.66	**82.45**	**958.44**	**492.91**	**945.56**	**1016.01**	**9792.57**	**7775.60**	**226.83**	**968.84**
5.93	38.53	15.66	20.24		195.77	20.16	61.86		
	22.88	211.94	135.62	17.82	662.30	31.14	1998.55	6.26	949.24
				19.95					
22.21	11.42	443.52	89.80	842.59	157.95	22.18		188.88	9.04
308.96	9.62	204.20	120.83	27.02		9719.10	5715.20	3.52	4.22
		47.56						28.16	
0.56		35.56	126.41	38.19					6.34
1020.54	**2298.00**	**4043.74**	**3516.06**	**1083.65**	**2935.32**	**134.10**	**883.63**	**2069.51**	**2739.90**
178.01	575.73	1322.88	1401.49	799.71	925.87	93.15	167.01	402.63	109.46
43.31	189.44	99.65	54.80	13.19	38.24	0.05		135.88	
173.78	66.24	448.29	17.90		23.33	6.68	427.02		2623.20
73.91	1118.41	823.53	535.70	166.84	410.37			349.17	
49.90	263.08	731.96	1144.06	25.55	319.55	19.36		34.59	
251.18	29.78	427.87	191.05	54.28	314.53	14.85	280.69	917.38	5.63
1.27	0.44	3.91	0.89	0.10	0.70			1.33	0.12
57.84	54.87	156.71	133.07	21.44	58.26		8.91	204.82	1.48
191.35		28.94	37.10	2.55	844.48			23.73	

5-15 农民居民

（2019 年）

指　标	郑州市	中原区	二七区	管城区	金水区	上街区	惠济区
总支出	**22460.27**	**23489.46**	**19092.66**	**24979.25**	**30569.79**	**22834.53**	**46643.72**
消费支出	**16864.45**	**21585.28**	**17305.94**	**22891.29**	**22474.95**	**20978.84**	**33377.92**
生产经营费用支出	**1717.32**		**12.86**	**50.62**	**86.67**	**22.65**	**136.55**
第一产业经营费用支出	1041.16		4.65	50.62	86.56		116.26
第二产业经营费用支出	68.52						
第三产业经营费用支出	607.64		8.21		0.11	22.65	20.29
财产性支出	**30.28**			**47.19**			**300.22**
生活贷款利息支出	22.90			47.19			220.02
转移性支出	**429.18**	**965.79**	**329.29**	**202.11**	**684.21**	**715.28**	**1134.75**
个人所得税	8.42		79.95		14.52	2.72	
社会保障支出	362.22	960.12	242.22	91.65	647.14	710.79	1108.03
赡养支出	36.98			107.88		1.12	11.14
其他转移性支出	16.36	5.67	7.12	2.58	22.56	0.65	15.57
部分商业保险支出	**116.52**	**6.24**	**57.26**	**62.53**	**4.61**	**73.49**	**221.72**
意外伤害保险	20.98			1.57	0.22	35.70	15.42
商业医疗保险（含大病保险）	61.29	6.24	49.96	60.96	4.39		149.10
其他非储蓄性商业保险	9.97						19.43
其他储蓄性商业保险	24.27		7.29			37.79	37.77
购置资产及非经常性转移支出	**2519.63**	**731.57**	**1278.91**	**1481.66**	**6531.63**	**949.89**	**6947.87**
购置资产支出	671.17				311.23		14.30
非经常性转移支出	1848.46	731.57	1278.91	1481.66	6220.40	949.89	6933.58
借贷性支出	**782.89**	**200.58**	**108.41**	**243.84**	**787.72**	**94.38**	**4524.70**

人均总支出

单位:元

中牟县	巩义市	荥阳市	新密市	新郑市	登封市	经开区	高新区	郑东新区	航空港实验区
20201.10	**13750.55**	**20039.50**	**22881.51**	**25553.06**	**19206.47**	**21133.45**	**21854.76**	**31942.19**	**19948.35**
13310.81	**11322.66**	**13968.10**	**15477.99**	**22827.24**	**14340.41**	**18704.74**	**18465.43**	**17892.41**	**16373.57**
3594.74	**613.03**	**1992.50**	**2257.87**	**137.60**	**2600.45**	**798.85**		**5469.36**	**1275.52**
2826.91	601.12	1189.20	609.13	101.13	923.47	4.93		4609.41	397.03
10.84	3.08	136.72	454.09						
756.99	8.83	666.58	1194.66	36.47	1676.98	793.92		859.95	878.48
1.47	**5.12**	**111.76**	**54.10**	**11.25**	**5.60**			**1.47**	
1.47	4.96	61.41	54.10	11.25	5.48				
167.93	**485.85**	**434.01**	**362.98**	**235.86**	**372.54**	**10.66**	**296.60**	**295.62**	**828.48**
0.70	29.10		0.69	1.98	2.22				9.72
133.03	384.41	358.12	290.30	218.12	309.72	5.72	270.73	153.71	740.68
2.27	64.41	54.12	62.97	11.03	7.06	0.86	16.59	141.56	
31.93	6.62	21.77	9.02	4.72	53.54	4.08	9.28	0.36	6.77
381.04	**94.82**	**195.13**	**129.38**	**19.99**	**23.68**	**0.28**	**794.24**	**5.89**	**14.97**
35.53	8.93	39.59	51.20	0.36		0.28	333.53	4.80	
172.09	60.12	69.49	72.05	19.63	23.68		460.70		
19.27	17.63	51.62	0.76					1.10	
154.14	8.13	34.42	5.38						14.97
2016.12	**831.50**	**2649.81**	**3947.98**	**1646.41**	**1716.09**	**1534.96**	**2298.50**	**4905.50**	**1435.06**
154.52	26.20	1289.63	1152.78	7.65	806.32	433.86		3630.97	329.66
1861.60	805.29	1360.18	2795.21	1638.76	909.77	1101.10	2298.50	1274.53	1105.40
728.99	**397.58**	**688.19**	**651.20**	**674.71**	**147.70**	**83.96**		**3371.94**	**20.77**

5-16 农村居民

（2019 年）

指　标	郑州市	中原区	二七区	管城区	金水区	上街区	惠济区
消费支出	**16864.45**	**21585.28**	**17305.94**	**22891.29**	**22474.95**	**20978.84**	**33377.92**
食品烟酒	**4079.40**	**4271.44**	**3338.04**	**4677.76**	**4127.73**	**4693.42**	**5567.61**
食品	2642.40	3100.52	2138.33	2906.87	2751.68	3097.61	3091.00
谷物	517.16	309.82	292.90	354.57	229.93	546.47	490.89
薯类	51.13	57.13	43.37	51.69	40.95	37.88	46.66
豆类	50.30	31.95	36.76	31.64	21.41	63.43	38.29
食用油	126.28	99.82	56.43	78.30	76.03	93.82	58.08
蔬菜和食用菌	283.69	404.08	319.73	304.17	258.91	299.13	398.45
肉类	428.68	775.32	418.81	670.30	509.97	504.64	597.51
禽类	78.59	179.05	67.65	97.99	145.62	62.91	124.14
水产品	102.64	208.88	77.41	108.76	130.02	177.90	86.09
蛋类	111.36	134.02	102.14	134.61	103.22	130.29	162.25
奶类	301.74	281.99	239.52	294.58	603.39	479.05	326.99
干鲜瓜果类	339.72	445.75	297.42	471.97	381.30	448.96	431.79
糖果糕点类	105.68	80.45	89.03	103.45	99.95	139.76	190.70
其他食品	145.44	92.27	97.16	204.84	150.99	113.36	139.16
烟酒	492.12	281.08	316.97	655.72	360.44	514.69	673.82
烟草	308.17	145.09	213.46	483.49	148.76	293.83	471.65
酒类	183.95	135.99	103.51	172.23	211.68	220.86	202.17
饮料	187.23	85.51	71.47	168.91	114.13	140.69	235.45
饮食服务	757.64	804.32	811.27	946.26	901.48	940.43	1567.34
食堂用餐	76.43	117.88	13.57	35.45	10.05	6.15	69.55
其他在外饮食	675.43	686.44	797.30	910.77	891.44	934.27	1497.51
食品加工服务费	5.78		0.40	0.04		0.01	0.28

人均消费支出

单位:元

中牟县	巩义市	荥阳市	新密市	新郑市	登封市	经开区	高新区	郑东新区	航空港实验区
13310.81	**11322.66**	**13968.10**	**15477.99**	**22827.24**	**14340.41**	**18704.74**	**18465.43**	**17892.41**	**16373.57**
2975.89	**2943.32**	**3479.47**	**4116.64**	**6984.29**	**3403.67**	**4737.01**	**4373.96**	**3828.06**	**5164.61**
1704.26	1996.39	2344.61	2535.79	3804.04	2595.42	3262.65	3129.71	2578.42	3827.43
303.78	398.02	479.75	340.24	444.48	447.47	318.66	282.94	306.78	2381.01
25.74	44.24	63.01	73.31	64.81	63.41	45.73	52.15	39.10	35.84
28.78	53.58	69.84	77.71	54.39	67.79	20.29	40.81	45.77	32.95
113.76	89.84	102.59	136.43	343.54	154.68	173.41	62.67	94.68	75.13
162.43	240.52	317.05	311.74	396.44	321.40	236.12	371.19	225.00	181.49
277.48	318.41	340.85	428.35	533.72	469.79	444.01	517.34	440.16	336.99
79.00	42.17	56.25	60.40	118.71	62.94	85.72	94.71	116.49	18.96
51.89	23.78	50.77	47.40	524.08	33.14	22.94	144.06	71.73	28.50
75.79	82.42	146.19	118.40	167.28	100.87	52.05	160.57	123.61	55.15
193.17	207.70	163.97	271.14	476.58	290.34	1305.96	415.53	490.55	79.02
217.54	289.97	328.17	369.34	448.39	270.34	442.50	670.26	382.18	245.69
82.47	98.04	101.32	109.91	142.19	121.39	8.67	160.76	131.41	50.09
92.45	107.69	124.85	191.43	89.42	191.84	106.59	156.73	110.96	306.61
480.23	193.33	364.51	384.11	1719.40	347.18	57.10	259.91	324.69	457.46
332.13	167.59	294.59	305.86	703.11	243.78	41.68	159.97	184.01	417.28
148.10	25.74	69.92	78.25	1016.29	103.40	15.42	99.94	140.68	40.18
65.73	85.69	81.22	113.69	975.32	126.85	61.69	91.08	157.90	122.76
725.67	667.90	689.13	1083.04	485.54	334.23	1355.57	893.25	767.06	756.96
33.07	114.96	155.88	118.38	125.18	36.47	23.78	155.29	40.13	9.33
681.96	543.69	527.82	951.27	358.29	289.92	1331.79	734.87	726.19	744.41
10.63	9.25	5.43	13.40	2.07	7.83		3.09	0.75	3.23

5-16 续表1 （2019年）

指 标	郑州市	中原区	二七区	管城区	金水区	上街区	惠济区
衣着	**1199.85**	**955.61**	**1009.30**	**1394.47**	**1284.65**	**1301.67**	**1532.58**
衣类	925.76	806.62	816.32	1063.16	988.66	963.00	1237.16
鞋类	274.09	148.99	192.97	331.32	295.99	338.68	295.42
居住	**4351.31**	**10287.38**	**7808.57**	**9134.48**	**9334.69**	**3446.48**	**8633.18**
租赁房房租	166.34		70.03		1332.81		919.06
住房维修及管理	522.75	38.15	7.83	9.50	84.01	100.28	93.04
水电燃料及其他	816.34	782.59	720.27	1539.99	826.28	762.32	1498.88
自有住房折算租金	2845.88	9466.64	7010.45	7584.98	7091.59	2583.88	6122.20
租赁房房租中租赁公房房租	9.99		6.19				36.19
租赁房房租中租赁私房房租	156.36		63.84		1332.81		882.87
住房维修及管理中物业管理费	28.29	36.94	6.84	8.55	39.60	80.38	30.31
生活用品及服务	**974.65**	**538.79**	**597.09**	**696.38**	**1160.35**	**1693.99**	**1342.39**
家具及室内装饰品	226.25	53.29	14.21	28.92	68.85	471.98	293.34
家用器具	235.73	61.86	146.38	143.02	228.16	318.31	241.82
家用纺织品	69.95	43.67	35.64	30.68	79.64	156.11	167.69
家庭日用杂品	252.21	147.34	203.47	177.67	324.48	265.82	340.28
个人用品	153.16	214.42	188.32	266.24	291.40	468.44	236.35
家庭服务	37.35	18.21	9.07	49.85	167.81	13.33	62.91
家政服务	3.67	1.15	0.82		3.92	5.64	14.31
交通通信	**2846.81**	**1611.39**	**1251.10**	**3419.05**	**2515.95**	**5438.76**	**10867.13**
交通	2204.32	1026.58	802.74	2625.73	1756.54	4853.07	9931.36
交通工具	1086.04		41.59	1116.51	137.50	3617.35	8305.88
交通费	99.89	90.03	21.63	24.71	95.52	52.75	87.36
交通工具用燃料	628.37	656.94	574.51	1064.34	1121.03	923.07	1044.86
交通工具使用及维修	390.02	279.61	165.00	420.17	402.48	259.90	493.27

单位:元

中牟县	巩义市	荥阳市	新密市	新郑市	登封市	经开区	高新区	郑东新区	航空港实验区
907.78	**962.30**	**800.25**	**1425.21**	**1900.98**	**989.10**	**1336.19**	**1230.28**	**1247.59**	**1482.92**
720.02	749.77	609.07	1086.11	1330.48	753.45	1126.71	822.97	956.69	1274.86
187.76	212.53	191.18	339.10	570.49	235.65	209.48	407.31	290.91	208.06
2573.57	**2813.58**	**2902.04**	**2706.16**	**5301.52**	**3747.72**	**9064.79**	**5870.04**	**2913.55**	**2557.97**
61.66	84.55	64.80	197.98	26.86	182.60			25.34	58.69
280.28	900.26	172.87	127.48	3216.62	250.79	1190.02	193.85	50.13	0.41
446.70	583.39	741.35	805.76	601.03	1026.13	3144.11	741.94	902.84	770.27
1784.92	1245.39	1923.02	1574.95	1457.00	2288.20	4730.66	4934.26	1935.24	1728.61
42.93	8.27	0.03	10.56	5.44	11.82				
18.73	76.28	64.77	187.42	21.42	170.77			25.34	58.69
29.32	68.43	31.81	14.43	18.68	21.16	3.41	186.78	1.13	0.41
584.43	**849.33**	**697.34**	**961.28**	**1748.02**	**1052.96**	**926.34**	**671.21**	**997.93**	**1328.06**
58.70	185.27	111.15	99.16	1054.52	260.02	138.68	39.12	179.28	255.92
215.69	239.06	193.56	323.37	336.66	222.22	208.90	218.50	342.15	131.67
35.72	63.99	58.79	79.58	56.37	68.79	54.89	88.53	64.43	149.18
131.48	194.89	161.25	288.28	195.94	315.96	188.45	145.83	242.70	643.37
119.20	143.76	92.01	140.78	86.92	147.51	200.97	160.47	166.45	142.95
23.64	22.36	80.56	30.10	17.60	38.46	134.45	18.76	2.93	4.96
1.29	0.69	24.61	0.55	1.06	0.43	0.11	3.85	0.56	0.88
2876.54	**1420.43**	**2521.66**	**2425.03**	**4307.09**	**2654.80**	**1682.97**	**1936.47**	**3799.68**	**2049.37**
2352.81	961.77	1863.97	1572.41	3754.70	2027.07	1212.87	1472.44	3193.29	1174.75
1260.89	100.55	988.74	409.80	3073.58	816.86	1.79	309.45	1368.52	146.02
24.46	163.86	28.81	106.22	84.34	77.54	55.10	57.62	34.69	418.79
612.73	462.06	596.74	756.22	432.34	387.75	807.07	586.63	936.20	335.81
454.73	235.30	249.68	300.18	164.44	744.92	348.92	518.73	853.87	274.13

5-16 续表 2 （2019 年）

指　　标	郑州市	中原区	二七区	管城区	金水区	上街区	惠济区
车辆保险支出	107.23	199.82	59.89	156.12	85.19	7.27	83.44
通信	642.49	584.81	448.37	793.32	759.40	585.69	935.77
通信工具	225.82	194.78	181.05	388.29	204.74	250.15	382.25
通信服务	416.67	390.03	267.32	405.02	554.67	335.54	553.52
教育文化娱乐	**1529.70**	**2378.03**	**1376.78**	**1962.30**	**2126.63**	**2829.46**	**2315.35**
教育	1139.90	1596.21	976.66	1447.57	1615.54	2206.22	1647.30
学前教育	285.45	555.83	166.45	543.06	780.99	580.97	402.95
小学教育	242.55	265.01	244.24	103.78	279.41	254.53	202.78
初中教育	128.20	360.37	130.41	199.52	113.55	317.90	216.65
高中教育	147.66	165.43	54.34	519.66	22.20	23.41	2.04
中专职高教育	19.26			37.97	5.58		138.65
大专及以上教育	267.18	229.41	377.54	43.57	204.14	973.22	536.51
成人教育	49.61	20.16	3.69		209.67	56.19	147.71
文化娱乐	389.80	781.82	400.12	514.73	511.09	623.24	668.06
文娱耐用消费品	62.00	134.85	19.23	48.85	61.97	103.19	180.88
其他文娱用品	118.63	101.18	102.39	147.27	151.80	126.17	198.84
文化娱乐服务	209.17	545.79	278.49	318.61	297.32	393.89	288.34
医疗保健	**1492.07**	**1349.11**	**1576.72**	**1106.41**	**1589.11**	**1320.75**	**2059.65**
医疗器具及药品	351.23	172.77	354.02	303.72	410.28	366.13	428.07
医疗服务	1140.84	1176.34	1222.70	802.69	1178.83	954.62	1631.58
门诊总费用	400.55	379.37	265.60	318.52	316.51	556.43	576.58
住院总费用	740.29	796.96	957.10	484.17	862.32	398.19	1055.00
其他用品和服务	**390.67**	**193.53**	**348.34**	**500.44**	**335.85**	**254.31**	**1060.03**
其他用品	207.95	89.91	146.64	287.00	112.57	78.84	585.53
其他服务	182.72	103.62	201.70	213.44	223.27	175.47	474.50

单位:元

中牟县	巩义市	荥阳市	新密市	新郑市	登封市	经开区	高新区	郑东新区	航空港实验区
161.68	57.71	63.16	55.44	10.16	161.79	8.76	327.65	346.57	18.02
523.74	458.67	657.69	852.62	552.39	627.73	470.10	464.04	606.40	874.62
246.14	130.59	224.46	335.58	112.92	169.81	6.68	138.52	215.18	384.76
277.60	328.08	433.23	517.04	439.47	457.92	463.42	325.52	391.22	489.87
1773.12	**1180.33**	**1226.53**	**1574.52**	**923.45**	**1265.65**	**395.53**	**1977.17**	**1851.96**	**1722.42**
1472.37	891.10	989.77	1112.61	750.90	821.34	191.83	1529.80	1196.10	1449.70
262.22	297.96	204.66	69.77	352.86	136.98	99.31	598.10	171.34	407.15
346.35	111.73	193.40	205.51	63.09	139.67	26.56	344.03	620.43	511.75
155.48	81.57	155.22	124.01	21.09	174.23	35.64	298.61	86.86	40.38
281.18	171.70	86.05	160.90	37.62	48.33	27.60	264.61	231.08	183.14
0.42			27.43	17.73	35.49	0.69			68.16
404.11	195.39	319.66	479.18	210.69	174.82	2.03	23.82	72.42	208.49
22.61	32.74	30.77	45.82	47.82	111.82		0.62	13.97	30.62
300.75	289.24	236.76	461.90	172.55	444.31	203.71	447.38	655.86	272.72
73.57	62.76	40.31	95.19	58.94	58.71	2.07	205.70	4.36	4.74
113.25	97.86	89.56	126.89	73.41	96.39	186.86	93.52	297.86	38.33
113.94	128.62	106.90	239.82	40.20	289.21	14.78	148.16	353.64	229.65
1470.14	**994.60**	**2205.29**	**1932.58**	**778.40**	**892.86**	**514.26**	**2075.69**	**3037.37**	**931.90**
180.43	244.65	451.17	817.04	245.43	343.84	82.62	162.27	310.16	195.22
1289.71	749.94	1754.11	1115.54	532.96	549.02	431.64	1913.43	2727.21	736.68
606.71	389.75	380.03	475.54	191.56	126.48	350.31	378.62	839.71	347.28
683.00	360.19	1374.08	640.00	341.40	422.54	81.33	1534.81	1887.51	389.40
149.34	**158.76**	**135.53**	**336.57**	**883.50**	**333.66**	**47.64**	**330.59**	**216.25**	**1136.31**
65.27	52.26	42.21	130.87	786.75	257.32	14.51	154.83	73.11	382.70
84.07	106.50	93.33	205.70	96.75	76.34	33.13	175.75	143.15	753.61

5-17 农村居民人均

（2019 年）

指标名称	单位	郑州市	中原区	二七区	管城区	金水区	上街区	惠济区
购买生活消费品	元	**13456.05**	**11859.42**	**10219.04**	**15149.22**	**15287.49**	**18381.48**	**26994.67**
食品烟酒	元	**3834.28**	**4212.04**	**3324.20**	**4677.76**	**4117.05**	**4687.21**	**5435.27**
食品	元	**2432.27**	**3075.88**	**2128.54**	**2906.87**	**2741.00**	**3091.40**	**2992.70**
谷物	元	350.42	300.77	291.97	354.57	228.11	542.72	460.44
小麦	公斤	1.81					2.83	1.09
金额	元	5.17					5.66	3.71
面粉	公斤	16.21	11.79	10.22	15.44	13.93	11.45	5.85
金额	元	54.64	43.74	35.07	60.11	54.74	46.13	21.32
稻谷		0.07						
金额	元	0.37						
大米	公斤	9.92	15.01	10.93	16.73	9.39	10.25	13.98
金额	元	56.54	95.02	57.38	100.20	51.48	76.49	74.68
玉米	公斤	4.55	0.67	2.35	0.93	2.06	0.51	1.38
金额	元	11.33	3.60	6.68	4.82	6.55	3.70	6.51
小米	公斤	2.51	2.17	2.73	3.02	1.58	4.50	2.12
金额	元	22.41	14.57	21.00	32.54	12.78	52.37	18.92
其他谷物	公斤	0.54	0.19	0.06	0.17	1.01	0.69	0.34
金额	元	4.79	1.51	0.52	1.76	7.01	5.53	3.63
面粉制品	公斤	38.61	25.32	47.24	43.54	17.98	42.12	96.20
金额	元	177.84	124.88	155.18	148.52	88.46	309.31	311.37
其他谷物制品	公斤	2.23	2.10	1.81	0.72	0.56	2.89	2.34
金额	元	17.33	17.45	16.14	6.62	7.10	43.54	20.30
薯类	公斤	**10.73**	**14.14**	**9.36**	**11.35**	**7.33**	**9.09**	**11.20**
金额	元	48.08	57.13	43.37	51.69	40.95	37.88	42.44
红薯	公斤	3.85	4.04	2.56	4.08	3.13	4.12	5.22
金额	元	10.33	12.45	9.69	14.65	10.45	13.02	13.19
马铃薯	公斤	4.86	8.60	5.15	6.37	2.61	4.03	4.02
金额	元	15.14	28.33	18.12	24.30	9.50	15.34	11.81
其他薯类及制品	公斤	2.02	1.51	1.65	0.90	1.60	0.93	1.96
金额	元	22.61	16.35	15.57	12.74	21.00	9.52	17.44
豆类	公斤	**9.03**	**6.83**	**8.19**	**5.43**	**3.90**	**11.27**	**7.96**
金额	元	48.86	31.95	36.76	31.64	21.41	63.43	38.29
大豆	公斤	0.53	0.31	0.25	0.31	0.42	0.26	0.49

购买生活消费品

中牟县	巩义市	荥阳市	新密市	新郑市	登封市	经开区	高新区	郑东新区	航空港实验区
11238.03	**9956.34**	**11758.14**	**13600.19**	**21354.46**	**11842.98**	**13938.81**	**13190.75**	**15590.37**	**9446.47**
2858.50	**2880.13**	**3258.65**	**3872.00**	**6980.41**	**3365.30**	**4736.91**	**4364.45**	**3807.84**	**2886.39**
1588.17	**1933.21**	**2193.31**	**2402.81**	**3800.16**	**2557.05**	**3262.55**	**3120.20**	**2558.20**	**1727.08**
287.25	361.71	428.92	286.78	443.84	431.29	318.59	280.05	297.95	328.00
3.95	6.36	2.43	0.27	0.82	0.04			1.19	1.75
15.29	14.01	5.86	0.77	3.51	0.16			5.37	3.86
20.94	13.92	11.96	7.34	26.07	24.28	21.17	12.25	6.92	29.78
66.21	42.97	42.10	22.84	78.12	74.13	61.33	32.51	26.89	126.65
0.07				0.67	0.01				
0.56				3.35	0.03				
5.81	7.52	10.02	8.85	12.21	12.03	15.23	5.29	10.78	7.44
28.83	41.74	54.54	52.26	75.58	76.60	97.17	31.42	50.46	38.03
0.61	22.26	1.29	2.26	0.92	6.88	0.23	1.87	1.16	1.80
2.01	45.56	4.23	5.99	8.34	17.03	0.58	4.65	4.30	5.13
0.37	2.99	3.28	3.29	4.01	3.72	0.40	1.76	0.92	1.47
3.00	25.89	31.82	31.99	37.01	33.15	4.07	16.03	7.11	7.42
0.15	0.16	0.26	0.74	0.98	1.87	0.01	0.19	0.18	0.09
1.34	1.44	2.35	6.48	11.97	15.26	0.07	1.52	0.94	1.01
34.64	35.27	52.81	27.24	44.44	39.89	36.17	45.18	24.72	42.14
157.60	172.15	267.69	147.99	194.88	193.21	154.40	163.47	189.17	139.34
0.96	4.41	2.26	2.88	2.14	3.25	0.10	2.40	1.51	0.85
12.41	17.95	20.32	18.47	31.09	21.71	0.97	30.45	13.72	6.56
7.02	**9.33**	**14.44**	**13.82**	**14.92**	**9.35**	**6.05**	**15.04**	**8.26**	**8.72**
23.71	38.02	55.98	69.76	64.81	55.60	45.73	52.15	39.10	35.84
2.38	1.54	5.75	5.36	9.42	2.07	0.81	5.09	1.52	3.63
4.64	3.97	14.91	13.66	26.22	6.04	2.08	16.57	4.83	6.10
3.61	5.90	6.74	5.68	2.59	4.35	3.02	8.92	4.84	3.39
9.05	16.17	19.83	19.54	9.41	14.18	7.16	28.25	15.93	8.52
1.04	1.90	1.95	2.77	2.91	2.93	2.22	1.02	1.89	1.69
10.03	17.89	21.24	36.57	29.17	35.38	36.49	7.32	18.33	21.21
3.31	**10.47**	**12.72**	**13.00**	**9.79**	**11.87**	**5.25**	**6.96**	**8.08**	**7.29**
15.90	53.18	69.84	77.68	54.39	67.79	20.29	40.81	45.77	32.95
0.06	0.15	0.24	0.33	1.26	0.18	0.06	0.02	2.59	0.81

5-17 续表 1 （2019 年）

指标名称	单位	郑州市	中原区	二七区	管城区	金水区	上街区	惠济区
金额	元	3.31	1.81	1.44	2.06	3.25	1.59	3.09
其他豆类及制品	公斤	8.50	6.53	7.94	5.12	3.49	11.01	7.47
金额	元	45.55	30.15	35.32	29.58	18.15	61.83	35.20
食用油	**公斤**	**7.37**	**6.95**	**5.27**	**5.94**	**5.41**	**5.89**	**3.23**
金额	元	112.32	90.58	56.14	78.30	73.90	91.36	39.39
食用植物油	公斤	7.10	6.95	5.27	5.94	5.36	5.89	3.23
金额	元	98.55	90.58	56.14	78.30	72.97	91.36	39.39
食用动物油	公斤	0.27				0.05		
金额	元	13.77				0.93		
蔬菜和食用菌	公斤	71.30	100.84	74.30	59.03	53.54	82.55	85.02
金额	元	269.18	404.08	319.73	304.17	257.37	299.13	392.85
鲜菜	公斤	68.37	96.56	71.69	55.39	50.93	80.36	82.55
金额	元	223.45	361.36	294.49	249.46	217.13	262.16	365.71
干菜及菜制品	公斤	1.15	0.46	0.75	1.88	1.24	0.77	1.24
金额	元	19.15	5.94	9.02	34.74	16.66	16.19	12.28
鲜菌	公斤	1.52	3.65	1.79	1.70	1.21	1.33	1.17
金额	元	16.81	29.53	14.60	17.70	16.84	15.07	13.06
干菌及制品	公斤	0.26	0.17	0.07	0.07	0.16	0.10	0.06
金额	元	9.78	7.25	1.61	2.27	6.74	5.72	1.81
肉类	**公斤**	**14.54**	**23.77**	**16.81**	**20.41**	**15.02**	**14.53**	**21.94**
金额	元	426.33	774.80	418.72	670.30	509.90	504.64	571.51
猪肉	公斤	10.29	16.40	12.78	15.10	9.69	9.48	12.09
金额	元	240.45	405.47	267.21	403.28	256.96	226.89	284.14
牛肉	公斤	0.92	1.97	1.01	1.56	1.83	1.58	0.72
金额	元	58.65	129.29	51.21	109.70	120.06	94.86	49.12
羊肉	公斤	0.81	2.22	1.10	0.94	0.98	1.16	0.48
金额	元	46.27	120.56	43.79	50.64	57.19	76.83	23.48
其他肉类及制品	公斤	2.52	3.19	1.91	2.82	2.53	2.31	8.65
金额	元	80.97	119.48	56.52	106.67	75.69	106.06	214.77
禽类	**公斤**	**3.94**	**7.38**	**3.82**	**5.25**	**6.89**	**2.37**	**6.13**
金额	元	78.19	179.05	67.59	97.99	145.62	62.91	124.14
鸡	公斤	2.81	5.72	2.61	4.39	5.00	1.02	3.60
金额	元	51.51	122.08	42.86	78.53	97.53	26.71	71.01
鸭	公斤	0.15	0.07	0.13	0.11	0.41	0.07	0.18

中牟县	巩义市	荥阳市	新密市	新郑市	登封市	经开区	高新区	郑东新区	航空港实验区
0.32	1.08	1.72	1.49	8.62	0.97	0.29	0.17	16.62	4.08
3.25	10.32	12.49	12.67	8.52	11.69	5.18	6.94	5.49	6.48
15.57	52.10	68.12	76.19	45.78	66.82	20.00	40.64	29.15	28.88
3.18	**7.15**	**7.47**	**9.82**	**10.48**	**11.62**	**11.04**	**4.94**	**5.56**	**6.22**
44.67	80.36	81.08	129.99	342.58	146.48	173.40	58.07	92.57	70.58
3.18	7.01	7.46	9.80	8.02	11.47	11.04	4.77	5.56	6.19
44.67	79.57	81.07	129.69	197.24	143.00	173.40	54.70	92.57	70.23
	0.14		0.02	2.46	0.15		0.17		0.03
	0.79	0.02	0.31	145.34	3.48		3.37		0.35
47.94	81.04	78.47	65.58	79.01	84.64	61.18	125.95	53.15	63.54
148.43	234.45	262.75	262.36	395.98	318.41	236.11	371.19	216.96	181.49
46.62	78.29	76.11	64.07	72.60	80.08	59.76	118.78	50.02	62.80
130.80	197.62	231.62	229.84	246.83	251.73	225.71	294.81	179.13	171.44
0.64	1.03	0.50	0.55	3.00	2.16	0.14	2.07	1.11	0.26
9.27	15.01	6.41	10.83	61.87	40.13	2.97	23.99	14.87	1.29
0.62	1.60	1.57	0.73	2.40	2.00	1.21	4.80	1.86	0.37
5.43	15.03	15.95	8.90	46.33	19.16	6.76	43.43	16.76	3.05
0.07	0.12	0.29	0.23	1.01	0.40	0.07	0.30	0.16	0.11
2.93	6.79	8.77	12.80	40.95	7.38	0.67	8.96	6.21	5.71
11.93	**10.29**	**12.28**	**13.69**	**16.33**	**15.11**	**15.43**	**17.32**	**15.66**	**13.59**
277.05	318.13	338.73	425.60	533.59	469.70	444.01	517.34	440.16	324.06
9.44	7.15	9.40	9.49	11.22	10.02	14.15	11.43	9.64	11.69
192.59	168.93	229.70	233.24	257.31	236.40	386.38	270.80	215.23	242.88
0.33	0.63	0.46	0.62	1.70	1.16	0.19	2.09	0.90	0.57
16.54	36.73	30.56	39.74	108.42	81.02	15.14	106.13	57.64	39.83
0.26	0.66	0.31	0.48	1.12	2.04	0.31	0.45	0.61	0.39
12.78	38.51	16.67	31.14	81.50	111.28	18.21	24.12	31.71	21.80
1.89	1.84	2.11	3.10	2.29	1.90	0.78	3.35	4.51	0.94
55.15	73.96	61.81	121.48	86.37	41.00	24.28	116.29	135.57	19.55
4.60	**2.06**	**2.98**	**2.77**	**5.07**	**3.20**	**5.42**	**4.77**	**6.27**	**1.42**
78.74	41.96	56.21	58.65	118.19	62.14	85.72	94.71	116.49	18.96
3.78	1.38	1.85	1.51	3.00	2.62	4.69	3.38	4.85	1.21
57.65	22.82	30.69	30.12	67.26	50.15	77.99	58.27	88.79	16.01
0.04	0.01	0.05	0.10	0.46	0.22	0.02	0.04	0.29	0.13

5-17 续表 2 （2019 年）

指标名称	单位	郑州市	中原区	二七区	管城区	金水区	上街区	惠济区
金额	元	2.90	3.20	1.83	1.69	9.22	0.81	3.46
鹅	公斤	0.07	0.01		0.05	0.38	0.02	
金额	元	1.77	0.45		0.79	9.70	1.12	
其他禽类及制品	公斤	0.91	1.59	1.09	0.71	1.10	1.26	2.35
金额	元	22.01	53.31	22.90	16.98	29.18	34.28	49.68
水产品	**公斤**	**3.58**	**8.94**	**4.48**	**4.35**	**5.08**	**6.00**	**4.41**
金额	元	102.53	208.88	77.41	108.76	130.02	177.90	84.93
鱼类	公斤	2.16	5.51	3.29	3.06	3.04	2.34	2.79
金额	元	43.74	111.70	48.90	53.01	52.13	54.62	39.21
虾类	公斤	0.44	1.83	0.31	0.70	1.12	0.89	0.89
金额	元	22.41	57.84	15.31	40.25	55.09	53.06	36.17
蟹类	公斤	0.10		0.02	0.16	0.14	0.15	0.08
金额	元	8.87		3.23	8.43	9.09	10.05	2.67
贝类	公斤	0.13	0.32	0.15	0.08	0.28	0.05	0.07
金额	元	6.83	2.95	1.89	0.65	2.99	0.47	0.47
藻类	公斤	0.30	0.45	0.50	0.09	0.03	0.83	0.25
金额	元	8.30	4.53	3.41	0.73	0.41	10.11	1.40
其他水产品及制品	公斤	0.45	0.84	0.19	0.27	0.47	1.74	0.33
金额	元	12.38	31.87	4.66	5.68	10.32	49.59	5.01
蛋类	**公斤**	**11.96**	**14.48**	**12.64**	**14.19**	**10.64**	**13.15**	**18.69**
金额	元	108.82	134.02	102.14	134.61	103.22	130.29	162.25
鲜蛋	公斤	11.46	14.16	12.57	13.98	9.23	12.94	17.92
金额	元	101.25	130.71	100.71	130.28	90.46	127.17	156.73
蛋制品	公斤	0.50	0.32	0.07	0.21	1.41	0.21	0.77
金额	元	7.57	3.32	1.43	4.33	12.75	3.12	5.52
奶类	**公斤**	**13.39**	**18.62**	**15.03**	**16.32**	**37.60**	**16.22**	**20.04**
金额	元	301.74	281.99	239.52	294.58	603.39	479.05	326.99
鲜奶	公斤	6.68	14.14	9.36	5.03	10.32	4.97	11.44
金额	元	75.59	146.36	91.68	30.46	58.86	69.61	103.18
酸奶	公斤	4.82	3.94	4.68	9.36	21.25	5.86	5.82
金额	元	51.13	50.68	42.77	53.19	115.45	113.21	82.01
奶粉	公斤	0.83	0.29	0.73	0.59	3.31	0.94	0.51
金额	元	157.46	80.76	94.79	186.46	384.94	194.53	94.03
其他奶制品	公斤	1.06	0.25	0.25	1.33	2.73	4.44	2.28

中牟县	巩义市	荥阳市	新密市	新郑市	登封市	经开区	高新区	郑东新区	航空港实验区
0.30	0.20	0.55	2.32	12.43	3.42	0.21	0.36	1.92	1.64
0.07			0.02	0.45					
1.03			0.46	12.30		0.09			
0.72	0.67	1.09	1.15	1.15	0.36	0.71	1.35	1.14	0.08
19.76	18.94	24.97	25.74	26.20	8.58	7.43	36.09	25.78	1.32
3.67	**1.43**	**3.01**	**2.11**	**7.92**	**2.22**	**2.07**	**7.18**	**3.72**	**1.40**
51.89	23.67	50.18	47.40	524.08	33.14	22.94	144.06	71.73	28.42
2.97	0.81	1.89	1.59	3.29	1.03	1.15	5.04	2.39	0.80
36.84	13.29	30.31	29.91	165.67	14.95	11.65	70.58	27.42	10.17
0.29	0.08	0.22	0.14	1.03	0.16	0.60	0.95	0.56	0.07
10.11	2.95	9.36	7.89	81.37	7.21	3.90	54.01	28.95	3.92
0.10		0.03		0.68	0.01	0.01	0.08	0.05	0.05
2.85		0.41		78.31	0.26	0.47	5.73	1.75	3.38
0.04	0.01	0.02		0.67	0.14	0.01	0.16	0.09	
0.50	0.17	0.12	0.01	67.11	1.77	0.10	3.79	1.07	0.02
0.04	0.28	0.50	0.14	1.30	0.06	0.01	0.19	0.18	0.05
0.34	3.15	4.79	2.01	72.36	0.56	0.05	0.96	1.70	0.35
0.23	0.24	0.36	0.24	0.95	0.83	0.29	0.77	0.45	0.42
1.25	4.11	5.19	7.59	59.25	8.39	6.77	8.99	10.84	10.57
9.06	**9.64**	**16.11**	**11.78**	**13.74**	**10.96**	**7.08**	**19.86**	**13.85**	**7.02**
75.56	80.77	141.21	105.99	166.99	98.60	52.05	160.57	122.36	55.15
8.84	9.58	15.74	11.50	11.38	10.68	7.07	19.46	13.29	6.95
72.83	80.18	136.95	103.11	116.94	95.83	51.96	155.75	116.63	54.21
0.23	0.06	0.37	0.27	2.36	0.28	0.02	0.41	0.56	0.07
2.72	0.59	4.26	2.89	50.05	2.78	0.09	4.81	5.72	0.94
4.29	**11.11**	**8.46**	**12.94**	**16.14**	**13.75**	**12.84**	**32.20**	**16.79**	**3.76**
193.17	207.70	163.97	271.14	476.58	290.34	1305.96	415.53	490.55	79.02
1.93	7.98	5.32	8.57	7.40	4.03	3.10	20.24	8.33	1.16
30.20	78.84	70.57	111.71	92.85	41.53	29.44	245.96	129.79	12.64
1.69	2.44	2.67	3.07	7.67	4.12	3.99	11.26	6.83	0.91
21.46	26.22	38.68	39.05	101.79	34.12	54.79	126.82	105.20	10.30
0.60	0.45	0.30	0.73	0.99	0.98	5.11	0.08	1.21	0.16
140.26	99.07	51.54	110.31	280.97	145.03	1215.18	28.95	249.94	30.27
0.07	0.25	0.18	0.57	0.07	4.62	0.64	0.61	0.41	1.53

5-17 续表 3 （2019 年）

指标名称	单位	郑州市	中原区	二七区	管城区	金水区	上街区	惠济区
金额	元	17.56	4.19	10.29	24.47	44.13	101.70	47.77
干鲜瓜果类	**公斤**	**61.61**	**64.51**	**51.16**	**62.29**	**49.00**	**47.79**	**65.19**
金额	元	337.83	443.06	294.25	471.97	377.27	448.96	425.03
鲜瓜果	公斤	56.56	60.61	47.39	57.48	44.59	42.01	59.07
金额	元	259.52	374.92	250.09	375.17	308.49	335.82	342.23
瓜果制品	公斤	1.67	1.00	1.55	1.29	2.23	1.70	3.29
金额	元	23.57	14.56	15.62	17.16	24.21	34.65	35.32
坚果类	公斤	3.37	2.90	2.23	3.53	2.18	4.08	2.83
金额	元	54.74	53.57	28.54	79.64	44.57	78.50	47.48
糖果糕点类	**公斤**	**6.66**	**4.48**	**5.97**	**5.75**	**4.38**	**4.66**	**10.48**
金额	元	103.41	77.30	88.83	103.45	99.95	139.76	187.30
食糖	公斤	1.30	0.70	0.60	0.75	0.46	0.72	0.81
金额	元	10.02	5.95	3.62	5.38	4.33	6.52	6.22
糖果	公斤	0.76	0.36	1.69	0.68	0.47	0.58	2.36
金额	元	13.51	9.10	16.47	11.47	11.88	12.41	43.58
糕点	公斤	3.69	3.22	3.30	3.79	2.13	2.88	5.11
金额	元	64.28	57.20	64.21	79.78	64.25	96.25	99.65
其他糖果糕点	公斤	0.91	0.20	0.38	0.53	1.33	0.48	2.20
金额	元	15.60	5.05	4.53	6.81	19.49	24.58	37.84
其他食品	**元**	**144.56**	**92.27**	**92.11**	**204.84**	**149.88**	**113.36**	**137.13**
调味品	元	72.13	71.53	47.20	68.12	60.27	97.02	63.47
其他食品	元	72.44	20.74	44.91	136.71	89.61	16.35	73.66
饮料	**元**	**187.23**	**85.51**	**71.47**	**168.91**	**114.13**	**140.69**	**235.45**
茶叶	公斤	0.22	0.02	0.03	0.10	0.13	0.04	0.19
金额	元	96.54	4.79	13.24	18.74	21.98	3.13	148.42
咖啡	元	0.59	1.73	0.19	0.16	4.47	1.73	0.64
其他固体饮料	元	6.58	9.13	5.64	0.82	6.51	27.74	14.44
瓶装饮用水	元	18.69	10.13	13.84	11.56	14.58	16.32	11.91
果汁饮料	元	11.59	5.32	2.97	18.64	24.48	14.68	28.20
其他液体饮料	元	53.24	54.42	35.59	118.97	42.11	77.08	31.85
烟酒	**元**	**479.64**	**281.08**	**316.97**	**655.72**	**360.44**	**514.69**	**673.82**
烟草	元	295.68	145.09	213.46	483.49	148.76	293.83	471.65
卷烟	盒	23.48	8.97	16.06	38.62	9.57	21.65	42.35
金额	元	294.83	145.09	213.46	483.49	148.76	293.83	471.65

中牟县	巩义市	荥阳市	新密市	新郑市	登封市	经开区	高新区	郑东新区	航空港实验区
1.24	3.56	3.17	10.07	0.97	69.67	6.55	13.80	5.61	25.82
54.32	**62.93**	**61.51**	**70.70**	**63.03**	**54.89**	**67.34**	**116.76**	**66.92**	**56.82**
216.88	289.37	321.71	367.18	448.06	270.34	442.50	670.26	382.18	242.20
50.50	57.96	54.87	65.65	56.72	51.21	61.49	110.92	60.27	52.23
167.48	225.65	231.37	291.48	260.66	226.28	395.84	574.81	294.50	185.78
0.77	2.12	2.27	1.19	2.24	1.65	0.42	2.11	1.97	0.95
8.87	25.57	33.01	15.06	59.70	17.91	5.35	22.83	26.45	12.31
3.05	2.85	4.36	3.87	4.06	2.04	5.43	3.73	4.69	3.64
40.53	38.15	57.33	60.64	127.70	26.15	41.31	72.63	61.23	44.11
4.39	**7.25**	**7.23**	**7.76**	**8.32**	**8.66**	**0.86**	**10.29**	**7.79**	**2.32**
82.47	96.35	99.10	109.41	141.64	121.38	8.66	158.74	131.41	29.06
1.13	1.52	1.15	1.47	1.99	2.24	0.42	0.44	1.60	0.52
7.50	11.39	9.57	11.44	20.00	16.34	2.71	3.37	10.44	2.72
0.45	0.34	0.30	0.73	0.98	1.36	0.09	1.87	0.81	0.51
8.85	7.21	5.18	15.42	23.42	19.32	0.61	37.19	12.71	6.38
2.62	4.45	5.41	4.26	3.38	3.79	0.31	7.06	4.70	0.71
60.73	64.56	76.01	59.65	59.50	65.81	5.06	106.41	97.23	12.49
0.19	0.94	0.36	1.30	1.98	1.27	0.04	0.92	0.68	0.59
5.38	13.18	8.34	22.89	38.72	19.90	0.28	11.76	11.02	7.48
92.45	**107.54**	**123.62**	**190.85**	**89.42**	**191.84**	**106.59**	**156.73**	**110.96**	**301.33**
43.84	69.11	78.99	93.10	54.04	124.76	94.74	74.99	63.02	47.80
48.61	38.43	44.63	97.75	35.38	67.08	11.85	81.74	47.94	253.53
65.73	**85.69**	**81.22**	**113.69**	**975.32**	**126.85**	**61.69**	**91.08**	**157.90**	**122.76**
0.01	0.03	0.02	0.09	1.61	0.23	0.01	0.06	0.05	0.13
1.59	5.24	3.00	10.16	904.48	22.93	0.86	5.01	11.67	32.66
	0.19	0.17	0.15	1.48	0.07		1.86		0.81
6.67	4.95	6.42	6.67	5.04	4.75	0.49	4.12	17.83	1.55
21.88	16.88	14.06	21.32	9.06	23.71	46.20	8.40	17.02	37.70
2.02	2.17	7.03	7.99	10.63	34.45	0.49	16.54	11.98	10.32
33.56	56.27	50.54	67.41	44.64	40.93	13.65	55.15	99.40	39.72
480.23	**193.33**	**364.51**	**384.11**	**1719.40**	**347.18**	**57.10**	**259.91**	**324.69**	**281.17**
332.13	167.59	294.59	305.86	703.11	243.78	41.68	159.97	184.01	240.99
27.50	18.17	31.54	26.93	27.22	26.66	3.61	8.92	13.21	22.14
332.13	167.59	294.59	305.86	694.13	243.43	41.68	159.97	184.01	240.99

5-17 续表 4 （2019 年）

指标名称	单位	郑州市	中原区	二七区	管城区	金水区	上街区	惠济区
烟丝烟叶	公斤	0.03						
金额	元	0.85						
酒类	元	**183.95**	**135.99**	**103.51**	**172.23**	**211.68**	**220.86**	**202.17**
啤酒	公斤	3.31	1.66	1.35	3.68	6.63	7.36	2.13
金额	元	19.31	6.02	6.29	14.40	40.95	75.89	17.41
白酒	公斤	1.43	1.54	0.69	1.82	3.06	1.11	1.56
金额	元	152.02	121.22	95.05	154.90	146.20	127.64	175.69
果酒	公斤	0.22	0.08	0.01	0.06	0.07	0.16	0.13
金额	元	9.40	6.11	2.17	2.29	1.58	7.34	9.02
其他酒	元	3.22	2.64		0.64	22.96	9.99	0.05
饮食服务	元	**735.14**	**769.56**	**807.23**	**946.26**	**901.48**	**940.43**	**1533.30**
食堂用餐	元	54.04	83.12	9.53	35.45	10.05	6.15	35.51
其他在外饮食	元	675.32	686.44	797.30	910.77	891.44	934.27	1497.51
食品加工服务费	元	5.78		0.40	0.04		0.01	0.28
衣着	元	**1155.20**	**955.61**	**1009.30**	**1393.62**	**1284.65**	**1301.67**	**1531.61**
衣类	元	881.11	806.62	816.32	1062.31	988.66	963.00	1236.19
服装	元	850.39	780.99	796.88	1022.37	915.53	854.86	1171.96
服装材料	元	2.41	5.66	1.55	6.99	8.66	0.34	3.62
其他衣类及配件	元	27.15	17.29	17.23	30.68	63.97	102.88	59.82
衣类加工服务费	元	1.17	2.68	0.67	2.27	0.50	4.92	0.78
鞋类	元	**274.09**	**148.99**	**192.97**	**331.32**	**295.99**	**338.68**	**295.42**
鞋	双	3.15	1.30	1.85	5.44	2.61	2.67	3.10
金额	元	271.65	148.52	192.74	326.35	294.88	333.83	294.29
鞋类配件及加工服务费	元	2.44	0.47	0.23	4.97	1.11	4.85	1.12
居住	元	**1482.45**	**820.74**	**798.13**	**1549.49**	**2243.11**	**862.60**	**2509.85**
租赁房房租	元	**166.34**		**70.03**		**1332.81**		**919.06**
租赁公房房租	元	9.99		6.19				36.19
租赁私房房租	元	156.36		63.84		1332.81		882.87
住房维修及管理	元	**522.75**	**38.15**	**7.83**	**9.50**	**84.01**	**100.28**	**93.04**
住房装潢	元	378.17		0.26		16.21		7.45
住房维修	元	107.81		0.74	0.13	28.20	19.90	42.87
物业管理费	元	28.29	36.94	6.84	8.55	39.60	80.38	30.31
其他	元	8.48	1.21		0.83			12.41
水电燃料及其他	元	**793.36**	**782.59**	**720.27**	**1539.99**	**826.28**	**762.32**	**1497.76**

中牟县	巩义市	荥阳市	新密市	新郑市	登封市	经开区	高新区	郑东新区	航空港实验区
				0.23	0.09				
				8.98	0.35				
148.10	**25.74**	**69.92**	**78.25**	**1016.29**	**103.40**	**15.42**	**99.94**	**140.68**	**40.18**
3.45	2.32	2.86	3.04	3.39	7.12	0.12	2.18	2.85	0.90
16.95	12.60	18.61	14.93	25.43	42.32	0.71	13.90	16.37	5.30
1.79	0.31	0.85	0.92	3.48	1.52	0.19	0.71	1.66	0.93
131.11	11.39	38.28	44.01	923.27	54.99	14.62	85.91	122.81	34.66
	0.03	0.16	0.35	0.45	0.88			0.02	0.09
	1.43	10.39	6.27	67.08	5.14	0.09	0.02	1.47	0.23
0.04	0.31	2.65	13.04	0.50	0.94		0.10	0.03	
724.38	**667.90**	**619.62**	**971.38**	**485.53**	**334.23**	**1355.57**	**893.25**	**767.06**	**755.37**
31.78	114.96	86.36	6.71	125.17	36.47	23.78	155.29	40.13	9.33
681.96	543.69	527.82	951.27	358.29	289.92	1331.79	734.87	726.19	742.82
10.63	9.25	5.43	13.40	2.07	7.83	0.00	3.09	0.75	3.23
907.78	**962.30**	**800.25**	**1425.21**	**1900.98**	**989.10**	**1336.19**	**1230.28**	**1247.59**	**853.42**
720.02	749.77	609.07	1086.11	1330.48	753.45	1126.71	822.97	956.69	645.36
704.03	719.40	587.43	1053.98	1308.76	703.92	1122.93	803.62	932.60	628.55
1.94	1.56	2.32	0.79	4.04	2.03		0.28	0.64	0.88
13.81	25.90	17.70	29.82	17.47	46.54	3.76	18.79	23.08	15.56
0.25	2.91	1.62	1.52	0.21	0.96	0.02	0.29	0.37	0.37
187.76	**212.53**	**191.18**	**339.10**	**570.49**	**235.65**	**209.48**	**407.31**	**290.91**	**208.06**
3.08	2.95	3.18	3.72	2.53	3.81	3.41	2.56	3.74	2.67
187.38	211.18	189.53	335.83	570.07	231.75	193.43	407.07	289.79	199.33
0.38	1.35	1.65	3.27	0.42	3.90	16.05	0.24	1.11	8.73
780.75	**1568.19**	**978.88**	**1129.30**	**3843.14**	**1458.73**	**4334.13**	**935.78**	**978.31**	**523.78**
61.66	**84.55**	**64.80**	**197.98**	**26.86**	**182.60**			**25.34**	**58.69**
42.93	8.27	0.03	10.56	5.44	11.82				
18.73	76.28	64.77	187.42	21.42	170.77			25.34	58.69
280.28	**900.26**	**172.87**	**127.48**	**3216.62**	**250.79**	**1190.02**	**193.85**	**50.13**	**0.41**
70.62	717.35	125.70	14.71	2676.02	197.63	168.11	1.38	23.96	
180.28	112.24	13.64	47.38	521.76	18.29	1018.49	1.35	25.04	
29.32	68.43	31.81	14.43	18.68	21.16	3.41	186.78	1.13	0.41
0.06	2.24	1.72	50.95	0.16	13.71		4.34		
438.80	**583.39**	**741.21**	**803.84**	**599.66**	**1025.34**	**3144.11**	**741.94**	**902.84**	**464.68**

5-17 续表 5

（2019 年）

指标名称	单位	郑州市	中原区	二七区	管城区	金水区	上街区	惠济区
水	吨	23.21	41.32	23.51		11.62	41.46	11.47
金额	元	54.78	151.40	79.70		41.35	113.42	19.33
电	度	788.39	726.39	740.87	1805.16	1015.38	728.23	1810.98
金额	元	500.43	412.13	517.37	1349.01	580.01	440.28	1306.15
燃料	元	190.38	178.45	101.93	190.20	167.85	170.86	168.85
煤炭	公斤	19.68		0.54	0.12			
金额	元	16.18		0.38	0.25			
管道天然气	立方米	12.84	55.85	6.38	0.10	39.51	72.20	14.29
金额	元	33.04	132.49	17.22	0.75	107.41	165.12	47.28
管道煤气	立方米	0.32	0.60	3.04	0.46	0.07		0.37
金额	元	1.58	4.51	15.40	3.34	0.31		2.53
管道液化石油气	立方米	0.41		1.12	0.11			0.47
金额	元	1.93		5.10	0.71			1.88
罐装液化石油气	公斤	16.18	5.07	14.15	22.62	6.23	1.03	20.75
金额	元	107.68	36.70	63.60	155.00	49.51	2.29	112.83
汽油	升	4.43	0.67		4.05	1.43	0.49	0.46
金额	元	29.21	4.76		29.91	10.62	3.35	4.34
柴油	升	0.06						
金额	元	0.35						
其他油	升	0.01						
金额	元	0.05						
取暖费	元	14.99	40.08			35.59	36.81	
其他	元	32.77	0.52	21.28	0.79	1.49	0.94	3.43
生活用品及服务	**元**	**942.37**	**538.79**	**597.09**	**696.32**	**1160.35**	**1693.99**	**1299.57**
家具及室内装饰品	**元**	**226.25**	**53.29**	**14.21**	**28.92**	**68.85**	**471.98**	**293.34**
家具	元	199.69	47.71	12.85	28.87	52.97	314.33	291.44
家具材料	元	12.80	0.20	0.98		1.35	58.14	
室内装饰品	元	13.76	5.37	0.37	0.06	14.53	99.51	1.90
家用器具	**元**	**234.17**	**61.86**	**146.38**	**143.02**	**228.16**	**318.31**	**241.82**
耐用消费品	元	199.02	55.89	137.12	100.47	158.72	256.45	188.76
洗衣机	台	0.02		0.01	0.05	0.03	0.01	
金额	元	20.75		0.78	63.68	25.13	10.96	
电冰箱(柜)	台	0.01	0.01	0.02	0.01		0.01	

中牟县	巩义市	荥阳市	新密市	新郑市	登封市	经开区	高新区	郑东新区	航空港实验区
12.77	15.01	25.53	40.91	35.27	27.50	0.66	28.65	32.40	6.16
23.26	33.21	52.35	118.35	51.60	73.29	0.89	78.37	43.93	16.73
473.64	561.96	764.31	823.26	644.59	693.05	2471.10	675.20	924.72	519.80
282.54	317.89	430.81	476.32	372.50	444.78	2278.09	379.58	663.19	292.24
119.10	140.78	145.98	193.18	175.17	496.44	75.20	95.57	150.90	154.18
	99.29	1.03	10.59	6.12	51.12				
	75.55	1.33	8.79	6.19	47.47				
17.50	2.08	15.65	9.95	16.30	6.25	2.99	37.82	1.81	5.25
39.92	5.66	42.05	28.02	43.82	15.16	3.65	95.57	4.66	12.39
0.05	0.50	0.43		0.21		1.55		0.22	
0.31	1.60	2.88		0.72		4.23		0.56	
0.21	0.22	0.83		0.96		3.23		1.05	0.26
0.83	0.67	4.53		5.63		7.50		4.50	1.75
12.89	8.79	14.42	22.13	17.08	31.20	7.30		21.11	11.68
77.74	57.15	92.43	156.07	116.54	219.53	59.82		138.42	78.47
	0.02	0.38		0.33	32.21				9.22
	0.11	2.49		2.27	213.07				56.95
0.04					0.16			0.43	0.03
0.31					1.01			2.76	0.21
			0.04		0.03				
			0.26		0.20				
2.41	13.37	23.83	13.06				188.42	44.82	
11.48	78.14	88.24	2.94	0.40	10.83	789.93			1.54
584.08	**849.33**	**696.02**	**960.42**	**1747.87**	**1052.65**	**926.34**	**668.87**	**997.93**	**895.48**
58.70	**185.27**	**111.15**	**99.16**	**1054.52**	**260.02**	**138.68**	**39.12**	**179.28**	**255.92**
58.22	143.89	48.41	93.79	1042.48	156.76	128.98	26.00	177.03	253.94
0.06	24.34	7.38	1.39	0.38	77.53	7.85	0.49		
0.41	17.03	55.37	3.98	11.65	25.73	1.84	12.62	2.25	1.98
215.69	**239.06**	**193.56**	**323.37**	**336.66**	**222.22**	**208.90**	**218.50**	**342.15**	**109.69**
200.17	188.49	163.23	290.69	262.85	179.75	206.86	193.91	322.12	105.99
0.01	0.03	0.01	0.02	0.01	0.02		0.03	0.01	0.01
11.77	20.26	15.37	31.69	19.09	30.83	0.91	53.46	29.11	5.59
0.01	0.01	0.01	0.01	0.02	0.01			0.01	0.01

5-17 续表6 （2019年）

指标名称	单位	郑州市	中原区	二七区	管城区	金水区	上街区	惠济区
金额	元	20.76	18.35	63.21	14.03		23.48	
空调器	台	0.03	0.01	0.02	0.01	0.02	0.02	0.02
金额	元	86.40	36.56	51.97	3.15	72.54	54.74	79.81
吸尘器								
金额	元	2.12						
抽油烟机	台							
金额	元	4.92						
微波炉								
金额	元	0.14			0.36			
非太阳能热水器	台	0.01			0.01	0.02	0.03	0.06
金额	元	7.48			6.69	16.45	77.42	44.23
太阳能热水器	台	0.01		0.01				0.01
金额	元	9.33		8.51				31.85
燃气炉具	套	0.02	0.01	0.01			0.01	0.01
金额	元	6.01	0.98	1.66			45.84	1.40
其他	元	32.10		10.98	12.56	15.52	44.01	31.47
小家电	元	35.15	5.97	9.27	42.56	69.44	61.86	53.06
家用纺织品	**元**	**69.95**	**43.67**	**35.64**	**30.68**	**79.64**	**156.11**	**167.69**
床上用品	元	45.18	24.35	25.28	21.02	68.32	104.52	151.99
窗帘门帘	元	21.17	15.07	7.56	0.40	0.87	44.72	4.25
其他家用纺织品	元	3.60	4.25	2.81	9.26	10.46	6.87	11.45
家庭日用杂品	**元**	**221.49**	**147.34**	**203.47**	**177.60**	**324.48**	**265.82**	**297.46**
洗涤及卫生用品	元	81.18	42.58	33.70	67.25	199.25	53.62	62.82
厨具餐具茶具	元	28.33	31.03	12.15	16.15	35.66	12.05	19.00
家用手工工具	元	2.12	0.28	1.30	1.15	5.05	1.46	0.86
其他	元	109.86	73.44	156.31	93.05	84.52	198.69	214.79
个人用品	元	153.16	214.42	188.32	266.24	291.40	468.44	236.35
化妆品	元	89.98	96.15	118.17	173.28	222.35	170.46	122.34
其他个人用品	元	63.18	118.27	70.15	92.96	69.04	297.98	114.01
家庭服务	**元**	**37.35**	**18.21**	**9.07**	**49.85**	**167.81**	**13.33**	**62.91**
家政服务	元	3.67	1.15	0.82		3.92	5.64	14.31

中牟县	巩义市	荥阳市	新密市	新郑市	登封市	经开区	高新区	郑东新区	航空港实验区
16.82	22.10	23.81	27.21	21.29	30.03	2.33	6.50	21.12	5.89
0.04	0.02	0.03	0.03	0.03	0.02		0.07	0.05	
117.66	93.52	103.96	113.89	79.11	59.44	2.98	129.53	194.18	
			0.45	22.31	0.48				
0.01			0.01	0.01				0.01	
8.51		1.82	11.08	11.15	4.16	2.31	1.06	14.08	
	1.00								
0.01	0.01	0.01			0.01			0.01	
12.68	3.61	7.49	3.04	5.81	3.02	0.26		13.78	
0.01						0.20		0.04	
10.65	3.26	0.55	5.17	1.57		188.76		43.88	
0.02	0.05	0.01	0.03		0.01			0.01	0.02
10.30	16.59	1.41	14.08	0.54	2.63	4.51		1.97	1.74
11.78	28.15	8.82	84.08	18.34	48.18	4.81	3.36	4.00	92.77
15.52	50.57	30.34	32.68	73.81	42.47	2.04	24.59	20.03	3.70
35.72	**63.99**	**58.79**	**79.58**	**56.37**	**68.79**	**54.89**	**88.53**	**64.43**	**149.18**
32.44	53.27	35.83	52.39	41.82	41.56	54.64	87.06	42.90	18.92
2.75	7.76	18.30	22.97	11.55	24.89	0.02	0.22	18.58	129.47
0.53	2.96	4.66	4.22	3.01	2.33	0.22	1.24	2.94	0.78
131.14	**194.89**	**159.94**	**287.42**	**195.79**	**315.64**	**188.45**	**143.49**	**242.70**	**232.78**
22.87	55.57	41.12	130.80	73.91	143.94	147.76	28.48	39.56	122.69
24.03	29.07	19.88	29.56	20.93	68.12	2.78	12.80	34.20	7.63
0.84	7.37	1.14	0.75	0.68	2.76	0.02	0.29	1.55	1.24
83.39	102.88	97.79	126.31	100.28	100.82	37.89	101.92	167.39	101.23
119.20	143.76	92.01	140.78	86.92	147.51	200.97	160.47	166.45	142.95
60.17	64.67	33.60	89.60	57.11	109.11	169.36	88.67	78.86	102.57
59.03	79.10	58.41	51.19	29.81	38.40	31.62	71.80	87.59	40.38
23.64	**22.36**	**80.56**	**30.10**	**17.60**	**38.46**	**134.45**	**18.76**	**2.93**	**4.96**
1.29	0.69	24.61	0.55	1.06	0.43	0.11	3.85	0.56	0.88

5-17　续表 7　（2019 年）

指标名称	单位	郑州市	中原区	二七区	管城区	金水区	上街区	惠济区
家庭设备修理费	元	33.68	17.05	8.25	49.85	163.89	7.69	48.59
交通通信	元	**2693.58**	**1411.57**	**1191.21**	**3262.93**	**2430.76**	**5431.49**	**10783.68**
交通	元	**2071.85**	**826.76**	**742.84**	**2469.62**	**1671.35**	**4845.80**	**9847.92**
交通工具	元	1083.70		41.59	1116.51	137.50	3617.35	8305.88
汽车	辆	0.01			0.01		0.02	0.06
金额	元	978.71			1022.54		3555.52	8123.16
摩托车	辆							
金额	元	6.51						
自行车	辆	0.01		0.01		0.01		
金额	元	3.04		3.56	0.79	13.52		
电动自行车	辆	0.03		0.01	0.03	0.04	0.02	0.07
金额	元	68.48		38.03	93.18	111.91	57.81	146.61
其他交通工具	元	26.95				12.07	4.03	36.10
交通费	元	**77.00**	**90.03**	**21.63**	**24.71**	**95.52**	**52.75**	**87.36**
飞机	元	13.60	3.95				21.86	10.86
火车	元	13.97	30.39	4.42	6.74	36.55	12.47	8.88
长途汽车	元	5.14	2.34	3.91		10.45	0.88	0.71
市内公共交通	元	13.15	13.18	3.52	7.59	10.65	4.72	24.25
出租汽车费	元	15.14	37.02	9.77	4.63	21.84	11.20	4.19
其他交通费	元	15.99	3.15		5.74	16.03	1.62	38.48
交通工具用燃料	元	**628.37**	**656.94**	**574.51**	**1064.34**	**1121.03**	**923.07**	**1044.86**
汽油	升	90.63	97.50	84.02	159.54	160.42	141.46	152.71
金额	元	597.46	656.69	563.61	1053.88	1118.94	918.41	1041.64
柴油	升	3.92				0.29		0.22
金额	元	23.87				2.09		1.52
其他燃料和润滑剂	元	7.04	0.25	10.91	10.46		4.66	1.70
交通工具使用及维修	元	**282.79**	**79.79**	**105.11**	**264.06**	**317.29**	**252.63**	**409.82**
交通工具零配件和维修	元	211.95	61.83	83.54	200.60	142.26	86.79	177.12
停车费	元	4.38	4.45	6.02	6.62	37.16	17.65	15.82
车辆使用税费(含过桥过路费)	元	49.37	12.33	12.96	55.36	132.66	41.86	141.65
其他	元	17.09	1.18	2.59	1.49	5.22	106.33	75.24
通信	元	**621.73**	**584.81**	**448.37**	**793.32**	**759.40**	**585.69**	**935.77**
通信工具	元	**220.14**	**194.78**	**181.05**	**388.29**	**204.74**	**250.15**	**382.25**
电话机	部				0.01			

中牟县	巩义市	荥阳市	新密市	新郑市	登封市	经开区	高新区	郑东新区	航空港实验区
22.34	21.67	55.95	29.55	16.54	38.03	134.34	14.91	2.37	4.08
2714.60	**1362.73**	**2458.49**	**2369.59**	**4296.94**	**2493.01**	**1674.21**	**1608.82**	**3453.12**	**1382.32**
2190.87	**904.06**	**1800.81**	**1516.97**	**3744.54**	**1865.28**	**1204.11**	**1144.79**	**2846.72**	**800.83**
1260.89	100.55	988.74	409.80	3073.58	816.86	1.79	309.45	1368.52	112.91
0.01		0.01		0.03				0.01	
999.56		906.05	323.93	3000.83	734.27		199.06	1309.49	
	0.02								
	51.96				0.96				
	0.01	0.01	0.02	0.01	0.01				0.01
1.71	4.04	3.52	5.19	2.70	2.42				1.77
0.06	0.01	0.04	0.02	0.03	0.02		0.03	0.01	0.03
152.64	19.24	79.16	51.48	70.05	47.21	1.79	110.39	44.96	73.08
106.98	25.31		29.20		32.00			14.08	38.06
24.20	**163.86**	**28.81**	**106.22**	**84.34**	**77.54**	**55.10**	**57.62**	**34.69**	**96.00**
	40.30		16.92	59.30	3.39				4.43
8.42	35.82	3.64	7.95	18.13	7.45		29.45	7.08	7.58
1.51	2.05	1.86	4.28	1.28	24.47			7.16	0.82
2.60	30.13	12.30	22.69	1.57	10.72	23.78	11.82	10.10	9.71
3.73	49.39	10.22	21.25	3.98	10.98	1.81	15.11	2.49	3.26
7.93	6.17	0.79	33.12	0.08	20.54	29.50	1.24	7.86	70.20
612.73	**462.06**	**596.74**	**756.22**	**432.34**	**387.75**	**807.07**	**586.63**	**936.20**	**335.81**
89.89	70.78	89.63	116.51	60.51	42.55	123.38	93.26	121.85	48.88
582.23	446.08	562.47	743.18	429.66	286.68	803.03	583.63	838.34	312.77
4.59	0.92	4.20	0.20		16.95	0.74		14.46	0.03
29.32	5.59	27.20	1.28		93.89	4.04		97.21	0.21
1.18	10.39	7.07	11.76	2.69	7.17		3.00	0.66	22.83
293.05	**177.60**	**186.52**	**244.74**	**154.28**	**583.14**	**340.16**	**191.08**	**507.30**	**256.11**
204.37	157.77	155.11	174.48	141.43	529.50	339.46	151.31	312.19	164.67
1.06	1.35	1.15	3.20	2.19	0.38	0.05	0.82	1.32	5.39
85.68	13.60	23.53	43.87	0.22	10.68	0.54	35.04	175.69	47.51
1.94	4.87	6.72	23.19	10.44	42.58	0.10	3.91	18.10	38.54
523.74	**458.67**	**657.69**	**852.62**	**552.39**	**627.73**	**470.10**	**464.04**	**606.40**	**581.49**
246.14	**130.59**	**224.46**	**335.58**	**112.92**	**169.81**	**6.68**	**138.52**	**215.18**	**304.59**

5-17 续表 8 （2019 年）

指标名称	单位	郑州市	中原区	二七区	管城区	金水区	上街区	惠济区
金额	元	0.15			1.24			
移动电话机	部	0.14	0.08	0.07	0.17	0.08	0.16	0.20
金额	元	211.47	188.18	170.97	385.95	177.92	228.41	365.61
其他通信工具及零配件	元	8.53	6.60	10.08	1.09	26.82	21.74	16.64
通信服务	**元**	**401.58**	**390.03**	**267.32**	**405.02**	**554.67**	**335.54**	**553.52**
固定电话费	元	6.94		10.71				10.52
移动电话费	元	348.15	302.97	228.50	355.42	507.39	272.07	448.26
上网费	元	39.93	82.79	26.85	47.22	42.94	44.77	87.83
邮费	元	2.37	2.64	0.78	1.05	2.53	0.82	1.06
其他通信服务费	元	4.19	1.64	0.47	1.33	1.81	17.89	5.84
教育文化娱乐	**元**	**1508.25**	**2378.03**	**1376.78**	**1962.24**	**2126.63**	**2829.46**	**2315.35**
教育	元	1130.30	1596.21	976.66	1447.57	1615.54	2206.22	1647.30
学前教育	元	285.45	555.83	166.45	543.06	780.99	580.97	402.95
教育用品	元	6.38	1.52	1.54	6.61	9.30	11.41	12.46
学杂费	元	116.67	187.67	81.29	66.97	503.68	305.61	168.84
培训费	元	34.74	19.53	24.83	42.87	259.56	60.18	68.54
赞助费	元	1.43						12.74
一揽子教育服务（含食宿）	元	117.08	347.11	5.55	416.95	7.53	203.78	139.92
其他费用	元	9.14		53.23	9.66	0.93		0.45
小学教育	**元**	**242.55**	**265.01**	**244.24**	**103.78**	**279.41**	**254.53**	**202.78**
教育用品	元	15.49	9.15	4.64	2.26	72.04	35.54	7.55
学杂费	元	24.59	32.88	4.82	46.40	12.44	21.24	18.69
培训费	元	82.49	108.87	94.14		159.47	143.00	126.49
一揽子教育服务（含食宿）	元	90.65	112.93	140.55	55.12	21.72	43.32	0.11
其他费用	**元**	**29.33**	**1.18**	**0.08**		**13.75**	**11.43**	**49.94**
初中教育	元	128.20	360.37	130.41	199.52	113.55	317.90	216.65
教育用品	元	14.97	9.37	4.59	6.47	72.25	55.62	19.45
学杂费	元	11.49	17.04	2.55	39.01	0.40	15.88	3.11
培训费	元	27.50	114.53	123.27	27.95	15.30	217.85	76.48
赞助费	元	0.56						
一揽子教育服务（含食宿）	元	55.53	210.20		88.48	25.04	12.89	27.29
其他费用	元	18.15	9.23		37.61	0.56	15.65	90.32
高中教育	**元**	**147.66**	**165.43**	**54.34**	**519.66**	**22.20**	**23.41**	**2.04**

中牟县	巩义市	荥阳市	新密市	新郑市	登封市	经开区	高新区	郑东新区	航空港实验区
	0.23				0.42				0.42
0.16	0.12	0.15	0.20	0.10	0.12	0.01	0.07	0.12	0.19
239.94	123.84	218.75	327.94	109.78	159.07	6.37	133.55	205.64	290.55
6.20	6.52	5.71	7.64	3.15	10.32	0.31	4.97	9.54	13.61
277.60	**328.08**	**433.23**	**517.04**	**439.47**	**457.92**	**463.42**	**325.52**	**391.22**	**276.90**
2.13	2.48	2.49	2.26	18.64	26.65		27.50		3.15
242.80	275.05	369.79	467.27	396.97	374.20	405.45	227.71	366.48	240.61
24.96	44.43	45.00	39.67	23.10	49.65	53.70	65.80	17.60	29.91
0.99	2.01	13.72	1.40	0.23	0.97	0.01	4.50	0.20	0.25
6.70	4.11	2.23	6.44	0.53	6.44	4.25		6.95	2.98
1773.12	**1180.33**	**1226.53**	**1574.52**	**923.35**	**1265.65**	**395.53**	**1977.17**	**1851.96**	**1419.67**
1472.37	891.10	989.77	1112.61	750.90	821.34	191.83	1529.80	1196.10	1314.16
262.22	297.96	204.66	69.77	352.86	136.98	99.31	598.10	171.34	407.15
5.81	3.15	3.08	0.67	22.93	0.54	29.72	1.49	16.40	0.92
188.80	151.90	79.28	28.64	149.86	43.06	27.78	10.41	73.51	15.54
5.74	50.12	11.01	1.61	91.13	0.46	24.35	3.71	3.37	5.87
				11.63					
51.65	92.08	111.01	22.96	61.85	86.99	17.36	561.77	78.08	365.28
10.22	0.71	0.27	15.89	15.46	5.93	0.09	20.72		19.54
346.35	**111.73**	**193.40**	**205.51**	**63.09**	**139.67**	**26.56**	**344.03**	**620.43**	**511.75**
9.24	14.90	20.79	16.68	18.76	4.45	0.54	17.50	25.32	1.79
132.11	1.00	36.08	2.43	8.95	2.38	1.20	2.73	16.87	0.25
64.93	73.77	50.73	91.98	35.04	21.41	20.90	323.80	286.98	6.57
115.53	19.36	56.38	55.99	0.19	78.80	3.79		291.20	316.87
24.53	**2.69**	**29.42**	**38.44**	**0.15**	**32.63**	**0.12**		**0.06**	**186.27**
155.48	81.57	155.22	124.01	21.09	174.23	35.64	298.61	86.86	40.38
16.78	11.41	22.67	13.46	5.03	4.81	0.11	28.13	23.08	0.02
7.32	5.85	30.95	29.25	1.94	10.09	0.18	6.06		
23.98	15.89	43.66	5.84	0.97	15.33	0.14	190.20		
							17.44	1.25	2.93
105.96	40.11	53.21	55.66	6.40	82.88	35.21	8.07	62.53	11.50
1.44	8.32	4.73	19.81	6.76	61.11		48.71		25.93
281.18	**171.70**	**86.05**	**160.90**	**37.62**	**48.33**	**27.60**	**264.61**	**231.08**	**183.14**

5-17　续表 9　　　　　　　　　　　　（2019 年）

指标名称	单位	郑州市	中原区	二七区	管城区	金水区	上街区	惠济区
教育用品	元	6.22	8.75	2.88		1.80		2.04
学杂费	元	7.54	21.34			2.42		
培训费	元	6.35	0.43	14.16	9.44	5.64		
赞助费	元	14.56			331.65			
一揽子教育服务（含食宿）	元	104.34	123.38	35.08	163.63	12.36	23.41	
其他费用	元	8.64	11.54	2.21	14.94			
中专职高教育	**元**	**19.26**			**37.97**	**5.58**		**138.65**
教育用品	元	0.01						0.21
学杂费	元	4.58						48.70
一揽子教育服务（含食宿）	元	7.34			37.97	5.58		88.99
大专及以上教育	**元**	**257.58**	**229.41**	**377.54**	**43.57**	**204.14**	**973.22**	**536.51**
教育用品	元	2.49				8.36	22.95	
学杂费	元	81.74		61.25	5.11	70.39	271.69	277.13
培训费	元	21.71	48.59		3.32			
一揽子教育服务（含食宿）	元	132.52	180.53	316.29	35.14	125.39	678.58	259.38
其他费用	元	19.12	0.29					
成人教育	**元**	**49.61**	**20.16**	**3.69**		**209.67**	**56.19**	**147.71**
教育用品	元	1.55	3.69				4.35	9.28
培训费	元	34.61	3.28			209.33	48.44	71.70
其他费用	元	13.44	13.19	3.69		0.34	3.40	66.72
文化娱乐	**元**	**377.95**	**781.82**	**400.12**	**514.67**	**511.09**	**623.24**	**668.06**
文娱耐用消费品	**元**	**62.00**	**134.85**	**19.23**	**48.85**	**61.97**	**103.19**	**180.88**
彩色电视机	台	0.01	0.02				0.01	0.05
金额	元	23.77	60.31			0.66	14.16	139.76
家用台式电脑	台					0.01		
金额	元	7.75				36.23		
家用笔记本电脑	台		0.01		0.02		0.01	0.01
金额	元	16.47	62.31		48.77		33.03	11.43
中高档乐器	元	1.88	3.93				42.49	
健身器材	元	0.30				1.13		1.13

中牟县	巩义市	荥阳市	新密市	新郑市	登封市	经开区	高新区	郑东新区	航空港实验区
19.90	2.53	7.20	3.07	2.49	2.12	0.30	42.16	9.25	5.70
17.15	22.43		7.00		1.03	17.57	18.28	3.76	5.28
6.99	25.21		8.53	0.66	1.46			2.19	
2.80							192.53	1.40	
228.88	119.44	78.14	94.30	34.17	37.37	9.73	1.33	214.47	169.28
5.44	2.09	0.71	47.99	0.30	6.35		10.31		2.88
0.42			**27.43**	**17.73**	**35.49**	**0.69**			**68.16**
			0.02						
			16.33	11.73					1.76
0.42			8.12		3.88	0.69			23.86
404.11	**195.39**	**319.66**	**479.18**	**210.69**	**174.82**	**2.03**	**23.82**	**72.42**	**72.95**
0.01	8.08	0.18	1.74		5.62			2.10	0.04
174.35	96.49	117.63	98.12	88.90	19.69		1.46	33.79	
80.44		3.40	71.07	28.02					
136.56	90.81	164.03	212.75	83.47	134.17	1.60	18.67	36.53	66.46
12.76		34.42	95.50	10.30	15.33	0.43	3.69		6.46
22.61	**32.74**	**30.77**	**45.82**	**47.82**	**111.82**		**0.62**	**13.97**	**30.62**
		11.00	0.48		0.13				
21.66	29.53	17.47	35.78	11.19	63.33			13.97	24.14
0.94	3.21	2.30	9.56	36.63	48.37		0.62		6.48
300.75	**289.24**	**236.76**	**461.90**	**172.45**	**444.31**	**203.71**	**447.38**	**655.86**	**105.51**
73.57	**62.76**	**40.31**	**95.19**	**58.94**	**58.71**	**2.07**	**205.70**	**4.36**	**4.74**
	0.02	0.01	0.01	0.01	0.02		0.03		
3.87	36.43	14.16	22.33	17.91	35.24		205.69		
0.01									
35.91			10.08	11.18					
		0.01	0.01	0.01					
18.58	13.44	8.57	43.46	28.37					
	0.63	5.83	7.38						
				0.23	0.39			2.17	

5-17 续表 10 （2019 年）

指标名称	单位	郑州市	中原区	二七区	管城区	金水区	上街区	惠济区
其他文娱耐用消费品	元	6.13	2.37	18.86	0.08	1.77	0.38	2.77
文娱耐用消费品的零配件及维修	元	5.47	5.93	0.37		20.45	1.95	25.78
其他文娱用品	**元**	**118.62**	**101.18**	**102.39**	**147.21**	**151.80**	**126.17**	**198.84**
书报杂志及音像制品	元	17.70	28.02	26.24	10.71	11.84	7.51	28.81
文具纸张	元	24.05	11.99	21.89	35.47	10.88	6.37	24.71
体育户外用品	元	7.06	7.37	10.29	24.39	12.49	6.42	6.19
游戏用品和玩具	元	36.50	28.73	25.34	56.44	95.29	70.75	51.36
园艺花卉及有关产品	元	7.07	11.33	5.42	5.66	12.21	24.30	4.29
宠物及有关产品	元	12.44	3.04	0.37	0.23	2.23	0.96	7.94
其他文娱用品及维修	元	13.78	10.71	12.86	14.30	6.86	9.87	75.54
文化娱乐服务	**元**	**197.33**	**545.79**	**278.49**	**318.61**	**297.32**	**393.89**	**288.34**
团体旅游	元	113.75	412.73	202.80	186.47	79.01	87.50	113.52
景点门票	元	35.57	57.13	43.45	56.72	78.42	229.95	56.40
体育健身活动	元	2.69	1.15	0.27	3.93	1.99	8.03	46.75
电影话剧演出票	元	10.70	35.77	17.68	8.19	48.19	23.97	16.54
有线电视费	元	7.44	7.09	0.79		3.84	18.72	23.23
其他文化娱乐服务	元	27.17	31.92	13.51	63.30	85.86	25.72	31.91
医疗保健	**元**	**1487.77**	**1349.11**	**1576.72**	**1106.41**	**1589.11**	**1320.75**	**2059.65**
医疗器具及药品	元	347.84	172.77	354.02	303.72	410.28	366.13	428.07
药品	元	319.43	160.03	338.84	211.21	377.35	313.20	380.46
滋补保健品	元	23.96	11.83	14.59	58.56	30.16	47.27	28.76
医疗卫生器具	元	2.51	0.35	0.59	13.46	0.51	0.29	18.71
保健器具	元	1.94	0.55		20.50	2.26	5.37	0.14
医疗服务	**元**	**1139.93**	**1176.34**	**1222.70**	**802.69**	**1178.83**	**954.62**	**1631.58**
门诊医疗总费用	元	400.18	379.37	265.60	318.52	316.51	556.43	576.58
住院医疗总费用	元	739.76	796.96	957.10	484.17	862.32	398.19	1055.00
其他用品和服务	**元**	**352.16**	**193.53**	**345.62**	**500.44**	**335.85**	**254.31**	**1059.68**
其他用品	元	184.74	89.91	145.51	287.00	112.57	78.84	585.53
首饰及手表	元	132.28	47.44	105.95	258.33	87.21	37.77	532.15
其他杂项用品	元	52.46	42.47	39.56	28.67	25.36	41.07	53.38
其他服务	**元**	**167.41**	**103.62**	**200.11**	**213.44**	**223.27**	**175.47**	**474.15**
旅馆住宿费	元	17.18	20.24	22.93	5.44	59.68	31.43	110.23
美容美发洗浴	元	87.74	43.97	76.99	169.44	162.48	140.90	127.99
其他杂项服务	元	62.50	39.41	100.20	38.57	1.12	3.14	235.92

中牟县	巩义市	荥阳市	新密市	新郑市	登封市	经开区	高新区	郑东新区	航空港实验区
2.91	8.32	7.09	4.46	0.90	21.59	2.06		1.16	1.94
12.29	3.94	4.65	6.77	0.35	1.50		0.01	1.03	2.81
113.25	**97.86**	**89.56**	**126.89**	**73.32**	**96.39**	**186.86**	**93.52**	**297.86**	**38.33**
29.55	9.15	9.36	28.75	17.56	17.20	0.59	57.77	9.87	4.95
20.52	15.10	36.80	32.50	18.39	32.03	7.30	8.92	34.86	15.33
2.89	10.52	3.41	8.48	2.36	4.21	0.27	0.03	13.12	3.85
34.60	31.55	21.48	37.27	27.63	34.10	99.66	7.18	54.21	10.88
4.37	5.39	5.73	3.83	1.89	2.60	63.54	9.01	25.65	0.74
3.78	0.48	1.73	2.86	0.51	2.09		0.49	150.19	
17.53	25.66	11.03	13.20	4.96	4.16	15.50	10.12	9.97	2.59
113.94	**128.62**	**106.90**	**239.82**	**40.20**	**289.21**	**14.78**	**148.16**	**353.64**	**62.44**
76.24	73.46	53.11	147.15	11.48	207.96	9.83	114.66	188.65	3.29
23.57	28.52	24.17	49.83	13.63	26.75	2.97	13.31	48.80	20.47
0.16	1.96	5.53		1.15	0.53		0.07		0.24
1.79	3.70	1.69	2.32	1.42	5.37	0.48	14.16	37.78	14.57
2.52	3.95	7.09	14.05	7.32	20.07			1.69	2.13
9.65	17.03	15.32	26.47	5.20	28.51	1.50	5.96	76.73	21.75
1470.13	**994.60**	**2205.29**	**1932.58**	**778.40**	**892.86**	**487.85**	**2074.78**	**3037.37**	**876.46**
180.43	244.65	451.17	817.04	245.43	343.84	82.62	162.27	310.16	147.26
157.94	227.03	438.89	718.77	243.17	329.89	80.98	147.92	288.17	145.69
17.08	13.20	9.25	94.69	1.63	9.88	1.47	10.53	21.15	0.76
3.66	3.13	1.83	2.71	0.26	0.60	0.17	0.01	0.83	0.02
1.75	1.29	1.20	0.87	0.38	3.46		3.80		0.79
1289.69	**749.94**	**1754.11**	**1115.54**	**532.96**	**549.02**	**405.22**	**1912.51**	**2727.21**	**729.21**
606.70	389.75	380.03	475.54	191.56	126.48	323.89	377.70	839.71	347.28
683.00	360.19	1374.08	640.00	341.40	422.54	81.33	1534.81	1887.51	381.93
149.07	**158.73**	**134.03**	**336.57**	**883.38**	**325.68**	**47.64**	**330.59**	**216.25**	**608.95**
65.00	52.23	41.33	130.87	786.64	253.66	14.51	154.83	73.11	63.03
12.37	18.37	5.55	57.33	716.28	140.87	14.25	145.31	36.34	29.66
52.63	33.87	35.77	73.54	70.36	112.79	0.27	9.52	36.76	33.37
84.07	**106.50**	**92.70**	**205.70**	**96.75**	**72.02**	**33.13**	**175.75**	**143.15**	**545.92**
2.36	5.22	27.10	8.83	6.27	3.74		11.77		50.24
75.77	89.00	53.72	140.89	52.59	63.15	31.24	91.46	132.70	25.10
5.95	12.28	11.88	55.98	37.89	5.13	1.89	72.53	10.44	470.58

5-18 农村居民

（2019 年）

指标名称	单位	郑州市	中原区	二七区	管城区	金水区	上街区	惠济区
住户居住空间样式								
单栋楼房	%	53.1	4.4	100.0	96.8	28.8		94.4
单栋平房	%	30.1			3.2			5.6
四居室及以上单元房	%	0.2						
三居室单元房	%	9.6	52.4			27.5	52.3	
二居室单元房	%	6.4	43.3			43.7	47.7	
一居室单元房	%	0.1						
其他	%	0.5						
主要建筑材料								
钢筋混凝土	%	39.7	96.0	12.5	65.9	25.2	50.9	62.2
砖混材料	%	57.7	4.0	87.5	34.1	74.8	49.1	37.8
砖瓦砖木	%	2.5						
其他	%	0.1						
现住房房屋来源								
租赁私房	%	3.4				51.3		
自建住房	%	72.3		100.0	100.0			100.0
购买商品房	%	3.1	18.2			19.8	3.2	
拆迁安置房	%	13.0	77.5			28.8	96.8	
其他来源	%	8.3	4.4					
现住房建筑面积	**平方米/人**	**75.8**	**35.8**	**117.8**	**290.0**	**39.1**	**29.8**	**282.5**

家庭现住房情况

中牟县	巩义市	荥阳市	新密市	新郑市	登封市	经开区	高新区	郑东新区	航空港实验区
80.4	22.8	45.6	24.7	51.2	43.2	100.0		100.0	79.9
4.5	71.6	41.6	62.4	34.4	44.8				18.0
							12.0		
10.6	5.6		12.8	10.8	10.8		39.8		1.6
3.0		11.7			1.2		48.2		
1.5									
		1.1		3.7					0.6
73.0	20.9	88.0	1.1	4.2	21.6	0.3	100.0	17.6	56.0
24.2	76.9	10.9	84.1	93.7	78.4	99.7		82.4	44.0
2.8	2.2		14.8	2.0					
		1.1							
				13.4					
84.8	89.1	88.3	87.2	74.6	88.0	100.0		100.0	19.9
	1.9				12.0				1.6
15.2	9.0	11.7	12.8	12.0			100.0		
									78.6
62.8	**38.6**	**75.1**	**57.3**	**58.4**	**58.4**	**184.5**	**30.3**	**106.0**	**34.3**

5-19 农村居民家庭

（2019 年）

指标名称	单位	郑州市	中原区	二七区	管城区	金水区	上街区	惠济区
家用汽车	辆	62	73	77	107	71	59	106
摩托车	辆	37	6	10	3	2	30	3
助力车	台	98	140	152	131	50	81	150
洗衣机	台	100	102	103	103	103	100	115
电冰箱（柜）	台	98	100	105	100	103	100	124
微波炉	台	26	76	51	53	30	11	39
彩色电视机	台	123	115	133	134	130	108	147
空调	台	163	254	135	153	181	183	175
热水器	台	81	109	100	105	57	100	78
洗碗机	台	2	7			4		
排油烟机	台	43	102	80	63	54	100	76
固定电话	线	10		8	16			9
移动电话	部	277	269	281	284	260	222	327
接入互联网	部	209	254	220	168	248	145	317
计算机	台	43	88	62	72	32	17	64
接入互联网	台	35	84	60	62	32	14	31
照相机	台	4	10	10	6	11	4	9
中高档乐器	架	4	6			4	4	9
健身器材	台	3	6		3	15		11

每百户耐用消费品用有量

中牟县	巩义市	荥阳市	新密市	新郑市	登封市	经开区	高新区	郑东新区	航空港实验区
72	44	51	53	58	71	101	76	94	24
41	84	20	74	24	78	0		6	9
164	39	170	44	107	49	184	88	152	51
108	102	105	109	107	106	182	100	103	47
107	99	105	98	99	118	102	99	103	45
16	20	27	24	29	37	2	13	9	9
133	124	134	137	113	165	89	124	131	45
153	133	253	181	149	170	186	182	153	55
107	57	91	80	92	75	88	100	87	52
4	1		5						3
34	17	62	51	21	34	2	100	24	26
1	12	1	13	9	37	0	12		11
291	317	297	300	278	314	288	198	276	150
183	276	243	140	202	200	285	192	253	129
28	41	57	53	30	37	4	25	48	18
12	38	56	36	25	28	3	25	42	18
	3	3	3	3	4			3	9
	2	5	13	2	4			3	
		2	2	4	7	1		3	

5-20 农村居民

（2019 年）

指标名称	郑州市	中原区	二七区	管城区	金水区	上街区	惠济区
粮食消费量	**119.70**	**85.70**	**109.22**	**115.07**	**66.55**	**110.58**	**174.36**
谷物消费量	**108.04**	**76.04**	**99.17**	**107.37**	**61.18**	**97.49**	**164.02**
小麦	82.78	49.48	76.60	78.64	42.54	74.26	137.15
稻谷	14.25	21.44	15.61	23.89	13.41	14.64	19.98
玉米	5.71	0.67	2.35	0.93	2.06	0.51	2.09
其他谷物	5.30	4.46	4.60	3.91	3.16	8.08	4.80
薯类消费量	**2.24**	**2.83**	**1.87**	**2.27**	**1.47**	**1.82**	**2.38**
红薯	0.86	0.81	0.51	0.82	0.63	0.82	1.19
马铃薯	0.98	1.72	1.03	1.27	0.52	0.81	0.80
其他薯类	0.40	0.30	0.33	0.18	0.32	0.19	0.39
豆类消费量	**9.42**	**6.83**	**8.19**	**5.43**	**3.90**	**11.27**	**7.96**
大豆	0.91	0.31	0.25	0.31	0.42	0.26	0.49
其他豆类	8.51	6.53	7.94	5.12	3.49	11.01	7.47
油脂类消费量	**8.13**	**6.95**	**5.27**	**5.94**	**5.41**	**5.89**	**3.47**
植物油	7.87	6.95	5.27	5.94	5.36	5.89	3.47
动物油	0.27				0.05		
蔬菜及菜制品消费量	**78.25**	**100.84**	**74.30**	**59.03**	**53.54**	**82.55**	**87.72**
鲜菜	75.32	96.56	71.70	55.39	50.93	80.36	85.25
干菜及菜制品	1.15	0.46	0.75	1.88	1.24	0.77	1.24
鲜菌	1.52	3.65	1.79	1.70	1.21	1.33	1.17
干菌及菌制品	0.26	0.17	0.07	0.07	0.16	0.10	0.06
肉类	**14.56**	**23.77**	**16.81**	**20.41**	**15.02**	**14.53**	**21.94**
猪肉	10.30	16.40	12.78	15.10	9.69	9.48	12.09
牛肉	0.92	1.97	1.01	1.56	1.83	1.58	0.72
羊肉	0.81	2.22	1.10	0.94	0.98	1.16	0.48
其他肉类及制品	2.52	3.19	1.91	2.82	2.53	2.31	8.65
禽类	**3.98**	**7.38**	**3.83**	**5.25**	**6.89**	**2.37**	**6.13**
鸡	2.86	5.72	2.61	4.39	5.00	1.02	3.60
鸭	0.15	0.07	0.13	0.11	0.41	0.07	0.18
鹅	0.07	0.01		0.05	0.38	0.02	

人均食品消费量

单位:公斤

中牟县	巩义市	荥阳市	新密市	新郑市	登封市	经开区	高新区	郑东新区	航空港实验区
104.88	**141.47**	**148.34**	**109.83**	**134.08**	**140.96**	**101.53**	**100.31**	**73.37**	**121.50**
96.64	**128.84**	**132.49**	**93.95**	**121.31**	**126.96**	**95.28**	**90.35**	**63.64**	**112.46**
84.82	86.95	108.65	69.10	95.14	91.44	73.20	76.57	44.46	97.64
8.47	10.74	14.34	12.65	18.11	17.23	21.31	7.55	15.40	10.63
1.88	23.59	3.54	5.19	0.94	9.44	0.23	1.87	1.16	1.80
1.47	7.56	5.96	7.00	7.13	8.85	0.54	4.36	2.61	2.40
1.47	**2.05**	**3.12**	**2.88**	**2.98**	**2.13**	**1.15**	**3.01**	**1.65**	**1.74**
0.54	0.43	1.38	1.19	1.88	0.68	0.16	1.02	0.30	0.73
0.72	1.25	1.35	1.14	0.52	0.87	0.61	1.78	0.97	0.68
0.21	0.38	0.39	0.55	0.58	0.59	0.37	0.20	0.38	0.34
6.77	**10.57**	**12.72**	**13.00**	**9.79**	**11.87**	**5.10**	**6.95**	**8.08**	**7.29**
3.52	0.23	0.24	0.33	1.26	0.18	0.06	0.02	2.59	0.81
3.25	10.34	12.49	12.67	8.52	11.69	5.04	6.93	5.49	6.48
7.87	**7.54**	**8.40**	**10.04**	**10.48**	**12.27**	**10.66**	**4.94**	**5.60**	**6.50**
7.87	7.40	8.40	10.02	8.02	12.12	10.66	4.77	5.60	6.47
	0.14		0.02	2.46	0.15		0.17		0.03
54.75	**83.98**	**104.70**	**89.44**	**79.23**	**86.09**	**60.34**	**125.95**	**56.69**	**63.54**
53.42	81.22	102.34	87.93	72.82	81.53	58.90	118.77	53.57	62.80
0.64	1.03	0.50	0.55	3.00	2.16	0.15	2.07	1.11	0.26
0.62	1.60	1.57	0.73	2.40	2.00	1.22	4.80	1.86	0.37
0.07	0.12	0.29	0.23	1.01	0.40	0.07	0.30	0.16	0.11
11.94	**10.29**	**12.28**	**13.79**	**16.33**	**15.11**	**15.71**	**17.32**	**15.66**	**13.59**
9.46	7.15	9.40	9.59	11.22	10.02	14.39	11.42	9.64	11.69
0.33	0.63	0.46	0.62	1.70	1.16	0.19	2.09	0.90	0.57
0.26	0.66	0.31	0.48	1.12	2.04	0.33	0.45	0.61	0.39
1.89	1.84	2.11	3.10	2.29	1.90	0.79	3.35	4.51	0.94
4.63	**2.08**	**2.99**	**2.95**	**5.12**	**3.28**	**5.63**	**4.77**	**6.27**	**1.42**
3.80	1.40	1.85	1.69	3.06	2.70	4.90	3.38	4.85	1.21
0.04	0.01	0.05	0.10	0.46	0.22	0.02	0.04	0.29	0.13
0.07			0.02	0.45					

5-20 续表 （2019 年）

指标名称	郑州市	中原区	二七区	管城区	金水区	上街区	惠济区
其他禽类及制品	0.91	1.59	1.09	0.71	1.10	1.26	2.35
水产品	**3.58**	**8.94**	**4.48**	**4.35**	**5.08**	**6.00**	**4.41**
鱼类	2.16	5.51	3.29	3.06	3.04	2.34	2.79
虾贝蟹类	0.66	2.15	0.49	0.94	1.55	1.09	1.04
藻类	0.30	0.45	0.50	0.09	0.03	0.83	0.25
其他	0.45	0.84	0.19	0.27	0.47	1.74	0.33
蛋类及蛋制品	**12.28**	**14.48**	**12.64**	**14.19**	**10.64**	**13.15**	**18.69**
鲜蛋	11.78	14.16	12.57	13.98	9.23	12.94	17.92
蛋制品	0.50	0.32	0.07	0.21	1.41	0.21	0.77
奶和奶制品	**13.40**	**18.62**	**15.03**	**16.32**	**37.60**	**16.22**	**20.04**
鲜奶	6.68	14.14	9.36	5.03	10.32	4.97	11.44
酸奶	4.82	3.94	4.68	9.36	21.25	5.86	5.82
奶粉	0.83	0.29	0.73	0.59	3.31	0.94	0.51
其他奶制品	1.06	0.25	0.25	1.33	2.73	4.44	2.28
干鲜瓜果类	**61.67**	**64.51**	**51.16**	**62.29**	**49.00**	**47.79**	**65.19**
鲜瓜果	56.59	60.61	47.39	57.48	44.59	42.01	59.07
瓜果制品	1.67	1.00	1.55	1.29	2.23	1.70	3.29
坚果类	3.41	2.90	2.23	3.53	2.18	4.08	2.83
糖果糕点类	**6.66**	**4.48**	**5.97**	**5.75**	**4.38**	**4.66**	**10.48**
食糖	1.30	0.70	0.60	0.75	0.46	0.72	0.81
糖果	0.76	0.36	1.69	0.68	0.47	0.58	2.36
糕点	3.69	3.22	3.30	3.79	2.13	2.88	5.11
其他糖果糕点	0.91	0.20	0.38	0.53	1.33	0.48	2.20
饮料	**0.22**	**0.02**	**0.03**	**0.10**	**0.13**	**0.04**	**0.19**
茶叶	0.22	0.02	0.03	0.10	0.13	0.04	0.19
烟叶消费量	**23.51**	**8.97**	**16.06**	**38.62**	**9.57**	**21.65**	**42.35**
酒	**4.95**	**3.29**	**2.05**	**5.56**	**9.76**	**8.64**	**3.81**
白酒	1.43	1.54	0.69	1.82	3.06	1.11	1.56
啤酒	3.31	1.66	1.35	3.68	6.63	7.36	2.13
果酒	0.22	0.08	0.01	0.06	0.07	0.16	0.13

单位:公斤

中牟县	巩义市	荥阳市	新密市	新郑市	登封市	经开区	高新区	郑东新区	航空港实验区
0.72	0.67	1.09	1.15	1.15	0.36	0.71	1.35	1.14	0.08
3.67	**1.43**	**3.01**	**2.11**	**7.92**	**2.22**	**2.09**	**7.18**	**3.72**	**1.40**
2.97	0.81	1.89	1.59	3.29	1.03	1.15	5.04	2.39	0.80
0.43	0.09	0.27	0.14	2.38	0.31	0.62	1.19	0.70	0.12
0.04	0.28	0.50	0.14	1.30	0.06	0.01	0.19	0.18	0.05
0.23	0.24	0.36	0.24	0.95	0.83	0.31	0.77	0.45	0.42
9.09	**9.84**	**16.73**	**13.33**	**13.77**	**11.25**	**7.44**	**19.87**	**14.01**	**7.02**
8.87	9.78	16.37	13.06	11.41	10.96	7.43	19.46	13.45	6.95
0.23	0.06	0.37	0.27	2.36	0.28	0.02	0.41	0.56	0.07
4.29	**11.11**	**8.46**	**12.94**	**16.14**	**13.75**	**13.32**	**32.18**	**16.79**	**3.76**
1.93	7.98	5.32	8.57	7.40	4.03	3.10	20.22	8.33	1.16
1.69	2.44	2.67	3.07	7.67	4.12	4.28	11.26	6.83	0.91
0.60	0.45	0.30	0.73	0.99	0.98	5.46	0.08	1.21	0.16
0.07	0.25	0.18	0.57	0.07	4.62	0.48	0.61	0.41	1.53
54.30	**62.97**	**61.76**	**70.85**	**63.03**	**54.89**	**68.97**	**116.76**	**66.92**	**56.82**
50.48	57.96	55.03	65.65	56.72	51.21	62.70	110.92	60.27	52.23
0.77	2.12	2.27	1.19	2.24	1.65	0.42	2.11	1.97	0.95
3.05	2.89	4.46	4.01	4.06	2.04	5.86	3.73	4.69	3.64
4.39	**7.25**	**7.23**	**7.76**	**8.32**	**8.66**	**0.89**	**10.29**	**7.79**	**2.32**
1.13	1.52	1.15	1.47	1.99	2.24	0.45	0.44	1.60	0.52
0.45	0.34	0.30	0.73	0.98	1.36	0.09	1.87	0.81	0.51
2.62	4.45	5.41	4.26	3.38	3.79	0.31	7.06	4.70	0.71
0.19	0.94	0.36	1.30	1.98	1.27	0.04	0.92	0.68	0.59
0.01	**0.03**	**0.02**	**0.09**	**1.61**	**0.23**	**0.01**	**0.06**	**0.05**	**0.13**
0.01	0.03	0.02	0.09	1.61	0.23	0.01	0.06	0.05	0.13
27.50	**18.17**	**31.54**	**26.93**	**27.45**	**26.76**	**3.79**	**8.92**	**13.21**	**22.14**
5.23	**2.67**	**3.87**	**4.30**	**7.32**	**9.52**	**0.32**	**2.90**	**4.53**	**1.92**
1.79	0.31	0.85	0.92	3.48	1.52	0.19	0.71	1.66	0.93
3.44	2.32	2.86	3.04	3.39	7.12	0.12	2.18	2.85	0.90
	0.03	0.16	0.35	0.45	0.88			0.02	0.09

5-21 农村居民按五等份分组人均可支配收入

（2019 年）

单位：元

指标名称	农村低收入户	农村中低收入户	农村中等收入户	农村中高收入户	农村高收入户
可支配收入	**10755.03**	**17206.47**	**22112.38**	**28635.96**	**53616.32**
工资性收入	**7973.39**	**12569.68**	**16273.61**	**18949.97**	**24132.33**
工资	7343.83	12332.10	15799.36	18653.20	23899.64
实物福利	2.80	15.85	47.44	81.30	46.22
其他	626.76	221.74	426.81	215.47	186.47
经营净收入	**848.15**	**2130.53**	**2777.89**	**4623.52**	**22607.85**
第一产业经营净收入	674.47	1517.76	1543.88	1980.93	8616.89
第二产业经营净收入	35.81	50.10	381.06	343.92	4616.57
第三产业经营净收入	137.88	562.67	852.95	2298.67	9374.40
财产净收入	**538.97**	**656.67**	**1527.81**	**2662.00**	**3411.45**
利息净收入	57.77	25.62	-39.81	14.96	138.62
红利收入	85.46	204.83	713.30	419.46	1336.19
储蓄性保险净收益	7.74				
转让承包土地经营权租金净收入	115.10	112.18	178.05	195.74	503.80
出租房屋财产性收入	282.73	293.23	606.18	2019.83	1312.50
出租机械专利版权等资产的收入				22.96	116.54
其他财产净收入	-9.82	20.81	70.09	-10.95	3.79
转移净收入	**1394.52**	**1849.58**	**1533.08**	**2400.48**	**3464.69**
转移性收入	**1665.01**	**2187.27**	**1917.34**	**2822.30**	**4408.12**
养老金或离退休金	642.37	602.06	738.43	1249.07	1279.43
社会救济和补助	40.76	16.64	30.94	63.66	250.33
政策性生活补贴	136.76	554.21	161.57	246.98	1046.39
报销医疗费	51.33	255.88	201.97	141.15	835.77
家庭外出从业人员寄回带回收入	512.18	304.51	265.66	353.75	547.09
从政府和组织得到的实物产品和服务折价	1.37	1.47	2.35	3.14	6.93
现金政策性惠农补贴	51.64	70.20	87.40	59.31	76.04
转移性支出	**270.49**	**337.69**	**384.26**	**421.82**	**943.43**
个人所得税	23.29	5.39	0.57	0.64	11.43
社会保障支出	166.50	295.91	353.22	373.16	814.94
赡养支出	78.45	11.28	13.23	38.92	42.42
其他转移性支出	2.25	25.11	16.46	9.10	36.75

5-22 农村居民按五等份分组人均消费支出

（2019 年）

单位：元

指标	农村低收入户	农村中低收入户	农村中等收入户	农村中高收入户	农村高收入户
消费支出	**13972.66**	**14165.64**	**14779.68**	**18792.15**	**26885.65**
食品烟酒	**2970.44**	**3797.05**	**3877.15**	**4313.03**	**6464.22**
食品	**2074.24**	**2307.24**	**2529.17**	**2636.72**	**4391.53**
谷物	378.08	328.46	353.30	354.41	1580.03
薯类	44.07	47.70	47.84	57.31	65.21
豆类	41.38	47.71	50.21	57.47	59.77
食用油	129.15	147.38	104.28	111.90	140.98
蔬菜和食用菌	239.27	260.16	294.82	305.29	351.87
肉类	301.30	387.01	416.48	476.14	670.45
禽类	64.37	71.19	82.63	81.09	106.02
水产品	89.61	108.89	113.29	99.75	102.46
蛋类	96.97	103.29	118.55	114.05	135.04
奶类	225.82	291.49	354.87	344.19	305.83
干鲜瓜果类	253.53	312.80	331.87	383.12	483.62
糖果糕点类	101.39	90.16	109.59	96.95	146.61
其他食品	109.30	111.00	151.43	155.06	243.63
烟酒	**285.54**	**673.08**	**406.35**	**533.44**	**615.90**
烟草	195.52	365.87	294.70	304.20	433.36
酒类	90.02	307.21	111.64	229.25	182.53
饮料	**135.68**	**217.01**	**179.82**	**213.64**	**198.58**
饮食服务	**474.98**	**599.72**	**761.82**	**929.23**	**1258.22**
食堂用餐	70.10	48.70	83.27	99.66	89.46
其他在外饮食	399.02	545.24	672.82	824.02	1162.65
食品加工服务费	5.86	5.78	5.72	5.54	6.11

5-22 续表 1

单位:元

指 标	农村低收入户	农村中低收入户	农村中等收入户	农村中高收入户	农村高收入户
衣着	**921.91**	**1076.75**	**1151.90**	**1239.75**	**1910.47**
衣类	693.43	822.59	880.23	944.44	1550.58
鞋类	228.48	254.16	271.68	295.31	359.88
居住	**3611.57**	**2851.39**	**3975.23**	**5834.12**	**6573.82**
租赁房房租	87.03	54.80	252.66	306.08	152.35
住房维修及管理	465.04	286.03	712.84	809.81	303.20
水电燃料及其他	562.37	601.15	776.64	1012.66	1395.81
自有住房折算租金	2497.13	1909.40	2233.09	3705.58	4722.47
租赁房房租中租赁公房房租	0.01	5.51	9.05	11.14	34.79
租赁房房租中租赁私房房租	87.01	49.29	243.62	294.94	117.55
住房维修及管理中物业管理费	8.18	10.10	22.22	53.50	66.25
生活用品及服务	**764.14**	**874.67**	**816.99**	**970.11**	**1764.99**
家具及室内装饰品	214.58	329.87	102.71	198.07	304.02
家用器具	207.35	171.98	227.52	243.87	394.70
家用纺织品	55.85	55.99	62.61	59.93	144.78
家庭日用杂品	183.36	167.74	235.06	234.12	570.35
个人用品	81.35	117.48	153.41	185.43	290.92
家庭服务	21.64	31.61	35.67	48.69	60.22
家政服务	1.64	0.26	2.68	2.26	16.66
交通通信	**3073.77**	**2219.94**	**1974.91**	**3207.08**	**4338.15**
交通	**2630.92**	**1628.37**	**1368.15**	**2477.25**	**3334.84**
交通工具	1993.77	629.11	417.82	1182.31	1175.53
交通费	42.26	109.55	65.93	61.53	294.19
交通工具用燃料	380.25	492.98	644.80	717.27	1134.59
交通工具使用及维修	214.64	396.74	239.60	516.14	730.53

5-22 续表 2　　　单位:元

指　　标	农村低收入户	农村中低收入户	农村中等收入户	农村中高收入户	农村高收入户
车辆保险支出	27.35	97.69	49.26	167.11	263.84
通信	**442.84**	**591.57**	**606.76**	**729.83**	**1003.31**
通信工具	153.50	203.93	199.65	280.63	348.37
通信服务	289.35	387.64	407.10	449.19	654.94
教育文化娱乐	**1201.62**	**1383.07**	**1556.66**	**1439.76**	**2445.49**
教育	**971.49**	**1074.88**	**1180.95**	**1007.01**	**1679.68**
学前教育	196.81	304.99	244.96	255.65	514.42
小学教育	218.06	211.83	267.11	151.75	435.13
初中教育	101.78	125.36	89.96	142.99	216.60
高中教育	144.17	150.17	124.51	136.71	201.83
中专职高教育	13.66	41.49	17.95	9.29	8.00
大专及以上教育	269.90	204.04	379.51	248.02	224.08
成人教育	27.12	37.00	56.95	62.60	79.62
文化娱乐	**230.13**	**308.19**	**375.71**	**432.75**	**765.81**
文娱耐用消费品	24.03	72.59	95.82	36.16	96.26
其他文娱用品	105.65	90.52	123.88	146.69	139.20
文化娱乐服务	100.45	145.08	156.01	249.90	530.35
医疗保健	**1055.06**	**1521.21**	**1190.18**	**1464.80**	**2716.06**
医疗器具及药品	267.62	366.89	367.69	406.41	362.59
医疗服务	787.43	1154.32	822.49	1058.39	2353.48
门诊总费用	303.12	421.01	375.52	367.04	624.83
住院总费用	484.31	733.32	446.96	691.35	1728.64
其他用品和服务	**374.17**	**441.56**	**236.66**	**323.51**	**672.45**
其他用品	165.24	332.52	86.80	174.30	308.67
其他服务	208.93	109.05	149.86	149.21	363.78

主要统计指标解释

住户　指居住在一个住宅内,共同分享生活开支或收入的一群人。居住在同一房间内、不共同分享生活开支的人群,每个人都视为一个住户。住家保姆、住家家庭帮工视为单独的住户。

常住成员　指住户成员中,经常在家居住、或者调查期内居住时间超过一半的人员,以及本住户供养的学生。

可支配收入　指调查户在调查期内获得的、可用于最终消费支出和储蓄的总和,即调查户可以用来自由支配的收入。可支配收入既包括现金,也包括实物收入。按照收入的来源,可支配收入包含四项,分别为:工资性收入、经营净收入、财产净收入和转移净收入。可支配收入=工资性收入+经营净收入+财产净收入+转移净收入

工资性收入　指就业人员通过各种途径得到的全部劳动报酬和各种福利,包括受雇于单位或个人、从事各种自由职业、兼职和零星劳动得到的全部劳动报酬和福利。

经营净收入　指住户或住户成员从事生产经营活动所获得的净收入,是全部经营收入中扣除经营费用、生产性固定资产折旧和生产税之后得到的净收入。经营净收入=经营收入-经营费用-生产性固定资产折旧-生产税

财产净收入　指住户或住户成员将其所拥有的金融资产、住房等非金融资产和自然资源交由其他机构单位、住户或个人支配而获得的回报并扣除相关的费用之后得到的净收入。财产净收入包括利息净收入、红利收入、储蓄性保险净收益、转让承包土地经营权租金净收入、出租房屋净收入、出租其他资产净收入和自有住房折算净租金等。财产净收入=财产性收入-财产性支出

转移性收入　指国家、单位、社会团体对住户的各种经营性转移支付和住户之间的经常性收入转移。包括养老金或退休金、社会救济和补助、政策性生产补贴、政策性生活补贴、救灾款、经营性捐赠和赔偿、报销医疗费、住户之间的赡养收入,以及本住户非常住成员寄回带回的收入等。转移净收入=转移性收入-转移性支出

消费支出　指出户用于满足家庭日常生活消费需要的全部支出,包括用于消费品的支出和用于服务性消费的支出。根据用途不同,消费支出可划分为食品烟酒、衣着、居住、生活用品及服务、交通通信、教育文化娱乐、医疗保健、其他用品及服务八大类。根据来源不同,消费支出可划分为现金消费支出、实物消费支出(含自产自用、来自单位、来自政府和其他社会组织)。

六、城市公用事业和环保

6-1 城市设施水平

指 标	单位	2018 年	2019 年
人口密度	人/平方公里	10937	8793
人均日生活用水量	升	140.4	147.9
用水普及率	%	100.0	100
燃气普及率	%	95.1	95.5
人均拥有道路面积	平方米	9.8	9.4
排水管道密度	公里/平方公里	8.4	8.0
污水处理率	%	98.1	98.1
人均公园绿地面积	平方米	14.3	14.5
建成区绿地率	%	35.8	36.1
建成区绿化覆盖率	%	40.8	41.1
垃圾粪便无害化处理率	%	100.0	100

6-2 城市建设用地情况

指 标	单位	2018 年	2019 年
城市市区面积	平方公里	1010.3	1010.3
建成区面积	平方公里	543.9	580.8
城市建设用地面积	平方公里	528.8	562.6
工业	平方公里	45.6	46.7
物流仓储	平方公里	20.2	21.6
交通设施	平方公里	97.6	100.4
居住	平方公里	232.3	141.5
公共管理与公共服务	平方公里	76.2	80.3
公用设施	平方公里	21.2	22.7
绿地	平方公里	116.1	128.5
商业服务业设施	平方公里	19.5	20.8
本年征用土地面积	平方公里	9.6	8.4

6-3 城市供水、供电、燃气及供热

指　　标	单位	2018 年	2019 年
供　水			
水厂数	个	9	10
自来水综合生产能力	万立方米/日	195	207
地下水	万立方米/日	47	48
供水管道长度	公里	4836	5258
全年供水总量	万立方米	42098	45647
生产用水	万立方米	3377	3338
生活用水	万立方米	22141	24331
家庭用量	万立方米	21982	24195
用水人口	万人	626	670
节约用水			
取水量	万立方米	8647	11074
生产用水重复利用量	万立方米	99440	35891
节约用水量	万立方米	6056	2654
供电			
公用配电线路长度	公里	19732	21627
全年销售总量	亿千瓦时	420	445
生活用电	亿千瓦时	106	114
售给居民每千度电售价	元	546	545
天然气			
储气能力	万立方米	243	243
供气总量	万立方米	156187	163175
家庭用量	万立方米	39573	43206
用气家庭户数	户	2266744	2551641
输送管道长度	公里	6183	6183
供热能力			
蒸汽	吨/小时	390	390
热水	兆瓦	4389	4389
供热总量			
蒸汽	万吉焦	23	66
热水	万吉焦	2628	3087
管道长度	公里	1549	1549
集中供热面积	万平方米	14724	15200
住宅	万平方米	12047	12312

6-4 市政设施及公共交通

指 标	单位	2018 年	2019 年
实有铺装道路长度	公里	2202	2274
实有铺装道路面积	万平方米	6118	6297
人行道面积	万平方米	1293	1335
实有桥梁数	座	282	288
立交桥	座	68	68
路灯盏数	盏	108757	110977
排水管道长度	公里	4676	4790
污水年排放量	万立方米	40880	44310
污水处理厂	座	9	9
处理能力	万立方米/日	197	197
污水年处理量	万立方米	40082	43447
公共汽、电车运营车数	辆	6373	6316
标准运营车数	标台	8355	8185
运营线路网长度	公里	2019	2022
全年客运总量	万人次	93660	92807
实有出租汽车数	辆	10908	10908
轨道交通全年客运量	万人次	29341	41126
快速公交运营线路网长度	公里	539	539
公交运营线路条数	条	333	347

6-5 园林绿化及环境卫生

名 称	单位	2018 年	2019 年
绿化覆盖面积	公顷	25065	26795
建成区	公顷	22209	23839
园林绿地面积	公顷	21544	23194
建成区	公顷	19495	20946
公园绿地面积	公顷	8928	9704
公园个数	个	144	181
公园面积	公顷	4328	4628
实际清扫面积	万平方米	6118	6297
生活垃圾清运量	万吨	253	269
垃圾无害化处理厂(场)	座	2	3
无害化处理能力	吨/日	4700	8700
公厕数量	座	1755	1903
市容环卫专用车辆总数	台	7694	7694

6-6　全市工业污染排放及处理利用情况

（2019 年）

指　　标	单位	数量
工业废水		
废水治理设施数	套	384
废水治理处理能力	万吨/日	90.5
废水治理设施运行费用	万元	26526.7
工业废水处理量	万吨	7981.5
工业废水排放量	万吨	7234.4
化学需氧量产生量	吨	60398.7
化学需氧量排放量	吨	3746.5
氨氮产生量	吨	5558.6
氨氮排放量	吨	160.6
工业废气		
工业废气排放量	亿立方米	4079.0
废气治理设施数	套	4196
废气治理设施处理能力	万立方米/时	16994.0
废气治理设施运行费用	万元	152387.7
二氧化硫产生量	吨	200017.7
二氧化硫排放量	吨	11336.2
烟(粉)尘产生量	吨	7476845.3
烟(粉)尘排放量	吨	9927.9
工业固体废物		
一般工业固体废物产生量	万吨	1427.1
一般工业固体废物综合利用量	万吨	1292.7
一般工业固体废物处置量	万吨	132.5
危险废物产生量	万吨	9.7
危险废物综合利用量	万吨	0.8
危险废物处置量	万吨	8.7
企业基本情况		
工业企业数	个	1124
工业企业工业总产值	万元	71819404.9
工业锅炉	台/蒸吨	636/40871.8
工业炉窑数	座	1668

备注：此数据为环统初步数据，尚未经生态环境部正式审定。

6-7　全市工业污染防治投资情况

（2019 年）

指　　标	单位	数量	指　　标	单位	数量
工业企业数	**个**	**126**	政府其他补助	万元	2
施工项目总数	**个**	**171**	企业自筹	万元	81105
废水治理项目	个	4	其中：银行贷款	万元	1118
废气治理项目	个	155	**竣工项目数**	**个**	**147**
其他治理项目	个	12	废水治理项目	个	3
施工项目本年完成投资	**万元**	**81107**	废气治理项目	个	134
废水治理项目	万元	401	其他治理项目	个	10
废气治理项目	万元	79336	**竣工项目新增设计处理能力**		
其他治理项目	万元	1370	治理废水	吨/日	2924
施工项目本年投资来源			治理废气	万标立方米/时	103.7

备注：此数据为环统初步数据，尚未经生态环境部正式审定。

6-8 城镇生活污染排放情况及污水处理厂运行情况

（2019 年）

指　　标	单位	数量
污染排放		
城镇生活污水排放量	万吨	97852.6
生活化学需氧量产生量	吨	259261.1
生活化学需氧量排放量	吨	33412.2
生活氨氮产生量	吨	30998.6
生活氨氮排放量	吨	8122.0
二氧化硫排放量	吨	2924.0
烟尘排放量	吨	500.0
污水处理厂运行情况		
污水处理厂数	个	45
本年运行费用	万元	78388.7
污水设计处理能力	万吨/日	352.0
污水实际处理量	万吨	97378.7
生活污水处理量	万吨	94576.9
工业废水处理量	万吨	2801.7

备注：此数据为环统初步数据，尚未经生态环境部正式审定。

主要统计指标解释

建成区面积 城市行政区内实际已成片开发建设、市政公用设施和公共设施基本具备的区域。对核心城市,它包括集中连片的部分以及分散的若干个已经成片建设起来,市政公用设施和公共设施基本具备的地区;对一城多镇来说,它包括由几个连片开发建设起来的,市政公用设施和公共设施基本具备的地区组成。因此建成区范围,一般是指建成区外轮廓线所能包括的地区,也就是这个城市实际建设用地所达到的范围。

供水综合生产能力 指按供水设施取水、净化、送水、出厂输水干管等环节设计能力计算的综合生产能力。包括在原设计能力的基础上,经挖、革、改增加的生产能力。计算时,以四个环节中最薄弱的环节为主确定能力。原则上按设计能力填报,对于经过更新改造后,实际生产能力与设计能力相差很大的,按实际能力填报。

年底供水管道长度 指从送水泵至用户水表之间所有管道的长度。不包括新安装尚未使用、水厂内以及用户建筑物内的管道。在同一条街道埋设两条或两条以上管道时,应按每条管道的长度计算。

供水总量 指各种水源为用水户提供的包括输水损失在内的毛水量。

生活用水 指城镇生活用水。城镇生活用水由居民用水和公共用水(含第三产业及建筑业等用水)组成。

城市人口用水普及率 指报告期末城市用水人口数与城区人口总数的比率。计算公式:

$$用水普及率=\frac{城区用水人口(含暂住人口)}{城区人口+城区暂住人口}\times 100\%$$

全年供气总量 指报告期燃气企业(单位)向用户供应的燃气数量。包括销售量和损失量。

城市供热管道长度 指从各类热源到热用户建筑物接入口之间的全部蒸汽和热水的管道长度。不包括各类热源厂内部的管道长度。可按管沟敷设方式(管沟、直埋、架空等)分类统计。

集中供热面积 指从一个或多个热源通过热网向城市的热用户供给生产和生活热能,供热企业(单位)向城市各类房屋建筑物、构筑物及其附属设施供热的全部建筑面积。

道路长度 指道路长度和与道路相通的桥梁、隧道的长度,按车行道中心线计算。

桥梁 指为跨越天然或人工障碍物而修建的构筑物。包括跨河桥、立交桥、人行天桥以及人行地下通道等。

排水管道长度 指所有排水总管、干管、支管、检查井及连接井进出口等长度之和。计算时应按单管计算,即在同一条街道上如有两条或两条以上并排的排水管道时,应按每条排水管道的长度相加计算。

无营运线路长度 指设置的固定营运线路长度,包括郊区营运线路长度。不包括临时行驶的线路长度。

绿地面积 指报告期末用作园林和绿化的各种绿地面积。包括公园绿地、生产绿地、防护绿地、附属绿地和其他绿地的面积。

公园绿地 城市中向公众开放的、以游憩为主要功能,有一定的游憩设施和服务设施,同时兼有健全生态、美化景观、防灾减灾等综合作用的绿化用地。

污水排放总量 指生活污水、工业废水的排放总量,包括从排水管道和排水沟(渠)排出的污水量。

污水处理量 指污水处理厂(或污水处理装置)实际处理的污水量。包括物理处理、生物处理量和化学处理量。

其中处理本市(县)外,指污水处理厂作用区域设施,不仅处理本市(县)的污水,还处理本市(县)以外其他市、县或乡镇等的污水。这部分污水处理单独统计,并在计算本市(县)的污水处理率时扣除。

工业废气排放量 指报告期内企业厂区内燃料燃烧和生产工艺过程中产生的各种排入空气中含有污染物的气体的总量,以标准状态(273K,101325Pa)计算。

工业固体废物产生量 指未被列入《国家危险废物名录》或者根据国家规定的危险废物鉴别标准(GB5085)、固体废物浸出毒性浸出方法(GB5086)及固体废物浸出毒性测定方法(GB/T 15555)鉴别方法判定不具有危险特性的工业固体废物。计算公式是:

一般工业固体废物产生量=(一般工业固体废物综合利用量-其中:综合利用往年贮存量)+一般工

业固体废物贮存量+(一般工业固体废物处置量-其中:处置往年贮存量)+一般工业固体废物倾倒丢弃量

工业固体废物处置量 指报告期内企业将工业固体废物焚烧和用其他改变工业固体废物的物理、化学、生物特性的方法,达到减少或者消除其危险成分的活动,或者将工业固体废物最终置于符合环境保护规定要求的填埋场的活动中,所消纳固体废物的量。

工业废水排放量 指报告期内经过企业厂区所有排放口排到企业外部的工业废水量。包括生产废水、外排的直接冷却水、废气治理设施废水、超标排放的矿井地下水和与工业废水混排的厂区生活污水,不包括独立外排的间接冷却水(清浊不分流的间接冷却水应计算在内)。

生活垃圾清运量 指报告期内收集和运送到各生活垃圾处理厂(场)和生活垃圾最终消纳点的生活垃圾数量。生活垃圾指城市日常生活或为城市日常生活提供服务的活动中产生的固体废物以及法律行政规定的视为城市生活垃圾的固体废物。包括:居民生活垃圾、商业垃圾、集市贸易市场垃圾、街道清扫垃圾、公共场所垃圾和机关、学校、厂矿等单位的生活垃圾。

七、农　业

7-1 农村基本情况及从业人员

(2019年)

指　　标	单位	总计	中原区	二七区	管城区	金水区	上街区	惠济区	中牟县
乡村人口从业人员									
乡村户数	万户	106.43	2.24	2.04	1.16	0.34	1.06	4.40	10.83
乡村人口数	万人	434.72	7.41	7.56	4.59	1.67	4.22	17.91	45.75
乡村从业人员数	万人	229.91	3.13	5.08	2.03	0.47	1.48	9.50	25.26
按性别分									
男劳动力	万人	127.14	1.64	3.01	1.13	0.34	0.81	5.38	13.60
女劳动力	万人	102.77	1.49	2.07	0.90	0.14	0.67	4.12	11.66
按行业分									
农业从业人员	万人	87.38		0.31	0.72	0.13	0.32	3.14	16.16

7-1　续表　(2019年)

指　　标	单位	巩义市	荥阳市	新密市	新郑市	登封市	经开区	高新区	郑东新区	航空港实验区
乡村人口从业人员										
乡村户数	万户	16.91	13.56	16.61	10.88	14.29	2.30	1.15	2.06	6.61
乡村人口数	万人	65.95	53.92	65.76	41.76	60.35	9.37	4.66	10.94	32.90
乡村从业人员数	万人	28.46	30.94	35.47	25.18	33.81	4.21	1.54	4.47	18.88
按性别分										
男劳动力	万人	16.26	16.71	19.38	13.53	19.32	2.39	0.91	2.56	10.15
女劳动力	万人	12.20	14.22	16.09	11.65	14.49	1.82	0.63	1.91	8.73
按行业分										
农业从业人员	万人	11.60	8.30	9.22	8.76	14.05	1.21	0.42	3.02	10.01

注：乡镇数不包括县（市）所在地的城关镇。

7-2 农业机械、电气、化学、水利情况

（2019 年）

指　　标	单位	合计	中原区	二七区	管城区	金水区	上街区	惠济区	中牟县
农业机械化情况									
实际机耕面积	千公顷	194.25		0.08	0.51	0.20	0.27	7.50	41.28
当年机播面积	千公顷	336.77		0.08	0.81	0.29	0.44	5.10	54.79
当年机收面积	千公顷	313.60		0.07	0.68	0.28	0.45	4.90	49.39
农村用电量	**万千瓦时**	**440606**	**9972**	**593**	**234**	**76**	**3028**	**6289**	**30047**
农用化肥施用量									
按折纯量计算	吨	187830		24	86	189	30	2092	34241
氮肥	吨	49925			5	24		601	8362
磷肥	吨	26651		3	10			313	5299
钾肥	吨	14327			5			216	3102
复合肥	吨	96928		21	66	165	30	962	17479
农田水利化情况									
有效灌溉面积	千公顷	194.15	3.1	0.1	5.51	0.06	0.2	7.16	58.7

7-2 续表

（2019 年）

指　　标	单位	巩义市	荥阳市	新密市	新郑市	登封市	经开区	高新区	郑东新区	航空港实验区
农业机械化情况										
实际机耕面积	千公顷	25.71	23.27	28.04	25.02	22.23	2.46	1.445	3.92	12.32
当年机播面积	千公顷	43.91	50.55	53.68	48.63	46.19	3.90	2.41	6.77	19.23
当年机收面积	千公顷	41.48	45.65	50.21	47.53	42.23	3.70	2.37	6.53	18.13
农村用电量	**万千瓦时**	**203339**	**31635**	**46210**	**42098**	**47563**	**1186**	**222**	**5448**	**12668**
农用化肥施用量										
按折纯量计算	吨	23693	26218	25908	29395	23607	2485	452	6954	12456
氮肥	吨	6599	9785	5902	8351	6391	201	9	952	2743
磷肥	吨	2653	5610	2980	2164	4687	411	8	640	1873
钾肥	吨	1213	1512	750	1950	2958	389	3	615	1615
复合肥	吨	13229	9310	16276	16930	9571	1484	432	4747	6226
农田水利化情况										
有效灌溉面积	千公顷	16.51	37.23	15.79	36.91	12.88				

7-3 水果产量

（2019 年） 单位：吨

指　　标	总计	二七区	管城区	金水区	上街区	惠济区	中牟县
水果产量	**255915**	**6979**	**721**	**9**	**280**	**1987**	**18331**
苹果	34513	4			2	74	8567
红富士	17693					65	6628
国光	2176	4					1276
梨	21584	15	15	5	49	976	1548
雪花梨	3442	15	15	5			387
鸭梨	5434					433	32
其它	199818	6960	706	4	229	937	8216
桃子	29587	86	526	1		321	3924
猕猴桃	841						
葡萄	42959	2514	10	3	228	184	3042
红枣	39609		161			81	371
柿子	10092		9			351	872

7-3 续表 （2019 年） 单位：吨

指　　标	巩义市	荥阳市	新密市	新郑市	登封市	经开区	高新区	郑东新区	航空港实验区
水果产量	**29146**	**67785**	**19734**	**78033**	**21462**	**82**	**20**	**882**	**10464**
苹果	5830	4408	2557	3236	6978			355	2503
红富士	3614	1452	655	45	4880			355	
国光	22	277	273		324				
梨	3406	6451	1254	1614	2419			43	3789
雪花梨	88	573	245	31	564				1519
鸭梨	155	3473	80	406	855				
其它	19911	56926	15923	73183	12066	82	20	484	4172
桃子	2324	5494	3454	6518	3739	71		319	2810
猕猴桃	43	91		624	84				
葡萄	7430	2774	7330	13266	5437	10	20	165	549
红枣	73	589	445	37648	239	2			
柿子	1429	5735	373	26	563				735

7-4　农业机械主要

（2019 年）

指　　标	单位	总计	中原区	二七区	管城区	金水区	上街区	惠济区	中牟县
农业机械总动力	**千瓦**	**4398227**	**6922**	**11352**	**37319**	**17048**	**20709**	**52070**	**675315**
拖拉机及配套机械									
拖拉机	台	114892	43	141	254	56	507	214	37766
	千瓦	2008655	1777	2590	5460	1237	11022	6544	518981
大中型拖拉机	台	16495	18	29	43	27	192	134	3072
	千瓦	937098	1165	1267	2734	1034	7460	5747	188957
小型拖拉机	台	98397	25	112	211	29	315	80	34694
	千瓦	1071557	612	1323	2726	203	3562	798	330024
拖拉机配套农具	部	182782	102	256	469	72	667	779	53169
种植业机械									
耕整地及种植业机械									
机引犁	台	75966	26	326	196	8	108	196	26087
机引耙	台	65065	16	74	124	14	103		25807
秸秆粉碎还田机	台	10979			41	23	82	130	1852
农用水泵	台	97539	102		1580	788	293	1760	31688
节水喷灌机械	套	11840					74	25	730

生产情况

巩义市	荥阳市	新密市	新郑市	登封市	经开区	高新区	郑东新区	航空港实验区
502940	**457740**	**938824**	**633453**	**687774**	**73856**	**12102**	**110398**	**160405**
12420	5407	10604	8917	19355	5051	70	6006	8081
173150	229816	278614	239946	289622	81270	2453	69148	97025
1292	2908	3160	2658	1204	636	64	331	727
61192	129856	183706	167590	89954	39305	2381	17386	37365
11128	2499	7444	6259	18151	4415	6	5675	7354
111958	99960	94908	72356	199668	41965	72	51762	59660
20246	6980	14077	14693	45241	7020	235	8633	10143
8620	4641	2834	5695	15254	3156	53	4768	3998
4293	4310	2001	3421	13949	3095	31	4291	3536
709	1964	2207	2159	955	125	56	208	468
4412	6010	15051	10718	13569	986	344	7217	3021
149	1010	382	5094	3806	3	2		565

7-4 续表

指　　标	单位	总计	中原区	二七区	管城区	金水区	上街区	惠济区	中牟县
收获机械									
联合收获机	台	10976		12	37	25	41	99	1317
	千瓦	782754		715	2405	1385	2378	6447	81443
脱粒烘干机械									
机动脱粒机	台	27156		120		55	82	11	780
农副产品加工机械									
动力机械	台	44740		127	365		306	146	6113
	千瓦	361280		1309	2854		1913	1270	23280
柴油机	台	804							
	千瓦	10280							
电动机	台	43886		127	365		306	146	6113
	千瓦	350869		1309	2854		1913	1270	23280
加工作业机械									
粮食加工机械	台	22510		84	357		227	90	2111
棉花加工机械	台	1865					144	1	186
油料加工机械	台	3388		42			77	12	331

（2019年）

巩义市	荥阳市	新密市	新郑市	登封市	经开区	高新区	郑东新区	航空港实验区
1000	1923	2706	1787	1402	74	56	162	335
44688	116008	212771	158841	105035	6180	4167	12018	28273
9556	3100	4336	719	7567	99	53	327	351
10467	8070	10005	2513	4040	327	77	1011	1173
60475	55001	150550	22000	28904	2600	167	4823	6134
9	520	275						
80	4700	5500						
10458	7500	9730	2513	4040	327	77	1011	1173
60665	50000	145050	22000	28904	2500	167	4823	6134
4730	3277	5136	1962	3000	268	46	670	552
113	370	411	90	410	23		63	54
110	470	688	354	920	53	15	155	161

7-5 果园面积

（2019 年）　　单位：公顷

指　　标	总　计	二七区	管城区	金水区	上街区	惠济区	中牟县	巩义市
果园面积	**20029**	**1624**	**285**	**13**	**41**	**153**	**1041**	**1596**
苹果园	2009				3	6	466	220
梨园	1238	1	1	11	4	35	81	153
桃园	2370	16	233	2		23	213	114
猕猴桃园	70							3
葡萄园	3661	1607	7	1	33	25	141	288
枣园	4926		44			23	59	14
柿园	838		1			41	77	71

7-5　续表　　（2019 年）　　单位：公顷

指　　标	荥阳市	新密市	新郑市	登封市	经开区	高新区	郑东新区	航空港实验区
果园面积	**4245**	**1451**	**6742**	**1976**	**90**	**5**	**39**	**728**
苹果园	237	240	154	528			8	147
梨园	293	102	56	229			2	269
桃园	577	272	268	404	70		11	167
猕猴桃园	10	13	13	31				
葡萄园	261	330	606	276	13	5	17	51
枣园	66	74	4559	80	7			
柿园	476	29	3	98				42

7-6 林业生产情况

（2019 年）

单位:公顷

区县(市)	当年造林面积	用材林	经济林	木材产量（立方米）	防护林	森林抚育实际面积
总计	**9820**	**897**	**3347**	**48866**	**5556**	**4831**
管城区	20	20		139		13
金水区	20					
上街区						13
惠济区	20			1865	20	100
中牟县	1787	877	910	14436		540
巩义市	3013		953	8788	2060	733
荥阳市	687		356	10800	331	560
新密市	1653		560	3838	1093	700
新郑市	767		348	9000	419	1,600
登封市	1633				1633	546
经开区						13
航空港实验区	220					

7-7 渔业生产情况

（2019 年）

单位：吨、公顷

区县（市）	水产品总产量			养殖面积
		鱼类产量	虾蟹类产量	
总计	**96989**	**96733**	**41**	**6881**
金水区	3800	3800		200
惠济区	9200	9200		472
中牟县	34160	33911	38	2260
巩义市	5024	5024		261
荥阳市	18000	17993	3	1467
新密市	600	600		386
新郑市	489	489		220
登封市	716	716		415
郑东新区	25000	25000		1200

7-8 牧业主要产品产量

（2019 年）

指　　标	单位	合计	中牟县	巩义市	荥阳市
猪当年出栏头数	万头	87.78	2.28	24.00	7.79
牛当年出栏头数	万头	5.14	0.13	0.30	0.93
羊当年出栏只数	万只	28.32	0.73	4.53	3.33
禽当年出栏只数	万只	1589.08	33.08	93.84	186.28
肉类总产量	吨	96939	2432	19512	10272
猪肉产量	吨	64979	1709	17235	5981
牛肉产量	吨	7523	213	406	1300
羊肉产量	吨	3794	106	724	458
禽肉产量	吨	19594	404	1113	2526
兔肉产量	吨	1008		29	7
奶类总产量	吨	76917	6617	3020	49261
生牛奶产量	吨	76248	6617	3019	49172
山羊毛产量	公斤	1220		10	
绵羊毛产量	公斤	16917			
蜂蜜产量	公斤	170601		76830	31867
禽蛋产量	吨	107832	613	7697	22895

7-8 续表 （2019 年）

指　　标	单位	新密市	新郑市	登封市	航空港实验区
猪当年出栏头数	万头	11.64	16.85	17.29	7.94
牛当年出栏头数	万头	0.22	0.72	0.55	2.29
羊当年出栏只数	万只	3.16	3.72	6.85	6.00
禽当年出栏只数	万只	354.97	504.76	244.87	171.28
肉类总产量	吨	14052	20806	17559	12306
猪肉产量	吨	8499	12686	12925	5944
牛肉产量	吨	325	1070	788	3421
羊肉产量	吨	348	507	878	773
禽肉产量	吨	4260	6387	2743	2161
兔肉产量	吨	604	148	213	7
奶类总产量	吨	4036	7145	7	6831
生牛奶产量	吨	3457	7145	7	6831
山羊毛产量	公斤	145	283	782	
绵羊毛产量	公斤	368	8541	6438	1570
蜂蜜产量	公斤	6914	9460	44517	1013
禽蛋产量	吨	24846	26049	19931	5801

7-9 农作物主要

（2019 年）

指　　标	总计	二七区	管城区	金水区	上街区	惠济区	中牟县
农作物总播种面积	**402.1**	**0.09**	**1.00**	**0.33**	**0.47**	**6.04**	**65.8**
粮食作物播种面积	**307.80**	**0.08**	**0.52**	**0.28**	**0.46**	**1.31**	**28.43**
总产量	1497967	343	2700	1457	2472	8254	176144
夏收粮食播种面积	**156.74**	**0.06**	**0.24**	**0.15**	**0.29**	**0.64**	**12.47**
总产量	759096	266	1203	864	1632	4073	77489
秋收粮食播种面积	**151.07**	**0.02**	**0.28**	**0.13**	**0.17**	**0.67**	**15.96**
总产量	738871	77	1497	593	840	4181	98655
谷物合计播种面积	**293.26**	**0.07**	**0.52**	**0.23**	**0.46**	**1.26**	**26.65**
总产量	1419951	309	2700	1348	2472	7947	165480
小麦播种面积	156.74	0.06	0.24	0.15	0.29	0.64	12.47
总产量	759096	266	1203	864	1632	4073	77489
玉米播种面积	134.74	0.01	0.28	0.08	0.17	0.62	14.19
总产量	659769	43	1497	484	840	3874	87991
谷子播种面积	0.33						
总产量	1084						
高粱播种面积	0.22						
总产量	1						
豆类合计播种面积	**6.26**			**0.05**		**0.01**	**0.72**
总产量	11303	1		109		21	1889

产品生产情况

单位：千公顷、吨

巩义市	荥阳市	新密市	新郑市	登封市	经开区	高新区	郑东新区	航空港实验区
45.83	**60.16**	**64.75**	**58.44**	**56.35**	**4.26**	**2.47**	**7.59**	**26.33**
43.60	**49.89**	**56.19**	**47.80**	**51.09**	**3.32**	**2.46**	**6.89**	**15.49**
171083	280857	221976	265275	201145	17920	13590	38816	95937
22.67	**27.11**	**27.59**	**24.58**	**24.89**	**2.05**	**1.71**	**3.61**	**8.66**
85612	154040	117067	139500	85267	10778	10210	18100	52995
20.93	**22.78**	**28.59**	**23.22**	**26.19**	**1.27**	**0.75**	**3.28**	**6.82**
85471	126817	104908	125775	115878	7142	3380	20716	42942
42.23	**48.76**	**52.65**	**46.12**	**47.19**	**3.19**	**2.46**	**6.82**	**14.64**
164950	273205	208034	257921	176371	16613	13590	38626	90385
22.67	27.11	27.59	24.58	24.89	2.05	1.71	3.61	8.66
85612	154040	117067	139500	85267	10778	10210	18100	52995
17.85	21.58	25.06	21.53	22.29	1.14	0.75	3.21	5.97
78643	118775	90967	118421	91104	5835	3380	20526	37390
0.27	0.07							
694	390							
0.22								
1								
0.58	**0.30**	**1.78**	**0.78**	**1.91**			**0.07**	**0.05**
791	431	2484	2121	3163	7		150	137

7-9 续表 (2019 年)

指　标	总计	二七区	管城区	金水区	上街区	惠济区	中牟县
大豆播种面积	5.16			0.05		0.01	0.72
总产量	9993	1		109		11	1889
绿豆播种面积	0.98					0.01	
总产量	1246					10	
红小豆播种面积	0.12						
总产量	64						
红薯播种面积	8.28	0.01				0.04	1.05
总产量	66713	33				286	8775
油料合计播种面积	**31.03**	**0.01**	**0.25**	**0.04**	**0.01**	**0.10**	**8.68**
总产量	118113	9	690	75	7	257	42212
花生播种面积	25.59		0.22	0.03		0.06	8.54
总产量	108922	7	648	55		213	41874
油菜籽播种面积	4.56		0.03	0.01	0.01	0.04	0.15
总产量	7613		42	21	7	41	338
芝麻播种面积	0.94						
总产量	1298	2				3	
向日葵播种面积	0.01						
总产量	27						
棉花播种面积	**1.14**						**0.51**
总产量	1233			2			566
烟叶播种面积	**0.25**						
总产量	610						
蔬菜(含菜用瓜)播种面积	**55.32**	**0.01**	**0.18**		**0.01**	**4.57**	**23.29**
总产量	2131704	62	5272	133	332	208038	836687
瓜类(果用瓜)播种面积	**6.56**		**0.05**			**0.06**	**4.89**
总产量	255110		946			2020	195534
西瓜播种面积	5		0.03			0.029	3.74
总产量	212561		616			1300	162742

单位:千公顷、吨

巩义市	荥阳市	新密市	新郑市	登封市	经开区	高新区	郑东新区	航空港实验区
0.31	0.24	1.39	0.71	1.62			0.07	0.05
534	357	2046	1990	2773	7		150	126
0.20	0.07	0.39	0.08	0.24				
252	74	434	131	334				11
				0.05				
4		4		56				
1	0.83	1.75	0.90	1.98	0.12			0.80
5342	7221	11457	5233	21610	1300		40	5415
0.30	**1.98**	**2.99**	**5.74**	**2.03**	**0.71**		**0.14**	**5.87**
5422	5828	8393	20117	4738	3058		375	26772
1.30	1.54	1.48	4.91	0.98	0.70		0.04	5.81
3582	5049	5519	18745	3365	3052		146	26667
1.00	0.34	1.29	0.78	0.83			0.06	0.02
1505	619	2510	1307	1058			128	37
0.30	0.10	0.22	0.05	0.21	0.01		0.01	0.04
311	153	364	65	315	6		11	68
0.01								
24	3							
0.30		**0.04**	**0.01**	**0.27**			**0.02**	
309		25	12	303			16	
				0.25				
				610				
1.63	**8.13**	**5.39**	**4.67**	**2.30**	**0.22**	**0.01**	**0.54**	**4.37**
51767	334623	212937	188732	82465	4611	191	16873	188979
	0.15	**0.14**	**0.22**	**0.43**	**0.02**		**0.01**	**0.61**
	7138	5166	8306	10627	225		122	25026
	0.12	0.10	0.14	0.16				0.57
155	6053	4332	5303	8084	68			23909

7-10 农林牧

（2019 年）

指　　标	全市	二七区	管城区	金水区	上街区	惠济区	中牟县
农林牧渔业总产值	**2435603**	**3910**	**10500**	**8833**	**604**	**84140**	**458189**
农业	**1598621**	**3728**	**6550**	**476**	**604**	**68892**	**382022**
谷物及其他作物	435917	123	1895	476	570	2822	59199
谷物	293938	101	970	315	567	1653	34253
小麦	179932	82	645	214	405	922	17536
玉米	113364	8	325		162	731	16717
薯类	25030	7				221	1357
油料	80019	3	513	119	3	133	22502
花生	72175		497	43		114	22382
油菜籽	5684		16	16	3	16	120
豆类	5087	12				26	730
棉花	945						357
其他农作物	21145		412			789	
蔬菜园艺作物	722398	24	3560		34	61662	229009
蔬菜（含菜用瓜）	627322	24	3560		34	48567	229009
花卉	60600					13095	
水果、坚果、饮料和香料作物	369281	3581	1095			4408	93504
水果（含果用瓜）	311079	3579	702			4235	93504
苹果	21725	1				52	1969
梨	9393	2	11			447	359
坚果	57751	2	393			173	
香料作物	1583						
中草药材	12653						310
林业	**44846**		**2792**	**1257**		**2001**	**5618**
林木的培育和种植	44336		2773	1007		1894	618
竹木采运	510		19	125		107	5000
牧业	**568322**	**182**					**10421**
牲畜饲养	80467						4375
牛的饲养	11061						1529
羊的饲养	8491						687
其他牲畜饲养	204						
奶产品	34940						2159
猪的饲养	234383						4931
家禽饲养	190007	182					1115
肉禽	27481						615
禽蛋	152008	182					500
其他畜牧业	43465						
渔业	**106730**			**7100**		**10877**	**39912**
鱼类	104413			7100		10877	39912
虾蟹类	297						
其他	1828						
农林牧渔服务业	**117084**		**1158**			**2370**	**20216**

渔业总产值

单位:万元

巩义市	荥阳市	新密市	新郑市	登封市	经开区	高新区	郑东新区	航空港实验区
245846	**483724**	**296316**	**388835**	**258428**	**32132**	**1839**	**62511**	**162821**
93464	**406454**	**165999**	**291071**	**142813**	**12487**	**1839**	**42511**	**85365**
43754	72888	70229	71064	45974	5224	1839	6686	36619
33531	56796	42385	53532	39370	3248	1839	6431	19882
19643	33916	26492	32085	22611	2214	981	2732	13143
13410	22265	15678	20953	16710	1034	858	3699	6739
3550	4708	8689	735	2321	203		6	838
3506	7602	5451	12137	2382	1770		189	14227
1914	6311	2950	11041	2149	1763		77	14120
1174	873	2071	1019	152			99	29
470	287	775	841	1901	3		60	55
1			27					
2696	3495	12929	3792					1612
12570	217460	50153	160692	42737	2129		12529	38998
10961	95035	48378	48953	38932	2129		3529	38993
600	538	1048	426				3000	5
36151	113626	40174	58884	54102	5134		296	9748
27212	106496	16173	57750	25233	5134		296	8952
3298	2434	1564	2010	10753			296	
1508	4681	506	740	918				
8738	7130	23951	1134	27537				796
201		50		1332				
989	2480	5443	431				3000	
11681	**13862**	**8434**	**14364**	**12293**	**14335**		**20000**	**2624**
11171	12902	7693	8312	12062	14335		20000	2624
510	960	476	2402	231				
93346	**100351**	**104380**	**111034**	**96116**				**73164**
10794	31429	30759	16095	9725				35867
3401	10025	2506	9208	5754				26115
6151	3884	3132	4302	3971				5395
54		116	24					
1163	17520	1005	2544					2630
51571	32894	34724	60331	36580				27417
9241	23649	27564	34538	44169				8961
1869	4285	6692	9667	4387				2355
7372	19364	20872	24871	39782				6606
21740	12379	1778	70	5642				919
6265	**53706**	**1908**	**1230**	**246**				
6265	53706	1178	1230	188				
				58				
		630						
41090	**9350**	**15595**	**6200**	**6960**	**5310**			**1668**

7-11 农林牧

（2019 年）

指　　标	全市	二七区	管城区	金水区	上街区	惠济区	中牟县
合计							
农林牧渔业总产值	2435603	3910	10500	8833	604	84140	458189
中间消耗	956852	3301	5513	4186	266	45104	219000
增加值	1478751	609	4987	4647	338	39036	239189
农业							
总产值	1598621	3728	6550	476	604	68892	382022
中间消耗	669412	3548	2996	150	266	38476	158073
中间物质消耗	516480	81	2681	128	225	36503	151543
生产服务支出	82934	14		21	37	1973	25504
增加值	929209	180	3554	326	338	30416	223949
林业							
总产值	44846	39	2792	1257		2001	5618
中间消耗	28862	10	2265	616		491	2326
中间物质消耗	24371	8	437	541		362	2046
生产服务支出	4494	2		75		129	242
增加值	15984	29	527	641		1510	3292
牧业							
总产值	568322	256					10421
中间消耗	159215	70					4356
中间物质消耗	124144	60					6749
生产服务支出	15070	10					954
增加值	409107	186					6065
渔业							
总产值	106730			7100		10877	39912
中间消耗	52250			3420		5031	18140
中间物质消耗	47348			3105		4413	29097
生产服务支出	4902			315		618	3348
增加值	54480			3680		5846	21772
农林牧渔服务业							
总产值	117084		1158			2370	20216
中间消耗	47114		252			1106	16105
增加值	69970		906			1264	4111

渔业增加值

单位:万元

巩义市	荥阳市	新密市	新郑市	登封市	经开区	高新区	郑东新区	航空港实验区
245846	483724	296316	388835	258428	32132	1839	62511	162821
106986	205165	87005	147246	87544	12400	742	23902	71517
138860	278559	209311	241589	170884	19732	1097	38609	91304
93464	406454	165999	291071	142813	12487	1839	42511	85365
45925	170712	29001	101160	51935	5040	742	12001	35347
42722	161627	24822	77415	44458	4316	1510	30193	3467
3201	9085	4178	23739	7482	726		4914	602
47539	235742	136998	189911	90878	7447	1097	30510	50018
11681	13862	8434	14364	12293	14335		20000	2624
7620	5822	3712	5275	7269	5368		11901	898
5708	5268	3261	4798	6384	4717		10458	
1912	555	450	480	884	653		1443	
4061	8040	4722	9089	5024	8967		8099	1726
93346	100351	104380	111034	96116				73164
29772	42147	43464	20507	17634				34663
28074	34252	38151	19969	15479				
1698	7895	5311	541	2155				
63574	58204	60916	90527	78482				38501
6265	53706	1908	1230	246				
2346	22557	131	623	79				
2049	21092	118	461	65				
297	1465	12	163	12				
3919	31149	1777	607	167				
41090	9350	15595	6200	6960	5310			1668
21323	3926	11027	1316	2556	1992			609
19767	5424	4568	4884	4404	3318			1059

7-12 主要牲畜年末存栏情况

(2019 年)

单位:头(只)

指 标	合计	中牟县	巩义市	荥阳市	新密市	新郑市	登封市	航空港实验区
大牲畜年末总头数	**41924**	**5947**	**5057**	**10292**	**4354**	**3354**	**7443**	**5477**
牛年末总头数	41200	5947	4833	10292	4189	3105	7357	5477
肉牛年末总头数	26534	946	3424	3732	3684	2036	7355	5357
奶牛年末总头数	14666	5001	1409	6560	505	1069	2	120
马年末存栏数	15		8				7	
驴年末存栏数	697		208		165	245	79	
骡年末存栏数	12		8			4		
猪年末总头数	**475272**	**4636**	**134045**	**35976**	**102898**	**36893**	**150069**	**10755**
能繁殖母猪	51357	1476	13192	3874	9384	4221	18257	953
羊年末总只数	**250743**	**7115**	**33862**	**29916**	**46292**	**27299**	**77398**	**28861**
山羊年末总只数	142648	5370	22055	25811	24373	11359	31834	21846
绵羊年末总只数	108095	1745	11807	4105	21919	15940	45564	7015
家禽期末存栏数	**10419069**	**97901**	**782599**	**1761678**	**2538453**	**2351348**	**2043908**	**843182**
兔期末总只数	**199886**		**16488**	**2611**	**106779**	**24063**	**49365**	**580**

主要统计指标解释

农林牧渔业总产值 是以货币表现的农林牧渔业全部产品的总量和对农林牧渔业生产活动进行的各种支持性服务活动的价值,它反映一定时期内农业生产的总规模和总成果。

农林牧渔五业统计范围是:1. 种植业:包括粮、棉、油、糖料、麻类、烟叶、蔬菜、药材、瓜类、采集野生植物和其他农作物的种植以及茶园、桑园、果园的生产经营。

2. 林业:包括林木的栽培、林产品的采集和竹木采伐。

3. 牧业:包括除渔业以外的一切动物饲养和放牧及捕猎野兽。

4. 渔业:包括水生动物和海藻类植物养殖和捕捞。

5. 农林牧渔服务业:包括农林牧渔服务业营业收入。

农业总产值的计算方法通常是以农林牧渔业产品的产量乘以该项单位价格而得该项产品产值。少数生产周期较长,当年没有产品或产品不易统计的则采用间接方法匡算产值。五业产品产值之和即为农业总产值。

农业增加值 指各单位生产经营或劳务活动提供最终产品的货币表现,即本单位或本行业对社会所做的贡献。农业增加值是社会各经济单位,即企业、事业单位和行政单位及个体经营户在报告期内生产经营和业务活动最终成果的货币表现。

农业增加值主要采用生产法和分配法(收入法)两种方法计算。

农作物种植业 包括谷物、豆类、薯类、棉、油料、糖料、麻类、烟叶、蔬菜、药材、瓜类和其他农作物的种植,以及茶园、桑园、果园的生产经营。

其他农业 包括采集野生植物的果实、纤维、树胶、树脂、油料以及柴草、野生药材、菌类等。

粮食产量 指全社会的产量。包括国有经济经营的、集体统一经营的和农民家庭经营的粮食产量,还包括工矿企业家属办的农场和其他生产单位的产量。粮食除包括稻谷、小麦、玉米、高粱、谷子及其他杂粮外,还包括薯类和大豆。其产量计算方法,豆类按去豆荚后的干豆计算;薯类(包括甘薯和马铃薯,不包括芋头和木薯)1963 年以前按每 4 公斤鲜薯折 1 公斤粮食计算,从 1964 年开始及以后改为按 5 公斤鲜薯折 1 公斤粮食计算。郑州辖区作为蔬菜的薯类(如:马铃薯等)按鲜品计算,并且不做为粮食统计。其他粮食一律按脱粒后的原粮计算。

油料产量 指全部油料作物的生产量。包括花生、油菜籽、芝麻、向日葵籽、胡麻籽(亚麻籽)和其他油料。不包括大豆,也不包括木本油料和野生油料。花生以带壳干花生计算。

水产品产量 指人工养殖的水产品和天然生长的水产品的捕捞量。包括海水的鱼类、虾蟹类、贝类和藻类以及内陆水域的鱼类、虾蟹类和贝类,不包括淡水生植物。

猪、牛、羊肉产量 指当年出栏并已屠宰后除去头蹄下水 后带骨肉(即胴体重)的重量。

耕地面积 指年初可以用来种植农作物、经常进行耕锄的田地,除包括熟地、当年新开荒地、连续撩荒未满三年的耕地和当年的休闲地(轮歇地)外,还包括以种植农作物为主并附带种植桑树、茶树、果树和其他林木的土地,以及沿海、沿湖地区已围垦利用的“海涂”、“湖田”等面积。但不包括属于专业性的桑园、茶园、果园、果木苗圃、林地、芦苇地、天然或人工草地面积。

农作物播种面积 指实际播种或移植有农作物的面积,凡是实际种植有农作物的面积,不论种植在耕地上还是种植在非耕地上,均包括在农作物播种面积中,同时还包括因遭灾而重新改种和补种的农作物面积,种一公顷算一公顷。

农用化肥施用量 指本年内实际用于农业生产的化肥数量。包括氮肥、磷肥、钾肥和复合肥。化肥施用量要求按折纯量计算数量。折纯法化肥施用量是把氮肥、磷肥和钾肥分别按含氮、含五氧化二磷、含氧化钾的百分之百有效成份计算。复合肥按其所含主要成分折算。

农业机械总动力 指主要用于农、林、牧、渔业的各种动力机械的动力总和。包括耕作机械、排灌机械、收获机械、农产品加工机械、运输机械、植物保护机械、牧业机械、林业机械、渔业机械和其他农业机械〔内燃机按引擎马力折成瓦(特)计算,电动机按功率折成瓦(特)计算〕。不包括专门用于乡、镇、村、组办工业、基本建设、非农业运输、科学试验和教学等非农业生产方面用的动力机械与作业机械。

八、工　业

8-1　规模以上工业总产值、增加值及销售产值

（2019年）

上年＝100

项　　目	单位数(个)	工业总产值指数	工业增加值指数	工业销售产值指数
总　计	**2425**	**109.1**	**106.1**	**108.4**
按轻重工业分				
轻工业	457	112.5	109.2	111.5
重工业	1968	105.1	104.1	105.5
按三大门类分				
采矿业	63	90.1	90.1	82.0
制造业	2273	109.6	106.6	109.0
电力燃气及水的生产和供应业	89	107.9	108.2	106.9
按登记注册类型分				
国有企业	18	113.3	112.8	113.3
集体企业	23	99.2	100.6	97.2
股份合作企业	5	112.8	112.2	120.8
股份制企业	116	105.7	103.9	104.3
外商和港澳台商投资企业	82	113.1	110.6	112.4
其他	2	102.3	96.4	96.3
按所有制类型分				
公有制	194	106.8	104.4	101.3
非公有制	2231	109.5	106.6	109.1
按企业规模分				
大型企业	54	107.3	103.6	106.8
中型企业	221	99.9	99.4	98.2
小型企业	1637	120.1	115.5	119.2
微型企业	513	92.8	96.3	84.6

8-2 各种分组的规模以上工业增加值指数

上年=100

项　目	2012 年	2013 年	2014 年	2015 年	2016 年	2017 年	2018 年	2019 年
指　数	**117.2**	**111.3**	**111.2**	**110.2**	**106.0**	**107.8**	**106.8**	**106.1**
按注册类型分								
内资企业	112.4	108.8	109.5	108.6	105.9	107.7	107.2	104.4
国有	108.8	107.8	101.9	102.3	108.4	114.2	103.8	112.8
集体	124.4	101.0	111.7	104.2	111.4	109.8	67.7	100.6
股份合作	115.1	112.2	96.8	121.4	97.9	109.7	90.4	112.2
联营	92.1	116.5	96.6	7.0	114.5	108.8	120.4	88.4
有限责任公司	115.1	112.7	112.8	108.5	105.6	110.2	104.8	101.5
股份有限公司	114.1	105.4	104.1	113.1	109.3	103.4	117.5	112.0
私营	112.3	106.4	110.3	108.1	104.8	103.2	108.6	103.3
其他	94.4	144.5	117.2	122.3	125.2	104.6	202.1	134.5
港澳台商投资	213.8	134.6	122.2	122.4	105.6	107.5	107.0	114.4
外商投资	100.4	105.6	109.3	99.6	109.4	110.6	104.0	98.8
按控股类型分								
国有控股	107.0	105.6	102.1	100.1	97.4	110.6	110.2	104.6
集体控股	129.0	104.0	111.6	109.2	108.8	104.8	90.5	101.1
私人控股	112.7	109.4	111.8	110.3	106.2	104.5	95.0	106.0
港澳台控股	212.1	137.0	122.7	121.7	106.3	108.0	107.1	114.4
外商控股	105.5	100.7	102.5	101.5	111.7	113.8	94.0	100.3
按所有制分								
公有制	109.1	105.4	103.1	101.2	98.9	109.9	109.7	104.4
非公有制	119.6	112.7	113.0	111.7	107.1	107.5	105.9	106.6
按轻重工业分								
轻工业	108.4	105.5	106.6	106.4	102.8	111.3	104.0	109.2
重工业	119.5	112.7	112.3	111.1	106.8	106.9	108.8	104.1
按企业规模份								
大型企业	125.4	116.3	110.9	110.5	101.8	108.8	111.7	103.6
中型企业	109.7	109.8	109.3	107.5	102.9	101.8	104.0	99.4
小型企业	117.7	109.1	113.1	112.0	112.9	111.3	94.4	115.5
微型企业	161.1	71.9	142.5	100.7	121.7	109.1	115.5	96.3

8-3 分行业规模以上工业增加值指数

上年=100

行　　业	2012年	2013年	2014年	2015年	2016年	2017年	2018年	2019年
总　　计	**117.2**	**111.3**	**111.2**	**110.2**	**106.0**	**107.8**	**106.8**	**106.1**
煤炭开采和洗选业	100.0	102.1	102.0	93.3	90.9	94.7	118.1	91.2
黑色金属矿采选业	85.8	81.2	154.2	199.3	119.5	95.4	84.4	
有色金属矿采选业	115.1	84.7	117.8	119.0	100.5	97.4	95.3	13.4
非金属矿采选业	111.3	120.0	111.0	114.5	107.9	79.1	51.1	118.1
农副食品加工业	123.6	100.8	110.3	110.1	107.6	108.7	93.0	85.2
食品制造业	101.8	112.1	107.0	105.1	105.2	113.5	99.7	108.0
酒、饮料和精制茶制造业	109.2	124.2	102.0	111.0	111.8	104.5	99.7	111.0
烟草制品业	118.5	107.4	100.6	99.8	85.9	110.9	105.5	101.7
纺织业	108.2	97.6	77.9	80.9	96.2	93.9	88.1	141.9
纺织服装、服饰业	100.3	105.6	124.8	112.9	111.2	115.3	107.0	88.8
皮革、毛皮、羽毛及其制品和制鞋业	113.9	67.0	98.9	67.7	103.1	67.9	63.3	88.0
木材加工和木、竹、藤、棕、草制品业	113.1	99.0	104.3	67.7	89.2	83.9	49.1	96.1
家具制造业	132.3	77.3	98.7	112.7	116.7	95.5	72.2	151.2
造纸和纸制品业	94.9	111.3	103.2	106.3	97.0	106.0	102.8	112.7
印刷和记录媒介复制业	104.7	94.7	101.9	93.4	85.8	109.7	103.6	97.9
文教、工美、体育和娱乐用品制造业	106.4	100.3	111.8	115.3	106.9	99.6	88.9	80.2
石油加工、炼焦和核燃料加工业	98.8	78.8	100.5	107.1	107.8	73.9	97.5	115.1
化学原料和化学制品制造业	125.1	109.4	108.7	111.4	100.1	96.2	99.0	110.6
医药制造业	89.0	92.9	117.5	113.5	106.2	114.6	116.2	114.3
化学纤维制造业	115.0	105.2	135.8	100.2	115.2	120.7	95.9	71.8
橡胶和塑料制品业	112.4	112.3	121.1	107.2	114.8	92.9	90.1	101.0
非金属矿物制品业	114.2	109.8	110.4	107.9	104.6	106.9	108.4	93.8
黑色金属冶炼和压延加工业	118.3	114.1	115.8	107.1	81.8	75.9	110.1	106.8
有色金属冶炼和压延加工业	112.3	109.9	107.1	115.3	107.8	103.8	112.9	108.2
金属制品业	102.6	111.0	116.6	105.0	114.0	107.6	85.5	111.3
通用设备制造业	132.8	115.7	113.1	108.3	108.5	113.1	97.1	114.1
专用设备制造业	110.7	103.9	109.8	110.6	106.7	113.2	123.2	124.1
汽车制造业	106.1	115.1	116.6	113.1	113.3	103.2	104.3	101.5
铁路、船舶、航空航天和其他运输设备制造业	119.3	99.1	134.6	150.3	105.8	105.5	140.1	161.0
电气机械和器材制造业	112.9	111.6	116.8	110.1	116.2	142.3	134.9	103.3
计算机、通信和其他电子设备制造业	273.4	137.9	124.5	126.3	113.5	117.5	110.8	110.5
仪器仪表制造业	118.5	147.7	118.1	119.2	110.7	106.3	92.7	120.9
废弃资源综合利用业			213.7	118.0	120.7	379.4	132.2	94.7
金属制品、机械和设备修理业	64.9	70.9	32.0	60.1	264.6	171.1	177.6	116.2
电力、热力生产和供应业	103.6	108.2	94.9	96.3	104.3	107.7	97.6	107.0
燃气生产和供应业	115.3	113.0	123.7	98.1	106.7	116.9	118.4	110.2
水的生产和供应业	103.0	108.9	111.5	97.8	150.1	109.8	104.4	100.5

8-4 各区县(市)规模以上工业企业单位数

（2019 年底）

单位:个

区县(市)	合计	国有控股	集体	港澳台投资	外商投资	轻工业	重工业	大型	中型
全　市	**2425**	**154**	**23**	**36**	**46**	**457**	**1968**	**54**	**221**
中原区	24	5		2	2	7	17	2	6
二七区	80	4	1		4	28	52	4	5
管城区	17	3	1	2		8	9	1	5
金水区	17	4	1			9	8	1	3
上街区	101	10			2	8	93	1	3
惠济区	22	2	1		4	9	13	4	2
中牟县	96	6		1	5	22	74	2	12
巩义市	487	5	4		3	21	466	6	40
荥阳市	329	12	6	2		62	267	1	15
新密市	286	14	3	1	2	45	241	2	20
新郑市	228	13	5	3	2	105	123	4	14
登封市	235	26	1	3	3	13	222	1	36
经开区	167	18		11	13	41	126	10	26
高新区	231	18		8	5	56	175	8	25
郑东新区	32	5			1	1	31	2	1
航空港实验区	70	6		3		22	48	3	8

8-5 各区县(市)规模以上工业总产值指数

（2019 年）

上年＝100

区县(市)	合计	国有控股	集体	港澳台投资	外商投资	轻工业	重工业	大型	中型
全　市	**109.1**	**107.4**	**99.2**	**116.1**	**96.9**	**112.5**	**105.1**	**107.3**	**99.9**
中原区	103.1	106.6		93.0	75.1	102.5	103.3	104.6	93.4
二七区	118.4	109.7			132.9	124.5	113.8	113.3	126.3
管城区	95.4	111.7	132.3	56.3		105.1	94.4	90.1	128.4
金水区	100.6	106.6	102.2			98.1	112.0	100.8	90.4
上街区	100.3	99.1		101.0	98.6	132.9	99.6	107.2	123.9
惠济区	107.3	131.4	100.4		102.2	102.4	135.7	102.8	105.6
中牟县	96.9	83.3		64.5	82.9	105.7	91.0	89.8	103.6
巩义市	108.1	93.7	79.0		82.8	118.3	108.0	94.0	94.7
荥阳市	107.0	126.0	104.1	81.7	106.4	92.8	110.0	103.8	100.3
新密市	110.6	103.3	35.0	139.3	135.4	145.2	106.6	68.3	151.7
新郑市	106.5	101.6	131.7	113.9	77.4	95.3	120.9	71.9	112.3
登封市	99.2	87.0	98.1	153.6	105.6	86.1	99.7	74.0	110.5
经开区	105.9	115.9		108.1	88.4	100.1	107.6	106.0	95.9
高新区	106.1	98.5		141.2	118.7	95.8	113.4	96.8	113.9
郑东新区	101.7	110.0		95.2	20.3	108.4	101.5	95.0	54.3
航空港实验区	113.8	181.5		116.9		116.1	88.7	114.3	77.9

8-6 各区县(市)规模以上工业销售产值指数

(2019 年)

上年=100

区县(市)	合计	国有控股	集体	港澳台投资	外商投资	轻工业	重工业	大型	中型
全　市	**108.4**	**101.4**	**97.2**	**114.3**	**101.4**	**111.5**	**105.5**	**106.8**	**98.2**
中原区	102.6	106.5		93.1	71.9	98.2	103.1	104.6	92.5
二七区	120.4	109.5			118.2	118.7	121.8	109.8	138.6
管城区	95.7	86.2	115.5	63.2		100.6	95.2	91.8	112.9
金水区	100.4	108.7	102.2			98.4	109.1	100.8	89.3
上街区	94.7	91.1		101.0	96.8	111.3	94.5	107.2	118.8
惠济区	106.5	130.5	100.4		101.5	101.7	136.5	102.1	105.6
中牟县	108.6	92.7		58.4	91.9	131.3	96.1	108.9	99.5
巩义市	110.3	91.7	81.5		92.0	103.2	110.4	97.8	95.2
荥阳市	106.1	126.6	109.2	87.6	103.0	89.0	108.5	84.4	100.1
新密市	113.3	100.3	34.0	152.2	122.9	140.7	110.0	67.8	156.6
新郑市	104.6	102.6	135.1	112.4	78.8	92.4	120.0	69.8	109.5
登封市	99.0	85.4	99.6	129.7	118.1	89.0	99.4	72.5	109.2
经开区	103.4	111.0		90.5	87.9	99.9	104.4	102.3	99.5
高新区	104.0	94.5		133.9	120.5	92.4	112.7	94.1	114.7
郑东新区	101.8	110.3		94.9	20.2	109.8	101.7	94.7	54.8
航空港实验区	112.3	150.1		115.8		114.5	87.5	113.2	77.8

8-7 各区县(市)规模以上工业增加值指数

(2019 年)

上年=100

区县(市)	合计	国有控股	集体	港澳台投资	外商投资	轻工业	重工业	大型	中型
全　市	**106.1**	**104.6**	**100.6**	**114.4**	**98.8**	**109.2**	**104.1**	**103.6**	**99.4**
中原区	102.9	105.1		98.2	75.1	102.9	102.9	104.7	91.1
二七区	118.6	108.4			130.9	124.6	113.2	114.0	128.8
管城区	96.0	99.3	133.7	56.2		118.8	93.2	89.3	125.3
金水区	102.2	106.4	102.2			100.3	113.6	100.8	94.0
上街区	104.7	100.9		101.0	98.8	133.3	103.7	107.1	116.7
惠济区	107.1	111.0	100.4		102.3	102.6	122.8	102.8	105.6
中牟县	96.5	80.9		66.2	81.6	106.0	90.5	88.8	107.9
巩义市	106.5	95.5	78.2		89.5	114.6	106.3	93.3	89.8
荥阳市	105.3	125.1	103.6	81.7	98.7	92.2	108.3	102.0	100.0
新密市	105.0	92.6	34.7	143.3	137.8	148.6	100.0	70.3	150.9
新郑市	106.6	100.7	122.4	107.7	76.1	99.8	116.4	82.1	109.6
登封市	98.8	88.5	98.1	153.6	105.6	88.3	99.2	71.4	106.1
经开区	105.6	108.5		108.8	89.5	101.5	107.8	105.7	97.0
高新区	108.3	98.4		140.4	114.5	98.6	114.6	97.8	112.8
郑东新区	100.7	109.8		95.2	20.3	108.4	100.5	95.0	52.8
航空港实验区	110.1	145.4		116.8		115.5	88.8	110.3	79.5

8-8 历年主要

（2019 年）

产品名称	计量单位	1978 年	1980 年	1985 年	1990 年	1995 年	1998 年	1999 年	2000 年	2001 年	2002 年	2003 年	2004 年
原煤	万吨	868	897	1352	1628	2220	2613	1724	1830	2039	2581	3297	4096
饲料	万吨		0.5	3.3	5.3	6.6	11.5	16.3	21.6	27.3	38.8	57.4	62.8
速冻米面食品	万吨											21.5	23.8
方便面	万吨							5.5	6.9	14.7	18.7	22.3	17.9
啤酒	万千升			0.7	6.9	14.2	34.4	36.7	38.1	37.2	36.0	32.0	39.1
饮料	万吨		0.2	1.4	1.6	4.5	2.0	6.8	6.4	8.2	21.1	19.2	22.1
卷烟	亿支	243.0	350.4	443.2	456.1	476.3	412.2	423.0	428.7	393.1	403.7	404.6	419.0
纱	万吨	7.7	8.5	7.9	8.8	8.8	7.6	8.4	6.9	7.3	7.4	7.5	7.7
布	万米	41876	44804	38904	40510	40981	32762	30530	23391	21735	21239	20442	24063
印染布	万米	15086	19188	13210	8758	20321	10321	9884	14620	14833	16258	23138	22574
服装	万件		1529	1730	2260	1619	939	912	1132	1240	1306	1483	1784
人造板	立方米		1548	5622	3788	196849	46744	75312	51276	47750	34895	46920	99406
家具	万件		23.2	66.0	72.1	49.4	8.6	8.2	9.9	6.0	4.7	5.4	5.5
机制纸机制纸板	万吨	2.7	3.6	9.2	6.7	35.4	59.9	90.9	92.3	101.3	101.9	123.3	143.2
硫酸	万吨	0.5	0.9	1.3	2.8	13.3	11.5	9.7	9.4	7.3	6.2	8.8	8.5
化学农药原药	吨			435	768	1976	3264	4772	2684	5390	5126	2770	3861
中成药	吨	422	895	1851	1322	1763	2774	2634	3276	4618	2822	3664	2208
化学肥料	万吨	8.9	3.8	3.4	8.0	11.7	18.2	15.9	15.7	15.1	13.8	13.4	13.8
塑料制品	万吨			1.5	1.9	5.6	4.2	5.0	5.8	6.3	6.4	5.9	5.7
水泥	万吨	38	55	119	227	737	881	966	932	1006	1030	1134	1278
工业陶瓷	万件												7397
耐火材料制品	万吨											265.5	406.3
日用玻璃制品	万吨		1.7	3.2	2.6	7.3	4.3	3.5	2.1	1.1	0.8	1.1	1.0
石墨及炭素制品	万吨												
磨具	万吨	1.3	1.6	1.8	1.9	4.2	9.4	7.1	5.2	4.1	3.8	3.7	4.8
粗钢	万吨	2.2	3.7	4.5	5.9	13.0	16.3	11.8	1.6	1.1	1.2	1.3	7.6
钢材	万吨		1.9	4.5	7.4	15.5	25.1	27.6	14.1	14.7	17.6	46.1	103.8
原铝(电解铝)	万吨	1.8	2.9	3.4	4.0	5.9	13.0	15.5	15.8	26.5	35.5	37.3	42.2
氧化铝	万吨	40.0	40.6	53.3	60.1	66.6	73.1	87.5	96.6	107.1	127.1	138.3	148.1
阀门	万吨		0.1	0.2	1.0	3.9	3.5	3.0	3.2	3.7	3.9	5.6	7.4
汽车	辆	695	1577	1625	1043	16187	10118	7698	7689	9129	15650	27327	29806
新能源汽车	辆												
变压器	万千伏安	54.9	36.9	62.5	50.1	94.2	98.3	128.7	169.9	168.4	177.1	174.7	112.4
电力电缆	千米	2513	3533	6318	7853	5732	4633	11810	7801	6970	5823	9062	3103
移动通信手持机(手机)	万台												
发电量	亿千瓦小时	13.3	11.1	10.6	18.3	65.7	87.8	77.0	85.1	95.1	108.0	119.0	159.8
供热量	万百万千焦		451	468	464	1901	2297	2040	2862	1166	3060	3440	3369
自来水生产量	万立方米		13127	17570	19435	30119	26427	27766	26079	25465	31013	31622	32772

注:2010 年始卷烟产量含河南中烟工业有限责任公司。从 2010 年至 2018 年郑州地区卷烟产量分别为 572.4 亿支,581.3 亿支,586.4 亿支,594.1 亿支,601.09 亿支,514.7 亿支,469.7 亿支,466.3 亿支,468.9 亿支。2019 年开始卷烟产量不包括河南中烟工业有限责任公司,仅为郑州地区。

工业产品产量

2005年	2006年	2007年	2008年	2009年	2010年	2011年	2012年	2013年	2014年	2015年	2016年	2017年	2018年	2019年
6217	6699	6707	6629	6660	5963	6914	4568	4084	3554	3223	2512	2129	2313	2086
65.1	114.1	126.5	150.8	106.2	148.1	178.4	210.7	266.5	239.3	192.9	176.0	182.8	126.8	68.1
32.3	59.6	70.2	87.1	90.9	100.6	125.3	100.6	109.5	125.0	122.4	128.1	125.5	125.3	117.1
20.5	25.5	32.8	24.0	30.4	44.5	28.2	26.4	29.0	30.2	37.9	38.5	33.4	18.1	20.7
41.6	25.1	28.7	45.3	49.0	56.0	48.4	58.6	63.6	54.3	60.6	83.1	102.1	63.4	66.3
25.5	46.0	70.2	108.1	163.4	216.6	236.3	251.1	344.7	300.4	328.5	367.3	306.6	197.2	213.9
408.4	436.7	477.1	487.6	559.6	1650.4	1676.1	1691.0	1713.0	1733.25	1674.3	1528.1	1517.0	1525.4	473.7
8.4	7.8	11.1	11.4	3.3	4.1	4.5	6.7	5.3	4.7	4.8	5.2	3.6	0.5	0.4
24647	22513	26034	27388	86063	81715	75968	87995	96156	6053	3505	3323	3496	3333	3216
23949	36615	59217	67429	67446	62277	53171	60895	66909	64582	12557	6804	3862	2418	574
2974	4804	5681	7377	10117	10950	11708	12987	15590	20820	20410	21743	16691	3132	2126
104698	111770	101649	76398	118077	155128	170786	200844	259772	200494	152393	146812	148294	6303	9993
7.2	26.2	97.1	81.9	249.6	196.6	233.5	284.7	223.4	236.8	283	227.0	154.6	42.5	61.3
183.4	237.5	273.4	280.8	266.9	260.2	275.1	209.4	218.3	206.8	216.9	212.8	243.2	79.1	33.1
9.0	10.2	10.3	10.7	10.0	17.1	29.4	33.4	41.6	13.5	19.2	33.3	0.8	1.5	
5016	4615	12361	3097	18255	14048	20244	22171	13881	37476	42505	49373	53357	3125	2848
3972	11334	13973	65055	106412	3941	3290	5957	7772	8773	9003	9810	12272	6797	3496
13.8	13.4	18.7	40.3	25.6	8.3	1.5	5.8	10.6	1.6	6.1	4.5	6.8	1.7	0.8
7.5	8.0	11.7	14.3	16.6	112.6	17.6	20.7	20.8	28.7	33.1	40.0	45.4	11.5	10.1
1538	1592	2109	1898	2198	2096	2153	2322	2518	2428	2184	2168	2311	1437	1438
8844	10100	11211	42277	37670	47209	36348	49585	192593	524363	555763	632299	672139	17026	
544.1	810.4	1267.7	1368.3	1533.4	1807.7	2080.6	2417.1	2897.6	3235.8	3375.5	3249.5	3409.2	868.5	485.8
0.6			4.3	3.2	3.6	4.3				3	3.4	89.7	0.9	0.7
				280.5	311.6	439.7	514.2	581.4	590.4	601.2	617.0	577.1	147.9	42.6
4.8	4.4	6.1	8.0	20.4	9.4	14.6	45.4	69.4	75.8	73	68.6	63.3	12.4	
9.8	13.0	12.2	24.1	19.5	17.3	4.8	4.8	2.2	2.95	0.2	20.9	9.9	70.5	116.5
159.7	215.8	326.1	358.7	339.7	377.0	424.7	481.1	525.6	657.2	627.4	536.1	305.8	189.2	162.0
49.3	49.1	67.0	66.4	60.1	58.4	56.8	69.7	65.2	53.2	55.7	57.2	55.8	42.8	22.3
171.4	234.3	237.8	219.7	167.3	221.8	246.0	253.0	264.9	238.3	260.6	174.4	248.9	218.9	181.6
9.9	18.3	29.0	52.4	65.3	79.9	102.5	126.7	144.4	156.3	160.5	172.0	157.8	8.6	5.2
35855	47688	62261	74044	112874	225196	354985	367597	461479	507047	513908	584702	471084	582801	606878
										20569	26554	31085	39184	54177
126.3	202.2	168.9	138.9	218.9	247.3	357.9	377.9	350.6	240.2	241.7	192.9	123.5	235.1	432.8
5758	6855	41031	60818	91775	83450	296201	321918.7	401496	401579	313043	222943	140054	399525	388401
						2445	6846	9645	11890	19672	25754	29506	21304	21370
204.6	206.1	254.3	285.2	266.8	292.8	386.3	447.4	518.0	494.98	444.2	445.6	432.3	411.1	372.1
3355	3186	3050	2982	2229	2851	3464	4015	3928	3604	3867	3850	4334	5488	5228
24936	25754	26044	27595	27744	29368	26900	29265	44281	58599	61722	71471	59182	67403	72764

8-9 各区县(市)

(2019 年)

产品名称	计量单位	全市	市直	中原区	二七区	管城区	金水区	上街区	惠济区
小麦粉	吨	1457318				55815	31794		
饲料	吨	680693					6845		
精制食用植物油	吨	190988					32763		
速冻米面食品	吨	1170980			10300		90449		1015457
方便面	吨	206911			117274				
饮料酒	千升	664546			58	156279			
白酒	千升	1286			58				
啤酒	千升	663260				156279			
软饮料	吨	2139418			553829				
卷烟	万支	4737255							
纱	吨	3727							
布	万米	3216		1159					
印染布	万米	574		574					
服装	万件	2126		816					
人造板	立方米	9993							
家具	件	612583			90519	28621			
机制纸及机制纸板	吨	331175							
农用氮、磷、钾化学肥料总计	吨	7651							
化学农药原药	吨	2848				1198			
涂料	吨	73837					17619		
中成药	吨	3496							411
塑料制品	吨	101052			12230				2454

主要工业产品产量

中牟县	巩义市	荥阳市	新密市	新郑市	登封市	经开区	高新区	郑东新区	航空港实验区
		73445		208785	4130	940702	142647		
146191		187914		84935		37118	181391		36299
494		6023		144237					7471
				4558			50216		
				73528					16109
			1228	506981					
			1228						
				506981					
7867	538881	5819		138431	272	278760	469010		146549
						4737255			
								3727	
								2057	
5	17	577	464	9		37	200		
							9993		
				22458	5973	458504			6508
			316043		15132				
			7651						
752					898				
975		158	33018	347	7040	14680			
		194		673			2218		
3291	5389	2451		55907		9655	8939		736

8-9 续表 (2019 年)

产 品 名 称	计量单位	全 市	市直	中原区	二七区	管城区	金水区	上街区	惠济区
水泥	万吨	1438						66	
耐火材料制品	万吨	486			4			22	
钢材	吨	1619858			553116				
焊接钢管	吨	612143			553116				
铁合金	吨	34710							
氧化铝	吨	1816155						1407455	
原铝(电解铝)	吨	223009							
铝材	吨	4352073						48877	
工业锅炉	蒸发量吨	1597							
泵	台	70453				217		12119	
阀门	吨	52256						13903	
矿山专用设备	吨	720616			298			23406	
水泥专用设备	吨	2399					1250		
汽车	辆	606878				22349			
基本型乘用车(轿车)	辆	208442							
客车	辆	57037				22349			
载货汽车	辆	47733							
改装汽车	辆	11477							
电动自行车	辆	24835							
变压器	千伏安	4327670							
电力电缆	千米	388401			21076			561	
太阳能电池	千瓦	3407							
移动通信手持机(手机)	台	213695635							
发电量	万千瓦小时	3721226	18960	99956				39388	
自来水生产量	万立方米	72764		42763				723	9512

中牟县	巩义市	荥阳市	新密市	新郑市	登封市	经开区	高新区	郑东新区	航空港实验区
	138	283	43	42	821			45	
	192	13	199	12	42		1		
	198264	42705		656627		141056	28090		
				59027					
	12303				22407				
					408700				
	217729				5280				
	3578674	160125		11296	140952		405433		6717
							1597		
	2442	49630				5969	76		
		36990					1363		
	4696	100901		5147	10009	461356	114804		
	597						552		
65290		25				519214			
3007						205435			
		25				34663			
47733									
3455		70		155		7739	58		
							24835		
		241785		501821		193869			3390195
	146587	254		193294			26622		7
		2305					1102		
									213695635
5817	716214	600649	989150	15055	899118		159537	177383	
	1247		2001	5322		3081	3196		4919

8-10 规模以上工业

（2019 年）

指　　标	合　计	国有控股	集体	股份制工　业
企业单位数(个)	2425	154	23	2214
亏损企业	380	34	3	352
资产总计	110636458	29773436	152909	63062096
应收帐款	23879914	1902276	24992	9411343
存货	9881245	2999643	36810	5849787
产成品	3366010	748103	18422	2432854
负债合计	74705984	18684363	75959	37535048
营业收入	89600643	13851166	122966	44692377
营业成本	77088864	10497761	96205	36211568
营业费用	2007874	245189	3687	1475252
税金及附加	1788469	1426538	892	368635
管理费用	2014917	585887	14079	1497072
研发费用	1447147	256055	2427	1140337
财务费用	628043	280948	-31	529566
利息支出	1238631	289964	238	584468
利润总额	5161234	613339	5824	3982406
亏损企业亏损额	605122	192188	81	570753
利税总额	10093354	2623515	12459	5311001
本年应交增值税	3143651	583638	5743	959960
全部从业人员年平均人数(人)	699283	105920	1685	391763

企业主要经济指标

单位:万元

外商及港澳台投资	按轻重工业分 轻工业	重工业	按企业规模分 大型企业	中型企业	小型企业	微型企业
46	457	1968	54	221	1637	513
8	86	294	7	37	243	93
4578565	13276443	97360015	62431548	20203339	19685527	8316044
1072459	1577581	22302333	17493052	1727349	4051785	607729
505609	2527864	7353381	4531454	1404586	2348168	1597038
238688	702459	2663551	1779035	567288	910445	109242
3479164	7235600	67470384	45063399	11707876	12944158	4990551
7170225	12873433	76727210	53558289	12229026	16817197	6996131
6053216	9145733	67943131	48669816	9653529	13973289	4792230
295698	816326	1191548	903407	495247	527742	81477
40304	1369415	419054	270817	102071	100001	1315581
132677	495560	1519357	647457	467515	635158	264787
84001	200769	1246378	753494	300263	335047	58343
17302	106210	521833	149416	233483	167915	77230
9532	131520	1107112	735872	274567	151554	76638
618760	687296	4473938	2621093	1036338	1233682	270122
13685	158192	446931	256183	159121	157018	32800
935924	2529158	7564196	4944054	1453726	1761486	1934089
276860	472446	2671205	2052145	315317	427803	348386
31384	103007	596276	386723	119785	150193	42582

8-11 规模以上工业企业

（2019 年）

项　　目	企　业 单位数 （个）	资产总计	应收帐款	存货	
					产成品
总　计	**2425**	**110636458**	**23879914**	**9881245**	**3366010**
按轻重工业分					
轻工业	457	13276443	1577581	2527864	702459
重工业	1968	97360015	22302333	7353381	2663551
按企业规模分					
大型企业	54	62431548	17493052	4531454	1779035
中型企业	221	20203339	1727349	1404586	567288
小型企业	1637	19685527	4051785	2348168	910445
微型企业	513	8316044	607729	1597038	109242
按行业分					
煤炭开采和洗选业	48	5757106	376954	62582	39825
有色金属矿采选业	4	31121	12037	4137	1955
非金属矿采选业	10	68993	6079	1608	968
开采专业及辅助性活动	1	4689	2356	299	299
农副食品加工业	69	2284536	119259	235261	100148
食品制造业	55	3032491	233292	342938	180919
酒、饮料和精制茶制造业	17	785949	132639	65294	27912
烟草制品业	3	1960732	64919	1059133	19687
纺织业	11	232959	10839	21172	9422
纺织服装、服饰业	21	273144	31195	73323	31232
皮革、毛皮、羽毛及其制品和制鞋业	1	29298	63	19602	19017
木材加工和木、竹、藤、棕、草制品业	8	22821	6663	4900	3015

分行业主要经济指标

单位:万元

负债合计	营业收入	营业费用	税金及附加	利润总额	利税总额	全部从业人员年平均人数(人)
74705984	**89600643**	**2007874**	**1788469**	**5161234**	**10093354**	**699283**
7235600	12873433	816326	1369415	687296	2529158	103007
67470384	76727210	1191548	419054	4473938	7564196	596276
45063399	53558289	903407	270817	2621093	4944054	386723
11707876	12229026	495247	102071	1036338	1453726	119785
12944158	16817197	527742	100001	1233682	1761486	150193
4990551	6996131	81477	1315581	270122	1934089	42582
4442600	1324381	20411	33003	-79683	29000	44657
21401	9123	450	71	-2130	-649	275
51522	41153	734	2285	6059	9796	482
3577	9439		16	115	220	10
1696910	1831817	52783	4741	-2596	3902	9147
1893899	2402084	173207	10895	72830	131693	25904
466164	1219502	227455	21533	111641	177055	10942
604957	2535648	53869	1296814	98115	1658382	6298
150227	143400	3529	1781	10551	14281	2896
189398	177873	25833	1736	2846	10342	6924
23611	12825	1809	34	352	668	440
13161	31954	166	96	1324	1570	890

8-11 续表 （2019 年）

项目	企业单位数（个）	资产总计	应收帐款	存货	产成品
家具制造业	11	86752	10286	9823	5438
造纸和纸制品业	56	325986	68822	53556	19284
印刷和记录媒介复制业	37	314591	30843	52861	26712
文教、工美、体育和娱乐用品制造业	19	84579	24417	20893	10160
石油、煤炭及其他燃料加工业	10	19972	3842	2443	753
化学原料和化学制品制造业	121	972628	130040	123208	60278
医药制造业	39	1264175	120528	138651	63978
化学纤维制造业	2	6728	1422	1666	675
橡胶和塑料制品业	56	308168	77837	56659	16858
非金属矿物制品业	741	8216505	2101950	857825	423956
黑色金属冶炼和压延加工业	24	765199	43337	122646	45725
有色金属冶炼和压延加工业	149	6585403	373934	852411	166073
金属制品业	112	1415707	322910	159235	47576
通用设备制造业	123	2499821	493317	527907	215056
专用设备制造业	219	5439152	819624	1223217	564411
汽车制造业	108	8490964	2426539	466624	155134
铁路、船舶、航空航天和其他运输设备制造业	20	1219197	233685	125318	57209
电气机械和器材制造业	129	2923968	839553	503444	205890
计算机、通信和其他电子设备制造业	58	34993176	13918250	2433765	807215
仪器仪表制造业	43	1327196	239382	107720	28512
其他制造业	1	8985	7959	746	
废弃资源综合利用业	4	44832	24396	8738	8250
金属制品、机械和设备修理业	6	151249	74376	11486	6
电力、热力生产和供应业	40	13299644	269499	85664	24
燃气生产和供应业	24	2237717	129019	30804	1676
水的生产和供应业	25	3150326	97853	13687	762

单位:万元

负债合计	营业收入	营业费用	税金及附加	利润总额	利税总额	全部从业人员年平均人数(人)
38548	83866	2608	474	6026	7822	1364
191664	497882	17284	2392	66315	81003	4704
111870	234455	4073	2811	13588	24054	3613
52093	83381	6397	572	584	2708	3373
6632	28981	1359	67	1761	2156	231
579721	892684	36250	4735	57890	84679	8542
541738	693090	189988	6444	113500	156285	8567
2988	5293	97	23	473	608	64
162722	280862	10838	1564	12280	20135	3894
4637381	6747759	288293	54953	601721	915957	66004
632216	1005791	8874	2862	44312	50399	3783
4253853	8704215	85879	27508	926524	1059321	38237
739374	1055322	34116	8008	78498	108741	12241
1475491	1796797	45402	9752	138488	195608	17402
2865172	3319264	155829	25195	411575	536031	32127
5348209	10538112	315335	126057	956035	1403012	46072
420298	493934	11758	3943	63047	73627	5183
1419318	3392937	48987	19073	238037	308302	23762
28626065	32705423	47361	56674	647674	2188254	265749
438429	528311	53439	5219	116536	143270	7447
8628	17609		139	362	1033	50
38499	72261	98	666	4148	9836	191
74200	178924	3914	844	21895	29221	1420
9560249	4609013	1956	28582	180282	350487	26409
1476554	1358473	60613	4404	172717	194811	4095
1446644	536805	16882	22505	67547	109740	5894

8-12 国有控股工业

（2019 年）

项目	企业单位数（个）	资产总计	应收帐款	存货	产成品
总计	**154**	**29773436**	**1902276**	**2999643**	**748103**
按轻重工业分					
轻工业	17	2681033	116527	1137727	60254
重工业	137	27092404	1785749	1861916	687849
按企业规模分					
大型企业	14	13575917	834045	1016018	513815
中型企业	48	4744790	367331	320833	108284
小型企业	69	4605081	345043	263068	87880
微型企业	23	6847648	355857	1399725	38124
按行业分					
煤炭开采和洗选业	20	4895283	338349	40595	28644
农副食品加工业	4	98757	1579	30020	12943
食品制造业	3	186070	32833	17750	14015
烟草制品业	2	1943574	63704	1051733	14124
纺织业	1	93255	1852	4027	2111
纺织服装、服饰业	1	6517	149		
印刷和记录媒介复制业	3	111050	8857	18893	8733
化学原料和化学制品制造业	4	216326	4278	16432	11033

企业主要经济指标

单位:万元

负债合计	营业收入	营业费用	税金及附加	利润总额	利税总额	全部从业人员年平均人数(人)
18684363	**13851166**	**245189**	**1426538**	**613339**	**2623515**	**105920**
1031404	3080230	72813	1300362	114440	1684729	10717
17652959	10770937	172375	126177	498899	938786	95203
8654632	4264413	105015	78939	217809	422290	37687
2601742	1930404	53650	23731	144403	273004	26705
3293873	1993615	24770	14875	86796	137612	9634
4134116	5662734	61754	1308993	164331	1790610	31894
3733152	1013230	15570	25078	-5297	70757	28196
79596	289173	6471	423	-3983	-4827	633
142330	88626	1551	550	4782	6262	1204
598132	2512388	53598	1296601	97962	1656901	6050
70405	38183	499	807	2066	3511	522
1410	3437	15	58	-569	-91	314
17521	86958	2138	1206	8401	13233	1269
212198	56853	1062	522	-4552	-3225	877

8-12 续表 （2019 年）

项目	企业单位数（个）	资产总计	应收帐款	存货	产成品
医药制造业	1	217415	5209	6956	4006
橡胶和塑料制品业	2	13905	1145	1238	208
非金属矿物制品业	22	1008740	133869	100900	51943
黑色金属冶炼和压延加工业	1	51761	4712	15575	8692
有色金属冶炼和压延加工业	4	1194133	23218	229837	17536
金属制品业	5	183182	33511	16416	4769
通用设备制造业	7	1028508	146300	228434	19315
专用设备制造业	14	3998281	494222	916614	480448
汽车制造业	10	809912	114188	69681	27963
铁路、船舶、航空航天和其他运输设备制造业	2	408308	168570	57992	21743
电气机械和器材制造业	2	105788	18541	19183	5067
计算机、通信和其他电子设备制造业	3	449845	65565	98938	10434
仪器仪表制造业	2	28959	7595	5529	3647
电力、热力生产和供应业	19	9153355	163853	41242	16
燃气生产和供应业	6	704093	10845	7214	682
水的生产和供应业	16	2866421	59332	4445	34

单位:万元

负债合计	营业收入	营业费用	税金及附加	利润总额	利税总额	全部从业人员年平均人数(人)
102862	36958	8061	400	4106	6958	525
11503	9293	683	177	-931	-225	343
620582	473987	23510	6816	32798	56443	6174
33129	127488	897	289	2354	3529	60
597979	526366	8907	9292	-28267	-1595	5293
137617	133107	1873	1042	11704	15844	1251
660017	516789	8203	3138	58929	72052	3486
2036418	2002136	59621	16737	287022	364275	9943
754818	846771	24226	16903	6482	31221	4349
239501	244384	4084	1282	19437	22878	3105
45469	32758	1356	496	741	1844	612
271434	146823	1773	516	4349	5841	2729
15686	25720	2859	128	922	2022	166
6474174	3748628	591	20770	62566	205051	23030
581631	442753	1660	1284	-2350	192	523
1246799	448357	15984	22025	54669	94662	5266

8-13 规模以上公有制

（2019 年）

项　　目	企　业 单位数 （个）	资产总计	应收帐款	存货	产成品
总　　计	**194**	**30531902**	**1998015**	**3125823**	**806551**
按轻重工业分					
轻工业	26	3007630	126454	1232768	104780
重工业	168	27524272	1871561	1893055	701771
按企业规模分					
大型企业	16	13889370	836755	1085657	546474
中型企业	50	4830404	367975	322556	109238
小型企业	94	4955662	435603	316714	111942
微型企业	34	6856466	357681	1400896	38898
按行业分					
煤炭开采和洗选业	23	5062669	341703	47839	33553
农副食品加工业	5	289207	1579	93124	40778
食品制造业	3	186070	32833	17750	14015
烟草制品业	3	1960732	64919	1059133	19687
纺织业	2	134486	1852	5042	2979
纺织服装、服饰业	1	6517	149		
造纸和纸制品业	1	360	136	2	2

工业企业主要经济指标

单位：万元

负债合计	营业收入	营业费用	税金及附加	利润总额	利税总额	全部从业人员年平均人数（人）
19239283	**14669087**	**264312**	**1432238**	**576234**	**2615096**	**114769**
1198017	3647400	82120	1302936	168221	1751010	14831
18041267	11021686	182192	129302	408014	864086	99938
8916025	4797233	114737	82247	169246	389025	42024
2666752	1956001	54317	24450	142490	274115	28254
3517188	2246903	33311	16505	99600	160569	12528
4139318	5668950	61947	1309036	164899	1791388	31963
3949093	1076510	17473	27027	-108377	-23080	30913
161847	775599	14848	2301	50667	58590	3446
142330	88626	1551	550	4782	6262	1204
604957	2535648	53869	1296814	98115	1658382	6298
98616	46895	608	1007	19	1777	878
1410	3437	15	58	-569	-91	314
214	615		1	170	186	17

8-13 续表 （2019 年）

项　　目	企业单位数（个）	资产总计	应收帐款	存货	产成品
印刷和记录媒介复制业	6	171110	14784	32803	17904
化学原料和化学制品制造业	8	225573	5062	16826	11087
医药制造业	2	232169	6817	16417	4952
橡胶和塑料制品业	3	16491	2186	1387	348
非金属矿物制品业	28	1017589	135362	104610	54592
黑色金属冶炼和压延加工业	1	51761	4712	15575	8692
有色金属冶炼和压延加工业	5	1194403	23283	229854	17546
金属制品业	9	217014	46702	17967	5949
通用设备制造业	11	1061639	159860	232621	20960
专用设备制造业	18	4009111	496030	917973	481317
汽车制造业	10	809912	114188	69681	27963
铁路、船舶、航空航天和其他运输设备制造业	2	408308	168570	57992	21743
电气机械和器材制造业	4	182733	66506	31496	7452
计算机、通信和其他电子设备制造业	3	449845	65565	98938	10434
仪器仪表制造业	2	28959	7595	5529	3647
电力、热力生产和供应业	19	9153355	163853	41242	16
燃气生产和供应业	6	704093	10845	7214	682
水的生产和供应业	19	2957797	62924	4811	254

单位:万元

负债合计	营业收入	营业费用	税金及附加	利润总额	利税总额	全部从业人员年平均人数(人)
48508	127375	2255	1462	8910	15598	1770
217808	67211	1493	620	-3969	-1910	986
118464	41717	8491	418	4120	7181	625
14027	12276	685	185	-599	117	422
627882	490305	24556	6903	33571	57766	6533
33129	127488	897	289	2354	3529	60
598019	526366	8907	9292	-28267	-1595	5293
147978	168631	3470	1345	14239	20684	1621
680082	533356	8956	3210	59717	73332	3627
2041515	2015051	60198	16776	288088	365413	10302
754818	846771	24226	16903	6482	31221	4349
239501	244384	4084	1282	19437	22878	3105
105273	107019	4865	990	4070	7640	1068
271434	146823	1773	516	4349	5841	2729
15686	25720	2859	128	922	2022	166
6474174	3748628	591	20770	62566	205051	23030
581631	442753	1660	1284	-2350	192	523
1310888	469883	15984	22108	57788	98110	5490

8-14 规模以上非公有制

（2019 年）

项　　目	企业单位数（个）	资产总计	应收帐款	存货	产成品
总　　计	**2231**	**80104556**	**21881899**	**6755422**	**2559459**
按轻重工业分					
轻工业	431	10268813	1451127	1295096	597678
重工业	1800	69835743	20430772	5460326	1961780
按企业规模分					
大型企业	38	48542178	16656297	3445797	1232560
中型企业	171	15372935	1359373	1082029	458051
小型企业	1543	14729864	3616182	2031454	798503
微型企业	479	1459578	250048	196142	70345
按行业分					
煤炭开采和洗选业	25	694437	35251	14743	6272
有色金属矿采选业	4	31121	12037	4137	1955
非金属矿采选业	10	68993	6079	1608	968
开采专业及辅助性活动	1	4689	2356	299	299
农副食品加工业	64	1995329	117681	142137	59371
食品制造业	52	2846421	200459	325188	166904
酒、饮料和精制茶制造业	17	785949	132639	65294	27912
纺织业	9	98473	8987	16129	6443
纺织服装、服饰业	20	266627	31045	73323	31232
皮革、毛皮、羽毛及其制品和制鞋业	1	29298	63	19602	19017
木材加工和木、竹、藤、棕、草制品业	8	22821	6663	4900	3015
家具制造业	11	86752	10286	9823	5438

工业企业主要经济指标

单位:万元

负债合计	营业收入	营业费用	税金及附加	利润总额	利税总额	全部从业人员年平均人数(人)
55466701	**74931556**	**1743562**	**356231**	**4584999**	**7478258**	**584514**
6037584	9226032	734206	66479	519076	778148	88176
49429117	65705524	1009356	289752	4065924	6700110	496338
36147374	48761056	788670	188570	2451847	4555029	344699
9041124	10273025	440931	77622	893848	1179610	91531
9426970	14570295	494431	83496	1134082	1600917	137665
851233	1327181	19530	6544	105223	142701	10619
493507	247872	2939	5976	28693	52080	13744
21401	9123	450	71	-2130	-649	275
51522	41153	734	2285	6059	9796	482
3577	9439		16	115	220	10
1535063	1056218	37935	2440	-53263	-54689	5701
1751569	2313458	171656	10345	68048	125431	24700
466164	1219502	227455	21533	111641	177055	10942
51611	96505	2921	774	10532	12503	2018
187988	174436	25817	1678	3415	10433	6610
23611	12825	1809	34	352	668	440
13161	31954	166	96	1324	1570	890
38548	83866	2608	474	6026	7822	1364

8-14 续表 (2019 年)

项目	企业单位数（个）	资产总计	应收帐款	存货	产成品
造纸和纸制品业	55	325626	68686	53554	19282
印刷和记录媒介复制业	31	143481	16059	20058	8808
文教、工美、体育和娱乐用品制造业	19	84579	24417	20893	10160
石油、煤炭及其他燃料加工业	10	19972	3842	2443	753
化学原料和化学制品制造业	113	747055	124978	106383	49191
医药制造业	37	1032006	113711	122234	59026
化学纤维制造业	2	6728	1422	1666	675
橡胶和塑料制品业	53	291677	75651	55272	16510
非金属矿物制品业	713	7198915	1966588	753215	369364
黑色金属冶炼和压延加工业	23	713439	38625	107071	37033
有色金属冶炼和压延加工业	144	5391000	350651	622557	148527
金属制品业	103	1198693	276208	141269	41626
通用设备制造业	112	1438182	333457	295287	194096
专用设备制造业	201	1430041	323594	305244	83094
汽车制造业	98	7681052	2312351	396943	127171
铁路、船舶、航空航天和其他运输设备制造业	18	810890	65116	67326	35466
电气机械和器材制造业	125	2741234	773047	471948	198438
计算机、通信和其他电子设备制造业	55	34543331	13852685	2334828	796781
仪器仪表制造业	41	1298237	231786	102191	24865
其他制造业	1	8985	7959	746	
废弃资源综合利用业	4	44832	24396	8738	8250
金属制品、机械和设备修理业	6	151249	74376	11486	6
电力、热力生产和供应业	21	4146290	105646	44423	8
燃气生产和供应业	18	1533624	118174	23590	995
水的生产和供应业	6	192530	34929	8876	509

单位:万元

负债合计	营业收入	营业费用	税金及附加	利润总额	利税总额	全部从业人员年平均人数(人)
191451	497268	17284	2391	66146	80817	4687
63362	107080	1818	1349	4678	8456	1843
52093	83381	6397	572	584	2708	3373
6632	28981	1359	67	1761	2156	231
361913	825473	34757	4115	61859	86589	7556
423274	651374	181497	6027	109380	149104	7942
2988	5293	97	23	473	608	64
148695	268586	10153	1379	12879	20018	3472
4009499	6257454	263737	48050	568150	858191	59471
599088	878303	7977	2572	41958	46870	3723
3655834	8177849	76972	18215	954791	1060916	32944
591396	886690	30646	6663	64259	88057	10620
795410	1263441	36446	6542	78770	122276	13775
823656	1304213	95631	8420	123487	170618	21825
4593391	9691341	291110	109154	949553	1371791	41723
180797	249550	7674	2661	43610	50749	2078
1314045	3285918	44122	18083	233967	300662	22694
28354631	32558599	45589	56158	643325	2182413	263020
422742	502590	50580	5091	115614	141247	7281
8628	17609		139	362	1033	50
38499	72261	98	666	4148	9836	191
74200	178924	3914	844	21895	29221	1420
3086076	860385	1365	7812	117716	145436	3379
894924	915720	58954	3120	175067	194619	3572
135756	66922	898	397	9759	11631	404

8-15 各区县(市)规模以上工业企业主要经济指标

(2019 年)

单位:万元

区县(市)	企业单位数(个)	资产总计	应收帐款	存货		负债合计
					产成品	
全　市	**2425**	**110636458**	**23879914**	**9881245**	**3366010**	**74705984**
中原区	24	5376349	165225	131973	26371	3267517
二七区	80	3243744	484730	325125	63074	2336646
管城区	17	1903413	612509	102800	45967	1098780
金水区	17	454655	68010	40786	10838	215737
上街区	101	2696693	212854	351401	73905	1458166
惠济区	22	2300258	194120	245126	128627	1443307
中牟县	96	2416476	545418	415798	97547	1783277
巩义市	487	9204549	818591	876723	232652	6101410
荥阳市	329	5016018	655488	414605	203049	2857607
新密市	286	6462371	673218	304979	155285	4586414
新郑市	228	4756722	538830	399254	137735	2947199
登封市	235	5503605	436289	234736	98375	4023380
经开区	167	15785743	2941981	2585746	752158	7779243
高新区	231	8564741	1624804	1035854	511709	4048152
郑东新区	32	3799497	264358	114280	7431	2512267
航空港实验区	70	33151625	13643489	2302059	821287	28246883

8-15 续表

单位:万元

区县(市)	营业收入	营业费用	税金及附加	利润总额	利税总额	全部从业人员年平均人数(人)
全　市	**89600643**	**2007874**	**1788469**	**5161234**	**10093354**	**699283**
中原区	2996440	85628	29190	187149	285982	24344
二七区	2074561	94279	9223	124433	167415	18223
管城区	1447929	107365	13211	76119	124752	16864
金水区	330933	10926	1618	12363	20992	4199
上街区	1702557	33481	16580	14429	77216	17355
惠济区	1472915	100175	5100	19681	45184	11700
中牟县	2476847	70439	21935	-3414	44112	20248
巩义市	10052947	167881	39898	1091170	1303062	77241
荥阳市	2520280	76754	17278	137606	205526	25044
新密市	2899529	108815	29974	313604	464910	34903
新郑市	3194970	254110	35532	165823	288108	28904
登封市	2255018	42979	30497	132723	288641	43564
经开区	16598145	431494	1429984	1693864	3774808	71413
高新区	6306091	324151	41150	611028	831948	46984
郑东新区	1137397	11787	8161	36686	66015	10041
航空港实验区	32134085	87610	59140	547969	2104683	248257

8-16 各区县(市)国有控股工业企业主要经济指标

(2019年)

单位:万元

区县(市)	企业单位数(个)	资产总计	应收帐款	存货	产成品	负债合计
全　市	**154**	**29773436**	**1902276**	**2999643**	**748103**	**18684363**
中原区	6	3916584	28999	60267	4	2441107
二七区	4	2050954	200149	229154	9808	1469597
管城区	2	245890	29369	20681	10570	253416
金水区	4	228625	8865	16725	6538	95547
上街区	11	2031288	37131	239667	24124	1096475
惠济区	2	982005	22999	47		481334
中牟县	6	657042	105066	55853	24703	608310
巩义市	5	132698	10105	13064	6635	104794
荥阳市	12	1419956	136230	62029	28934	1073151
新密市	16	2619986	206170	40949	21330	2111228
新郑市	13	731050	101018	69813	34742	382778
登封市	28	3690680	204438	67602	19006	2850521
经开区	20	5571073	548265	1870047	495168	2343437
高新区	18	2111283	156512	160788	62192	1291480
郑东新区	5	3046536	84081	84176	2145	1855711
航空港实验区	6	337787	22880	8781	2203	225477

8-16 续表

单位:万元

区县(市)	营业收入	营业费用	税金及附加	利润总额	利税总额	全部从业人员年平均人数(人)
全　市	**13851166**	**245189**	**1426538**	**613339**	**2623515**	**105920**
中原区	2143130	11750	25357	53753	133099	17068
二七区	628910	3379	3413	31554	37734	6131
管城区	2553637	2229	482	-7742	-6601	6857
金水区	129011	2614	1038	7327	11353	1244
上街区	1065065	10290	13503	-23613	19554	10509
惠济区	75940		74	1724	2120	980
中牟县	807923	23634	16438	8846	34003	3987
巩义市	50345	1534	1164	2779	6139	2550
荥阳市	451793	10888	4447	13050	28922	2757
新密市	567760	15260	10703	-21495	9111	11896
新郑市	688020	18954	7713	64987	89113	6475
登封市	1045599	10489	14788	8085	99821	16172
经开区	2082517	107094	1313145	400979	2037666	6587
高新区	840970	25169	6380	39053	63945	7416
郑东新区	628651	921	5557	23407	42067	4387
航空港实验区	91896	984	2336	10645	15470	904

8-17　各区县(市)规模以上公有制工业企业主要经济指标

(2019 年)

单位:万元

区县(市)	企业单位数(个)	资产总计	应收帐款	存货	产成品	负债合计
全　市	**194**	**30531902**	**1998015**	**3125823**	**806551**	**19239283**
中原区	7	3957815	28999	61283	873	2469318
二七区	5	2061900	201750	229154	9808	1472040
管城区	3	296298	33681	34176	19741	277784
金水区	5	232102	9647	16877	6538	97285
上街区	14	2082943	73645	245508	26408	1138738
惠济区	4	1004420	30564	10485	1921	501076
中牟县	7	659541	105331	56178	24721	609139
巩义市	11	307773	14142	21172	12188	322339
荥阳市	18	1442976	145243	66230	30717	1085749
新密市	20	2623889	206471	41209	21393	2113812
新郑市	19	772348	108751	78340	40698	400324
登封市	31	3697590	205420	70774	21451	2856615
经开区	22	5793690	561771	1940000	523335	2448875
高新区	21	2214294	165639	161480	62411	1365001
郑东新区	5	3046536	84081	84176	2145	1855711
航空港实验区	6	337787	22880	8781	2203	225477

8-17　续表

单位:万元

区县(市)	营业收入	营业费用	税金及附加	利润总额	利税总额	全部从业人员年平均人数(人)
全　市	**14669087**	**264312**	**1432238**	**576234**	**2615096**	**114769**
中原区	2151842	11859	25557	51706	131366	17424
二七区	641324	3379	3526	33921	40901	6336
管城区	2584403	2335	703	-7561	-4831	7159
金水区	133987	2624	1060	7583	11741	1354
上街区	1121703	12903	13722	-22100	22055	10753
惠济区	88238	430	158	1865	2855	1226
中牟县	811953	23796	16447	8915	34254	4013
巩义市	123453	4180	3152	-98951	-86266	5606
荥阳市	464077	11589	4523	13444	29975	2908
新密市	572726	15356	10752	-20721	10581	11949
新郑市	733975	20556	8075	65806	92407	7068
登封市	1055982	10946	14879	8186	100231	16500
经开区	2597155	116963	1315330	457747	2104753	9682
高新区	867723	25490	6462	42343	67536	7600
郑东新区	628651	921	5557	23407	42067	4387
航空港实验区	91896	984	2336	10645	15470	904

8-18 各区县(市)规模以上非公有制工业企业主要经济指标

(2019 年)

单位:万元

区县(市)	企业单位数(个)	资产总计	应收帐款	存货	产成品	负债合计
全市	**2231**	**80104556**	**21881899**	**6755422**	**2559459**	**55466701**
中原区	18	1418534	136226	70690	25499	798199
二七区	75	1181844	282980	95971	53266	864606
管城区	13	1607115	578828	68624	26226	820996
金水区	12	222553	58363	23909	4300	118451
上街区	88	613750	139209	105893	47497	319428
惠济区	18	1295838	163556	234641	126705	942231
中牟县	89	1756934	440087	359620	72826	1174138
巩义市	476	8896776	804449	855552	220464	5779071
荥阳市	311	3573042	510245	348374	172332	1771857
新密市	268	3838482	466747	263770	133892	2472603
新郑市	209	3984374	430079	320915	97038	2546875
登封市	206	1806015	230870	163962	76924	1166765
经开区	148	9992052	2380211	645746	228823	5330368
高新区	210	6350447	1459165	874374	449297	2683150
郑东新区	27	752961	180277	30104	5285	656556
航空港实验区	64	32813839	13620609	2293278	819084	28021406

8-18 续表

单位:万元

区县(市)	营业收入	营业费用	税金及附加	利润总额	利税总额	全部从业人员年平均人数(人)
全市	**74931556**	**1743562**	**356231**	**4584999**	**7478258**	**584514**
中原区	844598	73769	3634	135442	154616	6920
二七区	1433237	90900	5697	90512	126514	11987
管城区	3155564	105030	12508	83679	129583	9705
金水区	196945	8302	558	4780	9251	2845
上街区	580854	20579	2858	36530	55161	6602
惠济区	1384677	99745	4942	17816	42330	10474
中牟县	1664895	46642	5487	-12329	9858	16235
巩义市	9929495	163701	36746	1190121	1389328	71635
荥阳市	2056202	65165	12755	124162	175550	22136
新密市	2326803	93460	19221	334326	454329	22954
新郑市	2460995	233553	27457	100017	195701	21836
登封市	1199036	32033	15618	124537	188410	27064
经开区	9708953	314531	114654	1236117	1670055	61730
高新区	5438368	298661	34688	568685	764412	39384
郑东新区	508746	10865	2604	13280	23949	5654
航空港实验区	32042189	86626	56803	537324	2089213	247353

8-19 规模以上工业企业主要经济效益指标

（2019 年）

单位：%

项目	总资产贡献率	成本费用利润率	资产负债率	全员劳动生产率（元/人·年）
总计	**9.66**	**6.20**	**67.52**	**250817**
按轻重工业分				
轻工业	19.68	6.38	54.50	679966
重工业	8.30	6.18	69.30	175677
按企业规模分				
大型企业	8.15	5.13	72.18	282272
中型企业	8.41	9.29	57.95	201038
小型企业	9.63	7.89	65.75	258653
微型企业	24.11	5.12	60.01	37655
按行业分				
煤炭开采和洗选业	1.73	-6.33	77.17	99806
有色金属矿采选业	-0.02	-18.73	68.77	
非金属矿采选业	14.25	18.50	74.68	42778
开采专业及辅助性活动	4.73	1.23	76.27	355156
农副食品加工业	2.73	-0.14	74.28	463483
食品制造业	4.21	3.10	62.45	233823
酒、饮料和精制茶制造业	22.86	10.16	59.31	276382
烟草制品业	84.76	9.76	30.85	1764794
纺织业	5.34	7.94	64.49	144595
纺织服装、服饰业	5.39	1.63	69.34	57878
皮革、毛皮、羽毛及其制品和制鞋业	3.64	2.74	80.59	63741
木材加工和木、竹、藤、棕、草制品业	8.67	4.30	57.67	149602
家具制造业	9.16	7.71	44.43	206611
造纸和纸制品业	25.75	15.30	58.80	284305
印刷和记录媒介复制业	7.71	6.14	35.56	219593
文教、工美、体育和娱乐用品制造业	3.66	0.70	61.59	81837
石油、煤炭及其他燃料加工业	12.05	6.44	33.21	291554
化学原料和化学制品制造业	9.04	6.95	59.60	232731
医药制造业	13.35	19.31	42.85	345751
化学纤维制造业	10.18	9.52	44.41	82781
橡胶和塑料制品业	7.20	4.60	52.80	242729
非金属矿物制品业	12.06	9.81	56.44	251344
黑色金属冶炼和压延加工业	6.99	4.61	82.62	616718
有色金属冶炼和压延加工业	17.29	11.96	64.60	259850
金属制品业	8.77	7.97	52.23	238089
通用设备制造业	8.47	8.41	59.02	222124
专用设备制造业	10.24	13.94	52.68	278016
汽车制造业	16.64	9.89	62.99	543473
铁路、船舶、航空航天和其他运输设备制造业	6.09	14.19	34.47	133659
电气机械和器材制造业	10.51	7.55	48.54	289209
计算机、通信和其他电子设备制造业	6.28	2.02	81.80	149766
仪器仪表制造业	11.12	25.95	33.03	243242
其他制造业	11.49	2.12	96.03	
废弃资源综合利用业	21.87	6.21	85.88	74497
金属制品、机械和设备修理业	19.33	13.65	49.06	521406
电力、热力生产和供应业	4.04	3.95	71.88	412435
燃气生产和供应业	8.75	14.64	65.98	778343
水的生产和供应业	4.12	14.96	45.92	404124

8-20 国有控股工业企业主要经济效益指标

（2019 年）

单位：%

项　　目	总资产贡献率	成本费用利润率	资　产负债率	全员劳动生产率（元/人·年）
总　计	**9.65**	**5.17**	**62.76**	**392944**
按轻重工业分				
轻工业	63.22	7.41	38.47	1344253
重工业	4.35	4.83	65.16	276072
按企业规模分				
大型企业	3.87	5.33	63.75	755692
中型企业	6.71	8.02	54.83	138774
小型企业	3.81	4.52	71.53	593856
微型企业	27.10	4.05	60.37	24339
按行业分				
煤炭开采和洗选业	2.62	-0.54	76.26	120654
农副食品加工业	-3.91	-1.34	80.60	1540629
食品制造业	4.16	5.60	76.49	198983
烟草制品业	85.44	9.97	30.77	1813740
纺织业	1.42	5.67	75.50	83793
纺织服装、服饰业	-2.31	-14.95	21.64	28217
印刷和记录媒介复制业	12.06	10.55	15.78	200054
化学原料和化学制品制造业	-1.49	-7.50	98.09	133719
医药制造业	5.98	11.05	47.31	185029
橡胶和塑料制品业	1.12	-9.20	82.72	77837
非金属矿物制品业	6.44	7.34	61.52	204371
黑色金属冶炼和压延加工业	6.93	1.89	64.00	4371650
有色金属冶炼和压延加工业	1.81	-5.17	50.08	158897
金属制品业	9.88	9.70	75.13	147956
通用设备制造业	7.58	12.91	64.17	408234
专用设备制造业	9.40	16.34	50.93	531585
汽车制造业	3.83	0.78	93.20	435263
铁路、船舶、航空航天和其他运输设备制造业	6.21	8.62	58.66	
电气机械和器材制造业	2.06	2.19	42.98	240025
计算机、通信和其他电子设备制造业	1.90	3.06	60.34	20729
仪器仪表制造业	6.87	3.76	54.17	
电力、热力生产和供应业	3.34	1.66	70.73	382827
燃气生产和供应业	1.24	-0.53	82.61	909055
水的生产和供应业	3.89	14.73	43.50	401615

8-21 公有制工业企业主要经济效益指标

（2019 年）

单位：%

项目	总资产贡献率	成本费用利润率	资产负债率	全员劳动生产率（元/人·年）
总计	**9.42**	**4.57**	**63.01**	**380931**
按轻重工业分				
轻工业	58.62	8.19	39.83	1072496
重工业	4.05	3.86	65.55	269409
按企业规模分				
大型企业	3.60	3.70	64.19	703842
中型企业	6.63	7.79	55.21	142500
小型企业	4.05	4.61	70.97	517243
微型企业	27.08	4.06	60.37	24965
按行业分				
煤炭开采和洗选业	0.83	-10.36	78.00	112572
农副食品加工业	21.08	6.99	55.96	601771
食品制造业	4.16	5.60	76.49	198983
烟草制品业	84.76	9.76	30.85	1764794
纺织业	-0.20	0.04	73.33	71213
纺织服装、服饰业	-2.31	-14.95	21.64	28217
造纸和纸制品业	51.61	38.19	59.27	786235
印刷和记录媒介复制业	9.35	7.46	28.35	210834
化学原料和化学制品制造业	-0.84	-5.63	96.56	129676
医药制造业	5.74	9.84	51.02	235221
橡胶和塑料制品业	3.02	-4.73	85.06	83334
非金属矿物制品业	6.53	7.27	61.70	220265
黑色金属冶炼和压延加工业	6.93	1.89	64.00	4371650
有色金属冶炼和压延加工业	1.81	-5.17	50.07	158897
金属制品业	10.64	9.29	68.19	191538
通用设备制造业	7.47	12.65	64.06	380009
专用设备制造业	9.41	16.29	50.92	519173
汽车制造业	3.83	0.78	93.20	435263
铁路、船舶、航空航天和其他运输设备制造业	6.21	8.62	58.66	
电气机械和器材制造业	4.73	3.89	57.61	225118
计算机、通信和其他电子设备制造业	1.90	3.06	60.34	35778
仪器仪表制造业	6.87	3.76	54.17	
电力、热力生产和供应业	3.34	1.66	70.73	386410
燃气生产和供应业	1.24	-0.53	82.61	909055
水的生产和供应业	3.92	14.73	44.32	395878

8-22 非公有制工业企业主要经济效益指标

（2019 年）

单位:%

项　　　目	总资产贡献率	成本费用利润率	资　产负债率	全员劳动生产率（元/人·年）
总　计	**9.75**	**6.50**	**69.24**	**227043**
按轻重工业分				
轻工业	8.28	5.96	58.80	613943
重工业	9.97	6.57	70.78	158309
按企业规模分				
大型企业	9.45	5.27	74.47	230876
中型企业	8.97	9.59	58.81	219107
小型企业	11.51	8.41	64.00	235120
微型企业	10.19	8.67	58.32	66328
按行业分				
煤炭开采和洗选业	8.30	13.47	71.07	71094
有色金属矿采选业	-0.02	-18.73	68.77	42778
非金属矿采选业	14.25	18.50	74.68	301795
开采专业及辅助性活动	4.73	1.23	76.27	379894
农副食品加工业	0.07	-4.82	76.93	235522
食品制造业	4.21	3.01	61.54	227067
酒、饮料和精制茶制造业	22.86	10.16	59.31	
纺织业	12.90	12.27	52.41	176522
纺织服装、服饰业	5.58	2.00	70.51	59287
皮革、毛皮、羽毛及其制品和制鞋业	3.64	2.74	80.59	63741
木材加工和木、竹、藤、棕、草制品业	8.67	4.30	57.67	149602
家具制造业	9.16	7.71	44.43	206611
造纸和纸制品业	25.72	15.28	58.79	282485

8-22 续表 （2018 年）

项目	总资产贡献率	成本费用利润率	资产负债率	全员劳动生产率（元/人·年）
印刷和记录媒介复制业	5.76	4.59	44.16	228004
文教、工美、体育和娱乐用品制造业	3.66	0.70	61.59	81837
石油、煤炭及其他燃料加工业	12.05	6.44	33.21	152199
化学原料和化学制品制造业	12.03	8.11	48.45	246179
医药制造业	15.06	20.04	41.01	354449
化学纤维制造业	10.18	9.52	44.41	82781
橡胶和塑料制品业	7.44	5.06	50.98	262103
非金属矿物制品业	12.84	10.01	55.70	254759
黑色金属冶炼和压延加工业	7.00	5.02	83.97	556204
有色金属冶炼和压延加工业	20.72	13.27	67.81	276069
金属制品业	8.43	7.73	49.34	245195
通用设备制造业	9.22	6.70	55.31	207945
专用设备制造业	12.56	10.42	57.60	164183
汽车制造业	17.99	10.75	59.80	554752
铁路、船舶、航空航天和其他运输设备制造业	6.03	19.93	22.30	150061
电气机械和器材制造业	10.89	7.68	47.94	292225
计算机、通信和其他电子设备制造业	6.34	2.01	82.08	149547
仪器仪表制造业	11.22	27.23	32.56	248788
其他制造业	11.49	2.12	96.03	
废弃资源综合利用业	21.87	6.21	85.88	74497
金属制品、机械和设备修理业	19.33	13.65	49.06	521406
电力、热力生产和供应业	5.58	14.91	74.43	589814
燃气生产和供应业	12.19	23.74	58.35	759205
水的生产和供应业	7.31	16.46	70.51	516171

8-23　各区县(市)规模以上工业企业主要经济效益指标

（2019年）　　单位:%

区县(市)	总资产 贡献率	成本费用 利润率	资　产 负债率	全员劳动生产率 (元/人·年)
全　市	**9.66**	**6.20**	**67.52**	**250817**
中原区	6.19	6.74	60.78	339545
二七区	5.67	6.23	72.04	299765
管城区	6.99	5.48	57.73	330087
金水区	5.23	3.82	47.45	167571
上街区	3.82	0.86	54.07	220356
惠济区	1.52	1.35	62.75	313756
中牟县	2.17	-0.14	73.80	269881
巩义市	15.40	12.40	66.29	202531
荥阳市	5.15	5.75	56.97	204951
新密市	8.59	12.14	70.97	193535
新郑市	7.47	5.51	61.96	344305
登封市	6.46	6.23	73.10	139893
经开区	24.14	12.47	49.28	680966
高新区	10.11	10.49	47.27	288701
郑东新区	2.47	3.26	66.12	251945
航空港实验区	6.38	1.73	85.21	147269

8-24　各区县(市)国有控股工业企业主要经济效益指标

（2019年）　　单位:%

区县(市)	总资产 贡献率	成本费用 利润率	资　产 负债率	全员劳动生产率 (元/人·年)
全　市	**9.65**	**5.17**	**62.76**	**392944**
中原区	4.81	2.61	62.33	342614
二七区	2.18	4.79	71.65	388395
管城区	-2.31	-16	103.06	106722
金水区	5.94	5.86	41.79	211381
上街区	2.06	-2.19	53.98	200043
惠济区	0.22	2.32	49.02	607873
中牟县	5.07	1.12	92.58	450360
巩义市	5.35	6.09	78.97	158742
荥阳市	3.21	2.97	75.58	262427
新密市	1.55	-3.77	80.58	110341
新郑市	13.22	10.53	52.36	458898
登封市	4.08	0.77	77.24	177417
经开区	36.76	14.33	42.06	2606992
高新区	4.06	4.79	61.17	202392
郑东新区	2.11	3.77	60.91	382163
航空港实验区	5.19	13.33	66.75	410837

8-25 各区县(市)公有制工业企业主要经济效益指标

(2019 年)

单位:%

区县(市)	总资产贡献率	成本费用利润率	资 产负债率	全员劳动生产率(元/人·年)
全 市	**9.42**	**4.57**	**63.01**	**380931**
中原区	4.72	2.50	62.39	336692
二七区	2.33	5.08	71.39	359836
管城区	-1.25	-9.58	93.75	202391
金水区	6.01	5.85	41.91	207588
上街区	2.16	-1.95	54.67	208617
惠济区	0.30	2.16	49.89	514851
中牟县	5.11	1.12	92.36	449908
巩义市	-25.31	-79.59	104.73	109988
荥阳市	3.24	2.98	75.24	279639
新密市	1.60	-3.61	80.56	110866
新郑市	12.95	9.94	51.83	439716
登封市	4.08	0.78	77.26	177610
经开区	36.53	14.07	42.27	1871549
高新区	4.07	5.03	61.64	217681
郑东新区	2.11	3.77	60.91	388174
航空港实验区	5.19	13.33	66.75	410837

8-26 各区县(市)非公有制工业企业主要经济效益指标

(2019 年)

单位:%

区县(市)	总资产贡献率	成本费用利润率	资 产负债率	全员劳动生产率(元/人·年)
全 市	**9.75**	**6.50**	**69.24**	**227043**
中原区	10.30	19.16	56.27	346729
二七区	11.49	6.80	73.16	292608
管城区	8.51	6.38	51.09	344679
金水区	4.41	2.46	53.22	148526
上街区	9.46	6.73	52.05	239477
惠济区	2.46	1.30	72.71	290217
中牟县	1.06	-0.74	66.83	225382
巩义市	16.81	13.71	64.96	209773
荥阳市	5.92	6.40	49.59	195139
新密市	13.36	16.65	64.42	236569
新郑市	6.41	4.26	63.92	315309
登封市	11.32	11.58	64.60	116898
经开区	16.96	11.96	53.35	499668
高新区	12.21	11.41	42.25	300891
郑东新区	3.92	2.63	87.20	184963
航空港实验区	6.39	1.70	85.40	146306

8-27 各区县(市)规模以上工业企业全员劳动生产率

(2019年)

单位:元/人·年

县(市)区	合计	国有控股	集体	港澳台投资	外商投资	轻工业	重工业	大型	中型	小型
全　市	**250817**	**392944**	**261220**	**158520**	**348210**	**679966**	**175677**	**282272**	**201038**	**258653**
中原区	339545	342614		785006	150879	735199	820725	1676662	176187	118711
二七区	299765	388395			375707	262325	351251	386580	247589	232506
管城区	330087	106722	458036	172179		48138	164931	168391	94250	363348
金水区	167571	211381	164691			181764	120953	122340	156491	246725
上街区	220356	200043			277966	204203	289443	352526	102566	218476
惠济区	313756	607873	155240		312399	276551	494524	277137	59157	712429
中牟县	269881	450360		829600	425907	266939	272035	489086	159208	154997
巩义市	202531	158742	101425		1089651	109352	206705	276151	150308	223959
荥阳市	204951	262427	358238	332245		202688	205378	352572	212684	205710
新密市	193535	110341	228849	4991425	147868	191329	238924	338426	247429	199839
新郑市	344305	458898	281786	1192154	300395	335687	355595	189532	704936	289568
登封市	139893	177417	2067818	135391	94533	386101	150909	1035069	75201	181217
经开区	680966	2606992		272436	257075	1295376	665024	1182409	173426	460389
高新区	288701	202392		337485	414770	333865	268392	292148	338479	251220
郑东新区	251945	382163			4732	83793	263039	40799	112864	694271
航空港实验区	147269	410837		137001		5930695	26769	141354	237966	321367

8-28 规模以上工业企业能源购进、消费与库存情况

（2019 年）

能源名称	计量单位	年初库存量	购进实物量	消费量合计	工业生产消费量	用于原材料	年末库存量
原煤	吨	1234954	20154365	20667858	20667810	12777	1342130
无烟煤	吨	47599	302738	330393	330393	1350	19944
一般烟煤	吨	1187354	19851627	20337465	20337417	11427	1322186
其它洗煤	吨	480	17686	856	856		
焦炭	吨	2356	241061	237311	237309	3606	6107
其它焦化产品	吨	182	1301	1483	1483	1483	
发生炉煤气	万立方米			16742	16742		
天然气	万立方米	23	131972	131973	131687	1443	119
液化天然气	吨	953	37202	37714	37706	2102	377
汽油	吨	225	14972	15036	13075	203	168
煤油	吨	5	36	36	35		
柴油	吨	1914	33747	33333	33160	583	2261
燃料油	吨	1299	4733	5339	5327		694
液化石油气	吨	8	639	642	642	201	
润滑油	吨	14	1722	1721	1721	1543	15
石蜡	吨		490	490	490		
石油焦	吨	17510	291368	284087	284087	269453	23103
石油沥青	吨	454	70467	70878	70878	70535	769
其它石油制品	吨	158	2779	2805	2805	2103	134
热力	百万千焦		7960864	15504530	15494018		
电力	万千瓦时		1724233	2375717	2359999		
煤矸石（用于燃料）	吨		2465	2465	2465		
城市生活垃圾（用于燃料）	吨		967502	967502	967502		
生物燃料	吨标准煤	3700	64249	64249	64249		3700
余热余压	百万千焦			2649259	2649259		
其他燃料	吨标准煤		3025	3025	3025		
能源合计	吨标准煤			20952520	20925974		

8-29 规模以上工业企业分行业综合能源消费量

（2019 年）

行　　业	综合能源消费量（吨标准煤）	比上年±%
总　　计	13712323	-11.0
煤炭开采和洗选业	229898	-34.8
石油和天然气开采业	0	-100.0
黑色金属矿采选业	0	-100.0
有色金属矿采选业	1714	-63.2
非金属矿采选业	7315	-2.1
开采辅助活动	36936	19.2
其他采矿业	0	-100.0
农副食品加工业	84818	-14.0
食品制造业	189026	-2.5
酒、饮料和精制茶制造业	65443	-3.8
烟草制品业	13247	1.4
纺织业	14071	-26.5
纺织服装、服饰业	23290	85.7
皮革、毛皮、羽毛及其制品和制鞋业	155	11.3
木材加工和木、竹、藤、棕、草制品业	1537	-27.3
家具制造业	2235	-9.4
造纸和纸制品业	187329	0.1
印刷和记录媒介复制业	11621	3.7
文教、工美、体育和娱乐用品制造业	5217	-35.8
石油加工、炼焦和核燃料加工业	2450	-41.7
化学原料和化学制品制造业	162012	-7.0
医药制造业	27866	24.5
化学纤维制造业	329	-63.9
橡胶和塑料制品业	36603	8.1
非金属矿物制品业	1951817	-10.1
黑色金属冶炼和压延加工业	348983	-18.0
有色金属冶炼和压延加工业	2807930	-21.9
金属制品业	111243	0.0
通用设备制造业	33220	-1.4
专用设备制造业	49688	-2.7
汽车制造业	160066	8.6
铁路、船舶、航空航天和其他运输设备制造业	5437	33.3
电气机械和器材制造业	41547	-11.8
计算机、通信和其他电子设备制造业	172116	1.5
仪器仪表制造业	3368	-9.0
其他制造业	0	-100.0
废弃资源综合利用业	258	1.2
金属制品、机械和设备修理业	1170	-2.8
电力、热力生产和供应业	6861066	-6.5
燃气生产和供应业	6419	44.4
水的生产和供应业	54881	3.3

8-30 规模以上工业企业分行业

（2019 年）

行业名称	原煤（吨）	焦炭（吨）	发生炉煤气（万立方米）	天然气（万立方米）	液化天然气（吨）
总　计	**20667858**	**237311**	**16742**	**131973**	**37714**
煤炭开采和洗选业	775075			814	40
有色金属矿采选业					
非金属矿采选业					
开采专业及辅助性活动	158984				
农副食品加工业				3236	42
食品制造业	73091			4026	472
酒、饮料及精制茶制造业				2565	
烟草制品业				556	
纺织业				104	
纺织服装、服饰业				666	
皮革、毛皮、羽毛及其制品和制鞋业					
木材加工和木、竹、藤、棕、草制品业					
家具制造业				3	24
造纸和纸制品业	3265			2667	1257
印刷和记录媒介复制业				135	
文教、工美、体育和娱乐用品制造业				115	
石油、煤炭及其他燃料加工业	18066			51	
化学原料和化学制品制造业	25831			7738	6128
医药制造业				1326	
化学纤维制造业					
橡胶和塑料制品业				1318	
非金属矿物制品业	1092418	45431		31043	13995
黑色金属冶炼和压延加工业	55188	191879		716	166
有色金属冶炼和压延加工业	3652663		16742	29072	13406
金属制品业				2874	866
通用设备制造业				528	224
专用设备制造业				1172	23
汽车制造业				5002	270
铁路、船舶、航空航天和其他运输设备制造业				29	
电气机械和器材制造业				424	12
计算机、通信和其他电子设备制造业				300	
仪器仪表制造业				4	1
废弃资源综合利用业					
金属制品、机械和设备修理业					
电力、热力生产和供应业	14813277			35442	
燃气生产和供应业				4	788
水的生产和供应业				41	

主要能源品种消费量

汽油（吨）	柴油（吨）	石油焦（吨）	石油沥青（吨）	热力（百万千焦）	电力（万千瓦时）	城市垃圾用于燃料（吨）	生物质废料用于燃料（吨）	余热余压（百万千焦）
15036	**33333**	**284087**	**70878**	**15504530**	**2375717**	**967502**	**64249**	**2649259**
463	2042			25524	85864			
21	676				569			
23	1832				3764			
					72			
476	89			90773	31658			
124	83			1436949	46316			
279	935			226075	18367			
43	21			6646	5554			
62	0			85490	7938			
166	10			190248	6255			
29					91			
6	2				1241			
102	72				1543			
107	306			3143408	33536			
130	223			1926	8218			
51	1				2933			
	21				507			
260	608			262623	19430			
502	49			18798	7285			
					268			
170	41			20561	14855			
2282	8381	88929	30985	126972	369049			2300441
11	324				85747			
809	2965	108359	15186	8201867	573267			
535	174			62587	59019			
481	162			1614	20172			
1604	428			44026	28750			
3247	4442			83510	68771			
56	3				4035			
726	340				25988			
323					136773			
405	54				2149			
4	27				172			
98					835			
935	8536	86799	24707	1474903	657530	967502	64249	348818
400	70				3608			
107	414			29	43589			

8-31　各区县(市)规模以上工业企业能源消费量

(2019 年)

区县(市)	综合能源消费量(吨标准煤)	比上年±%
郑州市	13712323	-11.0
中原区	653262	-38.9
二七区	123484	33.6
管城区	65146	-11.6
金水区	5798	-3.6
上街区	805081	-30.1
惠济区	67299	2.5
中牟县	52513	-6.4
巩义市	3230524	-10.9
荥阳市	1554927	16.7
新密市	2409364	-0.8
新郑市	367200	6.8
登封市	3023778	-18.0
经开区	234817	12.7
高新区	455418	-23.9
郑东新区	351754	-0.7
航空港实验区	148320	0.8

8-32 全社会用电量

(2019年)

行 业	用电量本年(万千瓦时)	比上年±%
全社会用电总计	**5646300**	**0.8**
全行业用电合计	4503562	-0.9
第一产业	54920	-15.2
第二产业	2863829	-7.6
第三产业	1584813	14.9
城乡居民生活用电合计	1142738	7.8
城镇居民	827633	9.4
乡村居民	315105	3.8
全行业用电分类	**4503562**	**-0.9**
农、林、牧、渔业	91823	-8.6
工业	2718012	-8.6
采矿业	133832	-7.2
制造业	1835521	-12.2
电力、热力、燃气及水生产和供应业	748659	1.2
建筑业	146275	18.5
交通运输、仓储和邮政业	258129	14.7
信息传输、软件和信息技术服务业	68710	15.6
批发和零售业	283972	15.8
住宿和餐饮业	66050	10.6
金融业	15429	4.5
房地产业	371101	20.5
租赁和商务服务业	41180	16.0
公共服务及管理组织	442881	11.8
科学研究和技术服务业	29497	3.8
水利、环境和公共设施管理业	70434	13.8
居民服务、修理和其他服务业	29674	14.4
教育、文化、体育和娱乐业	154230	14.7
卫生和社会工作	78628	9.6
公共管理和社会组织、国际组织	80418	9.3

主要统计指标解释

因统计制度规定的口径调整、剔除重复数据、企业改革剥离、四经普单位清查等因素影响，规模以上工业企业利润总额、营业收入等财务指标和工业产品产量报告期数据与上年所公布的同指标数据不可比。

按照国家统计方法制度规定，1998 年独立核算工业统计范围由原乡及乡以上调整为全部国有及年销售收入 500 万元及以上非国有工业企业（即新口径）。2007 年起为规模以上工业企业，即年主营业务收入为 500 万元及以上的法人工业企业。2011 年起为年主营业务收入为 2000 万元及以上的法人工业企业。同时，统计分类中的原经济组织类型分组相应地调整为按企业登记注册类型分组。

工业 指从事自然资源的开采，对采掘品和农产品进行加工和再加工的物质生产部门。具体包括：1. 对自然资源的开采，如采矿、晒盐、森林采伐等（但不包括禽兽捕猎和水产捕捞）；2. 对农副产品的加工、再加工，如粮油加工、食品加工、轧花、缫丝、纺织、制革等；3. 对采掘品的加工、再加工，如炼铁、炼钢、化工生产、石油加工、机器制造、木材加工等，以及电力、自来水、煤气的生产和供应等；4. 对工业品的修理、翻新，如机器设备的修理，交通运输工具（包括小卧车）的修理等。1984 年以前农村的村及村以下办工业归属农业，1984 年以后划归工业。

工业统计调查单位工业统计调查单位分为两类：独立核算法人工业企业和工业活动单位。

1. 独立核算法人工业企业是指从事工业生产经营活动的单位。独立核算法人工业企业应同时具备以下条件：(1)依法成立，有自己的名称、组织机构和场所，能够承担民事责任；(2)独立拥有和使用资产，承担负债，有权与其他单位签订合同；(3)独立核算盈亏，并能够编制资产负债表。

2. 工业活动单位是指在一个场所从事一种或主要从事一种工业生产活动的经济单位。它包括独立核算工业企业按主营业务活动（即工业生产活动）划分的主营业务活动单位和非工业企业所属的工业生产活动单位（即原非独立核算工业生产单位）。工业活动单位，一般应同时具备以下三个条件：(1)具有一个场所，从事一种或主要从事一种工业活动；(2)单独组织工业生产、经营或业务活动；(3)单独核算收入和支出。

轻工业 主要是指生产消费资料的工业部门。如：食品、纺织、皮革、造纸、日用化工、文教艺术体育用品工业等。

轻工业主要指提供生活消费品的工业部门，包括：①以农产品为原料的。如棉、毛、麻、丝的纺织及缝纫，皮革及其制品，纸浆及造纸，食品制造等工业；②以非农产品为原料的。如日用金属、日用化工、日用玻璃、日用陶瓷、化学纤维及其织品、火柴、生活用木制品等工业。轻工业产品大部门是生产消费品，一部分作为原料和半成品用于生产，如化学纤维、工业用布、纸张、盐等。

重工业 指为国民经济各部门提供物质技术基础的主要生产资料的工业。按其生产性质和产品用途，可以分为下列三类：1. 采掘（伐）工业，是指对自然资源的开采，包括石油开采、煤炭开采、金属矿开采、非金属矿开采和木材采伐等工业；2. 原材料工业，指向国民经济各部门提供基本材料、动力和燃料的工业。包括金属冶炼及加工、炼焦及焦炭化学、化工原料、水泥、人造板以及电力、石油和煤炭加工业等工业；3. 加工工业，是指对工业原材料进行再加工制造的工业。包括装备国民经济各部门的机械设备制造工业、金属结构、水泥制品等工业，以及为农业提供的生产资料如化肥、农药等工业。

根据上述划分原则，修理业中以重工业产品为修理作业对象的划为重工业，反之划为轻工业。

工业增加值 指工业行业在报告期内以货币表现的工业生产活动的最终成果。

成本费用利润率 指在一定时期内实现的利润与成本费用之比，是反映工业生产成本及费用投入的经济效益指标，同时也是反映降低成本的经济效益的指标。计算公式：工业成本费用

$$\text{利润率}(\%)=\frac{\text{利润总额}}{\text{成本费用总额}}\times 100\%$$

全员劳动生产率 指根据产品的价值量指标计算的平均每个职工在单位时间内的产品生产量。是考核企业经济活动的重要指标，是企业生产技术水平、经营管理水平、职工技术熟练程度和劳动积极性的综合表现。目前我国的全员劳动生产率是将工业企业的工业增加值除以同一时期全部职工的平均人数来计算的。计算公式：

$$全员劳动生产率=\frac{工业增加值}{全部职工平均人数}\times 100\%$$

总资产贡献率 该指标反映企业全部资产的获利能力，是企业经营业绩和管理水平的集中体现，是评价和考核企业盈利能力的核心指标。计算公式为：

$$总资产贡献率=(利润总额+税金总额+利息支出)/平均资产总额\times\frac{12}{累计月数}$$

税金总额为产品销售税金及附加与应交增值税之和；平均资产总额为期初期末资产总计的算术平均值。

资产负债率 该指标既反映企业经营风险的大小，也反映企业利用债权人提供的资金从事经营活动的能力。计算公式为：

资产负债率=负债总额/资产总额

产品销售率 该指标反映工业产品已实现销售的程度，是分析工业产销衔接情况、研究工业产品满足社会需求的指标。计算公式为：

产品销售率=工业销售产值/工业总产值(现价)

主营业务收入 指企业销售产品的销售收入和提供劳务等主要经营业务取得的业务收入总额。

主营业务成本 指企业销售产品和提供劳务等主要经营业务的实际成本。

营业费用 指企业在报告期内在产品销售和提供工业性劳务等主要经营业务过程中所发生的各项费用，包括运输费、装卸费、包装费、保险费、展览费、广告费，以及为销售本企业产品而专设的销售机构的职工工资、福利费、业务费等经常费用。

主营业务税金及附加指企业在报告期销售产品和提供工业性劳务等应负担的销售税金及附加，包括产品税、增值税、营业税、城市维护建设税、资源税和教育费附加。

利润总额 指企业在报告期内实现的利润，反映企业最终的财务成果。亏损以“—”表示，计算公式为：

利润总额=营业利润+投资收益+补贴收入+营业外收入-营业外支出+以前年度损益调整

利税总额 指企业产品销售税金及附加和利润总额之和。

总资产 指企业拥有或控制的全部资产。包括流动资产、长期投资、固定资产、无形及递延资产、其他资产等，即为企业资产负债表的资产总计项。

1. 流动资产指企业可以在一年内或者超过一年的一个生产周期内变现或耗用的资产合计。包括现金及各种存款、短期投资、应收及预付款项、存货等。

2. 固定资产指企业固定资产净值、固定资产清理、在建工程、待处理固定资产损失所占用的资金合计。

3. 无形资产指企业长期使用而没有实物形态的资产。包括专利权、非专利技术、商标权、著作权、土地使用权、商誉等。

总负债 指企业承担并需要偿还的全部债务。包括流动负债和长期负债等。即为企业资产负债表的负债合计项。

1. 流动负债指企业在一年内或者超过一年的一个营业周期内需要偿还的债务合计，其中包括短期借款、应付及预收款项、应付工资、应交税金和应交利润等。

2. 长期负债指企业在一年以上或者超过一年的一个生产周期以上需要偿还的债务合计，其中包括长期借款、应付债务、长期应付款项等。

所有者权益 指企业投资人对企业净资产的所有权。企业净资产等于企业全部资产减去全部负债后的余额，其中包括投资者对企业的最初投入，以及公积金、盈余公积金和未分配利润，对股份制企业即为股东权益。

从业人员平均人数 是指报告期内平均拥有的从业人员人数。

成本费用利润率 反映企业投入的生产成本及费用的经济效益，同时也反映企业降低成本所取得的经济效益。

流动资产周转次数 指一定时期内流动资产完成的周转次数，反映投入工业企业流动资金的周转速度。

应交增值税 指企业按税法规定，从事货物销售或提供加工、修理修配劳务等增加货物价值的活动本期应交纳的税金。计算公式为：

应交增值税＝销项税额－（进项税额－进项税额转出）－出口抵减内销产品应纳税额－减免税款＋出口退税

进项税额指工业企业在报告期内购入货物或接受应税劳务而支付的、准予从销项税额中抵扣的增值税额。

销项税额指工业企业在报告期内销售货物或提供应税劳务应收取的增值税额。

能源生产总量 指一定时期内，全国一次能源生产量的总和。该指标是观察全国能源生产水平、规模、构成和发展速度的总量指标。一次能源生产量包括原煤、原油、天然气、水电、核能及其他动力能（如风能、地热能等）发电量，不包括低热值燃料生产量、生物质能、太阳能等的利用和由一次能源加工转换而成的二次能源产量。

能源消费总量 指一定时期内，全国各行业和居民生活消费的各种能源的总和。该指标是观察能源消费水平、构成和增长速度的总量指标。能源消费总量包括原煤和原油及其制品、天然气、电力，不包括低热值燃料、生物质能和太阳能等的利用。能源消费总量分为终端能源消费量、能源加工转换损失量和能源损失量三部分。

九、建　筑　业

9-1　建筑业生产情况

（2019 年）

指　　标	合　计	内资企业			港、澳、台商投资企业	外商投资企业
			国有企业	集体企业		
全部建筑业企业个数（个）	1827	1823	9	11	2	2
签订的合同额（千元）	1319259819	1318773790	29067754	407247	480340	5689
上年结转合同额	642486684	642151523	17568851	198091	335161	
本年新签合同额	676773135	676622267	11498903	209156	145179	5689
承包工程完成情况（千元）						
直接从建设单位承揽工程完成的产值	463766771	463697056	13415684	265689	44829	24886
自行完成施工产值	457915325	457845610	13415684	265689	44829	24886
分包出去工程的产值	5851446	5851446				
从建设单位以外承揽工程完成的产值	15033434	15033434	377373			
建筑业总产值（千元）	472948759	472879044	13793057	265689	44829	24886
装配式建筑工程产值	61509602	61509602				
装饰装修产值	21664681	21639795				24886
在外省完成的产值	166117866	166117866	855996			
建筑工程产值	416317223	416252198	13318793	231914	40139	24886
安装工程产值	37459700	37455010	424977	32765	4690	
其他产值	19171836	19171836	49287	1010		
建筑业竣工产值（千元）	172654794	172625218	300509	137862	4690	24886
从事生产建筑业活动的从业人员平均人数（人）	871291	871063	22955	2822	169	59
年末从业人数	824160	823989	20479	8431	104	67
工程技术人员	122884	122828	3192	154	40	16
房屋建筑施工面积（平方米）	320151466	320151466	198461	28350		
本年新开工面积	84723710	84723710	163461	24725		
房屋建筑竣工面积（平方米）	57243322	57243322		28050		

9-1 续表 （2019 年）

指 标	合 计	房屋建筑业	土木工程建筑业	建筑安装业	建筑装饰、装修和其他建筑业	建筑装饰和装修业
全部建筑业企业个数（个）	1827	464	470	336	557	446
签订的合同额（千元）	1319259819	887439187	345430520	62072426	24317686	17989773
上年结转合同额	642486684	479531256	138046328	20221065	4688035	2973448
本年新签合同额	676773135	407907931	207384192	41851361	19629651	15016325
承包工程完成情况（千元）						
直接从建设单位承揽工程完成的产值	463766771	259787312	157345849	28905078	17728532	12785539
自行完成施工产值	457915325	257961109	155834768	27119020	17000428	12499449
分包出去工程的产值	5851446	1826203	1511081	1786058	728104	286090
从建设单位以外承揽工程完成的产值	15033434	2775928	4599754	5499231	2158521	2057657
建筑业总产值（千元）	472948759	260737037	160434522	32618251	19158949	14557106
装配式建筑工程产值	61509602	10096413	50589360	709686	114143	99213
装饰装修产值	21664681	8852982	655827	1539540	10616332	10533739
在外省完成的产值	166117866	78888563	74826083	8830268	3572952	2685534
建筑工程产值	416317223	241773969	145894971	14237163	14411120	10891631
安装工程产值	37459700	11107813	11407177	12429603	2515107	1838500
其他产值	19171836	7855255	3132374	5951485	2232722	1826975
建筑业竣工产值（千元）	172654794	122828860	24016009	16946756	8863169	7450732
从事生产建筑业活动的从业人员平均人数（人）	871291	522772	248039	56171	44309	34596
年末从业人数	824160	491603	238579	56019	37959	28509
工程技术人员	122884	67530	35323	13070	6961	5578
房屋建筑施工面积（平方米）	320151466	306728950	6499559	4603540	2319417	526411
本年新开工面积	84723710	77225115	4082929	1529457	1886209	250099
房屋建筑竣工面积（平方米）	57243322	52755108	1215845	1364915	1907454	409340

9-2 建筑业主要经济指标

（2019 年）

单位：千元

指　　标	合　计	内资企业	国有	集体	港澳台投资企业	外商投资企业
年初存货	**53285545**	**52810962**	**1828737**	**51674**	**474580**	**3**
流动资产合计	393061859	391208032	12202963	500818	1849673	4154
应收工程款	108267548	108265904	3421333	133185	1533	111
存货	56947298	56429246	2307931	54380	518049	3
固定资产减值准备	94030	94030	898			
固定资产原价	35098868	35085274	1162571	149999	13132	462
房屋和构筑物	7943478	7943478	253340	3710		
机器设备	14898111	14898111	512974	17227		
累计折旧	16985211	16984361	574430	55343	423	427
本年折旧	2786828	2786694	41942	9404	71	63
在建工程	5825475	5825475	1154733	19574		
无形资产	4191970	4191937	245511	8278	33	
土地使用权	2785671	2785671	237316			
资产总计	474209133	472339921	13682727	626528	1865023	4189
流动负债合计	317814390	316053331	12413558	236524	1755075	5984
应付账款	137967490	137462743	3995781	115665	504444	303
非流动负债合计	16000963	16000063	877091	899	900	
负债合计	339555920	337793961	13290650	313964	1755975	5984
所有者权益合计	134653213	134545960	392077	312564	109048	-1795
实收资本	73411019	73379427	901449	149534	30409	1183
个人资本	20322441	20313912		5076	8529	

9-2 续表1 （2019 年）

指　标	合　计	内资企业	国有	集体	港澳台投资企业	外商投资企业
损益及分配						
营业收入	423139888	423090985	11986627	325694	48903	
主营业务收入	413191157	413142254	11823021	222742	48903	
营业成本	390327043	390286748	11353646	284437	40295	
主营业务成本	379630989	379590694	11218372	200297	40295	
营业税金及附加	2112927	2112894	50595	3124	33	
主营业务税金及附加	1840733	1840700	50390	2870	33	
其他业务利润	405390	405390	79050	-73		
销售费用	951082	951081	223	883	1	
管理费用	12557089	12552955	394228	20168	2931	1203
研发费用	3605016	3605016	149041	-2		
财务费用	2633495	2633539	92053	5245	-41	-3
利息收入	3362625	3362672	11265	-57	-43	-4
利息支出	2392334	2392331	82684		2	1
资产减值损失	216119	216119				
公允价值变动收益	4867	4867				
投资收益	-188052	-188052	4900			
其他收益	74263	74263				
营业利润	13465061	13460577	163013	11961	5684	-1200
营业外收入	469009	468943	11440	1151		66
营业外支出	361046	359878	9933	418	1168	
利润总额	13698290	13694908	164520	12694	4516	-1134
所得税费用	2993561	2992614	45991	3608	947	
应付职工薪酬（本年贷方累计发生额）	90122131	90116380	2602341	80450	5628	123
应交增值税	8583090	8581678	168850	12976	1412	
建筑业企业在境外完成的营业收入	9405419	9405419	173634			

9-2 续表 2 （2019 年）

指 标	合 计	房屋建筑业	土木工程建筑业	建筑安装业	建筑装饰、装修和其他建筑业	建筑装饰和装修业
年初存货	**53285545**	**31984016**	**16092676**	**2672234**	**2536619**	**1941168**
流动资产合计	393061859	206702847	133664496	30503213	22191303	16353753
应收工程款	108267548	48477114	36454490	15053870	8282074	5446062
存货	56947298	31380499	19212948	3810263	2543588	1939048
固定资产减值准备	94030	14811	11435	37567	30217	30132
固定资产原价	35098868	14126882	16626860	2108445	2236681	1039698
房屋和构筑物	7943478	4833618	2354026	432335	323499	235471
机器设备	14898111	4634098	8681303	685995	896715	207434
累计折旧	16985211	5572678	9423789	1007289	981455	401235
本年折旧	2786828	1214193	1238135	146491	188009	88657
在建工程	5825475	1434158	3793682	148786	448849	388830
无形资产	4191970	2352490	1386733	355418	97329	67716
土地使用权	2785671	1633902	1002597	112436	36736	34953
资产总计	474209133	259147051	155359807	33902048	25800227	18991681
流动负债合计	317814390	176359405	109115457	18184648	14154880	10253261
应付账款	137967490	78816346	44219035	9945008	4987101	3355101
非流动负债合计	16000963	11024519	4340460	211288	424696	136141
负债合计	339555920	188605841	114126396	21875874	14947809	10700494
所有者权益合计	134653213	70541210	41233411	12026174	10852418	8291187
实收资本	73411019	33423648	24975037	7296645	7715689	5752888
个人资本	20322441	9324648	5254793	2607522	3135478	2262769

9-2 续表 3 （2019 年）

指 标	合 计	房屋建筑业	土木工程建筑业	建筑安装业	建筑装饰、装修和其他建筑业	建筑装饰和装修业
损益及分配						
营业收入	423139888	221263716	153278653	29079818	19517701	13937854
主营业务收入	413191157	217959423	148606559	27585839	19039336	13521405
营业成本	390327043	205504650	141907521	25895787	17019085	12002250
主营业务成本	379630989	201872659	136807757	24418784	16531789	11679586
营业税金及附加	2112927	1123158	662214	146857	180698	152888
主营业务税金及附加	1840733	1077303	520018	128391	115021	87967
其他业务利润	405390	226503	161788	14941	2158	2143
销售费用	951082	185700	326951	288338	150093	113906
管理费用	12557089	5730345	4140057	1414411	1272276	958509
研发费用	3605016	964428	2255010	266011	119567	97063
财务费用	2633495	1481102	864496	138981	148916	105282
利息收入	3362625	3191675	148328	11777	10845	10973
利息支出	2392334	1464415	754577	76786	96556	69989
资产减值损失	216119	235256	-86658	41068	26453	20810
公允价值变动收益	4867	3073	935	868	-9	1
投资收益	-188052	-143622	-59138	12749	1959	1952
其他收益	74263	26060	24000	18188	6015	3438
营业利润	13465061	7242391	4231805	1196056	794809	671052
营业外收入	469009	167759	231916	25016	44318	15621
营业外支出	361046	167586	134929	16232	42299	13385
利润总额	13698290	7271219	4424926	1206568	795577	672036
所得税费用	2993561	1604840	958524	273925	156272	135099
应付职工薪酬（本年贷方累计发生额）	90122131	53780515	27024414	6044618	3272584	2647523
应交增值税	8583090	4496380	2990732	676181	419797	283541
建筑业企业在境外完成的营业收入	9405419	1783744	6995199	601160	25316	18754

9-3　建筑业企业房屋建筑工程完成情况

单位:万平方米

指　　标	房屋建筑竣工面积	
	2018 年	2019 年
合计	**4950.20**	**5724.33**
住宅房屋	3454.97	3573.09
商业及服务用房屋	281.23	739.32
商厦房屋(批发和零售用房)	136.54	136.04
宾馆用房屋(住宿用房)	4.19	41.46
餐饮用房屋(餐饮用房)	3.61	4.85
商务会展用房屋	5.76	40.89
其他商业及服务用房屋(居民服务业用房)	131.12	516.09
办公用房屋	296.15	324.17
科研、教育、医疗用房屋	214.70	399.20
科学研究用房屋	21.47	47.48
教育用房屋	133.00	205.72
医疗用房屋(卫生医疗用房)	60.24	146.01
文化、体育、娱乐用房屋	41.26	103.56
厂房及建筑物	475.48	445.52
厂房	199.16	295.10
仓库	127.08	80.94
其他未列明的房屋建筑物	59.33	58.52

9-4　各区县(市)建筑业企业个数

(2019 年)

区县(市)	企业个数(个)	国有控股	集体控股	年末从业人数(人)	从事建筑业活动的平均人数	国有控股	集体控股
郑州市	**1827**	**96**	**30**	**824160**	**871291**	**339500**	**10281**
中原区	121	16	6	109017	113884	50451	3610
二七区	141	16	5	46099	45373	18741	1927
管城区	152	5		35864	41748	6997	
金水区	510	21	3	289605	299843	143383	404
上街区	26	5	1	4841	7592	2752	102
惠济区	78	2	1	37617	40395	299	180
中牟县	37	4	2	26337	27339	5378	1635
巩义市	36		3	6877	8247		883
荥阳市	35	2		21568	27349	160	
新密市	60	2	2	19920	19666	4229	436
新郑市	50	1	3	7268	8073	49	400
登封市	25		3	5338	5701		547
经开区	100	9	1	108432	110544	93880	157
高新区	155	7		29147	34151	10198	
郑东新区	288	6		74555	79416	2983	
航空港实验区	13			1675	1970		

9-5 各区县(市)建筑业合同及承包工程完成情况

(2019 年)

单位:千元

区县(市)	签订的合同额			直接从建设单位承揽工程完成的产值			从建设单位以外承揽工程完成的产值
		上年结转合同额	本年新签合同额		自行完成施工产值	分包出去工程的产值	
郑州市	**1319259819**	**642486684**	**676773135**	**463766771**	**457915325**	**5851446**	**15033434**
中原区	123899655	55901900	67997755	53919767	52843215	1076552	1074351
二七区	85397451	48146180	37251271	33838840	33689829	149011	342260
管城区	36724791	15384524	21340267	21975063	21799701	175362	107277
金水区	724818803	384254115	340564688	175481326	172169206	3312120	8100311
上街区	6092640	2083544	4009096	3287152	3273815	13337	46917
惠济区	30609630	14698640	15910990	18315216	18252119	63097	168949
中牟县	20847079	11595060	9252019	10839943	10794741	45202	431968
巩义市	3629719	1507756	2121963	2613903	2596746	17157	111899
荥阳市	21430069	13261056	8169013	9567928	9564078	3850	70523
新密市	7679950	2306195	5373755	4992515	4854173	138342	103636
新郑市	4907663	1144156	3763507	3219210	3215260	3950	6930
登封市	2865846	1236196	1629650	1557082	1557082		
经开区	111000512	26682234	84318278	61995887	61901202	94685	181843
高新区	75673524	27791708	47881816	31139352	31035910	103442	3353697
郑东新区	63084046	36311306	26772740	30780286	30124947	655339	924872
航空港实验区	598441	182114	416327	243301	243301		8001

9-6 各区县(市)企业总产值

(2019 年)

单位:千元

区县(市)	建筑业总产值			建筑工程产值		
		国有控股	集体控股		国有控股	集体控股
郑州市	**472948759**	**246363093**	**4839208**	**416317223**	**230304802**	**2290784**
中原区	53917566	25601540	3438433	43601621	19552880	1259173
二七区	34032089	26905000	59055	30458738	25098656	56995
管城区	21906978	3749610		20299819	3658113	
金水区	180269517	104525700	34499	155846283	99936839	16686
上街区	3320732	807307	30280	2934732	673807	
惠济区	18421068	303571	9001	15245773	10979	9001
中牟县	11226709	6300857	544732	10136974	5900037	404732
巩义市	2708645		217143	2397229		191438
荥阳市	9634601	57338		9407547		
新密市	4957809	1215777	80237	4765197	1210496	79287
新郑市	3222190	53129	100945	2862089		80748
登封市	1557082		279914	1001737		147755
经开区	62083045	57359173	44969	58909633	55446406	44969
高新区	34389607	18001488		31049933	17621664	
郑东新区	31049819	1482603		27221697	1194925	
航空港实验区	251302			178221		

9-7 各区县(市)建筑业竣工产值

(2019 年)

单位:千元

区县(市)	竣工产值	国有控股	集体控股
郑州市	**172654794**	**70227296**	**847803**
中原区	15300655	2479172	173699
二七区	6114913	4671773	15054
管城区	10366183	134473	
金水区	91503506	55081301	34099
上街区	1013871	118414	28471
惠济区	6460197	277816	
中牟县	2596565	3660	425022
巩义市	1320822		2770
荥阳市	6305546	57338	
新密市	2505559	728647	22350
新郑市	1497319	53129	20197
登封市	614823		79952
经开区	6944108	4165943	46189
高新区	6462759	1528091	
郑东新区	13422054	927539	
航空港实验区	225914		

9-8 各区县(市)建筑业全员劳动生产率

(2019 年)

单位:元/人

区县(市)	劳动生产率	国有控股	集体控股
郑州市	**542814**	**725664**	**470694**
中原区	473443	507454	952475
二七区	750052	1435622	30646
管城区	524743	535888	
金水区	601213	728996	85394
上街区	437399	293353	296863
惠济区	456023	1015288	50006
中牟县	410648	1171599	333169
巩义市	328440		245915
荥阳市	352283	358363	
新密市	252101	287486	184030
新郑市	399132	1084265	252363
登封市	273124		511726
经开区	561614	610984	286427
高新区	1006987	1765198	
郑东新区	390977	497017	
航空港实验区	127564		

9-9 各区县(市)建筑业施工、竣工面积

(2019 年)

单位:平方米

区县(市)	施工面积			竣工面积		
		国有控股	集体控股		国有控股	集体控股
郑州市	**320151466**	**158661476**	**367246**	**57243322**	**16129043**	**191254**
中原区	26606589	4390314	8000	10595464	147068	8000
二七区	7341955	1742640	34178	635595	191279	
管城区	24040973	37922		3483205	35724	
金水区	187616927	145070398	9035	24750896	14541997	9035
上街区	1268374	81424		373145	22617	
惠济区	15252296			2675411		
中牟县	2603041	1809069	216544	549301		163204
巩义市	1456042		65174	486720		
荥阳市	12206719			3402721		
新密市	3601316	383940	23000	1406296	214087	
新郑市	2216343			589917		
登封市	1721657		11315	364971		11015
经开区	3842934	2486813		1581824	807153	
高新区	5882278	589522		1027096	147574	
郑东新区	24440720	2069434		5308400	21544	
航空港实验区	53302			12360		

9-10 各区县(市)建筑业自有机械设备情况

(2019 年)

单位:千瓦、千元

区县(市)	总功率			设备净值		
		国有控股	集体控股		国有控股	集体控股
郑州市	**5222116**	**2679312**	**19665**	**9335748**	**4824005**	**116948**
中原区	349267	139041	5199	635719	241631	58420
二七区	278212	206416	3694	620139	373779	2763
管城区	893077	818851		1016250	759637	
金水区	1849402	321976	1007	2525398	568458	1749
上街区	13289	12699	2	16100	12979	72
惠济区	147261	576		290769	2524	
中牟县	49210	5359	235	93651	2156	762
巩义市	18893		2258	75728		26660
荥阳市	27110	440		107513	774	
新密市	51439	12108	680	134116	10380	4000
新郑市	21183		3049	49183		12359
登封市	25658		1946	48045		9551
经开区	850769	836008	1595	1331837	1185887	612
高新区	389963	292888		1781743	1615841	
郑东新区	209287	32950		534591	49959	
航空港实验区	48096			74966		

9-11 各区县(市)建筑业实收资本及资产合计

(2019年)

单位:千元

区县(市)	实收资本	国有控股	集体控股	资产合计	国有控股	集体控股
郑州市	**73411019**	**21869925**	**1158037**	**474209133**	**252170707**	**7252877**
中原区	7726746	3716824	493573	53180084	32258582	4719192
二七区	5640052	2484965	82579	37085588	22007558	196034
管城区	3514056	437600		42195343	7464492	
金水区	22800789	8808013	26000	178054926	123308902	246082
上街区	803693	328282	4000	5466502	2290643	27265
惠济区	3196943	23800	5000	14120518	1407477	22412
中牟县	1980060	569180	160000	8480839	4554957	654990
巩义市	1002764		219888	2280011		737089
荥阳市	2027341	17407		6980099	77393	
新密市	1507774	111500	29500	6570386	1780004	80945
新郑市	1537163	20000	53000	3664258	57563	128331
登封市	869217		38000	2232103		362974
经开区	5721164	3223333	46497	44733939	38130776	77563
高新区	5445772	1204592		34515790	13415812	
郑东新区	9356183	924429		33702184	5416548	
航空港实验区	281302			946563		

9-12 各区县(市)建筑业流动资产及固定资产原价

(2019年)

单位:千元

区县(市)	流动资产合计	国有控股	集体控股	固定资产原价	国有控股	集体控股
郑州市	**393061859**	**198659841**	**5998267**	**35098868**	**16754383**	**1439447**
中原区	44674109	26806925	4306402	4164251	2077122	695776
二七区	34426022	20864028	161784	2900583	1718365	47541
管城区	38139423	6125946		2314504	686792	
金水区	137387757	88957206	118547	8757015	4294540	24862
上街区	4858190	1860764	25924	404679	198461	939
惠济区	12118052	1406520	18670	775984	4712	6533
中牟县	7440538	4021935	520864	589607	47664	134831
巩义市	1524162		320232	740694		390223
荥阳市	6137691	46913		721355	51529	
新密市	5634300	1694565	50265	605752	125359	22099
新郑市	3184374	55202	87507	466392	362	54064
登封市	1792627		314295	375105		51975
经开区	37071065	31596980	73777	6192796	5567928	10604
高新区	29666108	10171017		2908772	1673720	
郑东新区	28256829	5051840		2988937	307829	
航空港实验区	750612			192442		

9-13 各区县(市)建筑业负债合计及主营业务收入

(2019 年)

单位:千元

区县(市)	负债合计	国有控股	集体控股	主营业务收入	国有控股	集体控股
郑州市	**339555920**	**203596153**	**5232870**	**413191157**	**222371015**	**5047547**
中原区	39513300	25726948	3690554	50050580	26791201	3439491
二七区	29951633	19306766	80601	33003108	19028124	59377
管城区	35343124	6681776		20883453	3494661	
金水区	128222681	96958675	159300	152099522	98417069	338712
上街区	4295154	1982745	21682	2496481	686201	32451
惠济区	7749345	988587	41	14360130	601256	9001
中牟县	5862199	3885432	466926	9232530	5384760	541819
巩义市	998883		439244	2425246		217847
荥阳市	4045870	23906		7700467	58347	
新密市	3060001	1546709	38778	5295301	1254696	113490
新郑市	1609429	28407	31241	1873720	53129	62175
登封市	931945		277412	1465189		179463
经开区	33754778	30877147	27091	54880702	49925968	53721
高新区	25000550	11763670		29085872	14522900	
郑东新区	18691521	3825385		27781219	2152703	
航空港实验区	525507			557637		

9-14 各区县(市)建筑业利润、利税总额

(2019 年)

单位:千元

区县(市)	利润总额	国有控股	集体控股	利税总额	国有控股	集体控股
郑州市	**13698290**	**4836619**	**239216**	**24122113**	**7820778**	**866275**
中原区	1575585	969044	162030	3401401	1524831	733250
二七区	920374	436331	704	1494370	685766	2695
管城区	837792	55253		1401772	192576	
金水区	4588809	2219901	6669	7543551	3242475	19003
上街区	28443	-85490	141	79366	-84548	1635
惠济区	623857	243321	720	1333548	291049	1022
中牟县	334309	181421	34946	509430	191844	51761
巩义市	182313		14275	319650		22632
荥阳市	306909	6325		617137	7871	
新密市	475015	27354	3666	743990	61766	5640
新郑市	123295	805	4922	209270	3273	10504
登封市	58817		7697	171701		11888
经开区	904550	637172	3446	1878895	1391384	6245
高新区	1239881	147666		1975049	234932	
郑东新区	1420155	-2484		2345075	77559	
航空港实验区	78186			97908		

主要统计指标解释

签订合同额 指建筑业企业在报告期直接同建设单位签订的各种国内工程合同的总价款和以前年度同建设单位签订的各种国内工程合同的未完工程跨入本年度继续施工工程合同的总价款余额。

上年结转合同额 指以前年度同建设单位签订合同的未完工程跨入本年度继续施工工程合同的总价款余额。

本年新签合同额 指建筑业企业在报告期内同建设单位直接新签订的各种国内工程合同的总价款，不包括与其他建筑业企业新签的分包合同额。

建筑业总产值 指以货币表现的建筑业企业在一定时期内生产的建筑业产品和服务的总和。建筑业总产值包括建筑工程产值、安装工程产值和其他产值三部分内容。

装配式建筑工程产值 指用货币表现的用预制部品部件在工地装配而成的建筑产品产值。目前，装配式建筑工程类型主要包括装配式混凝土建筑、装配式钢结构建筑、装配式木结构建筑等。

房屋施工面积 指报告期内施工的全部房屋建筑面积。包括本期新开工的房屋建筑面积、上期跨入本期继续施工的房屋建筑面积、上期停缓建在本期恢复施工的房屋建筑面积、本期竣工的房屋建筑面积以及本期施工后又停缓建的房屋建筑面积。多层建筑应填各层建筑面积之和。

房屋新开工面积 指报告期内新开工建设的房屋建筑面积，以单位工程为核算对象，即整栋房屋的全部建筑面积，不能分割计算。不包括在上期开工跨入报告期继续施工的房屋建筑面积和上期停缓建而在本期恢复施工的房屋建筑面积。房屋的开工应以房屋正式开始破土刨槽（地基处理或打永久桩）的日期为准。

房屋竣工面积 指报告期内房屋建筑按照设计要求已全部完工，达到住人和使用条件，经验收鉴定合格或达到竣工验收标准，可正式移交使用的各栋房屋建筑面积的总和。竣工面积以房屋单位工程（栋）为核算对象，在整栋房屋符合竣工条件后按其全部建筑面积一次性计算，而不是按各栋施工房屋中已完成的部分或层次分割计算。

从事建筑业活动的平均人数 指建筑业企业（或单位）报告期实际拥有的、与建筑施工活动有关的人员的平均人数，包括参加本企业（或单位）建筑施工活动的非本企业（或单位）人员，但不包括企业内部社会服务性机构的人员以及由本企业支付工资但所从事的工作与本企业生产基本无关的人员。

资产总计 指企业过去的交易或者事项形成的、由企业拥有或者控制的、预期会给企业带来经济利益的资源。包括企业拥有的土地、办公楼、厂房、机器、运输工具、存货等实物资产和现金、存款、应收账款和预付账款等金融资产。资产一般按流动性（资产的变现或耗用时间长短）分为流动资产和非流动资产。其中流动资产可分为货币资金、交易性金融资产、应收票据、应收账款、预付款项、其他应收款、存货等；非流动资产可分为长期股权投资、固定资产、无形资产及其他非流动资产等。根据会计“资产负债表”中“资产总计”项目的期末余额数填报。

流动资产合计 资产满足以下条件之一应归为流动资产：(1)预计在一个正常营业周期中变现、出售或耗用，主要包括存货、应收账款等；(2)主要为交易目的而持有；(3)预计在资产负债表日起一年内（含一年）变现；(4)自资产负债表日起一年内，交换其他资产或清偿负债的能力不受限制的现金或现金等价物。包括货币资金、应收票据、应收账款、存货等项目。根据会计“资产负债表”中“流动资产合计”项目的期末余额数填报。

固定资产原价 指固定资产的成本，包括企业在购置、自行建造、安装、改建、扩建、技术改造某项固定资产时所发生的全部支出总额。根据会计“固定资产”科目的期末借方余额填报。

负债合计 指企业过去的交易或者事项形成的，预期会导致经济利益流出企业的现时义务。包括银行贷款、借款、应付账款、应付职工工资、应付职工福利费、应交税金等企业负有偿还责任的债务。根据会计“资产负债表”中“负债合计”项目的期末余额数填报。包括银行贷款、借款、应付账款、应付职工工资、应付职工福利费、应交税金等企业负有偿还责任的债务。

实收资本 指企业各投资者实际投入的资本（或股本）总额，包括货币、实物、无形资产等各种形式的投入。实收资本按投资主体可分为国家资本、集体资本、法人资本、个人资本、港澳台资本和外商资本。根据会计资产负债表中“所有者权益”项下“实收资本”的期末余额数填报。

主营业务收入　指企业经营主要业务所实现的收入。如果会计“利润表”列示“主营业务收入”项目，则根据其本年累计数填报；或者，根据会计“主营业务收入”科目的本年各月贷方余额（结转前）之和填报，如未设置该科目，以“营业收入”代替填报。

利润总额　指企业在一定会计期间的经营成果，是生产经营过程中各种收入扣除各种耗费后的盈余，反映企业在报告期内实现的盈亏总额。利润总额为营业利润加上营业外收入，减去营业外支出后的金额，根据会计“利润表”中“利润总额”项目的本年累计数填报。

应付职工薪酬（本年贷方累计发生额）　指企业为获得职工提供的服务或解除劳动关系而给予的各种形式的报酬或补偿。包括职工工资、奖金、津贴和补贴，职工福利费，医疗保险费、养老保险费、失业保险费、工伤保险费和生育保险费等社会保险费，住房公积金，工会经费和职工教育经费，带薪缺勤，利润分享计划，非货币性福利，辞退福利和其他为获得职工提供的服务而给予的报酬或补偿。如果企业财务报告附注中包含“应付职工薪酬”项目，则根据其“应付职工薪酬列示”部分的合计项的本期增加额填报。或者，执行企业会计准则或《小企业会计准则》的企业，根据会计“应付职工薪酬”科目的本年贷方累计发生额填报；执行其他企业会计制度的企业，应将本年上述职工薪酬包含的项目归并填报。

应交增值税　指按照税法规定，以销售货物、服务、无形资产、不动产或提供加工、修理修配劳务的增值额和货物进口金额为计税依据而课征的一种流转税。填报本指标时，应按权责发生制核算企业本期应负担的增值税，有两种计算方法，可选其一，一旦确定，原则上不得更改。

十、交通运输和邮电通讯

10-1 公路里程、桥梁、涵洞年报

（2019 年）

指 标	单位	合计	干线	国道	省道	县道	乡道	村道
公路里程合计	**公里**	**13827**	**2203**	**799**	**1404**	**1550**	**3358**	**6716**
高速公路	公里	631	631	293	338			
一级公路	公里	629	625	273	352	4		
二级公路	公里	1926	624	173	451	674	417	211
三级公路	公里	1603	166	26	141	440	736	261
四级公路	公里	8197	144	29	115	412	2125	5515
等外公路	公里	842	12	5	7	21	80	729
按路面等级分	**公里**	**13196**	**1572**	**506**	**1066**	**1550**	**3358**	**6716**
有铺装路面里程合计	公里	11521	1475	473	1001	1484	3097	5464
沥青混凝土	公里	4062	1311	450	862	1009	1109	633
水泥混凝土	公里	7458	163	24	140	475	1988	4832
简易铺装路面里程	公里	722	85	28	57	41	177	418
未铺装路面里程	公里	954	12	5	7	25	83	834
可绿化里程	**公里**	**12652**	**1558**	**504**	**1054**	**1530**	**3314**	**6250**
绿化里程	**公里**	**7704**	**1454**	**473**	**981**	**1325**	**2188**	**2737**
养护里程	**公里**	**12837**	**1572**	**506**	**1066**	**1540**	**3331**	**6393**
涵洞								
	道	3318	1107	406	701	537	763	911
	米	52130	33659	12932	20727	6956	6084	5431
公路桥梁合计	**座**	**1039**	**402**	**126**	**276**	**179**	**247**	**211**
	延米	94140	69522	26962	42560	8839	8875	6905
危桥	座	62	10	2	8	12	15	25
	延米	2061	591	20	571	434	467	569
互通式立交桥	座	2	2	1	1			
	延米	1842	1842	1732	110			
按建筑材料和使用性质分								
永久性	座	1038	402	126	276	179	247	210
	延米	94127	69522	26962	42560	8839	8875	6892
半永久性	座	1						1
	延米	13						13
按跨径分								
特大桥	座	6	5	2	3	1		
	延米	21707	20657	13378	7279	1050		
大桥	座	177	139	37	102	12	17	9
	延米	44188	38673	9842	28831	2436	1919	1160
中桥	座	319	132	48	84	62	77	48
	延米	17821	7830	2939	4891	3258	3942	2791
小桥	座	537	126	39	87	104	153	154
	延米	10423	2362	802	1560	2094	3013	2953

10-2 民用车辆拥有量

（2019 年）

单位:辆

指　标	总　计	营运	非营运	校车	进口	个人	新注册	报废
合　计	**4541127**	**275572**	**4149374**	**1290**	**210160**	**4007371**	**440042**	**540418**
汽车	3856488	228956	3626242	1290	206076	3498566	420459	393365
载客汽车	3600891	61805	3537796	1290	205495	3348794	389313	173519
大型	20143	15173	4138	832	167	114	1563	17067
中型	4904	567	3879	458	230	1223	111	10454
小型	3542841	45861	3496980		203787	3317081	386597	101715
微型	33003	204	32799		1311	30376	1042	44283
轿车	2193072	43907	2149165		72531	2053450	230464	58574
载货汽车	229478	156663	72815		580	125289	31146	133625
重型	61111	57723	3388		39	21541	7336	37951
中型	7052	5542	1510		3	4167	361	21002
轻型	161078	93330	67748		538	99400	23445	52069
微型	237	68	169			181	4	22603
普通载货	82014	35251	46763		523	63021	10160	50722
其它汽车	26119	10488	15631		1	24483		86221
三轮汽车	15533	5121	10412		1	14592		64526
低速货车	10586	5367	5219			9891		21695
摩托车	**500749**	**15**	**500734**		**3286**	**494215**	**9260**	**129166**
普通	484765	15	484750		3273	478338	9226	119060
轻便	15984		15984		13	15877	34	10106
拖拉机	**114892**		**1**			**1**		**21**
挂车	**24796**	**23481**	**1315**		**31**	**3369**	**3550**	**8600**
其他类型车	**44202**	**23120**	**21082**		**767**	**11220**	**6773**	**9266**

补充资料:机动车驾驶员 4533287 人。

10-3 邮电通信行业基本情况

（2019 年）

指标名称	计量单位	本年实际	指标名称	计量单位	本年实际
邮政业网点及邮递线路			订销报刊期发数	万份	82
营业网点	处	245	期刊数	万份	33
邮政局所	处	245	订销报刊累计数	万份	11188
邮政信筒信箱	个	335	期刊数	万份	575
邮路条数	条	353	固定电话主叫通话时长（含 IP）	万分钟	74546
邮路总长度	公里	141366	移动电话通话时长合计	万分钟	4566180
汽车邮路	公里	55813	去话通话时长	万分钟	2613814
铁路邮路	公里	4911	移动短信业务量	亿条	144
航空邮路	公里	80642	移动电话年末用户	万户	1666
农村投递线路总长度	公里	13294	3G 移动电话用户	万户	28
城市投递线路总长度	公里	19765	4G 移动电话用户	万户	1509
通信业务量			固定电话年末用户	万户	155
邮电业务总量	万元	14701379	住宅电话用户	万户	61
邮政业务总量	万元	2017190	（固定）互联网宽带接入用户	万户	468
电信业务总量	万元	12684189	**电信主要通信能力**		
函件	万件	4507	光缆线路长度	公里	191038
包裹	万件	20	长途光缆线路长度	公里	474
汇票	万笔	30	固定长途电话交换机容量	万门	200
快递	万件	82329	局用电话交换机容量	万门	55
国内同城快递	万件	14908	移动电话交换机容量	万门	2149
国内异地快递	万件	66072	移动电话基站	个	5108
国际及港澳台快递	万件	1350	（固定）互联网宽带接入端口	万个	618
快递业务收入	亿元	89			

10-4 社会客货运输量

(2019 年)

指　标	单位	总　计	铁路	航空	公路	天然气管道
货运量	万吨	30426	1364	23	29039	109
货运周转量	万吨公里	9278137	2222484	212883	6842770	109
客运量	万人	14842	7023	723	7095	
客运周转量	万人公里	3797805	1626341	1262988	908477	
换算周转量	万吨公里	11086188	3848824	303746	6933618	109

注:1. 天然气管道外购量:156039 万立方;2. 换算货运量周转量 109. 2 万吨;3. 换算比例 0. 7 千克。

10-5 电话用户情况

(2019 年)

区县(市)	计量单位	移动电话用户期末数	本地电话用户期末数
市区	户	10434992	1005177
上街区	户	226600	36463
中牟县	户	1114385	61081
巩义市	户	837758	80668
荥阳市	户	807922	88934
新密市	户	875893	69397
新郑市	户	1144126	90666
登封市	户	740823	83923
航空港实验区	户	481185	23602

10-6 新郑国际机场运输生产情况

（2019 年）

指标	单位	工作量	增长%	份额%
旅客吞吐量	**人次**	**29129328**	**6.6**	**100.0**
航线				
国内航线	人次	27294954	6.5	93.7
国际地区航线	人次	1834374	7.0	6.3
流向				
出港人数	人次	15276520	5.7	52.4
进港人数	人次	13852808	7.5	47.6
货邮吞吐量	**吨**	**522020.8**	**1.4**	**100.0**
航线				
国内航线	吨	216767.6	16.7	41.5
国际地区航线	吨	305253.2	-7.3	58.5
流向				
出港货邮	吨	310360.2	3.0	59.5
进港货邮	吨	211660.6	-0.9	40.5
总起降架次	**架次**	**216399**	**3.2**	**-**
其中运输飞行架次	**架次**	**215702**	**3.3**	**100.0**
航线				
国内航线	架次	198247	3.7	91.5
国际地区航线	架次	17455	-1.2	8.5
流向				
出港架次	架次	107856	3.3	50.0
进港架次	架次	107846	3.3	50.0

主要统计指标解释

公路里程　指在一定时期内实际达到《公路工程技术标准 JTJ01—88》规定的等级公路，并经公路主管部门正式验收交付使用的公路里程数。其计算单位为：km。它包括大中城市的郊区公路以及通过小城镇街道部分的公路里程，也包括桥梁、渡口的长度，但不包括大中城市的街道、厂矿、林区生产用道和农业生产用道的里程。两条或多条公路共同经由同一路段，只计算一次，不得重复计算里程长度。公路里程是反映公路建设发展规模的重要指标，也是计算运输网密度等指标的基础资料。

货（客）运量　指在一定时期内，各运输部门实际运送的货物（旅客）数量。是反映运输业为国民经济和人民生活服务的数量指标，也是制定和检查运输生产计划，研究运输发展规模和速度的重要指标。货运按吨计算，客运按人计算。货物不论运输距离长短，货物类别，均按实际重量统计；旅客不论里程远近或票价多少，均按一人一次作为客运量统计。半价票、小孩票也按一人统计。

货物（旅客）周转量　指在一定时期内，由各种运输工具运送的货物（旅客）数量与其相应运输距离的乘积之总和，是反映运输业生产总成果的重要指标，也是编制和检查运输生产计划，计算运输效率、劳动生产率以及核算运输单位成本的主要基础资料。通常以吨公里和人公里为计算单位。计算货物周转量通常按发出站到达站之间的最短距离，也就是计费距离计算。

邮电业务总量　指以货币表现的邮电部门用于传递信息和提供其他邮电服务的总数量。它综合反映了一定时期邮电工作的总成果，是研究邮电业务量构成和发展趋势的重要指标。根据邮电管理体制不同，分为中央国营业务总量和地方国营业务总量。它用各种邮电分类业务量，如函件件数、电报份数、长话张数、市内电话和农村电话的年均户数、订销报刊累计份数等，分别乘以相应的平均单价（不变价），加总后再加上出租电路和设备的收入、代用户维护电话交换机和线路等设备的收入、其他业务收入求得。

十一、国内贸易

11-1 社会消费品零售总额

(2019年)

单位:万元

类 别	合 计	限额以上单位	限额以下单位
社会消费品零售总额	**53244411**	**20937563**	**32306848**
按销售单位所在地分			
城镇	48116200	19324263	28791937
乡村	5128211	1613300	3514911
按行业分			
批发业	5929527	1873657	4055870
零售业	37897216	18218397	19678819
住宿业	318629	183963	134666
餐饮业	9099039	661546	8437493

11-2 分区县(市)社会消费品零售总额

(2019年)

单位:万元

区县(市)	合 计	批发零售业	住宿餐饮业
中原区	2589411	2234884	354527
二七区	5234961	4716445	518516
管城区	5210000	4975548	234452
金水区	10848466	8299077	2549389
上街区	407370	359894	47476
惠济区	2336522	2168385	168137
中牟县	1697541	1643334	54207
巩义市	2873685	2141520	732165
荥阳市	1669844	1300985	368859
新密市	1978707	1630454	348253
新郑市	3078665	2704763	373902
登封市	1640983	1393767	247216
经开区	4555148	4462125	93023
高新区	1961862	1832380	129482
郑东新区	5775950	5419054	356896
航空港实验区	1385294	1158653	226641

11-3 限额以上批发和零售业商品

（2019 年）

指标名称	法人企业数（个）	个体（产业）单位数（个）	从业人员期末人数（人）	商品购进额	进口
总计	**2446**	**216**	**134239**	**65256151**	**1436739**
批发业	**1371**	**2**	**50174**	**49382392**	**828926**
按批发行业小类分					
农、林、牧、渔产品批发	**46**		**1536**	**823367**	**548**
谷物、豆及薯类批发	9		380	175051	
种子批发	12		633	57542	
畜牧渔业饲料批发	10		144	96212	
棉、麻批发	6		187	442436	
林业产品批发	1		6	4723	
牲畜批发	1		87	14770	
其他农牧产品批发	7		99	32633	548
食品、饮料及烟草制品批发	**124**	**2**	**5563**	**2657196**	**34721**
米、面制品及食用油批发	19		971	374153	
糕点、糖果及糖批发	2		10	2674	
果品、蔬菜批发	17	1	639	95515	6016
肉、禽、蛋、奶及水产品批发	19		511	117332	8001
盐及调味品批发	7		265	21379	
营养和保健品批发	2		189	34418	
酒、饮料及茶叶批发	31	1	1768	712241	2619
烟草制品批发	2		558	1075712	6809
其他食品批发	25		652	223772	11276
纺织、服装及家庭用品批发	**107**		**5050**	**2717247**	**40524**
纺织品、针织品及原料批发	16		278	115841	7377
服装批发	33		1641	184574	131
鞋帽批发	2		64	7569	
化妆品及卫生用品批发	11		734	133210	
厨具卫具及日用杂品批发	6		305	25936	
灯具、装饰物品批发	3		139	18843	
家用视听设备批发	3		147	92331	
日用家电批发	25		1159	2058624	
其他家庭用品批发	8		583	80320	33017
文化、体育用品及器材批发	**65**		**2859**	**1656611**	**6729**
文具用品批发	23		391	378981	6448
体育用品及器材批发	4		360	113537	
图书批发	8		1509	501181	
音像制品、电子和数字出版物批发	2		49	16584	
首饰、工艺品及收藏品批发	14		307	359204	
乐器批发	1		19	7937	
其他文化用品批发	13		224	279187	281
医药及医疗器材批发	**205**		**14440**	**7835642**	**154461**
西药批发	35		6759	3950369	
中药批发	22		3712	2519108	
动物用药品批发	6		461	138870	
医疗用品及器材批发	142		3508	1227295	154461
矿产品、建材及化工产品批发	**487**		**9465**	**24171158**	**437895**
煤炭及制品批发	61		1080	5762405	228283
石油及制品批发	29		2455	5177645	2178
非金属矿及制品批发	15		364	263371	

购进、销售、库存总额

单位：万元

商品销售额	批发额		零售额	期末商品库存额	年末零售营业面积（万平方米）
		出口			
71482451	**51182583**	**2102049**	**20092054**	**6173890**	**577.40**
51895907	**49818107**	**1977560**	**1873657**	**4233692**	**86.11**
947192	**880287**	**46064**	**2829**	**148544**	**1.40**
178695	176158		2537	105011	
85033	84741		292	23441	0.83
95971	95971	14711		5615	0.03
466649	466649	7888		12695	0.01
5101	5101	5101			0.01
15320	15320	15320			
100423	36348	3044		1783	0.53
3195588	**2962042**	**21138**	**210489**	**274647**	**3.59**
378847	366877		10817	69039	1.17
8671	8599		72	87	0.02
109293	102987	3849	6307	2428	0.76
138927	113813		12184	4176	0.28
34740	34559		182	831	0.03
43512	43512			4177	
695730	570886		115871	119623	0.96
1528588	1528588	7964		31484	
257280	192222	9325	65057	42803	0.37
2857568	**2758193**	**193502**	**95305**	**372089**	**4.30**
126837	119057	82833	7780	3554	0.10
249962	221270	63233	24622	59853	2.49
9318	6591		2727	2274	0.24
149229	146754		2475	15973	0.15
29559	28143	16336	1417	2931	0.41
19589	14806		4783	4840	0.06
94589	93089		1500	5654	0.06
2090589	2051705		38884	262359	0.21
87896	76777	31101	11119	14652	0.57
1834064	**1730855**	**21902**	**97410**	**169866**	**2.51**
402646	394347	11701	8300	20078	1.12
137002	125934		5985	18960	0.57
605350	538816	2430	65846	35143	0.47
18383	18383			487	0.04
376259	364338	7772	11911	75228	0.17
9150	6170		2981	719	0.04
285273	282868		2387	19251	0.11
8817303	**8588095**	**1135**	**226160**	**574380**	**7.28**
4384934	4293979		90955	291740	1.65
2689201	2626057		63144	155765	4.04
173538	170343		3195	26878	0.02
1569629	1497715	1135	68866	99996	1.57
23793891	**22884029**	**968376**	**836046**	**2357558**	**43.60**
5910609	5849799	54858	20483	515119	3.46
4118988	3653427		456412	1460926	26.62
280695	219081	7	61614	17179	6.07

11-3　续表 1　　　　　　　　　　　　　　　　　　　　　　（2019 年）

指标名称	法人企业数（个）	个体（产业）单位数（个）	从业人员期末人数（人）	商品购进额	进口
金属及金属矿批发	210		2772	9409637	156174
建材批发	98		1394	1461877	1566
化肥批发	12		288	574956	3405
农药批发	2		345	39866	
其他化工产品批发	60		767	1481401	46289
机械设备、五金产品及电子产品批发	**302**		**10628**	**9027035**	**154049**
农业机械批发	2		28	7700	
汽车及零配件批发	68		2302	1577494	
摩托车及零配件批发	2		27	5609	
五金产品批发	18		312	79817	
电气设备批发	20		495	172337	300
计算机、软件及辅助设备批发	35		788	134078	
通讯设备批发	34		1822	2433497	146676
广播影视设备批发	2		28	14397	
其他机械设备及电子产品批发	121		4826	4602106	7072
贸易经纪与代理	**9**		**109**	**96292**	
贸易代理	8		104	91849	
其他贸易经纪与代理	1		5	4443	
其他批发业	**26**		**524**	**397844**	
再生物资回收与批发	10		171	53121	
互联网批发	2		60	61598	
其他未列明批发业	14		293	283125	
按登记注册类型分					
内资企业	**1363**		**49695**	**49230392**	**822478**
国有企业	9		932	1309584	
股份合作企业	1		143	6354	
联营企业	1		9		
有限责任公司	492		25361	31773302	625629
国有独资公司	24		1667	4991133	
其他有限责任公司	468		23694	26782169	625629
股份有限公司	21		3349	4599669	
私营企业	839		19901	11541484	196849
私营独资企业	1		4	3751	
私营有限责任公司	831		19285	11481024	196849
私营股份有限公司	7		612	56708	
港、澳、台商投资企业	**4**		**276**	**28946**	
与港澳台商合资经营企业	1		32	3911	
港澳台商独资企业	3		244	25035	
外商投资企业	**4**	**1**	**199**	**117387**	**6448**
中外合资经营企业	1	1	32	1536	
外资企业	2		139	352	
其他外商投资企业	1		28	115500	6448
按控股情况分					
国有控股	105		9785	23197824	298538
集体控股	8		253	56587	152
私人控股	1154		31972	18163031	310919
港澳台商控股	4		276	28946	

单位:万元

商品销售额	批发额	出口	零售额	期末商品库存额	年末零售营业面积（万平方米）
9702326	9470757	65754	216480	277977	4.38
1569543	1518124	17308	42168	37213	1.09
579524	572737		6787	13987	0.99
54691	54691			4300	
1577515	1545413	830449	32102	30859	0.99
9927430	**9492949**	**669747**	**404204**	**325653**	**10.73**
13408	8898		4511	2670	0.01
1704699	1549624	34141	155075	76177	5.61
6081	6081			1153	
100267	94403	25157		4773	0.10
191101	175009	11619	16091	6118	0.16
151566	120959		30607	12651	0.52
2839469	2678429	518974	136700	69975	2.33
16397	15740		658	54	
4904443	4843807	79855	60563	152082	2.00
104815	**104814**	**38500**		**255**	**0.10**
100258	100258	33943		255	0.08
4557	4557	4557			0.02
418058	**416844**	**17196**	**1214**	**10700**	**12.60**
61503	61503			1487	12.51
62830	62830			2661	
293724	292511	17196	1214	6551	0.09
51718183	**49640476**	**1951624**	**1873564**	**4231847**	**86.02**
1764226	1764044		182	28201	0.02
6339	6339			129	
5955	5955			594	0.07
33715734	32858299	856168	717607	1847098	28.18
5106498	5058878	3305	47620	154719	0.08
28609236	27799421	852863	669986	1692379	28.10
3513691	3158089	193	352398	1552102	38.53
12712237	11847750	1095264	803378	803724	19.23
4071	4071			2	
12641803	11810508	1095264	770186	785831	19.01
66363	33171		33191	17891	0.22
34031	**34031**	**15320**		**961**	**0.07**
4564	4564			524	
29467	29467	15320		436	0.07
137705	**137705**	**10616**		**863**	
3483	3483			21	
14609	14609	4105		842	
119612	119612	6512			
23307300	22631507	626878	661917	2490701	28.89
71577	71577			4181	1.11
20004436	18748721	1275510	1073037	1264778	45.51
34031	34031	15320		961	0.07

11-3 续表 2 （2019 年）

指标名称	法人企业数（个）	个体（产业）单位数（个）	从业人员期末人数（人）	商品购进额	进口
外商控股	4		237	120570	6448
其他	96		7615	7808231	212869
按经营形式分					
独立门店	619	2	19091	15416352	203347
连锁直营店	4		293	41345	
其他	748		30790	33924695	625579
按单位规模分					
大型	30		13068	11458427	263
中型	400		24921	22534368	296712
小型	704		11237	11981269	527777
微型	237		912	3401126	4175
零售业	**1075**	**214**	**84065**	**15873759**	**607813**
按零售行业小类分					
综合零售	**70**	**61**	**26021**	**1978547**	**5403**
百货零售	41	22	18790	1491024	5403
超级市场零售	18	16	5981	443909	
便利店零售	3	1	277	5390	
其他综合零售	8	22	973	38224	
食品、饮料及烟草制品专门零售	**55**	**11**	**3059**	**304912**	**36**
粮油零售	3	1	40	12265	
糕点、面包零售	1	1	86	1546	
果品、蔬菜零售	3		65	2546	
肉、禽、蛋、奶及水产品零售	7	1	235	28607	
营养和保健品零售	3		44	5300	
酒、饮料及茶叶零售	19		1127	165036	36
烟草制品零售		1	8	1023	
其他食品零售	19	7	1454	88589	
纺织、服装及日用品专门零售	**78**	**61**	**6826**	**466388**	**1233**
纺织品及针织品零售	3	6	280	7303	
服装零售	36	35	2269	266555	431
鞋帽零售	6	4	1492	39921	
化妆品及卫生用品零售	11	5	1692	44166	803
厨具卫具及日用杂品零售	2		6	1560	
钟表、眼镜零售	3	2	297	36430	
自行车等代步设备零售	1	6	90	14089	
其他日用品零售	16	3	700	56364	
文化、体育用品及器材专门零售	**60**	**26**	**3435**	**351541**	
文具用品零售	15	2	146	19931	
体育用品及器材零售	4	3	1669	79584	
图书、报刊零售	15		889	107986	
珠宝首饰零售	8	20	502	99995	
乐器零售	7		87	19124	
照相器材零售	6		75	9473	

单位:万元

商品销售额	批发额	出口	零售额	期末商品库存额	年末零售营业面积（万平方米）
137466	137466	10616		3417	
8331625	8185426	49236	138609	469612	10.52
16864890	15420477	198850	1280415	937195	67.57
48084	35521		12564	3544	0.32
34982933	34362110	1778710	580678	3292953	18.22
11392219	10834073		558146	1981006	29.11
24062112	23278110	878409	784002	1249806	29.89
12797076	12338083	1092758	458993	379482	25.05
3635028	3358462	6393	72423	623356	2.05
19586543	**1364476**	**124488**	**18218397**	**1940198**	**491.29**
3418887	**47120**		**3371767**	**188610**	**243.17**
2880654	28803		2851851	125733	213.47
468498	2315		466183	57318	21.03
11223			11223	2226	0.25
58511	16001		42510	3333	8.41
389848	**91253**	**4372**	**298333**	**48533**	**3.95**
12579			12579	2248	0.34
2857	821		2036	61	0.12
5363	2400		2963	491	0.04
31004	3805		27200	2264	0.34
8905			8905	1327	0.04
199234	27443		171791	31396	1.91
1251			1251	23	
128655	56784	4372	71608	10725	1.16
782363	**57791**	**1085**	**724572**	**66720**	**25.89**
11138	1641		9496	1418	0.25
451333	12487		438846	38101	14.90
62663	18500		44163	6679	0.51
123614	10397		113217	12180	5.93
1660	1600		60	56	0.02
44969			44969	1625	0.44
16394	2184		14211	385	0.25
70592	10981	1085	59611	6277	3.60
421230	**48370**		**372859**	**76686**	**7.30**
27577	226		27351	1224	0.13
98105	20667		77438	19677	2.30
102306	14784		87523	31462	3.38
142964	1281		141683	18181	1.05
13906	5140		8766	3272	0.24
10799	1814		8985	1404	0.09

11-3 续表 3 （2019 年）

指标名称	法人企业数（个）	个体（产业）单位数（个）	从业人员期末人数（人）	商品购进额	进口
其他文化用品零售	5	1	67	15449	
医药及医疗器材专门零售	**40**	**2**	**11065**	**664551**	**1979**
西药零售	26	2	10359	430396	1748
中药零售	7		414	176970	
医疗用品及器材零售	6		285	56771	231
保健辅助治疗器材零售	1		7	413	
汽车、摩托车、零配件和燃料及其他动力销售	**404**	**8**	**23231**	**9065240**	**443305**
汽车新车零售	291	1	17157	6408775	407902
汽车旧车零售	33		2732	1201263	25099
汽车零配件零售	18	1	736	224540	10304
摩托车及零配件零售	3	3	135	11893	
机动车燃油零售	52	3	2307	1183027	
机动车燃气零售	7		164	35742	
家用电器及电子产品专门零售	**286**	**17**	**7212**	**1662111**	**3734**
家用视听设备零售	19	2	300	37153	
日用家电零售	47	10	4009	1067744	
计算机、软件及辅助设备零售	157		1687	329211	1849
通信设备零售	24	5	648	109628	
其他电子产品零售	39		568	118375	1885
五金、家具及室内装饰材料专门零售	**40**	**26**	**1651**	**221675**	**10**
五金零售	18	5	349	72259	
灯具零售		3	29	14188	
家具零售	10	11	1066	71998	10
涂料零售		1	3	3658	
卫生洁具零售	1		52	2954	
陶瓷、石材装饰材料零售	1	4	32	13009	
其他室内装饰材料零售	10	2	120	43609	
货摊、无店铺及其他零售业	**42**	**2**	**1565**	**1158793**	**152113**
流动货摊零售		1	51	29443	
互联网零售	20		680	871337	34774
邮购及电视、电话零售	1		87	206	
自动售货机零售	1		97	4225	
生活用燃料零售	11		97	132025	117339
宠物食品用品零售	1		164	25658	
其他未列明零售业	8	1	389	95899	
按登记注册类型分					
内资企业	**1052**	**3**	**65581**	**13890570**	**607813**
国有企业		1	18		
集体企业	3		51	14392	
有限责任公司	459	1	35522	8925756	464720
国有独资公司	5		205	156465	117339
其他有限责任公司	454	1	35317	8769291	347382
股份有限公司	12		9893	1246185	5356
私营企业	578	1	20097	3704238	137737
私营独资企业	14		174	22388	3461
私营合伙企业	1	1	91	3481	
私营有限责任公司	558		19340	3655892	134277
私营股份有限公司	5		492	22477	

单位:万元

商品销售额	批发额	出口	零售额	期末商品库存额	年末零售营业面积（万平方米）
25573	4459		21114	1465	0.10
842386	**104746**		**737640**	**108218**	**29.79**
560656	6234		554422	84370	28.75
195778	67564		128213	16450	0.62
85488	30947		54540	7059	0.41
465			465	340	0.02
10161563	**466762**		**9692579**	**1047577**	**118.77**
6972313	140378		6829712	839914	83.38
1306036			1306036	116797	12.73
261328	43654		217675	22509	1.68
17042			17042	1845	0.52
1561701	282730		1278971	64841	17.88
43142			43142	1671	2.57
1713856	**298402**	**36**	**1414411**	**203288**	**39.11**
41130	1072		40059	6409	0.72
1045281	119051		926082	141591	33.57
369280	122602		245782	37397	1.86
123164	29542		93622	7454	1.76
135002	26135	36	108867	10437	1.20
253160	**53375**		**199783**	**26067**	**19.73**
85329	42913		42414	8145	0.43
13991			13991	420	0.05
86006	3261		82746	7052	18.52
4372			4372	3	0.03
4380			4380	357	0.07
14956			14956	192	0.12
44126	7201		36925	9898	0.53
1603251	**196659**	**118996**	**1406453**	**174500**	**3.58**
29419	8847		20572	31	0.02
1286000	5682		1280318	166242	1.09
504			504	203	0.05
4948	1667		3281	262	
135659	118996	118996	16524	599	2.20
27740			27740	370	0.03
118980	61466		57514	6792	0.18
16488447	**1349623**	**124488**	**15135154**	**1790292**	**327.42**
					0.03
12285	5691		6595	5340	0.15
10552330	661711	124453	9887237	1064542	210.17
161845	118996	118996	42849	2624	1.12
10390485	542715	5457	9844388	1061919	209.05
1716313	295044		1421269	139685	33.66
4207520	387177	36	3820053	580724	83.41
26371	4763		21608	844	1.97
7855			7855	999	0.18
4143673	381211	36	3762173	575511	80.51
29621	1203		28418	3371	0.75

11-3 续表 4 （2019 年）

指标名称	法人企业数（个）	个体（产业）单位数（个）	从业人员期末人数（人）	商品购进额	进口
港、澳、台商投资企业	**12**	**1**	**13900**	**1334409**	
与港澳台商合资经营企业	5		494	222389	
港澳台商独资企业	6		9549	944147	
港澳台商投资股份有限公司	1	1	3857	167873	
外商投资企业	**11**		**1299**	**286192**	
中外合资经营企业	2		302	60839	
外资企业	2		456	19797	
外商投资股份有限公司	6		525	205557	
其他外商投资企业	1		16		
按控股情况分					
国有控股	29		4225	1672242	118164
集体控股	8		463	53597	
私人控股	895		48297	8953530	352780
港澳台商控股	8		13672	1269106	
外商控股	14		2188	375219	
其他	121		11820	3182354	136869
按经营形式分					
独立门店	822	202	56646	12083257	456426
连锁总店（总部）	32	2	17124	1308902	6326
连锁直营店	11		2332	350485	2832
连锁加盟店	5	3	263	27833	
其他	205	7	7700	2103280	142229
按单位规模分					
大型	25		34843	3651605	
中型	306		34133	8349752	405218
小型	433		10167	2337576	176883
微型	311		1522	1167114	25713
按零售业态分					
有店铺零售	**959**	**214**	**80567**	**14478914**	**445009**
食杂店	3	3	77	14256	
便利店	9	13	768	56982	
折扣店	3	1	69	10613	
超市	32	45	3294	188608	
大型超市	16	3	15567	1445318	4578
仓储会员店	7		510	51181	
百货店	46	21	7389	460242	
专业店	487	70	26045	7101001	97420
专卖店	303	50	23780	4811390	342018
家居建材商店	5	4	374	25452	
购物中心	18	2	1821	92425	994
厂家直销中心	30	2	873	221444	
无店铺零售	**116**		**3498**	**1394844**	**162804**
电视购物	1		87	206	
邮购	2		14	4437	1885
网上商店	18		576	866873	34606
电话购物	3		447	26245	
其他	92		2374	497083	126313

单位:万元

商品销售额	批发额	出口	零售额	期末商品库存额	年末零售营业面积（万平方米）
2330797	**2400**		**2328396**	**101520**	**132.43**
249343	2400		246943	16106	5.04
1802400			1802400	42923	91.87
279054			279054	42491	35.52
363920			**363920**	**32107**	**13.67**
63334			63334	6383	6.27
37388			37388	4025	3.60
204098			204098	21699	3.80
59100			59100		
2240642	503004	118996	1737638	120356	33.38
199242	9347		189895	29757	9.45
10018437	735940	5492	9278826	1245694	220.35
2286670			2286670	101862	127.99
452654			452654	45283	20.51
3976209	103732		3872477	379700	61.23
15031884	846566	5457	14181911	1366318	384.80
1519432	546		1518886	242575	67.92
363005	22254		340752	20278	17.80
33817	18971		14846	5710	1.75
2638405	476140	119032	2162002	305317	19.01
4972409	308116		4664293	414849	224.16
9976420	433834		9542586	1045085	190.89
2681266	507802	124453	2173464	400980	52.20
1543760	102271	36	1437818	61739	5.66
17716010	**1134778**	**5457**	**16578457**	**1714882**	**486.02**
15651			15651	949	0.21
67430	11206	1085	56225	3663	1.41
12567	2841		9725	302	1.50
207414	16214		191200	17477	10.25
2192758	1685		2191073	99910	138.30
64921	1787		63134	4348	0.51
1045200	22317		1022620	83719	76.19
7840591	859063	4372	6981240	960250	126.45
5633316	177564		5453527	506166	93.46
31671			31671	4112	1.60
338125	29866		308259	13735	30.49
266367	12234		254133	20252	5.64
1870533	**229698**	**119032**	**1639939**	**225316**	**5.27**
504			504	203	0.05
6725	6725	36		212	
1279277	382		1278895	164193	0.78
39954			39954	4867	0.02
544074	222591	118996	320587	55841	4.41

11-4 分区县(市)限额以上批发和零售业商品购销存总额

(2019 年)

单位:万元

区县(市)	商品购进额	进口	商品销售额	批发额	出口	零售额	期末商品库存额
中原区	1370809	66775	1513174	467571	10142	1039481	125387
二七区	2951060	10753	3489098	1316406	40656	2162618	368738
管城区	4771807	45958	5636504	2914882	9465	2684378	513300
金水区	9320649	338428	11224778	6008499	1180223	5198536	900200
上街区	317230		343115	334961		8154	12684
惠济区	3073103	61768	3180934	1802151	193	1378783	435150
中牟县	947916	6026	1160614	904023	3849	242507	31214
巩义市	1586134	906	1657067	1261701		363702	68399
荥阳市	793374		928055	689422	7	238634	69976
新密市	282716	8646	338342	207782	200	130560	18416
新郑市	3553147	11626	3687755	3012003		675751	77496
登封市	741553	357	809789	668227		141561	18431
经开区	11361627	99933	13265536	10841386	32263	2410276	850620
高新区	4281570	38089	3376082	2432534	93304	941612	1570801
郑东新区	11359818	263410	12007117	9518369	212775	2413692	583310
航空港实验区	8543638	484066	8864492	8802666	518974	61807	529769

11-5 分区县(市)限额以上批发和零售业法人企业财务状况

(2019 年)

单位:万元

区县(市)	流动资产合计	存货	固定资产原价	资产总计	所有者权益	实收资本	营业收入
中原区	478216	97997	59332	564229	72363	64040	1355456
二七区	912186	183667	117671	1066416	77387	173602	2969376
管城区	3003623	409017	260373	3637786	930853	275137	4933939
金水区	5208716	895611	806739	6087256	1208665	672790	9157088
上街区	54430	9129	6083	63284	12268	11081	317340
惠济区	1598752	365191	97568	1857342	333842	226996	2833503
中牟县	216109	36908	39537	306771	69107	48131	1044545
巩义市	178326	26898	15898	325939	66482	51716	1517445
荥阳市	633417	69001	83032	808403	94970	66505	748780
新密市	228032	19208	23245	276748	53521	48450	268421
新郑市	504395	81648	58397	548793	54149	65783	3154499
登封市	356536	18573	45512	478333	117891	76836	719956
经开区	6257594	592455	278409	7224312	1437049	614245	11256341
高新区	805534	211050	180430	1127489	217968	193764	3132983
郑东新区	3597209	578345	277297	4545791	943668	812957	11012403
航空港实验区	4957375	53373	26005	5601591	2164060	1330890	7764317

11-5 续表

(2019 年)

单位:万元

区县(市)	营业成本	税金及附加	销售费用	管理费用	营业利润	利润总额	应付职工薪酬	应交增值税
中原区	1263353	2505	38372	31976	1940	2454	27560	8361
二七区	2674830	5557	199841	85627	-8135	-2909	76374	22683
管城区	4375039	10974	266528	85838	174184	174960	124536	45901
金水区	8107003	27898	373293	294074	286444	297734	209582	89546
上街区	287823	362	9364	3121	16338	16335	2191	3136
惠济区	2668714	3277	65068	35580	45959	47930	34985	22149
中牟县	978716	2319	35383	12334	14029	14845	14744	6979
巩义市	1383713	1095	17134	9333	76732	72767	11762	3457
荥阳市	675870	1769	33521	18736	537	816	17276	3981
新密市	221172	1425	15576	6879	19541	19630	6713	4080
新郑市	3080899	3036	29160	22159	10959	11646	25493	7415
登封市	671478	8389	19845	9615	14126	14014	10684	6676
经开区	10102327	200061	371381	177482	308465	307928	179095	139733
高新区	2843594	6365	125029	32156	117996	121980	60991	17647
郑东新区	10517792	12550	236279	130110	83793	87475	116566	57635
航空港实验区	7564510	6984	87686	24702	63043	71205	16382	23224

11-6 2019 年限额以上批发和零售业法人企业财务状况

（2019 年）

单位：万元

指标名称	法人企业数（个）	执行《2006 年企业会计准则》企业数（个）	一、年初存货	流动资产合计	应收帐款	存货
总计	**2446**	**1830**	**3768710**	**28990450**	**6128776**	**3648072**
批发业	**1371**	**1009**	**2361268**	**21332726**	**5447131**	**2252117**
按批发行业小类分						
农、林、牧产品批发	**46**	**37**	**152796**	**1010728**	**62129**	**168640**
谷物、豆及薯类批发	9	8	90527	524323	20336	108187
种子批发	12	10	24655	100831	9366	25461
畜牧渔业饲料批发	10	9	3851	30618	12461	5707
棉、麻批发	6	5	11518	178117	4354	27503
林业产品批发	1	1		5207	4691	
牲畜批发	1	1		26805	88	
其他农牧产品批发	7	3	22245	144827	10833	1783
食品、饮料及烟草制品批发	**124**	**91**	**220738**	**1260089**	**63046**	**280070**
米、面制品及食用油批发	19	16	43225	234365	14380	83664
糕点、糖果及糖批发	2	2	371	592	192	371
果品、蔬菜批发	17	11	5292	24574	4138	5148
肉、禽、蛋、奶及水产品批发	19	12	2076	19411	4303	2990
盐及调味品批发	7	5	1828	14515	3497	978
营养和保健品批发	2	2	3580	13244	8453	3042
酒、饮料及茶叶批发	31	24	105063	478383	16949	116458
烟草制品批发	2	1	26047	363475	783	28200
其他食品批发	25	18	33257	111531	10353	39219
纺织、服装及家庭用品批发	**107**	**76**	**319780**	**1339783**	**115599**	**348704**
纺织品、针织品及原料批发	16	11	3304	38178	21021	3222
服装批发	33	22	49281	126310	28334	54937
鞋帽批发	2		2351	4657	2333	2274
化妆品及卫生用品批发	11	7	16390	44365	9835	21431
厨具卫具及日用杂品批发	6	5	2777	10171	3103	2773
灯具、装饰物品批发	3	2	3645	29599	588	4753
家用视听设备批发	3	2	5259	25688	3109	5004
日用家电批发	25	21	221364	1019293	31166	239798
其他家庭用品批发	8	6	15411	41521	16110	14512
文化、体育用品及器材批发	**65**	**40**	**168603**	**610754**	**95687**	**153824**
文具用品批发	23	12	26117	112250	31810	19344
体育用品及器材批发	4	1	19533	20946	-726	18067
图书批发	8	4	28665	287969	32925	30044
音像制品、电子和数字出版物批发	2	2	654	4542	690	487
首饰、工艺品及收藏品批发	14	10	72888	122555	15618	66611
乐器批发	1	1	678	974	172	636
其他文化用品批发	13	10	20068	61519	15200	18635
医药及医疗器材批发	**205**	**157**	**645047**	**5727141**	**2664859**	**555879**
西药批发	35	32	318963	3023335	1421771	271203
中药批发	22	18	147959	1474631	577738	142608
动物用药品批发	6	3	39415	236648	116264	48589

11-6 续表 1 （2019 年） 单位：万元

指标名称	法人企业数（个）	执行《2006年企业会计准则》企业数（个）	一、年初存货	流动资产合计	应收帐款	存货
医疗用品及器材批发	142	104	138710	992527	549086	93480
矿产品、建材及化工产品批发	**487**	**364**	**543628**	**8920920**	**1485990**	**417454**
煤炭及制品批发	61	50	47605	2138275	325282	39448
石油及制品批发	29	21	137480	326245	28571	97373
非金属矿及制品批发	15	10	19573	35041	19131	6227
金属及金属矿批发	210	162	162219	4595534	375182	172388
建材批发	98	66	123026	1520697	684135	41825
化肥批发	12	10	10865	97146	15762	13816
农药批发	2	2	4686	36218	878	4182
其他化工产品批发	60	43	38174	171764	37049	42195
机械设备、五金产品及电子产品批发	**302**	**222**	**297809**	**2346031**	**936210**	**316765**
农业机械批发	2	1	4536	3962	1190	2670
汽车及零配件批发	68	51	76529	426217	124597	71079
摩托车及零配件批发	2	2	1300	2555	2	1153
五金产品批发	18	11	4448	48516	20587	4397
电气设备批发	20	13	4162	125066	24444	6924
计算机、软件及辅助设备批发	35	26	14350	77104	24687	14717
通讯设备批发	34	28	51158	557072	238150	67996
广播影视设备批发	2	1	87	8015	6635	40
其他机械设备及电子产品批发	121	89	141239	1097526	495918	147789
贸易经纪与代理	**9**	**5**	**347**	**15853**	**6253**	**211**
贸易代理	8	5	347	14839	5462	211
其他贸易经纪与代理	1			1014	790	
其他批发业	**26**	**17**	**12521**	**101427**	**17360**	**10570**
再生物资回收与批发	10	5	2752	11598	4142	1486
互联网批发	2	1	2621	22797	5768	2862
其他未列明批发业	14	11	7149	67032	7450	6222
按登记注册类型分						
内资企业	**1363**	**1002**	**2303337**	**21188425**	**5435712**	**2250299**
国有企业	9	6	22663	423139	3361	25448
股份合作企业	1	1	80	510	101	139
联营企业	1	1	3834	11523		577
其他联营企业	1	1	3834	11523		577
有限责任公司	492	390	1209262	14402484	3603751	1257039
国有独资公司	24	23	118156	1038211	189289	155804
其他有限责任公司	468	367	1091106	13364273	3414462	1101235
股份有限公司	21	19	220873	1270922	294172	184029
私营企业	839	585	846624	5079848	1534327	783067
私营独资企业	1	1		255	97	23
私营有限责任公司	831	579	838106	5043245	1524009	770701
私营股份有限公司	7	5	8518	36348	10220	12343
港、澳、台商投资企业	**4**	**3**	**57220**	**123047**	**1454**	**965**
合资经营企业（港或澳、台资）	1		371	894	54	529
港、澳、台商独资经营企业	3	3	56850	122152	1400	436

11-6 续表 2 （2019 年） 单位:万元

指标名称	法人企业数（个）	执行《2006年企业会计准则》企业数（个）	一、年初存货			
				流动资产合计	应收帐款	存货
外商投资企业	**4**	**4**	**711**	**21254**	**9965**	**853**
中外合资经营企业	1	1				
外资企业	2	2	711	4473	1835	853
其他外商投资企业	1	1		16781	8130	
按控股情况分						
国有控股	105	98	608576	6916971	1446025	628401
集体控股	8	7	9031	60966	8312	5411
私人控股	1154	814	1270714	10066278	2440688	1167165
港澳台商控股	4	3	57220	123047	1454	965
外商控股	4	4	986	29645	11916	3357
其他	96	83	414742	4135820	1538736	446819
按经营形式分						
独立门店	619	466	832100	6134221	1200841	914528
连锁直营店	4	2	3137	6654	1339	3545
其他	748	541	1526032	15191850	4244952	1334044
按单位规模分						
大型	30	27	642679	5245824	1863899	588414
中型	400	328	1157051	9384767	1834036	1187840
小型	706	484	429650	5288834	1539603	377087
微型	235	170	131888	1413301	209594	98776
按经营地分						
城镇	1225	898	2014631	19250194	5164201	1931233
城区	844	630	1209674	7924509	2133586	1191137
乡村	146	111	346637	2082532	282931	320885
按港澳台商投资情况分						
港商投资	3	3	56850	122152	1400	436
澳商投资	1		371	894	54	529
零售业	**1075**	**821**	**1407442**	**7657724**	**681645**	**1395955**
按零售行业小类分						
综合零售	**70**	**59**	**118061**	**1623960**	**-6567**	**148469**
百货零售	41	33	69820	1485512	-26981	87897
超级市场零售	18	16	42545	115077	13050	55248
便利店零售	3	2	2861	11289	5548	2941
其他综合零售	8	8	2835	12082	1816	2384
食品、饮料及烟草制品专门零售	**55**	**38**	**39891**	**173450**	**16207**	**50957**
粮油零售	3	2	4229	5443	2557	2108
糕点、面包零售	1			512	128	198
果品、蔬菜零售	3	2	269	11192	295	1783
肉、禽、蛋、奶及水产品零售	7	5	1176	8948	2206	1615
营养和保健品零售	3	2	871	4724	420	1095
酒、饮料及茶叶零售	19	14	19661	115147	5486	30077
其他食品零售	19	13	13686	27484	5116	14083
纺织、服装及日用品专门零售	**78**	**57**	**81632**	**239077**	**39218**	**67226**
纺织品及针织品零售	3	3	1279	5352	2773	1496

11-6 续表3　　(2019年)　　单位：万元

指标名称	法人企业数(个)	执行《2006年企业会计准则》企业数(个)	一、年初存货	流动资产合计	应收帐款	存货
服装零售	36	29	44309	148049	24859	33854
鞋帽零售	6	4	10350	14799	2217	5830
化妆品及卫生用品零售	11	7	14113	32239	3619	17563
厨具卫具及日用杂品零售	2	1	149	946		56
钟表、眼镜零售	3	2	1325	14337	3970	1255
自行车等代步设备零售	1	1	78	142	-111	141
其他日用品零售	16	10	10031	23214	1891	7032
文化、体育用品及器材专门零售	**60**	**44**	**57535**	**148419**	**25251**	**65110**
文具用品零售	15	12	1223	7513	2116	1217
体育用品及器材零售	4	2	19972	28014	4852	19974
图书、报刊零售	15	12	15847	55641	9666	20304
珠宝首饰零售	8	5	14187	33099	2726	18158
乐器零售	7	5	3053	10473	2740	3226
照相器材零售	6	4	1820	7707	1482	1460
其他文化用品零售	5	4	1433	5972	1669	772
医药及医疗器材专门零售	**40**	**26**	**87797**	**447343**	**166730**	**108157**
西药零售	26	19	69833	250616	42434	84095
中药零售	7	3	12659	124107	74822	15082
医疗用品及器材零售	6	4	4974	70179	48607	8640
保健辅助治疗器材零售	1		331	2440	868	340
汽车、摩托车、零配件和燃料及其他动力销售	**404**	**318**	**883430**	**3892493**	**235278**	**802393**
汽车新车零售	291	234	707145	2064009	178772	643123
汽车旧车零售	33	28	126589	564572	33966	110614
汽车零配件零售	18	11	23027	54136	8036	18986
摩托车及零配件零售	3	2	1287	4806	2089	840
机动车燃油零售	52	36	24100	1193026	5628	27063
机动车燃气零售	7	7	1283	11944	6788	1767
家用电器及电子产品专门零售	**286**	**216**	**103819**	**648222**	**110316**	**101113**
家用视听设备零售	19	9	7436	18940	2825	6501
日用家电零售	47	33	43630	368960	20694	46344
计算机、软件及辅助设备零售	157	123	34661	171987	61080	36503
通信设备零售	24	19	11629	41667	8306	4102
其他电子产品零售	39	32	6464	46667	17413	7663
五金、家具及室内装饰材料专门零售	**40**	**31**	**15000**	**134777**	**19182**	**24429**
五金零售	18	14	9004	30591	8421	8655
家具零售	10	8	1629	74089	1330	5634
卫生洁具零售	1		316	810	163	357
陶瓷、石材装饰材料零售	1	1	538	988	595	284
其他室内装饰材料零售	10	8	3513	28300	8673	9499
货摊、无店铺及其他零售业	**42**	**32**	**20276**	**349985**	**76029**	**28102**
互联网零售	20	15	12620	263289	16601	19815
邮购及电视、电话零售	1	1	241	712	150	204
自动售货机零售	1	1	78	1517	144	232
生活用燃料零售	11	9	542	17628	11106	823

11-6 续表4 (2019年) 单位:万元

指标名称	法人企业数(个)	执行《2006年企业会计准则》企业数(个)	一、年初存货	流动资产合计	应收帐款	存货
宠物食品用品零售	1	1	583	3978	816	370
其他未列明零售业	8	5	6212	62861	47213	6658
按登记注册类型分						
内资企业	**1052**	**799**	**1309288**	**6360762**	**704896**	**1288655**
集体企业	3	2	4279	8571	1006	5340
有限责任公司	459	356	763212	3414034	418793	740348
国有独资公司	5	4	1373	23340	10915	1881
其他有限责任公司	454	352	761839	3390694	407879	738468
股份有限公司	12	10	81791	1384564	26217	101569
私营企业	578	431	460006	1553593	258880	441397
私营独资企业	14	8	254	14527	2650	971
私营合伙企业	1	1	3	16		14
私营有限责任公司	558	417	458218	1522781	253895	437530
私营股份有限公司	5	5	1531	16270	2335	2882
港、澳、台商投资企业	**12**	**12**	**62120**	**1192810**	**-27209**	**74398**
合资经营企业(港或澳、台资)	5	5	16897	46147	3488	15601
港、澳、台商独资经营企业	6	6	37795	938814	-117594	46864
港、澳、台商投资股份有限公司	1	1	7427	207849	86898	11933
外商投资企业	**11**	**10**	**36034**	**104153**	**3958**	**32903**
中外合资经营企业	2	2	9475	20504	418	8031
外资企业	2	2	58	7168	134	3616
外商投资股份有限公司	6	5	26393	75850	3247	21256
其他外商投资企业	1	1	108	631	160	
按控股情况分						
国有控股	29	25	67324	1439822	105945	69584
集体控股	8	7	9654	20540	2617	11494
私人控股	895	663	994457	3679096	502194	984269
港澳台商控股	8	7	64853	1183162	-28528	75251
外商控股	14	13	45042	138959	4558	45124
其他	121	106	226113	1196146	94860	210233
按经营形式分						
独立门店	822	633	1105709	6171267	436273	1055374
连锁总店(总部)	32	26	121486	449219	57314	161451
连锁直营店	11	8	18077	160382	10098	17809
连锁加盟店	5	3	15937	14311	4547	5614
其他	205	151	146234	862546	173413	155708
按单位规模分						
大型	25	24	201897	2862570	32418	258869
中型	305	251	854051	3317588	374731	810619
小型	432	311	274959	1002205	193495	264531
微型	313	235	76535	475361	81001	61937
按零售业态分						
有店铺零售	**959**	**744**	**1348253**	**7103347**	**593741**	**1319373**
食杂店	3	3	236	1871	901	88

11-6 续表 5 （2019 年） 单位:万元

指标名称	法人企业数(个)	执行《2006年企业会计准则》企业数(个)	一、年初存货	流动资产合计	应收帐款	存货
便利店	9	6	3257	14326	5777	3614
折扣店	3	2	442	4025	920	224
超市	32	21	16935	53982	11753	16471
大型超市	16	14	85486	1120802	-112575	106733
仓储会员店	7	6	3352	11667	2882	4262
百货店	46	36	26466	457314	100341	37997
专业店	487	381	656523	3556125	360316	636873
专卖店	303	235	519597	1676737	171510	478588
家居建材商店	5	3	1177	6484	848	1630
购物中心	18	16	13668	98733	5191	12758
厂家直销中心	30	21	21115	101282	45877	20135
无店铺零售	**116**	**77**	**59189**	**554377**	**87904**	**76582**
电视购物	1	1	241	712	150	204
邮购	2	1	174	5988	2419	108
网上商店	18	13	10884	259797	16521	17746
电话购物	3	2	1958	9559	467	3246
其他	92	60	45932	278321	68348	55278
按零售业态分						
有店铺零售	**960**	**745**	**1348271**	**7112389**	**594052**	**1319389**
食杂店	3	3	236	1871	901	88
便利店	14	11	14934	50483	15471	17496
折扣店	3	2	442	4025	920	224
超市	33	21	17256	55512	12848	16890
大型超市	17	15	92913	1328650	-25677	118666
仓储会员店	11	9	3512	24374	3818	5668
百货店	49	37	32202	467598	101780	42783
专业店	492	385	656916	3572235	362082	640370
专卖店	314	244	548505	1796960	184077	512342
家居建材商店	5	3	1177	6484	848	1630
购物中心	22	18	21664	120360	9017	20186
厂家直销中心	32	23	21117	103919	46539	20142
无店铺零售	**129**	**86**	**73632**	**656880**	**123020**	**97001**
电视购物	1	1	241	712	150	204
邮购	4	2	688	7946	3208	306
网上商店	26	20	20338	315971	19651	29341
自动售货亭	2	1	1138	5569	703	1468
电话购物	4	2	2028	12828	2156	3354
其他	101	66	53600	339447	100975	68074
按经营地分						
城镇	121	80	65051	396536	119064	84324
城区	84	58	55847	288394	95307	66680
乡村	8	6	8580	260345	3956	12677
按港澳台商投资情况分						
港商投资	2	2	267	10874	255	1776

11-6　续表 6　　（2019 年）　　单位：万元

指标名称	固定资产原价	房屋和构筑物	机器设备	累计折旧	本年折旧	固定资产净额	在建工程	无形资产
总计	**2375529**	**743978**	**348447**	**908630**	**162488**	**1033853**	**181414**	**436167**
批发业	**909875**	**325308**	**137662**	**385706**	**69760**	**454562**	**116771**	**143229**
按批发行业小类分								
农、林、牧产品批发	**107249**	**77001**	**10759**	**48608**	**5284**	**54331**	**2078**	**17061**
谷物、豆及薯类批发	40405	36149	2347	8940	2419	31474	1798	7091
种子批发	34034	17681	7482	13578	2016	17164	61	9963
畜牧渔业饲料批发	468	5	1	420	39	11		
棉、麻批发	30762	22437	829	25093	748	4713	219	
林业产品批发								
牲畜批发	1100	728	34	523	14	577		7
其他农牧产品批发	480		66	55	48	392		
食品、饮料及烟草制品批发	**151969**	**70320**	**11494**	**60483**	**10926**	**74098**	**3614**	**13099**
米、面制品及食用油批发	36445	20296	1633	8545	3851	26174	1218	7628
糕点、糖果及糖批发	29		26	26	1	1		1
果品、蔬菜批发	26910	400	206	9620	2046	633		14
肉、禽、蛋、奶及水产品批发	1355		649	862	412	442	31	
盐及调味品批发	15719	14578	233	1837	443	14852	1519	38
营养和保健品批发	484		483	321	5	163		6
酒、饮料及茶叶批发	14059	8	822	5565	1255	8617		1290
烟草制品批发	53950	35039	5946	32377	2648	21586	846	4101
其他食品批发	3019		1496	1330	265	1630		23
纺织、服装及家庭用品批发	**29236**	**17902**	**3755**	**7263**	**1512**	**20201**	**7**	**873**
纺织品、针织品及原料批发	6596	2723	177	1795	203	3211		546
服装批发	16785	14639	1448	2101	459	14680	7	301
鞋帽批发	48		1	30	12	17		
化妆品及卫生用品批发	1822	261	383	1089	281	684		12
厨具卫具及日用杂品批发	923		692	583	109	354		2
灯具、装饰物品批发	197		171	94	94	103		
家用视听设备批发	451	272	125	116	30	335		
日用家电批发	1437	6	758	854	283	441		10
其他家庭用品批发	977		1	602	40	375		1
文化、体育用品及器材批发	**56979**	**3426**	**1513**	**25756**	**4523**	**24990**	**2741**	**36486**
文具用品批发	2603	722	720	1193	186	1443		642
体育用品及器材批发	1284			993	138	326		11
图书批发	43672			19093	3778	21652	2612	32322
音像制品、电子和数字出版物批发	712			499	125	213		
首饰、工艺品及收藏品批发	5364	433	532	1662	208	288		27
乐器批发	49			43	2	6		
其他文化用品批发	3297	2271	261	2273	87	1062	129	3484
医药及医疗器材批发	**162836**	**44418**	**46588**	**60715**	**18770**	**85699**	**47333**	**25464**
西药批发	58146	18119	16133	27196	5031	32148	45079	17130
中药批发	41247	22644	10075	13012	2086	27701	2039	4517
动物用药品批发	5815	2428	3069	2058	647	3756		14
医疗用品及器材批发	57628	1227	17311	18450	11006	22094	215	3803

11-6 续表 7 （2019 年） 单位：万元

指标名称	固定资产原价	房屋和构筑物	机器设备	累计折旧	本年折旧	固定资产净额	在建工程	无形资产
矿产品、建材及化工产品批发	**293907**	**74428**	**37263**	**135071**	**16995**	**140929**	**46944**	**38772**
煤炭及制品批发	24596	8536	7036	9517	1866	13630	1715	3265
石油及制品批发	142516	17934	13023	66821	8249	73594	43406	27571
非金属矿及制品批发	5511	18	326	1308	187	76		
金属及金属矿批发	31267	7419	8641	17950	1999	11385	61	959
建材批发	34220	23991	4940	5228	2969	27456	87	600
化肥批发	11242	2291	1007	2040	302	2778		942
农药批发	7300	5594	635	3593	329	3707		1011
其他化工产品批发	37255	8646	1655	28614	1095	8304	1676	4423
机械设备、五金产品及电子产品批发	**98187**	**36403**	**21135**	**43102**	**10985**	**49869**	**11823**	**10458**
农业机械批发	24			11	5	12		
汽车及零配件批发	28835	17579	3515	10473	1709	18042	108	4459
摩托车及零配件批发	42		4	27	3	15		
五金产品批发	6781		379	3864	897	2923	149	21
电气设备批发	16948	14133	1218	2407	722	14531	114	912
计算机、软件及辅助设备批发	3823	364	884	2141	558	1613	1102	6
通讯设备批发	3051		324	1231	357	356	101	367
广播影视设备批发	57			25	5	32		
其他机械设备及电子产品批发	38627	4328	14812	22923	6729	12344	10248	4694
贸易经纪与代理	**1167**		**595**	**698**	**235**	**354**		**1**
贸易代理	1138		595	670	235	353		1
其他贸易经纪与代理	29			28		1		
其他批发业	**8345**	**1410**	**4561**	**4010**	**530**	**4091**	**2231**	**1016**
再生物资回收与批发	5720	1271	4079	2658	217	3069	31	1012
互联网批发	310			265	88	45		
其他未列明批发业	2316	139	482	1087	225	978	2200	4
按登记注册类型分								
内资企业	**907880**	**324579**	**136844**	**384574**	**69659**	**453699**	**116771**	**143216**
国有企业	70032	49933	6543	34076	3095	36804	2381	4209
股份合作企业	477	287	163	425	19	52		281
联营企业	81		81	46	18	35		
其他联营企业	81		81	46	18	35		
有限责任公司	489760	202226	70259	200313	33191	251476	74179	93425
国有独资公司	81206	16326	2990	30995	6585	48382	4866	37474
其他有限责任公司	408554	185899	67269	169318	26606	203094	69312	55951
股份有限公司	146162	30500	14798	62279	7030	82465	34669	30363
私营企业	201368	41634	45001	87436	26307	82868	5542	14937
私营独资企业	180			1	1	180		
私营有限责任公司	196953	41634	44792	86966	26182	82488	5542	14734
私营股份有限公司	4235		209	469	123	200		203
港、澳、台商投资企业	**1409**	**728**	**273**	**723**	**95**	**687**		**7**
合资经营企业(港或澳、台资)	70			54	20	16		
港、澳、台商独资经营企业	1339	728	273	669	75	670		7
外商投资企业	**586**		**545**	**409**	**6**	**177**		**6**

11-6 续表 8 （2019 年） 单位:万元

指标名称	固定资产原价			累计折旧		固定资产净额	在建工程	无形资产
		房屋和构筑物	机器设备		本年折旧			
中外合资经营企业								
外资企业	499		499	336	5	163		6
其他外商投资企业	87		46	73	1	14		
按控股情况分								
国有控股	382596	145390	39223	158648	22184	220882	66139	88495
集体控股	15930	13124	500	1520	685	12969	114	899
私人控股	386977	101857	78085	155906	41921	168992	15972	35096
港澳台商控股	1409	728	273	723	95	687		7
外商控股	13854	13269	545	631	228	13223		6
其他	109108	50940	19036	68278	4647	37810	34546	18726
按经营形式分								
独立门店	391322	144906	42280	171897	27655	206803	29925	77570
连锁直营店	578			371	351	207		
其他	517975	180402	95382	213438	41753	247553	86846	65659
按单位规模分								
大型	283052	71935	41772	131469	17202	149876	91287	82277
中型	391857	169624	56658	175494	30517	184298	16756	48198
小型	209044	80655	34690	68276	20056	110060	7652	11530
微型	25923	3094	4543	10468	1985	10328	1076	1225
按经营地分								
城镇	865613	316636	121742	371898	65576	431086	107692	133343
城区	423340	177358	51829	176408	38112	209009	21134	30635
乡村	44262	8672	15920	13808	4184	23476	9079	9886
按港澳台商投资情况分								
港商投资	1339	728	273	669	75	670		7
澳商投资	70			54	20	16		
零售业	**1465654**	**418670**	**210785**	**522925**	**92728**	**579291**	**64643**	**292938**
按零售行业小类分								
综合零售	**697924**	**98212**	**41350**	**243108**	**35132**	**106872**	**13633**	**7392**
百货零售	647785	87500	26457	217346	31199	86284	13173	5046
超级市场零售	49640	10713	14786	25432	3885	20345	198	2347
便利店零售	177		5	215	26	34	262	
其他综合零售	322		101	116	23	208		
食品、饮料及烟草制品专门零售	**9369**	**837**	**4266**	**3576**	**1367**	**4966**	**1028**	**1540**
粮油零售	1539	427	974	88	48	558		
糕点、面包零售	1		1					
果品、蔬菜零售	1329		6	336	115	993	1025	
肉、禽、蛋、奶及水产品零售	545		224	270	35	104		
营养和保健品零售	8	5	3	2	2	6		
酒、饮料及茶叶零售	3679	288	2269	1396	504	2300	3	1540
其他食品零售	2270	118	788	1485	664	1004		
纺织、服装及日用品专门零售	**59780**	**42650**	**5090**	**19740**	**3146**	**39709**	**302**	**35799**
纺织品及针织品零售	174			126	16	46		
服装零售	49435	42563	3027	14446	2624	34488	89	35732

11-6 续表 9 （2019 年） 单位:万元

指标名称	固定资产原价	房屋和构筑物	机器设备	累计折旧	本年折旧	固定资产净额	在建工程	无形资产
鞋帽零售	321		41	150	74	127	214	
化妆品及卫生用品零售	5901	14	392	2533	78	3365		49
厨具卫具及日用杂品零售	1			1				
钟表、眼镜零售	551	2	2	370	100	179		
自行车等代步设备零售								
其他日用品零售	3398	70	1627	2115	254	1503		18
文化、体育用品及器材专门零售	**29198**	**22313**	**1339**	**10185**	**1372**	**18457**	**10313**	**6575**
文具用品零售	381		34	190	33	54		
体育用品及器材零售	787		6	384	138	7		
图书、报刊零售	21809	18862	500	7642	777	14165	10313	6565
珠宝首饰零售	5832	3450	576	1758	334	4079		10
乐器零售	176		93	113	76	63		
照相器材零售	50		19	32		15		
其他文化用品零售	163		112	67	14	74		
医药及医疗器材专门零售	**52489**	**30067**	**8547**	**21107**	**5261**	**30862**	**84**	**1732**
西药零售	50599	30018	7169	20447	4952	29641	84	1199
中药零售	881		881	310	148	562		16
医疗用品及器材零售	990	49	498	350	161	640		516
保健辅助治疗器材零售	19					19		
汽车、摩托车、零配件和燃料及其他动力销售	**520182**	**175763**	**134049**	**200958**	**41159**	**305049**	**31978**	**192796**
汽车新车零售	282366	85630	43724	107738	28104	170429	6281	13787
汽车旧车零售	55735	20611	5902	27305	3703	23700	281	4441
汽车零配件零售	5947	865	490	4250	1222	745	38	65
摩托车及零配件零售	291		181	269	47	22		
机动车燃油零售	169068	67710	81731	59389	7641	104285	24538	171181
机动车燃气零售	6775	947	2022	2007	443	5868	839	3321
家用电器及电子产品专门零售	**27494**	**10017**	**9173**	**13198**	**2113**	**15569**	**4135**	**5230**
家用视听设备零售	771		225	282	80	233	4	
日用家电零售	14986	9676	1720	4135	847	10748	4131	5224
计算机、软件及辅助设备零售	8893	341	6284	6825	873	3710		2
通信设备零售	1004		226	692	138	360		
其他电子产品零售	1841		717	1264	175	518		3
五金、家具及室内装饰材料专门零售	**43609**	**37279**	**3521**	**3672**	**1273**	**39892**	**158**	**40046**
五金零售	2285	877	768	954	209	1305		173
家具零售	40418	36382	2504	2462	965	37952	158	39874
卫生洁具零售	65		65	51	8	14		
陶瓷、石材装饰材料零售	32		32	30		1		
其他室内装饰材料零售	809	21	152	174	92	620		
货摊、无店铺及其他零售业	**25609**	**1533**	**3451**	**7381**	**1904**	**17916**	**3012**	**1827**
互联网零售	1935		763	942	775	974		673
邮购及电视、电话零售	15			6		1		3
自动售货机零售	709		371	209	87	493		157
生活用燃料零售	3602	1533	1436	1411	236	2106	597	205
宠物食品用品零售	18124			4299	758	13825	2415	789

11-6 续表 10 （2019 年） 单位：万元

指标名称	固定资产原价	房屋和构筑物	机器设备	累计折旧	本年折旧	固定资产净额	在建工程	无形资产
其他未列明零售业	1225		880	514	48	517		1
按登记注册类型分								
内资企业	**779621**	**274598**	**191565**	**315551**	**60951**	**440200**	**50503**	**250017**
集体企业	342		182	270	32	72		
有限责任公司	435890	147905	75476	179703	37601	250933	28910	85949
国有独资公司	2915	924	41	1310	474	926		2524
其他有限责任公司	432975	146981	75435	178394	37127	250007	28910	83425
股份有限公司	188969	86062	86893	75773	8014	105268	18441	129286
私营企业	154420	40632	29014	59804	15304	83926	3153	34781
私营独资企业	2352	857	812	516	222	1379		578
私营合伙企业	79	60	19	6	6	79		
私营有限责任公司	148669	39383	28083	58849	15019	82460	3153	34203
私营股份有限公司	3321	332	100	433	57	9		
港、澳、台商投资企业	**623697**	**95254**	**12829**	**187185**	**30369**	**98364**	**14068**	**2429**
合资经营企业（港或澳、台资）	80450	73720	2818	10882	2926	69568	1083	87
港、澳、台商独资经营企业	524950	10380	6712	171867	25328	14935	198	2342
港、澳、台商投资股份有限公司	18297	11153	3300	4436	2115	13861	12787	
外商投资企业	**62335**	**48818**	**6391**	**20189**	**1408**	**40727**	**72**	**40491**
中外合资经营企业	14309	9648	4126	13486	164	824	14	
外资企业	38581	36269	1338	992	938	37645	58	39871
外商投资股份有限公司	9425	2901	908	5699	303	2251		621
其他外商投资企业	20		20	12	3	7		
按控股情况分								
国有控股	239716	131827	85620	69054	8553	165287	28611	144432
集体控股	4351		182	3581	112	719		
私人控股	428625	129936	89173	177763	40621	241222	14077	61829
港澳台商控股	551546	26185	10713	180388	27671	33010	12985	3386
外商控股	72700	50891	6924	26555	1875	41422	72	40491
其他	168715	79832	18173	65584	13896	97630	8899	42800
按经营形式分								
独立门店	1293369	354488	168465	445364	78251	486469	57789	243956
连锁总店（总部）	98078	39673	22977	40158	6972	55666	4215	5396
连锁直营店	19364	9067	7259	15356	764	3937	25	13978
连锁加盟店	156		35	89	23	58		5
其他	54687	15443	12049	21957	6718	33161	2614	29603
按单位规模分								
大型	817797	165768	106044	271261	39678	200206	45750	179394
中型	520535	217581	73988	192639	39929	306925	8164	101753
小型	99783	23873	24943	46817	10117	51612	9892	9302
微型	27539	11449	5810	12208	3004	20548	838	2488
按零售业态分								
有店铺零售	**1436761**	**417357**	**199506**	**510483**	**89310**	**563146**	**62261**	**278458**
食杂店	52		4	7	6	45		
便利店	580	14	306	376	43	276	262	

11-6 续表 11　　（2019 年）　　单位:万元

指标名称	固定资产原价	房屋和构筑物	机器设备	累计折旧	本年折旧	固定资产净额	在建工程	无形资产
折扣店	73		6	27	14	5		
超市	10339	1936	2641	6695	1478	2463		1405
大型超市	583682	20733	32458	209826	28691	28078	212	3171
仓储会员店	915		577	333	185	533		35
百货店	56767	26884	9995	30673	3229	26661	13248	7277
专业店	444321	177636	114073	154321	27532	281218	42929	217392
专卖店	245403	107151	35316	97842	23955	140463	4800	17095
家居建材商店	139	43	22	51	18	88		
购物中心	87855	81747	1741	8335	3570	78333		31146
厂家直销中心	6636	1213	2366	2000	590	4984	810	937
无店铺零售	**28893**	**1314**	**11279**	**12442**	**3418**	**16145**	**2383**	**14479**
电视购物	15			6		1		3
邮购	272		250	173	18	77		3
网上商店	1852	2	755	935	773	967		673
电话购物	118			37	16	81	214	
其他	26637	1311	10274	11290	2610	15020	2169	13800
按零售业态分								
有店铺零售	**1436963**	**417357**	**199506**	**510643**	**89387**	**563339**	**62261**	**279037**
食杂店	52		4	7	6	45		
便利店	8339	761	1837	4264	729	1234	262	1509
折扣店	73		6	27	14	5		
超市	10343	1936	2645	6698	1478	2464		1405
大型超市	601979	31887	35758	214262	30807	41939	12999	3172
仓储会员店	1211		652	570	275	743		738
百货店	56822	26884	9999	30701	3233	26689	13248	7277
专业店	444686	177636	114155	154578	27629	281467	42929	218095
专卖店	257676	107151	35623	101701	26622	148435	5221	17109
家居建材商店	139	43	22	51	18	88		
购物中心	89521	82570	1972	8955	3684	78535		31795
厂家直销中心	6648	1213	2372	2003	591	4993	810	937
无店铺零售	**31786**	**1333**	**11774**	**13718**	**3776**	**16829**	**2383**	**15493**
电视购物	15			6		1		3
邮购	307		256	189	20	96		3
网上商店	5194	2	819	2283	1150	2038	1025	1169
自动售货亭	738		400	228	93	503		159
电话购物	368		250	211	34	158	214	3
其他	27617	1330	10699	11577	2707	15632	2169	14318
按经营地分								
城镇	29618	1328	11762	12911	3550	15629	1357	15484
城区	22828	1277	9761	10220	2360	12527	1311	12576
乡村	2168	5	13	807	227	1200	1025	9
按港澳台商投资情况分								
港商投资	2028		706	488	255	1540	1025	

11-6 续表 12　　（2019 年）　　单位:万元

指标名称	二、期末资产负债							
	土地使用权	资产总计	流动负债合计		负债合计	所有者权益合计	实收资本	
				应付账款				个人资本
总计	**278666**	**34520482**	**24596223**	**5214106**	**27319914**	**7854241**	**4732923**	**792078**
批发业	**72480**	**24714860**	**18101862**	**4129237**	**19346917**	**6007871**	**3557355**	**504335**
按批发行业小类分								
农、林、牧产品批发	**11380**	**1457081**	**795284**	**136761**	**1019960**	**429996**	**272698**	**37969**
谷物、豆及薯类批发	6441	797184	491408	20052	609804	187186	123753	100
种子批发	4939	162824	47399	16376	51135	111689	62268	24305
畜牧渔业饲料批发		31260	21727	4666	22607	8653	7434	3180
棉、麻批发		225015	165553	84992	163774	61241	30935	7180
林业产品批发		5207	4022	3938	4022	1184		
牲畜批发		46631	593	3	593	46038	35000	
其他农牧产品批发		188960	64582	6734	168025	14004	13309	3204
食品、饮料及烟草制品批发	**12166**	**1459936**	**827575**	**163080**	**875007**	**578767**	**172413**	**31708**
米、面制品及食用油批发	6838	302573	226640	9450	259377	41895	76508	880
糕点、糖果及糖批发		618	458		470	148	10	
果品、蔬菜批发		42470	15082	7903	21344	21126	18519	17132
肉、禽、蛋、奶及水产品批发		32753	16517	6400	16836	14787	15580	644
盐及调味品批发	33	32070	5084	2234	5269	26801	10632	1350
营养和保健品批发		13893	5932	5748	5932	7962	4122	
酒、饮料及茶叶批发	1253	500272	422021	101177	426910	69633	23775	6400
烟草制品批发	4020	416376	66055	20162	66484	349892	7887	
其他食品批发	23	118911	69787	10006	72386	46525	15382	5302
纺织、服装及家庭用品批发	**47**	**1385894**	**1256628**	**117554**	**1263903**	**121905**	**62236**	**30017**
纺织品、针织品及原料批发	47	46646	31177	16671	31180	15466	6294	1360
服装批发		145659	115523	38044	119840	25733	18578	11553
鞋帽批发		4684	4263	1038	4263	421	150	150
化妆品及卫生用品批发		48059	37228	12409	38781	9278	5918	2698
厨具卫具及日用杂品批发		11023	8647	3150	8647	2376	2710	1250
灯具、装饰物品批发		29751	35160	-98	35160	-5409	5000	
家用视听设备批发		26028	22973	547	23775	2253	900	900
日用家电批发		1030310	966217	38974	966817	63492	17732	9955
其他家庭用品批发		43734	35439	6819	35439	8295	4954	2152
文化、体育用品及器材批发	**3768**	**911943**	**509593**	**272821**	**517657**	**391466**	**185866**	**36016**
文具用品批发	291	114500	80604	41466	80605	33896	118564	10528
体育用品及器材批发		21297	16799	7967	17013	3988	1150	550
图书批发		562287	272432	164785	278588	281897	24393	4692
音像制品、电子和数字出版物批发		4754	2843	2403	2843	1912	950	500
首饰、工艺品及收藏品批发		125963	81922	44200	83572	42218	23225	18495
乐器批发		1084	766	313	766	318	50	50
其他文化用品批发	3477	82058	54226	11687	54270	27238	17534	1201
医药及医疗器材批发	**10616**	**6353911**	**5180581**	**1709522**	**5243731**	**1108129**	**668370**	**105911**
西药批发	6141	3362330	2801660	754895	2832727	529603	364222	26605
中药批发	2396	1682115	1379506	478516	1383729	298386	163129	49085
动物用药品批发		240529	231819	76684	232231	8298	7950	1000
医疗用品及器材批发	2078	1068938	767597	399426	795044	271844	133069	29221

11-6 续表 13 （2019 年） 单位：万元

指标名称	二、期末资产负债							
	土地使用权	资产总计	流动负债合计	应付账款	负债合计	所有者权益合计	实收资本	个人资本
矿产品、建材及化工产品批发	**25867**	**10387978**	**7409863**	**881514**	**8183335**	**2864253**	**1726111**	**158936**
煤炭及制品批发	1937	2664802	2093053	358371	2163948	494792	433592	26434
石油及制品批发	17293	595046	1251448	88088	1280219	-11450	47424	11359
非金属矿及制品批发		50456	23351	8700	47247	3209	2450	380
金属及金属矿批发	644	5072098	2463696	246518	3068802	1997280	1016796	55241
建材批发	488	1654813	1312725	107810	1343605	309458	164497	37149
化肥批发	295	106618	94500	40235	99561	7057	11800	456
农药批发	987	41129	36093	8531	37088	4041	1600	320
其他化工产品批发	4222	203016	134998	23260	142866	59866	47952	27597
机械设备、五金产品及电子产品批发	**7642**	**2623901**	**2028613**	**797393**	**2145520**	**476941**	**442519**	**85907**
农业机械批发		3974	3311	3102	3311	663	133	
汽车及零配件批发	2489	497336	506385	116403	516284	-18948	46816	13421
摩托车及零配件批发		2570	1704	1420	1704	866	900	800
五金产品批发		88037	31124	17142	31600	56347	44535	1915
电气设备批发	891	145085	111893	44765	112087	32998	26778	7488
计算机、软件及辅助设备批发		82617	45489	20227	45921	36696	26074	17914
通讯设备批发		570526	429388	150317	449785	119785	170881	23953
广播影视设备批发		8052	6320	4115	7138	1031	500	
其他机械设备及电子产品批发	4263	1225704	892998	439903	977690	247505	125904	20416
贸易经纪与代理		**16206**	**12106**	**5743**	**12106**	**4100**	**3067**	**756**
贸易代理		15191	11154	4959	11154	4037	3057	746
其他贸易经纪与代理		1015	952	784	952	63	10	10
其他批发业	**995**	**118010**	**81620**	**44850**	**85697**	**32312**	**24075**	**17117**
再生物资回收与批发	995	17076	11867	5598	11867	5209	5401	4281
互联网批发		23079	13980	2653	13980	9099	8004	7500
其他未列明批发业		77855	55773	36600	59850	18005	10671	5337
按登记注册类型分								
内资企业	**72480**	**24550406**	**18010469**	**4112547**	**19255524**	**5934811**	**3485407**	**503997**
国有企业	4123	481285	120740	18172	126184	355101	15841	
股份合作企业	281	843	1548	130	1549	-706	92	20
联营企业		11558	34		34	11524	2000	1600
其他联营企业		11558	34		34	11524	2000	1600
有限责任公司	39421	16705179	11306065	2384230	12345828	4339765	2571540	204567
国有独资公司	4485	1422758	890490	240951	944700	478057	186382	
其他有限责任公司	34936	15282421	10415575	2143279	11401127	3861707	2385158	204567
股份有限公司	16512	1630169	2084324	356543	2103600	202557	131852	26116
私营企业	12142	5721373	4497760	1353471	4678330	1026570	764082	271694
私营独资企业		436	433	203	433	3	3	
私营有限责任公司	12142	5682591	4482878	1345568	4660670	1005449	751886	259501
私营股份有限公司		38345	14450	7700	17227	21118	12193	12193
港、澳、台商投资企业		**142988**	**75176**	**5870**	**75176**	**67811**	**69690**	**338**
合资经营企业（港或澳、台资）		916	733	472	733	182	690	338
港、澳、台商独资经营企业		142072	74443	5399	74443	67629	69000	
外商投资企业		**21466**	**16217**	**10820**	**16217**	**5249**	**2258**	

11-6 续表 14　　　　　　　　　　　　(2019 年)　　　　　　　　　　　　单位:万元

指标名称	二、期末资产负债							
	土地使用权	资产总计	流动负债合计	应付账款	负债合计	所有者权益合计	实收资本	个人资本
中外合资经营企业								
外资企业		4671	1372	1115	1372	3299	186	
其他外商投资企业		16795	14845	9705	14845	1950	2072	
按控股情况分								
国有控股	38623	8548643	6675675	1380246	7046548	2173206	1277112	8795
集体控股	891	76873	53011	39621	49823	27050	12165	2600
私人控股	25141	11431372	7492726	2086133	8318882	3082248	1669739	478244
港澳台商控股		142988	75176	5870	75176	67811	69690	338
外商控股		43203	27642	19612	27642	15561	7322	
其他	7825	4471781	3777632	597755	3828846	641995	521327	14358
按经营形式分								
独立门店	39428	7179028	6046722	1292085	6491652	1340659	716100	216419
连锁直营店		11574	5725	2412	5725	5849	5260	200
其他	33053	17524258	12049415	2834740	12849540	4661363	2835995	287715
按单位规模分								
大型	28165	6275667	5666352	1493562	5740400	1210183	462604	5020
中型	35329	10551415	6900597	1615291	7597608	2953808	1479962	246693
小型	8954	5936488	4247941	837982	4501923	1434565	1270930	219277
微型	33	1951290	1286973	182402	1506986	409315	343858	33345
按经营地分								
城镇	63007	22496927	16197708	3872884	17329649	5809060	3438720	446337
城区	22601	9360119	6794876	1767039	7230415	2105030	1369245	289870
乡村	9474	2217932	1904155	256353	2017268	198810	118635	57998
按港澳台商投资情况分								
港商投资		142072	74443	5399	74443	67629	69000	
澳商投资		916	733	472	733	182	690	338
零售业	**206186**	**9805622**	**6494360**	**1084869**	**7972997**	**1846370**	**1175568**	**287743**
按零售行业小类分								
综合零售	**5849**	**2343833**	**1026798**	**270135**	**2229803**	**126955**	**160754**	**23968**
百货零售	3507	2143970	878376	199190	2016655	140201	130208	19572
超级市场零售	2342	174571	125330	56750	187704	−13133	27783	1763
便利店零售		12976	12846	12568	14808	−1712	1100	1000
其他综合零售		12316	10246	1626	10637	1599	1663	1633
食品、饮料及烟草制品专门零售		**237128**	**133673**	**24363**	**137467**	**98434**	**31629**	**5380**
粮油零售		7158	4776	778	4776	2383	2300	1500
糕点、面包零售		512	260	254	260	252	50	50
果品、蔬菜零售		42698	9272	1118	10291	32407	7825	100
肉、禽、蛋、奶及水产品零售		9381	5860	274	5861	3520	3300	1100
营养和保健品零售		4734	3916	1273	3957	777	4	4
酒、饮料及茶叶零售		141411	80431	11239	81606	58656	12213	1290
其他食品零售		31235	29158	9426	30718	439	5937	1336
纺织、服装及日用品专门零售	**35575**	**350564**	**226471**	**70785**	**241955**	**108647**	**50533**	**10021**
纺织品及针织品零售		6053	5677	5095	5698	354	300	20
服装零售	35575	235136	137698	32999	148942	85857	32960	6976

11-6 续表 15　　　　（2019 年）　　　　单位：万元

指标名称	二、期末资产负债							
	土地使用权	资产总计	流动负债合计	应付账款	负债合计	所有者权益合计	实收资本	个人资本
鞋帽零售		17174	17708	13696	18158	-984	3742	650
化妆品及卫生用品零售		44865	36265	12013	36948	7646	5751	1669
厨具卫具及日用杂品零售		946	785		785	160	50	50
钟表、眼镜零售		14867	5829	3916	5829	9039	3130	48
自行车等代步设备零售		142			123	19		
其他日用品零售		31382	22510	3066	25473	6556	4600	608
文化、体育用品及器材专门零售	**1599**	**209928**	**130536**	**51601**	**136427**	**73370**	**57969**	**16047**
文具用品零售		8198	2944	1348	4218	3920	2272	1522
体育用品及器材零售		32834	22898	6576	22898	9936	1130	300
图书、报刊零售	1599	88239	47312	30079	49878	38361	18259	3630
珠宝首饰零售		52677	44561	10359	46498	6108	26051	4219
乐器零售		10615	4948	2338	4968	5648	5344	3835
照相器材零售		8001	5211	51	5305	2697	1902	801
其他文化用品零售		9363	2662	851	2662	6701	3010	1740
医药及医疗器材专门零售	**296**	**512167**	**402069**	**123033**	**410073**	**102094**	**47297**	**14121**
西药零售	296	310007	247689	89325	252337	57670	27646	3881
中药零售		126747	112798	18060	114299	12449	4801	1590
医疗用品及器材零售		72954	39318	13944	41172	31782	14850	8650
保健辅助治疗器材零售		2459	2265	1704	2265	194		
汽车、摩托车、零配件和燃料及其他动力销售	**118015**	**4812883**	**3487753**	**267161**	**3707593**	**1109601**	**603954**	**138423**
汽车新车零售	1537	2421748	1833640	208613	1985442	439911	365470	121244
汽车旧车零售	1513	735681	526344	41820	529900	207255	155484	4500
汽车零配件零售		57497	36043	2841	37765	18963	8448	3250
摩托车及零配件零售		4843	2240	679	2240	2602	2350	1850
机动车燃油零售	111644	1569893	1078312	10185	1141072	428821	66345	7479
机动车燃气零售	3321	23222	11174	3023	11174	12048	5858	100
家用电器及电子产品专门零售	**5041**	**710739**	**529294**	**164801**	**549681**	**158949**	**140900**	**57965**
家用视听设备零售		19679	9746	1358	9843	9835	7709	4875
日用家电零售	5041	398176	352769	121546	354818	43337	41942	4143
计算机、软件及辅助设备零售		198268	102505	32583	108550	87234	65550	36348
通信设备零售		45066	37309	-4692	48799	-1582	9804	4456
其他电子产品零售		49551	26965	14007	27671	20125	15895	8143
五金、家具及室内装饰材料专门零售	**39708**	**243616**	**200299**	**26197**	**202057**	**41557**	**46321**	**11029**
五金零售		34070	26553	11147	27284	6785	3795	1303
家具零售	39708	178712	149261	1753	149286	29426	39030	6591
卫生洁具零售		823	32		32	791	500	500
陶瓷、石材装饰材料零售		989	1265	35	1265	-276	100	
其他室内装饰材料零售		29022	23187	13261	24190	4832	2895	2635
货摊、无店铺及其他零售业	**103**	**384763**	**357467**	**86794**	**357943**	**26763**	**36211**	**10789**
互联网零售		267406	266724	36589	267080	327	11278	2236
邮购及电视、电话零售		744	2212	1379	2212	-1468	200	
自动售货机零售		2436	1164	895	1164	1273	1000	
生活用燃料零售	103	29465	18474	7111	18579	10828	12631	1683
宠物食品用品零售		21060	11272	2830	11272	9788	3000	

11-6 续表 16　　(2019 年)　　单位:万元

指标名称	二、期末资产负债							
	土地使用权	资产总计	流动负债合计	应付账款	负债合计	所有者权益合计	实收资本	个人资本
其他未列明零售业		63652	57621	37989	57636	6016	8102	6870
按登记注册类型分								
内资企业	**164136**	**7773817**	**5900164**	**951782**	**6277468**	**1497180**	**1048536**	**287257**
集体企业		8643	7935	6866	7935	708	290	
有限责任公司	59439	4227963	3297401	622028	3495649	736354	667303	131722
国有独资公司	639	27785	15038	9587	15446	12339	3700	
其他有限责任公司	58801	4200178	3282364	612441	3480204	724015	663603	131722
股份有限公司	76591	1688430	1224385	68302	1311894	376536	41997	4418
私营企业	28106	1848781	1370442	254587	1461990	383582	338946	151117
私营独资企业		17438	15392	2464	16035	1403	2525	413
私营合伙企业		94	84	18	84	10	75	75
私营有限责任公司	28106	1811897	1341089	249006	1431399	377288	333850	150053
私营股份有限公司		19353	13877	3100	14472	4881	2496	576
港、澳、台商投资企业	**2342**	**1831986**	**433037**	**124730**	**1501458**	**330528**	**80804**	
合资经营企业(港或澳、台资)		158106	85717	25249	117525	40581	15315	
港、澳、台商独资经营企业	2342	1346646	33976	4902	1070590	276056	62489	
港、澳、台商投资股份有限公司		327235	313344	94579	313344	13891	3000	
外商投资企业	**39708**	**199819**	**161160**	**8358**	**194071**	**18662**	**46228**	**486**
中外合资经营企业		22191	51627	4411	51991	-29800	8862	
外资企业	39708	89333	61567	2315	79135	23113	30300	
外商投资股份有限公司		87653	47356	1631	62336	25317	6566	486
其他外商投资企业		642	610		610	32	500	
按控股情况分								
国有控股	79559	1854785	1280382	81766	1378399	476386	79245	1542
集体控股		48893	29258	14952	51732	-2839	1590	
私人控股	45032	4374333	3369441	719796	3559479	816528	691038	268545
港澳台商控股	3298	1716848	377857	117538	1414470	302378	67489	
外商控股	39708	238531	223787	15442	258881	-7436	59854	486
其他	38589	1572232	1213636	135375	1310036	261354	276352	17170
按经营形式分								
独立门店	165701	7974376	5059693	603435	6470251	1519965	905798	233419
连锁总店(总部)	5337	589826	478164	208679	526119	63707	57654	5506
连锁直营店	5862	215366	207951	82559	207951	7415	39062	3097
连锁加盟店		14971	9966	3861	9966	5005	6588	300
其他	29285	1011083	738586	186334	758710	250278	166465	45421
按单位规模分								
大型	120975	3876660	1981328	356140	3136120	740540	185865	2131
中型	75017	4171851	3315942	453392	3497799	673994	617588	128621
小型	7800	1223089	853033	198059	900151	323707	280991	122077
微型	2394	534022	344057	77277	438927	108128	91124	34915
按零售业态分								
有店铺零售	**199181**	**9124974**	**5956051**	**979747**	**7431291**	**1707833**	**1074913**	**265232**
食杂店		1928	1225	1023	1225	704	520	500
便利店		16330	14726	13582	16729	-279	2222	1822

11-6 续表 17 （2019 年） 单位:万元

指标名称	二、期末资产负债							
	土地使用权	资产总计	流动负债合计	应付账款	负债合计	所有者权益合计	实收资本	个人资本
折扣店		4103	1369	839	1892	2211	1450	300
超市	1400	79854	52971	24161	119428	-38943	16448	4536
大型超市	2342	1578503	311431	105734	1334688	243816	115142	15943
仓储会员店		14745	10202	3819	10203	4543	3762	1606
百货店	7276	635424	633666	127313	721732	-73598	28478	3927
专业店	148825	4393593	3166944	379167	3369142	1021489	473632	138209
专卖店	8004	2044042	1517739	246452	1570299	471716	379516	87557
家居建材商店		7520	9010	910	9010	-1491	1200	100
购物中心	30406	233318	142993	32715	174905	58412	35605	3727
厂家直销中心	928	115614	93775	44031	102039	19253	16938	7004
无店铺零售	**7005**	**680648**	**538309**	**105122**	**541706**	**138537**	**100655**	**22512**
电视购物		744	2212	1379	2212	-1468	200	
邮购		8938	4182	3480	4182	4756	600	
网上商店		263834	265275	36733	265630	-1796	8271	177
电话购物		11245	10815	9215	10815	430	2093	2001
其他	7005	395887	255825	54316	258867	136615	89491	20334
按零售业态分								
有店铺零售	**199181**	**9134933**	**5966926**	**979747**	**7442166**	**1706918**	**1076513**	**265232**
食杂店		1928	1225	1023	1225	704	520	500
便利店		85471	23188	12022	88210	-2619	15677	2300
折扣店		4103	1369	839	1892	2211	1450	300
超市	1400	81384	54417	25558	120874	-38859	16548	4636
大型超市	2342	1905738	624775	200313	1648031	257707	118142	15943
仓储会员店		28461	23605	6221	23623	4809	6662	1606
百货店	7276	646003	642811	129824	730877	-72163	30478	4327
专业店	148825	4410973	3182777	381569	3384977	1023034	476632	139309
专卖店	8004	2176175	1626144	245815	1679741	494408	390216	88316
家居建材商店		7520	9010	910	9010	-1491	1200	100
购物中心	31006	259946	174575	31496	208021	51925	42005	5897
厂家直销中心	928	118256	95174	44480	103438	20496	18000	8066
无店铺零售	**7005**	**795560**	**630524**	**120129**	**635776**	**159380**	**128438**	**36764**
电视购物		744	2212	1379	2212	-1468	200	
邮购		11294	4327	3519	4327	6967	2911	2311
网上商店		361034	332993	46104	334388	26646	30859	4880
自动售货亭		6500	4414	3960	4414	2087	1100	
电话购物		14595	13818	12196	13818	777	2193	2001
其他	7005	460149	291020	61170	295916	163828	105870	32312
按经营地分								
城镇	7005	499453	387086	116471	391318	107730	118841	36250
城区	5862	373143	274157	88177	275856	96883	85121	24287
乡村		296107	243438	3658	244457	51650	9597	514
按港澳台商投资情况分								
港商投资		43814	9336	1126	10355	33459	7735	

11-6 续表 18 （2019 年） 单位:万元

指标名称	营业收入	主营业务收入	营业成本	税金及附加	其他业务利润	销售费用	管理费用
总计	**62186391**	**61421003**	**57416832**	**294564**	**354825**	**1923458**	**979722**
批发业	**45893397**	**45560763**	**43167856**	**242589**	**112787**	**926450**	**502123**
按批发行业小类分							
农、林、牧产品批发	**1139028**	**1120828**	**1079565**	**1780**	**16058**	**20575**	**22013**
谷物、豆及薯类批发	392956	379519	369120	283	15446	7351	8375
种子批发	85862	84170	62199	867	342	6598	6230
畜牧渔业饲料批发	88324	88324	84920	22		1825	850
棉、麻批发	459437	456696	454566	318	14	3247	4262
林业产品批发	5101	5101	4723			3	20
牲畜批发	15640	15320	14834	40	256	898	1308
其他农牧产品批发	91709	91699	89203	249		653	969
食品、饮料及烟草制品批发	**2886407**	**2867115**	**2324903**	**186085**	**3632**	**92844**	**71809**
米、面制品及食用油批发	354673	353691	331673	889	214	16555	7289
糕点、糖果及糖批发	8002	8002	7632	6		200	59
果品、蔬菜批发	103197	103122	95178	239	134	929	4560
肉、禽、蛋、奶及水产品批发	126783	126331	119323	265	119	5349	1767
盐及调味品批发	34247	33165	30771	100	957	1329	2457
营养和保健品批发	43512	43512	38447	47	1484	2360	1901
酒、饮料及茶叶批发	639506	624686	565205	1085	216	18294	11493
烟草制品批发	1345992	1344626	942242	182958	231	38989	35494
其他食品批发	230495	229979	194432	497	278	8839	6789
纺织、服装及家庭用品批发	**2559190**	**2501636**	**2415814**	**2024**	**2943**	**73172**	**34605**
纺织品、针织品及原料批发	124211	124065	118703	86		2932	2536
服装批发	226931	225693	197334	330	-7	18321	10351
鞋帽批发	8504	8504	7089	18		64	555
化妆品及卫生用品批发	136992	132586	124059	128	2519	6703	3146
厨具卫具及日用杂品批发	31437	31360	25779	18		5175	725
灯具、装饰物品批发	17414	17375	15959	24		3879	409
家用视听设备批发	81880	80579	75514	105	373	5451	394
日用家电批发	1850548	1800203	1779396	1225	57	26768	11429
其他家庭用品批发	81272	81272	71983	92		3879	5061
文化、体育用品及器材批发	**1657824**	**1650196**	**1553590**	**2057**	**10734**	**48720**	**29964**
文具用品批发	360257	360257	346066	256		7864	3503
体育用品及器材批发	121809	121296	106867	186		10998	1916
图书批发	547934	542485	491097	1018	9697	21986	16028
音像制品、电子和数字出版物批发	18308	18143	16623	1		711	551
首饰、工艺品及收藏品批发	344277	344036	338417	114	65	3562	1627
乐器批发	8073	8045	7066	16			970
其他文化用品批发	257166	255934	247455	466	973	3599	5371
医药及医疗器材批发	**7801681**	**7783453**	**7098068**	**17405**	**12980**	**234456**	**159234**
西药批发	3851766	3842187	3536951	8082	5233	106964	63727
中药批发	2410436	2404222	2237734	4975	5851	58340	36697
动物用药品批发	154770	154770	141573	258		2923	6327
医疗用品及器材批发	1384709	1382274	1181810	4090	1896	66229	52483

11-6 续表19 （2019年） 单位：万元

指标名称	营业收入	主营业务收入	营业成本	税金及附加	其他业务利润	销售费用	管理费用
矿产品、建材及化工产品批发	**20563578**	**20443876**	**19837270**	**24445**	**50680**	**217572**	**93153**
煤炭及制品批发	5326661	5320270	5225831	9214	1319	37953	18806
石油及制品批发	3728981	3709094	3561985	2608	-367	63539	1250
非金属矿及制品批发	257934	256291	234413	509		2863	5082
金属及金属矿批发	8620485	8535536	8321367	7867	41918	65919	36477
建材批发	1339517	1335096	1251053	2795	4952	17222	17061
化肥批发	533909	532948	526076	378	2633	4318	4317
农药批发	54665	54171	39196	39		11390	2209
其他化工产品批发	701427	700470	677349	1035	225	14369	7952
机械设备、五金产品及电子产品批发	**8811639**	**8719863**	**8410129**	**8325**	**15559**	**227339**	**84118**
农业机械批发	11622	10780	10614	10		610	341
汽车及零配件批发	1551971	1508319	1463623	1186	12479	65231	16200
摩托车及零配件批发	5696	5696	5387	3		247	77
五金产品批发	92506	91424	81247	109	1056	4493	3724
电气设备批发	175114	174878	163242	422	81	5277	4807
计算机、软件及辅助设备批发	137298	137209	123457	232		3868	6674
通讯设备批发	2493578	2457532	2406312	1882	293	50180	7526
广播影视设备批发	16562	16562	15096	24		345	591
其他机械设备及电子产品批发	4327293	4317464	4141152	4457	1650	97088	44177
贸易经纪与代理	**97796**	**97796**	**92919**	**49**		**1991**	**2143**
贸易代理	93764	93764	89019	49		1903	2088
其他贸易经纪与代理	4032	4032	3900			88	55
其他批发业	**376255**	**376000**	**355599**	**420**	**200**	**9782**	**5083**
再生物资回收与批发	55311	55282	48867	196	-38	1954	1421
互联网批发	56357	56357	54878	5		418	457
其他未列明批发业	264586	264362	251853	218	238	7410	3206
按登记注册类型分							
内资企业	**45740751**	**45408555**	**43025364**	**242323**	**112413**	**918284**	**497904**
国有企业	1582902	1580295	1175859	183218	1026	39666	37697
股份合作企业	5695	5610	5301	9	86	273	140
联营企业	5171	5166	3229	2		48	331
其他联营企业	5171	5166	3229	2		48	331
有限责任公司	30014406	29817467	28685462	40197	91223	516409	258461
国有独资公司	4599401	4591221	4508629	3877	3678	27722	25290
其他有限责任公司	25415005	25226247	24176832	36320	87545	488687	233171
股份有限公司	3219937	3200151	2970187	4776	1161	74286	4864
私营企业	10912640	10799865	10185326	14121	18918	287602	196412
私营独资企业	3602	3602	3551	7		1224	37
私营有限责任公司	10844091	10731395	10132027	14048	9236	282011	192273
私营股份有限公司	64946	64868	49748	66	9683	4366	4103
港、澳、台商投资企业	**32785**	**32347**	**30020**	**166**	**373**	**3171**	**2480**
合资经营企业（港或澳、台资）	4178	4178	3505	4		426	208
港、澳、台商独资经营企业	28607	28169	26515	162	373	2745	2272
外商投资企业	**119862**	**119862**	**112471**	**100**		**4995**	**1739**

11-6 续表 20　　　　（2019 年）　　　　单位:万元

指标名称	营业收入	主营业务收入	营业成本	税金及附加	其他业务利润	销售费用	管理费用
中外合资经营企业							
外资企业	14609	14609	10958	2		1709	1440
其他外商投资企业	105252	105252	101513	98		3287	299
按控股情况分							
国有控股	20782827	20662493	19717132	202749	61897	217524	121312
集体控股	68661	68321	59794	243	81	4959	1453
私人控股	17556218	17392377	16292401	27774	40327	543633	320817
港澳台商控股	32785	32347	30020	166	373	3171	2480
外商控股	123761	122733	114892	104		5784	2282
其他	7329146	7282493	6953617	11553	10108	151379	53780
按经营形式分							
独立门店	15312083	15223483	14464866	21323	14643	313145	177435
连锁直营店	44885	44850	40633	51	15	2814	165
其他	30536430	30292430	28662357	221214	98128	610491	324524
按单位规模分							
大型	10193532	10095614	9108697	198065	7494	271350	109350
中型	21819161	21672469	20824311	24660	60608	443530	244258
小型	10730013	10652340	10156542	12644	40087	193836	130405
微型	3150692	3140341	3078305	7221	4598	17733	18110
按经营地分							
城镇	42221213	41898975	39705054	238057	110487	853359	468108
城区	20802717	20621909	19774733	28311	48864	408639	284441
乡村	3672185	3661789	3462802	4532	2299	73091	34016
按港澳台商投资情况分							
港商投资	28607	28169	26515	162	373	2745	2272
澳商投资	4178	4178	3505	4		426	208
零售业	**16292993**	**15860239**	**14248977**	**51975**	**242038**	**997008**	**477599**
按零售行业小类分							
综合零售	**2345829**	**2117264**	**1809218**	**12236**	**159607**	**205854**	**189050**
百货零售	1877077	1681165	1435534	10624	153216	133194	169817
超级市场零售	421107	391327	337064	1497	3734	64305	16482
便利店零售	14672	11850	6659	46	2657	7298	568
其他综合零售	32973	32923	29961	69		1057	2182
食品、饮料及烟草制品专门零售	**338720**	**329306**	**270966**	**863**	**664**	**32760**	**9696**
粮油零售	10422	10383	9690	11	40	473	181
糕点、面包零售	1838	1838	1563	3		76	134
果品、蔬菜零售	5541	5230	3312	4	311	256	651
肉、禽、蛋、奶及水产品零售	23779	23076	20511	23	10	2442	218
营养和保健品零售	7624	7624	4885	32		570	911
酒、饮料及茶叶零售	175842	175725	146762	523		12264	4571
其他食品零售	113675	105432	84243	266	304	16680	3031
纺织、服装及日用品专门零售	**600612**	**585378**	**454701**	**2756**	**9974**	**67524**	**28540**
纺织品及针织品零售	3809	3809	2396	18		1021	641
服装零售	345918	340088	285437	1831	8622	38514	10514

11-6 续表21　　(2019年)　　单位:万元

指标名称	营业收入	主营业务收入	营业成本	税金及附加	其他业务利润	销售费用	管理费用
鞋帽零售	53229	52935	40628	150	116	12547	4043
化妆品及卫生用品零售	97890	94087	47177	459	1141	2937	10060
厨具卫具及日用杂品零售	1529	1529	1405	2		62	
钟表、眼镜零售	36195	36141	27622	152		4204	1521
自行车等代步设备零售	1921	1921	1815	3		12	81
其他日用品零售	60123	54868	48221	142	94	8229	1681
文化、体育用品及器材专门零售	**336425**	**331698**	**268541**	**1120**	**1353**	**42412**	**14670**
文具用品零售	21888	21888	19891	34		418	777
体育用品及器材零售	84218	83627	60215	215	582	17272	2409
图书、报刊零售	96161	92577	79505	379	259	7084	6263
珠宝首饰零售	91841	91289	71467	438	510	16449	3571
乐器零售	12280	12280	10986	14		187	685
照相器材零售	9682	9682	9212	6	2	154	465
其他文化用品零售	20356	20355	17267	34	1	849	501
医药及医疗器材专门零售	**751042**	**739971**	**564303**	**2897**	**8713**	**127116**	**23532**
西药零售	495343	484308	352933	2216	8703	109269	17259
中药零售	174489	174463	155636	334		5500	2444
医疗用品及器材零售	80746	80736	55330	346	10	12294	3807
保健辅助治疗器材零售	465	465	405	1		54	21
汽车、摩托车、零配件和燃料及其他动力销售	**9172016**	**9030117**	**8446580**	**21246**	**50174**	**314699**	**141676**
汽车新车零售	6350231	6256206	5965553	12565	41706	195158	98615
汽车旧车零售	1185828	1167179	1095813	4200	4490	36557	18925
汽车零配件零售	236685	231692	216479	254	2985	4600	6217
摩托车及零配件零售	7049	7049	6361	15		137	260
机动车燃油零售	1350818	1326586	1127216	4172	993	77957	14961
机动车燃气零售	41404	41404	35158	40		290	2697
家用电器及电子产品专门零售	**1506192**	**1486548**	**1330253**	**8797**	**11274**	**87281**	**45980**
家用视听设备零售	35037	35015	31969	95	6	1311	986
日用家电零售	904894	889296	784575	2058	8915	67868	24958
计算机、软件及辅助设备零售	335291	334787	302092	2866	215	7722	13163
通信设备零售	109477	107328	100335	3496	631	5586	3467
其他电子产品零售	121494	120122	111282	282	1507	4795	3406
五金、家具及室内装饰材料专门零售	**142544**	**141889**	**118974**	**504**		**10579**	**12547**
五金零售	60453	60419	54783	108		2420	1741
家具零售	41089	40467	26647	309		6144	10060
卫生洁具零售	3863	3863	2913	7		780	80
陶瓷、石材装饰材料零售	2067	2067	1803	11		194	
其他室内装饰材料零售	35073	35073	32829	70		1041	665
货摊、无店铺及其他零售业	**1099613**	**1098068**	**985440**	**1558**	**280**	**108783**	**11909**
互联网零售	844536	843304	755433	991	6	97343	7026
邮购及电视、电话零售	828	828	373	1		313	261
自动售货机零售	5380	5380	3248	23		1681	415
生活用燃料零售	121085	120943	118164	143	274	317	1737
宠物食品用品零售	25255	25255	20736	85		2537	713

11-6 续表 22 （2019 年） 单位:万元

指标名称	营业收入	主营业务收入	营业成本	税金及附加	其他业务利润	销售费用	管理费用
其他未列明零售业	102529	102357	87487	315		6593	1758
按登记注册类型分							
内资企业	**14346571**	**14050115**	**12726371**	**43461**	**106502**	**890176**	**345631**
集体企业	12137	12137	11453	4		433	213
有限责任公司	9079370	8875187	8110136	27300	78501	562889	218831
国有独资公司	144988	144683	138187	252	144	2207	2127
其他有限责任公司	8934382	8730504	7971949	27047	78357	560682	216704
股份有限公司	1452960	1421494	1161322	4037	9028	142250	23266
私营企业	3802104	3741297	3443459	12120	18973	184604	103320
私营独资企业	19406	19386	16889	96		485	2532
私营合伙企业	241	241	222				36
私营有限责任公司	3754387	3693600	3403177	11340	18973	183041	99806
私营股份有限公司	28071	28071	23172	684		1078	947
港、澳、台商投资企业	**1666241**	**1532712**	**1266629**	**7798**	**132522**	**86858**	**121175**
合资经营企业（港或澳、台资）	175580	170554	157880	730	1417	9063	5779
港、澳、台商独资经营企业	1297525	1194821	970954	6268	105849	59991	94207
港、澳、台商投资股份有限公司	193136	167337	137795	800	25256	17804	21189
外商投资企业	**280181**	**277413**	**255977**	**717**	**3014**	**19974**	**10794**
中外合资经营企业	58909	58692	54082	82	2728	7483	490
外资企业	32536	31098	21320	319		8387	6982
外商投资股份有限公司	186031	184918	178788	329	280	4104	1967
其他外商投资企业	2705	2705	1787	-14	6		1355
按控股情况分							
国有控股	1850453	1796966	1569539	4620	22196	100089	27147
集体控股	106289	98737	89933	606		2786	10386
私人控股	9066792	8892938	8105627	28882	53320	564474	226833
港澳台商控股	1674399	1545897	1276595	7853	131105	84726	117381
外商控股	360280	356607	324711	844	3866	29679	12091
其他	3234780	3169095	2882572	9170	31551	215254	83761
按经营形式分							
独立门店	12434792	12089982	11011871	43049	209574	585334	373769
连锁总店（总部）	1303190	1247480	1001424	4214	26541	202242	49252
连锁直营店	326626	311187	261113	519	3531	37460	8237
连锁加盟店	29027	28888	27469	63	4	2036	642
其他	2199358	2182703	1947099	4131	2387	169937	45698
按单位规模分							
大型	4098901	3877329	3197902	13482	165563	368925	179612
中型	8606918	8432889	7855582	20878	64375	412749	207201
小型	2374531	2340374	2096664	11508	11726	125488	73010
微型	1212643	1209647	1098829	6107	374	89846	17776
按零售业态分							
有店铺零售	**14847617**	**14421531**	**12968219**	**49626**	**241220**	**866237**	**450321**
食杂店	4838	4838	4462	4		174	116
便利店	22500	19678	13064	53	2657	7996	1053

11-6 续表23 （2019年） 单位：万元

指标名称	营业收入	主营业务收入	营业成本	税金及附加	其他业务利润	销售费用	管理费用
折扣店	11180	11180	9241	32		1641	45
超市	118090	113526	97197	815	17	19282	13056
大型超市	1710139	1543210	1320577	7413	131256	137513	108910
仓储会员店	57900	57900	50523	59		4244	2260
百货店	567756	516263	439627	3741	25470	51695	65787
专业店	6890592	6776786	6132236	20138	42114	340078	137473
专卖店	4978508	4905549	4474275	15159	36935	268243	98266
家居建材商店	13729	13107	9375	20		1218	3002
购物中心	227770	216411	190070	1928	2454	26374	12361
厂家直销中心	244614	243084	227573	265	316	7778	7992
无店铺零售	**1445376**	**1438708**	**1280758**	**2349**	**818**	**130771**	**27278**
电视购物	828	828	373	1		313	261
邮购	6071	6071	3804	19		56	328
网上商店	841728	840506	752791	1003	6	97066	6804
电话购物	33587	33587	26437	79		5848	2591
其他	563162	557716	497353	1248	812	27488	17294
按零售业态分							
有店铺零售	**14847872**	**14421766**	**12968296**	**49626**	**241220**	**866237**	**451925**
食杂店	4838	4838	4462	4		174	116
便利店	132047	125919	102561	1050	2779	22495	10515
折扣店	11180	11180	9241	32		1641	45
超市	119905	115341	98824	816	17	19325	13208
大型超市	1903275	1710547	1458371	8212	156512	155317	130099
仓储会员店	70614	70041	62084	63	284	4748	3963
百货店	579135	527642	449766	3802	25470	52452	66564
专业店	6932193	6817766	6171178	20152	42445	340774	139215
专卖店	5302566	5220519	4768929	15633	39495	282837	103255
家居建材商店	13729	13107	9375	20		1218	3002
购物中心	259032	246574	216588	2053	3056	29932	13901
厂家直销中心	248350	246820	231015	270	316	7787	8207
无店铺零售	**1579615**	**1572439**	**1387022**	**2685**	**1325**	**147131**	**35254**
电视购物	828	828	373	1		313	261
邮购	27417	27371	24700	40	47	251	524
网上商店	871800	869808	775672	1052	767	102793	11981
自动售货亭	25971	25971	21845	73		2398	817
电话购物	37363	37363	29891	84		5904	2719
其他	679842	674386	590525	1546	822	38728	21140
按经营地分							
城镇	827047	820181	714179	1474	1012	82492	33546
城区	646254	641295	567096	1227	386	56655	21669
乡村	752569	752258	672842	1211	313	64640	1708
按港澳台商投资情况分							
港商投资	4703	4393	1295	3	311	1498	528

11-6 续表 24 （2019 年） 单位:万元

指标名称	三、损益及分配						
	研发费用	财务费用	利息收入	利息费用	投资收益	营业利润	营业外收入
总计	**13129**	**403997**	**49501**	**304497**	**114876**	**1225951**	**70410**
批发业	**10296**	**296759**	**45624**	**242070**	**108221**	**828102**	**36181**
按批发行业小类分							
农、林、牧产品批发	**5739**	**19201**	**6142**	**24195**	**9808**	**6518**	**4687**
谷物、豆及薯类批发		14704	6229	20177	1465	-57	3046
种子批发	5716	201	-205	224	1026	6318	700
畜牧渔业饲料批发		435	1	49		262	
棉、麻批发	22	272	45	579	4479	1422	854
林业产品批发						355	
牲畜批发		-116	102		2824	1516	69
其他农牧产品批发		3707	-31	3167	14	-3299	19
食品、饮料及烟草制品批发	**217**	**-1829**	**8011**	**6013**	**593**	**217420**	**4830**
米、面制品及食用油批发	175	2585	1282	3588	618	1249	1962
糕点、糖果及糖批发		1				88	
果品、蔬菜批发		161		16		2235	208
肉、禽、蛋、奶及水产品批发		105	12	26	-52	202	15
盐及调味品批发		-89	-92	1	2	-704	114
营养和保健品批发		78	1	72		678	2
酒、饮料及茶叶批发		1544	-21	2153		41377	239
烟草制品批发	42	-6696	6770		1	152951	2218
其他食品批发		483	59	159	24	19344	70
纺织、服装及家庭用品批发		**4472**	**3583**	**10219**	**636**	**28236**	**593**
纺织品、针织品及原料批发		-1	32	-40	131	158	138
服装批发		357	36	358	48	230	213
鞋帽批发						126	
化妆品及卫生用品批发		524	99	576		1357	76
厨具卫具及日用杂品批发		6	3	-12	75	-194	41
灯具、装饰物品批发		-1376	-1398		14	-1467	35
家用视听设备批发		-132	-80	-43		548	1
日用家电批发		5240	4895	9380	100	27207	58
其他家庭用品批发		-146	-3		268	271	31
文化、体育用品及器材批发	**882**	**3791**	**-424**	**3256**	**6977**	**27590**	**1406**
文具用品批发	184	459	35	412		1923	804
体育用品及器材批发		1367	1	1341	80	555	32
图书批发	698	431	-969	33	6883	28511	430
音像制品、电子和数字出版物批发		-91	92	1	6	520	
首饰、工艺品及收藏品批发		1089	412	943	2	-461	15
乐器批发		19		20	7	10	
其他文化用品批发		518	6	507		-3467	125
医药及医疗器材批发	**196**	**109800**	**13747**	**92481**	**3912**	**184471**	**4619**
西药批发		77689	7144	61855	6776	66558	1320
中药批发		22111	5186	22868	-1328	50228	734
动物用药品批发		1275	153	1552		1715	139
医疗用品及器材批发	196	8725	1264	6205	-1536	65970	2427

11-6 续表 25 （2019 年） 单位：万元

指标名称	三、损益及分配						
	研发费用	财务费用	利息收入	利息费用	投资收益	营业利润	营业外收入
矿产品、建材及化工产品批发	**293**	**140495**	**10178**	**91750**	**71349**	**294498**	**6231**
煤炭及制品批发	1	28642	6288	29891	25679	31908	1857
石油及制品批发		5781	3520	5697	6032	100072	1210
非金属矿及制品批发		1917	55	6		12771	1
金属及金属矿批发	199	64835	-944	50414	35669	126833	1742
建材批发	36	36168	997	4870	3997	22986	545
化肥批发	40	1694	255	221		-1471	49
农药批发	17	-61	-82	1	1	1667	163
其他化工产品批发		1518	90	650	-28	-269	664
机械设备、五金产品及电子产品批发	**2718**	**19940**	**4343**	**13572**	**14790**	**64227**	**13509**
农业机械批发		22				24	1
汽车及零配件批发	460	2666	-58	2476		-1586	854
摩托车及零配件批发		-7	-14	2		-11	
五金产品批发	335	663	25	465	1066	3131	51
电气设备批发		-163	3297	-3093		1542	34
计算机、软件及辅助设备批发	314	327	15	149	2114	4608	62
通讯设备批发	535	4225	-511	6252	303	23579	7715
广播影视设备批发		153		153		353	
其他机械设备及电子产品批发	1074	12054	1590	7168	11307	32586	4792
贸易经纪与代理		**51**	**-8**	**12**		**598**	**55**
贸易代理		56	-3	12		603	49
其他贸易经纪与代理		-5	-5			-5	6
其他批发业	**252**	**838**	**52**	**572**	**155**	**4545**	**251**
再生物资回收与批发		410	3	403	155	2618	114
互联网批发	252	249		215		98	
其他未列明批发业		180	48	-46	-1	1830	137
按登记注册类型分							
内资企业	**10296**	**296467**	**44645**	**240869**	**105397**	**827954**	**36094**
国有企业	42	-4704	5803	2551	9	150730	2677
股份合作企业		24		24		-52	
联营企业		-68	69			1630	2
其他联营企业		-68	69			1630	2
有限责任公司	2318	223600	24989	184113	85461	366749	23262
国有独资公司	78	10527	585	10532	11181	43778	3566
其他有限责任公司	2241	213074	24404	173581	74279	322971	19696
股份有限公司	4788	19380	7160	24629	4284	147085	2099
私营企业	3148	58235	6625	29552	15643	161812	8054
私营独资企业						-16	
私营有限责任公司	2449	58121	6614	29432	15643	158246	7947
私营股份有限公司	699	114	10	121		3582	107
港、澳、台商投资企业		**284**	**948**	**1210**	**2824**	**-398**	**83**
合资经营企业(港或澳、台资)		14				20	7
港、澳、台商独资经营企业		270	948	1210	2824	-419	75
外商投资企业		**8**	**31**	**-9**		**546**	**4**

11-6 续表 26 （2019 年） 单位:万元

指标名称	三、损益及分配						
	研发费用	财务费用	利息收入	利息费用	投资收益	营业利润	营业外收入
中外合资经营企业							
外资企业		-5		-9		504	2
其他外商投资企业		14	31			42	2
按控股情况分							
国有控股	3530	124643	23735	131956	42946	446304	11118
集体控股	75	70	144	4	121	2396	152
私人控股	6470	108085	4503	64560	58627	283281	20475
港澳台商控股		284	948	1210	2824	-398	83
外商控股		72	31	54		625	4
其他	221	63604	16263	44286	3704	95894	4349
按经营形式分							
独立门店	860	63355	218	47776	17794	269315	7739
连锁直营店		7	1	2	-52	512	17
其他	9436	233398	45405	194291	90479	558275	28425
按单位规模分							
大型	42	95238	20028	87674	21097	431767	10770
中型	7942	83238	9723	82563	42236	219682	15561
小型	2223	84339	13975	45377	24632	161218	8426
微型	90	33945	1898	26456	20255	15434	1424
按经营地分							
城镇	9272	267934	45962	217901	108171	767559	34742
城区	2068	88520	10926	74001	30368	253708	17623
乡村	1024	28825	-338	24169	50	60543	1440
按港澳台商投资情况分							
港商投资		270	948	1210	2824	-419	75
澳商投资		14				20	7
零售业	**2833**	**107238**	**3877**	**62428**	**6656**	**397849**	**34229**
按零售行业小类分							
综合零售	**2**	**14749**	**4837**	**6348**	**-202**	**122312**	**4316**
百货零售	2	13330	4728	6157	-202	122053	2270
超级市场零售		1360	106	180		501	2010
便利店零售		1	3			121	5
其他综合零售		58	1	10		-363	32
食品、饮料及烟草制品专门零售	**433**	**913**	**3**	**406**	**-31**	**15208**	**171**
粮油零售		28	1	29		24	8
糕点、面包零售						62	
果品、蔬菜零售	53	1			12	1283	
肉、禽、蛋、奶及水产品零售	165	24	13	11		397	93
营养和保健品零售		10		10		1216	1
酒、饮料及茶叶零售	215	410	-3	320	-51	11401	57
其他食品零售		440	-8	37	8	825	12
纺织、服装及日用品专门零售	**37**	**4543**	**-2901**	**3097**	**313**	**31289**	**2469**
纺织品及针织品零售						-266	
服装零售	37	3910	-2952	2767	305	12656	2213

11-6 续表 27 （2019 年） 单位：万元

指标名称	三、损益及分配						
	研发费用	财务费用	利息收入	利息费用	投资收益	营业利润	营业外收入
鞋帽零售		77	35	105		-4226	
化妆品及卫生用品零售		411	18	156	8	18569	175
厨具卫具及日用杂品零售						61	
钟表、眼镜零售		45	1	50		2652	
自行车等代步设备零售		1				10	
其他日用品零售		98	-3	19		1834	81
文化、体育用品及器材专门零售		**719**	**73**	**547**	**145**	**9063**	**290**
文具用品零售		33	4	27		725	7
体育用品及器材零售		-184		30		4282	101
图书、报刊零售		13	2	15	-13	2870	49
珠宝首饰零售		854	1	467	158	-772	133
乐器零售		10		3		398	1
照相器材零售		26				-178	
其他文化用品零售		-33	65	5		1738	
医药及医疗器材专门零售	**51**	**13078**	**1020**	**10517**	**900**	**19963**	**3198**
西药零售		5827	661	3192	900	8130	3164
中药零售		5353	354	5437		4890	21
医疗用品及器材零售	51	1899	6	1887		6957	12
保健辅助治疗器材零售		-1	-1			-14	
汽车、摩托车、零配件和燃料及其他动力销售	**126**	**65720**	**1668**	**35860**	**8920**	**201032**	**11885**
汽车新车零售	13	48270	1354	26732	6342	49837	7295
汽车旧车零售		9632	198	4989	2237	22343	3014
汽车零配件零售		1732	50	353	-231	1960	349
摩托车及零配件零售	113	21		1		141	48
机动车燃油零售		5887	70	3783	572	123720	1177
机动车燃气零售		178	-4	3		3032	1
家用电器及电子产品专门零售	**1006**	**3754**	**-922**	**2648**	**62**	**4980**	**640**
家用视听设备零售	49	231	11	134		398	42
日用家电零售		1575	-986	1301	59	-5039	267
计算机、软件及辅助设备零售	392	1147	11	729	2	8776	88
通信设备零售	414	577	26	339		-651	34
其他电子产品零售	151	224	16	146	1	1497	210
五金、家具及室内装饰材料专门零售	**98**	**2786**	**33**	**2655**	**801**	**-2727**	**10138**
五金零售	98	180	2	169	-6	554	1
家具零售		2509	29	2415	806	-3798	10105
卫生洁具零售		1				83	
陶瓷、石材装饰材料零售		11	2			48	
其他室内装饰材料零售		85		72		386	32
货摊、无店铺及其他零售业	**1082**	**976**	**66**	**350**	**-4252**	**-3271**	**1122**
互联网零售	751	162	3	100	12	-6987	895
邮购及电视、电话零售		1		1		-121	1
自动售货机零售		-11		-11		25	1
生活用燃料零售		293	77	248		728	135
宠物食品用品零售		-9	-20	10	-190	1384	

11-6 续表 28 （2019 年） 单位:万元

指标名称	三、损益及分配						
	研发费用	财务费用	利息收入	利息费用	投资收益	营业利润	营业外收入
其他未列明零售业	331	540	5	2	-4073	1701	90
按登记注册类型分							
内资企业	**2780**	**98974**	**-939**	**58595**	**6061**	**237090**	**29297**
集体企业		-1	3			35	22
有限责任公司	1103	60631	-1878	36507	-479	98677	11794
国有独资公司		261	21	213		2005	16
其他有限责任公司	1103	60370	-1900	36294	-479	96672	11779
股份有限公司	215	12737	417	8313	-43	109459	3910
私营企业	1462	25608	520	13775	6584	28919	13570
私营独资企业		92	1	51		-720	
私营合伙企业						-18	
私营有限责任公司	1462	25195	519	13704	6584	27787	13569
私营股份有限公司		321	-1	21		1869	1
港、澳、台商投资企业	**53**	**4964**	**4927**	**702**	**32**	**167828**	**3417**
合资经营企业(港或澳、台资)	53	4512	4122	490	22	2435	52
港、澳、台商独资经营企业		175	399	212	10	150121	2796
港、澳、台商投资股份有限公司		276	407			15272	569
外商投资企业		**3301**	**-111**	**3131**	**563**	**-7069**	**1515**
中外合资经营企业		1493	-19	1482	4	-1986	131
外资企业		1039	2	911		-5514	252
外商投资股份有限公司		769	-95	738	558	848	262
其他外商投资企业						-417	871
按控股情况分							
国有控股		16965	4446	10959	-44	136699	1230
集体控股		70	-4			1838	62
私人控股	2437	65472	240	32996	3966	59913	23821
港澳台商控股		424	740	215	10	171611	4215
外商控股		4218	-109	2817	563	-7703	1664
其他	396	20090	-1436	15440	2161	35492	3239
按经营形式分							
独立门店	985	95373	4171	55991	9968	355941	27242
连锁总店(总部)	37	4374	541	2062	910	23294	5067
连锁直营店	380	2469	-1886	1882	-14	-9096	293
连锁加盟店		-17	31	11		-1166	23
其他	1431	5039	1021	2483	-4209	28875	1605
按单位规模分							
大型	215	10263	-723	5290	902	283665	7583
中型	335	85281	4245	49447	5596	62077	21623
小型	2183	10639	161	6900	69	51162	4733
微型	100	1055	195	790	89	946	290
按零售业态分							
有店铺零售	**1817**	**104390**	**3667**	**60694**	**6894**	**387559**	**32631**
食杂店						65	
便利店		-7	11			342	7

11-6 续表 29 （2019 年） 单位：万元

指标名称	三、损益及分配						
	研发费用	财务费用	利息收入	利息费用	投资收益	营业利润	营业外收入
折扣店		-24		30		245	7
超市		764	8	217		-13418	322
大型超市	2	3017	441	868	4	134558	2837
仓储会员店		135	-19	3		677	8
百货店		6369	385	5020	-3	1553	1116
专业店	1063	55061	-192	37414	3949	194635	17672
专卖店	587	33614	1975	13455	2933	69658	8154
家居建材商店		15	4	12		98	3
购物中心		4255	985	2723		-819	2309
厂家直销中心	165	1191	70	954	10	-34	198
无店铺零售	**1016**	**2848**	**210**	**1734**	**-238**	**10290**	**1598**
电视购物		1		1		-121	1
邮购		-30	75	5		1893	1
网上商店	751	179	3	140	12	-6517	894
电话购物		19		5		-1387	
其他	266	2680	132	1583	-250	16422	702
按零售业态分							
有店铺零售	**1817**	**104441**	**3667**	**60744**	**6894**	**386082**	**32631**
食杂店						65	
便利店	215	766	-25	327	-51	-5129	146
折扣店		-24		30		245	7
超市		764	8	217		-13427	322
大型超市	2	3293	847	868	4	149830	3406
仓储会员店		172	-2	54		-419	8
百货店		6377	385	5027	-3	1190	1116
专业店	1063	55102	-175	37465	3949	193582	17680
专卖店	587	37599	2077	17582	2933	75140	8377
家居建材商店		15	4	12		98	3
购物中心		4736	1010	3149	8	-1785	2477
厂家直销中心	165	1197	70	954	10	25	203
无店铺零售	**1067**	**5921**	**187**	**4380**	**-230**	**9237**	**1813**
电视购物		1		1		-121	1
邮购		-15	75	11		1917	1
网上商店	803	1371	-44	928	31	-11662	1094
自动售货亭		15	14	-11		823	1
电话购物		54	10	10		-1289	1
其他	316	4588	156	3456	-250	21345	717
按经营地分							
城镇	1014	5960	131	4370	-242	-2935	1807
城区	878	4216	203	3044	36	2714	797
乡村	53	-39	56	10	12	12173	5
按港澳台商投资情况分							
港商投资	53	14	2	15	22	1342	5

11-6 续表 30 （2019 年） 单位：万元

指标名称	营业外支出	利润总额	所得税费用	四、人工成本及增值税		五、从事批发和零售业活动的从业人员平均人数（人）
				应付职工薪酬（本年贷方累计发生额）	应交增值税	
总计	**39521**	**1258809**	**238757**	**934935**	**462602**	**130406**
批发业	**23545**	**842172**	**145346**	**449772**	**296335**	**50230**
按批发行业小类分						
农、林、牧产品批发	**615**	**10546**	**624**	**18269**	**669**	**1476**
谷物、豆及薯类批发	29	2960	95	4979	199	367
种子批发	14	7004	16	7351	44	632
畜牧渔业饲料批发		262	43	671	113	135
棉、麻批发	565	1668	324	2293	165	165
林业产品批发		355	2	12		2
牲畜批发	1	1584	89	1751	23	87
其他农牧产品批发	7	-3287	55	1212	124	88
食品、饮料及烟草制品批发	**3246**	**218975**	**56030**	**94237**	**65392**	**6335**
米、面制品及食用油批发	431	2755	541	11324	852	1035
糕点、糖果及糖批发		88	21	39	49	10
果品、蔬菜批发	9	2434	47	2802	509	618
肉、禽、蛋、奶及水产品批发	17	200	56	3598	936	549
盐及调味品批发	65	-655	63	1923	205	278
营养和保健品批发		680	175	1463	138	189
酒、饮料及茶叶批发	650	40963	10355	11554	5368	1720
烟草制品批发	1898	153272	40862	57275	53224	1291
其他食品批发	176	19238	3910	4259	4111	645
纺织、服装及家庭用品批发	**672**	**28157**	**8004**	**37074**	**13644**	**5384**
纺织品、针织品及原料批发	15	281	75	1988	83	275
服装批发	72	372	409	10457	2248	1644
鞋帽批发		126	11	78	60	56
化妆品及卫生用品批发	8	1426	329	3507	516	759
厨具卫具及日用杂品批发	5	-158	-17	1417	97	304
灯具、装饰物品批发	3	-1435	10	1493	573	159
家用视听设备批发	1	549	67	2619	828	156
日用家电批发	564	26701	6876	10534	9044	1451
其他家庭用品批发	6	296	246	4980	195	580
文化、体育用品及器材批发	**683**	**28314**	**1114**	**27138**	**4334**	**2855**
文具用品批发	9	2719	377	3054	1027	388
体育用品及器材批发	14	573	547	2537	1434	428
图书批发	330	28611	794	17349	446	1441
音像制品、电子和数字出版物批发		520	157	121	6	26
首饰、工艺品及收藏品批发	241	-688	47	1635	243	320
乐器批发		10	1	126	139	19
其他文化用品批发	89	-3430	-809	2316	1039	233
医药及医疗器材批发	**7967**	**181098**	**40630**	**104900**	**112202**	**14120**
西药批发	5430	62449	17045	48722	48888	6644
中药批发	1108	49854	8409	26242	29747	3576
动物用药品批发	657	1197	256	1927	2105	461
医疗用品及器材批发	772	67599	14921	28009	31462	3439

11-6 续表31 （2019年） 单位：万元

指标名称	营业外支出	利润总额	所得税费用	四、人工成本及增值税 应付职工薪酬（本年贷方累计发生额）	应交增值税	五、从事批发和零售业活动的从业人员平均人数（人）
矿产品、建材及化工产品批发	**7570**	**294651**	**25197**	**82005**	**47815**	**9354**
煤炭及制品批发	354	33412	6015	11014	9604	1126
石油及制品批发	779	101987	4139	25598	6461	2150
非金属矿及制品批发	9	12763	566	3615	2354	351
金属及金属矿批发	6075	122509	10638	22944	15285	2893
建材批发	259	23272	2836	8162	12538	1374
化肥批发	2	-1424	203	3602	-78	291
农药批发	3	1827	353	1637	12	357
其他化工产品批发	89	305	446	5434	1641	812
机械设备、五金产品及电子产品批发	**2755**	**74976**	**13180**	**82046**	**49549**	**10022**
农业机械批发	5	20	15	199	87	28
汽车及零配件批发	238	-971	-829	18712	13338	2293
摩托车及零配件批发		-11	3	136	4	27
五金产品批发	6	3176	171	2323	755	327
电气设备批发	4	1572	281	2998	1204	513
计算机、软件及辅助设备批发	21	4649	189	4351	994	767
通讯设备批发	128	31166	7553	12969	12989	1487
广播影视设备批发	3	350	101	196	14	29
其他机械设备及电子产品批发	2350	35024	5696	40162	20164	4551
贸易经纪与代理	**1**	**695**	**92**	**571**	**338**	**110**
贸易代理	1	694	92	542	338	105
其他贸易经纪与代理		1		29		5
其他批发业	**37**	**4759**	**476**	**3533**	**2394**	**574**
再生物资回收与批发	22	2709	46	1107	814	220
互联网批发		98	15	472	42	60
其他未列明批发业	15	1952	414	1955	1538	294
按登记注册类型分						
内资企业	**23537**	**841945**	**145115**	**444433**	**296077**	**49798**
国有企业	2119	151287	40576	59079	52677	1678
股份合作企业		-52	12	355	67	143
联营企业	6	1626	421	179	8	14
其他联营企业	6	1626	421	179	8	14
有限责任公司	16453	375000	71937	221646	138017	24889
国有独资公司	308	48522	6085	22791	4841	1724
其他有限责任公司	16146	326479	65852	198855	133176	23165
股份有限公司	815	148369	7675	38547	21108	3264
私营企业	4143	165714	24494	124628	84200	19810
私营独资企业		-16	5	19	58	4
私营有限责任公司	3955	162229	24050	118753	83832	19186
私营股份有限公司	188	3502	439	5855	310	620
港、澳、台商投资企业	**9**	**-324**	**90**	**3547**	**315**	**265**
合资经营企业（港或澳、台资）	7	21	1	85	-6	32
港、澳、台商独资经营企业	2	-345	89	3462	320	233
外商投资企业		**551**	**141**	**1792**	**-57**	**167**

11-6 续表 32　　　　　　　　　　(2019 年)　　　　　　　　　　单位:万元

指标名称	营业外支出	利润总额	所得税费用	四、人工成本及增值税		五、从事批发和零售业活动的从业人员平均人数(人)
				应付职工薪酬(本年贷方累计发生额)	应交增值税	
中外合资经营企业						
外资企业		506	130	1122	-77	139
其他外商投资企业		44	11	670	20	28
按控股情况分						
国有控股	4824	454084	80734	172745	118502	10265
集体控股	17	2487	657	1315	342	256
私人控股	15706	288068	41953	207638	135857	31311
港澳台商控股	9	-324	90	3547	315	265
外商控股		629	143	2243	-46	237
其他	2989	97228	21769	62284	41366	7896
按经营形式分						
独立门店	11304	267178	43947	149565	78629	19139
连锁直营店	10	520	131	1746	792	282
其他	12231	574474	101269	298461	216913	30809
按单位规模分						
大型	5915	436597	78961	167860	126044	12985
中型	15035	220208	43716	201680	97574	24279
小型	2186	168895	18496	73432	64923	11462
微型	410	16472	4172	6800	7795	1504
按经营地分						
城镇	22662	781061	134067	422317	275676	46159
城区	13731	259068	51230	203415	118397	26891
乡村	883	61111	11279	27455	20659	4071
按港澳台商投资情况分						
港商投资	2	-345	89	3462	320	233
澳商投资	7	21	1	85	-6	32
零售业	**15976**	**416637**	**93411**	**485163**	**166267**	**80176**
按零售行业小类分						
综合零售	**6404**	**120191**	**21181**	**109567**	**36474**	**24267**
百货零售	6125	118186	18658	83169	32360	18565
超级市场零售	96	2416	2477	23791	3653	5001
便利店零售		103	12	1070	331	302
其他综合零售	182	-514	34	1538	131	399
食品、饮料及烟草制品专门零售	**429**	**14950**	**3793**	**11991**	**5770**	**2883**
粮油零售	1	31		270	7	36
糕点、面包零售		62	6	202	52	56
果品、蔬菜零售	13	1270	3	450	-64	65
肉、禽、蛋、奶及水产品零售	9	482	31	1071	84	212
营养和保健品零售	1	1216	257	124	27	42
酒、饮料及茶叶零售	130	11328	2854	6042	4229	1119
其他食品零售	276	561	642	3833	1436	1353
纺织、服装及日用品专门零售	**1049**	**32706**	**6811**	**33168**	**10214**	**6082**
纺织品及针织品零售	3	-269	4	806	138	195
服装零售	551	14318	3365	10031	6726	1855

11-6 续表 33 （2019 年） 单位：万元

指标名称	营业外支出	利润总额	所得税费用	四、人工成本及增值税 应付职工薪酬（本年贷方累计发生额）	应交增值税	五、从事批发和零售业活动的从业人员平均人数（人）
鞋帽零售	40	-4266	84	9408	1234	1475
化妆品及卫生用品零售	405	18336	2261	8193	445	1651
厨具卫具及日用杂品零售	1	59	3	27	15	6
钟表、眼镜零售	24	2627	680	2046	859	279
自行车等代步设备零售		10	1	56	14	14
其他日用品零售	25	1890	414	2603	783	607
文化、体育用品及器材专门零售	**62**	**9291**	**1681**	**16915**	**1798**	**3290**
文具用品零售		732	57	591	150	136
体育用品及器材零售	12	4372	995	3585	790	1654
图书、报刊零售	19	2900	14	9349	267	860
珠宝首饰零售	27	-667	143	2387	352	418
乐器零售	1	398	18	384	91	87
照相器材零售	3	-181	7	335	32	75
其他文化用品零售		1738	447	285	115	60
医药及医疗器材专门零售	**510**	**22650**	**5313**	**66469**	**18056**	**10564**
西药零售	496	10798	2535	61791	13724	9917
中药零售	9	4902	1263	2543	2344	349
医疗用品及器材零售	4	6964	1515	2102	1987	291
保健辅助治疗器材零售		-14		34		7
汽车、摩托车、零配件和燃料及其他动力销售	**6504**	**207001**	**52143**	**191229**	**66255**	**22739**
汽车新车零售	3166	54554	13237	135837	40650	16825
汽车旧车零售	748	24609	5607	28684	12247	2747
汽车零配件零售	37	2271	440	4404	1395	725
摩托车及零配件零售	43	146	9	201	113	36
机动车燃油零售	2499	122398	32099	21471	11641	2271
机动车燃气零售	12	3021	752	632	209	135
家用电器及电子产品专门零售	**794**	**4810**	**1504**	**37820**	**14485**	**7385**
家用视听设备零售		440	41	1074	211	288
日用家电零售	627	-5400	758	22757	9852	4125
计算机、软件及辅助设备零售	82	8765	542	7871	2520	1685
通信设备零售	55	-672	38	3245	441	666
其他电子产品零售	30	1677	126	2873	1460	621
五金、家具及室内装饰材料专门零售	**27**	**7383**	**154**	**5800**	**1479**	**1370**
五金零售	9	545	51	1241	386	299
家具零售	4	6303	21	3399	673	929
卫生洁具零售		83	21	258	39	47
陶瓷、石材装饰材料零售	1	47	2	87	96	13
其他室内装饰材料零售	13	405	59	814	286	82
货摊、无店铺及其他零售业	**196**	**-2345**	**830**	**12203**	**11737**	**1596**
互联网零售	124	-6216	101	5916	7850	771
邮购及电视、电话零售	4	-123		131	171	90
自动售货机零售		26	16	464	212	97
生活用燃料零售	7	856	153	754	551	106
宠物食品用品零售	3	1381	345	857	395	164

11-6 续表 34 (2019 年) 单位:万元

指标名称	营业外支出	利润总额	所得税费用	四、人工成本及增值税 应付职工薪酬(本年贷方累计发生额)	应交增值税	五、从事批发和零售业活动的从业人员平均人数(人)
其他未列明零售业	58	1732	214	4082	2557	368
按登记注册类型分						
内资企业	**9727**	**257195**	**72568**	**414945**	**134970**	**64954**
集体企业		57	4	216	13	52
有限责任公司	4876	106173	35853	229152	86612	35372
国有独资公司	19	2002	339	1944	884	203
其他有限责任公司	4856	104171	35514	227207	85728	35169
股份有限公司	2690	110680	29098	71460	14161	9866
私营企业	2162	40285	7614	114118	34184	19664
私营独资企业	26	−745	118	1078	750	214
私营合伙企业		−18		28	3	8
私营有限责任公司	2134	39180	7483	111381	33356	18954
私营股份有限公司	2	1869	13	1631	74	488
港、澳、台商投资企业	**6144**	**165101**	**20337**	**61769**	**29743**	**13778**
合资经营企业(港或澳、台资)	47	2441	852	5024	−1568	456
港、澳、台商独资经营企业	4662	148255	17388	42455	26041	9474
港、澳、台商投资股份有限公司	1436	14405	2097	14289	5270	3848
外商投资企业	**104**	**−5659**	**505**	**8449**	**1554**	**1444**
中外合资经营企业	20	−1874	392	1191	404	274
外资企业		−5262		1604	42	605
外商投资股份有限公司	78	1031	113	5301	1146	546
其他外商投资企业	6	447		353	−39	19
按控股情况分						
国有控股	2429	135499	35288	42399	12345	4214
集体控股	12	1885	−241	2802	498	498
私人控股	5329	78956	25157	293813	84663	47796
港澳台商控股	6132	169693	21248	62321	33798	13597
外商控股	279	−6319	542	12573	1555	2323
其他	1795	36923	11416	71254	33409	11748
按经营形式分						
独立门店	13460	370311	76027	327653	118282	53455
连锁总店(总部)	1319	27029	7312	95062	20162	16648
连锁直营店	173	−8976	92	11165	2511	2259
连锁加盟店	84	−1228	28	1236	68	176
其他	938	29501	9951	50048	25244	7638
按单位规模分						
大型	9288	281960	53320	178627	58846	34057
中型	4311	79374	29096	242988	71541	33594
小型	2095	53962	9350	54676	24978	9834
微型	282	1342	1645	8871	10903	2691
按零售业态分						
有店铺零售	**15741**	**404984**	**87436**	**457799**	**149487**	**76635**
食杂店		65	1	187	35	43
便利店		327	27	1839	423	488

11-6 续表 35　　（2019 年）　　单位：万元

指标名称	营业外支出	利润总额	所得税费用	四、人工成本及增值税 应付职工薪酬（本年贷方累计发生额）	应交增值税	五、从事批发和零售业活动的从业人员平均人数（人）
折扣店		252	138	284	218	54
超市	49	-13145	74	9244	365	2373
大型超市	4472	132911	18365	68680	29960	15005
仓储会员店	31	654	19	900	399	469
百货店	1566	1100	2996	30716	8953	7267
专业店	5497	206793	44831	173063	57769	25353
专卖店	3393	74577	17234	155214	44196	23007
家居建材商店		101	25	1231	172	198
购物中心	685	805	2390	10419	2115	1636
厂家直销中心	49	545	1337	6025	4883	742
无店铺零售	**235**	**11653**	**5975**	**27364**	**16779**	**3541**
电视购物	4	-123		131	171	90
邮购		1894	448	117	557	14
网上商店	104	-5727	101	5585	7801	659
电话购物		-1387	60	3973	519	424
其他	128	16997	5366	17558	7732	2354
按零售业态分						
有店铺零售	**15747**	**403501**	**87436**	**458376**	**149487**	**76735**
食杂店		65	1	187	35	43
便利店	64	-5068	215	12047	1830	2305
折扣店		252	138	284	218	54
超市	49	-13153	74	9388	377	2400
大型超市	5908	147316	20462	82969	35231	18853
仓储会员店	37	-447	19	1786	438	625
百货店	1566	737	3037	31288	9147	7372
专业店	5511	205734	44831	174447	57844	25576
专卖店	3526	80149	18875	164444	46057	24141
家居建材商店		101	25	1231	172	198
购物中心	693	-1	2426	13250	2664	2144
厂家直销中心	49	610	1340	6145	4916	775
无店铺零售	**333**	**10717**	**7201**	**33113**	**19157**	**4512**
电视购物	4	-123		131	171	90
邮购		1918	449	239	627	35
网上商店	209	-10777	103	10223	8052	1397
自动售货亭	1	823	215	557	496	116
电话购物		-1289	65	4025	1034	433
其他	151	21911	6593	19468	9816	2776
按经营地分						
城镇	308	-1436	4343	32430	9687	4395
城区	171	3339	2761	23875	7950	3025
乡村	25	12153	2859	684	9469	117
按港澳台商投资情况分						
港商投资	13	1334	24	350	62	46

11-7　2019 年限额以上住宿和餐饮业法人企业财务状况

（2019 年）

单位：万元

指标名称	法人企业数（个）	执行《2006年企业会计准则》企业数（个）	一、年初存货			
				流动资产合计	应收帐款	存货
总计	**560**	**370**	**114400**	**883563**	**84018**	**33953**
住宿业	**317**	**226**	**102733**	**645807**	**53334**	**19707**
按住宿业行业小类分						
旅游饭店	138	101	97476	260836	27736	13025
一般旅馆	160	110	4760	369128	24750	6242
经济型连锁酒店	46	33	1335	71369	5286	1671
其他一般旅馆	114	77	3425	297759	19463	4571
民宿服务	1	1	41	1042	308	58
其他住宿业	18	14	457	14801	540	382
按登记注册类型分						
内资企业	**312**	**221**	**96329**	**499816**	**52470**	**13563**
国有企业	21	17	2407	43778	4667	2373
集体企业	6	3	768	11446	281	696
有限责任公司	129	96	12778	316997	33222	8054
国有独资公司	4	3	343	10415	361	173
其他有限责任公司	125	93	12435	306582	32861	7881
股份有限公司	7	7	78157	32323	888	322
私营企业	149	98	2220	95272	13412	2118
私营有限责任公司	147	96	2218	94790	13028	2115
私营股份有限公司	2	2	2	482	384	3
港、澳、台商投资企业	**4**	**4**	**1379**	**138354**	**350**	**1123**
与港澳台商合资经营企业	3	3	1239	136108	175	978
与港澳台商合作经营企业	1	1	140	2246	175	145
外商投资企业	**1**	**1**	**5026**	**7637**	**515**	**5021**
按控股情况分						
国有控股	47	38	9079	116102	9698	4305
集体控股	11	5	880	13264	392	848
私人控股	218	151	82425	305839	30695	6316
港澳台商控股	3	3	5907	139706	259	5642
其他	38	29	4442	70897	12290	2596
按经营形式分						
独立门店	249	187	22242	596090	48002	18654

11-7 续表 1 （2019 年） 单位：万元

指标名称	法人企业数（个）	执行《2006年企业会计准则》企业数（个）	一、年初存货	流动资产合计	应收帐款	存货
连锁总店（总部）	2	2	5	20009	-86	10
连锁直营店	6	3	65	1759	716	66
连锁加盟店	30	16	78115	7422	1308	212
其他	30	18	2305	20528	3395	765
按单位规模分						
大型	3	3	2033	155558	10089	1851
中型	46	41	14541	272561	10477	10286
小型	226	153	85458	182983	30583	7159
微型	42	29	700	34705	2185	410
按星级分						
五星	11	10	2794	234479	10160	2470
四星	24	19	3575	74792	3537	1879
三星	42	34	87362	54374	6839	7240
二星	4	4	272	662	40	232
其他	236	159	8730	281500	32759	7887
按经营地分						
城镇	311	220	100543	637851	52336	19212
城区	249	183	21517	584966	47673	17815
乡村	6	6	2190	7956	998	495
按港澳台商投资情况分						
港商投资	4	4	1379	138354	350	1123
餐饮业	**243**	**144**	**11667**	**237756**	**30684**	**14246**
按餐饮业行业小类分						
正餐服务	216	126	9039	193600	22912	11730
快餐服务	19	14	2250	15665	879	2210
饮料及冷饮服务	3	1	115	18478	140	59
酒吧服务	1	1	47	18154	88	35
其他饮料及冷饮服务	2		68	323	52	23
餐饮配送及外卖送餐服务	4	2	21	2472	890	34
其他餐饮业	1	1	242	7542	5863	214
按登记注册类型分						
内资企业	**239**	**140**	**9799**	**224981**	**30563**	**12364**
国有企业	2	1	106	1247	-38	100

11-7 续表 2 （2019 年） 单位:万元

指标名称	法人企业数（个）	执行《2006年企业会计准则》企业数(个)	一、年初存货	流动资产合计	应收帐款	存货
有限责任公司	77	55	3772	90377	15144	4624
国有独资公司	1	1	27	232	53	24
其他有限责任公司	76	54	3745	90145	15091	4600
股份有限公司	1	1	186	763		154
私营企业	159	83	5736	132594	15458	7487
私营有限责任公司	158	82	5573	100795	15067	7349
私营股份有限公司	1	1	162	31799	391	138
港、澳、台商投资企业	2	2	79	4385	45	99
外商投资企业	2	2	1789	8390	76	1783
按控股情况分						
国有控股	7	6	819	10030	6163	621
私人控股	213	121	7907	198505	19927	10015
港澳台商控股	2	2	79	4385	45	99
外商控股	2	2	1789	8390	76	1783
其他	19	13	1073	16446	4473	1729
按经营形式分						
独立门店	185	111	6914	169545	11687	7314
连锁总店(总部)	5	4	1869	12931	1998	2438
连锁直营店	5	3	90	3095	2027	82
连锁加盟店	2	2	7	922	152	144
其他	46	24	2788	51263	14820	4268
按单位规模分						
大型	5	4	2128	29599	6748	2752
中型	20	16	3028	80338	6581	3338
小型	178	99	5959	119138	15025	7572
微型	40	25	552	8682	2330	585
按经营地分						
城镇	220	130	10122	214347	24441	12975
城区	181	109	8947	179439	13908	10555
乡村	23	14	1546	23410	6244	1271
按港澳台商投资情况分						
港商投资	1	1	53	3988	22	76
台商投资	1	1	27	397	23	23

11-7 续表 3 （2019 年） 单位：万元

指标名称	固定资产原价	房屋和构筑物	机器设备	累计折旧	本年折旧	固定资产净额	在建工程	无形资产
总计	**864340**	**243185**	**64333**	**438276**	**41710**	**412251**	**72719**	**44227**
住宿业	**697421**	**200721**	**45758**	**361259**	**32184**	**333864**	**65988**	**33089**
按住宿业行业小类分								
旅游饭店	404306	152785	23569	208880	18397	207569	22243	7763
一般旅馆	260475	45330	21138	137201	12133	109631	42189	21742
经济型连锁酒店	77142	8779	8175	44634	3396	31827	39915	10680
其他一般旅馆	183333	36551	12963	92567	8737	77804	2274	11062
民宿服务	155			13	13			
其他住宿业	32485	2606	1051	15166	1641	16664	1556	3584
按登记注册类型分								
内资企业	**619087**	**186377**	**36594**	**310939**	**28848**	**307331**	**52267**	**32899**
国有企业	167457	104997	7050	85469	5072	82527	45135	511
集体企业	22052	11632	1853	12355	1909	4921	1916	5
有限责任公司	317639	56773	16330	154526	16136	169253	4315	20217
国有独资公司	41259	6149	788	22675	766	18584	939	6741
其他有限责任公司	276380	50624	15542	131850	15371	150669	3376	13476
股份有限公司	21795	3068	3165	19532	661	16658	307	1018
私营企业	90143	9907	8196	39058	5069	33972	595	11148
私营有限责任公司	89645	9907	8196	39056	5067	33971	595	11148
私营股份有限公司	498			2	2	1		
港、澳、台商投资企业	**69179**	**14344**	**9164**	**43625**	**3019**	**26533**	**127**	**191**
与港澳台商合资经营企业	43512	5433	2208	30209	1797	14283	7	34
与港澳台商合作经营企业	25667	8911	6957	13416	1222	12251	120	157
外商投资企业	**9155**			**6695**	**317**		**13594**	
按控股情况分								
国有控股	345626	145178	24113	187692	11042	157467	46513	10800
集体控股	25723	12870	1962	14799	2065	5642	1916	116
私人控股	195218	29965	17254	89047	13893	102854	2681	17895
港澳台商控股	35462			27107	1136	6874	13594	
其他	95392	12708	2429	42614	4048	61028	1284	4279
按经营形式分								
独立门店	651471	200049	44798	343130	29854	295637	65265	31347

11-7 续表 4 （2019 年） 单位:万元

指标名称	固定资产原价	房屋和构筑物	机器设备	累计折旧	本年折旧	固定资产净额	在建工程	无形资产
连锁总店(总部)	740		5	473	74	263		
连锁直营店	7379			3473	265	2966	14	264
连锁加盟店	4450	335	434	2651	529	16172	250	65
其他	33382	337	522	11533	1462	18826	459	1413
按单位规模分								
大型	125789	86990	3856	56294	3309	69495	907	134
中型	338112	67854	21939	184627	15311	161349	59177	22364
小型	225114	45342	19299	114346	12104	101897	5653	10087
微型	8406	535	664	5992	1460	1123	250	504
按星级分								
五星	152555	19817	11958	90416	6753	74096	1994	11724
四星	137010	47133	8782	76248	5648	54712	839	11162
三星	122116	23845	7438	76743	5647	49228	18439	2125
二星	6334	3143	292	3249	116	2473		
其他	279407	106784	17289	114604	14020	153355	44716	8079
按经营地分								
城镇	656926	200721	45527	351303	30433	303365	65473	29096
城区	598220	181572	41376	321889	28121	251947	65126	29071
乡村	40494		232	9957	1751	30499	515	3994
按港澳台商投资情况分								
港商投资	69179	14344	9164	43625	3019	26533	127	191
餐饮业	**166919**	**42465**	**18575**	**77017**	**9527**	**78387**	**6731**	**11138**
按餐饮业行业小类分								
正餐服务	129067	36299	12323	58388	7316	60873	3338	8298
快餐服务	32484	3633	3601	16228	1809	14701	3393	2273
饮料及冷饮服务	1371	1093	110	223	112	959		567
酒吧服务	1136	1093	43	177	73	959		567
其他饮料及冷饮服务	235		67	46	38			
餐饮配送及外卖送餐服务	155		138	84	20	104		
其他餐饮业	3843	1439	2404	2093	271	1750		
按登记注册类型分								
内资企业	**135057**	**40862**	**13865**	**59649**	**7718**	**65444**	**3338**	**8897**
国有企业	2490	509	223	1984	111	505		

11-7 续表 5 （2019 年） 单位:万元

指标名称	固定资产原价	房屋和构筑物	机器设备	累计折旧	本年折旧	固定资产净额	在建工程	无形资产
有限责任公司	74593	24211	6574	36200	4659	36791	1082	4738
国有独资公司	52		21	29	8	22		
其他有限责任公司	74541	24211	6553	36171	4651	36769	1082	4738
股份有限公司	1018			61	61	957		2023
私营企业	56956	16141	7068	21403	2887	27191	2257	2136
私营有限责任公司	55303	15725	6967	20516	2717	26426	2119	2136
私营股份有限公司	1653	417	101	888	170	765	138	
港、澳、台商投资企业	2211		1352	1526	173	685		
外商投资企业	29651	1603	3358	15842	1636	12258	3393	2241
按控股情况分								
国有控股	8272	1948	2648	5667	432	2289	461	2
私人控股	103254	37804	10459	41572	5791	52926	2273	6775
港澳台商控股	2211		1352	1526	173	685		
外商控股	29651	1603	3358	15842	1636	12258	3393	2241
其他	23531	1109	758	12411	1495	10230	604	2120
按经营形式分								
独立门店	104555	37116	9676	43246	5564	51602	3294	6714
连锁总店(总部)	46154	1603	3438	25536	2534	19067	3393	4360
连锁直营店	345		248	133	63	161		2
连锁加盟店	53		16	41	12	7		50
其他	15812	3745	5197	8061	1354	7551	44	12
按单位规模分								
大型	58287	3042	5762	28834	2815	27901	4069	5696
中型	57191	18378	4080	27027	3464	23191	599	2017
小型	50648	20926	8377	20011	3049	26791	2063	3425
微型	794	118	356	1144	199	504		1
按经营地分								
城镇	155384	40087	18225	71940	8670	71949	6731	11104
城区	135799	28729	12313	65475	7315	59082	5589	10435
乡村	11536	2377	349	5077	857	6438		33
按港澳台商投资情况分								
港商投资	2189		1330	1520	169	669		
台商投资	22		22	6	4	16		

11-7 续表 6 （2019 年） 单位:万元

指标名称	二、期末资产负债							
	土地使用权	资产总计	流动负债合计	应付账款	负债合计	所有者权益	实收资本	个人资本
总计	**20284**	**1744721**	**1118312**	**114791**	**1437040**	**308949**	**544207**	**92624**
住宿业	**14973**	**1309024**	**852426**	**78258**	**1108173**	**200405**	**456699**	**68904**
按住宿业行业小类分								
旅游饭店	4921	648855	407270	43860	512367	134831	216970	27235
一般旅馆	10052	618195	402383	32375	551834	67573	230214	39218
经济型连锁酒店	6797	173535	62616	7871	103290	70049	35790	6031
其他一般旅馆	3255	444661	339767	24505	448544	-2477	194424	33187
民宿服务		1202	121	28	121	1081	100	
其他住宿业		40772	42651	1994	43851	-3079	9415	2450
按登记注册类型分								
内资企业	**14973**	**1113670**	**671947**	**70379**	**874211**	**239014**	**389083**	**68904**
国有企业		183243	47238	8065	85369	97874	52606	
集体企业		28137	28984	514	33431	-5294	3310	
有限责任公司	7683	661730	452773	27186	591936	71099	272917	45728
国有独资公司		37691	23593	1105	24020	13671	22500	20000
其他有限责任公司	7683	624039	429180	26081	567916	57428	250417	25728
股份有限公司		43096	8982	585	10860	32236	7866	1966
私营企业	7290	197465	133970	34029	152615	43099	52384	21210
私营有限责任公司	7290	196956	133667	33809	152273	42931	52184	21160
私营股份有限公司		510	304	220	342	168	200	50
港、澳、台商投资企业		**171573**	**148845**	**3452**	**190327**	**-18755**	**59978**	
与港澳台商合资经营企业		155690	142153	3136	156259	-568	46611	
与港澳台商合作经营企业		15882	6692	316	34069	-18186	13367	
外商投资企业		**23782**	**31634**	**4427**	**43635**	**-19854**	**7639**	
按控股情况分								
国有控股	2199	369314	139582	13440	207607	163286	129576	20000
集体控股		31884	31174	624	35745	-3860	5761	
私人控股	12773	512298	379952	45835	491599	18870	205395	43918
港澳台商控股		161777	164175	7127	190283	-28506	47188	
其他		233751	137543	11232	182941	50615	68780	4985
按经营形式分								
独立门店	14532	1165400	785683	63428	1006900	158054	408305	64382

11-7 续表 7 （2019 年） 单位：万元

指标名称	二、期末资产负债							
	土地使用权	资产总计	流动负债合计	应付账款	负债合计	所有者权益	实收资本	个人资本
连锁总店（总部）		22942	20879	337	20879	2063	1510	
连锁直营店		7890	5743	278	5743	2147	4281	1001
连锁加盟店		13138	9587	1325	11861	1277	3564	1220
其他	441	99655	30534	12890	62790	36865	39039	2300
按单位规模分								
大型		226251	164096	8532	153591	72660	74120	
中型	10061	655638	388524	22765	577665	77973	249743	32748
小型	4912	368735	255054	34730	325651	43084	124150	32173
微型		58401	44751	12230	51266	6689	8686	3983
按星级分								
五星	1012	333223	306658	8151	362864	-29641	193741	26800
四星	9049	206516	45800	5952	83629	124467	80425	8278
三星	1363	141138	108912	9918	130459	10679	58823	8833
二星		9642	3406	687	5833	3809	2105	250
其他	3549	618505	387650	53550	525389	91091	121606	24743
按经营地分								
城镇	14973	1221194	799420	74883	1030414	190335	421188	66704
城区	14973	1123728	736761	68946	958183	164993	399983	61672
乡村		87830	53005	3375	77760	10071	35512	2200
按港澳台商投资情况分								
港商投资		171573	148845	3452	190327	-18755	59978	
餐饮业	**5312**	**435696**	**265887**	**36533**	**328867**	**108544**	**87507**	**23721**
按餐饮业行业小类分								
正餐服务	5312	349651	199609	26642	255012	96354	75663	22740
快餐服务		52844	41419	6127	48766	4078	5914	660
饮料及冷饮服务		20725	17661	360	17888	2837	630	300
酒吧服务		19680	17239	162	17239	2442	300	300
其他饮料及冷饮服务		1044	422	199	649	395	330	
餐饮配送及外卖送餐服务		2598	1962	341	1967	631	1200	20
其他餐饮业		9879	5235	3064	5235	4643	4100	
按登记注册类型分								
内资企业	**5312**	**387877**	**226503**	**30880**	**282549**	**107042**	**83894**	**23721**
国有企业		1822	380	36	380	1442	3968	

11-7 续表 8 （2019 年） 单位:万元

指标名称	二、期末资产负债							
	土地使用权	资产总计	流动负债合计	应付账款	负债合计	所有者权益	实收资本	个人资本
有限责任公司	1292	150359	97129	16801	113656	39159	45025	11342
国有独资公司		254	2354		2354	−2099	100	
其他有限责任公司	1292	150105	94775	16801	111303	41258	44925	11342
股份有限公司	2023	4390	1838	47	1838	2552	2000	
私营企业	1997	231307	127157	13996	166676	63890	32901	12378
私营有限责任公司	1997	158824	87878	13431	127396	30687	31901	12369
私营股份有限公司		72483	39280	566	39280	33203	1000	9
港、澳、台商投资企业		5452	4177	298	4177	1275	1212	
外商投资企业		42368	35207	5355	42141	227	2402	
按控股情况分								
国有控股		15966	11281	3216	14796	3293	8768	
私人控股	5312	333733	197133	23374	246212	87114	57211	22511
港澳台商控股		5452	4177	298	4177	1275	1212	
外商控股		42368	35207	5355	42141	227	2402	
其他		38177	18089	4291	21542	16636	17915	1210
按经营形式分								
独立门店	5312	302728	174378	13726	225300	79143	53938	21580
连锁总店(总部)		62150	45761	8974	53310	8840	16738	
连锁直营店		4087	2660	2260	2889	1198	820	
连锁加盟店		1332	857	145	857	475	930	
其他		65399	42230	11429	46511	18887	15081	2141
按单位规模分								
大型	1336	90209	64759	11580	72608	17601	21046	308
中型	1259	164814	91405	6877	124907	39907	15149	2946
小型	2717	166705	103995	15698	118609	48096	48885	19618
微型		13967	5728	2379	12743	2940	2427	848
按经营地分								
城镇	5312	404971	251349	34408	311242	95652	81846	21562
城区	4650	350664	216877	26002	272832	80023	68425	16966
乡村		30725	14538	2125	17625	12892	5661	2158
按港澳台商投资情况分								
港商投资		4906	3938	236	3938	969	1112	
台商投资		546	239	62	239	306	100	

11-7 续表 9 （2019 年） 单位:万元

指标名称	营业收入	主营业务收入	营业成本	税金及附加	其他业务利润	销售费用	管理费用
总计	**858101**	**836177**	**334370**	**8695**	**7490**	**288987**	**221557**
住宿业	**450328**	**442095**	**139630**	**6025**	**5642**	**160281**	**149932**
按住宿业行业小类分							
旅游饭店	269345	264459	84432	3102	2302	93644	91661
一般旅馆	165197	162019	50951	2492	3299	61306	52629
经济型连锁酒店	54107	52634	16655	984	187	19533	17345
其他一般旅馆	111089	109385	34296	1509	3112	41773	35284
民宿服务	1834	1834	371	12		882	348
其他住宿业	13952	13783	3877	419	41	4449	5294
按登记注册类型分							
内资企业	**420932**	**413150**	**130905**	**5227**	**3881**	**148204**	**136013**
国有企业	60840	58145	14704	1109	1617	25573	19706
集体企业	7956	7956	2189	47		2839	2019
有限责任公司	225745	222759	69679	2700	-344	82156	73130
国有独资公司	10345	10345	2068	383		3435	4569
其他有限责任公司	215400	212414	67612	2317	-344	78721	68560
股份有限公司	13345	13345	3196	235		4965	4866
私营企业	113046	110945	41136	1136	2608	32672	36292
私营有限责任公司	111688	109722	40616	1128	2608	32013	36115
私营股份有限公司	1358	1223	520	8		659	177
港、澳、台商投资企业	**26735**	**26684**	**8201**	**771**	**1761**	**10434**	**12004**
与港澳台商合资经营企业	21320	21269	7443	669	1761	7121	9461
与港澳台商合作经营企业	5415	5415	758	103		3313	2543
外商投资企业	**2662**	**2262**	**525**	**27**		**1643**	**1915**
按控股情况分							
国有控股	130417	126802	36473	2581	1716	47329	44215
集体控股	11736	11736	3348	131		4432	2828
私人控股	201863	198980	70567	1786	782	69604	66508
港澳台商控股	20114	19663	7345	571	1761	6723	9657
其他	86199	84916	21897	956	1384	32192	26724
按经营形式分							
独立门店	381552	374282	116606	5389	5137	134629	131259

11-7 续表 10 （2019 年） 单位:万元

指标名称	营业收入	主营业务收入	营业成本	税金及附加	其他业务利润	销售费用	管理费用
连锁总店(总部)	4643	4153	344	29	458	2850	130
连锁直营店	4700	4651	694	59		2981	1748
连锁加盟店	22223	21904	9740	145	-38	4619	7867
其他	37211	37106	12246	402	86	15202	8927
按单位规模分							
大型	41222	39254	9065	289	3249	14353	17927
中型	194918	193498	53136	3165	-1237	77354	62343
小型	190653	186375	68242	2284	3170	63245	61460
微型	23536	22969	9188	288	460	5330	8201
按星级分							
五星	62813	62585	15878	1493	1824	24055	24006
四星	66316	66240	21584	890	112	26249	18672
三星	64941	62828	23697	1322	2745	21502	20940
二星	2728	2675	1082	32	7	1229	612
其他	253532	247768	77389	2287	955	87246	85702
按经营地分							
城镇	429750	421633	131823	5723	5641	149877	145776
城区	370574	363491	110918	5111	5195	134250	125067
乡村	20578	20462	7807	301	1	10404	4155
按港澳台商投资情况分							
港商投资	26735	26684	8201	771	1761	10434	12004
餐饮业	**407773**	**394082**	**194741**	**2670**	**1848**	**128706**	**71625**
按餐饮业行业小类分							
正餐服务	257978	254993	113598	2255	1848	87864	48872
快餐服务	127613	117195	68910	163		36201	17856
饮料及冷饮服务	4952	4934	1690	118		2609	447
酒吧服务	1715	1715	652	115		446	447
其他饮料及冷饮服务	3237	3219	1038	3		2163	
餐饮配送及外卖送餐服务	5239	4991	3324	30		867	839
其他餐饮业	11992	11969	7219	106		1167	3611
按登记注册类型分							
内资企业	**287175**	**283841**	**131493**	**2581**	**1848**	**92309**	**55490**
国有企业	696	696	309	18		431	54

11-7 续表 11 （2019 年） 单位:万元

指标名称	营业收入	主营业务收入	营业成本	税金及附加	其他业务利润	销售费用	管理费用
有限责任公司	132673	130585	61053	846	362	48521	21195
国有独资公司	1224	1154	518	8	62	470	226
其他有限责任公司	131449	129432	60535	838	301	48052	20968
股份有限公司	1756	1756	905	25		419	164
私营企业	152050	150803	69226	1693	1486	42937	34077
私营有限责任公司	146165	145100	67887	1672	1305	39138	33318
私营股份有限公司	5884	5704	1339	20	181	3799	759
港、澳、台商投资企业	6112	6111	2320	2		2574	124
外商投资企业	114486	104130	60928	87		33823	16011
按控股情况分							
国有控股	17994	17878	9984	149	62	3998	4450
私人控股	213162	209943	99357	2199	1787	60245	47043
港澳台商控股	6112	6111	2320	2		2574	124
外商控股	114486	104130	60928	87		33823	16011
其他	56019	56019	22152	234		28066	3997
按经营形式分							
独立门店	174229	171858	77760	2059	1940	53515	35589
连锁总店(总部)	151945	141419	73732	95		56993	17342
连锁直营店	6847	6845	2954	11		1958	1000
连锁加盟店	1590	1590	556			1089	958
其他	73162	72370	39739	506	-92	15152	16737
按单位规模分							
大型	172195	161817	84699	815		60569	21841
中型	82535	81697	32623	449	390	29738	19380
小型	138875	137856	69853	1303	1459	35292	27749
微型	14168	12713	7566	104		3107	2654
按经营地分							
城镇	388273	374775	185564	2533	1825	123586	67520
城区	333462	320003	155624	2132	1091	112624	55781
乡村	19500	19307	9177	137	23	5121	4105
按港澳台商投资情况分							
港商投资	4795	4794	1711	1		2214	45
台商投资	1317	1317	610	2		360	79

11-7 续表 12 （2019 年） 单位:万元

指标名称	三、损益及分配						
	研发费用	财务费用	利息收入	利息费用	投资收益	营业利润	营业外收入
总计	**62**	**25332**	**1058**	**18316**	**1606**	**-19788**	**4055**
住宿业		**19550**	**870**	**15322**	**1416**	**-22557**	**2673**
按住宿业行业小类分							
旅游饭店		12700	785	10153	613	-15942	2169
一般旅馆		6391	75	5151	801	-6269	460
经济型连锁酒店		2703	34	1935	607	-2798	128
其他一般旅馆		3688	41	3216	194	-3471	332
民宿服务		5				222	
其他住宿业		455	9	18	2	-569	45
按登记注册类型分							
内资企业		**17788**	**867**	**13612**	**1300**	**-16584**	**2346**
国有企业		1721	265	1535	277	-2038	938
集体企业		2285	1	1128	50	-1354	6
有限责任公司		10770	577	8899	466	-12612	1104
国有独资公司		-31	85	48		-85	179
其他有限责任公司		10801	492	8851	466	-12527	925
股份有限公司		122	1	1	501	272	9
私营企业		2890	24	2051	6	-852	288
私营有限责任公司		2889	24	2051	6	-845	288
私营股份有限公司		1				-7	
港、澳、台商投资企业		**1125**	**4**	**1078**	**116**	**-3889**	**308**
与港澳台商合资经营企业		77	4	30	116	-1557	289
与港澳台商合作经营企业		1048		1048		-2332	19
外商投资企业		**637**	**-1**	**632**		**-2084**	**20**
按控股情况分							
国有控股		2709	435	2643	894	-2331	1277
集体控股		2290	8	1128	93	-1234	12
私人控股		7174	34	5875	108	-13640	768
港澳台商控股		715	1	662		-3137	307
其他		6662	392	5015	321	-2216	309
按经营形式分							
独立门店		17900	864	13925	1261	-22041	2325

11-7 续表 13 （2019 年） 单位:万元

指标名称	三、损益及分配						
	研发费用	财务费用	利息收入	利息费用	投资收益	营业利润	营业外收入
连锁总店(总部)		8			101	1389	3
连锁直营店		43		21	2	-323	14
连锁加盟店		171	1	141	2	-648	25
其他		1428	5	1235	50	-935	305
按单位规模分							
大型		1283	160	1007		67	301
中型		13926	632	12908	971	-14351	901
小型		4116	68	1297	344	-8540	1434
微型		225	10	110	101	266	38
按星级分							
五星		6008	10	4935	353	-6554	402
四星		1545	519	1936	581	-2120	693
三星		2158	81	645	284	-4467	775
二星		6	1	3		-227	2
其他		9833	260	7804	198	-9191	802
按经营地分							
城镇		18027	867	14240	1416	-18951	2442
城区		17500	367	13469	1336	-20455	2383
乡村		1523	3	1082		-3607	231
按港澳台商投资情况分							
港商投资		1125	4	1078	116	-3889	308
餐饮业	**62**	**5783**	**188**	**2994**	**190**	**2770**	**1381**
按餐饮业行业小类分							
正餐服务	61	5041	139	2267	190	-867	1073
快餐服务		709	32	692		3520	264
饮料及冷饮服务	1	48		35		41	18
酒吧服务	1	48		35		7	2
其他饮料及冷饮服务						34	16
餐饮配送及外卖送餐服务		1				178	
其他餐饮业		-17	17			-102	26
按登记注册类型分							
内资企业	**62**	**5109**	**156**	**2308**	**127**	**-1349**	**1115**
国有企业		-2	3			-113	3

11-7 续表 14　　(2019 年)　　单位:万元

指标名称	三、损益及分配						
	研发费用	财务费用	利息收入	利息费用	投资收益	营业利润	营业外收入
有限责任公司	2	2319	33	752	-2	-1505	720
国有独资公司						3	
其他有限责任公司	2	2318	33	752	-2	-1508	720
股份有限公司		252		252		-3	1
私营企业	60	2541	120	1305	129	273	391
私营有限责任公司	60	1599	120	415	129	1249	292
私营股份有限公司		942		890		-976	99
港、澳、台商投资企业		4		1	63	1151	11
外商投资企业		670	31	685		2968	255
按控股情况分							
国有控股		-10	20			-585	37
私人控股	62	4630	131	2307	127	-844	718
港澳台商控股		4		1	63	1151	11
外商控股		670	31	685		2968	255
其他	1	489	5	1		79	361
按经营形式分							
独立门店	62	3471	130	2213	187	-114	726
连锁总店(总部)		1072	31	686		2712	436
连锁直营店		16	1	3		917	13
连锁加盟店		905	3			-119	
其他	1	319	23	93	4	-626	206
按单位规模分							
大型		1057	48	685	9	3215	462
中型		2421	-4	1494	70	-3397	233
小型	62	2286	125	812	112	2478	651
微型		18	19	4		473	36
按经营地分							
城镇	62	5560	184	2994	190	1946	969
城区	62	5165	169	2647	190	1588	891
乡村	1	223	3			824	413
按港澳台商投资情况分							
港商投资		1		1	63	888	6
台商投资		4				263	5

11-7 续表15 （2019年） 单位:万元

指标名称	营业外支出	利润总额	所得税费用	四、人工成本及增值税 应付职工薪酬(本年贷方累计发生额)	应交增值税	五、从事住宿和餐饮业活动的从业人员平均人数(人)
总计	**2424**	**−18184**	**5147**	**213937**	**18786**	**39525**
住宿业	**1328**	**−21207**	**2714**	**125415**	**11391**	**21918**
按住宿业行业小类分						
旅游饭店	925	−14692	1892	75896	6023	13127
一般旅馆	392	−6202	720	44850	4639	7835
经济型连锁酒店	185	−2855	205	15455	1387	2592
其他一般旅馆	207	−3347	515	29395	3252	5243
民宿服务	1	222	33	276	32	60
其他住宿业	11	−535	69	4393	697	896
按登记注册类型分						
内资企业	**1263**	**−15496**	**2670**	**115636**	**10799**	**20309**
国有企业	118	−1218	98	24620	1374	3594
集体企业	3	−1351	18	2553	241	313
有限责任公司	897	−12399	2223	59118	5409	10392
国有独资公司	4	90	4	4423	296	584
其他有限责任公司	893	−12489	2219	54695	5113	9808
股份有限公司	11	270	41	4180	192	612
私营企业	234	−798	291	25166	3582	5398
私营有限责任公司	234	−790	289	24896	3566	5332
私营股份有限公司		−8	2	270	16	66
港、澳、台商投资企业	**43**	**−3624**	**44**	**8337**	**554**	**1294**
与港澳台商合资经营企业	34	−1302	44	5997	426	1017
与港澳台商合作经营企业	9	−2322		2341	129	277
外商投资企业	**23**	**−2088**		**1442**	**38**	**315**
按控股情况分						
国有控股	356	−1409	827	47983	2862	6865
集体控股	4	−1226	24	3832	503	587
私人控股	427	−13295	790	47571	4932	9613
港澳台商控股	53	−2883	44	5875	423	1140
其他	488	−2395	1029	20155	2672	3713
按经营形式分						
独立门店	934	−20649	2182	112412	9500	19366

11-7 续表 16　　　　(2019 年)　　　　单位:万元

指标名称	营业外支出	利润总额	所得税费用	四、人工成本及增值税 应付职工薪酬(本年贷方累计发生额)	应交增值税	五、从事住宿和餐饮业活动的从业人员平均人数(人)
连锁总店(总部)	1	1392	368	604	162	95
连锁直营店	2	-310	81	1082	92	213
连锁加盟店	19	-642	37	4241	545	885
其他	372	-998	46	7077	1093	1359
按单位规模分						
大型	72	295	351	13574	826	1989
中型	545	-13990	1464	62017	4139	9518
小型	651	-7756	551	46755	5930	9629
微型	59	244	348	3069	496	782
按星级分						
五星	78	-6231	395	20192	1905	3037
四星	515	-1942	503	21247	1810	3292
三星	304	-3994	307	20575	1849	3794
二星	11	-235	1	909	91	175
其他	421	-8806	1508	62493	5737	11620
按经营地分						
城镇	985	-17488	2678	120777	11633	21031
城区	860	-18931	2117	105260	9577	18089
乡村	343	-3719	36	4638	-241	887
按港澳台商投资情况分						
港商投资	43	-3624	44	8337	554	1294
餐饮业	**1096**	**3023**	**2433**	**88522**	**7395**	**17607**
按餐饮业行业小类分						
正餐服务	663	-483	1239	57703	5851	11863
快餐服务	412	3366	1182	25066	276	5031
饮料及冷饮服务	2	57	8	1051	111	201
酒吧服务		9	5	336	103	91
其他饮料及冷饮服务	2	48	3	715	9	110
餐饮配送及外卖送餐服务	1	178	4	1005	545	182
其他餐饮业	18	-94		3696	611	330
按登记注册类型分						
内资企业	**682**	**-949**	**1254**	**64107**	**7124**	**12825**
国有企业	365	-475		259	24	60

11-7 续表 17 （2019 年） 单位:万元

指标名称	营业外支出	利润总额	所得税费用	四、人工成本及增值税 应付职工薪酬(本年贷方累计发生额)	应交增值税	五、从事住宿和餐饮业活动的从业人员平均人数(人)
有限责任公司	177	-988	516	25343	3096	5650
国有独资公司		3		602	73	75
其他有限责任公司	177	-991	516	24740	3023	5575
股份有限公司	1	-3		235	26	71
私营企业	140	517	738	38270	3978	7044
私营有限责任公司	140	1394	738	36150	3793	6788
私营股份有限公司		-878		2120	186	256
港、澳、台商投资企业	5	1157	21	1103	152	146
外商投资企业	409	2814	1157	23312	118	4636
按控股情况分						
国有控股	386	-934		5704	820	797
私人控股	291	-423	970	53900	5860	10126
港澳台商控股	5	1157	21	1103	152	146
外商控股	409	2814	1157	23312	118	4636
其他	5	409	284	4503	445	1902
按经营形式分						
独立门店	488	98	816	46946	4605	8895
连锁总店(总部)	409	2739	1276	24517	181	5668
连锁直营店	9	922	163	955	124	166
连锁加盟店		-119	1	455		88
其他	191	-617	176	15649	2485	2790
按单位规模分						
大型	426	3251	1435	30835	1375	6461
中型	47	-3211	230	24747	2157	3452
小型	606	2491	594	30958	3499	6957
微型	17	492	174	1982	363	737
按经营地分						
城镇	1088	1794	2178	84286	6481	16565
城区	1008	1438	2025	71233	5059	14207
乡村	8	1229	255	4235	914	1042
按港澳台商投资情况分						
港商投资	1	894		955	137	118
台商投资	5	263	21	148	15	28

11-8 限额以上住宿和餐饮业

（2019 年）

指　　标	法人企业（个）	个体（产业）单位数（个）	从业人员期末人数（人）	营业额	
					客房收入
总计	**560**	**427**	**52057**	**1248516**	**322168**
住宿业	**317**	**48**	**24613**	**545559**	**302297**
按住宿业行业小类分					
旅游饭店	138	19	15338	336610	172752
一般旅馆	160	20	8173	189959	115267
经济型连锁酒店	46	4	2806	60035	35326
其他一般旅馆	114	16	5367	129924	79942
民宿服务	1	1	81	2407	1736
其他住宿业	18	8	1021	16583	12542
按登记注册类型分					
内资企业	**312**	**12**	**22088**	**488529**	**270506**
国有企业	21	3	3630	63482	25896
集体企业	6		454	7803	3207
有限责任公司	129	6	11703	284077	144644
国有独资公司	4		587	10835	5217
其他有限责任公司	125	6	11116	273242	139427
股份有限公司	7	1	663	15972	8229
私营企业	149	1	5510	115990	88051
私营有限责任公司	147	1	5444	114590	86987
私营股份有限公司	2		66	1400	1064
其他企业		1	128	1207	479
港、澳、台商投资企业	**4**		**1297**	**30065**	**10236**
与港澳台商合资经营企业	3		1024	24321	7619
与港澳台商合作经营企业	1		273	5744	2617
外商投资企业	**1**		**315**	**2821**	**1606**
按控股情况分					
国有控股	47		6806	132543	57269
集体控股	11		723	11715	5569
私人控股	218		9473	209004	140146
港澳台商控股	3		1146	23051	7209
其他	38		3921	90381	46122
按经营形式分					
独立门店	249	43	21088	432900	227829
连锁总店（总部）	2		13	4636	4208
连锁直营店	6		208	4836	3874
连锁加盟店	30		888	23105	21753
其他	30	5	2416	80082	44634
按单位规模分					
大型	3		1986	43686	14448
中型	47		10184	204480	89376
小型	226		9711	195895	132700
微型	41		188	22632	19791
按星级分					
五星	11	2	3722	86849	37470
四星	24	2	3541	70387	30367
三星	42	3	3852	70050	32936
二星	4		178	2749	1748
一星		1	15	145	142

经营情况

单位:万元

			客房数(间)	床位数(个)	餐位数(位)	年末餐饮营业面积(万平方米)
餐费收入	商品销售额收入	其他收入				
800590	**44919**	**80839**	**63883**	**101804**	**311200**	**191.66**
166699	**17264**	**59299**	**59490**	**93570**	**70509**	**116.72**
118914	10402	34543	24579	40186	43720	63.99
45423	6699	22570	31978	48469	24740	50.02
14296	360	10054	6545	10236	8091	15.11
31127	6339	12516	25433	38233	16649	34.91
506	42	123	160	299	120	0.60
1856	121	2063	2773	4616	1929	2.11
149897	**14508**	**53619**	**52995**	**84163**	**66531**	**110.05**
21609	2581	13396	4518	8298	9656	9.82
1486	86	3024	697	1341	2532	1.26
99520	9143	30770	26321	42403	36658	57.62
3546	243	1829	765	1353	1170	0.77
95974	8900	28941	25556	41050	35488	56.86
4595	1819	1329	1426	2124	1076	1.44
21979	879	5081	19908	29812	16064	39.77
21720	850	5034	19624	29382	15864	39.63
260	29	47	284	430	200	0.14
708		19	125	185	545	0.14
13016	**1554**	**5259**	**1105**	**1317**	**2240**	**5.78**
9970	1554	5178	890	1027	1876	5.70
3046		81	215	290	364	0.08
792	**96**	**328**	**380**	**736**	**240**	**0.15**
44451	3387	27436	8919	15275	17370	21.55
2547	86	3513	1281	2547	3812	2.50
48998	5375	14486	30123	46087	28964	62.05
9005	1650	5187	1087	1543	1988	5.68
32927	4546	6786	10996	17476	12439	21.18
138266	15100	51704	46284	75045	59712	98.53
16	36	376	1090	1634	36	0.34
726	84	152	838	1276	372	1.64
741	200	412	5872	7473	1037	5.35
26951	1843	6655	5406	8142	9352	10.86
19993	2336	6909	1339	1952	2432	5.59
73356	8436	33312	12192	20282	28939	41.76
42784	4015	16396	34838	54741	32199	60.32
1795	257	790	4037	5953	1003	5.29
37187	3160	9032	3492	5000	7693	14.08
27994	3691	8336	5142	8559	13834	15.31
21416	4363	11335	6272	10961	15348	13.88
918	81	3	442	671	712	1.12
	3		50	82		

11-8 续表 （2019 年）

指　　标	法人企业（个）	个体（产业）单位数（个）	从业人员期末人数（人）	营业额	
					客房收入
其他	236	40	13305	315378	199634
餐饮业	**243**	**379**	**27444**	**702958**	**19871**
按餐饮业行业小类分					
正餐服务	216	349	20305	535472	19442
快餐服务	19	13	6125	136311	
饮料及冷饮服务	3	2	252	5960	
茶馆服务		1	39	425	
咖啡馆服务		1	24	480	
酒吧服务	1		79	1818	
其他饮料及冷饮服务	2		110	3237	
餐饮配送及外卖送餐服务	4		306	5518	
其他餐饮业	1	15	456	19697	429
按登记注册类型分					
内资企业	**239**	**1**	**13199**	**292399**	**18368**
国有企业	2		67	731	2
有限责任公司	77		5677	135883	5798
国有独资公司	1		75	1224	
其他有限责任公司	76		5602	134658	5798
股份有限公司	1		67	1861	966
私营企业	159		7368	153481	11435
私营有限责任公司	158		7073	147596	9915
私营股份有限公司	1		295	5884	1520
其他企业		1	20	443	167
港、澳、台商投资企业	**2**		**137**	**6466**	
外商投资企业	**2**		**5492**	**114541**	
按控股情况分					
国有控股	7		732	19591	6
私人控股	213		10547	214803	17815
港澳台商控股	2		137	6466	
外商控股	2		5492	114541	
其他	19		1900	57562	380
按经营形式分					
独立门店	185	369	17202	461530	17738
连锁总店（总部）	5	1	6559	153360	
连锁直营店	5	3	246	8849	
连锁加盟店	2	2	219	2222	
其他	46	4	3218	76996	2133
按单位规模分					
大型	5		7322	174342	
中型	20		3800	84921	9657
小型	181		7430	141151	8239
微型	37		256	12549	304

单位:万元

			客房数(间)	床位数(个)	餐位数(位)	年末餐饮营业面积(万平方米)
餐费收入	商品销售额收入	其他收入				
79184	5967	30594	44092	68297	32922	72.33
633891	**27655**	**21541**	**4393**	**8234**	**240691**	**74.95**
484588	22499	8943	4354	8151	208231	67.85
123175	2416	10721			28903	5.29
5756	52	152			1718	1.14
425					135	0.09
480					80	0.02
1641	52	125			1448	0.94
3210		27			55	0.09
2744	2545	229			500	0.28
17629	144	1497	39	83	1339	0.38
253889	**10731**	**9411**	**4021**	**7473**	**169403**	**47.75**
420	118	192	3	6	303	0.10
120255	6702	3128	1317	2540	66688	20.26
1154		71			80	0.01
119101	6702	3057	1317	2540	66608	20.25
878	17		380	760	1100	0.13
132061	3893	6092	2258	4057	101012	27.17
130131	3822	3729	2023	3602	100022	25.27
1930	72	2363	235	455	990	1.90
276			63	110	300	0.10
6417	**48**	**1**			**1429**	**0.52**
104126	**59**	**10356**			**19058**	**3.36**
17779	118	1689	35	38	1760	0.83
182717	7295	6976	3761	6769	132025	40.13
6417	48	1			1429	0.52
104126	59	10356			19058	3.36
53117	3318	747	162	556	35318	6.68
416221	19494	8078	3583	6424	151069	54.81
140117	2887	10356			41388	7.91
8775	72	2			1743	0.73
2195	27				550	0.35
66584	5175	3105	810	1810	45941	11.14
159081	3480	11782			39734	6.58
66465	3518	5280	1650	2830	51322	9.67
126480	3728	2704	2308	4533	86903	33.65
12130	112	2			11631	1.63

11-9 分区县(市)限额以上住宿和餐饮业法人财务状况

(2019 年)

单位:万元

区县(市)	流动资产合计	存货	固定资产原价	资产合计	所有者权益	实收资本	营业收入
中原区	200630	1688	61631	241425	-7632	53923	52436
二七区	65089	6594	60750	113821	3428	41132	60936
管城区	30407	1946	22101	44463	2730	12646	16166
金水区	205433	8361	291008	451048	65248	137933	264237
上街区	1832	48	1304	3170	40	1720	2643
惠济区	22456	1394	124014	149582	98978	59383	35621
中牟县	8704	1027	12895	20056	5178	7341	16019
巩义市	14086	647	18233	33945	1336	6912	11159
荥阳市	46221	322	25366	109696	51062	3307	20413
新密市	74225	780	25717	93265	-15467	100873	14429
新郑市	14246	2025	12262	30198	9890	15739	11422
登封市	22728	1869	60154	67453	-2222	20583	20252
经开区	10530	447	9366	18267	9025	3983	24269
高新区	26483	383	17208	39600	11583	9608	29092
郑东新区	104180	5401	90113	266378	54197	57644	243201
航空港实验区	36313	1023	32218	62356	21575	11480	35808

11-9 续表

(2019 年)

单位:万元

区县(市)	营业成本	税金及附加	销售费用	管理费用	营业利润	利润总额	应付职工薪酬	应交增值税
中原区	15906	759	23070	17288	-4805	-4685	16119	1273
二七区	22968	1152	20220	16114	-406	-301	14280	1189
管城区	7400	226	4686	3472	-320	-168	3179	408
金水区	94467	2645	101686	69151	-9413	-8782	64078	5706
上街区	1247	16	792	782	-203	-195	984	57
惠济区	10617	128	14771	9930	-846	-768	10711	611
中牟县	7584	159	3334	4150	1195	1364	3821	337
巩义市	4977	257	2708	1978	1036	1044	2469	281
荥阳市	7478	64	10224	4874	-3191	-3061	6574	120
新密市	6320	108	4563	2452	-1915	-1829	3414	419
新郑市	5290	147	3068	3518	-909	-957	4286	278
登封市	8126	666	9741	5084	-5337	-5106	6904	643
经开区	13696	143	4382	5653	470	478	4473	461
高新区	10796	86	7552	9316	1238	1159	7080	888
郑东新区	101870	1555	71288	57151	3204	3197	55744	4553
航空港实验区	15628	585	6902	10645	415	425	9821	1562

11-10 分区县(市)限额以上住宿和餐饮业经营情况

(2019 年)

单位:万元

区县(市)	营业额	客房收入	餐费收入	商品销售额收入	其他收入
中原区	86521	19970	58166	3677	4708
二七区	119620	27088	77004	5965	9563
管城区	48012	11152	28545	7020	1295
金水区	291616	81815	173728	7315	28758
上街区	13322	2466	10566	26	265
惠济区	42348	10724	23527	2521	5576
中牟县	25234	7575	14915	1354	1390
巩义市	60279	7356	49893	1236	1795
荥阳市	39609	7636	25486	2788	3699
新密市	26207	7852	16517	1441	398
新郑市	65999	10107	50711	4814	367
登封市	20703	9624	9493	259	1327
经开区	26703	8130	16428	97	2048
高新区	30229	12596	14868	1118	1647
郑东新区	305869	82242	203291	4731	15606
航空港实验区	46246	15837	27453	558	2397

11-11 限额以上批发、零售贸易业商品销售类值

（2019 年）

单位：万元

指标	批发业				零售业			
	销售额		零售额		销售额		零售额	
	2019 年	2018 年	2019 年	2018 年	2019 年	2018 年	2019 年	2018 年
合计	**41369739**	**39887374**	**1362280**	**1262290**	**18629631**	**17927564**	**17450419**	**16708846**
粮油、食品类	770398	799207	61895	45712	1407791	1220420	1272081	1143822
粮油类	455191	468727	35056	26629	247960	220325	223619	197838
肉禽蛋类	94183	150450	10274	7790	262211	191291	166054	146063
水产品类	22846	15955	6393	3811	52559	41680	52559	41680
蔬菜类	41554	32157	1021	1048	105774	99537	105679	99536
干鲜果品类	47895	27087	3925	1331	210400	195956	205690	194662
饮料类	30879	19732	4439	2785	231221	205638	224850	198098
烟酒类	1969395	1835615	156464	138581	307814	249148	264473	210458
服装、鞋帽、针纺织品类	327348	362778	39316	39430	1590876	1518902	1588804	1513442
服装类	233073	224837	27989	28214	1248281	1203757	1246252	1198336
鞋帽类	39565	83143	5430	6257	250341	231196	250334	231192
针纺织品类	54711	54799	5896	4958	92254	83949	92217	83914
化妆品类	30880	31962	2885	13120	651740	947449	651711	947449
金银珠宝类	101687	211864	12148	9040	293382	273055	292105	264854
日用品类	104781	95885	22144	20582	872760	736351	872006	734874
可穿戴智能设备					8274	5085	8274	5085
五金、电料类	69335	75661	10442	23131	120912	107265	109510	98341
体育、娱乐用品类	16123	18250	3661	4764	57921	60286	55713	55011
照相器材类	6038	6696		29	20692	22355	18485	18225
书报杂志类	512114	439007	37884	36288	97133	87099	85202	76765
电子出版物及音像制品类	1152	561	1002	249	6022	6173	6022	6173
家用电器和音像器材类	2135861	1972357	68151	62706	1010125	940493	907753	823171

11-11 续表 （2019年） 单位：万元

指标	批发业				零售业			
	销售额		零售额		销售额		零售额	
	2019年	2018年	2019年	2018年	2019年	2018年	2019年	2018年
能效等级为1级和2级的商品	976664	963069	337	390	273841	177632	272068	176090
智能家用电器和音像器材	476536	296505	14884	10025	246241	190615	242387	184838
中西药品类	7081287	6836634	161400	99869	738031	562058	641587	537324
西药类	5198116	4935081	101184	51975	292782	220087	266185	199382
中草药及中成药类	960037	858908	15546	7457	127852	111166	127742	111097
文化办公用品类	437584	508270	67919	89154	669569	646210	554466	518307
计算机及其配套产品	110200	101921	27946	30714	501683	407291	398835	292305
家具类		159		21	78229	54403	78090	54214
通讯器材类	2515090	2303302	158536	160649	494321	512425	485944	475109
智能手机	1852821	1266884	44555	3834	430343	268739	423819	222106
煤炭及制品类	5118542	3743237	8815	1629	119684	96204		
木材及制品类	8041	2058						
石油及制品类	4181831	4164039	442615	393833	1498432	1570624	1220025	1180017
化工材料及制品类	2002318	1710939			21807	39531		
化肥类	559189	546741			11205	13214		
金属材料类	8399020	8935754			1755	3277		
建筑及装潢材料类	773000	615918	6446	9796	114860	80197	99113	73197
机电产品及设备类	992355	943789	22209	23214	28671	31339	14190	13881
农机类	4408	7801			1	2		
汽车类	1257165	1549556	44197	64139	7843885	7710264	7727883	7552363
新能源汽车	14700	7428			124180	29658	122610	28571
种子饲料类	112408	91554			4774	4668		
棉麻类	410722	345657						
其他类	2010425	2273631	29711	23600	367916	264085	298892	231976

11-12 按行业分企业信息化及电子商务情况

（2019年）

行业	企业个数（个）	期末使用计算机数（台）	每百人使用计算机数（台）	企业拥有网站数（个）	每百家企业拥有网站数（个）
总计	**10484**	**636176**	**30.8**	**6969**	**66**
采矿业	57	5059	11.0	25	44
制造业	2100	141619	23.3	2627	125
电力、热力、燃气及水生产和供应业	87	42627	33.2	53	61
建筑业	2063	91207	17.3	1021	49
批发和零售业	2326	71381	54.7	970	42
交通运输、仓储和邮政业	299	27506	27.8	134	45
住宿和餐饮业	527	9966	24.4	214	41
信息传输、软件和信息技术服务业	333	78082	89.9	350	105
房地产业	1523	49961	47.0	744	49
租赁和商务服务业	464	27547	18.7	286	62
科学研究和技术服务业	408	59431	86.3	317	78
水利、环境和公共设施管理业	56	2354	10.5	37	66
居民服务、修理和其他服务业	45	1217	5.3	26	58
教育	43	10839	159.9	33	77
卫生和社会工作	63	8044	61.5	69	110
文化、体育和娱乐业	90	9336	80.0	63	70

11-12 续表1 (2019年)

行业	有电子商务交易活动		电子商务销售额（万元）	电子商务采购额（万元）
	企业数（个）	比重（%）		
总计	**1385**	**13.2**	**17033622.4**	**8114739.5**
采矿业	3	5.3		6061.0
制造业	274	13.0	8074943.6	2255536.8
电力、热力、燃气及水生产和供应业	5	5.7	798.0	622.0
建筑业	193	9.4	22271.1	1471036.7
批发和零售业	396	17.0	7598812.0	3416355.9
交通运输、仓储和邮政业	26	8.7	11035.7	221.1
住宿和餐饮业	201	38.1	112713.1	2202.0
信息传输、软件和信息技术服务业	86	25.8	1107307.1	25055.6
房地产业	63	4.1	1778.3	2266.5
租赁和商务服务业	47	10.1	27288.1	923443.5
科学研究和技术服务业	41	10.0	3219.5	10130.0
水利、环境和公共设施管理业	4	7.1	1645.9	10.0
居民服务、修理和其他服务业	4	8.9	38.0	26.2
教育	3	7.0	34150.7	204.3
卫生和社会工作	5	7.9	191.0	111.0
文化、体育和娱乐业	34	37.8	37430.2	1457.1

注：有电子商务交易活动的企业是指通过互联网开展电子商务销售或电子商务采购的企业（下表同）。

11-13　按地区分企业信息化及电子商务情况

（2019 年）

行　　业	企业个数（个）	期末使用计算机数（台）	每百人使用计算机数（台）	企业拥有网站数（个）	每百家企业拥有网站数（个）
郑州市	**10484**	**636176**	**30.8**	**6969**	**66**
中原区	421	41608	27.2	258	61
二七区	547	39053	34.6	299	55
管城区	589	51804	44.2	296	50
金水区	2256	165531	34.5	1205	53
上街区	221	7572	36.1	117	53
惠济区	288	15856	32.3	164	57
中牟县	370	12444	29.2	173	47
巩义市	728	16242	17.6	433	59
荥阳市	504	12042	21.8	297	59
新密市	495	11671	19.7	262	53
新郑市	649	14374	26.8	293	45
登封市	392	8305	16.3	168	43
经开区	695	72674	43.4	457	66
高新区	887	66443	50.5	1758	198
郑东新区	1179	63985	33.7	650	55
航空港实验区	263	36572	12.7	139	53

11-13 续表 1 （2019 年）

行业	有电子商务交易活动 企业数（个）	有电子商务交易活动 比重（%）	电子商务销售额（万元）	电子商务采购额（万元）
郑州市	**1385**	**13.2**	**17033622.4**	**8114739.5**
中原区	62	14.7	109580.5	373649.7
二七区	70	12.8	405623.3	256601.6
管城区	76	12.9	2997594.0	1764078.2
金水区	359	15.9	6271519.9	1230610.5
上街区	27	12.2	46733.0	40548.6
惠济区	30	10.4	79114.4	57821.1
中牟县	43	11.6	29293.6	6817.6
巩义市	52	7.1	72873.0	4753.0
荥阳市	64	12.7	79443.3	51549.7
新密市	36	7.3	27640.7	1150.7
新郑市	65	10.0	147545.8	25841.4
登封市	46	11.7	22501.5	17084.6
经开区	95	13.7	4058228.4	1356237.0
高新区	179	20.2	715763.9	386708.3
郑东新区	148	12.6	1548519.5	2198857.1
航空港实验区	33	12.5	421647.7	342430.7

主要统计指标解释

社会消费品零售总额 指企业(单位、个体户)通过交易直接售给个人、社会集团非生产、非经营用的实物商品金额,以及提供餐饮服务所取得的收入金额。个人包括城乡居民和入境人员,社会集团包括机关、社会团体、部队、学校、企事业单位、居委会或村委会等。

商品零售不包括:(1)售给城乡居民已确知是用于生产、经营的商品;(2)售给各类农业生产者的生产资料类商品,如农机、农药化肥、农膜、种子饲料等商品;(3)售给企业单位生产用具及生产上专用的劳动保护用品;(4)专用于科研的用品和设备;(5)售给医疗机构的中、西药品、中药材和医疗设备器材;(6)以投资为目的的商品,如黄金、收藏品等。

商品购进额 指从本企业以外的单位和个人购进(包括从国外直接进口)作为转卖或加工后转卖的商品金额(含增值税)。本指标反映批发和零售业从国内外市场上购进商品的总价。

商品购进包括:(1)从工农业生产者、批发和零售业、住宿和餐饮业、出版社或报社的出版发行部门和其他服务业等企事业单位和个体经营户购进的商品;(2)从机关、社会团体购进的商品;(3)从海关、市场管理部门购进的缉私和没收的商品;(4)从居民收购的废旧商品等。

不包括:(1)企业为本单位自身经营用,不是作为转卖而购进的商品,如材料物资、包装物、低值易耗品、办公用品等;(2)未通过买卖行为而收入的商品,如接受其他部门移交的商品、借入的商品、收入代其他单位保管的商品、其他单位赠送的样品、加工回收的成品等;(3)经本单位介绍,由买卖双方直接结算,本单位只收取手续费的业务;(4)销售退回和买方拒付货款的商品;(5)商品溢余;(6)期货交易商品。

商品销售额 指对本单位以外的单位和个人出售的商品金额(包括售给本单位消费用的商品,含增值税),在批发和零售业中,本指标反映在国内市场上销售商品以及出口商品的总价。

商品销售包括:(1)售给个人和社会集团消费用的商品;(2)售给农业、工业、建筑业、服务业等国民经济各行业用于生产、经营用的商品,包括售予批发和零售业作为转卖或加工后转卖的商品;(3)对国(境)外直接出口的商品。

商品销售不包括:(1)未通过买卖行为付出的商品,如因机构变动移交给其他企业单位的商品、借出的商品、归还受其他单位委托代保管的商品、付出的加工原料和赠送给其他单位的样品等;(2)促销返券所销售的、不计入营业收入的商品;(3)经本单位介绍,由买卖双方直接结算,本单位只收取手续费的业务;(4)未发生所有权转移的商品预付卡销售,如加油卡;(5)汽车维修、电话卡销售等服务性经济活动;(6)购货退回的商品;(7)商品损耗和损失;(8)出售本单位自用的废旧物资;(9)期货交易商品;(10)自来水供应企业、电力企业、天然气供应企业提供的水、电、气。

期末商品库存额 对于批发和零售业法人单位和个体经营户,是指报告期末取得所有权的全部商品金额(含增值税);对于批发和零售业产业活动单位,是指报告期末实际在库且归属法人具有所有权的全部商品金额(含增值税)。这个指标反映批发和零售业的商品库存情况,以及对市场商品供应的保证程度。

库存商品包括:(1)存放在本单位(如门市部、批发站、采购站、经营处)的仓库、货场、货柜和货架中的商品;(2)挑选、整理、包装中的商品;(3)已记入购进而尚未运到本单位的商品,即发货单或银行承兑凭证已到而货未到的商品;(4)寄放他处的商品,如因购货方拒绝付款而暂时存在购货方的商品;(5)委托其他单位代销(未作销售或调出)尚未售出的商品;(6)代其他单位购进尚未交付的商品。

库存商品不包括:(1)所有权不属于本单位的商品,如商品已作销售但买方尚未取走的商品,代替他人保管、运输、加工的商品,代其他单位销售(未做购进或调入)而未售出的商品;(2)委托外单位加工的商品(包括本单位所属加工厂和其他生产单位加工生产尚未收回成品的商品);(3)外贸企业代理其他单位从国外进口,尚未付给订货单位的商品;(4)代国家储备部门保管的商品。

十二、对外经济贸易和旅游

12-1 对外经济贸易

单位:万元

项　　目	2018 年	2019 年	2019 年比 2018 年±%
全市进出口总值	**41050035**	**41299068**	**0.6**
全市进口总值	15278657	14516569	-5.0
全市出口总值	25771376	26782499	3.9
国内企业	4007064	4324145	7.7
外资企业	21764312	22458354	3.2
新批外资企业(个)	82	85	3.7
合同外资额(万美元)	115032	239298	108.0
实际利用外商直接投资(万美元)	421080	440542	4.6

12-2 分区县(市)进出口总值

单位:万元

区县(市)	2018 年	2019 年	2019 年比 2018 年±%
合　计	**41050035**	**41299068**	**0.6**
中原区	172879	204302	18.2
二七区	90009	110006	22.2
管城区	542668	569825	5.0
金水区	1208499	1058005	-12.5
上街区	24252	28660	18.2
惠济区	45531	54575	19.9
中牟县	243356	191630	-21.3
巩义市	473153	474568	0.3
荥阳市	96782	101645	5.0
新密市	60219	63567	5.6
新郑市	47561	50074	5.3
登封市	33422	31935	-4.5
经开区	2756768	2470247	-10.4
高新区	554857	589396	6.2
郑东新区	792820	619279	-21.9
航空港实验区	34320661	34729930	1.2

12-3 分区县(市)实际使用外资表

单位:万美元

名　称	2018 年	2019 年	2019 年比 2018 年±%
合　计	**421080**	**440542**	**4.6**
中原区	21888	22554	3.0
二七区	21445	22590	5.3
管城区	14028	14801	5.5
金水区	32065	33060	3.1
上街区	9348	10016	7.1
惠济区	16952	18043	6.4
中牟县	6098	6467	6.1
巩义市	33300	34350	3.2
荥阳市	17260	18800	8.9
新密市	21865	22657	3.6
新郑市	20538	21355	4.0
登封市	11175	11889	6.4
经开区	56915	58774	3.3
高新区	30340	31611	4.2
郑东新区	51286	55227	7.7
航空港实验区	56577	58349	3.1

12-4 向各大洲出口总额

单位:万元

地　　区	2018 年	2019 年	2019 年比 2018 年±%
直接出口总值	**25771376**	**26782499**	**3.9**
亚洲	6546100	7488700	14.4
非洲	421783	456329	8.2
欧洲	4823563	5693141	18.0
拉丁美洲	1053964	988549	-6.2
北美洲	12243452	11540960	-5.7
大洋洲	689545	632592	-8.3

12-5 与郑州市建立友好关系的城市

国　　家	城　　市	建立时间
日本	埼玉市	1981.10
美国	里士满市	1994.9
罗马尼亚	克卢日·纳波卡市	1995.5
韩国	晋州市	2000.7
俄罗斯	萨马拉市	2000.8
纳米比亚	马林塔尔市	2001.8
约旦	伊尔比德市	2002.2
巴西	若茵维莱市	2003.11
德国	什未林市	2006.4
保加利亚	舒门市	2007.4
白俄罗斯	莫吉廖夫市	2014.6

12-6 旅游

指　　标	单位	2018 年	2019 年	2019 年比 2018 年±%
海内外游客	**万人次**	**11410.0**	**13059.5**	**14.5**
国际旅游人数	万人次	52.7	55.4	5.1
国内旅游人数	万人次	11357.3	13004.1	14.5
旅游外汇收入	亿美元	2.1	2.2	5.3
国内旅游收入	亿元	1373.3	1583.4	15.3
旅游总收入	亿元	1387.4	1598.6	15.2
国际国内旅行社	家	311	356	14.5
星级宾馆	个	80	75	-6.3

12-7 郑州市出口企业30强

（2019年）

单位：万元

序号	企 业 名 称	出口额	比上年±%
1	鸿富锦精密电子（郑州）有限公司	21991981	3.3
2	郑州市宝聚丰实业有限公司	496196	22.8
3	郑州宇通客车股份有限公司	389631	-10.1
4	郑州明泰实业有限公司	223087	8.7
5	河南中孚高精铝材有限公司	134001	278.1
6	河南明泰铝业股份有限公司	122734	-18.8
7	河南开元国际经贸有限公司	96685	10083.7
8	河南赛诚进出口贸易有限公司	75071	537.3
9	郑州喜万年食品有限公司	73011	56.2
10	中国平煤神马集团国际贸易有限公司	63648	-39.4
11	中铁工程装备集团有限公司	52841	31.8
12	郑州煤矿机械集团股份有限公司	51838	28.3
13	中国磨料磨具进出口公司	43245	22.0
14	河南华讯方舟电子有限公司	39205	-56.1
15	郑州名扬窗饰材料有限公司	36775	27.6
16	河南万达铝业有限公司	36651	-27.3
17	河南华若进出口贸易有限公司	36157	35.7
18	河南中孚实业股份有限公司	34347	-73.2
19	中国河南国际合作集团有限公司	31002	-22.1
20	河南恒鑫铝业有限公司	28817	513.8
21	郑州领未网络科技有限公司	27654	77.0
22	河南四方达超硬材料股份有限公司	26021	277.4
23	富鼎精密工业（郑州）有限公司	25400	3.4
24	中国机械工业机械工程有限公司	24984	67.3
25	恒天重工股份有限公司	24951	452.2
26	中石化华北石油工程有限公司	24237	-11.7
27	新密市万力实业发展有限公司	21924	-29.4
28	河南方正博研实业有限公司	19509	-59.1
29	河南悦源贸易有限公司	19490	-15.3
30	郑州三华科技实业有限公司	18656	9.9

主要统计指标解释

进出口总额 海关进出口总额指实际进出我国国境的货物总金额。包括对外贸易实际进出口货物，来料加工装配进出口货物，国家间、联合国及国际组织无偿援助的物资和赠送品，华侨、港澳台同胞、外籍华人的捐赠品的金额。租赁期满归承租人所有的租赁货物，进料加工进出口货物，边境地方贸易及边境地区小额贸易进出口货物（边民互市贸易除外），中外合资企业、中外合作经营企业、外商独资经营企业进出口货物和公用物品，到、离岸价格在规定限额以上的进出口货样和广告品（无商业价值、无使用价值和免费提供出口的除外），从保税仓库提取在中国境内销售的进口货物，以及其他进出口货物。进出口总额用以观察一个国家在对外贸易方面的总规模。我国规定出口货物按离岸价格统计，进口货物按到岸价格统计。

出口总值 指在对外贸易中实际离开我国口岸或边境直接出口或转口的商品，包括来料加工装配（工缴费）和补偿贸易出口。

进口总值 指在对外贸易中实际到达我国口岸或边境的进口商品。

利用外资 是指我国各级政府、部门、企业、中国银行和其他单位通过对外借款、吸收外商直接投资和外商其他投资方式，从国外和港澳台地区筹措的资金。

外商直接投资 是指外国企业和经济组织或个人（包括华侨、港澳台胞以及我国在境外注册的企业）按我国有关政策、法规，用现汇、实物、技术等在我国境内开办外商独资企业、与我国境内的企业或经济组织共同举办中外合资经营企业、合作经营企业或合作开发资源的投资（包括外商投资收益的再投资）以及经政府有关部门批准的项目投资总额内，企业从境外借入的资金。

旅游人数 包括入境国际旅游者人数、出境居民人数和国内旅游者人数。1. 入境国际旅游者人数：指来我国参观、访问、旅行、探亲、访友、休养、考察、参加会议和从事经济、科技、文化、教育、体育、宗教等活动的外国人、华侨、港澳和台湾同胞的人数。不包括外国在我国的常驻机构，如使领馆、通讯社、企业办事处的工作人员；来我国常住的外国专家、留学生以及在岸逗留不过夜人员。2. 出境居民人数：指大陆居民因公务活动或私人事务短期出境的人数。公务活动出境居民人数包括在国际交通工具上的中国服务员工，因私出境居民人数不包括在国际交通工具上的中国服务员工，因私出境居民人数不包括在国际交通工具上的中国服务员工。3. 国内旅游者人数：指我国大陆居民和在我国常住 1 年以上的外国人、华侨、港澳台同胞离开常住地在境内其他地方的旅游设施内至少停留一夜，最长不超过 6 个月的人数。

旅游外汇收入 指国内各部门为来我国旅游的外国人、华侨、港澳和台湾同胞提供商品和劳务而获得的外汇收入。包括供应商品、饮食和提供住宿、交通、邮电文化娱乐、导游等各项服务所得到的全部外汇收入。

十三、财政金融

13-1 金融机构信贷收支

（2019 年底）

单位：万元

项　　目	合计	2019 年比年初	2019 年比年初±%	市区	中牟县	巩义市	荥阳市	新密市	新郑市	登封市	上街区
各项存款	**233561328**	**15823280**	**6.41**	**201611833**	**6216560**	**4895211**	**4106333**	**4839251**	**6814160**	**3501965**	**1576013**
境内存款	233460699	15804093	6.22	201517307	6216034	4893138	4105648	4839077	6812756	3501837	1574901
住户存款	79570399	7934686	-129.08	57403795	4339251	3344787	2883475	3592785	4019792	2784171	1202343
活期存款	33389441	2957627	214.93	25622453	1505108	1172451	986998	1277659	1548954	849798	426020
定期及其他存款	46180959	4977059	-381.75	31781342	2834144	2172336	1896477	2315126	2470838	1934373	776323
非金融企业存款	93317931	5160147	66.42	87852984	874659	913159	894581	606782	1478712	448309	248744
活期存款	39585916	-1754890	172.13	35996177	600688	561993	586810	385601	1020800	261894	171954
定期及其他存款	53732014	6915037	-366.11	51856807	273971	351166	307771	221181	457913	186415	76790
机关团体存款	33607326	890109	-38.13	29793318	915907	466972	317708	614096	1212292	164923	122109
财政性存款	3168131	-523299	-134.76	2897418	86212	93120	9884	25406	25222	29331	1538
非银行业金融机构存款	23796912	2342450	27.21	23569792	5	75100		8	76737	75103	167
境外存款	100629	19187	630.95	94525	526	2073	686	174	1404	128	1112
各项贷款	**253643277**	**40570787**	**1.78**	**231302791**	**4630716**	**2789401**	**2975310**	**2445358**	**6402726**	**2031103**	**1065869**
境内贷款	253600535	40543374	1.75	231260141	4630705	2789401	2975310	2445289	6402726	2031103	1065859
住户贷款	96244404	17011847	10.12	84667285	2348935	980565	2345294	1032827	3367097	679461	822940
短期贷款	14756766	3029652	149.73	12448066	666339	206893	316601	327076	606291	142491	43009
消费贷款	9088734	3042129	577.41	8347148	143434	91666	75206	84559	233380	87780	25563
经营贷款	5668032	-12476	137.41	4100918	522906	115227	241395	242518	372911	54711	17446
中长期贷款	81487638	13982195	-2.82	72219219	1682596	773672	2028693	705751	2760805	536970	779931
消费贷款	72289755	12410418	3.41	63929452	1363506	696488	1949127	539617	2568284	495783	747499
经营贷款	9197883	1571777	-41.27	8289767	319090	77184	79567	166134	192521	41187	32432
企(事)业单位贷款	157336131	23511527	-11.86	146592856	2281770	1808837	610016	1412462	3035630	1351643	242918
短期贷款	38972087	4307081	-15.43	34444211	472760	755841	419158	660608	1334785	785791	98933
中长期贷款	106604889	15247843	34.47	100732612	1788697	845052	163211	743240	1648434	545265	138378
票据融资	10316661	4108552	289.28	9974761	20313	207522	27647	8614	52411	20587	4807
融资租赁	1307605	-93409	-97.91	1307605							
各项垫款	134889	-58541	503.64	133666		423					800
非银行业金融机构贷款	20000	20000	-100.80				20000				
境外贷款	42741	27413	-1080.05	42650	11			69			11

13-2 中资全国性四家行信贷收支

（2019 年底）

单位:万元

项目	合计	市区	中牟县	巩义市	荥阳市	新密市	新郑市	登封市	上街区
各项存款	**64327050**	**53423215**	**1135346**	**2011034**	**1430540**	**1876341**	**2291670**	**1333494**	**825412**
境内存款	64277930	53378528	1135195	2009466	1429858	1876246	2290375	1333395	824865
个人存款	31179407	23356535	784663	1415161	1015138	1599714	1315830	1044202	648163
活期储蓄存款	16162438	12320832	477034	676687	520054	690822	724782	463570	288657
定期储蓄存款	8881189	6128542	194836	512709	351660	607447	432356	397130	256508
结构性存款	795486	646123	11308	30795	14943	39104	11731	15929	25553
单位存款	30752761	27826585	350528	519232	414720	276524	974541	214089	176542
活期存款	14508286	12428690	231627	345403	303463	224431	730266	119071	125335
定期存款	4187675	4032349	15273	17789	20105	8306	60452	11070	22330
保证金存款	1087738	967235	9379	32200	31326	7993	29400	4974	5232
结构性存款	139023	138163	290			20	550		
非存款类金融机构存款	2345762	2195408	5	75073		8	5	75103	160
境外存款	49120	44687	150	1568	681	94	1295	99	546
各项贷款	**75519673**	**66293136**	**1116184**	**1179602**	**1676867**	**988646**	**2808443**	**752437**	**704358**
境内贷款	75517590	66291088	1116173	1179602	1676867	988622	2808443	752437	704358
短期贷款	8633844	7477617	50702	291320	127884	181001	235376	224802	45141
个人贷款	2836912	2483338	36745	52525	49891	56183	91274	46108	20847
个人消费贷款	2629963	2300643	35584	48803	45880	52546	84106	42975	19427
单位贷款	5796932	4994279	13956	238795	77994	124818	144102	178693	24294
经营贷款	4624436	3828882	13956	236497	73194	124818	144102	178693	24294
固定资产贷款	160500	160500							
贸易融资	1011996	1004897		2299	4800				
中长期贷款	64784888	56869006	1065471	744493	1548833	799057	2573066	526980	657982
个人贷款	36520723	31352841	615861	349478	1409997	384385	1652382	193596	562182
个人消费贷款	35024193	30019950	610982	343897	1383877	365864	1580505	185589	533528
单位贷款	28264165	25516164	449610	395015	138835	414672	920684	333384	95800
经营贷款	3359509	3053539		165829	1382	21415	41167	46376	29800
固定资产贷款	24400196	21963165	449610	229186	132453	393257	879517	287008	66000
并购贷款	173728	173728							
贸易融资	330732	325732			5000				
票据融资	2078407	1924014		143790	150	8564		655	1235
各项垫款	20451	20451							
境外贷款	2083	2048	11			24			

13-3 农村合作金融机构(农信、农商)信贷收支表

(2019 年底)

单位:万元

项目	合计	市区	中牟县	巩义市	荥阳市	新密市	新郑市	登封市	上街区
各项存款	**17285778**	**6988193**	**2282820**	**1299769**	**1240371**	**1601865**	**2530364**	**1215805**	**126591**
境内存款	17285778	6988193	2282820	1299769	1240371	1601865	2530364	1215805	126591
个人存款	13267686	4904945	1926417	1102727	1055268	1129332	1893375	1166835	88787
活期储蓄存款	4246722	2164829	626222	243397	193380	279844	516547	203931	18572
定期储蓄存款	7249059	2312285	1008704	664213	635427	708384	974001	880624	65421
结构性存款	26055	26055							
单位存款	3948488	2083248	356403	197042	185103	472533	567385	48970	37804
活期存款	3211852	1706226	348565	142582	163644	255588	542049	38539	14659
定期存款	313796	45737	1298	34854	18499	177775	16902	1076	17655
保证金存款	165439	113318	5138	19197	2859	9029	6734	8754	410
非存款类金融机构存款	69604						69604		
各项贷款	**10926844**	**4384962**	**1569467**	**950451**	**622257**	**1003996**	**1599775**	**724962**	**70974**
境内贷款	10926844	4384962	1569467	950451	622257	1003996	1599775	724962	70974
短期贷款	6883543	2971766	872421	522027	413794	619330	952016	477481	54708
个人贷款	2398455	1003551	490086	121435	175210	222995	312986	68714	3478
个人消费贷款	558194	239218	84209	35283	14935	18629	132572	32029	1319
单位贷款	4287088	1790215	382335	400592	218584	396335	639030	408767	51230
非存款类金融机构贷款	198000	178000							
中长期贷款	3493052	1046832	676733	364692	180966	384666	595348	227549	16266
个人贷款	1710559	578445	296345	205074	156590	203585	150320	103934	16266
个人消费贷款	1154436	469634	173240	154584	110727	63944	84540	81555	16212
单位贷款	1782493	468387	380388	159618	24376	181081	445028	123615	
票据融资	550249	366364	20313	63732	27497		52411	19932	

13-4 财 政

（2019 年）

单 位	郑州市	市本级	中原区	二七区	管城区	金水区	上街区	惠济区
一般公共预算收入	**12225346**	**4614735**	**306390**	**327149**	**295719**	**657595**	**148318**	**225154**
税收收入	**8929363**	**2787238**	**276487**	**291302**	**261543**	**621375**	**123444**	**192193**
增值税	3151349	1293122	93186	82730	87392	202393	38143	53962
国内增值税	1227804	421540	28715	24605	36869	65272	22673	14905
国有企业增值税	63987	24459	11037	443	122	1326	677	28
集体企业增值税	4185	1033	7	248	427	181	91	100
股份制企业增值税	803985	255985	12115	14708	28082	42463	10434	8979
联营企业增值税	103	30			28	2		
港澳台和外商投资企业增值税	100306	42045	1763	4166	4513	7277	762	2126
私营企业增值税	88249	25528	73	3220	154	5353	2189	257
其他增值税	117753	40402	5228	1910	1936	10681	7930	3449
增值税税款滞纳金、罚款收入	4162	1624	74	79	346	587	135	116
残疾人就业增值税退税	-15320	-3024	-235	-259	-113	-1214	-438	-139
软件增值税退税	-22930	-11414	-54	-39	-11	-836		-11
宣传文化单位增值税退税	-2890	-1444	-72	-60		-1260		
资源综合利用增值税退税	-24915	-2189	-1445	-61	-10		-106	
其他增值税退税	-630	-190			-11	-69		
免抵调增增值税	111759	48695	224	250	1406	781	999	
改征增值税（项）	1923545	871582	64471	58125	50523	137121	15470	39057
改征增值税（目）	1922084	871177	64448	58066	50488	137026	15436	39028
改征增值税税款滞纳金、罚款收入	1789	555	23	59	35	112	34	29
其他改征增值税国内退税	-328	-150				-17		
企业所得税	1458288	746860	34187	34494	29646	86333	10713	24170
个人所得税（款）	359285	182799	17669	13884	7696	36490	2211	3534
个人所得税（项）	358900	182643	17664	13873	7661	36415	2204	3526
储蓄存款利息所得税	270	127		4		50	1	
其他个人所得税	358630	182516	17664	13869	7661	36365	2203	3526
个人所得税税款滞纳金、罚款、加收利息收入	385	156	5	11	35	75	7	8
资源税	53532	68	799	1290	347	353	386	9075
城市维护建设税	520491	52458	26828	24876	25637	58528	5135	15044
房产税	286088	19304	16844	25203	14909	42574	3681	7579
印花税	164205	15963	8904	9681	10780	20774	1552	4075
城镇土地使用税	260885	3961	8797	9936	8767	13406	8083	8012
土地增值税	1264364	2004	64254	80631	71189	145676	10309	50359
车船税（款）	135077	79842					24815	
耕地占用税（款）	213648		4794	8540	5164	14834	3634	16389
契税（款）	1051361	391714					14444	
烟叶税（款）	174							
环境保护税（款）	12162		222	53	20	12	336	20
其他税收收入	-1546	-857	3	-16	-4	2	2	-26
非税收入	**3295983**	**1827497**	**29903**	**35847**	**34176**	**36220**	**24874**	**32961**
专项收入	1753134	1212504	475	1		5526	7640	15
教育费附加收入（项）	231546	88135					2319	15

收　入

单位:万元

经开区	高新区	郑东新区	航空港实验区	中牟县	巩义市	荥阳市	新密市	新郑市	登封市
727885	**451150**	**978047**	**467246**	**572666**	**482117**	**500412**	**371900**	**804369**	**294494**
583169	**412609**	**907791**	**388840**	**393658**	**339161**	**346453**	**248237**	**573640**	**182223**
147510	106671	247865	83679	99097	133249	117678	115332	177117	72223
104899	54210	35549	54012	24028	111781	43389	77818	60277	47262
9240	407	299	22	3095	3427	2048	1799	4073	1485
42	26			11	320	771	290	629	9
72201	47791	23059	5279	14154	90573	34361	65320	42477	36004
						11	2		30
12499	3559	2660	3462	1155	1865	347	776	4257	7074
686	5078	8637	2061	3291	8045	5826	6021	7484	4346
6719	4644	1116	4661	3622	10332	3153	3983	4111	3876
102	108	154	46	14	258	117	214	80	108
-8	-37	-438	-580	-1416	-3572	-476	-1397	-1815	-159
-1278	-7872	-1251	-65			-2			-97
	-3	-51							
		-161	-69	-340	-10343	-3817	-191	-769	-5414
		-110						-250	
4696	509	1635	39195	442	10876	1050	1001		
42611	52461	212316	29667	75069	21468	74289	37514	116840	24961
42609	52359	212268	29655	75049	21440	73975	37436	116707	24917
23	160	101	12	20	28	314	81	159	44
-21	-58	-53					-3	-26	
65702	52820	75668	50108	47785	16570	49053	27092	74004	33083
9817	9261	29144	8319	7376	3908	5326	5367	13705	2779
9813	9257	29134	8317	7374	3897	5321	5345	13684	2772
49			16			20		3	
9764	9257	29134	8301	7374	3897	5301	5345	13681	2772
4	4	10	2	2	11	5	22	21	7
958	965	620	967	1025	6602	1936	6897	5385	15859
117559	33136	46464	32143	10956	16161	15975	9845	21128	8618
26593	14258	48214	29477	7730	6237	5163	3050	9665	5607
14681	9756	17717	22223	5827	6549	3675	2825	7408	1815
23500	11535	16270	15942	26480	57806	14137	6902	19689	7662
115073	84478	276707	28633	100949	8246	51030	21104	146614	7108
				10099	8572	3039	3243	3482	1985
3331	8109	6277	27142	14682	41415	25487	11753	13700	8397
58299	81463	142718	90796	61390	31900	52544	29923	81344	14826
									174
186	163	144	40	260	1930	1388	4903	398	2087
-40	-6	-17	-629	2	16	22	1	1	
144716	**38541**	**70256**	**78406**	**179008**	**142956**	**153959**	**123663**	**230729**	**112271**
48010	13789	20148	13731	75417	38771	75626	38993	180182	22306
48010	13783	20147	13731	6552	8858	7436	6868	10947	4745

13-4 续表 1　　（2019 年）

单　　位	郑州市	市本级	中原区	二七区	管城区	金水区	上街区	惠济区
地方教育附加收入	78020	62108		1			774	
文化事业建设费收入	6534	419	475			5526		
残疾人就业保障金收入	66692	54722					1112	
教育资金收入	779691	592400					1679	
农田水利建设资金收入	589331	414680					1679	
森林植被恢复费	37	37						
水利建设专项收入	188							
其他专项收入(项)	1095	3					77	
行政事业性收费收入	303352	122242	4017	6284	9847	20402	4009	4953
公安行政事业性收费收入	32941	31418					11	
法院行政事业性收费收入	117519	48463	3286	5664	5328	18883	1128	4071
商贸行政事业性收费收入	262	262						
财政行政事业性收费收入	1089	1089						
安全生产行政事业性收费收入	170	115						
人防办行政事业性收费收入	62966	3265					715	
文化行政事业性收费收入	4	4						
教育行政事业性收费收入	23745	12529			1035			443
科技行政事业性收费收入	14	14						
自然资源行政事业性收费收入	31176	9515	1		33		1278	5
建设行政事业性收费收入	5466	858	722			739	225	92
交通运输行政事业性收费收入	218	213					5	
农业行政事业性收费收入	33	1						
水利行政事业性收费收入	2294	433			22			
卫生健康行政事业性收费收入	8368	1319	5		2280	777	620	282
民政行政事业性收费收入	1449	888						
人力资源和社会保障行政事业性收费收入	5032	4670	3	73	34	3	26	60
仲裁委行政事业性收费收入	6363	6363						
党校行政事业性收费收入	243	231						
监察行政事业性收费收入	6							
其他行政事业性收费收入	3994	592		547	1115		1	
罚没收入	296092	141350	5672	5421	4438	4880	3020	5236
一般罚没收入	296087	141350	5672	5421	4438	4880	3020	5236
公安罚没收入	137765	100402					1096	
检察院罚没收入	3448	65	290	151		21	273	463
法院罚没收入	29968	6659	2389	1472	1772	1561	357	566
新闻出版罚没收入	28	13			1	12	2	
海关罚没收入	73	54						
药品监督罚没收入	2081	624	62	7	255	368		29
卫生罚没收入	362	76	26	14	4	13	4	8
检验检疫罚没收入	72							

单位:万元

经开区	高新区	郑东新区	航空港实验区	中牟县	巩义市	荥阳市	新密市	新郑市	登封市
				2186	2953	2479	2289	3649	1581
	6			75					33
		1		2084	960	2161	1436	2745	1471
				32260	13000	31400	14200	87640	7112
				32260	13000	31400	14200	75000	7112
									188
						750		201	64
14692	19390	3421	4291	21352	11016	21566	7147	24606	4117
				19	832	173	8	10	470
4781	9400		1290	3421	2426	1826	2423	3299	1830
					12			43	
9333	9990		2645	13799	2352	1881	3621	15055	310
494		1662		61	1979	1382	128	3914	118
			356	1430	2560	15218	-1295	1690	385
84				1152	590	384		395	225
						32			
				19	57	323	587	118	735
		1759		1221	95			10	
				209	44	209	71	28	
				21	69	4	11	44	14
						6			6
						6			
						122	1593		24
5521	5050	4282	2567	30332	10912	16297	20341	18162	12611
5521	5050	4282	2567	30332	10912	16292	20341	18162	12611
				5495	3778	5546	8782	8213	4453
						155	390	223	1417
309	2050		524	1004	3592	1077	3328	1141	2167
			19						
179		117		65	14	123	12	96	130
				13	14	46	12	101	31
						12	60		

13-4 续表 2 （2019 年）

单 位	郑州市	市本级	中原区	二七区	管城区	金水区	上街区	惠济区
交通罚没收入	11327	6288			1134		78	
审计罚没收入	794							
物价罚没收入	34	33					1	
市场监管罚没收入	3183	359	234	316	3	84	33	288
其他一般罚没收入	106952	26777	2671	3461	1269	2821	1176	3882
国有资本经营收入	180193	47345	113	14336				4150
利润收入	48319	23643						
股利、股息收入	12659	12302	105	252				
产权转让收入	111110	8254		14084				4150
清算收入	2533	2533						
其他国有资本经营收入	5572	613	8					
国有资源(资产)有偿使用收入	449907	106510	12751	9775	19065	5024	10117	17065
利息收入	75813	23664	3389	2908	7923	816	7528	2737
国库存款利息收入	4691	1689	176	121	189	200	55	180
财政专户存款利息收入	710							
其他利息收入	70412	21975	3213	2787	7734	616	7473	2557
非经营性国有资产收入	78585	14189	5346	6552	5750	4206	2450	907
行政单位国有资产出租、出借收入	9633	1044	128	1686	2183	1105		553
行政单位国有资产处置收入	7108	397	916	712	2517	306	1225	70
事业单位国有资产处置收入	39599	3766	3853	1551	827	702	64	4
事业单位国有资产出租出借收入	13451	7148		1946		2093	1161	4
其他非经营性国有资产收入	8794	1834	449	657	223			276
矿产资源专项收入	2407	108						
排污权出让收入	4						4	
水资源费收入	5194	56	10				3	
其他国有资源(资产)有偿使用收入	287904	68493	4006	315	5392	2	132	13421
捐赠收入	10824	6545		30	776	5		616
政府住房基金收入	103207	82526	833			383		
上缴管理费用	4898	4898						
计提公共租赁住房资金	40663	40553	110					
公共租赁住房租金收入	22716	2159	723			383		
其他政府住房基金收入	34930	34916						
其他收入(款)	199274	108475	6042		50		88	926
主管部门集中收入	200							200
差别电价收入	31							
其他收入(项)	199043	108475	6042		50		88	726
政府性基金预算收入	**14154064**	**8500834**	**25**			**12**	**74145**	
国有土地收益基金收入	542330	432000						
农业土地开发资金收入	37277	19985						
国有土地使用权出让收入	12573015	7585426					68796	
土地出让价款收入	11568690	7203680					69354	
补缴的土地价款	729820	189712					262	
划拨土地收入	316945	210631						
缴纳新增建设用地土地有偿使用费	-62914	-21169					-820	
其他土地出让收入	20474	2572						
城市基础设施配套费收入	925931	406184					4088	
污水处理费收入	64199	46092	25			12	1260	
彩票发行机构和彩票销售机构的业务费用	2							
其他政府性基金收入	11310	11147					1	

单位：万元

经开区	高新区	郑东新区	航空港实验区	中牟县	巩义市	荥阳市	新密市	新郑市	登封市
				448	242	862	1148	656	471
				147		647			
				332	371	162	293	304	404
5033	3000	4165	2024	22828	2901	7662	6316	7428	3538
70529		4623			4	10040			29053
		4623							20053
70529					4	5089			9000
						4951			
2195	302	37067	44396	48405	71023	19546	5265	5951	35450
216	302	4297	1210	12831	1694	1713	1853	2208	524
88	302	560	210	255	112	257	94	137	66
						14	696		
128		3737	1000	12576	1582	1442	1063	2071	458
1935		32311		146	434	1422	571	1157	1209
1864		47		60	13	60		330	560
16		67		84	279		506	10	3
4		27068		2	142	651	65	254	646
		536						563	
51		4593				711			
					124	2050	37		88
			5125						
44		459	38061	35428	68771	14361	2804	2586	33629
	10	178			214	7	1797	28	618
3152		537	13355	2407	14				
3152		537	13355	2407					
					14				
617			66	1095	11002	10877	50120	1800	8116
									31
617			66	1095	11002	10877	50120	1800	8085
52046	**90000**	**70045**	**1361682**	**1203342**	**523009**	**757654**	**340305**	**1011792**	**169173**
			28000	23402	11388	14761	7139	22098	3542
			1000	4049	3924	1931	1768	3558	1062
			1242371	1098431	496187	716161	311772	896426	157445
			1240302	1042246	27771	633195	314985	883353	153804
				40982	465390	26530	296	6297	351
			15000	4643	6083	61995	1457	12545	4591
			-12931	-5330	-3234	-5571	-4966	-6992	-1901
				15890	177	12		1223	600
52046	90000	69045	83811	76151	10567	22508	17842	87616	6073
		1000	6006	1290	1070	2293	1784	2094	1273
				2					
			494	17	-127				-222

13-5 财 政

（2019 年）

单 位	郑州市	市本级	中原区	二七区	管城区	金水区	上街区	惠济区
一般公共预算支出	**19106727**	**8200882**	**434450**	**458977**	**444457**	**703178**	**236646**	**243559**
一般公共服务支出	1519499	284293	60456	71251	80940	107816	35409	43689
人大事务	16395	4864	950	875	1238	742	539	968
政协事务	14693	6379	763	814	621	835	449	748
政府办公厅(室)及相关机构事务	644821	59200	28860	39985	46246	53624	15026	19840
发展与改革事务	34114	15663	442	393	1580	486	559	10
统计信息事务	25588	3043	2141	2155	761	3262	191	1560
财政事务	79785	10600	3922	2398	2394	3123	1540	2434
税收事务	19348				1890		8256	164
审计事务	31445	10771	400	1415	924	728	295	1449
海关事务	2367	350						
人力资源事务	31472	9351	1677	1966	568	2795	135	227
纪检监察事务	79971	35913	2418	2265	1918	3048	1165	2569
商贸事务	39492	11594	692	957	873	595	711	1771
知识产权事务	1087	701					20	
民族事务	2576	1122	261	155	291	25	9	30
港澳台事务	341	294					43	
档案事务	5528	1456	226	277	289	289	196	299
民主党派及工商联事务	2966	1706	8	121	72	146	65	130
群众团体事务	27075	9359	602	929	1288	2390	415	1082
党委办公厅(室)及相关机构事务	50722	9228	545	1175	1177	1336	734	4366
组织事务	23525	4246	749	1912	1903	5480	608	812
宣传事务	50273	34237	1399	1644	925	918	961	1419
统战事务	8281	1522	295	432	404	555	187	424
对外联络事务	12	12						
其他共产党事务支出(款)	37252	6591	6869	2436	9832	7140	1620	
网信事务	1020	1020						
市场监督管理事务	112001	36279	4893	5086	5718	8790	1677	3358
其他一般公共服务支出(款)	177349	8792	2344	3861	28	11509	8	29
国防支出	6484	2336	216		414			305
国防动员	3889	624	216		70			305

支 出

单位:万元

经开区	高新区	郑东新区	航空港实验区	中牟县	巩义市	荥阳市	新密市	新郑市	登封市
639716	**536283**	**1109966**	**886926**	**1014290**	**912585**	**774625**	**727049**	**1197377**	**585761**
84385	52983	94902	100439	88515	75409	70877	79089	110643	78403
5	122	139	28	1175	768	774	1333	832	1043
				928	656	710	822	523	445
61489	24472	55997	41558	57240	26470	33119	28095	34224	19376
192	261	148	2549	1424	1682	2076	1874	3611	1164
825	589	1629	761	1566	1669	1539	1375	1803	719
5138	2798	3574	3038	6219	5525	6708	11286	6878	2210
1407		2015	609	1382		1524	2075		26
	528	5314	582	1966	799	1263	1473	2442	1096
			2017						
414	1283	2169	2523	627	2599	1200	678	3042	218
816	3319	1795	2285	3213	4158	4769	3914	3744	2662
243	1460	10740	2369	925	1859	929	1148	2238	388
	42				24			300	
6	29			5	10	362	25	206	40
						4			
				273	296	396	863	484	184
	3		23	25	94	103	68	320	82
729	443	1324	1253	660	718	687	1702	2745	749
	3535	3716	580	1216	3925	2527	2271	7476	6915
		314		1108	1610	1578	1460	959	786
8	126	13	5	1200	675	1478	2168	2142	955
74	30	279	74	931	388	797	941	501	447
542				102		25	2095		
15	397	4184	3372	6313	5377	6876	7177	8127	4362
12482	13546	1552	36813	17	16107	1433	6246	28046	34536
			71	417	508	702	394	878	243
			71	397	200	702	394	667	243

13-5 续表 1 （2019 年）

单 位	郑州市	市本级	中原区	二七区	管城区	金水区	上街区	惠济区
其他国防支出(款)	2595	1712			344			
公共安全支出	809032	421532	16510	11756	16936	26315	12648	6826
武装警察部队(款)	1155	793						5
公安	558276	357713					8700	
国家安全	1145	1145						
检察	56215	11915	7212	3246	3577	4633	1033	1958
法院	110674	21325	7539	5582	10463	10501	1866	3309
司法	33619	7617	1759	1497	1904	2567	709	1482
监狱	6144	6144						
强制隔离戒毒	13493	12671						
国家保密	75				3			72
其他公共安全支出(款)	28236	2209		1431	989	8614	340	
教育支出	2470587	621054	83944	80979	68436	171460	29219	57629
教育管理事务	53332	12235	1000	217	1703	360	558	3986
普通教育	1843405	315248	75379	73942	61607	159615	24984	51365
职业教育	219949	183763		170	10		128	1130
成人教育	1208	804	28	2			12	25
广播电视教育	3		3					
特殊教育	9138	5009	13	500	485	573		
进修及培训	44855	29798	2189	187	180	453	216	177
教育费附加安排的支出	247530	56661	4808	5754	4416	10459	2617	445
其他教育支出(款)	51167	17536	524	207	35		704	501
科学技术支出	633557	114707	3841	5371	7138	29258	3796	2262
科学技术管理事务	15678	2500	349	324	622	3881	571	185
基础研究	23036	22172						
应用研究	26813	4516	43	187	625	2048	5	50
技术研究与开发	409057	55883	3222	3930	5667	14913	2395	1995
科技条件与服务	5925	55		2		2		
社会科学	175	175						
科学技术普及	5137	2302	148	151	132	292	59	32
科技交流与合作	1681	58						
科技重大项目	300	300						
其他科学技术支出(款)	145755	26746	79	777	92	8122	766	

单位:万元

经开区	高新区	郑东新区	航空港实验区	中牟县	巩义市	荥阳市	新密市	新郑市	登封市
				20	308			211	
17214	12076	13973	9804	44996	40442	44185	42693	42204	28922
			200	28	25	30		34	40
3616		11234	2290	32412	26531	33271	30485	30384	21640
1409	1661	1500	2867	2546	2726	2841	2388	2885	1818
2478	10415	500	3820	4942	7133	4547	7200	5497	3557
579		733	433	2095	2076	3235	2143	3359	1431
					822				
9132		6	194	2973	1129	261	477	45	436
104527	110001	245928	61543	165117	129704	127249	127373	174660	111764
929	233	475	15301	1946	1019	6002	2358	3791	1219
71317	70286	220794	32391	143211	111601	103438	107643	138336	82248
	65		39	10016	4317	7021	3039	6009	4242
	1	60		6	257		5	5	3
				393	256	437	392	720	360
1237	77	19	14	2336	2145	784	2507	1470	1066
31044	38677	24415	13731	6999	9785	7811	11032	13730	5146
	662	165	67	210	324	1756	397	10599	17480
85230	141647	21660	138324	13404	28197	9682	12249	9728	7063
7	1723	807	545	318	389	421	444	2476	116
	814						50		
2879	8787	60	2148	637	2122	1285	205	899	317
30287	88574	10764	134693	9547	24131	3123	9191	5908	4834
827	655	100		3	1	4259	20	1	
	5	1		299	242	374	339	444	317
	1623								
51230	39466	9928	938	2600	1312	220	2000		1479

13-5 续表 2 （2019 年）

单 位	郑州市	市本级	中原区	二七区	管城区	金水区	上街区	惠济区
文化旅游体育与传媒支出	257632	161413	1664	1950	3556	4339	2176	1578
文化和旅游	81868	27678	1230	1743	2392	2656	1298	1238
文物	44663	31575	19		1052		560	43
体育	68173	60073		49			10	125
新闻出版电影	711	69	6	1		5	25	
广播电视	53411	40527				132	264	
其他文化体育与传媒支出(款)	8806	1491	409	157	112	1546	19	172
社会保障和就业支出	1599027	729116	48997	58809	40061	55704	23117	25484
人力资源和社会保障管理事务	91497	49785	400	381	2215	2569	7936	2767
民政管理事务	76066	6118	7936	9542	6677	10055	1235	1687
行政事业单位离退休	730735	343777	20859	30411	13158	16826	11189	12659
企业改革补助	22326	18207	41			22		
就业补助	46450	31872	355	1465	48	1100	77	198
抚恤	71021	1416	4815	4854	2609	8075	572	2840
退役安置	99427	76489	1869	2868	1178	7442	103	666
社会福利	39492	15086	2208	1845	1010	2997	523	239
残疾人事业	47274	2758	2704	2154	1571	2040	869	1237
红十字事业	2388	886	80	117	182	197		143
最低生活保障	25198	818	611	1466	846	891	382	225
临时救助	4345	1885	105	94	44	95	17	45
特困人员救助供养	17142	356	526	185	151	154	87	32
其他生活救助	1301		33	138	122	29		8
财政对基本养老保险基金的补助	275890	168396	6038	2293	3309	1979		2423
财政对其他社会保险基金的补助	4466	21						83
退役军人管理事务	8870	3978	251	787	216	716	107	207
其他社会保障和就业支出(款)	35139	7268	166	209	6725	517	20	25
卫生健康支出	1151927	415466	27281	34196	35461	43394	9613	27609
卫生健康管理事务	41862	8844	3022	1037	1046	1666	2492	2442
公立医院	193063	109008	123	143	179	420	364	10313
基层医疗卫生机构	67837	1054	1084	1127	8880	3062	272	571
公共卫生	122366	19128	7806	7404	8057	12282	2761	3085
中医药	3577	2822	30	10	215	30		42

单位:万元

经开区	高新区	郑东新区	航空港实验区	中牟县	巩义市	荥阳市	新密市	新郑市	登封市
1431	3699	6062	1178	10350	15715	9710	5345	15969	11497
745	1331	216	559	8192	8932	4655	1877	8594	8532
95	57		572	294	4636	1487	723	1814	1736
265	744	5000		45	237	605	64	580	376
13	2	4	10		303	60	96	61	56
				1530	1292	2522	1854	4650	640
313	1565	842	37	289	315	381	731	270	157
6096	12715	32922	44581	45836	106512	121040	90685	93294	64058
444	174	268	10901	2073	1684	3303	3989	1251	1357
459	3445	9256	768	4177	4454	4028	2702	2593	934
452	61		27437	1583	40548	82097	45119	55572	28987
27				7	4000		22		
1291	360	869	44	404	1603	1764	1297	2584	1119
725	455	4925	1291	5446	7286	5218	6382	7503	6609
57	432	760	105	3072	1203	726	763	787	907
28	464	4902	118	1652	1209	1068	701	2300	3142
678	1634	1409	2173	3608	2922	4566	6837	4888	5226
		3		45		83	106	373	173
88		475	1135	1714	5058	3857	2763	2019	2850
56	13	376		407	171	240	388	249	160
73	2	211	185	1596	2482	2417	4216	1368	3101
4	2	2	144	43	142	293	158	80	103
1527	1312	2433	97	17810	29234	10317	11036	9437	8249
							2607	1577	178
38		206		457	435	479	528	312	153
149	4361	6827	183	1742	4081	584	1071	401	810
6023	6680	21906	15754	59068	113517	79193	96458	94473	65835
426	18	305	570	3228	734	4443	1619	8137	1833
	1			8010	32560	10479	1183	17459	2821
59	461	5893	1605	3838	15987	3515	14579	3564	2286
707	2537	5205	1038	5229	11970	6621	12649	7553	8334
10				65	13	55	230		55

13-5 续表 3 （2019 年）

单 位	郑州市	市本级	中原区	二七区	管城区	金水区	上街区	惠济区
计划生育事务	61929	1458	7032	6966	3991	10300	687	2588
行政事业单位医疗	114176	42214	7261	9494	6798	6255	2233	5469
财政对基本医疗保险基金的补助	520733	226160		7747	5908	8701	721	3007
医疗救助	6578	217	130	226	39	208	24	4
优抚对象医疗	1054		51		21	177	29	44
医疗保障管理事务	1278	291		42	37	64	30	44
老龄卫生健康事务（款）	167							
其他卫生健康支出（款）	17307	4270	742		290	229		
节能环保支出	1220688	823625	8072	5993	5416	10369	3715	3817
环境保护管理事务	49156	14139	1703	854	1439	2115	1522	826
环境监测与监察	4500	515		12	1			3
污染防治	128377	15584	724	1082	1193	2794	1643	644
自然生态保护	93824	2239	5370		1692	100	20	983
天然林保护	140							
退耕还林	689							
能源节约利用（款）	776075	726084	275	3682	1091	5350	530	1353
污染减排	4756	2811				10		8
可再生能源（款）	248							
循环经济（款）	2206							
其他节能环保支出（款）	160717	62253		363				
城乡社区支出	6550548	3602096	105659	135203	154607	219416	96774	47608
城乡社区管理事务	404311	74713	12185	18563	30275	32502	8819	18546
城乡社区规划与管理（款）	22925	4170			2410		3397	17
城乡社区公共设施	4844642	3356002	13420	7551	77899	60975	5183	25123
城乡社区环境卫生（款）	524128	166017	32779	29120	43779	87061	6560	3871
建设市场管理与监督（款）	887	14	28	619				51
其他城乡社区支出（款）	753655	1180	47247	79350	244	38878	72815	
农林水支出	763477	121248	2589	9801	4663	6500	1608	12902
农业	243416	25371	1139	1423	2009	3272	1084	6768
行政运行	12208	3629	989	160	1624	171	563	188
一般行政管理事务	2446	384	144	12	17		219	1101
机关服务	2983							

单位:万元

经开区	高新区	郑东新区	航空港实验区	中牟县	巩义市	荥阳市	新密市	新郑市	登封市
591	1490	2530	915	3161	5094	3647	2966	5375	3138
			4779		6988	6039	6680	6024	3942
2149	2123	3416	6188	30949	36769	43302	55479	45766	42348
29	30	118	636	1865	981	298	656	237	880
12	15	78	23	79	128	95	180	82	40
	5			273	88	50	121	125	108
				90	2	75			
2040		4361		2281	2203	574	116	151	50
94739	7837	16648	27066	28952	62565	31599	26294	39347	24634
807	2174	134	4007	699	2078	3845	5147	5082	2585
1084			607	1183	865			230	
2825	2789	12412	18067	6870	16845	4813	2983	22733	14376
	1417	103	148	17630	30245	14809	10732	6403	1933
					38				102
					144	29		217	299
5140	1024	3999	312	2510	3674	7818	5649	4682	2902
	258		243	5	910	212			299
									248
					2206				
84883	175		3682	55	5560	73	1783		1890
150068	127987	472907	244945	359732	121578	149821	104654	391533	65960
4593	14286	75996	6399	9458	16716	11620	9453	51603	8584
10	1301	1330	2376	2581	2482	1487	1264		100
123600	6882	378028	193931	161317	74822	131934	75007	116394	36574
21865	37428	6759	17676	21304	19596	4637	14474	1015	10187
			29		146				
	68090	10794	24534	165072	7816	143	4456	222521	10515
4400	3926	23491	14473	97410	104579	60247	75154	137366	83120
862	1068	3836	5843	30393	35221	20776	24273	52624	27454
				419	303	513	357	1438	1854
	56		133		90	70	88	90	42
							2983		

13-5 续表 4 （2019 年）

单 位	郑州市	市本级	中原区	二七区	管城区	金水区	上街区	惠济区
事业运行	39287	12334		235		1424		1466
农垦运行	65	65						
科技转化与推广服务	5400	813	2			185		315
病虫害控制	11365	241	4		1	5		110
农产品质量安全	6045	4276			19	330	7	20
执法监管	453	288						43
统计监测与信息服务	152	117					3	
农业行业业务管理	1674	8			3	2	26	
对外交流与合作	10	10						
防灾救灾	307						1	5
农业生产支持补贴	46844	200			15		37	292
农业组织化与产业化经营	18213	10		201	300	609		961
农产品加工与促销	1220							
农村公益事业	22552							
农业资源保护修复与利用	3120	169						94
农村道路建设	6749			424				
成品油价格改革对渔业的补贴	14							
对高校毕业生到基层任职补助	91							
其他农业支出	62218	2827		391	30	546	228	2173
林业和草原	162506	37239		4340	283	894	6	3784
行政运行	6632	2219						868
一般行政管理事务	666	109						38
机关服务	644							
事业机构	24082	8471						
森林培育	59485	1917		4311	13		4	1363
技术推广与转化	76							
森林资源管理	20908	18707						20
森林生态效益补偿	1858	52						

单位：万元

经开区	高新区	郑东新区	航空港实验区	中牟县	巩义市	荥阳市	新密市	新郑市	登封市
		241		4963	5032	3396	5232	4964	
				2647	438	407	180	63	350
	1	6	16	1235	648	714	743	6497	1144
11	1			604	95	281	106	201	94
	9		4	13	16	4	24	45	7
					10		22		
					1014	332	88		201
				15	106	94	33	13	40
356	81	371	2964	8302	4928	6462	9216	6541	7079
363	920	493	535	2880	3924	1867	315	4045	790
				898	20			302	
				2586	5003	3692	3008	3273	4990
			276	121	210	330	256	407	1257
8				786	1532		533		3466
				9		5			
						91			
124		2725	1915	4915	11852	2518	1089	24745	6140
16	630	6438	3520	26080	15301	5804	5969	41213	10989
				715	156	483	425	584	1182
			4	27	18	53	12		405
							644		
		3034		5712	998	974	1520	2390	983
		161		12572	10306	1134	186	22396	5122
					5	8	33	10	20
16					5	2	2040	118	
				260	589	12	13	582	350

13-5 续表 5 （2019 年）

单　位	郑州市	市本级	中原区	二七区	管城区	金水区	上街区	惠济区
自然保护区等管理	250							
动植物保护	248	69						
湿地保护	4577	533				50		1176
执法与监督	1958	1374						
产业化管理	4722	25			270			
贷款贴息	513							
防灾减灾	3419	1667				6	2	275
国家公园	95	95						
行业业务管理	412	376						36
其他林业和草原支出	31961	1625		29		838		8
水利	138963	33084	40	281	79	344	58	363
行政运行	8883	3031						80
一般行政管理事务	317							187
机关服务	2810							
水利行业业务管理	5483	1422						25
水利工程建设	34484	1767		36			1	
水利工程运行与维护	22669	18698			4			
水利前期工作	1463	1122				7		
水利执法监督	47	47						
水土保持	3090	35			10			
水资源节约管理与保护	2205	612	40		26	20	57	21
水质监测	35							
防汛	3785	1542		117	35	17		30
抗旱	695	83			4			
农田水利	12544	1479						20
江河湖库水系综合整治	1616							
大中型水库移民后期扶持专项支出	3345	30						

单位:万元

经开区	高新区	郑东新区	航空港实验区	中牟县	巩义市	荥阳市	新密市	新郑市	登封市
						226		24	
		2			37	10	74	37	19
		47		551	968	1152		100	
				214	101	128	59	56	26
	630			750	840	814	367	1026	
			80		289	144			
		270	10	81	355	72	87	151	443
		2924	3426	5198	634	592	509	13739	2439
102	141	8101	104	17154	31895	11705	14261	9688	11563
		260		2457	174	494	168	254	1965
33						67			30
				3	83	2122	602		
					464		3572		
				4297	27024	561	573		225
				2765	678	40	126	250	108
				76	62		114		82
	6			21	502	52	1326	81	1057
31	120	29	25	469	110	359	246	40	
		30			5				
38	15	31	75	1036	122	184	422	54	67
				28	95	43	57	50	335
				4824	550	1125	3250	423	873
					30	98	881	607	
		32		307		833	648	181	1314

13-5　续表 6　　　　（2019 年）

单　　位	郑州市	市本级	中原区	二七区	管城区	金水区	上街区	惠济区
信息管理	1555	1555						
水利建设移民支出	28							
农村人畜饮水	4075			15				
其他水利支出	29834	1661		113		300		
南水北调	18548	1217	99	1399	1212			
行政运行	1688	1184	99		212			
一般行政管理事务	20	13						
机关服务	582			191				
南水北调工程建设	2235	20		1208	1000			
环境、移民及水资源管理与保护	12							
其他南水北调支出	14011							
扶贫	82517	19465	3	3	153	3	-469	73
农业综合开发	2223					51	109	
农村综合改革	90280		1303	1776	904	1901	670	1796
普惠金融发展支出	19161	4872	5		23	34	137	118
目标价格补贴	506					1		
其他农林水支出(款)	5357			579			13	
交通运输支出	526233	363099	494	572	806	2217	2824	1128
公路水路运输	215427	75186	464	572	786	2217	2589	1128
行政运行	9495	2593	433	81	765	91	830	794
一般行政管理事务	967	88	31			1	425	101
机关服务	2402			188				
公路建设	79251	37033		6		816	1201	
公路养护	29695	4514			21	424	49	130
交通运输信息化建设	2010	2010						
公路和运输安全	1087	20						
公路运输管理	12859	2990		297		611	34	71
航道维护	30	30						
海事管理	504	394				18		28
口岸建设	4271							
取消政府还贷二级公路收费专项支出	1056							
其他公路水路运输支出	71800	25514				256	50	4
铁路运输	2400							
民用航空运输	60000	60000						
成品油价格改革对交通运输的补贴	30751	15422			2		235	
对城市公交的补贴	11266	8817					163	
对农村道路客运的补贴	10916	23					34	
对出租车的补贴	8567	6582					38	
成品油价格改革补贴其他支出	2				2			

单位:万元

经开区	高新区	郑东新区	航空港实验区	中牟县	巩义市	荥阳市	新密市	新郑市	登封市
						28			
				212	487	1589	149		1623
		7719	4	659	1509	4110	2127	7748	3884
			1390	1939		494		9878	920
				193					
				7					
						391			
						7			
						12			
			1390	1739		84		9878	920
6	347	3	219	7387	9920	6598	13383	7199	18224
				1	9	545	198		1310
3300	1733	4865	3155	11803	10059	10593	14028	12252	10142
16	7	240	242	1191	1691	3732	3032	1428	2393
		8		289	112			4	92
98				1173	371		10	3080	33
6732		378	11995	24827	19477	13567	21695	41938	14484
4332			11995	22378	15547	12807	14300	38759	12367
			1809	474	8	360	339	653	265
61			39			216			5
				1		2195	18		
			4425	6486	5961	5995	1383	8246	7699
			2623	11690	2389	852	4979	819	1205
			112			196			759
			2912	2643	926		1288		1087
				23	4	30			7
4271									
									1056
			75	1061	6259	2963	6293	29041	284
2400									
				1761	1610	584	6193	3027	1917
				971	417	34	641	176	47
				518	11	550	5394	2718	1668
				272	1182		158	133	202

13-5 续表 7 （2019 年）

单 位	郑州市	市本级	中原区	二七区	管城区	金水区	上街区	惠济区
邮政业支出	23							
一般行政管理事务	4							
其他邮政业支出	19							
车辆购置税支出	3716	1445			18			
车辆购置税用于公路等基础设施建设支出	1900	1445						
车辆购置税用于农村公路建设支出	1816				18			
其他交通运输支出(款)	213916	211046	30					
公共交通运营补助	131563	130000						
其他交通运输支出(项)	82353	81046	30					
资源勘探信息等支出	393633	53978	1316	3326	3540	3521	483	660
资源勘探开发	10828	161			41		10	
制造业	11878	10679	421					
建筑业	40	40						
工业和信息产业监管	102068	29958	895	3326	3463	2980	473	660
国有资产监管	9751	7702			36			
支持中小企业发展和管理支出	248024	4971				541		
其他资源勘探信息等支出(款)	11044	467						
商业服务业等支出	90844	32871	210	793	160	1740	44	
商业流通事务	26255	6791		743	60	536	-6	
涉外发展服务支出	15092	3866			100			
其他商业服务业等支出(款)	49497	22214	210	50		1204	50	
金融支出	21879	14344						
金融部门行政支出	309	295						
金融部门监管支出	496	200						
金融发展支出	18494	13649						
其他金融支出(款)	2580	200						
援助其他地区支出	13387	12320						
一般公共服务	385	385						
其他支出	13002	11935						
自然资源海洋气象等支出	85436	19341	1893	1493	1835	2005	875	1324
自然资源事务	82417	16948	1893	1493	1835	2005	875	1324
气象事务	3019	2393						
住房保障支出	404176	55101	65045	28927	8420	10863	4821	5948
保障性安居工程支出	213624	550	52174	16752		1625		
住房改革支出	182471	49756	10593	12175	8420	9238	4800	5948
城乡社区住宅	8081	4795	2278				21	
粮油物资储备支出	30716	18559	821	664	1036	1158	331	
粮油事务	15099	8074	250	219	702	1158	331	
物资事务	251				84			

单位:万元

经开区	高新区	郑东新区	航空港实验区	中牟县	巩义市	荥阳市	新密市	新郑市	登封市
				19	4				
					4				
				19					
					989	101	1011	152	
					455				
					534	101	1011	152	
		378		669	1327	75	191		200
				648	640	75			200
		378		21	687		191		
18327	37982	2169	173633	17958	50414	6646	8125	3207	8348
				545	1520	11	5097	992	2451
			274		504				
13938	21183	2169	2265	4575	3880	5630	2253	2209	2211
284						654	725		350
4105	9729		171094	12838	44339	351	50	6	
	7070				171				3336
35132	5543	296	2209	1863	1852	5368	1003	1262	498
5508	943	296	2174	603	1105	5067	1003	934	498
10934				118	74				
18690	4600		35	1142	673	301		328	
	296	5558	92		1589				
			14						
	296								
		3299	5		1541				
		2259	73		48				
				385	632				50
				385	632				50
	1250	2863	2192	7596	7275	8414	11076	11369	4635
	1250	2863	2192	7524	7152	8361	10963	11181	4558
				72	123	53	113	188	77
10148	302	129959	11427	11973	14042	11927	13797	14272	7204
9739	302	119753	3456	3622	2628	919		1091	1013
		10206	7971	8351	10836	11008	13797	13181	6191
409					578				
	278			2209	1338	805	1332	930	1255
				1819	514	357	564	589	522
								167	

13-5 续表 8 （2019 年）

单　位	郑州市	市本级	中原区	二七区	管城区	金水区	上街区	惠济区
粮油储备	15298	10485	571	445	250			
重要商品储备	68							
灾害防治及应急管理支出	72774	31613	1732	1196	2522	3617	912	668
应急管理事务	20481	4761	857	887	1022	1552	318	575
消防事务	47284	23886	875		1500	2065	581	
森林消防事务	262							78
煤矿安全	3876	2662		309				
地震事务	400	211					12	
自然灾害防治	35	34					1	
自然灾害救灾及恢复重建支出	436	59						15
其他支出(类)	70453	63244		167	341	4	770	2
债务付息支出	414738	239526	3710	6530	8169	3482	7511	4120
政府性基金预算支出	**12145861**	**779756**	**717211**	**425368**	**868339**	**868060**	**86957**	**368254**
文化旅游体育与传媒支出	2276		60	213	8	576	9	45
社会保障和就业支出	6884	620					10	
大中型水库移民后期扶持基金支出	6717	620					10	
小型水库移民扶助基金安排的支出	167							
城乡社区支出	11835233	670399	714768	407702	860176	861684	83764	367093
国有土地使用权出让收入及对应专项债务收入安排的支出	9348846	88390	605168	339302	860176	850784	53654	343388
国有土地收益基金及对应专项债务收入安排的支出	586403	228771						
农业土地开发资金安排的支出	5467							
城市基础设施配套费安排的支出	662361	246878					4074	
污水处理费安排的支出	43651	35160					1336	
土地储备专项债券收入安排的支出	209900	71200					24700	
棚户区改造专项债券收入安排的支出	954900		109600	68400		10900		
城市基础设施配套费对应专项债务收入安排的支出	23705							23705
农林水支出	429						226	
交通运输支出	5478	30						61
车辆通行费安排的支出	5448							61
港口建设费安排的支出	30	30						
其他支出	88598	33900	2073	2561	1658	5800	425	566
其他政府性基金及对应专项债务收入安排的支出	32600	4500						
彩票发行销售机构业务费安排的支出	2700	2424						
彩票公益金安排的支出	53298	26976	2073	2561	1658	5800	425	566
债务付息支出	206963	74807	310	14892	6497		2523	489

单位:万元

经开区	高新区	郑东新区	航空港实验区	中牟县	巩义市	荥阳市	新密市	新郑市	登封市
	278			390	814	390	768	174	733
					10	58			
	632	7439	3998	1530	2839	3046	2789	6467	1774
	632	856	113	926	1335	2325	1610	2036	676
		6487	3880	588	1420	572	1146	3451	833
									184
						16		889	
			5		18	60	3	91	
		96		16	66	73	30		81
658			716	2020	100	1511	563	355	2
14606	10449	10905	22486	30132	14301	19036	6281	7482	6012
781808	**860441**	**1094270**	**1402515**	**1146716**	**448105**	**878061**	**288248**	**942899**	**188853**
		447	24	248	177	30	85	309	45
		105		745	609	1600	1124	518	1553
		105		745	582	1519	1124	462	1550
					27	81		56	3
779136	843226	1091073	1373188	1127416	419804	866997	277387	918243	173177
635254	652014	739275	1185334	943879	322312	715826	222588	642163	149339
15149	57359	249304	3854	7200		14761		7575	2430
1360					612	1129	429	875	1062
52373	71553	65994	4000	73656	4610	23288	16332	93530	6073
				1481	1070	2293	1038		1273
				5000	10000	10000	37000	39000	13000
75000	62300	36500	180000	96200	81200	99700		135100	
		16		41	23	95		24	4
				1539	1271	523		2054	
				1539	1271	523		2054	
209	687	679	83	7371	20884	3690	1767	1949	4296
				5100	18000	2000			3000
				28	248				
209	687	679	83	2243	2636	1690	1767	1949	1296
2463	16528	1950	29220	9356	5337	5126	7885	19802	9778

主要统计指标解释

财政收入 国家财政参与社会产品分配所取得的收入，是实现国家职能的财力保证。公共财政预算收入主要包括税收收入和非税收入。财政收入所包括的内容几经变化，目前主要包括：增值税、企业所得税、个人所得税、资源税、城市维护建设税、房产税、印花税、城镇土地使用税、土地增值税、车船税、耕地占用税、契税、烟叶税、环境保护税、国有资本营业收入、国有资源（资产）有偿使用收入、罚没收入、专项收入、其他收入等。

财政支出 国家财政将筹集起来的资金进行分配使用，以满足经济建设和各项事业的需要，主要包括：一般公共服务支出、国防支出、公共安全支出、教育支出、科学技术支出、文化旅游与传媒支出、社会保障和就业支出、卫生健康支出、节能环保支出、城乡社区支出、农林水支出、交通运输支出、资源勘探信息支出、商业服务业等支出、金融支出、援助其他地区支出、自然资源海洋气象等支出、住户保障支出、粮油物资储备支出、灾害防治及应急管理支出、其他支出等。

存款 企业、机关、团体或居民根据可以收回的原则，把货币资金存入银行或其他信用机构保管并取得一定利息的一种信用活动形式。根据存款对象的不同可划分为企业存款、财政存款、机关团体存款、基本建设存款，城镇储蓄存款、农村存款等科目。它是银行信贷资金的主要来源。

贷款 银行或其他信用机构根据必须归还的原则，按一定利率，为企业、个人等提供资金的一种信用活动形式。我国银行贷款分为流动资金贷款、固定资产贷款、城乡个体工商户贷款以及农业贷款等科目。

十四、教育、文化、卫生、体育、科技和民政

14-1 教育事业主要综合指标

（2019年）

指　　标	数 值	指　　标	数 值
平均每万人拥有各类学校数（个）	**1.60**	**小学五年巩固率（%）**	**105.61**
高等学校	0.06	**小学学生辍学率（%）**	**0.00**
中等职业学校	0.11	**初中学龄人口入学率（%）**	**100.00**
技工学校	0.02	**初中三年巩固率（%）**	**104.92**
普通中学	0.47	**初中学生辍学率（%）**	**0.00**
普通小学	0.93	**初中毕业生升学率（%）**	**100.00**
平均每万人各类学校在校生数（人）	**3281.04**	**平均每万人各类学校教职工数　（人）**	**240.99**
高等学校	1313.60	专任教师	186.86
中等职业学校	319.14	高等学校	68.21
技工学校	98.35	中等职业学校	14.87
普通中学	613.03	技工学校	2.96
普通小学	935.03	普通中学	56.24
小学学龄人口入学率（%）	**100.00**	普通小学	44.81

14-2 学校教育基本情况

（2019 年）

单位：所、人

项目	全市	市区	县(市)	中牟县	巩义市	荥阳市	新密市	新郑市	登封市
各类学校教育合计数									
学校数	1658	806	790	113	110	91	160	158	158
毕业生数	821070	258598	204720	28195	22177	27182	28154	46209	52803
招生数	1039659	324998	244344	38953	23906	35791	30123	63979	51592
在校学生数	3396537	1130051	906644	142088	98110	126783	123752	210737	205174
教职工数	249475	100370	78498	9829	12292	11517	13386	13868	17606
专任教师	193442	77847	60681	8268	9560	9081	10515	10606	12651
高等学校									
学校数	62								
研究生培养单位	（12）								
普通本专科学校	62								
成人本专科学校	（36）								
毕业生数	357752								
研究生	10121								
普通本专科	270378								
成人本专科	36077								
招生数	470317								
研究生	11811								
普通本专科	361435								
成人本专科	66739								
在校学生数	1359842								
研究生	31688								
普通本专科	1078675								
成人本专科	122547								
教职工数	70607								
专任教师	54914								
中等职业学校									
学校数	117	80	37	7	3	5	5	8	9
毕业生数	97933	71317	26616	3415	1012	3465	1570	11351	5803
招生数	123829	81393	42436	6440	1336	8114	1622	12731	12193
在校学生数	330373	233787	96586	13956	3764	15624	4858	32485	25899
教职工数	15392	10227	5165	566	298	1085	478	1121	1617
专任教师	11375	7451	3924	524	281	882	425	685	1127
技工学校									
学校数	21	16	5			2		3	
毕业生数	32845	20530	12315			5462		6853	
招生数	44115	24704	19411			6984		12427	
在校学生数	101815	54451	47364			25764		21600	
教职工数	3065	2023	1042			703		339	
专任教师	2093	1323	770			521		249	
普通中学									
学校数	486	264	222	29	36	26	40	35	56
高中	127	93	34	5	8	4	6	6	5
初中	359	171	188	24	28	22	34	29	51

14-2 续表 （2019 年） 单位：所、人

项目	全市	市区	县（市）	中牟县	巩义市	荥阳市	新密市	新郑市	登封市
毕业生数	189433	95101	94332	12661	12925	10514	15405	14121	28706
高中	63358	36400	26958	3478	5049	3363	5288	5191	4589
初中	126075	58701	67374	9183	7876	7151	10117	8930	24117
招生数	220606	114180	106426	17853	12921	10827	16873	20005	27947
高中	71365	40302	31063	4937	4763	3708	6067	6091	5497
初中	149241	73878	75363	12916	8158	7119	10806	13914	22450
在校学生数	634605	321369	313236	47103	38781	34168	49366	54655	89163
高中	204189	115016	89173	12863	14604	11317	17582	17538	15269
初中	430416	206353	224063	34240	24177	22851	31784	37117	73894
教职工数	58219	29972	28247	3888	4389	3088	4055	4350	8477
专任教师	50483	26010	24473	3556	4018	2878	3735	3934	6352
小学									
学校数	958	438	520	76	70	57	114	111	92
毕业生数	142892	71491	71401	12117	8225	7741	11158	13870	18290
招生数	180422	104451	75971	14660	9602	9856	11599	18810	11444
在校学生数	967943	519379	448564	80933	55385	51085	69329	101835	89997
教职工数	46387	26771	19616	2753	3184	2958	4234	3165	3322
专任教师	44181	25458	18723	2649	3091	2849	3944	3016	3174
特殊教育学校									
学校数	13	7	6	1	1	1	1	1	1
毕业生数	172	116	56	2	15		21	14	4
招生数	321	221	100		47	10	29	6	8
在校学生数	1833	939	894	96	180	142	199	162	115
教职工数	480	269	211	26	25	39	56	33	32
专任教师	447	249	198	25	22	35	56	31	29
工读学校									
学校数	1	1							
毕业生数	43	43							
招生数	49	49							
在校学生数	126	126							
教职工数	28	28							
专任教师	27	27							
幼儿园									
幼儿园数	(1729)	(865)	(864)	(130)	(124)	(132)	(165)	(169)	(144)
入园幼儿数	(125289)	(68854)	(56435)	(8666)	(10244)	(8636)	(10530)	(10789)	(7570)
离园幼儿数	(127397)	(59852)	(67545)	(9801)	(11217)	(8526)	(12247)	(14466)	(11288)
在园幼儿数	(414477)	(209542)	(204935)	(34856)	(34599)	(27575)	(34901)	(43483)	(29521)
教职工数	55566	31349	24217	2596	4396	3644	4563	4860	4158
专任教师	29922	17329	12593	1514	2148	1916	2355	2691	1969

注：1. 标注“（）”为不计合计数中。
2. 高等教育为省教育厅反馈数据，只有全市数，计入合计数。

14-3 全市各级各类学校

（2019 年）

类　别	总计	国家财政性教育经费	一般公共预算安排的教育经费	一般公共预算教育经费	教育事业费	基本建设经费
总计	**3475668**	**2750862**	**2739776**	**2320647**	**1949551**	**134747**
高等学校	**213730**	**172678**	**172589**	**151955**	**133452**	**3087**
普通高等学校	213314	172538	172449	151955	133452	3087
成人高等学校	416	140	140			
中等职业学校	**257463**	**197949**	**197857**	**172854**	**153780**	**3853**
中等专业学校	64504	54699	54699	50666	42785	172
职业高中	95632	94068	93976	80785	73115	3413
技工学校	44217	41335	41335	35070	31650	268
成人中等专业学校	53111	7847	7847	6334	6230	
普通中学	**1345484**	**1124809**	**1122078**	**947309**	**780799**	**44879**
普通高中	492682	412509	412101	353918	296653	372
普通初中	852802	712300	709978	593391	484146	44507
普通小学	**1125128**	**1027637**	**1022585**	**858573**	**702355**	**76446**
特殊教育学校	**13215**	**13215**	**13215**	**10663**	**10570**	
幼儿园	**409657**	**104724**	**104087**	**88564**	**85806**	**960**
教育行政单位	**14952**	**14952**	**13714**	**11381**	**11381**	
教育事业单位	**44414**	**44092**	**42845**	**31054**	**29935**	**87**
其他	**51625**	**50807**	**50807**	**48293**	**41473**	**5436**

教育经费收入情况

单位:万元

教育费附加	其他一般公共预算安排的教育经费	政府性基金预算安排的教育经费	捐赠收入	事业收入	学费	其他教育经费
236348	**419129**	**10999**	**263**	**643874**	**590955**	**8202**
15416	**20633**	**89**		**40964**	**33946**	**87**
15416	20493	89		40689	33866	87
	140			276	80	
15222	**25002**	**92**		**57019**	**43359**	**287**
7708	4033			9300	6737	5
4257	13191	92		1319	277	244
3152	6265			2882	151	
104	1513			43518	36194	38
121630	**174770**	**2731**	**36**	**160629**	**143295**	**3220**
56893	58183	408		73463	64599	1961
64737	116587	2323	36	87166	78696	1259
79772	**164011**	**5053**	**28**	**90292**	**81023**	**2900**
92	**2553**					
1798	**15523**	**549**	**198.6212**	**294092**	**289332**	**1444**
	2333	**1238**				
1033	**11790**	**1247**		**59**		**263**
1385	**2513**			**818**		

14-4 分区县(市)教育

(2019 年)

类　别	总计	国家财政性教育经费	一般公共预算安排的教育经费	一般公共预算教育经费	教育事业费	基本建设经费
总计	**3475668**	**2750862**	**2739776**	**2320647**	**1949551**	**134747**
市本级	915375	710978	709854	613259	557603	10106
中原区	148709	101205	100939	83735	78927	
二七区	154513	98597	98481	78785	69605	3426
管城区	114643	85632	85549	67940	55608	7916
金水区	255767	172383	172074	148059	105642	31958
上街区	43191	36207	36081	28841	26224	
惠济区	84701	63793	63597	52396	52020	
中牟县	188291	171161	169740	153973	143630	3345
巩义市	169054	146583	146043	128336	118550	
荥阳市	189742	165436	164433	124928	117118	
新密市	202784	180574	180486	127374	116342	
新郑市	252467	205334	200111	169646	155915	
登封市	162150	113150	112865	93373	88228	
经开区	124806	104073	104033	94373	63328	
高新区	133419	110001	109978	100729	62053	
郑东新区	248905	215588	215343	193359	90948	77995
航空港实验区	87152	70167	70167	61543	47811	

经费收入情况

单位:万元

教育费附加	其他一般公共预算安排的教育经费	政府性基金预算安排的教育经费	捐赠收入	事业收入	学费	其他教育经费
236348	**419129**	**10999**	**263**	**643874**	**590955**	**8202**
45549	96595	1124		147177	123497	2295
4808	17204	266		44546	43494	431
5754	19696	32	1	53811	51192	327
4416	17609	83		28983	28785	27
10459	24015	307	4	80015	78002	1366
2617	7240	126	5	6611	6486	342
377	11201	196		20745	20032	24
6999	15767	1421	3	17127	12884	
9785	17707	540		22471	20517	
7810	39506	1002	9	23381	21933	1
11032	53112	87	53	21374	19874	32
13730	30465	5223	28	46736	43018	97
5146	19492	285	60	46189	39597	870
31044	9661	40	100	14850	14274	12
38677	9249	23		23002	21635	72
24415	21985	244		30546	29755	2289
13732	8624			16311	15981	17

14-5 全市各级各类学校教育经费支出情况

(2019 年)

单位:万元

类别	总计	事业性经费支出	工资福利支出	对个人和家庭的补助支出	商品和服务支出	其他资本性支出	基本建设支出	其它支出
总计	**3442094**	**3416887**	**1863945**	**162213**	**757647**	**434811**	**198271**	**25017**
高等学校	**218977**	**213359**	**86002**	**13505**	**56956**	**38477**	**18419**	**5549**
普通高等学校	218561	212943	85698	13446	56903	38477	18419	5549
成人高等学校	416	416	304	59	53			
中等职业学校	**256509**	**256141**	**103815**	**15225**	**87846**	**37954**	**11300**	**369**
中等专业学校	63598	63476	16625	6890	27039	5303	7620	121
职业高中	94949	94949	47667	4407	22023	17440	3413	
技工学校	44418	44418	13923	1872	19546	8809	268	
成人中等专业学校	53545	53298	25600	2056	19239	6403		247
普通中学	**1314562**	**1299053**	**741344**	**61138**	**241666**	**184351**	**70554**	**15387**
普通高中	495526	494031	267983	21032	107618	80904	16494	1373
普通初中	819036	805022	473362	40105	134048	103447	54060	14015
普通小学	**1118378**	**1116377**	**650266**	**57940**	**179097**	**137558**	**91516**	**2001**
特殊教育学校	**13309**	**13309**	**8444**	**873**	**2894**	**1098**		
幼儿园	**407840**	**406333**	**241472**	**4273**	**133664**	**25964**	**960**	**1507**
教育行政单位	**16318**	**16318**	**6530**	**756**	**5775**	**3256**		
教育事业单位	**44577**	**44374**	**18226**	**7659**	**15248**	**3154**	**87**	**203**
其他	**51625**	**51625**	**7846**	**843**	**34503**	**2998**	**5436**	

14-6 分区县(市)教育经费支出情况

(2019 年)

单位:万元

类别	总计	事业性经费支出	工资福利支出	对个人和家庭的补助支出	商品和服务支出	其他资本性支出	基本建设支出	其它支出
总计	**3442094**	**3416887**	**1863945**	**162213**	**757647**	**434811**	**198271**	**25017**
市本级	889597	870689	387326	47055	266093	117896	52319	18841
中原区	148453	148414	94121	5748	39577	8968		39
二七区	156279	155449	97137	7459	36276	11152	3426	830
管城区	114506	114506	67516	3876	27713	7484	7916	
金水区	255462	254935	139509	8843	53279	21346	31958	527
上街区	43045	43001	29366	2964	6780	3891		43
惠济区	86015	85607	51123	4013	22122	8350		408
中牟县	180473	180357	104946	5321	30110	32050	7931	116
巩义市	168911	168899	100505	8503	40314	19577		11
荥阳市	189263	189198	132641	6736	17049	32772		65
新密市	202612	202533	135638	29003	22060	15832		79
新郑市	251330	251089	145002	11822	73538	20728		240
登封市	162392	162224	110299	9108	34108	8709		168
经开区	124191	123071	51470	2418	21065	48118		1120
高新区	133954	133773	63442	3156	19290	47885		181
郑东新区	246445	245498	95613	4501	35194	15468	94721	948
航空港实验区	89167	87643	58290	1688	13078	14587		1402

14-7 艺术表演团体情况

（2019 年）

区县(市)	机构数(个)	从业人员(人)	专业技术人员	演出场次(场)	国内演出场次	农村演出场次	国内演出观众人次(千人次)	本年收入(千元)	本年支出(千元)
总　计	**15**	**1244**	**725**	**4512**	**4485**	**3317**	**4081**	**330274**	**248593**
省本级	4	587	366	1386	1386	980	1959	227989	148972
郑州市	11	657	359	3126	3099	2337	2122	102285	99621
市本级	4	395	266	717	690	199	567	74237	72361
中牟县	1	29	4	439	439	289	152	6230	6230
巩义市	1	33	29	278	278	253	222	2625	2290
荥阳市	1	42	13	396	396	396	158	2500	2500
新密市	2	52	28	330	330	330	150	3080	3080
新郑市	1	53	18	446	446	410	223	10935	10562
登封市	1	53	1	520	520	460	650	2678	2598

14-8 艺术表演场馆基本情况

（2019 年）

区县(市)	机构数(个)	从业人员(人)	专业技术人员	座席数(个)	演(映)出场次(场)	艺术演出场次	观众人次(千人次)	艺术演出观众人次	实际使用建筑面积(平方米)	演(映)出业务用房	本年收入(千元)	本年支出(千元)
总　计	**11**	**385**	**41**	**6211**	**924**	**347**	**826**	**350**	**37768**	**15081**	**83254**	**101795**
省本级	1	169	19	2185	606	61	514	150	12263	7358	61199	78594
郑州市	10	216	22	4026	318	286	312	200	25505	7723	22055	23201
市本级	7	157	16	1326	181	169	181	169	15616	4523	15054	16200
巩义市	1	15	3								505	505
新密市	1	14		1500	135	115	130	30	1500	1500	1230	1230
新郑市	1	30	3	1200	2	2	1	1	8389	1700	5266	5266

14-9　公共图书馆情况

（2019 年）

区县(市)	机构数（个）	从业人员（人）		年末总藏量（千册）		书刊文献外借(千册次)	总流通人次(千人次)	为读者举办各种活动(次)			实际使用公用房屋建筑面积(平方米)		阅览室坐席数（个）
			专业技术人员		图书			举办展览	组织各类讲座	举办培训班		阅览室面积	
总　计	**17**	**573**	**416**	**8441**	**6938**	**4072**	**10370**	**253**	**491**	**559**	**153358**	**43476**	**8197**
省本级	2	202	189	4136	3239	1695	2114	129	138	176	38864	14606	2078
郑州市	15	371	227	4305	3699	2377	8256	124	353	383	114494	28870	6119
市本级	2	197	183	1356	1112	430	5687	25	101	109	70476	15335	2146
中原区	1	14	9	165	162	175	150	5	12	15	2000	500	240
二七区	1	8		224	205	151	101	1	4	33	1146	1000	165
管城区	1	6	1	160	158	70	135	7	20	8	2500	460	120
金水区	1	27	5	131	128	254	283	8	31	63	2000	900	351
惠济区	1	9		118	115	93	160	1	7	10	1500	280	180
经开区	1	28	1	391	351	235	493	4	7	52	4108	446	350
上街区	1	10		363	328	202	290	15	39	28	5200	4000	620
中牟县	1	7	1	161	143	191	190	3	36	1	2200	820	260
巩义市	1	7	3	240	193	141	255	10	10	31	11700	1432	397
荥阳市	1	23	12	372	305	110	133	12	24	5	5000	695	460
新密市	1	11	2	233	172	86	123	12	20	4	2600	1100	400
新郑市	1	16	7	306	264	203	239	12	30	12	3258	1758	300
登封市	1	8	3	85	63	36	17	9	12	12	806	144	130

14-10　文化馆基本情况

（2019 年）

区县（市）	机构数（个）	从业人员（人）		举办展览个数（个）	举办训练班次（次）		组织文艺活动（次）	
			专业技术人员			培训人次（千人次）		参加人次（千人次）
合计	**14**	**326**	**167**	**176**	**1548**	**211**	**2865**	**1734**
省本级	1	47	37	23	23	2	97	134
郑州市	13	279	130	153	1525	209	2768	1600
市本级	1	50	48	38	160	27	135	67
中原区	1	18	2	11	342	21	80	35
二七区	1	17	11	10	100	5	75	11
管城区	1	35	6	20	29	2	254	121
金水区	1	20	3	5	240	87	322	48
惠济区	1	19	8	5	50	10	94	25
上街区	1	8	7	2	50	4	290	130
中牟县	1	15	2	5	183	36	154	262
巩义市	1	33	16	29	193	10	1200	650
荥阳市	1	24	5	1	125	3	59	40
新密市	1	17	11	8	9		16	109
新郑市	1	16	9	9	39	3	70	85
登封市	1	7	2	10	5	1	19	17

14-11 广播电视事业基本情况

指标名称	单位	2018 年	2019 年
广播电台	座	2	2
电视台	座	2	2
广播电视台	座	7	7
中短波转播发射台	座	2	2
调频、电视转播发射台	座	9	9
广播节目套数	套	22	22
全年公共广播节目播出时间	时:分	151596:40	151923:20
全年制作广播节目时间	时:分	136260:35	136601:15
广播人口综合覆盖率	%	99.59	99.6
电视节目套数	套	27	27
全年电视节目播出时间	时:分	168004:12	168759:56
全年制作电视节目时间	时:分	68492:40	69462:28
电视人口综合覆盖率	%	99.85	99.85
有线电视用户	万户	183	180

14-12 博物馆基本情况

(2019年)

区县(市)	机构数(个)	从业人员(人)	藏品数(件)	一级品	展览(次)	观众人数(千人次)
总 计	**40**	**1408**	**249295**	**745**	**158**	**5844**
省本级	4	595	123252	589	29	2272
郑州市	36	813	126043	156	129	3572
市本级	22	621	27086	81	88	2355
中原区	1	5	506	11	4	127
管城区	1	5			1	8
金水区	1	8	300		4	17
巩义市	1	30	16027	19	7	320
荥阳市	1	19	12400	4	2	
新密市	2	14	4202	8		
新郑市	1	43	62879	33	5	341
登封市	6	68	2643		18	404

注:博物馆统计包含民办博物馆。

14-13 文物保护管理单位情况

(2019年)

区县(市)	机构数(个)	从业人员(人)	藏品数(件)	一级品	展览(次)	观众人数(千人次)
总 计	**10**	**413**	**3201**	**5**	**2**	**2321**
市本级	2	33	108		2	810
中牟县	1	8	970	2		
巩义市	4	323	2021	3		861
荥阳市	1	26				
新密市	2	23	102			650

14-14　等级运动员、社会体育指导员发展情况

单位：人

年度	二级运动员	女	社会体育指导员当年审批人数
2015 年	369	120	4101
2016 年	426	122	3781
2017 年	458	125	4413
2018 年	435	139	3363
2019 年	505	145	3020

14-15　体育彩票发行情况

年度	体育彩票销售点（个）	体育彩票销售收入（万元）
2015 年	1783	239200
2016 年	1877	280760
2017 年	1852	316744
2018 年	2013	467093
2019 年	2309	400281

14-16　卫生事业基本情况

（2019 年）

指　标	机构数（个）	实有床位数（个）	人员数（人）										
				卫生技术人员							其他技术人员（人）	管理人员（人）	工勤人员（人）
					执业（助理）医师		注册护士	药师（士）	技师（士）	其他			
						执业医师							
总　计	**4999**	**100492**	**147557**	**121189**	**44608**	**40197**	**59273**	**4713**	**5820**	**6775**	**5919**	**6968**	**9390**
医　院	**255**	**87910**	**109739**	**92624**	**31516**	**30220**	**48399**	**3654**	**4262**	**4793**	**4603**	**5538**	**6974**
综合医院	120	54859	69273	59470	20179	19489	31193	2165	2635	3298	2506	3113	4184
中医医院	64	14445	17490	14575	5465	5116	7050	833	657	570	847	983	1085
中西医结合医院	6	1458	1866	1534	586	545	827	48	43	30	127	58	147
专科医院	63	16935	21011	16987	5267	5055	9298	606	924	892	1119	1381	1524
口腔医院	3	45	436	339	161	150	153	5	12	8	17	44	36
眼科医院	6	450	462	280	84	74	138	13	17	28	37	90	55
耳鼻喉科医院	2	180	245	188	67	63	106	5	10		28	25	4
肿瘤医院	3	4639	4884	4289	1263	1254	2426	121	291	188	218	147	230
心血管病医院	4	2539	4119	3520	1073	1064	1986	126	150	185	185	328	86
胸科医院	1	1104	1242	1070	331	331	654	41	36	8	85	38	49
妇产（科）医院	6	529	820	496	176	155	271	17	24	8	21	26	277
儿童医院	1	2227	3156	2754	801	795	1496	110	150	197	53	205	144
精神病医院	5	948	699	555	161	152	269	26	39	60	34	58	52
传染病医院	1	1429	1225	1057	283	283	619	45	52	58	23	89	56
皮肤病医院	2	222	145	101	35	26	57	4	4	1	2	15	27
骨科医院	5	328	290	245	99	61	108	12	15	11	10	25	10
康复医院	6	1084	1053	773	235	218	354	26	52	106	120	85	75
整形外科医院	1	34	422	126	65	57	52	4	5		68	35	193
美容医院	7	156	781	391	153	131	183	12	19	24	208	72	110
其他专科医院	10	1021	1032	803	280	241	426	39	48	10	10	99	120
护理院	2	213	99	58	19	15	31	2	3	3	4	3	34
基层医疗卫生机构	**4649**	**8548**	**27345**	**20886**	**10708**	**7716**	**7696**	**831**	**796**	**855**	**646**	**629**	**1093**
社区卫生服务中心（站）	287	2412	6300	5555	2370	2077	2372	293	315	205	202	220	323
社区卫生服务中心	97	2397	5092	4438	1822	1589	1854	272	310	180	162	194	298
社区卫生服务站	190	15	1208	1117	548	488	518	21	5	25	40	26	25
卫生院	103	5965	6132	5143	2154	1425	1775	296	348	570	385	133	471
乡镇卫生院	103	5965	6132	5143	2154	1425	1775	296	348	570	385	133	471

14-16 续表 （2019 年）

指标	机构数（个）	实有床位数（个）	人员数（人）	卫生技术人员	执业（助理）医师	执业医师	注册护士	药师（士）	技师（士）	其他	其他技术人员（人）	管理人员（人）	工勤人员（人）
中心卫生院	30	2145	1902	1651	708	467	538	97	109	199	94	44	113
乡卫生院	73	3820	4230	3492	1446	958	1237	199	239	371	291	89	358
村卫生室	2537		6333	2242	1788	557	454						
门诊部	194	171	3223	2768	1443	1142	1104	90	107	24	35	198	222
综合门诊部	41	150	1118	975	459	412	423	34	57	2	23	64	56
中医门诊部	33	4	523	391	225	197	100	39	13	14	6	44	82
中西医结合门诊部	1		10	10	5	5	2		3				
专科门诊部	119	17	1572	1392	754	528	579	17	34	8	6	90	84
诊所、卫生所、医务室	1528		5357	5178	2953	2515	1991	152	26	56	24	78	77
诊所	1414		4842	4703	2679	2275	1825	140	22	37	12	61	66
卫生所、医务室	114		515	475	274	240	166	12	4	19	12	17	11
专业公共卫生机构	**80**	**4034**	**9551**	**7406**	**2302**	**2183**	**3161**	**224**	**629**	**1090**	**544**	**727**	**874**
疾病预防控制中心	15		1463	957	435	385	94	29	124	275	111	185	210
专科疾病防治院（所、站）	2	120	276	215	74	74	53	4	29	55	13	15	33
健康教育所（站、中心）	3		26	8	1		3		1	3	4	11	3
妇幼保健院（所、站）	14	3914	6212	5280	1675	1622	2752	179	410	264	342	237	353
妇幼保健院	8	3914	6114	5215	1641	1593	2733	179	399	263	337	217	345
妇幼保健所	6		98	65	34	29	19		11	1	5	20	8
急救中心（站）	4		163	97	26	25	62	4	3	2	8	35	23
采供血机构	1		426	273	31	31	168	1	50	23	40	17	96
卫生监督所（中心）	15		713	463						463	11	182	57
计划生育技术服务机构	26		272	113	60	46	29	7	12	5	15	45	99
其他卫生机构	**15**		**922**	**273**	**82**	**78**	**17**	**4**	**133**	**37**	**126**	**74**	**449**
医学科学研究机构	4		107	57	36	36	2	2	1	16	40	9	1
医学在职培训机构	2		39	21	13	11	4			4	6	3	9
临床检验中心（所、站）	5		697	177	31	29	1		128	17	70	24	426
统计信息中心	1		17	1	1	1					6	10	
其他	3		62	17	1	1	10	2	4		4	28	13

14-17　医疗机构门诊服务情况

（2019年）

类　　别	总诊疗人次数（人次）	门、急诊人次	门诊人次	急诊人次	观察室留观病例数（例）	健康检查人数（人）	急诊死亡率（%）	观察室病死率（%）	预约诊疗人次占总诊疗人次百分比（%）
总　计	**91680632**	**85152908**	**80913146**	**4239762**	**316181**	**4072346**	**0.05**	**0.11**	**15.83**
医　院	**52979887**	**48472707**	**45010455**	**3462252**	**228869**	**2401744**	**0.06**	**0.15**	**26.68**
综合医院	34487320	32063438	29727438	2336000	113175	1712693	0.07	0.26	27.73
中医医院	10490752	9322100	8950378	371722	5515	328218	0.10	0.73	14.41
中西医结合医院	802440	489000	444700	44300	102	561			13.63
专科医院	7194966	6593760	5883530	710230	110077	360272	0.02		41.05
口腔医院	233367	233367	233367						
眼科医院	143770	124799	124219	580	32				9.74
耳鼻喉科医院	39749	39749	39749						
肿瘤医院	1095814	915969	897835	18134	1636	9976	0.04		51.64
心血管病医院	1313909	1072649	935892	136757	50	129863	0.08		27.03
胸科医院	105336	105336	104275	1061					
妇产(科)医院	170800	170800	169205	1595	15	1121			15.06
儿童医院	2244023	2244023	1771286	472737	103096	10100			77.33
精神病医院	373456	371663	367710	3953					29.56
传染病医院	541820	541081	506447	34634	4354	176180			19.14
皮肤病医院	54764	54470	54470						13.23
骨科医院	35736	34754	33275	1479		1169			0.31
康复医院	498958	358783	345455	13328		30060	0.05		1.08
整形外科医院	10632	10632	10632						
美容医院	236751	219788	219784	4	568	568			0.58
其他专科医院	96081	95897	69929	25968	326	1235			30.48
护理院	4409	4409	4409						
基层医疗卫生机构	**33663097**	**31800864**	**31481069**	**319795**	**72975**	**1464853**	**0.02**		
社区卫生服务中心(站)	8214342	7442076	7251387	190689	41854	450321			
社区卫生服务中心	6603498	5895585	5720841	174744	37849	374059			
社区卫生服务站	1610844	1546491	1530546	15945	4005	76262			
卫生院	8961536	8410870	8281764	129106	31121	511497	0.05		
乡镇卫生院	8961536	8410870	8281764	129106	31121	511497	0.05		
中心卫生院	2932052	2591981	2536165	55816	13305	247218			
乡卫生院	6029484	5818889	5745599	73290	17816	264279	0.09		
村卫生室	9431393	9025483	9025483						
门诊部	1322352	1202333	1202333			503035			
诊所、卫生所、医务室	5733474	5720102	5720102						
诊所	5214869	5202032	5202032						
卫生所、医务室	518605	518070	518070						
专业公共卫生机构	**5037648**	**4879337**	**4421622**	**457715**	**14337**	**198114**			**7.49**
专科疾病防治院(所、站)	58871	7222	7222			49885			
妇幼保健院(所、站)	4809127	4702465	4414400	288065	14337	148229			7.84
内:妇幼保健院	4790491	4683829	4395764	288065	14337	129603			7.87
急救中心(站)	169650	169650		169650					
其它机构						**7635**			
临床检验中心						7635			

14-18 诊所、卫生所、医务室

（2019 年）

指标名称	合计	按管理类别分		按经济类型分				
		非营利性	营利性	国有	集体办	联营	私营	其他
机构总数（个）	**1719**	**129**	**1590**	**56**	**34**	**4**	**1488**	**137**
总人员数（人）	**8574**	**886**	**7688**	**383**	**268**	**20**	**7148**	**755**
卫生技术人员	7940	789	7151	337	245	9	6683	666
执业医师	3655	389	3266	174	118	5	3043	315
执业助理医师	739	55	684	11	22	1	643	62
注册护士	3091	277	2814	113	84	3	2637	254
药剂师（士）	242	25	217	17	6		199	20
技师（士）	133	26	107	10	10		99	14
其他卫生技术人员	80	17	63	12	5		62	1
工勤技能人员	299	37	262	9	14		225	51
床位数（门诊部）	**171**	**150**	**21**	**150**			**15**	**6**
房屋建筑面积（m^2）	239657	32896	206761	17162	6711	600	190050	25134
总收入（万元）	**68268**	**9910**	**58358**	**6039**	**1583**	**130**	**54429**	**6088**
医疗收入	50043	6653	43390	3191	1429	7	41091	4325
药品收入	17398	2637	14761	1497	415	3	13975	1508
总支出（万元）	**55846**	**9389**	**46457**	**5686**	**1503**	**116**	**42779**	**5763**
人员经费	27265	4712	22553	2857	1132	61	19771	3444
药品支出	13700	2633	11067	1535	336	5	10716	1108
诊疗人次数	**7049890**	**779694**	**6270196**	**246770**	**288952**	**32490**	**5902617**	**579061**
出诊人次数	133391	1055	132336	280	120		112065	20926
出院人数（门诊部）	**19**		**19**				**19**	

基本情况

按设置/主办单位分			按诊所类别分				
政府办	社会办	私人办	普通	中医	中西医结合	口腔	其他
7	**321**	**1391**	**751**	**275**	**63**	**249**	**187**
37	**1648**	**6889**	**2463**	**758**	**185**	**1055**	**890**
37	1495	6408	2420	737	183	1016	816
21	715	2919	1211	371	87	474	370
	135	604	160	35	7	190	46
14	555	2522	978	249	77	345	338
2	49	191	46	79	12		15
	23	110	14	2			10
	18	62	11	1		7	37
	49	250	28	7	1	19	22
	150	**21**					
1240	36804	201613	59059	17350	3255	18331	25048
66	**14415**	**53787**	**11998**	**5005**	**1051**	**5724**	**4565**
55	7309	42679	8300	3348	657	4446	3147
20	2739	14638	5241	2379	394	318	596
77	**13022**	**42747**	**10267**	**4284**	**910**	**4939**	**3712**
54	7008	20203	5206	1744	448	2914	2376
23	2474	11202	3671	1832	311	538	624
26600	**1442678**	**5580612**	**3491835**	**1034310**	**291811**	**332086**	**577496**
	19161	114230	5724	5182	50	1881	535
		19					

14-19　医疗卫生机构住院服务情况

（2019 年）

机构分类	入院人数（人）	出院人数（人）	死亡	住院病人手术人次数（人次）	每百门急诊的入院人数(人)	死亡率（%）
总　计	**3722320**	**3715850**	**8191**	**1039456**	**5.39**	**0.22**
医　院	**3295261**	**3290732**	**8002**	**976886**	**6.80**	**0.24**
综合医院	2257660	2248476	6024	738150	7.04	0.27
中医医院	450922	449905	1143	68807	4.84	0.25
中西医结合医院	44090	43882		23927	9.02	
专科医院	540879	546635	835	146002	8.20	0.15
眼科医院	5444	5433		4893	4.36	
耳鼻喉科医院	4448	4463		1647	11.19	
肿瘤医院	212195	211218	343	37848	23.17	0.16
心血管病医院	87727	87320	201	51425	8.18	0.23
胸科医院	24625	24562	51	7709	23.38	0.21
妇产(科)医院	5630	5628		2340	3.30	
儿童医院	104156	104043		17420	4.64	
精神病医院	8903	8418	2		2.40	0.02
传染病医院	34158	33814	152	3216	6.31	0.45
皮肤病医院	1428	1408			2.62	
骨科医院	9015	8909		4308	25.94	
康复医院	14706	15022	86	67	4.10	0.57
整形外科医院	2856	2856		2856	26.86	
美容医院	9650	5139		2595	4.39	
其他专科医院	15938	28402		9678	16.62	
护理院	1710	1834			38.78	
基层医疗卫生机构	**234584**	**232908**	**87**		**1.48**	**0.04**
社区卫生服务中心(站)	47032	47076	76		0.63	0.16
社区卫生服务中心	47032	47076	76		0.80	0.16
卫生院	187533	185813	11		2.23	0.01
乡镇卫生院	187533	185813	11		2.23	0.01
中心卫生院	66675	66088	3		2.57	
乡卫生院	120858	119725	8		2.08	0.01
门诊部	19	19				
专业公共卫生机构	**192475**	**192210**	**102**	**62570**	**4.09**	**0.05**
专科疾病防治院(所、站)	855	874		5	11.84	
妇幼保健院(所、站)	191620	191336	102	62565	4.07	0.05
内:妇幼保健院	191620	191336	102	62565	4.09	0.05

14-20 医疗机构运营情况(床位利用)

(2019年)

机构分类	实际开放总床位(床日)	平均开放病床数(张)	实际占用总床日数(床日)	出院者占用总床日数(床日)	病床周转次数(次)	病床工作日(日)	病床使用率(%)	出院者平均住院日(日)
总　计	**35527799**	**97336**	**34691085**	**34465222**	**38.2**	**356.4**	**97.64**	**9.3**
医　院	**31206294**	**85497**	**31305589**	**31184041**	**38.5**	**366.2**	**100.32**	**9.5**
综合医院	19560044	53589	19778509	19763894	42.0	369.1	101.12	8.8
中医医院	5198510	14242	4823977	4789850	31.6	338.7	92.80	10.6
中西医结合医院	524458	1437	620747	628997	30.5	432.0	118.36	14.3
专科医院	5856773	16046	6032125	5959883	34.1	375.9	102.99	10.9
口腔医院	10965	30						
眼科医院	147622	404	26992	26865	13.4	66.7	18.28	4.9
耳鼻喉科医院	65700	180	29758	29708	24.8	165.3	45.29	6.7
肿瘤医院	1546645	4237	2357976	2347855	49.8	556.5	152.46	11.1
心血管病医院	924335	2532	844762	845032	34.5	333.6	91.39	9.7
胸科医院	402960	1104	461851	463642	22.2	418.3	114.61	18.9
妇产(科)医院	160135	439	47932	46240	12.8	109.3	29.93	8.2
儿童医院	812855	2227	800194	799107	46.7	359.3	98.44	7.7
精神病医院	339660	931	344820	330354	9.0	370.5	101.52	39.2
传染病医院	505635	1385	503790	507169	24.4	363.7	99.64	15.0
皮肤病医院	44224	121	27986	22895	11.6	231.0	63.28	16.3
骨科医院	119645	328	93813	73410	27.2	286.2	78.41	8.2
康复医院	373984	1025	285277	282264	14.7	278.4	76.28	18.8
整形外科医院	10862	30	8200	6230	96.0	275.5	75.49	2.2
美容医院	45941	126	18043	11733	40.8	143.4	39.27	2.3
其他专科医院	345605	947	180731	167379	30.0	190.9	52.29	5.9
护理院	66509	182	50231	41417	10.1	275.7	75.53	22.6
基层医疗卫生机构	**2864540**	**7848**	**1904821**	**1805894**	**29.7**	**242.7**	**66.50**	**7.8**
社区卫生服务中心(站)	809407	2218	504776	471647	21.2	227.6	62.36	10.0
社区卫生服务中心	808568	2215	504775	471647	21.3	227.9	62.43	10.0
社区卫生服务站	839	2	1			0.4	0.12	
卫生院	2055133	5631	1400045	1334247	33.0	248.7	68.12	7.2
乡镇卫生院	2055133	5631	1400045	1334247	33.0	248.7	68.12	7.2
中心卫生院	740668	2029	506270	486051	32.6	249.5	68.35	7.4
乡卫生院	1314465	3601	893775	848196	33.2	248.2	68.00	7.1
专业公共卫生机构	**1456965**	**3992**	**1480675**	**1475287**	**48.2**	**370.9**	**101.63**	**7.7**
专科疾病防治院(所、站)	43800	120	22411	21987	7.3	186.8	51.17	25.2
妇幼保健院(所、站)	1413165	3872	1458264	1453300	49.4	376.6	103.19	7.6
妇幼保健院	1413165	3872	1458264	1453300	49.4	376.6	103.19	7.6

14-21 医疗机构收入与支出

（2019 年）

单位：万元

类别	总收入	财政拨款收入	事业收入	上级补助收入	总费用/支出	业务活动费	单位管理费	业务活动费用和单位管理费用中		
								财政基本拨款经费	财政项目拨款经费	人员费用
总计	**7899867**	**532725**	**7112519**	**27340**	**7552354**	**6636555**	**639150**	**87138**	**148108**	**2240359**
医院	**6964138**	**306501**	**6564872**	**9042**	**6622771**	**5966782**	**575826**	**64994**	**111876**	**1942773**
综合医院	4745596	182327	4497428	8877	4592674	4179504	370894	41354	74918	1320316
中医医院	773607	46129	714505	70	743538	631624	97425	10199	15811	249835
中西医结合医院	114971	7067	107326		108518	97179	11042	1320	2355	29938
专科医院	1328850	70979	1244500	95	1176479	1058210	96464	12121	18792	342337
口腔医院	20769		20352		11055	5015				8244
眼科医院	13368		13187		10442	7583	1508			3454
耳鼻喉科医院	6938		6938		5659	4097	431			2172
肿瘤医院	531655	22312	502695	37	472166	443928	27855	7287	6595	108380
心血管病医院	293900	21377	269907	24	279413	257145	21491	759	2280	63621
胸科医院	88879	3792	84745		90719	83509	7205	2053	1209	26272
妇产(科)医院	17120	5	16961		14668	7132	5572			7248
儿童医院	157623	14314	141174		143446	135373	7856	904	4661	59357
精神病医院	20816	3274	17111	35	18523	14462	2923			10207
传染病医院	80113	5319	74420		76478	66976	9453	788	3725	27638
皮肤病医院	5406		5406		3372	505	953			1280
骨科医院	4385		4379		3435	97	3218			1282

14-21 续表 1　　　　(2019)　　　　单位:万元

类别	总收入	财政拨款收入	事业收入	上级补助收入	总费用/支出	业务活动费	单位管理费	业务活动费用和单位管理费用中		
								财政基本拨款经费	财政项目拨款经费	人员费用
康复医院	28258	586	27636		18039	15436	2431	330	322	10025
整形外科医院	1578		1578		1963	325	153			579
美容医院	33134		33134		6946	5412	654			6720
其他专科医院	24910		24879		20156	11214	4761			5859
护理院	1114		1114		1563	265	3			349
基层医疗卫生机构	**402690**	**87568**	**229097**	**14639**	**454933**	**279213**				**148631**
社区卫生服务中心(站)	138921	38788	96211	3080	210512	132086				47952
社区卫生服务中心	128854	37590	87511	3003	200630	122913				44267
社区卫生服务站	10067	1198	8700	77	9882	9174				3685
卫生院	164960	48780	113645	1378	162948	147127				62318
乡镇卫生院	164960	48780	113645	1378	162948	147127				62318
中心卫生院	55007	17836	36474	489	53994	48137				20712
乡卫生院	109953	30944	77171	890	108955	98990				41606
村卫生室	30514		19240	10181	26025					11474
门诊部	39925				31708					14561
综合门诊部	20030				15590					6442
中医门诊部	6596				5406					1757
中西医结合门诊部	20				20					11
专科门诊部	13280				10692					6351

14-21　续表 2　　　　（2019）　　　　单位:万元

类　别	总收入	财政拨款收入	事业收入	上级补助收入	总费用/支出	业务活动费	单位管理费	业务活动费用和单位管理费用中		
								财政基本拨款经费	财政项目拨款经费	人员费用
诊所、卫生所、医务室	28370				23740					12326
诊所	27249				22691					11798
卫生所、医务室	1121				1049					528
专业公共卫生机构	**483350**	**130388**	**317862**	**3648**	**433223**	**362332**	**58333**	**19454**	**32963**	**143611**
疾病预防控制中心	118827	84796	15459	2090	109251	86992	14303	7199	13572	13412
专科疾病防治院(所、站)	7855	2070	5755		6230	5587	644	90	7	701
健康教育所(站、中心)	566	561		5	561	340		256	84	409
妇幼保健院(所、站)	318313	27198	277480	471	280808	243277	34834	3741	18099	111468
妇幼保健院	313997	22897	277465	471	277868	241692	33479	3614	17990	110166
妇幼保健所	4316	4301	15		2941	1586	1355	126	109	1302
急救中心(站)	2791	2655	49		2807	2584		2022	513	1766
采供血机构	20191	1187	18898	20	19654	14395	5259			7225
卫生监督所(中心)	9611	8092	38		8890	5481	3294	6133	601	6941
计划生育技术服务机构	5196	3829	183	1062	5021	3676		13	88	1688
其他卫生机构	**49690**	**8268**	**688**	**12**	**41427**	**28228**	**4991**	**2690**	**3269**	**5344**
医学科学研究机构	3794	3566	211		3288	1507	1424	1726	428	1680
医学在职培训机构	664	582	82		603	56				508
临床检验中心(所、站)	41100		395		33484	23741	2602			2262
统计信息中心	326	315		12	426	82	345	345	48	209
其他	3806	3806			3626	2842	620	620	2793	686

14-22 村卫生室基本情况

（2019 年）

类别	合计	按主办单位分					按行医方式分		
		村办	乡医院设点	联合办	私人办	其他	中医为主	西医为主	中西医结合
机构数（个）	**2537**	**1224**	**131**	**226**	**345**	**611**	**74**	**1652**	**811**
执业（助理）医师（人）	1453	689		159	225	380	32	918	503
乡村全科执业助理医师人数	335	173	10	36	27	99	4	217	124
注册护士（人）	454	191		62	91	110	6	284	164
乡村医生和卫生员（人）	4091	2192	113	386	417	983	103	2430	1558
乡村医生	3907	2097	108	372	388	942	88	2337	1482
卫生员	184	95	5	14	29	41	15	93	76
年内培训人次数	20320	9019	391	2605	3203	5102	567	12997	6756
设备数：简易呼吸器（个）	1768	941	34	164	151	478	43	1104	621
便携式高压消毒锅（带压力表）（个）	2015	1077	40	209	195	494	44	1283	688
冷藏箱	1807	1025	57	176	138	411	39	1150	618
诊查（观察）床（张）	4298	2281	147	330	550	990	100	2739	1459
无菌柜（个）	1359	702	41	131	198	287	28	893	438
中药柜（个）	2988	1603	95	233	348	709	106	1764	1118
西药柜（个）	4538	2179	138	431	606	1184	95	2893	1550
担架（付）	221	151	2	15	27	26	6	135	80
处置台（个）	2322	1158	59	210	323	572	57	1487	778
总收入（万元）	**30514**	**16277**	**1007**	**1965**	**3311**	**7955**	**710**	**18842**	**10962**
事业收入	19240	10112	689	986	2516	4938	484	12004	6752
医疗收入	16118	8397	658	709	2231	4122	408	9911	5799
药品收入	12377	6726	556	483	1306	3305	331	7282	4763
上级补助收入	10181	5951	314	783	529	2605	196	6216	3769
总费用（万元）	**26041**	**14215**	**928**	**1604**	**2585**	**6709**	**648**	**15854**	**9539**
人员经费	11477	6181	332	958	1205	2801	286	7232	3959
药品费	12578	7234	558	498	1109	3180	283	7534	4761
诊疗人次数（人次）	**9431393**	**4802471**	**685581**	**541239**	**1219967**	**2182135**	**228197**	**5860869**	**3342327**
出诊人次数	405910	209640	44285	32511	28502	90972	6416	257876	141618

14-23 分区县(市)卫生事业发展情况

(2019年)

地区	机构数(个)	实有床位数(张)	人员数(人)	卫生技术人员	执业(助理)医师	注册护士	总收入(万元)	总费用/支出(万元)
总计	**4999**	**100492**	**147557**	**121189**	**44608**	**59273**	**7899867**	**7552354**
中原区	227	8942	13316	11321	4218	5510	581733	555969
二七区	444	21777	28412	24716	8894	13232	2768694	2562949
管城区	430	7253	14262	11600	4283	5500	448815	487822
金水区	666	32957	48509	40651	14279	20749	3066316	2924583
上街区	89	1037	1609	1390	531	626	37633	36669
惠济区	124	1026	1955	1489	660	615	39959	38998
中牟县	479	3519	5299	4028	1645	1707	129106	130658
巩义市	649	3989	6746	5402	2120	2336	150514	147628
荥阳市	432	2879	5292	3974	1517	1658	110786	114413
新密市	382	5458	6687	4768	1721	2275	163746	155920
新郑市	663	6377	9335	7006	2730	3022	261327	260887
登封市	414	5278	6135	4844	2010	2043	141238	135858

14-24 科技事业发展情况

单位:项、个

年度	获省级及以上科学技术进步奖	国家级	省级	各类科研计划	国家级	省级	市级	高新技术企业数
2010年	26		26	842	84	134	624	223
2011年	38	4	34	1214	91	194	929	274
2012年	41	4	37	1472	101	221	1150	332
2013年	39	4	35	1416	65	297	1054	387
2014年	42	8	34	1237	25	263	949	362
2015年	48	12	36	1007	1	334	672	465
2016年	38	8	30	909		188	721	625
2017年	38	9	29	1228		303	925	855
2018年	206	8	198	1847	511	436	900	1323
2019年	182	6	176	3709		1203	2506	2048

14-25 专利申请和授权情况

单位:件

年度	专利申请量	发明专利	实用新型	外观专利	专利授权量	发明专利	实用新型	外观专利
2010年	8203	2455	3784	1964	5677	554	3399	1724
2011年	10997	3019	5922	2056	6141	888	3826	1427
2012年	16254	4257	7944	4053	9065	1228	6041	1796
2013年	20259	6038	9574	4647	10372	1205	6905	2262
2014年	24307	8267	10781	5259	12316	1265	8182	2859
2015年	26046	8452	12883	4711	16125	1869	10441	3815
2016年	37411	12304	19627	5480	17884	2388	11519	3977
2017年	50544	18543	25675	6326	21249	2954	13696	4599
2018年	70128	26597	37213	6318	31585	3192	22935	5458
2019年	59620	14459	40107	5054	33679	2896	26359	4424

14-26 民政事业中收养性单位情况

指　　标	单位	2015 年	2018 年	2019 年
各种收养性社会福利单位总数	个	92	98	124
优抚类收养性单位	个	3	3	
福利类收养性单位	个	85	88	124
社会福利院	个	3	3	3
儿童福利院	个	3	2	2
城镇收养性老年福利机构	个	50	54	66
农村收养性老年福利机构	个	29	29	53
工作人员	人	3039	3613	3391
床位数	张	16161	19718	21178
年底收养人数	人	8384	9015	9400

14-27 城乡最低生活救助标准

单位:元/月

年　　度	城市居民最低生活保障金标准	农村居民最低生活保障金标准
2010 年	300	160
2011 年	340	180
2012 年	380	200
2013 年	430	240
2014 年	470	260
2015 年	520	290
2016 年	550	320
2017 年	600	380
2018 年	630	430
2019 年	700	700

14-28 社会福利彩票及捐赠情况

指标	社会福利彩票销售额(亿元)	社会福利资金筹集额(万元)	接受社会捐赠额(万元)	捐赠接收工作站、点数(个)
2010年	7.53	4049.5	641.7	107
2011年	11.30	4788.6	77.6	110
2012年	13.78	10082.4	0.7	109
2013年	14.71	10159.0	93.1	114
2014年	15.43	9337.0	86.5	118
2015年	15.19	12973.1	476.6	126
2016年	15.13	9199.0	409.1	127
2017年	17.15	8102.0	287.9	144
2018年	16.90	10723.4	171.4	144
2019年	15.15	13591.1	168.1	18

14-29 结婚及离婚登记情况

单位:对、人

年度	结婚登记	内地居民登记结婚			涉外结婚	离婚登记	内地居民	华侨、港澳台居民登记离婚
			初婚人数	再婚人数				
2010年	83594	83562	151647	15541	32	15606	15602	4
2011年	94275	94226	166279	22271	49	19281	19276	5
2012年	99522	99480	178566	20478	42	22879	22871	8
2013年	100531	100492	188849	12135	39	29269	29260	9
2014年	98036	97996	181060	14932	40	28433	28427	6
2015年	88996	88964	162699	15229	32	31032	31026	
2016年	84308	84273	150828	17788	35	37173	37166	7
2017年	78307	78277	135171	21443	30	46441	46428	13
2018年	78444	78417	107054	49834	27	44696	44687	9
2019年	71987	71940	91203	52765	44	46506	46492	14

14-30 分区县(市)最低生活保障情况

(2019 年)

指 标	最低生活保障人数(人)	城镇	农村	最低生活保障保障金(万元)	城镇	农村
郑州市	54287	14414	39873	29350.6	9763.3	19587.3
中原区	1341	1341		1024.9	1024.9	
二七区	1982	1982		1523.2	1523.2	
管城区	1129	1129		892.0	892.0	
金水区	1997	1997		1617.2	1617.2	
上街区	546	546		343.1	343.1	
惠济区	376	376		331.8	331.8	
中牟县	2805	200	2605	1408.6	156.0	1252.6
巩义市	11905	706	11199	5081.0	467.5	4613.5
荥阳市	7192	426	6766	3635.9	311.2	3324.7
新密市	6706	420	6286	3685.8	300.0	3385.8
新郑市	8492	1489	7003	4174.1	1044.0	3130.1
登封市	6146	132	6014	2851.7	94.2	2757.5
经开区	259	259		193.8	171.9	21.9
高新区	197	197		150.3	150.3	
郑东新区	694	694		442.3	442.3	
航空港实验区	2520	2520		1994.9	893.7	1101.2

14-31 规模以上工业企业 R&D 人员情况

（2019 年）

类别	有 R&D 活动企业个数（个）	有研发机构企业个数（个）	R&D 人员合计（人）	项目研究开发人员	管理和服务人员	女性	研究人员
总计	**961**	**377**	**49402**	**45805**	**3597**	**9582**	**15342**
按企业规模分组							
大型	43	32	21418	20088	1330	3313	6090
中型	132	66	11581	10720	1330	2560	4198
小型	722	264	14619	10720	1185	3142	4390
微型	64	15	1784	1563	221	567	664
按隶属关系分组							
中央	31	18	7169	6685	484	1158	2717
地方	58	26	5355	4718	637	925	2087
其他	872	333	36878	34402	2476	7499	10538
按登记注册类型分组							
内资企业	921	358	40236	37197	3039	7662	12971
国有企业	5	3	2588	2577	11	182	681
集体企业	4	3	112	93	19	37	13
有限责任公司	393	151	20434	18949	1485	3900	6244
国有独资公司	17	12	2358	2101	257	669	962
其他有限责任公司	376	139	18076	16848	1228	3231	5282
股份有限公司	77	44	7609	6858	751	1594	3499
私营企业	442	157	9493	8720	773	1949	2534
私营独资企业	11	4	114	105	9	24	30
私营有限责任公司	401	132	8310	7600	710	1706	2209
私营股份有限公司	30	21	1069	1015	54	219	295
港、澳、台商投资企业	18	8	6877	6450	427	1441	1438
合资经营企业（港或澳、台资）	9	5	780	661	119	187	365
港、澳、台商独资经营企业	8	3	6071	5764	307	1251	1067
其他港澳台投资企业	1		26	25	1	3	6
外商投资企业	22	11	2289	2158	131	479	933
中外合资经营企业	13	5	1343	1272	71	272	485
中外合作经营企业	4	1	117	105	12	32	32
外资企业	4	4	598	567	31	92	284
外商投资股份有限公司	1	1	231	214	17	83	132

14-31 续表 1 (2019 年)

类 别	有 R&D 活动企业个数(个)	有研发机构企业个数(个)	R&D 人员合计(人)	项目研究开发人员	管理和服务人员	女性	研究人员
按国民经济行业大类分组							
采矿业	8	1	1001	801	200	73	344
煤炭开采和洗选业	7	1	969	774	195	63	337
有色金属矿采选业	1		32	27	5	10	7
制造业	931	365	45169	41841	3328	9165	14070
农副食品加工业	23	8	405	356	49	149	137
食品制造业	24	13	1725	1589	136	516	694
酒、饮料和精制茶制造业	3	2	249	242	7	51	34
烟草制品业	2	2	711	645	66	72	260
纺织业	6	4	138	107	31	48	22
纺织服装、服饰业	11	7	550	504	46	326	148
木材加工和木、竹、藤、棕、草制品业	2		75	70	5	8	7
家具制造业	5	2	88	83	5	26	25
造纸和纸制品业	17	3	370	337	33	86	88
印刷和记录媒介复制业	13	6	446	416	30	116	84
文教、工美、体育和娱乐用品制造业	9	2	184	177	7	36	36
石油、煤炭及其他燃料加工业	3	1	15	14	1	1	5
化学原料和化学制品制造业	43	22	1139	1058	81	281	389
医药制造业	32	13	1315	1185	130	695	625
化学纤维制造业	2	1	16	15	1	4	8
橡胶和塑料制品业	20	11	478	436	42	88	117
非金属矿物制品业	246	88	5345	4843	502	1085	1371
黑色金属冶炼和压延加工业	4	2	153	146	7	12	31
有色金属冶炼和压延加工业	38	19	2173	2016	157	341	504
金属制品业	47	14	1124	1041	83	244	313
通用设备制造业	68	28	2643	2513	130	334	923
专用设备制造业	121	37	4416	4085	331	659	1817
汽车制造业	48	19	4156	3721	435	616	2051
铁路、船舶、航空航天和其他运输设备制造业	12	7	1468	1339	129	438	587
电气机械和器材制造业	57	21	2488	2163	325	484	618
计算机、通信和其他电子设备制造业	36	12	10989	10537	452	1957	2072
仪器仪表制造业	37	20	2275	2170	105	490	1084

14-31 续表 2 （2019 年）

类　别	有 R&D 活动企业个数(个)	有研发机构企业个数(个)	R&D 人员合计(人)	项目研究开发人员	管理和服务人员	女性	研究人员
金属制品、机械和设备修理业	2	1	35	33	2	2	20
电力、热力、燃气及水生产和供应业	22	11	3232	3163	69	344	928
电力、热力生产和供应业	13	7	2811	2776	35	201	712
燃气生产和供应业	3	1	223	206	17	76	105
水的生产和供应业	6	3	198	181	17	67	111
按经济成分分组							
公有经济	95	51	11437	10498	939	1902	4146
非公有经济	866	326	37965	35307	2658	7680	11196
按企业控股情况分组							
国有控股	83	45	11193	10301	892	1832	4095
集体控股	12	6	244	197	47	70	51
私人控股	768	288	22549	20704	1845	4870	7353
港澳台商控股	18	5	7082	6628	454	1445	1375
外商控股	15	11	1568	1494	74	337	721
外商控股	65	22	6766	6481	285	1028	1747
按地区分组							
中原区	16	9	1231	1076	155	398	463
二七区	14	9	3659	3540	119	571	1065
管城区	7	4	1498	1179	319	196	779
金水区	10	5	395	383	12	72	89
上街区	46	22	1403	1265	138	335	438
惠济区	8	5	811	748	63	181	443
中牟县	55	23	1829	1685	144	478	677
巩义市	89	54	2562	2382	180	395	496
荥阳市	101	30	2632	2454	178	460	745
新密市	164	34	2848	2586	262	508	637
新郑市	94	43	2775	2412	363	810	884
登封市	60	15	1903	1739	164	378	304
经开区	75	32	8071	7581	490	1392	2990
高新区	179	77	9253	8569	684	1894	3738
郑东新区	5	5	1029	966	63	112	343
航空港实验区	38	10	7503	7240	263	1402	1251

14-31 续表 3 （2019 年）

类 别	全时人员	非全时人员	R&D 人员折合全时当量合计（人年）	研究人员	基础研究人员	应用研究人员	试验发展人员
总计	**36764**	**12638**	**36838**	**11284**	**6**	**994**	**35838**
按企业规模分组							
大型	15880	5538	18204	4948		643	17561
中型	8423	3158	7765	2887		95	7671
小型	10949	3670	9571	2976	6	214	9351
微型	1512	272	1298	472		43	1256
按隶属关系分组							
中央	4664	2505	5778	2124		100	5677
地方	2934	2421	3611	1448		231	3380
其他	29166	7712	27449	7712	6	663	26780
按登记注册类型分组							
内资企业	29228	11008	29201	9413	6	814	28381
国有企业	1186	1402	2331	612			2331
集体企业	59	53	61	10			61
有限责任公司	14843	5591	15157	4588	5	456	14695
国有独资公司	1757	601	1800	707		55	1745
其他有限责任公司	13086	4990	13356	3881	5	402	12950
股份有限公司	5775	1834	5329	2501		248	5081
私营企业	7365	2128	6323	1703	1	110	6212
私营独资企业	68	46	52	17			52
私营有限责任公司	6574	1736	5520	1482	1	106	5414
私营股份有限公司	723	346	750	204		4	747
港、澳、台商投资企业	5995	882	6043	1232		41	6003
合资经营企业（港或澳、台资）	539	241	593	280		41	552
港、澳、台商独资经营企业	5433	638	5429	946			5429
其他港澳台投资企业	23	3	22	5			22
外商投资企业	1541	748	1594	640		140	1454
中外合资经营企业	1033	310	1004	365		37	967
中外合作经营企业	84	33	56	20			56
外资企业	331	267	373	163		94	279
外商投资股份有限公司	93	138	160	92		9	151

14-31 续表 4 （2019 年）

类别	全时人员	非全时人员	R&D 人员折合全时当量合计（人年）	研究人员	基础研究人员	应用研究人员	试验发展人员
按国民经济行业大类分组							
采矿业	117	884	302	104		76	227
煤炭开采和洗选业	88	881	301	104		76	225
有色金属矿采选业	29	3	2				2
制造业	35081	10088	33847	10406	6	850	32991
农副食品加工业	303	102	221	77		11	211
食品制造业	928	797	1093	459		110	983
酒、饮料和精制茶制造业	101	148	165	18			165
烟草制品业	410	301	690	253			690
纺织业	116	22	86	15			86
纺织服装、服饰业	442	108	421	122		9	412
木材加工和木、竹、藤、棕、草制品业	59	16	72	6			72
家具制造业	75	13	69	18			69
造纸和纸制品业	241	129	246	58			246
印刷和记录媒介复制业	246	200	339	58			339
文教、工美、体育和娱乐用品制造业	133	51	145	28		13	132
石油、煤炭及其他燃料加工业	13	2	11	4			11
化学原料和化学制品制造业	798	341	769	263	5	28	736
医药制造业	1036	279	935	445		2	933
化学纤维制造业	12	4	12	6			12
橡胶和塑料制品业	343	135	295	83		4	291
非金属矿物制品业	3788	1557	3348	895	1	58	3290
黑色金属冶炼和压延加工业	93	60	133	28			133
有色金属冶炼和压延加工业	1386	787	1332	328		24	1308
金属制品业	825	299	744	213			744
通用设备制造业	1737	906	1611	557		69	1542
专用设备制造业	3440	976	3169	1302		79	3090
汽车制造业	3607	549	3333	1704		404	2929
铁路、船舶、航空航天和其他运输设备制造业	1234	234	1288	511			1288
电气机械和器材制造业	2041	447	1924	445		16	1908
计算机、通信和其他电子设备制造业	9688	1301	9707	1690		11	9696
仪器仪表制造业	1957	318	1678	814		13	1665

14-31　续表 5　　　　　　（2019 年）

类　别			R&D 人员折合全时当量合计（人年）				
	全时人员	非全时人员		研究人员	基础研究人员	应用研究人员	试验发展人员
金属制品、机械和设备修理业	29	6	11	6			11
电力、热力、燃气及水生产和供应业	1566	1666	2689	774		69	2620
电力、热力生产和供应业	1308	1503	2378	611		16	2362
燃气生产和供应业	83	140	144	70		41	104
水的生产和供应业	175	23	166	93		12	154
按经济成分分组							
公有经济	6924	4513	8544	3083		191	8353
非公有经济	29840	8125	28294	8201	6	803	27485
按企业控股情况分组							
国有控股	6755	4438	8385	3044		191	8194
集体控股	169	75	159	39			159
私人控股	17217	5332	15288	5167	6	634	14647
港澳台商控股	5936	1146	6173	1177		41	6132
外商控股	1061	507	1164	525		103	1062
外商控股	5626	1140	5670	1333		26	5644
按地区分组							
中原区	618	613	744	287		52	691
二七区	2150	1509	3270	952		28	3243
管城区	1186	312	1194	650		184	1011
金水区	233	162	336	76		13	323
上街区	1181	222	948	285		74	874
惠济区	368	443	465	263		103	363
中牟县	1502	327	1353	516		43	1310
巩义市	1737	825	1682	329		25	1657
荥阳市	1894	738	1574	483		27	1547
新密市	1823	1025	1785	412		96	1688
新郑市	1780	995	1750	563	5	77	1668
登封市	1239	664	958	138		25	933
经开区	6687	1384	6694	2427		198	6496
高新区	7153	2100	6549	2574		46	6503
郑东新区	570	459	955	319			955
航空港实验区	6643	860	6581	1011		5	6577

14-32 规模以上工业企业办科技机构情况

（2019 年）

类别	机构数（个）	企业在境外设立的研究开发机构数（个）	机构人员合计（人）	博士毕业（人）	硕士毕业（人）	机构经费支出（万元）	仪器和设备原价（万元）
总计	**499**	**9**	**31476**	**440**	**3519**	**886124.0**	**596381.8**
按企业规模分组							
大型	51	3	18146	152	1892	580749.3	332667.9
中型	103	1	5973	136	864	145631.3	113690.8
小型	330	4	6356	142	606	140636.9	129901.8
微型	15	1	1001	10	157	19106.5	20121.3
按隶属关系分组							
中央	28		3451	57	810	99666.9	93114.2
地方	33	2	4945	93	827	241040.9	77034.1
其他	438	7	23080	290	1882	545416.2	426233.5
按登记注册类型分组							
内资企业	471	9	23976	408	3240	729084.0	509169.6
国有企业	4	3	559	28	161	7328.4	4602.6
集体企业	3		82			1481.1	1876.6
有限责任公司	187	3	10691	122	1079	286282.9	303317.9
国有独资公司	19		1602	23	363	33805.7	52468.1
其他有限责任公司	168	3	9089	99	716	252477.2	250849.8
股份有限公司	86	2	8353	149	1580	322617.9	127849.1
私营企业	191	1	4291	109	420	111373.7	71523.4
私营独资企业	4		46	1	1	1296.4	997.7
私营有限责任公司	158	1	3496	95	349	85989.8	58809.4
私营股份有限公司	29		749	13	70	24087.5	11716.3
港、澳、台商投资企业	13		6350	7	137	87476.0	32916.5
合资经营企业（港或澳、台资）	7		397		48	7442.6	9455.8
港、澳、台商独资经营企业	6		5953	7	89	80033.4	23460.7
外商投资企业	15		1150	25	142	69564.0	54295.7
中外合资经营企业	6		477		67	26455.2	28512.8
中外合作经营企业	1		31	1	19	1382.9	36.7
外资企业	6		529	14	21	23431.4	18625.7
外商投资股份有限公司	2		113	10	35	18294.5	7120.5
按国民经济行业大类分组							
采矿业	2		108	4	21	344.5	814.0
制造业	482	6	30506	405	3271	870340.4	580844.6
农副食品加工业	14		205	11	53	3050.0	10958.1
食品制造业	19	1	988	32	85	42170.8	32195.8
酒、饮料和精制茶制造业	2		107			1146.2	4739.4
烟草制品业	2		194	7	74	18027.7	21152.7
纺织业	5		124	9	3	2054.0	4099.9
纺织服装、服饰业	8		230	4	17	2451.5	1035.5
家具制造业	2		31	2	7	533.4	117.9
造纸和纸制品业	3		69	1	3	642.4	2246.9
印刷和记录媒介复制业	7		141		4	2904.2	8558.7
文教、工美、体育和娱乐用品制造业	2		84		2	955.8	2598.8
石油、煤炭及其他燃料加工业	1		7	1	1	191.8	44.7
化学原料和化学制品制造业	32		679	28	107	12882.2	9950.4

14-32 续表 (2019 年)

类 别	机构数(个)	企业在境外设立的研究开发机构数(个)	机构人员合计(人)	博士毕业(人)	硕士毕业(人)	机构经费支出(万元)	仪器和设备原价(万元)
医药制造业	17	1	1063	30	515	33323.0	17721.6
化学纤维制造业	1		21	2	3	433.1	7.3
橡胶和塑料制品业	15		316	3	17	5724.9	5526.7
非金属矿物制品业	110		2405	58	282	53475.0	60892.4
黑色金属冶炼和压延加工业	2		91	2	4	6101.9	4371.0
有色金属冶炼和压延加工业	22		1160	36	35	52515.4	39573.8
金属制品业	18		556	3	63	11964.2	13999.7
通用设备制造业	33	1	1359	26	160	34172.3	24307.7
专用设备制造业	43	1	2405	14	371	88009.7	42025.4
汽车制造业	29	1	4858	79	793	260975.9	157095.9
铁路、船舶、航空航天和其他运输设备制造业	7		1287	8	156	23712.3	13456.5
电气机械和器材制造业	27		850	11	89	19309.0	22725.8
计算机、通信和其他电子设备制造业	27		9876	10	176	163590.3	67281.7
仪器仪表制造业	33	1	1389	28	249	29836.5	14156.2
金属制品、机械和设备修理业	1		11		2	186.9	4.1
电力、热力、燃气及水生产和供应业	15	3	862	31	227	15439.1	14723.2
电力、热力生产和供应业	10	3	635	30	167	9873.2	10610.0
燃气生产和供应业	2		96		22	1901.9	592.3
水的生产和供应业	3		131	1	38	3664.0	3520.9
按经济成分分组							
公有经济	66	3	5331	75	1052	178217.0	151609.4
非公有经济	433	6	26145	365	2467	707907.0	444772.4
按企业控股情况分组							
国有控股	60	3	5191	75	1049	174993.1	148189.2
集体控股	6		140		3	3223.9	3420.2
私人控股	378	5	14261	313	1740	463147.3	313649.0
港澳台商控股	9		6205	7	112	84458.8	27611.1
外商控股	16		1387	25	198	58553.7	40170.6
其他	30	1	4292	20	417	101747.2	63341.7
按地区分组							
中原区	12		454	6	54	5852.3	8557.1
二七区	10		1502	50	263	20503.0	20246.6
管城区	4		3596	54	593	181146.4	40707.9
金水区	5		131	5	37	3407.6	3267.4
上街区	27		945	10	25	20849.1	20418.6
惠济区	8		572	23	64	35912.6	23119.3
中牟县	29		1005	6	155	42248.8	35956.2
巩义市	64	1	1857	63	124	71062.4	60471.8
荥阳市	36		1052	5	52	20961.1	22541.8
新密市	43		515	18	17	12920.5	6060.1
新郑市	45		1353	35	143	34540.7	33489.0
登封市	15	2	458	3	21	8532.2	6176.5
经开区	51	1	3564	35	952	156764.8	142866.6
高新区	126	3	4871	81	678	101732.9	84120.6
郑东新区	6	2	432	15	105	18775.6	25223.4
航空港实验区	18		9169	31	236	150914.0	63158.9

14-33 规模以上工业企业自主知识产权保护情况

（2019 年）

类型	专利申请数（件）		有效发明专利数（件）		专利所有权转让及许可数（个）	专利所有权转让及许可收入（万元）	拥有注册商标（件）	发表科技论文（篇）	形成国家行业标准（项）
		发明专利		已被实施					
总计	**9562**	**2931**	**7143**	**4208**	**517**	**10304**	**11067**	**2412**	**179**
按企业规模分组									
大型	3309	1452	1726	1171	1		6342	1684	63
中型	1797	496	1511	1134	331	2	1945	482	54
小型	4100	837	3554	1659	168	10202	2745	183	59
微型	356	146	352	244	17	100	35	63	3
按隶属关系分组									
中央	2709	1314	1308	1022	9	102	1760	1597	30
地方	693	223	608	444	17		3145	236	25
其他	6160	1394	5227	2742	491	10202	6162	579	124
按登记注册类型分组									
内资企业	9139	2826	6568	3998	513	304	9857	2245	172
国有企业	1129	634	247	217	3	2		1046	3
集体企业	21		4	4			1		
有限责任公司	3964	1155	2848	1682	109	100	3227	867	70
国有独资公司	260	145	344	337	3	100	29	83	10
其他有限责任公司	3704	1010	2504	1345	106		3198	784	60
股份有限公司	1460	529	1479	1014	325	202	4400	238	57
私营企业	2565	508	1990	1081	76		2229	94	42
私营独资企业	30	2	23	23			1		
私营有限责任公司	2277	454	1682	924	75		2077	77	30
私营股份有限公司	258	52	285	134	1		151	17	12
港、澳、台商投资企业	211	49	430	111			39	29	2
合资经营企业（港或澳、台资）	81	29	328	90			38	29	2
港、澳、台商独资经营企业	124	20	76	1					
其他港澳台投资企业	6		26	20			1		
外商投资企业	212	56	145	99	4	10000	1171	138	5
中外合资经营企业	141	39	85	39			213	122	1
中外合作经营企业	26	8	20	20			2	11	
外资企业	41	9	24	24	4	10000	27		1
外商投资股份有限公司	4		16	16			929	5	3

14-33　续表 1　　　　　　　　　　(2019 年)

类　型	专利申请数（件）	发明专利	有效发明专利数（件）	已被实施	专利所有权转让及许可数（个）	专利所有权转让及许可收入（万元）	拥有注册商标（件）	发表科技论文（篇）	形成国家行业标准（项）
按国民经济行业大类分组									
采矿业	18	3	23	23				24	
煤炭开采和洗选业	5		3	3				24	
有色金属矿采选业	13	3	20	20					
制造业	8371	2296	6841	3958	514	10304	11050	1306	171
农副食品加工业	67	13	42	35			154	1	
食品制造业	92	31	188	75			2573	16	3
酒、饮料和精制茶制造业	9		31	1			28	24	
烟草制品业	820	308	316	101			1679	205	7
纺织业	32	5	4	4			15		1
纺织服装、服饰业	32	6	149	149			330		
木材加工和木、竹、藤、棕、草制品业	8								
家具制造业	72		13	1			2		4
造纸和纸制品业	58	3	27	11			6		
印刷和记录媒介复制业	116	44	79	66	3	2	5	13	
文教、工美、体育和娱乐用品制造业	53	8	25	25			434		2
石油、煤炭及其他燃料加工业	22	4	10	10			1	1	1
化学原料和化学制品制造业	171	33	162	90	30		754	28	5
医药制造业	255	99	363	199	4		1040	34	12
化学纤维制造业	5	2	7	7			15	2	1
橡胶和塑料制品业	94	24	59	23			52	6	
非金属矿物制品业	1276	343	1087	697	3		303	80	29
黑色金属冶炼和压延加工业	30	6	25	25	4	10000	1		1
有色金属冶炼和压延加工业	192	44	161	134	1		26	165	8
金属制品业	304	44	300	91	1		74	26	9
通用设备制造业	817	182	575	346	57	302	212	212	13
专用设备制造业	1134	344	1200	605	54		398	183	19
汽车制造业	862	264	541	459	21		2429	240	24
铁路、船舶、航空航天和其他运输设备制造业	147	74	205	131	9		17	20	12
电气机械和器材制造业	546	126	480	242	6		111	13	6
计算机、通信和其他电子设备制造业	499	113	275	139	6		152	16	1
仪器仪表制造业	643	172	494	270	315		239	21	13

14-33　续表 2　　　　　　　　　　（2019 年）

类　型	专利申请数（件）	发明专利	有效发明专利数（件）	已被实施	专利所有权转让及许可数（个）	专利所有权转让及许可收入（万元）	拥有注册商标（件）	发表科技论文（篇）	形成国家行业标准（项）
金属制品、机械和设备修理业	15	4	23	22					
电力、热力、燃气及水生产和供应业	1173	632	279	227	3		17	1082	8
电力、热力生产和供应业	1124	626	264	226	3		6	1071	4
燃气生产和供应业	8	2						7	
水的生产和供应业	41	4	15	1			11	4	4
按经济成分分组									
公有经济	3052	1350	1602	1113	16	102	2083	1896	37
非公有经济	6510	1581	5541	3095	501	10202	8984	516	142
按企业控股情况分组									
国有控股	3007	1350	1564	1109	16	102	2081	1896	35
集体控股	45		38	4			2		2
私人控股	5301	1189	4593	2565	485	202	7626	339	112
港澳台商控股	190	32	162	81			4	8	
外商控股	252	63	128	98	4	10000	1005	13	5
其他	767	297	658	351	12		349	156	25
按地区分组									
中原区	79	7	74	64			164	24	
二七区	1286	695	474	376	2		145	931	
管城区	306	145	362	332			2184	49	14
金水区	64	22	54	54	3	2	451	6	
上街区	341	45	214	124	46		25	112	16
惠济区	67	12	47	31			956	6	3
中牟县	418	83	284	223	24		386	148	2
巩义市	546	77	489	230	11	10000	137	4	3
荥阳市	479	104	442	239	10		366	45	7
新密市	493	60	415	287	16		433	24	10
新郑市	455	130	256	179	1	100	1589	29	5
登封市	311	84	152	84			87	104	3
经开区	1573	461	666	537	47		412	250	37
高新区	1980	636	2558	1099	353	202	1655	305	61
郑东新区	883	324	359	140			1680	347	11
航空港实验区	281	46	297	209	4		397	28	7

14-34 规模以上工业企业

（2019 年）

类别	R&D 经费内部支出合计	按支出用途分组					按活动类型分组	
		经常费支出	人员劳务费	资产性支出	土建工程	仪器和设备	基础研究支出	应用研究支出
总计	**1357797.5**	**1294420.3**	**504103.0**	**63377.2**	**4895.6**	**58481.6**	**740.3**	**34848.9**
按企业规模分组								
大型	677856.6	655826.1	300644.0	22030.5	1546.2	20484.3		27409.6
中型	307552.0	288617.1	97960.4	18934.9	2439.8	16495.1		2424.3
小型	341126.4	319664.3	95349.7	21462.1	906.5	20555.6	740.3	3655.3
微型	31262.5	30312.8	10148.9	949.7	3.1	946.6		1359.7
按隶属关系分组								
中央	143232.4	135600.1	54352.1	7632.3	217.9	7414.4		2091.8
地方	284792.9	280949.3	123320.6	3843.6	1334.7	2508.9		22138.4
其他	929772.2	877870.9	326430.3	51901.3	3343.0	48558.3	740.3	10618.7
按登记注册类型分组								
内资企业	1147200.2	1091442.2	407588.3	55758.0	4823.9	50934.1	740.3	29781.6
国有企业	10833.2	10748.3	5100.9	84.9	0.6	84.3		
集体企业	1359.2	1335.6	672.7	23.6	23.6			
有限责任公司	528003.6	489846.5	183482.7	38157.1	2676.1	35481.0	610.2	4596.7
国有独资公司	48487.1	41246.4	13902.2	7240.7	39.0	7201.7		1401.3
其他有限责任公司	479516.5	448600.1	169580.5	30916.4	2637.1	28279.3	610.2	3195.4
股份有限公司	358176.6	353142.7	160911.7	5033.9	1763.5	3270.4		23434.0
私营企业	248827.6	236369.1	57420.3	12458.5	360.1	12098.4	130.1	1750.9
私营独资企业	3933.8	3898.0	537.0	35.8	4.8	31.0	105.3	
私营有限责任公司	214693.9	202473.7	50433.8	12220.2	303.6	11916.6	24.8	1707.1
私营股份有限公司	30199.9	29997.4	6449.5	202.5	51.7	150.8		43.8
港、澳、台商投资企业	116809.3	114629.8	67661.5	2179.5	24.1	2155.4		622.8
合资经营企业（港或澳、台资）	15729.6	13656.4	8310.5	2073.2	22.4	2050.8		622.8
港、澳、台商独资经营企业	100650.5	100545.7	59196.1	104.8	0.2	104.6		
其他港澳台投资企业	429.2	427.7	154.9	1.5	1.5			
外商投资企业	93788.0	88348.3	28853.2	5439.7	47.6	5392.1		4444.5
中外合资经营企业	51609.9	47329.4	16812.8	4280.5	33.6	4246.9		1116.5
中外合作经营企业	4033.0	2989.2	1156.5	1043.8	6.9	1036.9		
外资企业	21714.0	21605.7	5599.4	108.3		108.3		3218.0
外商投资股份有限公司	16431.1	16424.0	5284.5	7.1	7.1			110.0

R&D 经费情况

单位:万元

试验发展支出	按资金来源分组			R&D 经费外部支出合计				
	政府资金	企业资金	境外资金		对境内研究机构支出	对境内高等学校支出	对境内企业支出	对境外支出
1322208.3	**56696.3**	**1300893.9**	**207.3**	**44269.8**	**10327.8**	**4159.1**	**28492.1**	**1290.8**
650447.0	47006.6	630850.0		27148.6	6144.1	1534.3	19124.9	345.3
305127.7	4278.5	303273.5		9121.1	3085.5	741.7	4348.7	945.2
336730.8	3822.8	337303.6		7296.9	1013.6	1411.9	4871.1	0.3
29902.8	1588.4	29466.8	207.3	703.2	84.6	471.2	147.4	
141140.6	5615.0	137410.1	207.3	9697.7	4977.9	1730.2	2989.6	
262654.5	3838.2	280954.7		7858.3	2376.4	573.6	4563.0	345.3
918413.2	47243.1	882529.1		26713.8	2973.5	1855.3	20939.5	945.5
1116678.3	27631.1	1119361.8	207.3	43779.0	10010.4	4125.1	28352.7	1290.8
10833.2	46.9	10786.3		6224.9	3579.0	677.7	1968.2	
1359.2		1359.2		3.2	1.0	0.7	1.2	0.3
522796.7	18159.6	509636.7	207.3	21426.3	2965.5	1473.5	16042.1	945.2
47085.8	1323.4	46956.4	207.3	604.8	25.0	520.0	59.8	
475710.9	16836.2	462680.3		20821.5	2940.5	953.5	15982.3	945.2
334742.6	6567.2	351609.4		11619.2	2868.3	735.8	7669.8	345.3
246946.6	2857.4	245970.2		4505.4	596.6	1237.4	2671.4	
3828.5	1.0	3932.8						
212962.0	2252.6	212441.3		4179.8	509.2	1017.2	2653.4	
30156.1	603.8	29596.1		325.6	87.4	220.2	18.0	
116186.5	79.6	116729.7		21.2	21.2			
15106.8	29.6	15700.0						
100650.5	50.0	100600.5		21.2	21.2			
429.2		429.2						
89343.5	28985.6	64802.4		469.6	296.2	34.0	139.4	
50493.4	28661.6	22948.3						
4033.0	137.2	3895.8		434.6	296.2		138.4	
18496.0	12.0	21702.0		35.0		34.0	1.0	
16321.1	174.8	16256.3						

14-34　续表 1　　　　　　　　　　　　　　　　　　　　（2019 年）

类　别	R&D 经费内部支出合计	按支出用途分组					按活动类型分组	
		经常费支出	人员劳务费	资产性支出	土建工程	仪器和设备	基础研究支出	应用研究支出
按国民经济行业大类分组								
采矿业	7722.7	6774.6	2537.0	948.1	0.1	948.0		98.5
煤炭开采和洗选业	7478.4	6530.3	2441.0	948.1	0.1	948.0		98.5
有色金属矿采选业	244.3	244.3	96.0					
制造业	1321457.0	1262778.6	489463.8	58678.4	4871.6	53806.8	740.3	33931.3
农副食品加工业	8097.9	7971.6	2396.9	126.3	3.5	122.8		100.8
食品制造业	46001.7	42776.0	16131.3	3225.7	18.0	3207.7		3378.8
酒、饮料和精制茶制造业	1696.0	1696.0	898.7					
烟草制品业	20882.5	20859.0	15802.5	23.5	23.5			
纺织业	1574.4	1569.6	708.4	4.8	2.6	2.2		
纺织服装、服饰业	5680.4	5573.7	3128.5	106.7	0.9	105.8		420.6
木材加工和木、竹、藤、棕、草制品业	1712.9	892.4	467.7	820.5		820.5		
家具制造业	1437.5	1425.8	500.9	11.7	0.4	11.3		
造纸和纸制品业	8003.7	7422.1	1525.2	581.6	6.4	575.2		
印刷和记录媒介复制业	5603.8	5241.9	2467.8	361.9	17.6	344.3		
文教、工美、体育和娱乐用品制造业	2032.1	2015.0	1005.1	17.1	1.1	16.0		110.8
石油、煤炭及其他燃料加工业	442.1	440.7	94.0	1.4	1.4			
化学原料和化学制品制造业	26157.0	24674.6	6269.2	1482.4	63.8	1418.6	466.0	540.4
医药制造业	37202.9	36509.6	13492.1	693.3	207.2	486.1		14.6
化学纤维制造业	549.6	537.9	108.6	11.7		11.7		
橡胶和塑料制品业	7513.7	7194.5	2160.9	319.2	2.0	317.2		43.8
非金属矿物制品业	143322.6	129333.7	30476.7	13988.9	2046.0	11942.9	274.3	1262.3
黑色金属冶炼和压延加工业	12744.4	12730.8	918.9	13.6	13.6			
有色金属冶炼和压延加工业	118000.1	114808.9	12042.7	3191.2	457.4	2733.8		1434.0
金属制品业	31265.6	27595.1	6568.9	3670.5	24.1	3646.4		
通用设备制造业	62941.1	62271.2	21127.7	669.9	32.3	637.6		1670.6
专用设备制造业	148815.4	147423.1	41222.5	1392.3	180.3	1212.0		1096.1
汽车制造业	296004.8	277445.9	140023.3	18558.9	1537.2	17021.7		23256.0
铁路、船舶、航空航天和其他运输设备制造业	24638.8	24606.3	12025.1	32.5	16.3	16.2		
电气机械和器材制造业	71177.6	67077.9	20577.6	4099.7	77.8	4021.9		186.1
计算机、通信和其他电子设备制造业	195678.0	191443.6	112337.1	4234.4	41.5	4192.9		132.8
仪器仪表制造业	41466.8	40428.1	24739.1	1038.7	96.7	942.0		283.6

单位:万元

试验发展支出	按资金来源分组			R&D经费外部支出合计				
	政府资金	企业资金	境外资金		对境内研究机构支出	对境内高等学校支出	对境内企业支出	对境外支出
7624.2		7722.7		1064.7	708.9	221.9	133.9	
7379.9		7478.4		1064.7	708.9	221.9	133.9	
244.3		244.3						
1286785.4	56340.2	1264909.5	207.3	36322.0	5899.9	3259.5	25871.8	1290.8
7997.1	208.5	7889.4		73.2	30.7	30.0	12.5	
42622.9	647.4	45354.3		19.0	3.0	11.0	5.0	
1696.0		1696.0		2.2	2.2			
20882.5		20882.5		2496.8	1138.3	531.1	827.4	
1574.4	133.6	1440.8		10.9		10.9		
5259.8	50.0	5630.4		141.3	128.8	12.5		
1712.9		1712.9						
1437.5		1437.5		20.1	20.1			
8003.7		8003.7						
5603.8	173.5	5430.3		18.5			18.5	
1921.3	108.0	1924.1		19.4			19.4	
442.1		442.1						
25150.6	366.5	25790.5		1039.3	32.2	237.1	770.0	
37188.3	691.7	36511.2		3044.8	2174.4	227.4	643.0	
549.6	50.0	499.6						
7469.9	24.0	7489.7						
141786.0	1194.2	142128.4		1675.8	1043.4	555.0	77.4	
12744.4		12744.4		24.0		23.0	1.0	
116566.1	867.4	117132.7		136.9	112.5	1.2	23.2	
31265.6	221.6	31044.0		54.4	7.2	46.0	1.2	
61270.5	2532.7	60201.1	207.3	2674.2	483.8	843.1	1347.0	0.3
147719.3	4857.1	143958.3		1245.1	120.6	165.1	959.4	
272748.8	41616.1	254388.7		15843.1	71.5	123.5	15302.8	345.3
24638.8	773.8	23865.0		2948.9			2948.9	
70991.5	64.2	71113.4		1901.5	181.7	62.6	1657.2	
195545.2	961.6	194716.4		890.1			890.1	
41183.2	798.3	40668.5		2042.5	349.5	380.0	367.8	945.2

14-34　续表 2　　　　（2019 年）

类　别	R&D 经费内部支出合计	按支出用途分组					按活动类型分组	
		经常费支出	人员劳务费	资产性支出	土建工程	仪器和设备	基础研究支出	应用研究支出
金属制品、机械和设备修理业	813.6	813.6	246.4					
电力、热力、燃气及水生产和供应业	28617.8	24867.1	12102.2	3750.7	23.9	3726.8		819.1
电力、热力生产和供应业	16486.8	13514.5	5852.3	2972.3	23.8	2948.5		94.3
燃气生产和供应业	5290.8	5290.7	2116.9	0.1	0.1			622.8
水的生产和供应业	6840.2	6061.9	4133.0	778.3		778.3		102.0
按经济成分分组								
公有经济	257833.3	240223.5	86277.7	17609.8	307.0	17302.8		2887.3
非公有经济	1099964.2	1054196.8	417825.3	45767.4	4588.6	41178.8	740.3	31961.6
按企业控股情况分组								
国有控股	253160.1	235684.0	84307.6	17476.1	282.9	17193.2		2887.3
集体控股	4673.2	4539.5	1970.1	133.7	24.1	109.6		
私人控股	753700.0	716352.2	252651.9	37347.8	4290.5	33057.3	740.3	27349.0
港澳台商控股	118874.3	117322.4	66745.2	1551.9	5.1	1546.8		622.8
外商控股	52155.9	51220.3	18993.4	935.6	31.5	904.1		3328.0
其他	175234.0	169301.9	79434.8	5932.1	261.5	5670.6		661.8
按地区分组								
中原区	16388.4	15495.9	8147.1	892.5	8.8	883.7		724.8
二七区	23956.9	23940.4	9561.5	16.5	0.4	16.1		275.8
管城区	174116.5	171351.4	95126.5	2765.1	1110.9	1654.2		21620.7
金水区	7478.1	6648.9	2446.3	829.2	9.9	819.3		283.6
上街区	30164.5	29283.6	9085.5	880.9	107.9	773.0		865.1
惠济区	33555.7	33494.3	10465.5	61.4	13.4	48.0		3328.0
中牟县	66526.6	60228.8	21370.8	6297.8	389.9	5907.9		1583.9
巩义市	127668.2	124125.8	12566.6	3542.4	390.0	3152.4	105.3	1659.6
荥阳市	53786.5	49284.9	15920.8	4501.6	1746.8	2754.8		452.4
新密市	75484.8	72362.9	13220.6	3121.9	133.5	2988.4	249.5	512.2
新郑市	60508.8	55562.6	15190.6	4946.2	80.9	4865.3	385.5	1708.7
登封市	38186.3	34148.4	8704.8	4037.9	134.2	3903.7		626.0
经开区	274185.5	259211.3	98521.0	14974.2	377.5	14596.7		620.5
高新区	207904.5	195330.4	86641.1	12574.1	360.6	12213.5		502.4
郑东新区	27137.0	27136.4	19032.9	0.6	0.6			
航空港实验区	140749.2	136814.3	78101.4	3934.9	30.3	3904.6		85.2

单位:万元

试验发展支出	按资金来源分组			R&D经费外部支出合计				
	政府资金	企业资金	境外资金		对境内研究机构支出	对境内高等学校支出	对境内企业支出	对境外支出
813.6		813.6						
27798.7	356.1	28261.7		6883.1	3719.0	677.7	2486.4	
16392.5	354.1	16132.7		6883.1	3719.0	677.7	2486.4	
4668.0	2.0	5288.8						
6738.2		6840.2						
254946.0	35051.9	222574.1	207.3	11384.0	5820.8	1982.7	3580.2	0.3
1067262.3	21644.4	1078319.8		32885.8	4507.0	2176.4	24911.9	1290.5
250272.8	35051.9	217900.9	207.3	11370.8	5818.8	1973.0	3579.0	
4673.2		4673.2		13.2	2.0	9.7	1.2	0.3
725610.7	18658.3	735041.7		28960.2	4371.5	2070.5	22172.9	345.3
118251.5	50.0	118824.3		21.2	21.2			
48827.9	976.7	51179.2		1184.0		34.0	204.8	945.2
174572.2	1959.4	173274.6		2720.4	114.3	71.9	2534.2	
15663.6	50.0	16338.4		426.6	153.6	91.6	181.4	
23681.1	813.7	23143.2		8107.3	3961.6	957.0	3188.7	
152495.8	1230.3	172886.2		4832.6	2.2	80.5	4404.6	345.3
7194.5	338.5	7139.6		760.0			760.0	
29299.4	642.2	29522.3		73.3	7.9	45.1	20.3	
30227.7	186.8	33368.9		11.0		11.0		
64942.7	28791.9	37734.7		684.5	500.7	1.0	182.8	
125903.3	594.6	127073.6		246.5	141.6	33.2	71.7	
53334.1	768.6	53017.9		1374.6	924.2	243.1	207.0	0.3
74723.1	315.5	75169.3		380.5	98.6	281.9		
58414.6	1302.1	58999.4	207.3	3429.1	2080.2	734.9	614.0	
37560.3	354.4	37831.9		516.6	278.9	19.2	218.5	
273565.0	16715.3	257470.2		13826.6	349.2	260.0	12272.2	945.2
207402.1	3295.9	204608.6		6461.9	660.8	725.8	5075.3	
27137.0	46.9	27090.1		2499.5	1138.3	533.8	827.4	
140664.0	1249.6	139499.6		639.2	30.0	141.0	468.2	

14-35　规模以上工业企业新产品开发、生产及销售

（2019 年）

类　别	新产品开发项目数(项)	新产品开发经费支出(万元)	新产品销售收入(万元)	出口
总计	**5104**	**1107653.6**	**28747813.6**	**18078024.5**
按企业规模分组				
大型	1065	449358.5	23972930.0	17763964.0
中型	1208	316745.3	2356677.2	202952.4
小型	2687	312857.5	2207314.2	107035.2
微型	144	28692.3	210892.2	4072.9
按隶属关系分组				
中央	738	123827.5	878455.2	81162.4
地方	347	130625.6	2948804.2	231729.5
其他	4019	853200.5	24920554.2	17765132.6
按登记注册类型分组				
内资企业	4633	906356.8	11812765.8	2193004.1
国有企业	241	10594.1	28904.7	
集体企业	14	1681.0	2008.6	
有限责任公司	1894	438959.7	5213310.2	1720366.4
国有独资公司	132	45561.7	356016.4	600.0
其他有限责任公司	1762	393398.0	4857293.8	1719766.4
股份有限公司	807	200689.1	3473138.8	326696.4
私营企业	1677	254432.9	3095403.5	145941.3
私营独资企业	29	8227.0	17506.1	
私营有限责任公司	1474	216842.0	2479560.7	99557.2
私营股份有限公司	174	29363.9	598336.7	46384.1
港、澳、台商投资企业	259	119196.6	16008402.2	15873928.2
合资经营企业(港或澳、台资)	48	7482.1	91492.1	15920.2
港、澳、台商独资经营企业	206	111273.9	15914845.9	15858008.0
其他港澳台投资企业	5	440.6	2064.2	
外商投资企业	212	82100.2	926645.6	11092.2
中外合资经营企业	88	49611.1	417323.8	10548.0
中外合作经营企业	15	2122.6	1015.3	406.1
外资企业	73	14172.0	261114.5	3.1
外商投资股份有限公司	36	16194.5	247192.0	135.0
按国民经济行业大类分组				
采矿业	22	1096.9		
煤炭开采和洗选业	16	901.9		
有色金属矿采选业	6	195.0		
制造业	4799	1081970.3	28717811.9	18078024.5
农副食品加工业	62	5874.4	65245.8	
食品制造业	178	45973.1	604999.4	19554.5
酒、饮料和精制茶制造业	11	1182.5	11568.9	
烟草制品业	121	20978.2	12003.5	
纺织业	41	5822.1	38127.3	658.3
纺织服装、服饰业	16	2675.8	44967.8	
木材加工和木、竹、藤、棕、草制品业	1	30.2	2.0	
家具制造业	29	1566.9	5403.8	
造纸和纸制品业	32	5896.2	85384.7	
印刷和记录媒介复制业	39	5839.4	58309.5	
文教、工美、体育和娱乐用品制造业	41	2867.2	27967.4	2234.6

14-35 续表 （2019 年）

类　　别	新产品开发项目数(项)	新产品开发经费支出(万元)	新产品销售收入(万元)	
				出口
石油、煤炭及其他燃料加工业	5	294.0	179.1	
化学原料和化学制品制造业	158	22207.0	167087.9	3039.5
医药制造业	256	40005.0	264126.5	291.1
化学纤维制造业	1	115.1	2651.9	
橡胶和塑料制品业	77	8910.7	60377.5	12182.0
非金属矿物制品业	693	144718.5	824055.4	37704.4
黑色金属冶炼和压延加工业	23	7730.4	19122.6	3789.6
有色金属冶炼和压延加工业	207	105148.3	1055505.2	95558.7
金属制品业	223	37593.6	272331.8	6690.9
通用设备制造业	409	53106.0	687884.4	7409.4
专用设备制造业	671	127430.8	1652846.2	104973.6
汽车制造业	257	151866.7	2516522.9	210436.9
铁路、船舶、航空航天和其他运输设备制造业	91	24642.4	197866.9	216.7
电气机械和器材制造业	372	66676.8	2128687.3	22087.3
计算机、通信和其他电子设备制造业	391	149325.1	17704043.7	17542199.4
仪器仪表制造业	377	42738.5	193115.2	8997.6
金属制品、机械和设备修理业	17	755.4	16527.3	
电力、热力、燃气及水生产和供应业	283	24586.4	30001.7	
电力、热力生产和供应业	248	13575.6	125.7	
燃气生产和供应业	12	1382.2		
水的生产和供应业	23	9628.6	29876.0	
按经济成分分组				
公有经济	1040	228555.5	2206873.2	92963.5
非公有经济	4064	879098.1	26540940.4	17985061.0
按企业控股情况分组				
国有控股	987	222840.0	2165210.7	91958.4
集体控股	53	5715.5	41662.5	1005.1
私人控股	3295	603761.0	7366881.4	443231.0
港澳台商控股	264	124578.5	15987807.9	15858008.0
外商控股	161	46912.6	575282.5	932.4
其他	344	103846.0	2610968.6	1682889.6
按地区分组				
中原区	66	15179.2	56394.6	198.1
二七区	332	27159.0	268901.1	1056.4
管城区	42	38033.1	1732599.2	208485.5
金水区	66	6337.0	75107.3	2497.0
上街区	194	20461.5	162683.5	7757.2
惠济区	111	25259.7	481686.8	135.0
中牟县	233	58778.7	1307283.9	12825.3
巩义市	447	140472.3	1480013.8	97111.6
荥阳市	361	72181.7	376738.8	14399.7
新密市	283	53065.9	275510.4	11301.7
新郑市	395	56975.7	387626.7	17699.8
登封市	142	22407.4	174867.8	2512.3
经开区	708	260768.5	2809400.9	675580.6
高新区	1279	184262.2	1981133.2	87215.9
郑东新区	160	34861.3	44641.1	600.0
航空港实验区	285	91450.4	17133224.5	16938648.4

14-36 规模以上工业企业政府相关政策落实情况

（2019 年）

单位：万元

类　别	来自政府部门的研发资金	研究开发费用加计扣除减免税	高新技术企业减免税
总计	**33361.5**	**131190.3**	**154122.6**
按企业规模分组			
大型	16072.8	61348.6	112438.4
中型	8848.7	32436.1	25284.9
小型	6640.2	35587.3	15015.4
微型	1799.8	1818.3	1383.9
按隶属关系分组			
中央	13796.1	8474.7	8219.7
地方	4191.7	26029.6	16069.6
其他	15373.7	96686.0	129833.3
按登记注册类型分组			
内资企业	29124.5	108704.2	126567.1
国有企业	56.0	442.5	332.2
集体企业	39.8		
有限责任公司	11724.8	48904.1	69213.4
国有独资公司	4076.1	2299.8	4439.8
其他有限责任公司	7648.7	46604.3	64773.6
股份有限公司	13186.3	37494.2	33674.8
私营企业	4117.6	21863.4	23346.7
私营独资企业			
私营有限责任公司	3365.4	16780.9	21064.0
私营股份有限公司	752.2	5082.5	2282.7
港、澳、台商投资企业	578.0	15092.7	23885.5
合资经营企业（港或澳、台资）	477.0	4428.0	1993.9
港、澳、台商独资经营企业	101.0	10659.9	21888.4
其他港澳台投资企业		4.8	3.2
外商投资企业	3659.0	7393.4	3670.0
中外合资经营企业	3334.0	4276.5	3670.0
中外合作经营企业	150.2	2560.3	
外资企业		373.0	
外商投资股份有限公司	174.8	183.6	
按国民经济行业大类分组			
制造业	32696.9	129568.5	153108.4
农副食品加工业	388.6	634.1	144.2
食品制造业	887.9	4414.4	762.7
酒、饮料和精制茶制造业		212.1	
纺织业	42.2	50.9	
纺织服装、服饰业	50.0	629.5	
家具制造业	13.7	195.8	22.1
造纸和纸制品业		220.1	545.6
印刷和记录媒介复制业	39.8	344.7	671.6
文教、工美、体育和娱乐用品制造业	108.0	110.0	99.4
石油、煤炭及其他燃料加工业		15.5	
化学原料和化学制品制造业	500.8	3375.6	1264.3
医药制造业	1247.0	6740.5	6805.8

14-36 续表 （2019 年） 单位：万元

类　　别	来自政府部门的研发资金	研究开发费用加计扣除减免税	高新技术企业减免税
化学纤维制造业	50.0		
橡胶和塑料制品业	34.6	352.2	288.3
非金属矿物制品业	4381.2	12926.5	8059.3
黑色金属冶炼和压延加工业		979.4	198.6
有色金属冶炼和压延加工业	757.0	11540.2	646.0
金属制品业	1255.8	5848.1	2201.8
通用设备制造业	2672.5	5956.8	4052.6
专用设备制造业	10698.9	11209.9	19389.6
汽车制造业	4558.4	31581.6	7961.7
铁路、船舶、航空航天和其他运输设备制造业	924.8	1771.9	5540.5
电气机械和器材制造业	1371.6	4831.8	19025.0
计算机、通信和其他电子设备制造业	1500.2	21853.4	71219.9
仪器仪表制造业	1193.9	3472.2	4209.4
金属制品、机械和设备修理业	20.0	301.3	
电力、热力、燃气及水生产和供应业	664.6	1621.8	1014.2
电力、热力生产和供应业	366.2	365.9	427.7
燃气生产和供应业		374.4	
水的生产和供应业	298.4	881.5	586.5
按经济成分分组			
公有经济	18649.3	15933.8	19364.6
非公有经济	14712.2	115256.5	134758.0
按企业控股情况分组			
国有控股	18609.5	15736.4	19157.4
集体控股	39.8	197.4	207.2
私人控股	11131.9	81195.2	50574.9
港澳台商控股	564.0	13227.6	22927.9
外商控股	1218.4	1022.0	359.5
其他	1797.9	19811.7	60895.7
按地区分组			
中原区	50.0	1806.7	9.9
二七区	950.6	1159.7	1287.2
管城区	1643.1	17802.0	8317.3
金水区	473.0	1216.8	895.1
上街区	705.3	1748.6	722.3
惠济区	349.2	531.4	76.0
中牟县	4562.0	11561.3	3256.1
巩义市	629.2	11770.2	2486.5
荥阳市	1252.4	3646.8	3355.1
新密市	468.6	5947.5	1329.8
新郑市	1387.2	4451.5	2346.0
登封市	370.0	3193.0	500.5
经开区	11375.5	28552.5	44885.6
高新区	7127.1	22592.7	36600.7
郑东新区	66.0	248.9	12.8
航空港实验区	1952.3	14960.7	48041.7

14-37 规模以上工业企业技术获取和技术改造情况

（2019年） 单位：万元

类别	技术改造经费支出	购买境内技术经费支出	引进境外技术经费支出	引进境外技术的消化吸收经费支出
总计	**131312.3**	**61081.5**	**1946.6**	**183.1**
按企业规模分组				
大型	92433.6	60413.4	504.8	
中型	16803.6	272.5		
小型	13740.4	222.1	1227.3	60.3
微型	8334.7	173.5	214.5	122.8
按隶属关系分组				
中央	24102.9	50.0		
地方	11463.2	1885.5		
其他	95746.2	59146.0	1946.6	183.1
按登记注册类型分组				
内资企业	75945.3	14114.5	1441.8	183.1
集体企业	162.2			
有限责任公司	50969.4	12055.7		
国有独资公司	13646.6	50.0		
其他有限责任公司	37322.8	12005.7		
股份有限公司	9196.3	1820.7	330.1	60.3
私营企业	15617.4	238.1	1111.7	122.8
私营独资企业	764.9			
私营有限责任公司	13316.0	223.4	1111.7	122.8
私营股份有限公司	1536.5	14.7		
港、澳、台商投资企业	28.7			
合资经营企业（港或澳、台资）	28.7			
外商投资企业	55338.3	46967.0	504.8	
中外合资经营企业	47471.8	46967.0	504.8	
中外合作经营企业	460.0			
外资企业	1778.5			
外商投资股份有限公司	5628.0			
按国民经济行业大类分组				
采矿业	1977.2			
煤炭开采和洗选业	1977.2			
制造业	128053.5	61081.5	1946.6	183.1
食品制造业	7460.6	5.0		
酒、饮料和精制茶制造业	6.3			
烟草制品业	206.7			
纺织业		3.7		
纺织服装、服饰业	137.4			
造纸和纸制品业	1262.9			
印刷和记录媒介复制业	234.7	173.5		

14-37 续表　　（2019 年）　　单位：万元

类　　别	技术改造经费支出	购买境内技术经费支出	引进境外技术经费支出	引进境外技术的消化吸收经费支出
化学原料和化学制品制造业	596.7	26.7		
医药制造业	7.4	42.7		
橡胶和塑料制品业	324.2			
非金属矿物制品业	10744.4	68.3		
黑色金属冶炼和压延加工业	856.0			
有色金属冶炼和压延加工业	15731.9	107.5		
金属制品业	3830.5	32.7		
通用设备制造业	993.8	115.0	330.1	60.3
专用设备制造业	4162.7	1750.0		
汽车制造业	70911.8	58748.0	504.8	
铁路、船舶、航空航天和其他运输设备制造业	7984.0			
电气机械和器材制造业	618.1			
计算机、通信和其他电子设备制造业	524.3		214.5	122.8
仪器仪表制造业	1459.1	8.4	897.2	
电力、热力、燃气及水生产和供应业	1281.6			
电力、热力生产和供应业	1281.6			
按经济成分分组				
公有经济	74498.9	48767.0	504.8	
非公有经济	56813.4	12314.5	1441.8	183.1
按企业控股情况分组				
国有控股	74336.7	48767.0	504.8	
集体控股	162.2			
私人控股	46710.5	12310.8	1441.8	183.1
外商控股	8606.5			
其他	1496.4	3.7		
按地区分组				
中原区	146.6			
二七区	8052.0			
管城区	6165.6			
上街区	8194.3	3.7		
惠济区	6561.9			
中牟县	48676.7	47095.0	504.8	
巩义市	10840.1	164.1		
荥阳市	2862.9	42.7		
新密市	4639.3	47.9		
新郑市	1770.9	173.6		
登封市	6301.8	2.0		
经开区	19444.3	13489.1	897.2	
高新区	7593.8	63.4	330.1	60.3
郑东新区	44.5			
航空港实验区	17.6		214.5	122.8

14-38 建筑业企业

（2019 年）

类　别	有 R&D 活动单位数(个)	有研发机构单位数（个）	R&D 人员合计（人）	项目研究开发人员	管理和服务人员	女性	研究人员
总计	**69**	**45**	**9905**	**9341**	**564**	**1724**	**4326**
按企业规模分组							
大型	33	26	8566	8156	410	1501	3799
中型	27	12	1056	920	136	191	412
小型	8	6	91	81	10	27	34
微型	1	1	192	184	8	5	81
按隶属关系分组							
中央	17	12	5536	5382	154	909	2640
地方	8	7	1525	1406	119	412	709
其他	44	26	2844	2553	291	403	977
按登记注册类型分组							
内资企业	69	45	9905	9341	564	1724	4326
国有企业	2	2	213	196	17	41	113
有限责任公司	38	21	6705	6357	348	1147	3111
国有独资公司	7	6	1122	1016	106	152	482
其他有限责任公司	31	15	5583	5341	242	995	2629
股份有限公司	9	7	1810	1714	96	333	716
私营企业	20	15	1177	1074	103	203	386
私营有限责任公司	15	12	930	842	88	157	280
私营股份有限公司	5	3	247	232	15	46	106
按国民经济行业大类分组							
建筑业	69	45	9905	9341	564	1724	4326
房屋建筑业	27	20	3852	3525	327	725	1633
土木工程建筑业	21	15	5379	5232	147	898	2499
建筑安装业	13	6	413	376	37	43	122
建筑装饰、装修和其他建筑业	8	4	261	208	53	58	72
按经济成分分组							
公有经济	23	18	6468	6230	238	1067	3037
非公有经济	46	27	3437	3111	326	657	1289
按企业控股情况分组							
国有控股	23	18	6468	6230	238	1067	3037
私人控股	45	27	3166	2841	325	621	1213
其他	1		271	270	1	36	76
按地区分组							
中原区	7	6	1075	952	123	100	430
二七区	8	1	1135	1086	49	105	453
管城区	1	2	125	122	3	23	71
金水区	23	12	2033	1897	136	312	831
上街区	1	1	123	86	37	28	22
惠济区	3	4	168	159	9	30	51
中牟县	3		79	64	15	11	25
荥阳市	4	2	163	152	11	29	75
新郑市	2	1	17	15	2	10	9
经开区	4	4	3396	3321	75	707	1677
高新区	8	7	692	654	38	110	253
郑东新区	5	5	899	833	66	259	429

R&D 人员情况

		R&D 人员折合全时当量合计（人年）				
全时人员	非全时人员		研究人员	基础研究人员	应用研究人员	试验发展人员
7612	**2293**	**7910**	**3567**	**124**	**2128**	**5659**
6611	1955	7074	3215	96	1949	5029
750	306	625	265	28	173	425
78	13	59	23			59
173	19	153	64		6	146
4790	746	4857	2336	96	1597	3164
1289	236	1225	576		164	1062
1533	1311	1828	655	28	367	1433
7612	2293	7910	3567	124	2128	5659
115	98	151	80		67	84
5322	1383	5665	2676	124	1639	3902
925	197	874	369		407	467
4397	1186	4790	2307	124	1231	3435
1520	290	1377	561		179	1198
655	522	717	250		243	474
502	428	533	171		240	294
153	94	184	79		3	181
7612	2293	7910	3567	124	2128	5659
2634	1218	2796	1213	28	741	2027
4475	904	4748	2237	96	1177	3475
267	146	260	84		143	117
236	25	107	33		67	39
5452	1016	5601	2659	96	1785	3720
2160	1277	2310	908	28	343	1939
5452	1016	5601	2659	96	1785	3720
1918	1248	2105	850	28	343	1734
242	29	205	57			205
554	521	779	301		279	501
948	187	816	342		571	245
113	12	86	49		57	30
1267	766	1424	608	28	510	886
111	12	22	4		20	2
130	38	95	30		45	51
71	8	28	7		18	11
89	74	116	59			116
14	3	13	7			13
3056	340	3314	1637	96	490	2728
475	217	469	161		133	336
784	115	748	363		7	741

14-39 建筑业企业

（2019 年）

类　别	R&D经费内部支出合计	按支出用途分组					按活动类型分组	
		经常费支出	人员劳务费	资产性支出	土建工程	仪器和设备	基础研究支出	应用研究支出
总计	**421674.9**	**417816.8**	**110941.3**	**3858.1**	**87.3**	**3770.8**	**1308.7**	**95444.0**
按企业规模分组								
大型	392404.7	388769.9	103667.4	3634.8	51.6	3583.2	1197.6	89673.7
中型	18983.5	18771.8	6758.9	211.7	24.1	187.6	111.1	5518.6
小型	1723.3	1711.7	515.0	11.6	11.6			
微型	8563.4	8563.4						251.7
按隶属关系分组								
中央	269995.9	269967.4	76273.8	28.5	27.7	0.8	1197.6	79668.1
地方	59769.7	58937.0	13869.0	832.7	7.8	824.9		3744.9
其他	91909.3	88912.4	20798.5	2996.9	51.8	2945.1	111.1	12031.0
按登记注册类型分组								
内资企业	421674.9	417816.8	110941.3	3858.1	87.3	3770.8	1308.7	95444.0
国有企业	13879.6	13739.8	1959.0	139.8	3.6	136.2		545.8
有限责任公司	290879.2	290765.6	78271.3	113.6	32.5	81.1	1308.7	76659.8
国有独资公司	36485.7	36478.1	11208.5	7.6	7.6			15606.1
其他有限责任公司	254393.5	254287.5	67062.8	106.0	24.9	81.1	1308.7	61053.7
股份有限公司	78298.2	77577.8	20486.8	720.4	18.2	702.2		9615.5
私营企业	38617.9	35733.6	10224.2	2884.3	33.0	2851.3		8622.9
私营有限责任公司	34592.0	31797.9	8157.8	2794.1	19.4	2774.7		8485.5
私营股份有限公司	4025.9	3935.7	2066.4	90.2	13.6	76.6		137.4
按国民经济行业大类分组								
建筑业	421674.9	417816.8	110941.3	3858.1	87.3	3770.8	1308.7	95444.0
房屋建筑业	245380.1	241753.9	36646.5	3626.2	34.3	3591.9	111.1	56353.2
土木工程建筑业	156800.9	156627.1	67845.9	173.8	36.6	137.2	1197.6	30575.1
建筑安装业	15026.1	14983.5	4761.1	42.6	14.2	28.4		5776.5
建筑装饰、装修和其他建筑业	4467.8	4452.3	1687.8	15.5	2.2	13.3		2739.2
按经济成分分组								
公有经济	319191.5	319021.8	83977.7	169.7	32.5	137.2	1197.6	84537.3
非公有经济	102483.4	98795.0	26963.6	3688.4	54.8	3633.6	111.1	10906.7
按企业控股情况分组								
国有控股	319191.5	319021.8	83977.7	169.7	32.5	137.2	1197.6	84537.3
私人控股	77126.3	73437.9	23040.0	3688.4	54.8	3633.6	111.1	10906.7
其他	25357.1	25357.1	3923.6					
按地区分组								
中原区	45723.2	45705.9	13052.2	17.3	17.3			13515.3
二七区	56045.7	56032.4	18339.7	13.3	12.5	0.8		22407.3
管城区	738.2	598.4	160.2	139.8	3.6	136.2		308.0
金水区	178378.0	175593.2	21167.3	2784.8	10.1	2774.7	111.1	44268.5
上街区	1056.3	1056.3	370.2					942.5
惠济区	4039.6	3961.4	1482.1	78.2		78.2		1100.4
中牟县	2042.7	2040.8	578.0	1.9	1.9			832.9
荥阳市	3814.6	3730.7	1168.8	83.9	16.4	67.5		
新郑市	872.1	860.5	190.4	11.6	11.6			
经开区	79350.4	79349.0	39047.5	1.4	1.2	0.2	1197.6	7422.0
高新区	33750.5	33710.4	8568.4	40.1	11.7	28.4		4391.5
郑东新区	15863.6	15177.8	6816.5	685.8	1.0	684.8		255.6

R&D 经费支出情况

单位:万元

试验发展支出	按资金来源分组			R&D经费外部支出合计			
	政府资金	企业资金	其他资金		对境内研究机构支出	对境内高等学校支出	对境内企业支出
324922.2	**26171.5**	**393302.2**	**2201.2**	**3302.5**	**364.8**	**1607.9**	**1329.8**
301533.4	25983.4	364220.1	2201.2	2481.5	348.8	1006.2	1126.5
13353.8	53.2	18930.3		546.8	16.0	468.7	62.1
1723.3	134.9	1588.4		274.2		133.0	141.2
8311.7		8563.4					
189130.2	637.3	267157.4	2201.2	1406.3	23.6	753.8	628.9
56024.8	25178.9	34590.8		280.0	47.1	111.7	121.2
79767.2	355.3	91554.0		1616.2	294.1	742.4	579.7
324922.2	26171.5	393302.2	2201.2	3302.5	364.8	1607.9	1329.8
13333.8	12.9	13866.7		234.6	47.1	78.5	109.0
212910.7	772.2	287905.8	2201.2	2138.5	267.9	866.7	1003.9
20879.6		36485.7		654.7		25.8	628.9
192031.1	772.2	251420.1	2201.2	1483.8	267.9	840.9	375.0
68682.7	25219.2	53079.0		39.0		39.0	
29995.0	167.2	38450.7		890.4	49.8	623.7	216.9
26106.5	167.2	34424.8		510.4	35.0	273.7	201.7
3888.5		4025.9		380.0	14.8	350.0	15.2
324922.2	26171.5	393302.2	2201.2	3302.5	364.8	1607.9	1329.8
188915.8	25333.2	220046.9		2120.8	297.1	642.6	1181.1
125028.2	838.3	153761.4	2201.2	1011.8	67.7	832.3	111.8
9249.6		15026.1		169.4		133.0	36.4
1728.6		4467.8		0.5			0.5
233456.6	703.4	316286.9	2201.2	1640.9	70.7	832.3	737.9
91465.6	25468.1	77015.3		1661.6	294.1	775.6	591.9
233456.6	703.4	316286.9	2201.2	1640.9	70.7	832.3	737.9
66108.5	322.1	76804.2		1655.8	294.1	769.8	591.9
25357.1	25146.0	211.1		5.8		5.8	
32207.9	12.9	45710.3		765.0	31.5	35.8	697.7
33638.4	25783.3	28061.2	2201.2	135.1	20.6	66.4	48.1
430.2		738.2		139.4	47.1	78.5	13.8
133998.4	13.0	178365.0		1063.0	244.3	263.7	555.0
113.8		1056.3					
2939.2	154.2	3885.4		122.2	3.5	118.7	
1209.8		2042.7		3.0	3.0		
3814.6		3814.6		350.0		350.0	
872.1	134.9	737.2					
70730.8	53.2	79297.2		661.8		661.8	
29359.0		33750.5		33.0		33.0	
15608.0	20.0	15843.6		30.0	14.8		15.2

14-40 建筑业企业办科技机构情况

(2019 年)

类别	机构数(个)	机构人员合计(人)	博士毕业	硕士毕业	机构经费支出(万元)	仪器和设备原价(万元)
总计	**75**	**8888**	**97**	**441**	**416335.7**	**123811.3**
按企业规模分组						
大型	53	7904	72	385	391582.4	114011.1
中型	14	698	20	27	11571.5	6549.0
小型	7	69	4	20	1550.8	871.9
微型	1	217	1	9	11631.0	2379.3
按隶属关系分组						
中央	25	5374	23	226	325590.6	90213.5
地方	10	1603	5	91	27496.4	6479.9
其他	40	1911	69	124	63248.7	27117.9
按登记注册类型分组						
内资企业	75	8888	97	441	416335.7	123811.3
国有企业	2	277	2	22	1773.7	1404.9
有限责任公司	38	5959	25	258	318906.8	70370.6
国有独资公司	6	1134	6	28	57603.6	16151.9
其他有限责任公司	32	4825	19	230	261303.2	54218.7
股份有限公司	14	1874	8	85	76363.2	38265.1
私营企业	21	778	62	76	19292.0	13770.7
私营有限责任公司	18	583	41	69	16432.3	11615.8
私营股份有限公司	3	195	21	7	2859.7	2154.9
按国民经济行业大类分组						
建筑业	75	8888	97	441	416335.7	123811.3
房屋建筑业	32	2715	81	196	232326.4	40562.5
土木工程建筑业	33	5725	13	234	172264.6	79274.7
建筑安装业	6	275	2	8	6982.3	3621.6
建筑装饰、装修和其他建筑业	4	173	1	3	4762.4	352.5
按经济成分分组						
公有经济	35	6490	26	285	362808.1	103837.5
非公有经济	40	2398	71	156	53527.6	19973.8
按企业控股情况分组						
国有控股	35	6490	26	285	362808.1	103837.5
私人控股	40	2398	71	156	53527.6	19973.8
按地区分组						
中原区	11	964	9	25	49271.0	11667.9
二七区	4	190	3	10	22971.3	27366.1
管城区	2	447	2	18	682.8	236.0
金水区	18	669	27	98	163052.9	22687.3
上街区	1	102			2088.9	186.4
惠济区	5	290	21	22	5077.9	7556.9
荥阳市	2	121	15	2	2908.5	1616.6
新郑市	2	25	3	10	955.7	600.0
经开区	14	4117	5	162	99234.0	39208.3
高新区	8	856	2	38	47492.1	11176.4
郑东新区	8	1107	10	56	22600.6	1509.4

14-41　建筑业企业自主知识产权保护情况

（2019 年）

类　　别	专利申请数（件）	发明专利	有效发明专利数（件）	已被实施	发表科技论文（篇）	形成国家或行业标准（项）
总计	**1593**	**336**	**553**	**362**	**1669**	**41**
按企业规模分组						
大型	1196	287	413	280	1636	38
中型	334	29	98	74	31	3
小型	47	18	40	6	2	
微型	16	2	2	2		
按隶属关系分组						
中央	866	198	223	165	1430	21
地方	164	33	65	46	93	3
其他	563	105	265	151	146	17
按登记注册类型分组						
内资企业	1593	336	553	362	1669	41
国有企业	26	16	30	23	1	2
有限责任公司	1072	229	367	215	1402	25
国有独资公司	222	41	52	41	54	10
其他有限责任公司	850	188	315	174	1348	15
股份有限公司	277	75	72	71	230	5
私营企业	218	16	84	53	36	9
私营有限责任公司	181	14	52	21	36	8
私营股份有限公司	37	2	32	32		1
按国民经济行业大类分组						
建筑业	1593	336	553	362	1669	41
房屋建筑业	600	81	170	154	1086	19
土木工程建筑业	661	216	261	172	464	21
建筑安装业	223	36	95	28	101	1
建筑装饰、装修和其他建筑业	109	3	27	8	18	
按经济成分分组						
公有经济	996	263	335	228	1514	24
非公有经济	597	73	218	134	155	17
按企业控股情况分组						
国有控股	996	263	335	228	1514	24
私人控股	562	68	210	126	155	17
其他	35	5	8	8		
按地区分组						
中原区	148	41	102	32	41	6
二七区	144	27	38	38	74	4
管城区	27	10	29	21	4	
金水区	603	97	205	119	1070	18
惠济区	25	1	1		7	6
中牟县	33					
荥阳市	22	1	15	15		1
新郑市	15	10	5	2		
经开区	251	91	89	82	297	4
高新区	189	49	32	27	84	1
郑东新区	136	9	37	26	92	1

14-42 建筑业企业政府相关政策落实情况

（2019 年）

单位:万元

类 别	来自政府部门的研发资金	研究开发费用加计扣除减免税	高新技术企业减免税
总计	**581.3**	**10945.9**	**15565.6**
按企业规模分组			
大型	300.3	9616.8	15276.7
中型	196.0	1044.3	266.3
小型	85.0	232.1	22.6
微型		52.7	
按隶属关系分组			
中央		7342.5	12961.9
地方	33.1	191.0	1880.4
其他	548.2	3412.4	723.3
按登记注册类型分组			
内资企业	581.3	10945.9	15565.6
国有企业	12.9		
有限责任公司	155.2	7661.1	13068.3
国有独资公司		1741.4	4361.9
其他有限责任公司	155.2	5919.7	8706.4
股份有限公司	20.0	2649.9	2314.8
私营企业	393.2	634.9	182.5
私营有限责任公司	393.2	467.0	152.1
私营股份有限公司		167.9	30.4
按国民经济行业大类分组			
建筑业	581.3	10945.9	15565.6
房屋建筑业	287.4	5138.4	10666.5

14-42 续表 （2019 年） 单位:万元

类 别	来自政府部门的研发资金	研究开发费用加计扣除减免税	高新技术企业减免税
土木工程建筑业	97.9	4854.5	4440.1
建筑安装业	196.0	432.6	424.8
建筑装饰、装修和其他建筑业		520.4	34.2
按经济成分分组			
公有经济	12.9	9508.9	13396.3
非公有经济	568.4	1437.0	2169.3
按企业控股情况分组			
国有控股	12.9	9508.9	13396.3
私人控股	568.4	1303.9	288.9
其他		133.1	1880.4
按地区分组			
中原区	112.9	1443.0	4627.8
二七区		433.1	2415.4
管城区	0.2		
金水区	83.0	4324.1	5421.7
上街区		159.7	
惠济区	154.2		
中牟县		155.0	3.5
荥阳市		240.0	
新郑市	85.0	186.5	
经开区		1321.2	2369.8
高新区	126.0	2675.3	696.7
郑东新区	20.0	8.0	30.7

14-43 服务业企业

（2019 年）

类别	有 R&D 活动单位数(个)	有研发机构单位数(个)	R&D 人员合计(人)	项目研究开发人员	管理和服务人员	女性	研究人员
总计	**312**	**125**	**10676**	**10058**	**618**	**2964**	**4703**
按企业规模分组							
大型	33	17	3413	3328	85	781	1651
中型	98	52	4169	3898	271	1305	1826
小型	175	55	2995	2734	261	858	1182
微型	6	1	99	98	1	20	44
按隶属关系分组							
中央	18	5	1847	1791	56	419	904
地方	7	1	160	152	8	36	70
其他	287	119	8669	8115	554	2509	3729
按登记注册类型分组							
内资企业	310	125	10619	10018	601	2956	4677
国有企业	5	2	247	239	8	65	137
有限责任公司	137	56	5429	5143	286	1382	2469
国有独资公司	7	5	304	287	17	62	142
其他有限责任公司	130	51	5125	4856	269	1320	2327
股份有限公司	36	21	1328	1276	52	377	623
私营企业	132	46	3615	3360	255	1132	1448
私营有限责任公司	113	41	3138	2912	226	1028	1218
私营股份有限公司	19	5	477	448	29	104	230
港、澳、台商投资企业	2		57	40	17	8	26
合资经营企业(港或澳、台资)	2		57	40	17	8	26
按国民经济行业大类分组							
交通运输、仓储和邮政业	8	1	77	56	21	13	28
铁路运输业	1		7	6	1	2	4
道路运输业	3	1	24	22	2	5	3
多式联运和运输代理业	2		9	6	3	2	1
装卸搬运和仓储业	1		34	20	14	4	19
邮政业	1		3	2	1		1
信息传输、软件和信息技术服务业	149	66	5139	4854	285	1382	2175
电信、广播电视和卫星传输服务	1	1	10	9	1	3	2
互联网和相关服务	16	4	1035	980	55	461	396
软件和信息技术服务业	132	61	4094	3865	229	918	1777
租赁和商务服务业	23	4	906	856	50	283	346
租赁业	3		60	56	4	2	20
商务服务业	20	4	846	800	46	281	326

R&D 人员情况

全时人员	非全时人员	R&D 人员折合全时当量合计（人年）	研究人员	基础研究人员	应用研究人员	试验发展人员
8247	**2429**	**7657**	**3381**	**13**	**281**	**7364**
2315	1098	2545	1232		75	2469
3302	867	2980	1289	13	154	2814
2544	451	2076	838		52	2023
86	13	57	23			57
931	916	1306	634		22	1283
136	24	104	42		8	95
7180	1489	6248	2706	13	251	5985
8195	2424	7651	3379	13	281	7358
145	102	185	103			185
3878	1551	3821	1752	13	167	3641
245	59	207	107		2	205
3633	1492	3613	1645	13	165	3436
1098	230	863	412		33	830
3074	541	2782	1112		81	2701
2648	490	2447	952		78	2369
426	51	335	160		3	332
52	5	6	3			6
52	5	6	3			6
69	8	36	9			36
6	1	6	3			6
21	3	18	2			18
8	1	9	1			9
31	3	4	2			4
3						
4322	817	3650	1533		37	3613
9	1	7	1		7	
904	131	721	255		12	708
3409	685	2922	1277		18	2905
707	199	604	241			604
42	18	48	16			48
665	181	556	224			556

14-43 续表 （2019 年）

类 别	有 R&D 活动单位数(个)	有研发机构单位数（个）	R&D 人员合计(人)	项目研究开发人员	管理和服务人员	女性	研究人员
科学研究和技术服务业	125	52	4480	4225	255	1266	2127
研究和试验发展	16	6	305	279	26	89	144
专业技术服务业	99	44	4031	3813	218	1141	1923
科技推广和应用服务业	10	2	144	133	11	36	60
水利、环境和公共设施管理业	4		42	39	3	11	12
水利管理业	2		14	14		4	5
生态保护和环境治理业	1		6	5	1	1	1
公共设施管理业	1		22	20	2	6	6
卫生和社会工作	2		17	14	3	8	8
卫生	1		10	10		5	4
社会工作	1		7	4	3	3	4
文化、体育和娱乐业	1	2	15	14	1	1	7
新闻和出版业	1	1	15	14	1	1	7
文化艺术业		1					
按经济成分分组							
公有经济	43	16	2801	2680	121	673	1376
非公有经济	269	109	7875	7378	497	2291	3327
按企业控股情况分组							
国有控股	42	15	2698	2588	110	634	1317
集体控股	1	1	103	92	11	39	59
私人控股	237	99	6845	6413	432	2023	2920
其他	32	10	1030	965	65	268	407
按地区分组							
中原区	12	8	1137	1099	38	229	549
二七区	6	2	133	109	24	35	75
管城区	6	1	196	188	8	41	102
金水区	69	35	2692	2578	114	688	1189
上街区	1	1	14	13	1	1	8
惠济区	3	3	196	191	5	74	109
中牟县	2		68	50	18	18	19
荥阳市	3		45	40	5	9	15
新密市	1		8	7	1	1	2
新郑市	3	1	97	75	22	58	30
经开区	21	4	645	585	60	165	266
高新区	157	54	4885	4605	280	1512	2061
郑东新区	18	14	374	355	19	66	198
航空港实验区	10	2	186	163	23	67	80

全时人员	非全时人员	R&D 人员折合全时当量合计（人年）	研究人员	基础研究人员	应用研究人员	试验发展人员
3086	1394	3316	1580	13	244	3059
229	76	195	93		15	180
2737	1294	3013	1444	13	229	2772
120	24	108	42		1	107
37	5	27	8			27
12	2	11	4			11
5	1	1				1
20	2	16	4			16
12	5	13	6			13
6	4	7	3			7
6	1	6	3			6
14	1	11	5			11
14	1	11	5			11
1693	1108	1988	983	13	81	1894
6554	1321	5669	2399		200	5470
1600	1098	1905	935		56	1849
93	10	83	47	13	25	45
5671	1174	4893	2073		141	4752
883	147	776	326		58	718
615	522	863	418		80	782
111	22	95	53		9	86
177	19	68	30		8	60
2048	644	1949	866	13	99	1838
7	7	10	6			10
93	103	178	99		9	170
61	7	12	5			12
27	18	18	6		1	17
7	1	3	1			3
87	10	43	14		4	39
552	93	413	168		8	404
4030	855	3621	1527		62	3559
303	71	240	127		2	238
129	57	144	63			144

14-44 服务业企业

(2019 年)

类别	R&D经费内部支出合计	按支出用途分组					按活动类型分组	
		经常费支出	人员劳务费	资产性支出	土建工程	仪器和设备	基础研究支出	应用研究支出
总计	**172458.7**	**168563.4**	**125197.1**	**3895.3**	**96.8**	**3798.5**	**85.7**	**4019.9**
按企业规模分组								
大型	77637.3	76994.0	62480.2	643.3	25.3	618.0		1136.4
中型	58302.9	57270.5	41912.5	1032.4	23.4	1009.0	85.7	1988.4
小型	35839.2	33663.2	20257.5	2176.0	48.1	2127.9		895.1
微型	679.3	635.7	546.9	43.6		43.6		
按隶属关系分组								
中央	44772.1	44565.9	36065.4	206.2	0.3	205.9		543.8
地方	1430.4	1370.8	456.3	59.6	0.1	59.5		158.4
其他	126256.2	122626.7	88675.4	3629.5	96.4	3533.1	85.7	3317.7
按登记注册类型分组								
内资企业	171836.2	167940.9	124607.5	3895.3	96.8	3798.5	85.7	4019.9
国有企业	9369.0	9255.4	7357.5	113.6		113.6		
有限责任公司	98689.5	97082.1	74526.1	1607.4	30.4	1577.0	85.7	2700.6
国有独资公司	4648.5	4648.5	3967.0					213.6
其他有限责任公司	94041.0	92433.6	70559.1	1607.4	30.4	1577.0	85.7	2487.0
股份有限公司	23182.7	22643.7	16184.8	539.0	27.5	511.5		412.0
私营企业	40595.0	38959.7	26539.1	1635.3	38.9	1596.4		907.3
私营有限责任公司	34156.1	32567.8	22225.0	1588.3	36.6	1551.7		844.9
私营股份有限公司	6438.9	6391.9	4314.1	47.0	2.3	44.7		62.4
港、澳、台商投资企业	622.5	622.5	589.6					
合资经营企业(港或澳、台资)	622.5	622.5	589.6					
按国民经济行业大类分组								
交通运输、仓储和邮政业	1288.7	1052.9	676.8	235.8		235.8		
铁路运输业	0.9	0.9						
道路运输业	347.4	347.4	190.7					
多式联运和运输代理业	116.3	112.5	37.6	3.8		3.8		
装卸搬运和仓储业	468.6	468.6	445.2					
邮政业	355.5	123.5	3.3	232.0		232.0		
信息传输、软件和信息技术服务业	74260.6	72746.4	53262.4	1514.2	49.1	1465.1		653.4
电信、广播电视和卫星传输服务	240.1	240.1	27.9					240.1
互联网和相关服务	8441.7	8405.3	6569.4	36.4	1.3	35.1		77.8
软件和信息技术服务业	65578.8	64101.0	46665.1	1477.8	47.8	1430.0		335.5
租赁和商务服务业	12955.6	12643.2	8788.0	312.4	0.5	311.9		
租赁业	1706.5	1674.1	898.6	32.4		32.4		
商务服务业	11249.1	10969.1	7889.4	280.0	0.5	279.5		

R&D 经费支出情况

单位:万元

试验发展支出	按资金来源分组		R&D 经费外部支出合计			
	政府资金	企业资金		对境内研究机构支出	对境内高等学校支出	对境内企业支出
168353.1	**5705.8**	**166752.9**	**14366.6**	**4595.5**	**1051.8**	**8719.3**
76500.9	2029.9	75607.4	3942.1	909.3	161.8	2871.0
56228.8	1505.5	56797.4	6330.0	3427.1	217.7	2685.2
34944.1	2170.4	33668.8	4094.5	259.1	672.3	3163.1
679.3		679.3				
44228.3	2255.6	42516.5	2151.7	1319.2	206.6	625.9
1272.0	172.7	1257.7				
122852.8	3277.5	122978.7	12214.9	3276.3	845.2	8093.4
167730.6	5705.8	166130.4	14291.1	4595.5	1051.8	8643.8
9369.0	127.7	9241.3	410.8	410.8		
95903.2	4133.8	94555.7	5791.6	1512.0	406.5	3873.1
4434.9	9.0	4639.5	286.1		100.0	186.1
91468.3	4124.8	89916.2	5505.5	1512.0	306.5	3687.0
22770.7	575.0	22607.7	2279.8	36.7	40.0	2203.1
39687.7	869.3	39725.7	5808.9	2636.0	605.3	2567.6
33311.2	705.2	33450.9	5045.6	2556.5	50.9	2438.2
6376.5	164.1	6274.8	763.3	79.5	554.4	129.4
622.5		622.5	75.5			75.5
622.5		622.5	75.5			75.5
1288.7		1288.7	155.3			155.3
0.9		0.9				
347.4		347.4	155.3			155.3
116.3		116.3				
468.6		468.6				
355.5		355.5				
73607.2	1821.9	72438.7	10842.8	2672.7	626.9	7543.2
	60.0	180.1				
8363.9	104.5	8337.2	1416.4	79.5		1336.9
65243.3	1657.4	63921.4	9426.4	2593.2	626.9	6206.3
12955.6	281.9	12673.7	477.2	410.8	6.0	60.4
1706.5		1706.5	6.0		6.0	
11249.1	281.9	10967.2	471.2	410.8		60.4

14-44 续表 （2019 年）

类 别	R&D经费内部支出合计	按支出用途分组					按活动类型分组	
		经常费支出	人员劳务费	资产性支出	土建工程	仪器和设备	基础研究支出	应用研究支出
科学研究和技术服务业	82274.7	81087.5	62045.5	1187.2	42.9	1144.3	85.7	3366.5
研究和试验发展	8157.8	7768.3	4036.1	389.5	14.9	374.6		514.8
专业技术服务业	72732.6	71937.5	57403.0	795.1	25.4	769.7	85.7	2850.7
科技推广和应用服务业	1384.3	1381.7	606.4	2.6	2.6			1.0
水利、环境和公共设施管理业	1284.4	682.3	253.5	602.1	4.3	597.8		
水利管理业	268.8	268.8	140.0					
生态保护和环境治理业	55.1	55.1	20.6					
公共设施管理业	960.5	358.4	92.9	602.1	4.3	597.8		
卫生和社会工作	343.7	300.1	123.0	43.6		43.6		
卫生	130.4	86.8	39.0	43.6		43.6		
社会工作	213.3	213.3	84.0					
文化、体育和娱乐业	51.0	51.0	47.9					
新闻和出版业	51.0	51.0	47.9					
按经济成分分组								
公有经济	62454.1	62061.1	49158.5	393.0	0.9	392.1	85.7	1499.9
非公有经济	110004.6	106502.3	76038.6	3502.3	95.9	3406.4		2520.0
按企业控股情况分组								
国有控股	61289.0	60896.4	48215.8	392.6	0.5	392.1		1306.7
集体控股	1165.1	1164.7	942.7	0.4	0.4		85.7	193.2
私人控股	94193.3	90785.7	64697.8	3407.6	91.1	3316.5		1678.1
其他	15811.3	15716.6	11340.8	94.7	4.8	89.9		841.9
按地区分组								
中原区	21834.1	21832.5	17488.6	1.6	1.6			869.6
二七区	1862.7	1816.6	1579.7	46.1		46.1		67.7
管城区	3085.5	3082.8	1899.8	2.7		2.7		157.4
金水区	43905.1	43134.4	34329.4	770.7	11.7	759.0	85.7	1750.7
上街区	68.3	68.3						
惠济区	3659.6	3639.8	3223.1	19.8	0.4	19.4		74.4
中牟县	1078.6	1024.0	376.6	54.6		54.6		
荥阳市	773.7	773.7	499.3					19.7
新密市	11.3	11.3	10.7					
新郑市	300.0	275.2	212.4	24.8	8.9	15.9		45.7
经开区	9790.6	9496.4	5998.6	294.2	14.2	280.0		198.1
高新区	74066.5	71440.6	51995.2	2625.9	49.2	2576.7		678.5
郑东新区	8816.7	8788.3	6053.6	28.4	2.9	25.5		158.1
航空港实验区	3206.0	3179.5	1530.1	26.5	7.9	18.6		

单位:万元

	按资金来源分组		R&D经费外部支出合计			
试验发展支出	政府资金	企业资金		对境内研究机构支出	对境内高等学校支出	对境内企业支出
78822.5	3602.0	78672.7	2774.4	1395.1	418.9	960.4
7643.0	1008.8	7149.0	202.9		164.1	38.8
69796.2	2315.5	70417.1	2547.7	1395.1	253.5	899.1
1383.3	277.7	1106.6	23.8		1.3	22.5
1284.4		1284.4	116.9	116.9		
268.8		268.8	116.9	116.9		
55.1		55.1				
960.5		960.5				
343.7		343.7				
130.4		130.4				
213.3		213.3				
51.0		51.0				
51.0		51.0				
60868.5	3970.0	58484.1	2295.7	1436.1	226.7	632.9
107484.6	1735.8	108268.8	12070.9	3159.4	825.1	8086.4
59982.3	3838.4	57450.6	2295.7	1436.1	226.7	632.9
886.2	131.6	1033.5				
92515.2	1584.8	92608.5	11622.4	3159.4	824.1	7638.9
14969.4	151.0	15660.3	448.5		1.0	447.5
20964.5	755.6	21078.5	623.2		84.5	538.7
1795.0		1862.7				
2928.1	105.0	2980.5	17.0			17.0
42068.7	2764.7	41140.4	2154.3	1119.3	18.2	1016.8
68.3		68.3	179.1			179.1
3585.2		3659.6	170.0	0.9	68.0	101.1
1078.6		1078.6	100.0		100.0	
754.0	66.0	707.7				
11.3		11.3				
254.3	32.0	268.0				
9592.5	41.0	9749.6	35.0		22.4	12.6
73388.0	1725.6	72340.9	9983.3	3475.3	722.5	5785.5
8658.6	215.9	8600.8	263.8		36.2	227.6
3206.0		3206.0	840.9			840.9

14-45 服务业企业办研发机构情况

（2019 年）

类　　别	机构数（个）	企业在境外设立的研发机构数（个）	机构人员合计（人）	博士毕业	硕士毕业	机构经费支出（万元）	仪器和设备原价（万元）
总计	**188**	**1**	**7303**	**94**	**1518**	**151107.1**	**47377.8**
按企业规模分组							
大型	44		3350	34	965	92609.5	12874.9
中型	80	1	2824	42	449	43236.0	15965.9
小型	63		1108	18	104	15148.4	18535.7
微型	1		21			113.2	1.3
按隶属关系分组							
中央	24		1478	28	476	44527.4	4764.0
地方	1		28			1176.6	39.5
其他	163	1	5797	66	1042	105403.1	42574.3
按登记注册类型分组							
内资企业	188	1	7303	94	1518	151107.1	47377.8
国有企业	2		45	1	16	1217.1	93.5
有限责任公司	92		3917	54	993	92441.9	18114.7
国有独资公司	6		310	4	51	6804.0	1115.3
其他有限责任公司	86		3607	50	942	85637.9	16999.4
股份有限公司	29	1	1438	13	129	27220.3	19270.8
私营企业	65		1903	26	380	30227.8	9898.8
私营有限责任公司	58		1659	22	306	26308.8	9226.7
私营股份有限公司	7		244	4	74	3919.0	672.1
按国民经济行业大类分组							
交通运输、仓储和邮政业	1		26			138.6	2.0
道路运输业	1		26			138.6	2.0
信息传输、软件和信息技术服务业	80	1	3294	35	446	64118.1	28075.3
电信、广播电视和卫星传输服务	1		4		1	393.3	117.0
互联网和相关服务	5		249		9	4081.0	97.4
软件和信息技术服务业	74	1	3041	35	436	59643.8	27860.9
租赁和商务服务业	8		262	11	68	4067.9	1095.8

14-45 续表 （2019 年）

类　别	机构数（个）	企业在境外设立的研发机构数（个）	机构人员合计（人）	博士毕业	硕士毕业	机构经费支出（万元）	仪器和设备原价（万元）
商务服务业	8		262	11	68	4067.9	1095.8
科学研究和技术服务业	97		3652	48	996	79836.8	17866.3
研究和试验发展	7		317	5	96	2005.3	2742.0
专业技术服务业	83		3293	42	896	77670.1	14830.0
科技推广和应用服务业	7		42	1	4	161.4	294.3
文化、体育和娱乐业	2		69		8	2945.7	338.4
新闻和出版业	1		31		8	2690.0	330.0
文化艺术业	1		38			255.7	8.4
按经济成分分组							
公有经济	37		1980	36	594	53285.7	7560.0
非公有经济	151	1	5323	58	924	97821.4	39817.8
按企业控股情况分组							
国有控股	35		1968	35	588	53250.5	6870.1
集体控股	2		12	1	6	35.2	689.9
私人控股	137	1	4780	57	853	84594.4	36954.4
其他	14		543	1	71	13227.0	2863.4
按地区分组							
中原区	24		1113	9	228	28988.0	4236.6
二七区	2		108	1	38	1490.2	891.5
管城区	1		28			1176.6	39.5
金水区	60		2382	41	543	48124.4	10157.3
上街区	1		19		1	619.7	3.1
惠济区	5		309		77	5768.0	814.8
新郑市	1		48		5	251.1	163.8
经开区	4		127	3	6	1068.4	781.1
高新区	72	1	2306	32	422	45450.7	26361.1
郑东新区	16		679	8	185	13268.3	2527.9
航空港实验区	2		184		13	4901.7	1401.1

14-46 服务业企业自主知识产权保护情况

（2019 年）

类别	专利申请数（件）	发明专利	有效发明专利数（件）	已被实施	发表科技论文（篇）	形成国家或行业标准（项）
总计	**2651**	**1172**	**2344**	**933**	**1479**	**94**
按企业规模分组						
大型	1102	623	694	323	971	45
中型	753	300	1033	201	383	33
小型	788	247	617	409	125	16
微型	8	2				
按隶属关系分组						
中央	573	284	906	181	917	25
地方	52	28	36	16	19	
其他	2026	860	1402	736	543	69
按登记注册类型分组						
内资企业	2651	1172	2344	933	1479	94
国有企业	169	120	605	3	138	8
有限责任公司	1559	757	1194	591	1203	64
国有独资公司	54	18	37	17	76	1
其他有限责任公司	1505	739	1157	574	1127	63
股份有限公司	274	112	162	126	75	13
私营企业	649	183	383	213	63	9
私营有限责任公司	580	148	249	180	47	9
私营股份有限公司	69	35	134	33	16	
按国民经济行业大类分组						
交通运输、仓储和邮政业	50	5	10	10		
道路运输业	42	4	10	10		
多式联运和运输代理业	8	1				
信息传输、软件和信息技术服务业	1094	611	795	326	25	33
电信、广播电视和卫星传输服务	7		10	10	2	
互联网和相关服务	76	16	88	4		
软件和信息技术服务业	1011	595	697	312	23	33
租赁和商务服务业	260	166	655	43	165	9
租赁业	56	9	4	4	10	2
商务服务业	204	157	651	39	155	7

14-46 续表 （2019 年）

类　　别	专利申请数（件）	发明专利	有效发明专利数（件）	已被实施	发表科技论文（篇）	形成国家或行业标准（项）
科学研究和技术服务业	1210	386	876	554	1289	52
研究和试验发展	253	102	214	174	133	20
专业技术服务业	886	266	640	369	1139	32
科技推广和应用服务业	71	18	22	11	17	
水利、环境和公共设施管理业	32	4	8			
水利管理业	18	4	8			
公共设施管理业	14					
卫生和社会工作	5					
卫生	5					
按经济成分分组						
公有经济	785	373	1107	327	1152	45
非公有经济	1866	799	1237	606	327	49
按企业控股情况分组						
国有控股	773	366	1103	327	1112	36
集体控股	12	7	4		40	9
私人控股	1396	489	803	443	188	47
其他	470	310	434	163	139	2
按地区分组						
中原区	223	47	134	77	581	10
二七区	88	14	100	42	26	7
管城区	31	1	3	2		
金水区	458	230	430	308	450	28
上街区	1		14	14		
惠济区	28	3	5	5	32	3
中牟县	32	9	2	2		
荥阳市	36	7	26	26		
新郑市	10					
经开区	123	23	71	34	16	8
高新区	873	452	1160	305	205	24
郑东新区	663	378	396	117	169	14
航空港实验区	85	8	3	1		

14-47　服务业企业政府相关政策落实情况

（2019 年）

单位：万元

类　　别	来自政府部门的研发资金	研究开发费用加计扣除减免税	高新技术企业减免税
总计	**11776.9**	**33611.5**	**29916.6**
按企业规模分组			
大型	5140.8	12656.5	20282.8
中型	3197.8	14241.9	6272.6
小型	3434.3	6224.1	3344.8
微型	4.0	489.0	16.4
按隶属关系分组			
中央	2596.5	3525.5	3634.6
地方	51.0	771.9	64.6
其他	9129.4	29314.1	26217.4
按登记注册类型分组			
内资企业	11776.9	33611.5	29916.6
国有企业	141.9	458.2	221.8
有限责任公司	7145.5	17924.9	17174.5
国有独资公司	4.5	243.3	212.5
其他有限责任公司	7141.0	17681.6	16962.0
股份有限公司	3223.9	4090.5	6618.0
私营企业	1265.6	11137.9	5902.3
私营有限责任公司	1014.0	9608.8	4328.9
私营股份有限公司	251.6	1529.1	1573.4
按国民经济行业大类分组			
交通运输、仓储和邮政业		21.3	
多式联运和运输代理业		21.3	
信息传输、软件和信息技术服务业	5433.8	20656.0	13570.3
电信、广播电视和卫星传输服务	60.0	22.8	27.9
互联网和相关服务	119.0	873.4	556.9
软件和信息技术服务业	5254.8	19759.8	12985.5
租赁和商务服务业	832.3	1951.5	456.9
租赁业		116.8	87.7
商务服务业	832.3	1834.7	369.2

14-47　续表　　（2019 年）　　单位：万元

类　　别	来自政府部门的研发资金	研究开发费用加计扣除减免税	高新技术企业减免税
科学研究和技术服务业	5510. 8	10746. 4	15877. 3
研究和试验发展	1530. 3	1753. 8	603. 1
专业技术服务业	3966. 5	8893. 7	15147. 7
科技推广和应用服务业	14. 0	98. 9	126. 5
水利、环境和公共设施管理业		169. 2	12. 1
水利管理业		13. 6	9. 5
公共设施管理业		155. 6	2. 6
文化、体育和娱乐业		67. 1	
新闻和出版业		67. 1	
按经济成分分组			
公有经济	4952. 4	5495. 9	5120. 4
非公有经济	6824. 5	28115. 6	24796. 2
按企业控股情况分组			
国有控股	4534. 2	4747. 1	4614. 5
集体控股	418. 2	748. 8	505. 9
私人控股	6054. 5	22398. 3	14589. 5
其他	770. 0	5717. 3	10206. 7
按地区分组			
中原区	1077. 0	1869. 7	2758. 6
二七区	583. 0	1236. 6	693. 9
管城区	57. 0	581. 9	462. 7
金水区	5951. 6	6632. 4	4721. 4
上街区		62. 6	21. 5
惠济区	88. 1	514. 2	1902. 4
中牟县		312. 8	170. 7
新郑市	32. 0	4. 6	
经开区	235. 1	2855. 8	2007. 2
高新区	2826. 4	13664. 6	5013. 2
郑东新区	926. 7	5335. 2	10251. 6
航空港实验区		541. 1	1913. 4

主要统计指标解释

普通高等学校 指按照国家规定的设置标准和审批程序批准举办的,通过全国普通高等学校统一招生考试,招收高中毕业生为主要培养对象,实施高等教育的全日制大学、独立设置的学院和高等专科学校、高等职业学校和其他机构。

中等职业学校 指实施中等职业教育的学校,招生对象是初中毕业生和具有初中同等学历的人员,基本学制为三年制。

成人高等学校 指按照国家有关规定审批,招收通过全国成人高教统一招生考试的具有高中毕业或同等学历的在职从业人员,利用脱产、半脱产、业余或函授等多种形式对其实施高等学历教育,培养高等教育专科或本科毕业水平的专门人才,修业年限、课程设置和总学时数均按高等学历教育要求付诸实施的学校。

等级运动员人数 指经考核正式批准授予等级运动员称号的人数。运动员等级分为国际级运动健将、运动健将、一级运动员、二级运动员、三级运动员、少年级运动员。

文化事业机构 指从事专业文化工作和专业文化工作服务的独立建制的单位。不包括这些单位另外举办独立核算的其他机构和各部门的业余文化组织。

研究与试验发展(R&D) 指在科学技术领域,为增加知识总量,以及运用这些知识去创造新的应用进行的系统的创造性的活动,包括基础研究、应用研究、试验发展三类活动。国际上通常采用 R&D 活动的规模和强度指标反映一国的科技实力和核心竞争力。

R&D 人员 指参与研究与试验发展项目研究、管理和辅助工作的人员,包括项目(课题)组人员,企业科技行政管理人员和直接为项目(课题)活动提供服务的辅助人员。反映投入从事拥有自主知识产权的研究开发活动的人力规模。

R&D 经费内部支出合计 指调查单位用于内部开展 R&D 活动(基础研究、应用研究和试验发展)的实际支出。包括用于 R&D 项目(课题)活动的直接支出,以及间接用于 R&D 活动的管理费、服务费、与 R&D 有关的基本建设支出以及外协加工费等。不包括生产性活动支出、归还贷款支出以及外单位合作或委托外单位进行 R&D 活动而转拨给对方的经费支出。

R&D 经费内部支出中政府资金 指 R&D 经费内容支出中来自政府部门的各类资金,包括财政科学技术拨款、科学基金、教育等部门事业费及政府部门预算外资金的实际支出。

R&D 经费内部支出中企业资金 指 R&D 经费内部支出中来自本企业的自有资金和接受其他企业委托而获得的经费,以及科研院所、高校等事业单位从企业获得的资金的实际支出。

艺术表演团体 指从事戏曲、音乐、舞蹈、杂技等专业艺术表演,有独立帐户,实行单独核算的团体,不包括半工半艺、半农半艺和民间职业剧团。

艺术表演场馆 指由各级文化主管部门、文化单位和其他部门(除部队系统处)举力的,具有观众厅设备,经常供专业艺术表演团体演出,并在工商、税务部门登记,公开售票的营业场所。

卫生机构 指从卫生、民政、工商行政、机构编制管理部门取得《医疗机构执业许可证》或法人单位登记证书,为社会提供医疗保健、疾病控制、卫生监督服务或从事医学科研和医学在职培训等工作的单位。

医院 包括综合医院、中医医院、中西医结合医院、民族医院、各类专科医院和护理院,不包括专科疾病防治院、妇幼保健院和疗养院。

实有床位数 指年底固定实有床位数,包括正规床、简易床、监护床、超过半年加床、正在消毒和修理床位、因扩建或大修而停用床位。不包括产科新生儿床、接产室待产床、库存床、观察床、临时加床和病人家属陪侍床。

卫生技术人员 包括执业医师、执业助理医师、注册护士、药师(士)、检验及影像技师(士)、卫生监督员和见习医(药、护、技)师(士)等卫生专业人员。不包括从事管理工作的卫生技术人员(如院长、副院长、党委书记等)。

十五、产业集聚区

15-1 产业集聚区主要经济指标

指标名称	规上工业营业收入			规上工业平均用工人数			固定资产投资
	2018年（亿元）	2019年（亿元）	比上年±%	2018年（万人）	2019年（万人）	比上年±%	比上年±%
郑州高新技术产业集聚区	600.4	594.1	-1.0	4.4	4.4	1.0	-33.7
郑州经济技术产业集聚区	1263.0	1339.8	6.1	6.1	6.4	-4.1	-15.0
郑州航空港产业集聚区	3155.3	3200.3	1.4	13.9	15.4	-10.2	6.1
郑州市中牟产业集聚区	40.0	39.2	-2.0	0.5	0.5	-1.6	-10.4
郑州市中牟汽车产业集聚区	198.3	194.2	-2.1	1.5	2.3	-34.5	12.1
郑州上街装备产业集聚区	24.1	24.5	1.7	0.3	0.3	-2.4	37.3
郑州马寨产业集聚区	134.8	129.5	-4.0	1.1	1.2	-8.1	-4.4
新郑新港产业集聚区	151.8	160.1	5.4	1.4	1.5	-4.3	-21.4
新密市产业集聚区	65.2	58.5	-10.4	0.4	0.5	-9.9	-35.6
登封市产业集聚区	34.6	22.1	-36.1	0.5	0.9	-48.5	-3.0
荥阳市产业集聚区	53.2	56.6	6.4	0.6	0.8	-23.6	-25.1

15-2 产业集聚区法人单位数

（2019 年）

单位:个

名　　称	合计	工业	建筑业	房地产业	批发和零售业	批发业	零售业	住宿和餐饮业	住宿业	餐饮业	重点服务业
合　计	**1730**	**731**	**195**	**215**	**227**	**147**	**80**	**39**	**21**	**18**	**323**
郑州高新技术产业集聚区	554	161	115	21	66	48	18	8	4	4	183
郑州经济技术产业集聚区	585	172	131	74	109	78	31	9	7	2	138
郑州航空港产业集聚区	168	57	3	34	27	20	7	14	9	5	33
郑州市中牟产业集聚区	93	13	9	41	17	5	12	1	1		12
郑州市中牟汽车产业集聚区	87	47	5	12	11	9	2	2	2		10
郑州市金岱产业集聚区	32	2	1	4	21	17	4				4
郑州上街装备产业集聚区	40	37	3								
郑州马寨产业集聚区	86	63	2	7	8		8	1	1		5
新郑新港产业集聚区	77	55	7	3	6	3	3	3		3	3
新密市产业集聚区	33	18	3	11	1	1					
登封市产业集聚区	49	42	1		6	3	3				
荥阳市产业集聚区	75	40		16	8	6	2	3		3	8

十六、统计工作大事记

1月份

1.1月1日，河南省委常委、常务副省长、河南省第四次全国经济普查领导小组组长黄强一行，莅临郑州市郑东新区商都路街道办事处，亲切看望和慰问经普登记一线的普查指导员和普查员。

2.1月2日，郑州市政府副秘书长张红军对郑州市统计局撰写的统计课题《供给侧结构性改革背景下郑州工业转型升级问题研究》作出批示："请史市长阅示，该分析思路清晰，数据支撑充分，问题分析透彻有深度，路径选择可行。建议请市工信委认真阅研，并请市统计局尽快就2018年工业转型升级问题开展研究并提出意见。"郑州市副市长史占勇批示："请市工信委认真研究落实。"

3.1月，由郑州市人民政府主编，郑州市经济社会调查队具体承办的《2018郑州农村发展报告》正式出版发行。

4.在河南省"我与宪法"微视频征集展播活动中，郑州市统计局拍摄制作的《依宪治国　依法统计》微视频在全省420部征集作品中脱颖而出，喜获二等奖。

5.1月4日，郑州市统计局召开双节期间廉政谈话会，加强干部职工廉政警示教育。

6.1月4日，郑州市统计局召开全市互联网企业统计年报定报工作培训会议。

7.1月4日，郑州市召开第四次全国经济普查实施方案培训班。

8.1月8日—1月9日，郑州市统计局召开全市2018年统计年报和2019年定报制度布置暨设管专业培训会。

9.1月9日，郑州市统计局到郑州市道路运输管理局进行专题调研，着力解决郑州市交通运输个体车辆抽样调查过程中存在的问题。

10.河南省委机关刊物《河南工作》刊登了郑州市统计局党组书记、局长滕飞同志署名文章《郑州在改革开放中崛起》。

11.1月10日，郑州市统计局与郑州市科技局联合成立7个调研组，开展为期两周的企业研发投入情况调研。

12.1月11日，河南省统计局投资处处长顾俊龙一行莅郑调研，了解研究房地产开发企业利润填报、建筑企业应付职工薪酬计算方法等有关问题。

13.1月15日，郑州市经普办制定印发《郑州市第四次全国经济普查登记阶段工作规范》，确保普查数据质量。

14.1月16日，郑州市统计局召开2018年度党支部书记述职评议工作会议。

15.1月17日，郑州市统计局召开全市统计部门财务决算编制工作培训班。

16.1月21日—1月30日，郑州市统计局组织8个督导组，对全市经济普查入户登记工作推进情况、普查工作培训情况、普查数据质量控制措施、"两员"报酬落实情况、普查员入户登记情况进行现场督导。

17.中央政策研究室主办刊物《学习与研究》刊登了郑州市统计局局长滕飞同志署名文章《改革开放40年郑州经济社会发展成就》。

18.1月22日，郑州市统计局召开全市交通运输邮电业部门统计年报会。

19.1月23日，郑州市统计局党组成员、副局长祝遵刚带领相关工作人员走访慰问局老干部、老党员，送去局党组的关怀及新春的祝福。

20.1月25日，郑州市统计局组织召开2018年度民主生活会。局党组成员参加会议，其他副县以上人员列席会议，市督查组成员、市直机关工委委员钟孝君、工委组织部副主任科员代攀列席督导。局党组书记、局长滕飞主持会议。

21.1月29—1月30日，郑州市召开全市第四次全国经济普查现场登记工作(第一次)推进会。

22.1月29日，郑州市统计局开展迎新春文体活动。

23.1月30日，郑州市统计局举办老干部新春座谈会。

24.1月31日，郑州市统计局举办复员军转人员新春座谈会。

2 月份

1.《郑州工作》(2019 年第 01 期)刊发了郑州市委常委、常务副市长王鹏题为《全力搞好经济普查服务郑州国家中心城市建设》的署名文章。

2.2 月 14 日和 15 日,《郑州日报》头版以《郑州去年经济总量达 10143.3 亿元》和《郑州经济增速居全国 16 个超万亿城市第 2 位》为题连续报道郑州市统计局撰写的统计信息。

3.2 月 18 日,郑州市统计局召开郑州市第四次全国经济普查工业专业工作推进会。各县(市、区)统计局主管领导、工业科负责人及部分业务骨干参加会议。

4.2 月 20 日,郑州市委常委、常务副市长王鹏召开专题会议,研究听取我市第四次全国经济普查有关问题。

5.2 月 25 日,郑州市召开第四次全国经济普查工作推进会。会议总结了前一阶段郑州市第四次全国经济普查工作,对下一阶段工作进行部署安排。郑州市委副书记、市长王新伟出席会议并讲话,市委常委、常务副市长王鹏主持会议。

6.2 月 26 日,郑州市统计局召开创建省级文明单位标兵动员大会,局党组成员、副局长孙玉平同志宣读了《郑州市统计局 2019 年创建省级文明单位标兵实施方案》,局党组书记、局长滕飞同志出席会议并讲话。会议由局党组成员、副局长祝遵刚同志主持。

7.2 月 28 日,郑州市统计局部分干部职工在局领导的带领下,乘车前往惠济区花园口镇八堡村黄河滩地开展义务植树活动。

3 月份

1.2 月 18 日—3 月 1 日,郑州市统计局到金水区、高新区、惠济区、上街区、荥阳市、登封市等多个县(市、区)对企业研发统计年报填报情况进行调研。

2.2 月 28 日—3 月 3 日,郑州市统计局会同有关部门到中牟、新密、港区、新郑等地集聚区督导调研高质量发展工作。

3.3 月 5 日,郑州市统计局在嵩山饭店召开 2019 年度全市统计工作会,局党组书记、局长滕飞作《把握新时代要求　服务高质量发展　奋力谱写统计事业发展新篇章》的主题讲话,并组织县(市)区、开发区统计局长(负责人)进行座谈。

4.3 月 6 日,郑州市统计局深入上街区、高新区,对 3 月份拟新入一套表调查单位开展现场核查。

5.3 月 6 日—3 月 7 日,郑州市统计局与郑州市政府督查室、郑州市发改委、郑州市工信局组成 4 个督查组,对中原区、管城区、金水区、上街区、惠济区、中牟县、荥阳市、新密市、新郑市、登封市、经开区、航空港区、郑东新区 13 个县(市、区)经济普查登记工作进行督查。

6.3 月 8 日,郑州市统计局组织女职工到红旗渠红色教育基地进行学习培训,庆祝"三八"节。

7.3 月 13 日,河南省统计局与郑州市统计局组成数据质量核查小组,对电力企业、高耗能企业进行能源统计数据质量核实。

8.3 月 15 日,郑州市统计局爱心志愿服务队走进儿童福利院开展"学雷锋志愿服务"主题党日活动,为福利院的孩子们送去生活必需品。

9.3 月 20 日,郑州市统计局举办全市经济普查行政事业单位普查数据审核培训班。

10.3 月 21 日,郑州市统计局干部职工赴登封石道乡开展义务植树,进一步提高统计系统干部职工植绿、爱绿、护绿的环保意识,保护生态环境。

11.3 月 21 日,郑州市第九届"百万妇女健身活动"展示大赛开幕式顺利举行。郑州市统计局妇委会共组织 42 名运动员参加广播体操、羽毛球、跳绳和趣味比赛等四个项目的团体个人赛。

12.3 月 22 日,郑州市统计局召开全市"四经普"非一套表工业普查报表审核工作培训会。

13.3 月 22 日,郑州市召开全市贸易外经统计工作会议。

14.3 月 23 日,郑州市统计局发布《2018 年郑州市国民经济和社会发展统计公报》,3 月 24 日《郑州日报》头版头条刊登。

15. 3 月 26 日，郑州市委第四考核组对郑州市统计局领导班子和市管干部 2018 年度情况进行考核。郑州市统计局党组书记、局长滕飞代表领导班子对 2018 年度工作进行总结汇报。

16. 3 月 28 日，郑州市第四次全国经济普查办公室召开普查现场登记工作第二次推进会议，传达全省经济普查现场登记工作第二次推进会议精神，通报全市普查登记工作进度，总结交流经验做法，并对下阶段普查登记工作提出要求。

17. 3 月 29 日，郑州市总工会召开全市 2018 年度工会系统会议，郑州市统计局荣获“2018 年度郑州市机关工会系统先进集体”。

4 月份

1. 中共市委主办的刊物《郑州工作》2019 年第 3 期刊发郑州市统计局党组书记、局长滕飞同志的署名文章《站在新起点　踏上新征程—对郑州 GDP 突破万亿的思考》一文。

2. 4 月 2 日—4 月 10 日，郑州市统计局到金水区、新密市、新郑市等县（市、区），对重点企业研发统计情况进行实地走访调研。

3. 4 月 3 日，郑州市统计局组织党员到董天知将军故居开展清明节缅怀先烈教育活动，引导干部职工继承先烈遗志，珍惜幸福生活。

4. 4 月 3 日，河南省统计局贸易处赴中牟县万邦国际农产品物流城开展亿元农产品市场调研。

5. 4 月 4 日，郑州市统计局联合市商务局到航空港实验区开展跨境电商发展情况调研。

6. 4 月 4 日，河南省统计局副局长、省经普办主任赵德友，省统计局服务业处处长王予荷一行莅临郑州督导经济普查现场登记工作。郑州市统计局局长滕飞、副局长张庆华参加汇报会，并陪同督导组现场查看普查登记情况。

7. 4 月 8 日，郑州市统计局党组印发《2019 年度中共郑州市统计局党组理论学习中心组学习方案》（郑统党发〔2019〕2 号）。

8. 4 月 11 日，郑州市统计局印发《关于 2018 年全市统计系统依法行政工作考核结果的通报》（郑统〔2019〕14 号），对 2018 年全市统计系统县（市、区）依法行政优秀单位、良好单位、合格单位进行表彰。

9. 4 月 12 日，郑州市统计局召开全市国民经济核算工作会议。会议传达了全省核算工作会议精神，回顾总结 2018 年核算工作，研究当前面临的新形势新任务，安排部署 2019 年重点工作，并就严控经普数据质量进行重点培训。各县（市、区）统计局主管核算工作的领导和业务科长参加会议。

10. 4 月 12 日，郑州市统计局到中牟、荥阳、航空港区、上街区实地核实新开工固定资产投资项目情况，做好月度新开工投资项目入库准备工作。

11. 4 月 18 日，郑州市召开全市第四次全国经济普查工作会议，研究安排全市经济普查工作。郑州市经济普查领导小组副组长、郑州市统计局局长滕飞汇报了全市普查登记工作的进展情况。

12. 4 月 22 日，省会新闻媒体在重要版位集中报道郑州经济发展实现首季“开门红”，郑州日报在头版头条对数据进行了解读。

13. 郑州市统计局撰写的分析入选中宣部主办的“学习强国”学习平台，对宣传郑州起到积极作用。

14. 4 月 22—4 月 26 日，郑州市统计局组织党员干部赴遵义干部学院开展党性教育培训活动。

5 月份

1. 5 月 5 日，郑州市统计局召开全市一季度工业生产数据联审培训会。

2. 5 月 6 日，郑州市统计局召开全市投资领域统计工作及一季度数据联审培训会。

3. 5 月 7 日，郑州市统计局组织党支部书记、党务工作者，到郑州市房地产市场和产权交易管理中心、市直机关事务管理局等市直机关党建示范点观摩学习。

4. 5 月 7 日，郑州市统计局按照年度工作部署组织普法骨干人员到郑州高新技术产业开发区开展统计普法教育，拉开 2019 年郑州市统计普法宣传教育的序幕。

5.5月8日—5月10日,郑州市召开全市经济普查工作会议,总结交流普查登记工作经验、做法,安排部署下一阶段重点工作。

6.5月9日,郑州市统计局党员干部到郑州市人大一楼展厅参观国家安全教育主题展览。

7.5月9日,郑州市经普办在豫西抗日纪念馆开展党性教育活动。

8.5月10日,郑州市统计局党组成员、副局长孙玉平带领工作人员,对5月份拟新入一套表调查单位开展现场核查。

9.5月10日,郑州市统计局参加以"追梦前行"为主题的郑州市直机关健步跑活动。

10.5月13日,郑州市统计局党组书记、局长滕飞主持召开局领导班子扩大会议,研究部署统计法治建设工作,并就做好党内法规和规范性文件集中清理工作形成集体意见。

11.5月14日,郑州市召开第四次经济普查数据检查工作会议,安排部署事中数据质量检查和迎接国家事后数据质量抽查工作。

12.5月14日—5月16日,郑州市统计局在全省统计设计管理工作会议上,围绕进一步提升设计管理工作水平,尤其是在做好"三新"统计工作、促进高质量发展、深化统计改革、加强基层基础工作等方面,作经验交流。

13.5月20日—5月30日,郑州市统计局开展全市经济普查数据质量抽查工作。

14.5月22日,郑州市统计局举办公文写作培训,邀请郑州市政府文电处副处长王星源讲解公文制作、公文格式和处理办法。

15.5月24日,郑州市统计局在2019年全省社科文统计工作会议上做经验交流。

16.5月24日,中共郑州市委组织部印发《关于程胜先同志任职的通知》(郑组干〔2019〕194号),程胜先同志任郑州市统计局副调研员。

17.5月29日—5月30日,河南省地调队联合省商务厅到郑州市调研跨境电子商务发展情况。

18.5月30日,郑州市统计局印发《关于彭霄等八位同志职务任免的通知》。

6月份

1.6月4日,郑州市统计局印发《郑州市统计局庆祝建党98周年系列活动工作方案》(郑统机关党〔2019〕26号)。

2.6月5日,郑州市统计局组织召开新任职人员集体谈话会,通报了前期局科级干部选任工作情况,宣读了《关于彭霄等八位同志任免的通知》。郑州市统计局党组书记、局长滕飞同志与新任职的8位同志进行谈话。

3.6月6日,郑州市经普办召开迎接国务院经普办第四次全国经济普查事后质量抽查工作会议,总结全市经济普查数据质量检查工作,安排部署迎接国家事后质量抽查工作。

4.6月12日,郑州市统计局组织开展了"领导干部讲党课"活动,局党组成员、副局长祝遵刚以《共产党人必须牢固树立"四个自信"》为题,为全体党员上了一堂生动而又深刻的党课。

5.6月14日,郑州市统计局举办统计分析报告写作技法专题讲座,特邀原国家统计局(北京)昌平调查队队长、国家统计局教育培训中心师资库专家成员、全国基层统计员岗位知识培训教学专家组成员于桂谦围绕统计分析报告写作技法进行授课。

6.6月21日,郑州市统计局党组理论中心组集体学习习近平总书记在"不忘初心、牢记使命"主题教育大会上的讲话,党组书记、局长滕飞同志主持学习。中心组成员集体学习了习近平总书记的讲话内容,畅谈学习心得体会。

7.6月24日,郑州市统计局召开中层以上领导会议,重点围绕市委市政府中心工作和上级统计部门部署要求,盘点上半年全面工作,梳理下半年重点任务。郑州市统计局县处级领导、各部门负责人参加会议。

8.6月24日,郑州市统计局召开中层以上领导会议,会上对《关于四起违反中央八项规定精神典型问题的通报》《关于四起形式主义官僚主义典型案例的通报》进行传达贯彻。

9. 6 月 25 日，郑州市统计局举行宪法宣誓仪式，局党组成员、新任命的公职人员、新入职的公务员参加了宣誓仪式。

10. 6 月 25 日，郑州市统计局印发《关于郑州市 2018 年统计科研成果评选结果的通报》，对 16 项优秀统计科研课题进行通报表彰。

11. 6 月 26 日，郑州市人民政府印发《关于 2018 年度郑州市产业发展工作先进单位和先进个人的通报》（郑政文〔2019〕102 号），郑州市统计局荣获 2018 年度郑州市产业发展工作先进单位称号。

12. 6 月 26 日，郑州市人民政府印发《关于 2018 年度郑州市服务业发展先进单位和先进个人的通报》（郑政文〔2019〕104 号），郑州市统计局荣获 2018 年度郑州市服务业发展先进单位称号。

13. 6 月 27 日，郑州市统计局党组书记、局长滕飞带领机关党委同志开展“七一”走访慰问老党员活动。

14. 6 月 28 日，郑州市统计局召开庆祝建党 98 周年表彰大会暨“不忘初心　牢记使命”专题党课。会上，郑州市统计局全体干部职工重温入党誓词，表彰先进党支部、优秀共产党员、优秀党务工作者和文明处室、文明职工、文明家庭，郑州市统计局党组书记、局长滕飞上“不忘初心　牢记使命”专题党课，并举行“真情颂党恩　建功新时代”节目展示活动。

7 月份

1. 7 月 1 日，郑州市统计局召开中层以上领导会议，郑州市统计局党组书记、局长滕飞全文领学徐立毅同志在省“迎民族盛会庆七十华诞”城市环境综合整治提升工作电视电话会议上的讲话要点。

2. 7 月 2 日—7 月 3 日，郑州市统计局赴航空港区、新郑市、新密市和惠济区实地开展出生人口情况调研。

3. 7 月 3 日，郑州市统计局召开生态文明建设年度评价工作会议，16 个市直相关部门及 15 个县（市、区）的统计人员参加会议。

4. 7 月 11 日，全市统计监测评价考核工作会议在黄河饭店召开。各县（市、区）统计局主管领导、科室负责人等 50 多人参加会议。郑州市统计局党组成员、副局长孙玉平出席会议并讲话。

5. 7 月 11 日—7 月 12 日，郑州市统计局党组书记、局长滕飞带领相关人员赴杭州市统计局进行学习交流，杭州市统计局党组书记富永伟，党组成员、副局长徐国伟及有关业务处室的负责人对杭州局如何围绕党委政府和社会公众做好优质服务、统计工作改革创新、信息化建设和经济普查工作做了经验介绍。在杭期间，实地考察了海康威视和大华安保两家企业。

6. 7 月 15 日起，郑州市统计局在中原路前进路积极开展文明交通引导志愿服务行动。

7. 7 月 17 日，郑州市统计局在黄河饭店召开全市普查中心系统 2019 年上半年工作总结暨业务培训会，总结 2018 年以来普查中心系统工作，安排部署 2019 年下半年工作。郑州市统计局党组成员、副局长孙玉平到会并讲话。

8. 7 月 18 日，河南省统计局设计管理处处长乔西宏一行到郑州新密市开展基层基础专题调研活动。郑州市统计局副局长张庆华、新密市统计局局长裴秋云陪同调研。

9. 7 月 18 日，河南省统计局机关党委专职副书记冯保安、设管处处长乔西宏及设计管理处支部、郑州市统计局设计管理处支部和新密市统计局机关支部全体党员同志，在中原豫西抗日纪念园联合开展了“不忘初心　牢记使命”主题党日活动。

10. 7 月 19 日，河南省统计局政法处“不忘初心、牢记使命”主题教育专题调研组在李红霞副调研员的带领下，深入郑州市开展“不忘初心、牢记使命”主题教育专题调研。郑州市统计局党组成员、调研员李向涛陪同调研。

11. 7 月 23 日，郑州市统计局组织 2019 年受表彰的优秀共产党员、优秀党务工作者、文明职工、文明家庭及各部门负责人，到荥阳市刘河镇申庄村开展文明单位结对帮扶“清洁家园”暨文体服务、宣传教育志愿服务活动。

12. 7 月 23 日，郑州市统计局执法干部深入荥阳市刘河镇开展送法下基层活动，拉开今年普法宣传教育系列活动的序幕。郑州市统计局党组成员、调研员李向涛等局领导参加活动。

13. 7月26日，郑州市统计局相关业务处室召开座谈会，共同讨论《赴杭州学习考察报告》，并针对各专业统计方法制度发表了意见和建议。郑州市统计局总统计师黄飞主持座谈会。

14. 7月26日，郑州市统计局印发《关于学习贯彻〈防范和惩治统计造假弄虚作假督察工作规定实施办法（试行）〉的通知》（郑统〔2019〕27号）。

15. 7月29日，郑州市统计局召开领导班子扩大会议，集中学习贯彻《防范和惩治统计造假弄虚作假督察工作规定实施办法（试行）》，部署下半年统计法治建设工作。局县处级领导干部和部门负责人参加会议。局党组书记、局长滕飞主持会议。

16. 7月30日，郑州市统计局在嵩山饭店国际会议中心召开2019年上半年经济形势分析会。郑州市所辖各县（市、区）统计局局长、开发区统计部门负责人，各县（市、区）统计局、开发区统计部门主管经济形势分析的领导和综合科科长，郑州市统计局县处级领导干部、各部门（单位）正副处长（正副主任）、专业处室全体人员参加会议。

8月份

1. 郑州市人民政府印发《关于2018年度郑州市新型工业化建设工作先进单位和先进个人的通报》（郑政文〔2019〕122号），郑州市统计局荣获2018年度"郑州市新型工业化建设工作先进单位"称号。

2. 8月1日，郑州市统计局召开全市上半年工业统计数据联审培训会。

3. 8月2日，郑州市统计局邀请市委宣传部意识形态处王红处长以《落实意识形态工作责任制　把握意识形态工作领导权》为题，为全局干部职工讲解意识形态工作，从讲政治的高度深刻认识意识形态工作的极端重要性、清醒认识当前意识形态的形势和风险点、全面提高做好意识形态工作的能力水平。

4. 8月7日，郑州市统计局撰写统计专报《2018年郑州市全社会研发投入简况》获得郑州市副市长史占勇批示："请市科技局认真分析研究，特别是高技术制造业企业减少23家原因是什么，如何进一步加大研发投入，争取尽快达到全国平均水平"。

5. 8月9日，郑州市统计局副局长孙玉平作客河南新浪微博"在线访谈"栏目，回答网友提问，介绍统计基本单位名录库、"一套表调查单位库"、经济功能区等有关内容。

6. 郑州市统计局撰写的《市县经济社会高质量发展考核办法调整对我市的影响》，呈报市政府主要领导并获批示。8月11日，郑州市市长王新伟批示："请王鹏同志高度关注，加强研判分析，保持先进。"8月12日，郑州市常务副市长王鹏批示："请发改委牵头，统计局配合，相关县市区开发区认真研阅，补齐短板，发挥优势，争取早好名次。"

7. 8月12日，郑州市统计局印发《关于转发河南省统计局〈关于印发河南省统计局全面推行行政执法公示制度等三项制度的通知〉的通知》（郑统〔2019〕31号）。

8. 8月13日，郑州市人民政府印发《郑州市人民政府关于2018年度郑州市依法行政工作先进集体的通报》（郑政文〔2019〕134号），郑州市统计局荣获2018年度全市依法行政工作先进集体光荣称号。

9. 8月13日，郑州市统计局召开上半年全市贸易统计数据联审会。

10. 8月13日—8月14日，郑州市统计局组织相关人员深入上街区、新密市和新郑市及其乡（镇）、街道办事处，组织开展"诚实守信　依法统计"专项调研。

11. 8月14日，郑州市统计局深入新郑市基层乡镇（街道办事处）开展服务型行政执法示范点培育指导工作，并与辖区基层统计调查单位统计人员座谈交流，梳理防范行政相对人统计违法风险点。

12. 8月14日，郑州市统计局召开全市规模以上服务业数据联审暨业务培训会议。

13. 8月15日，河南省第四次全国经济普查办公室综合组组长、河南省统计局普查中心主任杨全明一行莅临郑州高新区调研座谈四经普服务外包组织模式，现场指导高新区及郑州市四经普工作。郑州市第四次全国经济普查办公室主任、郑州市统计局党组书记、局长滕飞，高新区管委会副主任王宏伟参加调研座谈。

14. 8月16日，郑州市统计局邀请局法律顾问李建律师以《坚持依法统计，增强尊法学法用法意识》

为题,就推进依法统计、依法行政和法治政府建设开展普法宣传教育专题培训。

15. 8 月 16 日,郑州市统计局以"依法依规　诚信统计"为主题举办 2019 年信用知识培训讲座,传达学习 2019 年郑州市第二期信用大讲堂会议精神,重点学习《国务院办公厅关于加快推进社会信用体系建设构建以信用为基础的新型监管机制的指导意见》《企业统计信用管理办法》《统计从业人员统计信用档案管理办法》,对加强郑州统计领域信用建设工作提出建议。

16. 8 月 20 日—8 月 21 日,河南省统计局工业处处长孙磊一行到郑州市调研工业经济形势。郑州市统计局党组成员、调研员李向涛、市局工业处有关人员陪同调研。

17. 8 月 21 日,郑州市统计局召开局党组中心组理论学习扩大会,全面贯彻市委十一届十次全会精神。郑州市统计局党组书记、局长滕飞全文领学徐立毅书记的会议讲话,安排部署学习贯彻工作。局中层以上领导干部参加学习讨论。

18. 8 月 22 日,郑州市统计局副调研员程胜先一行到经开区调研统计工作。经开区管委会副主任赵凯,统计局局长任爱玲陪同调研。

19. 8 月 27 日,河南省统计局贸易处处长张喜峥陪同上海市统计局贸易处李国娟调研员一行到郑州市航空港综合保税区考察学习。郑州市统计局副局长张庆华陪同调研。

20. 8 月 28 日,河南省统计局组织召开全省统计造假专项整治工作推进视频会议。郑州市统计局市、县两级统计机构班子成员、部门负责人和法治部门全体人员参加会议。

21. 8 月 28 日,郑州市统计局印发《关于印发〈郑州市统计局 2019 年度下半年统计巡查工作方案〉的通知》(郑统〔2019〕39 号)。

22. 8 月 28—8 月 30 日,郑州市统计局举办 ICP 政府职务报酬调查总结技术培训班。

23. 8 月 29 日,郑州市统计局召开二季度能源统计数据联审会议。

24. 8 月 30 日,郑州市统计局党组书记、局长滕飞一行到中牟县调研工业经济运行情况和现代农业发展形势。中牟县县委常委、常务副县长任程伟,中牟县统计局局长王平陪同调研。

25. 8 月 30 日,郑州市统计局召开全市全社会创新研发统计数据联审会议。

26. 8 月 30 日,郑州市统计局认真组织全市 18 名报考人员参加河南省统计局统计执法证考试业务培训视频会议。

27. 8 月,《郑州工作》第八期刊登郑州市统计局党组书记、局长滕飞署名文章《壮丽七十载　奋进新时代》。

28. 8 月,郑州市统计局编辑《壮丽七十载　奋进新时代》一书正式出版发行,全面宣传新中国成立 70 年郑州经济和社会发展取得的巨大成就。

9 月份

1. 9 月 5 日,郑州市统计局统计分析《2018 年郑州市全社会研发投入强度 1.83%》获得史占勇副市长批示。

2. 9 月 5 日,郑州市统计局与郑州市人民政府网、新浪河南联合举办"统计开放日畅谈郑州发展成就"在线访谈活动。郑州市统计局总统计师黄飞与网友畅谈新中国成立 70 年来郑州经济社会发展和对外开放取得的辉煌成就。

3. 9 月 10 日,郑州市统计局组织干部职工赴中牟县开展"消费扶贫"爱心活动。

4. 9 月 10 日—9 月 12 日,郑州市经普办在新密市鲁班喜悦酒店召开郑州市第四次全国经济普查工作总结及技术总结研讨会议。

5. 9 月 16 日—9 月 22 日,郑州市统计局以"网络安全为人民　网络安全靠人民"为主题,开展 2019 年国家网络安全宣传周宣传活动。

6. 9 月 17 日—9 月 19 日,郑州市统计局组织党员干部赴南水北调干部学院开展"不忘初心　牢记使命"党性教育培训。

7. 9 月 18 日,郑州市统计局召开"不忘初心、牢记使命"主题教育动员部署会。郑州市委第八巡回指导组成员到会指导,全局党员干部参加会议。郑州市统计局党组书记、局长滕飞作动员讲话,指导组组长张春喜提出工作要求。

8.9月18日,南京市统计局党组成员、副局长史明一行莅临郑州学习交流第四次全国经济普查工作做法和经验。

9.9月18日,郑州市召开市政府第34次常务会议,深入学习贯彻落实全省统计造假专项整治工作会议精神,听取郑州市统计局汇报。郑州市委副书记、市长王新伟到会并讲话。

10.9月20日,郑州市统计局"不忘初心、牢记使命"主题教育领导小组办公室综合协调组召开第一次全体会议,研究部署近期工作。

11.9月20日,郑州市统计局组织干部职工参加2019年度郑州市"女性健康行"健步走活动。

12.9月23日,郑州市统计局组织全体干部职工观看《初心永恒》专题纪录片。

13.9月24日,郑州市统计局举办2019郑州慈善日活动捐款仪式。

14.9月24日—9月25日,郑州市统计局组织县处级干部开展"不忘初心、牢记使命"主题教育活动第一次集中学习研讨。郑州市委第八巡回指导组曹国杰同志列席学习研讨。

15.9月25日,河南省地方经济社会调查队通报了2019年度全省地方统计调查系统重点课题和青年课题评比结果,郑州市经济社会调查队多项课题荣获奖项,其中《乡村振兴战略背景下加强村干部队伍建设的研究》荣获重点课题一等奖;《郑州市人才与经济发展研究》荣获青年课题二等奖;《郑州市农业的优势与短板》和《郑州非公有制人才对经济高质量发展的支撑作用研究》荣获青年课题三等奖。

16.9月26日,郑州市统计局组织志愿者前往荥阳市索河办索河湾社区养老服务中心开展亲情陪伴和节日慰问志愿服务活动。

17.9月26日,郑州召开全市统计法治工作会议,贯彻落实党中央、国务院和省委省政府、市委市政府关于统计改革发展的重大决策部署,传达全国统计法治暨统计行风建设工作会议和全省统计法治工作会议精神,安排部署下一阶段全市统计法治工作任务。郑州市统计局党组书记、局长滕飞出席会议并讲话。

18.9月29日,郑州市统计局组织干部职工到郑州市会展中心参观河南省暨郑州市经济社会发展成就展。

19.9月30日,郑州市统计局党组书记、局长滕飞同志以"坚守初心　勇担使命　推动统计工作高质量发展"为主题上"不忘初心、牢记使命"主题教育活动专题党课。

20.9月30日,郑州市统计局撰写的《郑州市1—8月份消费品市场稳中回落应引起重视》一文获郑州市副市长万正峰批示。

10月份

1.10月9日,郑州市统计局特邀河南省委党校楚向红副教授作《中国共产党的奋斗历程及基本经验》主题教育专题讲座。

2.10月10—10月12日,郑州市统计局召开2019年度人口抽样调查工作培训会。

3.10月11日,郑州市统计局"不忘初心、牢记使命"主题教育办公室组织局党组理论中心组成员,赴"河南省国防教育基地"豫西抗日纪念馆开展红色教育。

4.10月11日—10月12日,郑州市统计局在巩义市开展了"不忘初心、牢记使命"主题教育第二次集中学习研讨活动。局党组理论中心组成员参加了会议,市委第八巡回组指导组副组长任宏宙及曹国杰同志列席了此次研讨。

5.10月12日,郑州市统计局党组理论中心组到"新农村建设示范村"—巩义市竹林镇进行了参观学习,聆听竹林致富带头人赵明恩讲述竹林奋斗史,集体观看纪录片《竹林深处》。

6.10月12日,郑州市统计局党组理论中心组成员一行,到巩义市竹林镇开展集体基层调研。调研采取现场察看、企业座谈的形式进行。

7.10月15日,郑州市统计局党组成员、副局长祝遵刚带队赴郑州航空港区三官庙办事处祥符村进行党建结对帮扶。

8. 10 月 15 日，河南省统计局投资处处长顾俊龙到航空港实验区开展投资项目数据质量调研核查工作。郑州市统计局党组成员、副局长孙玉平陪同调研。

9. 10 月 16 日，郑州市统计局举办“传承红色基因、讲好四个故事”宣讲会。

10. 10 月 16 日，郑州市统计局党组成员、副局长孙玉平同志以“民族复兴与中国共产党人”为主题，开展主题教育领导干部专题党课。

11. 10 月 16 日—10 月 17 日，河南省统计局副调研员陈哲一行对郑州市 11 家服务业企业进行数据质量核查。

12. 10 月 17 日，郑州市统计局积极组织离退休干部参加市委老干部局组织的以参观考察“四个中心”为主题的“老干部看郑州”活动。

13. 10 月 18 日，郑州市统计局党组成员、副局长孙玉平一行赴新密市调研工业新旧动能转换情况。

14. 10 月 21 日—10 月 28 日，国家统计局第 10 督察组对郑州市开展统计督察工作。

15. 10 月 22 日，郑州市统计局召开全市 2019 年度统计用区划代码和城乡划分工作培训会。

16. 10 月 25 日，郑州市统计局总统计师黄飞赴新密市和二七区现场督导人口抽样调查摸底工作。

17. 10 月 28 日—10 月 29 日，武汉市统计局党组成员、副局长刘忠庆一行到郑州市统计局交流学习。

18. 10 月 30 日，郑州市统计局对郑洛新国家自主创新示范区经开片区进行实地核查。

19. 10 月 30 日，郑州市统计局党组成员、副局长孙玉平赴中牟县和经开区开展企业研发统计调研。

20. 10 月 31 日，郑州市统计局召开第三季度研发统计工作会议。

21. 10 月 31 日，郑州市运输结构调整工作督导组到郑州市统计局开展相关工作督导。

11 月份

1. 11 月 1 日，郑州市统计局召开对照党章党规找差距专题会议。会议由局党组书记、局长滕飞同志主持，市委主题教育第八指导组任宏宙、曹国杰同志列席会议，局县处级领导出席会议。

2. 11 月 4 日，郑州市统计局召开“不忘初心、牢记使命”主题教育调研成果交流会。局县处级领导干部参加会议，市委主题教育第八指导组曹国杰同志列席会议。

3. 11 月 6 日，郑州市统计局邀请登封市大冶镇统计信息中心梁彦臣同志，作为郑州市统计系统先进典型为全体干部职工开展“选树身边典型事迹宣讲”。

4. 11 月 8 日，郑州市统计局在黄河饭店二楼嘉宾厅召开 2019 年第三季度经济形势分析会。郑州市所辖各县（市、区）统计局局长、开发区统计部门主要领导和综合科科长，郑州市统计局县处级领导干部、各部门（单位）正副处长（正副主任）、专业处室全体人员参加会议。

5. 郑州市统计局荣获 2016—2018 年度郑州市科技创新管理工作先进集体荣誉称号。

6. 11 月 13 日，按照“不忘初心、牢记使命”主题教育活动安排，郑州市统计局组织全体党员干部走进荥阳市廉政文化教育基地—廉苑，开展廉政教育活动。

7. 11 月 14 日—11 月 15 日，按照全市“不忘初心、牢记使命”主题教育活动方案要求，郑州市统计局开展“不忘初心、牢记使命”主题教育第三次集中学习研讨。

8. 11 月 15 日，郑州市召开三季度全市贸易外经数据联审统计工作会议。

9. 在郑州市机关工会系统组织的网络硬笔书法比赛中，郑州市统计局董润青、王晓明 2 名同志分别荣获一等奖和三等奖。

10. 11 月 20 日，郑州市统计局“不忘初心、牢记使命”主题教育督导组在局二楼会议室组织开展党支部会议记录和党员学习笔记评比观摩活动，共评出 5 本优秀党支部会议记录和 10 本优秀党员学习笔记。

11. 11 月 20 日，郑州市统计局在嵩山饭店召开全市基本单位年定报工作培训会议。

12. 11 月 22 日，郑州市统计局召开保密工作培训暨统计宣传工作会议。

13. 11 月 22 日，按照《市委办公厅　市政府办公厅关于组织开展 2019 年冬季全民义务植树活动的通知》要求，郑州市统计局组织干部职工代表 20 余人，到惠济区花园口镇八堡村黄河滩地开展义务植树活动。

14.11月22日,合肥市统计局总统计师李文龙一行到郑州市统计局考察交流贸易统计工作。

15.11月25日—11月26日,第十二届中部省会城市经济形势座谈会在合肥召开。郑州市统计局党组书记、局长滕飞,总统计师黄飞带领相关专业人员参加会议。

16.11月26日,郑州市统计局举办党的十九届四中全会精神学习宣讲会,邀请郑州市委党校丁文喜教授为全局干部职工辅导四中全会精神学习。

17.11月26日,郑州市统计局召开工业统计2019年统计年报和2020年定报制度培训会。

18.11月26日,郑州市统计局印发《关于2018—2019年度郑州市优秀统计分析报告评选结果的通报》(郑统学〔2019〕6号),对市直组24篇优秀分析报告、县区组20篇优秀统计报告、11篇优秀统计信息进行通报表彰。

19.11月26日,《2018年郑州市产业集聚区位次星级因何下滑》获郑州市委副书记、市长王新伟批示。

20.11月26日,郑州市委副书记、市长王新伟对《2018年郑州市县高质量发展分析》批示:"请王鹏市长安排,发改部门针对统计分析,对机关县市区提出针对性意见,并建立有效督导机制,抓好落实。"王鹏副市长批示:"请中牟、新郑认真分析原因。"

21.11月29日,河南省统计局印发《2019年度河南省统计科研立项课题评审结果的通知》(豫统文〔2019〕105号),郑州市统计局撰写的课题《郑州市工业经济高质量发展评价指标体系及路径选择研究》荣获河南省统计科研立项二等奖。

12月份

1.郑州市统计局撰写的《提升郑州市科技创新能力研究》获得郑州市2018年度社会科学重点调研课题三等奖。

2.12月2日,郑州市统计局印发《郑州市统计局落实"两个工作规范"实施方案》。

3.12月3日,郑州市统计局党组召开"不忘初心、牢记使命"专题民主生活会,局班子成员参加会议,部分县(处)级领导列席会议,局党组书记、局长滕飞同志主持会议,局全体领导班子成员参加会议。市委主题教育第八巡回指导组成员列席指导。

4.12月4日,郑州市统计局在长江公园西广场设立统计普法宣传咨询台,深入开展"12·4"宪法日宣传活动。

5.12月4日,郑州市统计局召开2019年全市社会事业统计培训工作会议。

6.12月4日,郑州市统计局召开"三新"统计工作会议。

7.12月5日,郑州市统计局召开高质量发展体系征求意见工作会议。

8.12月5日,郑州市副市长史占勇对《2019年郑州市重点企业研发投入情况调查报告》批示:"请市科技局认真研究,采取有效措施,确保我市研发投入稳定增长。"

9.12月5日—12月10日,郑州市统计局对金水区、荥阳市、登封市和航空港区等部分调查小区进行2019年人口变动调查事后质量抽查。

10.12月11日,新华社主办的"新华信用"栏目头条以"郑州市统计局扎实推进统计领域信用体系建设"为题专题介绍郑州市统计局推进统计领域信用体系建设有关情况。

11.12月11日—12月12日,郑州市统计局召开全市人口普查准备和劳动工资年报业务培训会。

12.12月13日,河南省统计局贸易外经处处长张喜铮一行到郑州市中原区调研"住改商"整治情况。郑州市统计局副局长张庆华陪同调研。

13.12月16日—12月20日,郑州市统计局在中山大学举办全市统计系统干部业务素能提升研修班。

中国统计出版社有限公司最新图书简目
（仅供参考，以实际出版为准）

统计资料

中国统计年鉴	中国统计摘要	中国第三产业统计年鉴
中国第三次全国农业普查综合资料	国际统计年鉴	金砖国家联合统计手册
中国—东盟国家统计手册	中国农村统计年鉴	中国县域统计年鉴
中国农产品价格调查年鉴	中国城市统计年鉴	中国价格统计年鉴
中国贸易外经统计年鉴	中国零售和餐饮连锁企业统计年鉴	中国商品交易市场统计年鉴
大中型批发零售和住宿餐饮企业统计年鉴	中国住户调查年鉴	中国工业统计年鉴
中国环境统计年鉴	中国能源统计年鉴	中国建筑业统计年鉴
中国房地产统计年鉴	投资领域统计年鉴	中国对外直接投资统计公报
中国人口和就业统计年鉴	中国劳动统计年鉴	中国社会统计年鉴
中国科技统计年鉴	中国高技术产业统计年鉴	全国企业创新调查年鉴
中国文化及相关产业统计年鉴	2018年时间利用调查资料	中国妇女儿童状况统计资料
中国基本单位统计年鉴	中国教育统计年鉴	中国教育经费统计年鉴
中国民族统计年鉴	中国残疾人事业统计年鉴	长江经济带发展统计年鉴

省级综合统计年鉴系列

北京　天津　河北　山西　内蒙古	辽宁　吉林　黑龙江　上海　江苏	浙江　安徽　福建　江西　山东
河南　湖北　湖南　广东　广西　海南	重庆　四川　贵州　云南　西藏　陕西	甘肃　青海　宁夏　新疆
新疆生产建设兵团		

发行部电话：(010)63376907　63376908　63376909　同椇行书店电话：(010)68783171　68783172
地址：北京市丰台区西三环南路甲6号　邮政编码：100073
网址：http://www.zgtjcbs.com

市(县)级综合统计年鉴系列

滨海新区 石家庄 唐山 邯郸 保定 沧州 邢台 廊坊 承德 衡水 秦皇岛 张家口 太原 大同 阳泉 长治 晋城朔州

晋中 运城 忻州 临汾 吕梁 呼和浩特 鄂尔多斯 包头 沈阳 大连 长春 延吉 四平 白山 通化 哈尔滨 齐齐哈尔

黑龙江垦区 上海浦东新区 南京 无锡 徐州 常州 苏州 南通 连云港 淮安 盐城 扬州 镇江 泰州 宿迁 江阴

丹阳 海门 张家港 杭州 宁波 温州 嘉兴 湖州 绍兴 金华 衢州 舟山 台州 丽水 合肥 安庆 福州 厦门 宁德

漳州 龙岩 莆田 泉州 三明 南平 南昌 九江 上饶 新余 抚州 赣州 景德镇 济南 青岛 枣庄 潍坊 聊城 郑州

洛阳 平顶山 三门峡 南阳 商丘 信阳 济源 汝州 武汉 十堰 荆州 宜昌 荆门 咸宁 黄冈 长沙 鹰潭 广州

深圳 惠州 东莞 汕尾 湛江 肇庆 南宁 柳州 桂林 贵港 梧州 来宾 河池 防城港 海口 三亚 儋州 成都 内江

贵阳 黔南 毕节 昆明 文山 德宏 西安 延安 安康 铜川 汉中 商洛 银川 兰州 庆阳 乌鲁木齐 昌吉 阿勒泰

兵团一师、二师、三师、四师、六师、七师、八师、十师、十三师、十四师

调查年鉴系列

天津 内蒙古 上海 河南 湖北 湖南 广东 广西 重庆 四川 云南 甘肃 宁夏 南宁 贵港 昆明

统计方法应用/实用手册

Python 数据分析基础(第二版)　非参数统计(第五版)　现代金融投资统计分析(第四版)

国民经济核算初级教程(第二版)　国民经济核算教程(第五版)　概率统计基础

全国统计专业技术资格考试系列考试用书:统计业务知识(第四版修订版)　统计业务知识学习指导与习题

全国统计专业技术资格考试系列考试用书:统计相关知识(第四版)　统计相关知识学习指导与习题

统计通俗读物/统计科普图书

领导干部统计知识问答　统计公文写作及会议办理实用手册　大数据在统计工作中的应用案例汇编

中国国民经济核算知识问答(修订版)　地区生产总值核算国际比较研究　新中国统计制度方法的发展与改革

重点图书

中国农业统计资料 1949—2019　第四次全国经济普查地图集　中国经济普查年鉴 2018

新编英汉汉英统计大词典　中国国民经济核算体系 2016　国民经济行业分类注释

挑大学选专业 2020—考研择校指南　挑大学选专业 2020—高考志愿填报指南　中华医学统计百科全书

发行部电话:(010)63376907　63376908　63376909　同椙行书店电话:(010)68783171　68783172

地址:北京市丰台区西三环南路甲 6 号　邮政编码:100073

网址:http://www.zgtjcbs.com